2010

中国金融理财产品市场年报

CHINA FINANCIAL PRODUCTS REPORT

中国人民银行上海总部金融市场管理部

Financial Market Management Department
People's Bank of China Shanghai Head Office

图书在版编目(CIP)数据

2010年中国金融理财产品市场年报 / 中国人民银行上海总部金融市场管理部编
—北京:中国经济出版社,2011.8
ISBN 978-7-5136-0820-6
Ⅰ.①2… Ⅱ.①中… Ⅲ.①金融产品-中国-2010-年报 Ⅳ.①F832.5-54
中国版本图书馆CIP数据核字(2011)第134494号

出版发行:中国经济出版社(100037·北京市西城区百万庄北街3号)
网　　址:www.economyph.com
责任编辑:张路中　苏冰冰
经　　销:各地新华书店
承　　印:北京画中画印刷有限公司
开　　本:889mm×1194mm　1/16　　字　数:500千字　　印　张:26
版　　次:2011年8月第1版　　印　次:2011年8月第1次印刷
书　　号:ISBN 978-7-5136-0820-6/F·8927　　定　价:298.00元

2010年中国金融理财产品市场年报

编写委员会

主编： 周荣芳　王欣欣

成员（按姓氏笔画排序）：

王贵亚　王卫东　华若鸣　孙丽娜　陈世涌　陈晓燕　张　东　张旭阳
杨　晓　李　彬　章　砚　樊燕明

主笔并统稿：

唐　烈　郑玉玲　曾梓梁　纪慧松

其他主要执笔人（按姓氏笔画排序）：

马　芳　王春黎　王　涛　水泽人　石　勇　叶宇朋　齐丹丹　孙　扬
孙锦颢　庄　磊　李　克　李　坤　李　颀　李　蓓　李学刚　张伟成
张　谊　张菲菲　张　蕊　陈吉媌　宋旻岚　杨成茜　汪　鑫　邹称婷
周　璟　郑玉玲　金　路　骆克龙　赵培伦　娄志群　唐　烈　唐　燕
徐　佩　徐　盛　郭新忠　盛　超　梁敬弘　商国波　曾梓梁　蒋厚栋
锡林图雅　廖新昌

前 言

2010年，我国金融理财产品市场发展步入快车道，市场规模迅速扩大，监管体系不断完善，参与主体持续增加，产品创新日新月异。金融理财产品市场已成为推动中国金融市场发展的活跃力量和培育创新的前沿阵地。

秉承为中央银行、金融机构等提供全面翔实的理财产品市场信息，为市场参与者创造业务、信息交流的有效平台的宗旨，我们继《2009年中国金融理财市场年报》后，推出了《2010年中国金融理财产品市场年报》。该年报分为三个部分：报告篇由2010年商业银行、信托理财市场总体运行情况报告及15家主要商业银行全年业务综述报告组成；专题篇包含了监管政策调整、全年市场创新情况等四篇重点、热点问题专题研究；数据篇则涵盖了17家主要中资银行、6家代表性外资银行全年个人理财产品及12家信托公司全年集合信托理财产品的发行明细。

《2010年中国金融理财产品市场年报》的编写出版得到了各机构的积极响应和配合，特别是中国工商银行、中国农业银行、中国银行、中国建设银行、交通银行、光大银行、兴业银行、招商银行、华夏银行、中信银行、中国邮政储蓄银行、广发银行、上海浦东发展银行、深圳发展银行等金融机构对年报编写和出版给予了大力支持。在报告付梓之际，我们对上述机构表示衷心感谢。因时间较紧，数据较多，难免有错误疏漏之处。希望各机构多提宝贵意见。

《2010年中国金融理财产品市场年度报告》编委会

2011年4月

目　录

中国金融理财产品市场年报

中国人民银行上海总部金融市场管理部

报告篇

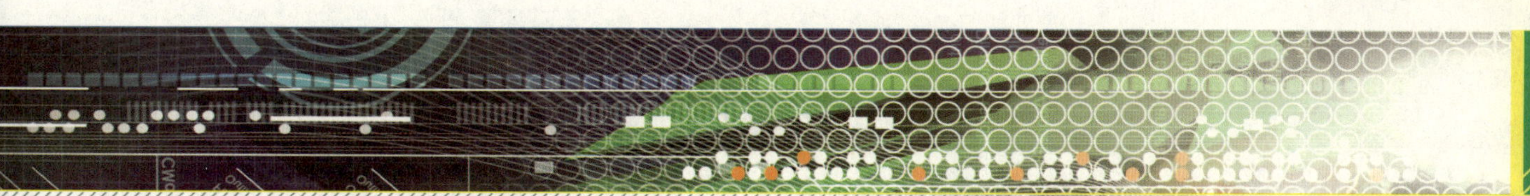

2010年商业银行个人理财产品运行分析报告

一、运行情况

2010年,31家样本商业银行①共发行个人理财产品(以下简称"银行理财产品")11836期,同比增长77.7%;募集资金总额为46370.2亿元,同比增长45.1%。其中,个人人民币和外币理财产品(以下分别简称"人民币理财产品"和"外币理财产品")分别发行9372期和2464期,同比分别增长64.5%和155.6%;对应募集资金分别为45528.9亿元和841.3亿元,同比分别增长45.5%和26.9%。

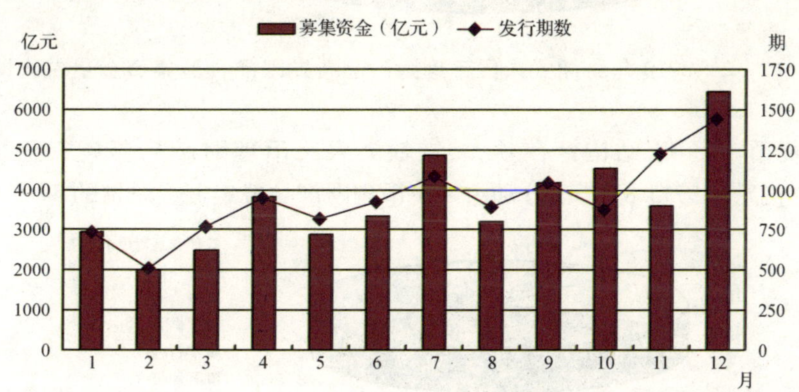

图1-1-1　2010年银行理财产品(封闭式)逐月发行情况

(一)人民币理财产品

1.发行规模

2010年,31家样本商业银行共发行人民币理财产品9372期,同比增长64.5%;募集资金45528.9亿元,同比增长45.5%。其中,封闭式和开放式产品分别发行9225期和147期,占比分别为98.4%和1.6%;对应募集资金量分别为43534.3亿元和1994.6亿元,占比分别为95.6%和4.4%。

2.类型分布

2010年,普通类和结构类人民币理财产品分别发行6616期和2756期,占比分别为70.6%和29.4%;募集资金量分别为30141.3亿元和15387.6亿元,占比分别为66.2%和33.8%,同比分别增长了20.2%和147.3%。

3.运作模式

2010年,封闭式人民币理财产品中,采用资产池和非资产池模式运作的产品规模相当。从发行期数看,二者占比分别为45.2%和54.8%;从募集资金看,二者占比分别52.1%和47.9%。开放式人民币理财产品中,资产池是主要运作方式,采用资产池模式运作的开放式人民币理财产品发行规模和募集资金占比分别达到82.3%和99.3%。

4.收益类型

2010年,非保本浮动收益类人民币理财产品发行规模最大,其后依次为保本浮动收益类和保证收

① 本报告所统计的银行理财产品数据来源于31家商业银行,包括:工商银行、农业银行、中国银行、建设银行、交通银行、华夏银行、中信银行、光大银行、广东发展银行、深圳发展银行、招商银行、浦发银行、兴业银行、民生银行、北京银行、上海银行、厦门银行、南京银行、宁波银行、徽商银行、恒丰银行、浙商银行、邮政储蓄银行、汇丰银行、渣打银行、花旗银行、东亚银行、苏格兰皇家银行、恒生银行、华侨银行和德意志银行。(排名不分先后)

益类，募集资金量分别为27008.9亿元、14394.7亿元和4125.2亿元，分别占人民币理财产品募集资金总量的59.3%、31.6%和9.1%。

5. 期限结构

2010年，封闭式人民币理财产品以3个月内(含3个月)品种为主，募集资金总计34340.0亿元，占封闭式人民币理财产品募集资金总量的78.9%。其次为3－6个月(含6个月)和6－12个月(含6个月)品种，募集资金分别为4495.6亿元和3944.1亿元，分别占封闭式人民币理财产品募集资金量的10.3%和9.1%。

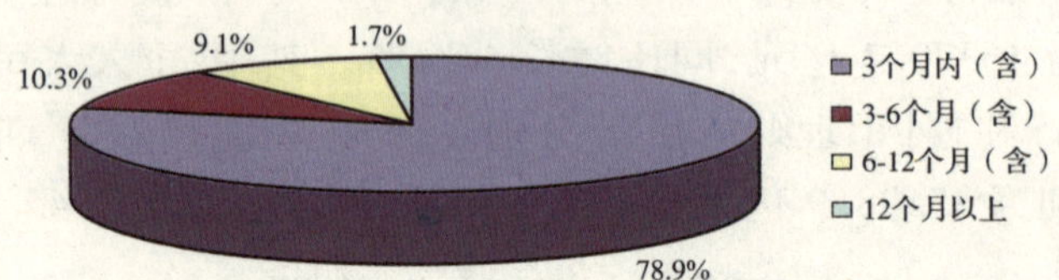

图1－1－2 2010年封闭式人民币理财产品各期限品种募集资金量占比情况

6. 投资方向

2010年，债券及货币市场类、结构性存款类、贷款类人民币理财产品募集资金量占比较高，分别为15691.2亿元、14786.1亿元和9715.8亿元，分别占人民币理财产品募集资金总量的34.5%、32.5%和21.3%。

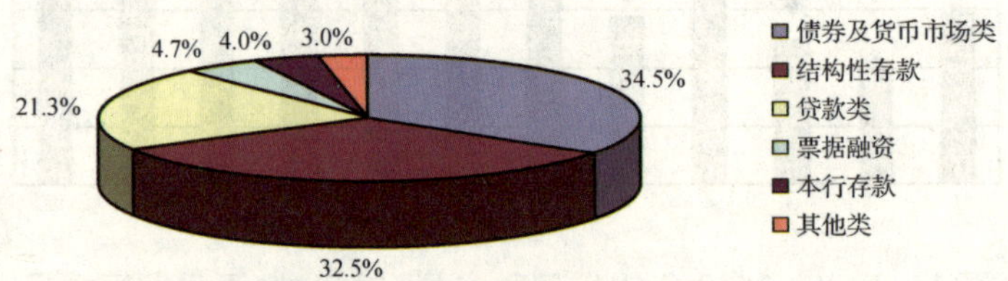

图1－1－3 2010年理财产品主要投资方向募集资金量占比情况

7. 发行主体

2010年，中资上市股份制银行在人民币理财产品发行中继续占据主导地位，累计发行产品7208期，募集资金44311.7亿元，分别占人民币理财产品发行期数和募集资金总量的76.9%和97.3%，其中募集资金量同比增幅达到43.3%。中资其他银行和外资银行的募集资金量分别为420.6亿元和790.5亿元。

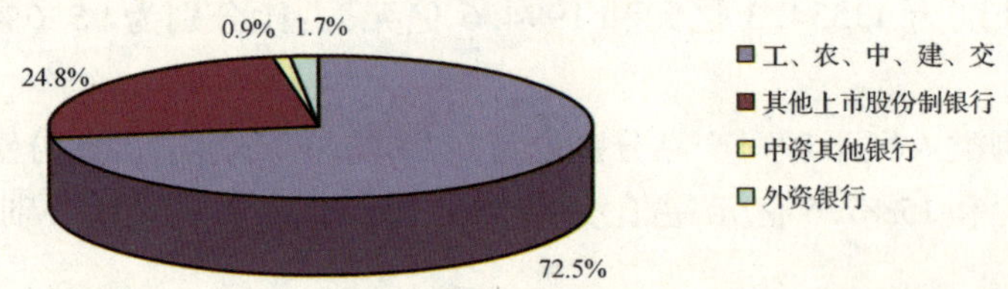

图1－1－4 2010年各类型商业银行发行的人民币理财产品募集资金量占比情况

(二) 外币理财产品

1. 发行规模

2010年，31家样本商业银行共发行银行个人外币理财产品(以下简称外币理财产品)2464期，同比增长155.6%；募集资金841.3亿元，同比增长26.9%。其中，封闭式和开放式产品分别发行2057期和407期，占比分别为83.5%和16.5%；对应募集资金量分别为800.5亿元和40.7亿元，占比分别为95.2%和4.8%。

2. 类型分布

2010年，普通类和结构类外币理财产品发行期数分别为1004期和1460期，分别占外币理财产品发行总期数的40.7%和59.3%；普通类外币产品募集资金159.2亿元，占外币理财产品募集资金总量的

18.9%，同比减少68.7%；结构类外币产品募集资金682.1亿元，占外币理财产品募集资金总量的81.1%，同比增加342.9%。

3. 运作模式

2010年，封闭式外币理财产品中，非资产池运作模式较为普遍，发行期数和募集资金分别占同期封闭式外币产品的80.0%和87.4%。开放式外币理财产品则以资产池为主要运作模式，发行规模和募集资金分别占同期开放式外币产品的84.3%和98.3%。

4. 收益类型情况

2010年，保本浮动收益类外币产品累计募集资金584.9亿元，占外币理财产品募集资金总量的69.5%；非保本浮动收益类和保证收益类产品募集资金量分别是132.5亿元和123.9亿元，占比分别为15.7%和14.7%。

5. 期限结构

2010年，封闭式外币理财产品中，3个月内（含3个月）品种募集量居前，为342.6亿元，占封闭式外币理财产品募集资金量的42.8%，其次为6－12个月（含12个月）和3－6个月（含6个月）品种，募集资金分别为297.1亿元和150.1亿元，分别占封闭式外币理财产品募集资金总量的37.1%和18.7%。

6. 投资方向

2010年，外币理财产品主要投资于结构性存款，此类产品累计募集资金553.4亿元，占外币理财产品募集资金总量的65.8%，其后是债券及货币市场类和贷款类产品，在外币理财产品募集资金总量中的占比分别为20.0%和9.2%。

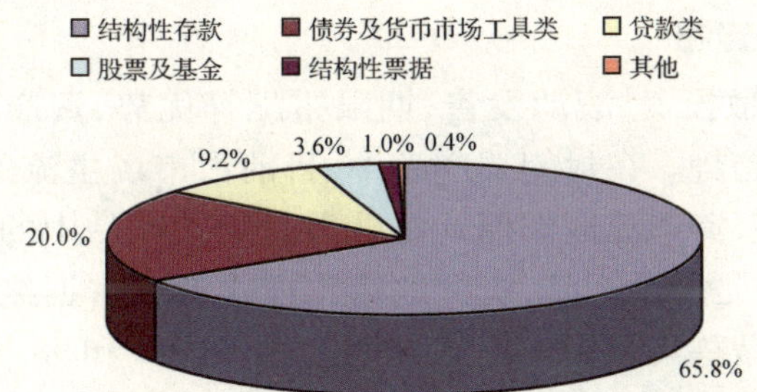

图1－1－5　2010年外币理财产品各投资方向募集资金量的占比情况

7. 投资币种情况

2010年，外币理财产品主要投资于美元，累计募集资金421.9亿元，占外币理财产品募集资金总量的50.1%；其他主要集中于澳元、欧元和港币，对应募集资金量分别为232.1亿元、125.8亿元和41.3亿元，分别占外币理财产品募集资金总量的27.6%、15.0%和4.9%。

8. 发行主体情况

2010年，外币理财产品发行主体集中于中资上市股份制银行，累计发行产品1713期，募集资金758.4亿元，分别占人民币理财产品发行期数和募集资金总量的69.5%和90.1%，其中募集资金量同比增长26.7%。中资其他银行和外资银行的募集资金量分别为4.7亿元和78.2亿元。

二、运行主要特点

（一）发行规模大幅增长，人民币产品主体地位继续巩固

2010年，银行理财产品增长迅猛，发行规模再创历史新高。人民币理财产品规模显著扩大，全年募集资金量突破4.5万亿元，再创历史新高。与2009年相比，外币理财产品扭转下滑局面，发行期数同比翻番，募集资金量也有较大增长。二者比较，人民币理财产品募集资金占比由去年的97.9%升至

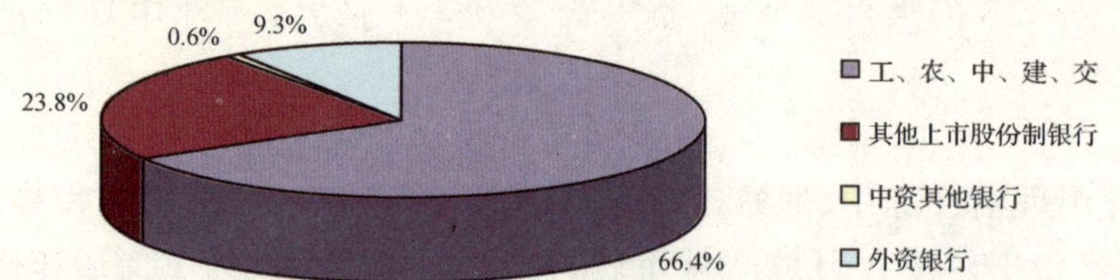

图 1－1－6　2010 年各类型商业银行发行的外币理财产品募集资金量占比情况

98.1%，在商业银行理财产品中的主体地位进一步巩固。

（二）结构类产品显著回暖

2010 年，随着国内外金融市场逐步企稳反弹，结构类理财产品尤其是外币结构类理财产品显著回暖。当年，人民币结构性理财产品募集资金量同比增长 147.3%，在人民币理财产品募集资金总量中的占比由 2009 年的 19.9% 升至 33.8%；外币结构类产品全年募集资金同比大幅增长 342.9%，占外币理财产品募集资金总量的比例从 2009 年的 23.2% 跃升至 81.1%。

（三）期限结构继续呈现明显短期化特征

2010 年，受经济整体复苏、国内物价水平走高等因素影响，市场通胀及升息预期增强，加之人民币汇率稳步攀升，为规避利率和汇率风险，投资者对短期产品的偏好增强，推动理财产品期限结构维持明显的短期化特征。封闭式产品中，3 个月内（含 3 个月）人民币理财产品和外币理财产品募集资金占比分别达到 78.9% 与 42.8%；而 12 个月以上产品的对应占比分别仅为 1.7% 和 1.3%。

（四）资产池运作模式日渐普遍

2010 年，凭借集合运作、分散投资、滚动发售、期限错配等优势，资产池运作模式被广泛采用，并有成为银行理财产品主流模式的趋势。在封闭式产品中，目前占市场主流的人民币封闭式产品已有一半采取资产池运作模式；相比而言，资产池运作模式在外币封闭式产品中的占比较低，在两成左右。而在开放式产品中，无论是人民币还是外币产品，资产池运作模式都已占据绝对主导地位，采用资产池模式运作的人民币和外币开放式产品募集金额占比已分别达到 99.3% 和 98.3%，显示开放式银行理财产品正越来越多的呈现出“类基金化”的特点。

（五）信托类人民币理财产品规模高位调整

2010 年，信托类人民币理财产品延续了 2009 年的大幅增长态势，并呈现较为明显的阶段性特征。上半年，信托类人民币产品发行规模逐月快速增长，一、二季度累计募集资金分别为 2701.8 亿元和 4028.8 亿元，分别是去年同期的 2.3 倍和 3.1 倍。7 月起，为促进银信合作理财业务规范、健康发展，防范业务风险，监管部门先后出台了系列规范性举措，受此影响，三季度信托类人民币理财产品发行规模出现回落，当季募集资金量降至 3060.4 亿元，占同期银行理财产品募集资金的比例从此前的 30% 收缩至 23% 左右。进入四季度后，随着监管部门对信贷额度的控制及年内货币政策收紧效应逐步显现，商业银行放贷能力受到抑制，而自身流动性需求却不断增强，加之市场资金需求依旧旺盛，信托类人民币理财产品发行在年底再现反弹，当季募集资金达到 7317.7 亿元，创年内新高。

（六）发行主体更加多元化，市场结构日趋优化

2010 年，中资银行继续占据银行理财产品市场的主导地位，在人民币和外币理财产品募集资金中占比分别达到 97.3% 和 90.7%。在保持普通类产品业务优势的同时，中资银行结构类产品发行份额大幅提高，结构类人民币理财产品募集资金占其全部人民币理财产品募集资金的比例由 2009 年的 17.5% 大幅提高至 32.7%。与此同时，外资银行继续维持以结构类产品为主的业务模式，结构类产品占其人民币和外币理财产品募集资金的比例分别高达 99.1% 和 87.9%。随着各商业银行对中间业务

日趋重视,除工、农、中、建、交五家大型银行外,其他银行类金融机构也纷纷加大了对理财产品市场的投入,使得理财产品市场结构日益优化,产品创新动力进一步增强。

三、运行影响评估

(一)银行理财产品市场正日益成为金融市场的重要组成部分

从2004年起步到2010年4.6万亿的募集规模,我国银行理财产品市场在短时间内实现了大规模、加速增长。以人民币个人理财产品为例,截止2010年末余额15504亿元,比2009年末增长61%,比2006年末增长1179%;占居民储蓄存款的比例从2006年末的0.75%提高到2010年末的5.11%。银行理财产品一方面已成为个人投资者资产配置的重要组成部分,另一方也成为银行零售业务的主要品种及中间业务的重要来源,同时进一步打通市场渠道,丰富了金融市场的产品特别是可供个人投资者投资的金融产品种类,推动了境内各金融子市场和境内市场与境外市场金融市场的联结与融合,日益成为我国金融市场的重要组成部分。

(二)银行理财产品市场成为社会融资总量的有机组成部分

社会融资总量是全面反映金融与经济关系,以及金融对实体经济资金支持的总量指标。银行理财市场联结了信贷、债券与货币市场工具、股票以及衍生等产品市场,是金融对实体经济进行资金支持的重要渠道之一。目前,中央银行已计划将银行理财产品的募集资金总量列入社会融资总量的监测范围。未来,对中央银行应密切关注理财产品市场发展趋势,特别是其规模扩张和运作模式创新对整个社会融资总量的影响,改进提升对货币政策的研判。

(三)银行理财产品已成为推动利率市场化的客观力量之一

随着商业银行理财产品市场的不断发展,银行理财产品已成为商业银行尝试突破传统业务限制和现行利率约束的重要方式之一,并已事实上成为推动我国利率市场化改革的客观力量之一:首先,理财产品市场的发展推动了市场化资金定价机制的形成. 利率市场化的一个主要任务就是寻找合适的利率水平,既能真实反映社会资金需求,又能使得借贷双方和作为第三方的商业银行都有利可图,理财产品市场正是在市场化利率的发现和各方利益分配领域的有益尝试。其次,理财产品市场的发展过程是利率市场化主体能力提高的过程,由于二者有着重合的微观主体,使得在理财产品市场发展中,包括商业银行、存款户、金融管理部门在内的各方主体对存款利率市场化后的环境有了先期体验,积累了相关经验。最后,理财产品的收益率既能反映市场化资金需求,也为利率市场化后的存款利率定价提供了参照标准。据我部不完全统计,2010年商业银行发行的1个月、3个月、6个月、12个月期个人理财产品的加权平均预期收益率分别为2.58%、3.47%和3.58%和4.33%,均明显高于同期人民币存款利率。这既反映了今年以来市场的真实资金供求状况,也包含了市场对通胀和货币政策调整的预期。

(四)银行理财产品市场成为我国金融市场创新最有活力的阵地之一

相比"标准化"的金融市场产品,理财产品的优势更多体现在其提供的"个性化"、"多样化"的配置选择,包括对持有期间、赎回方式、投资标的多种组合。采用滚动方式发行、资产池方式集中运作、组合投资的"类基金"理财产品由于能够帮助投资者更好的分散风险、扩大收益,同时给予发行人更大的操作灵活性,在2009年基础上继续成为市场的宠儿,并有望获得更大的发展空间。与此同时,各类理财产品属性的"混合化"趋势也十分明显,以理财产品的开放属性为例,传统的开放式和封闭式产品的界限正日益模糊,部分产品尽管有固定的起息日和到期日,但在期间若干个固定区段仍设定了开放期。多样化的投资渠道和更加灵活的产品组合方式有望增加理财产品市场的吸引力,使得商业银行理财产品市场成为我国金融市场创新最具活力的阵地之一。

（五）需重点关注的主要问题

第一是市场制度建设仍相对滞后。伴随着理财产品种类增多、结构更趋复杂，市场制度建设相对滞后已成为制约理财产品市场健康发展的瓶颈，突出表现在法律关系尚不清晰、信息披露无统一规范、专业理财人员储备不足、跨市场监管难以及时跟进、缺乏产品交易监测平台等多个方面。在国内以风险识别能力和承受能力较弱的普通储户为主要投资群体的现状下，客观上使得作为发行方的银行、信托公司等金融机构在产品发行、运作过程中的诸多不规范及规避监管的行为在所难免，也使得双方信息不对称的问题更加突出，增大了市场风险隐患。

第二是理财产品特别是银信合作运作模式面临调整。随着年内监管当局规范银信合作政策的效应逐步显现，现有依靠银信渠道的理财产品运作模式将会受到较大影响，银行需要更多审视理财发展理财产品对自身战略转型及差异化竞争的长远影响，而不是将理财产品仅作为表内业务表外化的过渡工具。除更多发行表内银信合作产品外，未来商业银行可能会采取一些新的、无需入表的合作方式，如代信托公司推介项目、提供财务咨询等，以扩大中间收入，信托公司传统的依赖银信渠道和过手业务的模式也将面临调整，理财产品市场可能迎来更多样化的运作模式。

第三是理财产品将向更多投资主体渗透。在我国居民财富增加及理财意识逐渐增强背景下，各银行类金融机构纷纷加大理财产品市场投入。除传统的一、二线城市外，由各地分行发行的地区性理财产品及各地城市商业银行发行的区域性理财产品也日益增多，理财产品正在向更广泛和更低行政级别的地区渗透，并最终有望形成多地域，多层次的理财产品市场结构。值得注意的是，这也将对整个市场的风险提示、信息披露和投资者保护等提出更高要求。

四、政策性建议

（一）明晰法律关系，创造有利于理财市场发展的制度环境

为创造有利于银行理财产品市场健康发展的制度环境，相关部门应从明晰法律关系着手，明确银行理财产品的法律架构，理顺银行理财产品和其他各类理财业务的界定，着力解决银行理财产品的开户交易渠道、投资范围、会计核算等市场各方关心的问题，为理财市场规范发展提供制度保障。

（二）强化风险管理，完善信息披露，加强动态监管

近年来，银行理财产品结构复杂化、投资标的多样化，运作模式组合化成为客观趋势，给投资者、商业银行和监管部门也带来了挑战。未来，商业银行应进一步完善理财产品开发、销售、售后管理整个流程的风险评估和内控制度，制定理财业务与传统自营业务、代销理财产品与自主发行产品的隔离控制体系，使风险控制与理财业务快速扩张同步跟进。与此同时，监管部门应密切跟踪理财市场的最新发展，加大投资者教育力度，加强跨市场监管协调，及时更新风险控制指引和信息披露准则，并确保相关准则被有效履行落实，切实保障各方利益。

（三）逐步建立理财产品市场统计监测体系和信息发布平台

作为社会融资总量的有机组成部分，银行理财产品的统计监测制度正在日趋完善。未来，应在完善理财产品发行监测体系基础上，加强对理财产品的运行监测，并逐步建立市场信息公开、发布的标准平台，为市场各方提供准确、权威的市场信息和交流平台。

（四）积极鼓励、引导理财产品市场创新

激烈的同业竞争和旺盛的市场需求增强了银行理财产品市场的创新动力，与此同时，国内各金融子市场的蓬勃发展及海外市场的日益开放，也为理财产品市场创新提供了新的机遇。相关监管机构应在加强分类、分层风险控制的前提下，积极引导和鼓励理财市场的产品创新和模式创新，拓展银行理财产品的投资渠道和投资领域，发挥银行理财产品市场在推动多层次金融市场形成和加速金融交叉领域创新中的积极作用。

2010年度信托公司理财产品运行分析报告

2010年信托公司理财业务迅速发展，规模同比大幅增长，据我部不完全统计[①]，募集资金量共计7374.5亿元。截至2010年12月末的余额为9077亿元。信托理财业务呈现以下主要特点：私人财富管理呈现加速增长；银信合作业务规模开始下降；房地产信托理财资金来源转向个人投资者主导；贷款类产品大幅增长后下半年总体回落；证券投资类产品温和复苏。对此，我们认为应重点关注以下问题：一是融资类信托理财产品反弹对社会融资规模的压力，二是房地产信托的风险逐步积聚，三是存量基础设施类信托产品的风险。

一、市场运行概况

（一）发行规模

2010年信托公司新增资金信托计划规模同比大幅增长（图1）。共设立集合资金信托计划819只，募集资金1708.5亿元，共设立单一资金信托计划6521只，募集金额5666亿元。截至2010年12月末，单一类产品存量规模，7883只，余额9077亿元。集合类信托计划是1909只，余额2657亿元。

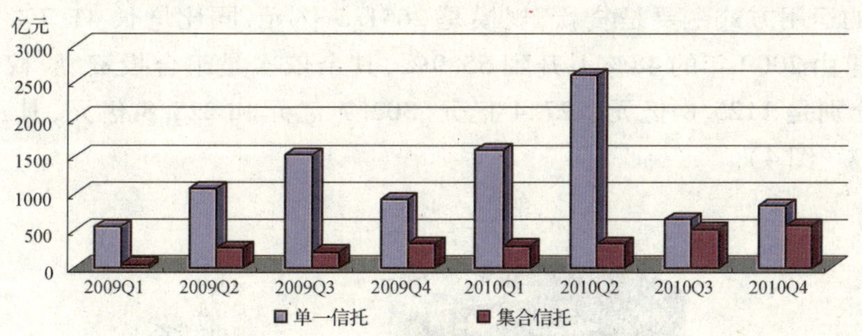

图1－2－1　信托理财产品募集资金规模

（二）期限结构

信托理财产品的期限结构分布日趋合理，中长期产品成为市场主流。从占市场绝对主导地位的单一资金信托来看，1年以上3年以下产品的比重最大，余额为4039.5亿，占比为45%（图2）。期限在3个月以内的产品余额为372.2亿，占单一资金信托余额总额的4.1%。

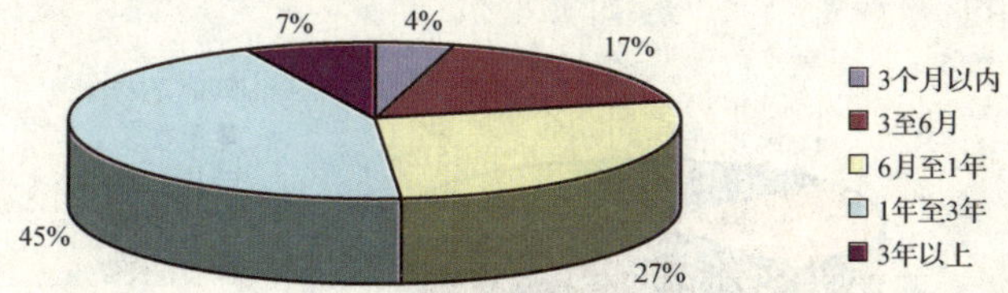

图1－2－2　单一资金信托理财产品期限结构分布

① 纳入我部监测分析范围的13家信托公司分别是：中信信托、中诚信托、平安信托、北京国投、华宝信托、上海国投、中国外贸信托、华润深圳国投、天津信托、吉林信托、山东信托、重庆信托和江苏信托。

（三）预期收益率

随着货币政策的调整，2010 年度信托理财产品的预期收益率延续自 2009 年 3 季度以来的升势（图 3）。第 3 季度，集合资金信托平均预期收益率为 8.46%，环比上升 61 个基点，单一资金信托计划平均预期收益率为 6.14%，环比上升 111 个基点。

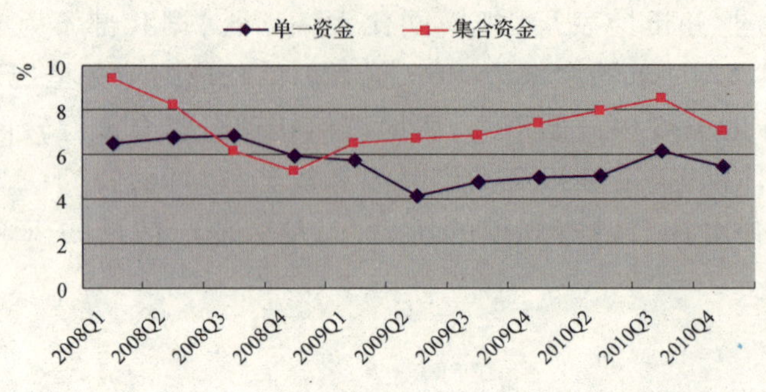

图 1－2－3　信托理财产品预期收益率走势

第 4 季度，单一资金信托计划平均预期收益率为 5.47%，集合资金的加权平均预期收益率为 7.06%。

（四）资金运用结构

单一资金信托的运用方式主要是贷款，规模是 2651.5 亿元，同比增长 41.7%，贷款类产品占单一资金信托规模的比重由 2009 年的 48% 上升到 55.9%，其余依次是组合投资、股权投资、信贷资产转让和证券投资，规模分别是 1125.8 亿元、327.4 亿元、302.7 亿元和 225.8 亿元，其占比分别是 23.7%、6.9%、6.4% 和 4.8%（图 4）。

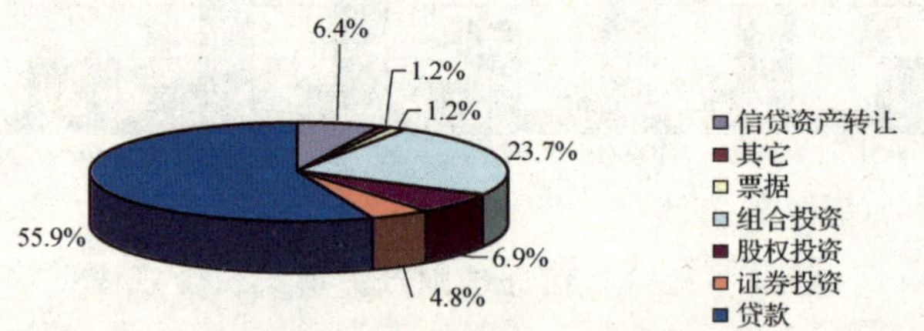

图 1－2－4　单一资金信托资金运用方式分布

集合资金信托的运用方式主要是股权投资，规模为 531.6 亿元，占集合资金信托计划总量的 30.9%，其余依次分别为证券投资类、贷款类产品和组合投资类产品，对应的规模分别为 430 亿元、241.7 亿元和 181 亿元（图 5）。

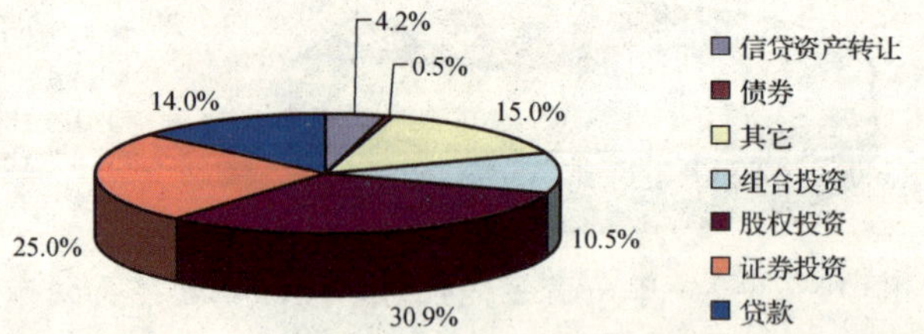

图 1－2－5　集合资金信托计划运用方式分布

（五）行业投向结构

从全年的资金投向看，单一资金信托计划主要投向基础设施、金融市场、工商企业和房地产，规模分别为 1689.1 亿元、1531.7 亿元、1032.2 亿元和 393.9 亿元（图 6）。与 2009 年度相比，基础设施类产品的比重从去年第2位上升到第1位，尽管下半年该类产品出现明显下降，但还是以36%的市场占比保持第1位，同比上升了2个百分点。

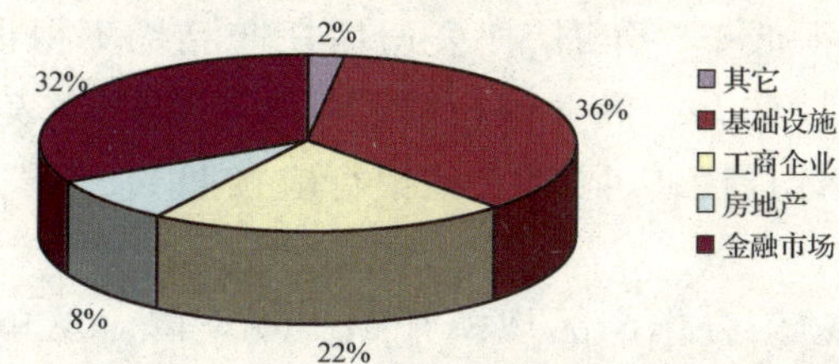

图1-2-6　2010年单一资金行业投向分布

集合资金信托计划主要投向房地产和金融市场（图7），其规模分别为627.1亿和503.4亿，其余投向依次为基础设施和工商企业，规模分别为196.3亿元和174.4亿元。其中，增长明显的是房地产领域投资，同比增长191%，占集合资金信托计划的比重由2009年度的26%上升到37%，成为第一大类投资方向。

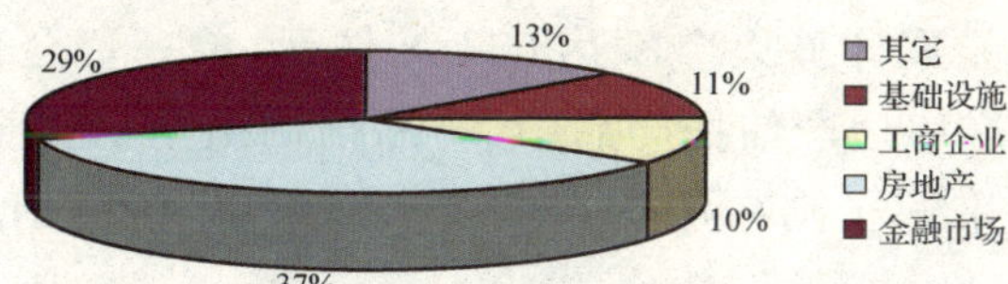

图1-2-7　集合资金信托行业投向分布

二、2010年信托公司理财业务主要特点

（一）私人财富管理呈现加速增长

信托公司的私人财富管理主要是为高端个人客户提供量身定做的金融服务，类似于基金的专户理财帐户。这类产品主要特点是：一是因为属于私募产品，主要采取单一资金信托模式，受到的监管较少。二是规模小，一般规模在300万-1000万之间。三是投资灵活，可以投资于国内证券交易所的各类证券、银行间市场产品以及其它信托公司设立的子信托。

上半年共成立329只，募集金额47.5亿元，第3季度共设立产品1900余只，145亿，第4季度达到2700只，规模达到240亿元。

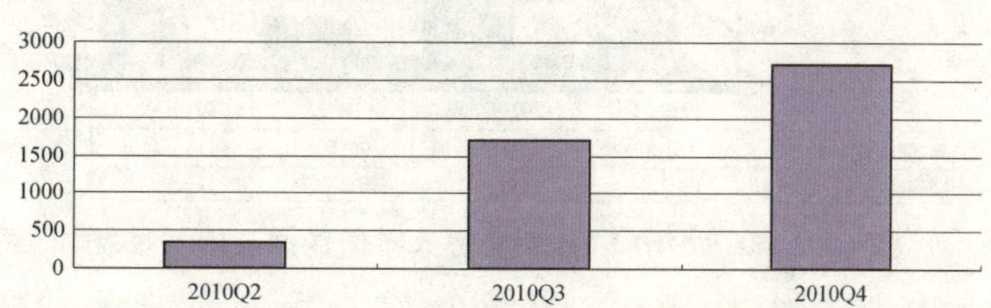

图1-2-8　2010年度私人财富管理类信托产品设立数量（期）

私人财富管理业务一直是专业投资者和高端客户热捧的对象。对于信托公司而言，管理此类小规模产品的单位成本要高于集合类产品。但是在银信合作业务受到更多限制的背景下，信托公司以产品数量积聚而弥补单个产品规模较小的不足。同时也改变了信托公司在私募业务上过重依赖银信合作模式的现状，有利于促进信托公司代人管理资产的职能本源。

(二)银信合作业务规模开始下降

2010年8月,银监会发布《关于规范银信理财合作业务有关事项的通知》和《信托公司净资本管理办法》。要求银信产品期限均不得低于一年;信托公司信托产品均不得设计为开放式;融资类业务余额不得超过银信理财合作业务余额的30%,商业银行应严格按照要求将表外资产在今、明两年转入表内,并按照150%的拨备覆盖率要求计提拨备,同时大型银行应按照11.5%、中小银行按照10%的资本充足率要求计提资本。

在上述两个文件的影响下,银信合作产品规模开始出现下降。从单一信托产品规模(主要是银信合作产品)看出,下半年的募集规模只有1697亿元,环比下降了45%。随着银信合作类产品发行规模的下降,信托理财产品以往过重依赖银信合作的发展模式被动改变,市场结构被动调整。

(三)房地产信托理财资金来源转向个人投资者主导

2010年,随着一系列针对房地产的调控政策持续推出,房地产企业在银行信贷市场和证券市场融资受到更加严格的限制,资金压力日趋紧张,通过信托渠道进行融资的需求和力度增强。

截至2010年12月末,累计设立房地产信托产品236只,累计募集金额1021亿元,同比增长84%。其中集合资金类房地产信托产品累计募集金额达627.1亿元,单一资金信托产品的新设规模为393.9亿元。与2009年度不同的是,在房地产信托产品中,产品结构由单一资金占主导转向集合资金者占主导地位。集合资金信托中多数来源于高净值资产的个人投资者,这一比重由上一年度的39%上升到2010年度的61.4%。

(四)贷款类产品大幅增长,下半年总体回落

贷款类产品一直是信托理财市场的主要品种,贷款类信托理财产品主要的资金运用方式主要是信托贷款和信贷资产转让。2010年随着适度宽松的货币政策过渡到稳健的货币政策,商业银行受到存款准备金上调和资本充足率约束的影响,可贷资金紧张,更多的融资需求不是通过银行,而是通过信托渠道。贷款类信托理财产品大幅增长,全年共募集金额4400亿,同比增长151%,2010年新增规模占所有资金信托规模总和的68%。下半年,随着《关于规范银信理财合作业务有关事项的通知》的出台,贷款类产品在第3季度出现大幅下降,但是由于第4季度资金更为紧张,又呈现一定程度反弹。

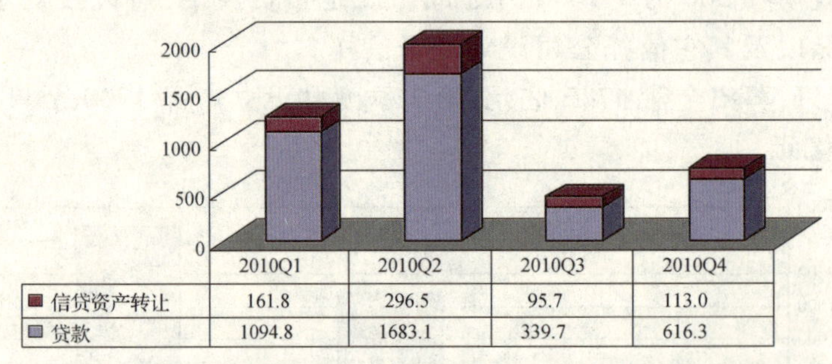

	2010Q1	2010Q2	2010Q3	2010Q4
信贷资产转让	161.8	296.5	95.7	113.0
贷款	1094.8	1683.1	339.7	616.3

图1-2-9 2010年各季度贷款类信托产品发行情况

其中,集合类信托产品中贷款类产品只数为213只,平均每只规模为1.5亿元,最大的规模为21亿。贷款类信托产品主要的资金投向是房地产和基础设施,在规模最大的前5只产品中,有3只投向房地产业,2只投向基础设施。贷款类产品的平均预期收益率在8%水平波动,房地产行业的贷款产品预期收益率相对较高,根据企业的信用状况不同,在8%到15%不等。

(五)证券投资类产品温和复苏

下半年受股票市场连续上扬的影响,证券投资类信托产品呈现温和复苏状态。全年共设立证券投

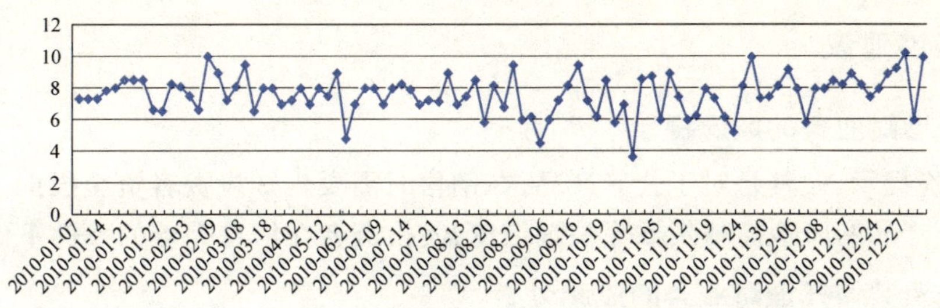

图 1-2-10　贷款类集合资金信托预期收益率情况

资类产品 352 只,规模为 655.8 亿元,同比增长 19.9%。在存续的证券投资类产品中,与私募基金合作的产品有 565 个,规模为 619.8 亿元。其中,2010 年新设立产品中与私募基金合作的有 276 只,规模为 380.6 亿元。2010 年私募证券信托产品发行前三名分别是上海尚雅投资(15 只)、广东新价值(13 只)、深圳瀚信资产(13 只)。

三、当前须重点关注的主要问题

(一)融资类信托理财业务反弹对社会融资规模的压力

随着《关于规范银信理财合作业务有关事项的通知》和《信托公司净资本管理办法》等政策出台,信托理财业务发展模式面临新的挑战。以前单一依赖银信合作、依赖过手业务、集中于贷款的模式必将改变。虽然 2010 年下半年融资类产品规模出现下降的总体趋势,但是要注意的是,在第 4 季度末,由于存款准备金比率的上调,商业银行的可贷资金减少,信托理财市场出现了密集的信贷资产转让产品,融资类信托产品呈现一定的反弹势头,给整个社会融资规模的控制带来一定压力。

(二)房地产信托业务的风险逐步积聚

房地产信托产品期限都比较长,由于这类理财产品都属于非保本浮动型收益,相对其他产品来说,具有高收益、高风险的特点。从房地产行业发展来看,当前面临的主要风险是:一是随着中央和地方出台一系列政策调控楼市,房地产行业前景还不明朗;二是融资方的房地产企业的流动性风险已经显现,房地产行业本就是负债率较高,且自 2010 年 4 月份以来,国内商品房的销售规模一直清淡,势必影响到地产企业的现金回笼;三是多数中小房地产企业现在以高息进行信托融资,部分原因是短期内所做的过桥贷款,这种融资行为面临着较高的利率风险和流动性风险。

从房地产信托产品市场来看,风险积聚的原因主要是因为产品的规模累计的速度呈现加快的趋势。此外,一些信托产品介入了房地产开发的前期阶段,这种长周期的投资行为带有很大的不确定性,尽管信托公司为了管理控制风险,采取了成立项目公司并控制了股权的措施,一旦融资方在产品到期时不能偿还资金,信托公司要面临股权的退出可操作性和股权价值变动的巨大风险。

(三)存量基础设施类信托产品的风险

基础设施类产品的融资方式以信托贷款为主,也包含股权投资等其他形式。一般来讲,基础设施类产品以银信合作方式为主,银信合作产品如果还款出现问题,主要的信用风险仍然停留在商业银行。

在全国地方政府融资平台的存量负债没有得到有效处理、其风险没有得到有效转移前,总体风险仍然存在。从整体来看,此类信托产品的风险主要在于:一是产品的存续周期长、利率高,存在各种不确定因素,促使信用风险上升;二是多数基础设施建设的融资是通过地方政府融资平台进行运作,存在地方政府的负债率持续上升、财政收支压力以及隐性担保等偿债风险。

四、相关政策性建议

（一）强化信托理财业务的风险提示

完善产品的风险提示，尤其是对于公募产品，在销售时需要告知投资者资金投向、产品合同是否保本、是否有第三方担保、产品的风险控制条款等关键信息，使投资者在信息完善的条件下做到风险自我承担。

（二）加强对融资类信托理财业务的监测分析

加强对融资类信托理财产品的监测，有利于分析社会融资总规模的规模与结构变化。监管部门应该严格检查信托公司在开展融资类业务时，是否符合拨备率、资本金等相关要求。对于融资类业务发展过快的信托公司，还应调查是否在银行间市场进行拆借活动以进行资金周转。

（三）信托公司应加强主动管理、自我创新

资产管理能力是信托公司核心竞争力的重要体现。只有加强自主管理、自我创新，信托公司才能在金融理财市场上扮演更重要的角色，真正实现“受人之托，代人理财”的本质内涵。随着居民收入的增长，社会各阶层出现分化，一部分高端客户的财富管理需求得不到满足。信托公司可以借鉴国外成熟经验，加强自我创新，积极探索开展私人财富管理业务。

2010年中国工商银行理财产品运行分析报告

一、2010年工商银行理财业务运行情况

（一）理财产品资金的主要投资方向及具体运作模式

工商银行理财产品资金的主要投资方向包括以下四个方向：(1)境内固定收益类投资工具，包括符合监管机构要求的信托计划及其他资产或资产组合、银行间债券市场发行的各类债券、货币市场基金、债券基金、存款以及其他货币资金市场投资工具等；(2)境内资本市场投资工具，包括新股申购、基金、股票等；(3)国际市场投资工具，包括境外债券、股票、基金、外汇、商品等；(4)另类投资品工具，包括酒类、文化类等投资品市场工具。

工商银行理财资金目前主要采用自主投资组合管理和委托投资组合管理两种运作模式。(1)采用自主投资组合管理模式的理财资金的投向，包括银行间债券市场发行的各类债券、货币市场基金、债券基金、外汇交易产品等；(2)采用委托投资组合管理模式的理财资金的投向，包括融资类项目、股权投资类项目、股票、基金等。

（二）2010年理财产品具体情况

2010年，工行共发行理财产品2367期，其中人民币理财产品2344期，外币理财产品23期。全年共募集理财资金34,568.59亿元，其中人民币理财产品34,545.79亿元，外币理财产品22.80亿元(已折成人民币)。

截至2010年12月31日，全行理财产品余额为6,061.24亿元，其中人民币理财产品余额6,047.18亿元，外币理财产品余额14.06亿元(已折成人民币)。其中超短期类产品余额为1547.22亿元，固定收益类产品余额为4,363.12亿元，基金股票类产品余额为102.90亿元，QDII类产品余额为48亿元。

（三）2010年理财业务创新情况

2010年，工商银行坚持以满足客户需求为中心，积极推动金融创新，在业务投资模式创新、产品创新等方面取得了重要进展。一是推出了代为推介信托计划模式、集合信托计划模式等多种业务投资模式；二是创新推出一系列重点理财产品，包括“步步为赢”分段计息固定收益类产品、阳光私募组合证券投资产品等，有效增强了工行理财产品市场影响力和竞争力；三是在引进量化策略投资专业人才的基础上，完成了一批高技术含量产品的自主技术开发。

二、2010年理财业务运行的主要特点

2010年，全球经济冷暖互现，中国经济保持总体向好。然而，受到下半年通胀预期的不断增强，以及六次上调商业银行存款准备金率和两次加息等因素的影响，债券市场全年波幅较大，整体走势先扬后抑；股票市场盘跌起伏，总体呈现先跌后涨再跌的“之”字形走势。针对银信理财合作业务，银监会出台了一系列的监管政策进行规范指导，存量银信合作贷款余额将按要求予以压缩。总体而言，2010年理财业务的运行有如下主要特点：

（一）理财产品规模稳步增长

在经历了前几年的快速增长之后，银行理财产品的规模开始进入稳步增长阶段。由于市场上发行的多数理财产品的期限较短，所以尽管理财产品的累计发行规模增幅很大，但理财产品日均余额的增

幅相对较为平稳。就工行而言,2010 年理财产品的日均余额同比增幅在 30% 左右。

(二)银信合作理财业务规范发展

2009 年底以来,银监会先后下发《中国银监会关于进一步规范银信合作有关事项的通知》(银监发[2009]111 号)、《中国银监会关于规范信贷资产转让及信贷资产类理财业务有关事项的通知》(银监发[2009]113 号)、《中国银监会关于规范银信理财业务有关事项的通知》(银监发[2010]72 号)和《关于进一步规范银行业金融机构信贷资产转让业务的通知》(银监发[2010]102 号)等一系列监管政策,针对理财业务发展过程中面临的突出问题和系统性风险,进行了及时的规范,提出了具体的风险防范措施,为银行理财业务的发展与创新留下了广阔的空间。

目前,各商业银行正在按照银监会的要求,将银信合作贷款余额按照每季 25% 的比例进行压缩和转化。

(三)同业竞争日趋激烈

据不完全统计,2010 年全国范围内共有 90 家银行理财机构参与了个人理财产品的发行,同业竞争日趋白热化。伴随着央行的不断加息,银行理财产品的发行成本开始逐渐上升。部分银行为了吸引他行理财客户、抢占理财产品市场份额,纷纷推出理财产品,银行理财产品市场竞争更加激烈。

(四)产品期限结构趋于短期化

一方面,受加息预期及股市投资、楼市调整等因素影响,投资者购买较短期限产品的比例居高不下;另一方面,受商业银行存款考核利益驱动影响,商业银行发行的短期产品居多。综合而言,目前各商业银行的理财产品期限结构普遍趋于短期化,1 年期以上产品的占比很小,不利于引导理财客户树立长期投资的正确理念。

(五)产品流动性管理压力不断增加

2010 年,受国内通胀压力持续增大、央行货币政策紧缩工具频繁使用、全年 A 股市场 IPO 密集发行以及商业银行关键时点存款考核压力加大等多重因素影响,市场资金面持续趋紧,同业竞争不断加剧,导致各商业银行的产品流动性管理压力不断增加。

三、理财业务相关政策建议

(一)出台相关政策法规,尽快明确商业银行理财业务的法律主体地位

目前商业银行理财业务尚没有明确的法律主体地位,由此导致商业银行理财业务在银行间债券市场、资本市场等均不能作为一个独立的法人主体实现直接投资,例如:工行理财业务在银行间债券市场的投资账户为丙类户,须通过甲类户进行代理结算;本行理财业务至今无法在证券市场开户,尚未获得 A 股市场股票与基金直接投资资格、上市公司 IPO 前发起人股东等资格;随着监管政策的进一步调整,目前信托计划开立包括证券账户在内的相关市场账户也进一步受限,从而导致商业银行理财业务面临不公平的市场待遇,制约了理财业务的持续发展。为了完成理财投资工作,本行理财业务不得不选择通过第三方代理、信托等渠道完成资金投资,大大增加了理财资金投资成本,降低了投资效率,也加大了代理人风险和操作风险。

建议人民银行积极推动各方尽快出台相关政策法规,赋予商业银行理财业务独立的投资主体资格,为商业银行理财业务营造一个公平的投资环境,进一步促进商业银行理财业务持续、健康、稳定地发展。

(二)允许商业银行理财业务在银行间市场开户,防范业务操作风险

由于商业银行理财业务的市场主体地位缺少法律基础,因此交易开户难已经成为商业银行理财业务

务发展中面临的突出问题。

目前,银行间债券市场交易成员绝大多数通过全国银行间同业拆借中心的前台终端系统进行询价、报价和成交,交易方式安全高效。但是,由于工行不能以理财计划代理人名义开立独立的前台交易账户,所以工行理财业务目前仍无法与全国银行间同业拆借中心的交易系统联网进行债券交易。同时,由于本行对理财业务和自营业务严格进行风险隔离,所以理财业务也不能通过自营的交易终端完成债券交易。截至目前,本行理财业务的所有债券交易均是以签署纸质合同的网下交易方式完成。采取签署纸质合同的网下交易方式,大大降低了理财业务交易效率,增加了交易风险,已远远不能满足业务正常发展的需要。

建议人民银行继续大力扶持商业银行理财业务的发展,细化对商业银行理财业务的管理,允许商业银行以理财计划代理人名义,在银行间市场开立独立的前台交易账户,直接参与市场交易,丰富银行间市场交易主体类型,提高银行间市场的流动性。

同时,建议人民银行积极呼吁相关市场监管部门,尽快允许商业银行以理财计划代理人名义,在股票、基金等市场开立账户,直接参与相关市场交易。

（工商银行　供稿）

2010年中国农业银行理财产品运行分析报告

一、2010年理财业务运行情况

（一）资金主要投资方向及运作模式

2010年，农业银行的理财产品主要有以下三个投资方向及运作模式：

1. 资产池运作模式

资产池模式是目前农业银行理财业务的主要模式，主要投资于货币市场及债券市场。资产池理财产品采取资产与负债期限错配的模式，运作较为灵活，产品期限的分布也比较均匀。

2. 信托融资理财产品模式

2010年农业银行信托融资理财产品的投资方向主要是信托贷款计划，在2010年银监会下发了《关于规范银信理财合作业务有关事项的通知》（银监发［2010］72号）后，暂停了该类产品的发行与运作。信托融资理财产品模式采取完全的一对一匹配运作，即理财产品的期限、资金与信托贷款的期限、资金完全一致，到期即平盘。

3. 结构化理财产品模式

农业银行在2010年发行了少量的结构化理财产品。这些理财产品主要的挂钩标的是黄金、原油、汇率及利率。结构化理财产品完全保本，收益视挂钩标的的表现情况而定。

（二）理财产品的具体情况

1. 人民币理财产品方面

2010年，农业银行发行人民币理财产品468款，募集资金9570亿元，年末余额1391亿元。余额分布情况如下表所示：

项　目	余额（亿）
货币市场工具及债券	478
信托贷款计划	913

主要期限结构及收益率水平如下表所示：

期　限	占　比	收益率
7天及以下	31.45%	1.80%
7天－1个月	29.68%	2.15%
1个月－3个月	21.50%	2.35%
3个月以上	17.37%	2.70%

2. 外币理财产品方面

2010年，农业银行发行外币理财产品20款，募集资金3.58亿，年末余额2.69亿。存续的外币理财产品全部是投资于本行资产池。

主要期限结构及收益率水平如下表所示：

期　限	占　比	收益率
1 个月	8.17%	1.20%
3 个月	8.28%	1.55%
半年	36.80%	2.25%
1 年	46.75%	2.90%

（三）理财业务的创新情况

2010 年农业银行理财业务在如下几方面有创新点：

1. 研发推出了首款开放式理财产品

2010 年 6 月，推出了首款开放式理财产品“安心快线”理财产品，该产品分为“天天开放”及“七天开放”两个期限，投资者可以随时（或 7 天）申购赎回，产品按净值核算。由于产品收益率稳定，运作灵活，受到了投资者的欢迎。

2. 研发推出了首款与原油及黄金挂钩的理财产品

2010 年利用商品交易方面的专业优势，在准确把握原油与黄金价格走势的前提下，推出了与商品价格挂钩的理财产品。这些理财产品主要针对本行具有较丰富投资经验的高端个人投资者发售，产品完全实现了期初预期收益率，为投资者实现了保值增值的功能。

3. 升级了业务系统

对理财产品的销售系统进行了二期升级。二期项目实现了对公理财产品在现金管理渠道的销售，开通了网银销售渠道，拓展了理财产品的受众面；实现了理财业务签约电子化，不仅简化了柜台操作流程，降低了成本，而且提高了理财业务运营水平。

二、2010 年理财产品业务运行的主要特点

经历了 2008 年“零收益”和“负收益”理财产品的洗礼，又经历 2009 年“理财新规”后理性回归的过程之后，2010 年银行理财市场更趋稳健。银行也更加重视市场的细分和风险评估工作，量身定制不同的理财产品满足投资者需求。2010 年，出于宏观调控的整体需要，进一步加强银信合作理财业务的整顿规范成为银行理财市场发展的主基调。银监会相继出台了关于规范银信理财合作业务有关事项以及进一步规范银行业金融机构信贷资产转让业务的两个《通知》文件，对银信合作理财业务的监管不断升级，进而对银行理财市场带来深刻影响。从整个银行理财产品的市场来看，市场呈现出以下特点。

（一）市场容量扩大，产品数量增长迅速

2010 年银行理财市场延续了之前快速发展的势头。得益于银行遍布全国的网点及多样的销售渠道，银行理财客户数量也在稳步增长。据不完全统计，去年国内银行发行的各类理财产品超过 2 万款，较去年同期有较大幅度增长。

（二）信贷资产产品遇“紧箍咒”

2009 年末，银监会接连下发了《关于进一步规范银信合作有关事项的通知》、《关于规范信贷资产转让及信贷资产类理财业务有关事项的通知》和《关于加强信托公司主动管理能力有关事项的通知（讨论稿）》三项监管政策。新规着重对银信合作开展信贷资产转让业务及信贷资产类理财业务的真实性和合规性进行了严格的规范。2010 年 8 月 10 日、12 月 3 日银监会先后下发《关于规范银信理财合作业务

务有关事项的通知》、《关于进一步规范银行业金融机构信贷资产转让业务的通知》，该通知的发布可以算是银信合作理财业务规范运作的新起点。

（三）“稳中求新”成为市场亮点

由于《关于规范银信理财合作业务有关事项的通知》中关于“银信合作理财产品不得投资于理财产品发行银行自身的信贷资产或票据资产”的规定体现出监管层对银行利用信贷资产类理财产品置换自身信贷资产的潜在风险的高度关注，以及对银行信贷投放规模进一步加强监控的政策意图。这对2010年银行理财市场产生直接影响，此前的银信合作模式面临转型，占据市场主导地位的信贷资产类产品的运作形式也发生了较大变化。《通知》发出后，票据和债券类理财产品占比明显上升，此外，票据、利率与信贷资产打包的混合型理财产品开始涌现。

（四）短期理财产品价值凸显

2010年短期理财产品规模将进一步扩大。在资本市场震荡反复、走势不明的环境下，银行为提高优质目标客户占有率，实现理财、银行卡、网银等业务的交叉销售，纷纷增加短期理财产品，同时大幅提高理财产品的收益率，将流动性与收益性完美结合。

（五）投资方向以债券为主

08年以来，银行理财产品以稳健型产品为主，信托融资计划与债券成为两大投资标的。但如上所述，银监会在8月份基本叫停了信托融资业务，故债券成为理财产品的主要投资市场。据统计，目前理财产品投资债券市场的金额比例超过50%，如果将货币市场回购业务也计入在内，比例可能会更高。

（六）开放式产品逐渐成为主流产品类型

开放式产品又被称作“类基金”产品，自其面世以来，就以其兼具收益性与流动性的特点受到客户的欢迎。今年农业银行也推出了自己的首款开放式产品：“安心快线”理财产品，产品分为天天开放与七天开放两个周期系列，赢得了客户的青睐。

（七）币种仍以人民币产品为主，外币产品占比仍然不高

目前市场上存续的银行理财产品，90%以上都是本币产品。其原因一是人民币升值大格局下，以外币计价的产品不受青睐；二是国际金融危机带来的影响仍未完全消除，客户对外币计价产品仍然心存疑虑。

（八）产品类型逐渐丰富，理财产品尝试创新转型

2010年在信托融资产品与债券型产品为主流的市场中，一些创新的产品也逐渐显露头角。在股指期货推出之后，便有机构推出了针对股指期货的套利型产品；一些较活跃的股份制银行还与私募基金合作，针对高端客户推出投资字画、葡萄酒、PE的产品，大大满足了不同层次客户的需求。

三、理财业务发展展望及政策建议

我们预计，2011年的银行理财产品将会展现如下特点：

第一，投资方向仍然会以债券为主，但压力进一步增大。目前中国已经进入了加息周期，2011年加息频率会更加频繁，债券收益率上行趋势不会更改，这给债券型理财产品带来诸多压力。如何应对由此带来的公允价值变动损益成为投资人的主要课题。

第二，资本市场可能会逐步回暖，针对股票市场的产品可能会增加。2011年人民币升值格局不变，热钱流入的规模有增无减；另外一方面，通胀趋势虽高，但转为恶性通胀的概率很小，政策紧缩力度不会超出预期。再加上股市估值处于历史的地位，故笔者较看好明年的股票表现，相信如果趋势成立，针对股票市场的高端理财产品的数量会增加。

第三,银行理财产品创新的步伐不会停止,产品类型会更加丰富。2010年已经出现的创新苗条在明年会继续发展,针对不同客户推出的更加细化的产品类型应该会继续增加。

在未来的业务发展方面,我们有如下建议:

(一)明晰银行理财产品定位

目前,信托计划、保险资产管理计划、券商专项资产管理计划等均可以直接投资于企业债权或股权。对于银行理财计划,由于银监会未对理财产品的投资范围进行明确规范,银行理财产品只能借助信托平台进行企业债权的投资。建议银监会参照其他监管部门对金融同业的政策,推动银行理财向财富管理与资产管理的方向发展,进一步规范与拓展银行理财的定位,以保障银行体系的市场竞争地位。

(二)促进银行服务产品多元化,分散银行体系风险

银信理财合作业务是维护银行高端客户,促进银行服务产品多元化,分散银行体系风险的多赢性业务,且业务发展已有一定规模,社会接受度较高,因此建议监管从长远及银行转型的角度鼓励银信合作业务的发展,推动银行业务创新,增加商业银行在同业竞争中的手段及途径。

(三)拓宽银行理财产品投资领域

建议放开理财产品投向领域,明确理财产品可投向非上市公司股权、收益权等权益类项目。通过分层次的管理,提高银行的业务与风险管理能力来规范此类业务的发展。

(农业银行金融市场部　供稿)

2010年中国银行理财产品运行分析报告

2010年以来,中国银行紧紧围绕客户需求,充分发挥产品及推广部门职能,不断提升产品创新能力,努力提高服务水平,增强业务推广效果,夯实业务发展基础为工作重点,实现了各项理财业务的平稳较快发展。

一、2010年理财产品运行情况

(一)中国银行理财产品的主要类型及具体运作模式

中国银行理财产品主要分为投资金融市场类理财产品和投资资金信托计划类理财产品。

1.金融市场类理财产品

2010年,中国银行发售的理财产品按收益类型划分为保本浮动收益产品和非保本浮动收益产品。

1)保本浮动收益产品

中国银行的保本浮动收益产品投资收益与利率、汇率、商品价格、股票价格、期货价格等一种或多种市场指标直接或间接挂钩,每款产品都带有一定衍生结构,客户通过承担一定市场风险以期获得可能的较高投资收益。根据产品结构与期限的不同,分为"搏·弈"、"汇聚宝"、"周末理财/假日理财"、"中银进取"等产品系列。

"搏·弈"系列产品,为中国银行主要人民币理财品牌产品之一,成立于2006年,主要包括"期限可变"和"结构型挂钩"两大类产品。期限可变类产品期限从7天到6个月不等,该类产品主要投资于在国内银行间债券市场上流通的国债、央行票据、国开债、进出口行债券和农发债等公开评级在投资级以上的金融产品以及债券回购等金融产品。产品起息后银行在约定日期可提前终止,到期或银行提前终止时100%本金保证。结构型挂钩类产品,期限通常为6个月以下,以3个月为主。产品募集资金主要投资于公开评级在投资级以上的债券、票据、拆借等国内外金融市场工具以及外汇、黄金期权等金融衍生产品。其投资收益率与汇率、利率或黄金价格挂钩,符合条件可获得较高收益率,否则获得保底收益率,产品到期时100%本金保证。

"汇聚宝"系列产品,为中国银行主要外币理财品牌产品之一,成立于2004年,币种涵盖美元、澳元、欧元、港币、英镑、加元、日元等主要国际货币,包括"期限可变"和"结构型挂钩"两大类产品。期限可变类产品期限以1个月、2个月、3个月和6个月等短期限为主。该类产品主要投资于公开评级在投资级以上的债券、票据、拆借等国内外金融市场工具。产品起息后银行在约定日期可提前终止,到期或银行提前终止时100%本金保证。结构型挂钩类产品,期限通常为6个月以下,以3个月为主。产品募集资金主要投资于公开评级在投资级以上的债券、票据、拆借等国内外金融市场工具以及外汇、黄金期权等金融衍生产品。其投资收益率与汇率、利率或黄金价格挂钩,符合条件可获得较高收益率,否则获得保底收益率,产品到期时100%本金保证。

"周末理财/假日理财"系列产品募集资金主要投资于在国内银行间债券市场上流通的国债、央行票据、国开债、进出口行债券和农发债等公开评级在投资级以上的金融产品以及债券回购等金融产品。产品投资期限跨越周末(含假日长周末),收益率挂钩起息日当天上海银行间同业隔夜拆借利率(O/N-SHIBOR),产品到期时100%本金保证。

"中银进取"系列产品成立于2009年,独立于"搏·弈"和"汇聚宝"两大主要品牌,币种涵盖人民币、美元和澳元,产品期限通常为6个月-1年,目前以1年为主。产品投资于国内外货币市场以及掉期等金融衍生产品。投资收益率与股票、商品及其它基础资产等挂钩,产品结构相对复杂,符合条件可获得较高收益率,否则获得保底收益率,产品到期时100%本金保证。

2)非保本浮动收益产品

中国银行的非保本浮动收益产品品种多样,投资于境内外市场,产品涉及固定收益类、股票投资类、非金融市场类及境外市场的QDII类等。截至2010年末,中国银行非保本浮动收益类理财产品共存续七款,分别为"中银货币理财计划之日积月累"、"中银货币理财计划之日积月累(尊享)"、"中银稳健增长(R)"、"中银新兴市场(R)"、"中银精选基金理财计划"第1期、"中银债市通理财计划"和"中银汇市通理财计划"第1期等七支理财产品。

"中银日积月累理财计划"成立于2009年,投资于国债、金融债、中央银行票据、企业债、公司债、短期融资券和中期票据等银行间市场固定收益工具。产品投资本金和收益币种均为人民币。客户收益稳定,每个交易日开放申购赎回,申购实时扣账,当日起息;赎回本金部分实时到账,目前客户预期年化投资收益率为1.68%,无申购、赎回费用。

"中银稳健增长(R)"产品成立于2007年,作为中国银行主打的QDII类产品,中国银行为管理人,将募集的人民币资金转换成美元后投资于境外开放式基金和美元固定收益及货币市场产品,前者是以海外上市中国概念股票为主的开放式股票基金,后者包含了美元利率市场中所有的高流动性品种。该产品每个交易日开放申购赎回,满足了普通客户用人民币投资参与海外市场投资的需求。

"中银新兴市场(R)"产品成立于2007年,作为中国银行主打的第三支QDII类产品,结构与"中银稳健增长(R)"产品相似,资金投向中的开放基金是以海外上市中国概念股票、"金砖四国"股票和全球新兴市场股票为主的开放式股票基金;美元固定收益工具为美国财政部发行的高信用等级、高流动性的债券。

"中银精选基金理财计划"产品成立于2009年,通过资金信托,采取"核心+卫星"投资策略,投资于国内已发公开发行的各类证券投资基金,少量资金直接或间接投资于固定收益类或股票类产品。该产品无固期限,每月第一个工作日开放申购,每日开放赎回,面向全辖发售。

"中银债市通理财计划"产品成立于2010年,投资于上海国际信托公司发起的资金信托,中国银行为该信托计划的委托人。产品具体投资于国债、金融债、中央银行票据;银行承兑汇票;债券逆回购、资金拆借;公开评级在投资级以上的企业债、公司债、短期融资券、中期票据,货币市场基金以及其他低风险高流动性的金融工具。该产品每个工作日开放申购赎回,面向全辖发售。

"中银汇市通理财计划"产品成立于2010年,产品为封闭式固定期限产品,募得资金投资于外汇市场的即远期外汇交易,以及货币、债券市场工具,通过各种产品组合的资产配置和套期保值交易进行主动管理,努力增加投资组合价值,降低波动,为美元资产持有者提供一个资产保值、增值的新渠道。

2.信托计划类理财产品

"中银稳富"系列理财产品以银行对接单一信托模式设立的,根据投资顾问的专业化投资建议运作,投资于国债、金融债、央行票据、信用等级在投资级及以上的信用债、货币市场基金、债券型基金、低风险类债基创新基金等金融工具的银行理财产品。该产品自2010年1月推出以来,受到客户的普遍欢迎。

"中银财富-创富"系列理财产品是一款非保本浮动收益型人民币理财产品,理财产品募集资金以中国银行名义认购受托人(信托公司)发起的集合资金信托计划的优先受益权,并成为该信托计划的唯一优先受益人。受托人将中国银行优先受益资金与其自行募集的一般受益资金投资于国内证券交易所挂牌交易的A股股票以及封闭式基金(含ETF基金和LOF基金)、开放式基金、国债、央票、信用等级在投资级及以上的债券(包括但不限于企业债、公司债、中期票据、短期融资券)、债券逆回购、首次发行新股及债券申购、银行存款及法律法规允许投资的其他流动性良好的金融工具。

（二）2010 年产品情况

中国银行理财产品按资金投向划分，主要运作于国内外金融市场及投资资金信托计划类产品。按此类型统计，各类产品 2010 年运作情况如下：

1. 金融市场类理财产品

2010 年，金融市场类理财产品累计实现销量 28,938.75 亿元，保本浮动收益类理财产品新发行 1237 款（见下图），其中，人民币产品发行 702 支，到期 677 款；外币产品发行 535 支，到期 384 款。非保本浮动收益类理财产品新发行 2 款，截至 2010 年末共存续 7 款。

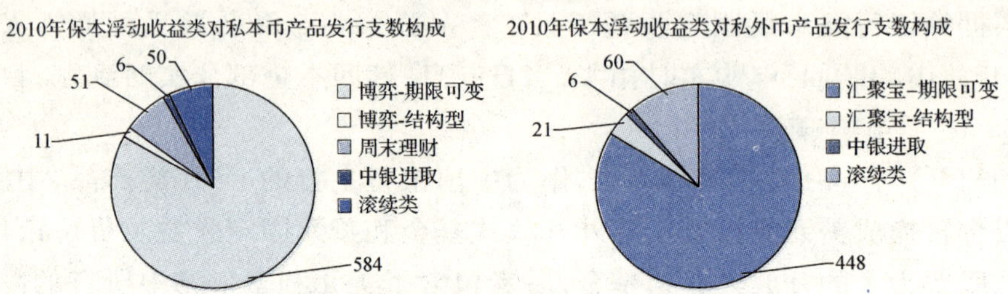

2010 年保本浮动收益类对私理财产品发行支数构成

2010 年新发行了外币非保本浮动收益类理财产品“中银汇市通”，开创了非保本浮动收益类外币理财产品的先河。

2. 信托类理财产品

“中银稳富”系列理财产品为固定期限固定收益类产品，期限为 1 – 3 个月，2010 年客户收益率水平大致为 1 个月 2.2 – 2.4%，2 个月 2.5 – 2.7% ，3 个月 2.8 – 3.1%，4 个月 3.1 – 3.3%，6 个月 3.4 – 3.6% 。2010 年全年发行 97 期，销售总额为 252.16 亿元，12 月末余额约为 68 亿元。

中国银行客户作为受托人（信托公司）发起的集合资金信托计划的优先级客户，“中银财富 – 创富”系列理财产品享受固定收益，1 年期产品收益率在 5% 以上，2 年期产品收益率在 6% 以上，视市场情况进行调整。此产品去年共发售 15 期，规模为 21.5 亿元。

（三）2010 年产品创新情况

1. 金融市场类理财产品

2010 年，中国银行加大产品创新机制建设，进一步加强内部联动，以完善产品体系、改善产品服务为重点，以“产品无空白，期限无空挡”为目标，进行产品创新，进一步提高个人结构性理财产品发售频率，增加产品发售数量，公司结构性理财产品实行每日报价。

中国银行上海交易中心是中国银行在银行间债券交易市场上的一个主体。自成立以来，始终积极主动地活跃在市场第一线，成为银行间市场上最重要的做市商。随着人民币市场的发展，中国银行的市场影响力进一步增加，以专业、灵活、快速的做市商形象得到了广泛的认同。为进一步发挥中国银行在银行间市场的优势，中国银行于年中推出了“中银债市通”理财计划。中国银行作为投资管理人，在债券、债券逆回购等低风险资产间合理配置，在承担一定水平的利率风险、信用风险的前提下，为投资者获取较高的投资收益。产品自 2010 年 5 月 26 日成立以来，截至 2010 年 12 月末，产品单位净值 1.0239，年化收益率达 4.11% 。

中国银行作为国内最早进入外汇市场，参与国际债券及货币市场运作的银行，曾经作为国家外汇储备的专业管理人，在外汇、债券和货币市场上积累了丰富的投资经验。中国银行产品部门在总结自身投资管理优势的基础上，运用丰富的投资经验，通过对各种投资工具的深入分析，于2010年11月推出国内首款投资全球外汇市场中的外汇委托理财产品—“中银汇市通理财计划”。产品管理人一方面通过外汇利差交易与主动交易，谋求套息收入和汇差利得；另一方面通过货币、债券市场工具的资产配置，获取稳定的收益，降低理财计划资产的净值波动率，通过两者的动态组合，努力增加投资组合价值。该计划第一期产品自2010年11月23日正式成立以来，在12月底的净值达到1.0134美元，年化投资收益率高达12.87%（未扣除相关管理费用），运作稳健，业绩喜人。

从产品投资币种来看，中国银行发售了首款澳元“七日有约”外币自动滚续理财产品。

2. 信托计划类理财产品

中国银行历时半年多的研发准备，于2010年3月初向中国银行高端客户推出了一款阳光私募组合创新产品－精英汇产品（TOT）。之所以取名为“精英汇”，其实质有两层含义：一层是汇聚国内顶尖私募精英，为客户精心打造财富增值平台；另一层含义是汇聚中国银行个人客户中的财富精英，共享财富盛宴。该产品属于“信托中的信托”（TOT，Trust of Trust），通过母子两层信托结构，由母信托投资于多个优秀阳光私募基金（子信托），实现业绩的二次优化和风险再次分散。初始资金投资于8家国内优秀私募公司的信托产品：从容成长3期、重阳1期、民森A、尚雅2期、星石9期、亿龙长江、朱雀1期和武当5期。

该产品打响了中国银行代理销售阳光私募基金组合产品的第一枪，是2010年同业市场上资金募集金额最大的一支阳光私募基金组合类产品，首次募集金额为12.622亿元。该产品的创新特点主要如下：

领先国内同业推出：是国内首家阳光私募基金组合型集合信托产品。在中国银行于2010年初推出后，招商银行、工商银行、建设银行、农业银行才陆续推出。同时，此产品的推出，积累了研发经验，为中国银行后续发单只阳光私募基金起到开路作用。

产品结构创新：该产品精选了业内最优秀的前八家阳光私募公司，组成“篮子基金”，通过对冲非系统风险，获取较高回报。

盈利模式创新：中国银行除了收取前端销售费用外，还可参与后端超额业绩分成。业绩分成的收益分配安排，将客户收益、投资顾问费、银行服务费绑定在一起，实现共赢，开创了一种新的盈利模式。

同时，该产品的业务拓展效应亦非常明显：在12.62亿元的首发销售额中，吸引行外资金7.29亿元，占比57.62%；吸引行外客户40多位（合计399位），占比10.52%，同时因本产品的稀缺性和竞争力，也提高了老客户的忠诚度，除购买精英汇产品外，客户还将多余资金以存款形式留存中国银行，共新增存款余额1.28亿元。

二、2010年理财产品业务运行的主要特点

（一）产品币种丰富

2010年，中国银行发行的所有理财产品中，人民币类产品占比64%，外币当中，澳元和美元占比最大，均为11%，而欧元和港币占比分别为6%和4%。可以看出，中国银行理财产品币种齐全，能够充分发挥中国银行外币理财优势，满足投资者对不同币种的投资需求。

（二）产品以短期产品为主

2010年，中国银行发行的所有理财产品中，99%的产品期限在1年以内，其中1个月以内的产品占比52%，1－3个月产品占比34%，3－6个月占比11%，6个月－1年的产品占比3%，短期特征明显。

（三）产品资金主要投资于银行间市场

2010年，中国银行发行的所有人民币理财产品中，投资于银行间市场的产品占比高达78%，投资于

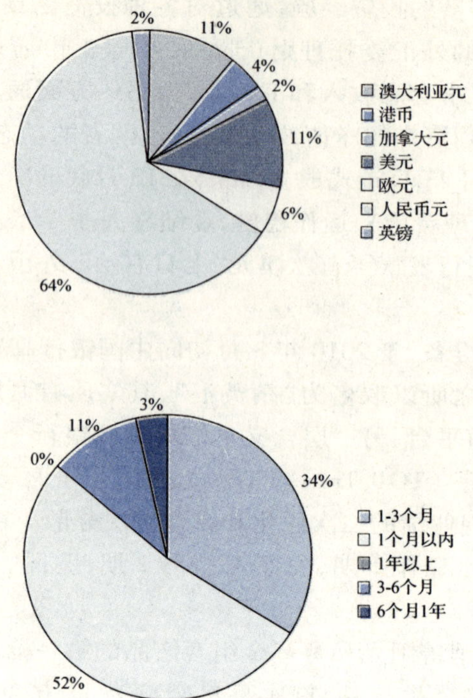

包含信贷资产的资产池类理财产品占比为19%，挂钩类产品（包括挂钩商品、股票与基金以及汇率类）为3%。

其中，采取银信合作形式运作的产品占总发行产品的19.52%，这些银信合作的产品均采用资产池的方式进行投资管理，其中，信贷资产的投资比例严格控制在银监会72号文的规定比例范围之内。以下为投资标的结构特征图：

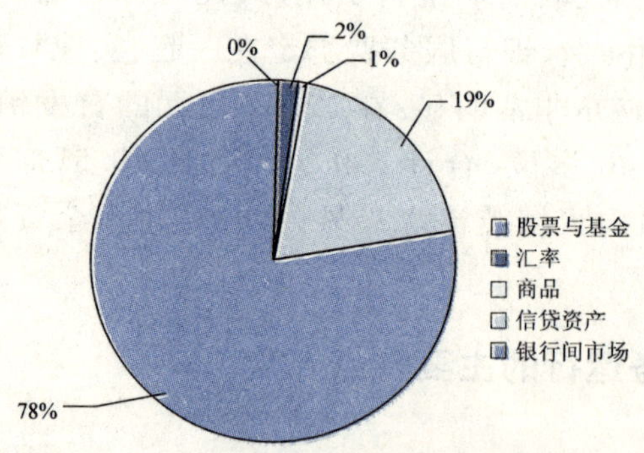

三、2011年理财产品业务发展展望

2011年，国际国内金融市场仍存在较大的不确定性，理财业务的发展任重道远。新的一年，中国银行将以保本浮动收益结构化理财产品及非结构化固定收益类理财产品为重点，加大重点产品推广力度，进一步做大理财规模，充分发挥理财产品拓展客户和维护客户的功能，促进商业银行收入结构和产品结构优化。

保本浮动收益理财产品方面,2011 以来,产品短期化趋势越发明显。随着 CPI 持续走高,准备金率频调,加息预期持续存在。年初,随着市场资金面偏紧,一些针对客户风险偏好和流动性需求而设计的收益率相对较高的理财产品颇受客户欢迎,预计今年"加息"仍将是理财市场的主旋律。

非保本浮动收益理财产品方面,信贷类产品的监管日趋严格,造成此类理财产品发行支数锐减,产品与客户需求存在较大缺口。2011 年,商业银行将通过拓展投资领域,改善产品结构等方式,加大非保本浮动收益理财产品的研发创新力度,坚持自主研发有前瞻性、有竞争力的拳头产品和长线产品,突出产品特色和技术优势,完善产品体系,加强产品推广,实现理财业务的持续增长。

随着国内同业竞争、理财产品同质化现象严重,单一的理财产品已经不再能满足消费者多样化和追求高收益的理财需求。因此,商业银行应以提高理财服务水平为重点,满足客户多元化需求,提供理财增值服务,通过优质服务扩大客户基础,稳固客户关系,保证理财业务的平稳、持续、健康发展。

(中国银行金融市场总部(代客)、公司金融总部和个人金融总部供稿)

2010年中国建设银行理财产品运行分析报告

2010年，随着居民投资需求的不断变化及商业银行业务战略转型的深化，建设银行理财业务不断发展。全年理财产品运营情况良好，到期理财产品全部向投资客户兑付了本金并按不低于预期的最高年化收益率兑付了收益，未出现垫款情况和风险事件。

一、理财业务发展基本情况

2010年建设银行自主发行理财产品271期，募集资金22722亿元，兑付客户本金收益21533亿元；当期实现收入54.74亿元；产品余额3262亿元。

从整体风险情况看，建设银行所有已到期理财产品均按不低于客户预期最高年化收益率兑付；尚在存续期内的理财产品中，信贷资产的融资企业绝大部分为建设银行AA级以上客户，风险状况正常，预计能够按时还本付息；股权资产项目均运营正常，抵、质押物均足够覆盖客户本金与预期收益，预计到期能够正常兑付；其他资产（主要为债券、同业存款）风险较低。

二、业务创新情况

为满足客户日益旺盛的投资理财要求，丰富建设银行理财产品线，维护优质客户资源，增强客户服务能力，有效提升建设银行金融理财创新能力和市场竞争力，2010年建设银行结合最新监管政策要求和市场与客户需求，加大了对理财产品新模式的研发力度，开发了保障房委托贷款型、信托受益权转让型、上市公司股票增发等理财创新产品。

2010年建设银行理财业务获得市场和客户的充分肯定，在国内外多项评选活动中荣获殊荣。在2011年英国《银行家》杂志2月号发布的"全球投资银行品牌十强"排名中，建设银行投资银行位列第九位。在"中国·银行理财年会""值得信赖的银行理财品牌"评选中，建设银行"乾元"品牌荣获"最佳现金管理品牌"，"建行财富"品牌荣获"最佳市场满意度品牌"。在《每日经济新闻》举办的"金鼎奖"评选活动中，建设银行"建行财富－乾元－财富季季盈稳健型开放式资产组合理财产品"喜获"2010年度优秀私人银行产品"奖。

三、各类理财产品运行情况

建设银行于2011年1月专门下发了相关文件对全行理财产品风险情况进行了排查。排查结果表明，建设银行理财产品各项风险防范措施基本得到了有效落实，总体上运营情况良好，风险可控。已到期产品全部按不低于投资者预期最高收益率兑付。

（一）信贷类

2010年所有到期信贷资产正常还本付息，未到期信贷资产风险状况正常。全行理财产品中未到期信贷资产主要投资于制造业、交通运输、仓储和邮政业等相关行业。均为当地龙头企业或当地排名较高的企业，企业经营管理水平较高，财务状况良好。

2010年全行理财产品项下的信贷资产风险状况良好，具体采取以下措施控制风险：

（1）一般类企业客户的信用等级必须为AA（含）以上。

（2）为响应国务院以及银监会政策号召，创新中小企业融资模式，建设银行专门设计"乾元"中小企业信托贷款集合型理财产品，除融资小企业应完全符合建设银行小企业贷款的准入条件外，各期产品均采取客户分散、行业分散、具备资质的专业机构实行第三方担保、优先次级认购模式等措施以充分降低理财产品的风险程度。

（二）股权（收益权）类

2010年建设银行所有到期股权（收益权）资产均按不低于预计最高年化收益率兑付，未到期股权（收益权）类资产风险状况正常。2010年，全行理财产品项下的股权（收益权）资产风险状况良好，具体采取以下措施控制风险：

（1）为配合国家宏观政策，加强对房地产行业的管理监控，在涉及房地产行业业务时，建设银行严格遵守监管部门相关规定，避免合规性风险。

（2）在产品设计阶段，建设银行要求项目团队对客户需求进行挖掘了解后，按照监管政策及总行的要求，在尽职调查的基础上，对应设计产品方案。

（3）在产品审批阶段，分行建立分行投行业务（代客）投资决策委员会，及总行投行部产品审议委员会按照相关授权进行审议；超过总行投行部权限的，报行领导审批的机制。

（4）在产品后续管理阶段，建设银行要求相关项目负责人定期实地了解被投资企业的现金流、盈利能力及相关政策等因素的变化，对其股权价值的影响；定期关注股权（收益权）受让方及保证人的现金流、盈利能力及相关政策等因素的变化，对其履约能力的影响；关注抵质押物担保价值的变化，对于所质押的上市公司股票，建立动态监控机制，设置警戒线，在股票价格下跌至警戒线时，要求相关方追加保证金或其他抵质押物；在出现可能影响产品安全足额兑付等事项时，及时采取追加新的抵质押资产、处置抵质押资产、提前终止产品等风险控制措施。

（三）债券类

建设银行理财产品中的债券资产主要配置于资产池类产品中，以总行大丰收系列产品和"乾元－日鑫月溢"为主。配置债券资产将采取审慎原则，合理控制久期，充分发挥债券资产的流动性支持功能并获得相应的收益水平。

（四）其他类

建设银行其他类资产主要为同业存款，以及少量的应收账款、并购融资等资产，所有资产风险状况正常。

对于以前年度发行的投资于境内股票、基金等二级市场的精选投资类理财产品，建设银行抓住市场回暖机遇，加大了对投资顾问的监管力度，2010年底产品净值较2009年底出现大幅回升，产品净值已全部在1以上。

四、理财业务发展展望

1. 以宏观政策和客户需求为导向，对理财产品实行差别化风险管理

建设银行已要求将理财产品风险管理纳入全行整体风险管理体系之中。下一步将进一步深化根据理财产品的不同特点实施差别化的风险管理措施。对于信贷资产类的理财产品，要求理财产品融资的企业不因理财而扩大风险敞口。对股权投资及其他另类投资理财产品，要求投融资项目的现金流覆盖达到合理水平。

2. 将加大对高资产净值客户理财产品的倾斜

虽然面向高资产净值客户发售的产品种类较为丰富，但发行量尚不能满足高资产净值客户和法人客户日益增长的投资理财需求。因此，不断加大力度开发面向高资产净值客户的理财产品，满足客户定制化需求，研发投资于不同领域的理财产品，不断推陈出新。

3. 优化行业投向结构，向政策支持的战略性新兴行业转移

根据国家“十二五”规划，我国将进一步加快发展方式转变，推进经济结构战略性调整。节能环保、新一代信息技术、生物、高端装备制造、新能源、新材料和新能源汽车等七个战略性新兴产业发展规划的全面启动将带来一大批产业升级投资项目的开工，催生一批新的产业增长点。上述行业的理财需求也将持续增加，这将为充分发挥理财业务的投融资中介角色提供广阔的空间。由于新兴行业受到政策扶持，行业风险相对较低，盈利空间较大，投资于新兴行业的理财产品风险收益相对均衡，因此将加大支持力度。

（建设银行　供稿）

2010年交通银行理财产品运行分析报告

一、2010年理财产品业务运行情况

（一）理财产品资金的主要投资方向及具体运作模式

交通银行对私理财产品主要投资于信用级别高、收益稳定的债券与货币市场工具。其中包括央票、国债、政策性金融债、企业债、中期票据、短期融资券以及稳健型投资工具等等。主要运作模式分为四类：投资于人民币债券的理财产品—新绿系列；投资于上述投资范围投资工具的组合投资类产品—智慧添利和沃德添利系列；投资于上述投资范围投资工具的开放式组合投资类产品—天添利系列，以及外币新绿系列结构性存款产品系列。

交通银行对公人民币理财产品主要投资于银行间市场央票、国债、金融债和高评级信用债券。产品有T+0产品和固定期限两种类型，主要以资产池模式运作。对公外汇理财产品主要为投资于挂钩外汇汇率、利率等国际金融指标的结构性存款产品，按照投资币种分为外币结构性存款和人民币结构性存款两大类，所有产品全部采取封闭式运作方式。

2010年由于国内股市等投资渠道的不振以及国外经济复苏前景不明朗，资金流到短期理财市场明显。再加上国内通胀预期和加息预期的影响，投资者观望情绪浓厚，大多选择短期限低风险理财产品。在这样的客户需求下，交通银行2010年设计发行的对公理财产品全部为保本型产品，保证客户本金的安全性。从全年产品销售情况看，3个月期以下的短期产品占比为73.91%，充分反映了投资者的高流动性偏好。

（二）2010年理财产品具体情况

1. 个人理财产品情况

2010年，交通银行总计发行个人理财产品2040款，销售规模为13188.01亿元，年末余额为971亿元。其中外币产品为381款，销售规模为82.53亿元，年末余额为57.82亿元（以年末汇率折算）。

从产品类型结构来看，人民币债券类产品（人民币新绿）共发行107款，规模为230.22亿元，占比为1.75%；按监管要求，2010年交通银行信贷资产类产品开发进行了调整，数量、规模和占比也出现较大幅度的下滑，全年仅在年初发行101款、规模为437.64亿元，占比仅为3.32%；票据（新蓝）产品方面，2010年共发行4款，销售规模为97亿元，占比仅为0.74%；外币结构性（外币新绿）产品方面，发行数量达到381款，销售规模达到82.53亿元，但占比仅为0.63%。

在滚动发行的理财产品方面，智慧添利全年共发行890款，销售规模达到1612亿元，占比为12.22%；沃德添利全年共发行398款，销售规模达到1899.96亿元，占比为19.92%；周末添利全年共发行45款，销售规模达到2627.3亿元，占比为19.92%。其他期次类产品全年共计发行114款，销售规模达到743.38亿元，占比为5.64%。

在管理类产品方面，天添利A全年申购量为842.6亿元，天添利B全年申购量为3369.26亿元，天添利C全年申购量为1222.2亿元。久久添利申购量为23.75亿元。

从产品风险评级分布情况来看，风险水平1R的产品数量占比为24.26%，规模占比为8.84%；风险水平2R的产品数量占比为58.82%，规模占比为83.23%；3R及以上的产品数量占比为16.91%，规模占比为7.93%。整体来看，理财产品风险仍保持在较低的水平。

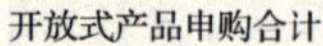

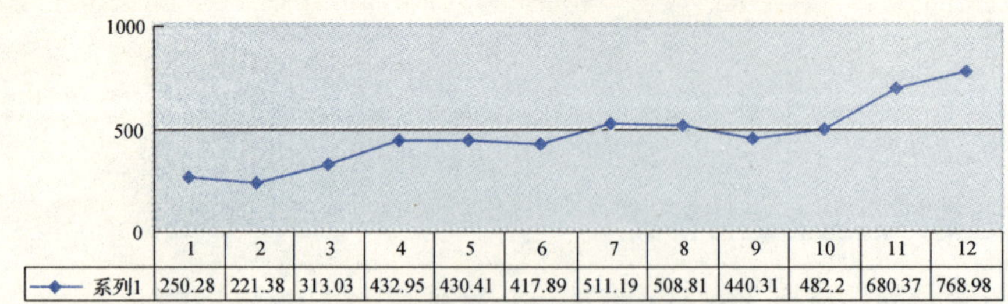

图 1－8－1　2010 年管理类产品申购情况

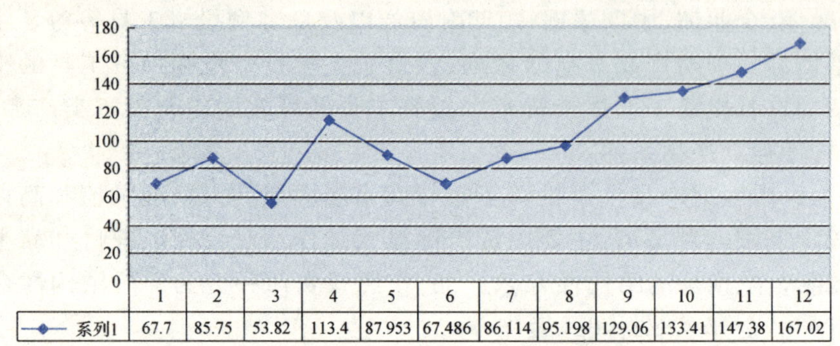

图 1－8－2　2010 年管理类产品月末余额情况

数据来源：WIND，交通银行。

从理财产品期限结构来看，交通银行期限在三个月以下的理财产品居多数，其中产品数量占比达到 64.72%，销售规模占比达到 75.68%。

从理财产品的收益水平来看，由于短期产品较多，理财产品的平均收益率集中在 5% 以下。其中年化收益率在 2% 以下的个人理财产品数量占比为 44.77%；年化收益率在 2%－3% 的理财产品数量占比为 29.61%；年化收益率在 3%－5% 的产品数量占比为 21.92%；年化收益率在 5% 以上的理财产品数量占比为 3.7%。整体上，交通银行理财产品的收益率水平与理财产品的投资类型以及期限结构相适应。

2. 公司理财产品情况

2010 年，交通银行共发行 969 期对公人民币理财产品，募集金额 2223.5 亿元，年末余额 181.8 亿。其中，信托资产余额 15 亿元。

2010 年对公人民币理财业务情况

产品名称	类型	期数	募集资金（亿元）	年末余额（亿元）
蕴通财富·稳得利	固定期限	969	1748.88	155.91
蕴通财富·生息 365	T＋0	–	474.64	25.89

期限结构方面，对公人民币理财产品以 3 个月内（含）为主，募集资金占比 97.0%。其后依次为 3－6 个月（含）和 6－12 个月（含），募集资金占比分别为 2.5% 和 0.4%，1 年以上募集资金占比 0.1%。

收益率方面，以 2010 年 12 月发行产品为例，1 个月预期收益率 2.65%；2 个月预期收益率 2.80%；3 个月预期收益率 3.00%；6 个月预期收益率 3.15%；1 年预期收益率 3.45%。

此外，2010年，交通银行发行对公人民币和外币结构性存款产品总计301款，销售规模为265.40亿元人民币，年末余额为54.59亿元人民币（以年末汇率折算）。其中，人民币结构性存款共发行80款，规模为160.58亿元，占比60.50%，年末余额为37.36亿元；外币结构性存款221款，规模为104.82亿元，占比39.50%，年末余额为17.23亿元（以年末汇率折算）。产品期限结构和收益率水平具体分布情况如下表所示：

币　种	期限	款数	募集资金量	收益率水平
人民币	3个月以下	53	112.17	1.7%－2.6%
人民币	3个月（含）－6个月	15	23.87	2.0%－2.8%
人民币	6个月（含）－1年	5	13.49	2.3%－2.7%
人民币	1年	7	11.04	2.5%－3.0%
外币	3个月以下	182	83.97	0.5%－2.6%
外币	3个月（含）－6个月	29	14.83	1.2%－3.1%
外币	6个月（含）－1年	8	4.15	1.5%－3.0%
外币	1年	1	0.24	3.7%
外币	1年及以上	1	1.63	4.1%

（三）2010年理财产品业务创新情况

根据去年底和今年初制订的理财产品开发战略，交通银行开发了一批市场影响力大，客户接受度高的，能有效提升理财产品品牌形象的产品。其中，在个人理财业务领域，交通银行创新主要有以下几个方面：

1. 围绕客户发展策略，开发了假日系列产品

该系列产品是为满足客户节假日闲置资金的理财需求，春节前夕，交通银行推出了“得利宝·沃德添利（春节版）”个人理财产品。3月底，交通银行发行了一款“得利宝·沃德添利（清明版）”产品。此外，国际劳动节、端午节、中秋节和国庆节继续推出了假日产品。这些产品结构优势明显、准备充分，营销策略精准，投放市场后获得很大反响，产品供不应求。

2. 至尊系列产品日益丰富

根据私人银行客户发展策略，结合同业、市场动态，今年以来陆续推出了私人银行客户专享系列产品“得利宝·至尊”系列。

3. 沃德添利增设周末版

为客户提供周末理财的理想产品，今年以来，推出了“周末添利”系列产品。该系列产品投资于信用级别高、收益稳定的投资工具，投资更稳健，资金更灵活，收益也更有保障。

4. 产品订制常态化，开发流程日益规范

随着私人银行业务的发展，分行私人银行顾问对理财产品的需求不断增加，为了提升产品订制的成功率，我部加强了资产和资金的管理，实现了私人银行产品订制的常态化。理财产品在要素合理要求的条件下可以随时开发。此外，交通银行还加大了组织结构的调整，将系统参数设置、产品开发和风险管理岗位进行了规范，明确岗位责任。理财产品开发流程日益规范。

在公司理财领域，2010年，交通银行积极推进理财产品创新。一是管理模式的创新，将分散管理的

理财产品按类别属性分别纳入相应资产池统一运作管理，强调对资产池管理的动态性和主动性，提高了运营效率，促进了理财规模的扩大。二是投资工具的创新，目前已形成以债券为主、优质信托计划为辅的资产格局，有效地分散投资风险、提高组合收益。三是产品类型的创新，在现有 t+0 和固定期限产品基础上，紧贴客户需求，设计出含权型等产品。

二、2010 年理财产品业务运行的主要特点

在低利率和通货膨胀压力双重压力下，个人财富管理在 2010 年的重要性得到了充分的体现。房地产市场在政策挤压下继续走强。股票市场在政策扰动下全年走低，表现全球倒数第三。整体来看，流动性急速在各类市场中流转，推动了通货膨胀。

（一）理财业务继续增长

虽然信贷资产类产品规模的急速萎缩，但市场资金充沛与银行资金紧张之间差异化激发了债券市场和货币市场更加活跃。投资于债券和货币市场投资工具的理财产品的兴盛不仅抵消了由于信贷资产萎缩带来的不利因素，而且还大幅提升了理财市场的广度和深度。理财业务继续大幅增长。

（二）理财产品风险有所降低

与 2008 和 2009 年客户投诉频繁相比，2010 年理财产品市场的偏见逐渐减少，客观评价逐渐增多。随着监管的日益严格，理财产品的整体风险有所降低，产品的流动性增加。短期、低风险产品已经成为众多客户资产管理的重要工具。

（三）另类理财产品特色彰显

继 2009 年私募类产品开始走入银行客户视野之后，2010 年另类理财产品已经获得了大量的客户。随着股票市场规模的逐步增大，市场的判断、个股的选择以及适合的投资技巧都已超出一般客户的投资能力范畴。投资者开始意识到将资产交给投资专家管理更加符合市场需求。这部分客户大多是商业银行的高端客户，具有较强的风险承受力。

（四）组合投资和滚动发行产品流行

理财产品开发是个动态过程，产品创新是理财业务发展的重要动力来源。在通胀预期和升息背景下，一些期限短，流动性高符合客户需求的理财产品得到银行的大力推广。在投资手段上采用组合投资来分散投资风险，发行模式上采用期限短、滚动发行的模式来部分抵消客户的收益要求。

（五）理财产品监管日益严格

在 2009 年的基础上，2010 年监管机构对商业银行投资方面的监管也开始进行较为严格监控，并从信托机构入手对银行的合作机构进行了控制。开始酝酿发布新的理财产品销售管理办法。《中国银监会关于规范银信合作业务有关事项的通知》（银监发［2010］72 号）出台后，融资类理财产品受影响严重，规模大幅收缩，这给部分银行带来了较大挑战。

得益于以债券为主的投资格局，交通银行对公人民币理财业务几乎未受影响，全年保持着良好的发展势头。一是对公人民币理财规模增长强劲。全年募集资金 2223.5 亿元，较上年同期增长 118%，中间业务收入较去年同期增长 128%。二是期限结构继续优化，负债成本得到有效控制。本行发行的对公人民币理财产品中，3 个月以内的占比达 97%，显著降低了本行理财的负债成本。三是加大主动营销力度，拓展了同业客户和大客户。结合企业资金运营特点，交通银行为特大型央企和同业机构设计专属理财方案，获得了客户的充分肯定。

三、理财产品业务发展展望及相关政策建议

从世界经济来看，全球经济持续复苏，全球扩张性的政策会持续。利率和通胀已经步入上升通道。

但美元走势仍不稳定,虽然市场关于美国第三轮量化宽松货币政策的传言已经消退,但美元走强态势并不稳定,大宗商品等蕴含着较大的市场风险。此外,国际地缘政治不稳、欧元区主权信用危机以及美国巨额国债都是一些可能会对经济复苏产生重大冲击的诱因,因此在这些背景下,黄金等贵金属虽然目前已在高位运行,但前景仍然乐观。

从国内经济环境来看,宽财政紧货币的基调基本已经确立。全国基建投资仍将继续高速发展,但信托贷款和各种类型的融资信托计划将受到较大的限制,从客观上导致政府投资将仍占主导。通货膨胀风险犹存,与此相对应的货币政策可能会频繁出台。对客户而言,市场存在大量不确定因素,作为一种风险相对较低的财富管理工具,银行的理财产品仍会成为客户青睐的投资工具。

基于上述宏观背景,2011 年理财产品市场仍可能保持较高的发展速度,产品规模和数量会得到继续发展。但同时我们也看到,2011 年商业银行理财产品市场将会出现日益激烈的竞争格局。导致这种竞争加剧的原因主要来自外部和内部两个方面。从外部原因来看,随着货币政策的收紧,作为银行调节经营模式的一个重要业务,随着准备金率的提升,负债业务必须得到高速扩张才能抵销由资产业务受限而造成的盈利能力减弱影响。从内部原因来看,由于客户源的争夺将成为理财产品市场的一个重要诱因,激烈的市场竞争导致理财产品收益率提高,商业银行理财产品的创收功能,服从于客户源争夺策略。

由于商业银行理财产品发行实行的是报告制,在资格方面门槛相对较低。同时,部分商业银行作为其他投资机构的渠道,广泛开展了代理资金收付业务,商业银行开发的产品与代销的产品品种和类型越来越多。此外,未来的理财产品市场参与者也越来越多,包括银行、券商、信托、基金以及投资公司等其他主体的进入,理财产品市场竞争越来越大,价格竞争不可避免,有可能出现恶性竞争的局面。因此,亟需一些规范性的措施来规范这一市场的发展。建议如下:

1. 严格限制理财产品的广告宣传

理财产品是财富管理工具,是一种投资工具并具有一定风险。而银行理财客户与券商或基金的客户风险认知度之间存在一定差异,不适合通过大范围的推介来进行宣传。而更侧重于面向某一类客户群的介绍,因此严格限制理财产品的公开广告宣传。

2. 放宽理财产品投资范围

目前,商业银行财富管理已经发展到一个新的阶段,客户,产品以及风险控制都较几年前有了长足的进步,从资金投资方面,商业银行已经通过各种创新合法合规的开发了大量理财产品,这些产品投资不同领域且受到双重监管,一方面受到所投资领域主管机构和部门的监管,另一方面受到银监会和人民银行的监管。条线众多。建议监管部门从合法合规的角度进行宏观监管,不宜对具体业务进行限制。对具体业务的限制可能会导致第三方财富管理机构和地下理财机构的兴起,从而将可监控的业务推到不可监控的地方,反而不利于主管部门的监管。

3. 明确监管重点

商业银行作为服务机构,客户是商业银行理财业务发展的重点,在经历了 2008 年的金融危机之后,各商业银行都将理财产品销售的合规性管理作为业务发展的重点,但随着竞争的加剧,理财产品的销售风险依然存在隐患,因此建议监管部门将监管重点放在销售风险的管理方面。

4. 加强投资者教育

商业银行理财产品市场的发展与投资者教育息息相关,近年来在监管机构、银行业协会和商业银行的推动下银行客户的投资者教育已经得到长足的发展,但从各类媒体报道来看,一些非主流观念仍然存在,非专业性的报道仍然较多,对商业银行理财业务的认识仍存在一些偏差,为了推动理财业务的发展,需要继续加强投资者教育。

此外，随着市场的发展，商业银行角度也要做到：

1. 以利率市场化推动产品定价

利率市场化是我国金融市场改革的重要环节，是理财产品定价的发展方向。目前，理财产品的定价已初步实现了市场化，监管机构不再以基准利率指导产品定价。理财业务应以利率市场化改革为契机，推动定价科学化、理性化，在提升产品竞争力的同时，维持理财市场的有序竞争。

2. 以需求差异化推动产品创新

客户需求是理财业务发展创新的动力之源。面对日趋差异化的客户需求，商业银行应加大创新力度，为理财业务寻找新的增长点。一方面，借鉴证券公司和基金公司等资产管理机构，创新产品结构和收益类型；另一方面，大力拓展理财业务投资范围，分散风险、提高收益。

（交通银行　供稿）

2010年中国光大银行理财产品运行分析报告

2010年全年，光大银行共发行理财产品7910.41亿元，其中个人理财产品发行3748.57亿元，机构理财产品发行4161.84亿元。截止12月底，光大银行理财产品余额为1747.50亿元。理财业务已经成为光大银行最主要的中间业务收入来源之一，并随管理费的加入，其质量及稳定性不断提高。

2010年，在银信融资类理财业务新政出台的背景下，光大银行迅速对理财原有发展模式进行调整，并继续执行理财业务发展战略，使理财业务继续保持业界持续创新能力。在所管理资产规模出现较大幅提高的情况下，光大银行不断提高代客资产管理能力和项目管理能力，理财品牌形象继续保持并提升。

一、2010年光大银行理财产品业务运行情况

（一）光大银行理财产品的主要类型及具体运作模式

光大银行理财产品主要分为结构性存款类、直接投资类和资产管理类三大类别。

1. 结构性存款类产品

主要包括A计划、A+计划和C计划，A计划（外币）和A+计划（人民币）是指在普通存款的基础上附加一定的衍生产品交易结构，该交易结构使得投资者根据对汇率、利率、信用、商品、股票、基金以及以上类别资产相关指数和其它金融指标或工具的预期，在承担一定风险的前提下，获得比普通存款利息更高的收益；C计划属于信用联结理财产品，是指收益与某一或某组信用体的信用状况表现挂钩的本金不保证的理财产品。信用产品的本金和收益与信用体的信用状况相联结，当信用体不发生违约事件时，客户收取全部本金和约定的收益；当信用体发生违约事件时，客户收取全部约定收益，但只能收回与信用体特定债务回收率比例相等的本金。

2. 直接投资类产品

是以直接投资的方式投资于债券或信托计划的理财产品。主要包括债券投资B计划产品和信托投资T计划产品。债券类产品是以债券市场上流通的债券为投向，面向客户发行理财产品的代客理财业务。信托投资类产品是本行以理财产品为载体获得投资者的集合委托，将代客理财资金投资于信托公司设立的资金信托计划，并办理相关资金收付的理财产品。根据信托计划运用资金的方式，可将光大银行信托投资理财产品分为直接融资类和结构化融资类两种类型。其中直接融资类是指通过信托贷款、信贷资产买断、软贷款等直接债务融资方式运用信托资金的理财产品；结构化融资类是指通过股权或债券投资的简单分层结构进行杠杆融资的理财产品。

3. 资产管理类产品

是指通过构建独立的资产组合，并以产品自身为独立会计实体（SPV）进行账务核算，将客户理财资金投资于融资类信托计划、债券、票据、货币市场基金等固定收益类金融资产，实施组合化管理的产品。此类产品包括通过信托公司进行投资和光大银行自主建账的资产管理型产品两种。

（二）2010年产品情况

2010年，光大银行共发行理财产品2214只（其中人民币产品2059只，外币产品155只）、实际募集资金量7910.41亿元人民币（其中人民币产品7828.17亿元，外币产品折人民币82.24亿元）、年末余额1747.50亿元人民币（其中人民币产品1681.24亿元，外币产品折人民币66.26亿元）。

2010年，光大银行发行的人民币理财产品以短期为主，各期限产品占比及收益率水平见下表：

期限分类	发行量占比	平均预期年化收益率
一个月（含）以内	67%	3.30%
一个月至三个月（含）	15%	3.50%
三个月至六个月（含）	8%	4.30%
六个月至一年（含）	9%	5.00%
一年以上	1%	6.00%

2010年，光大银行发行的外币理财产品的期限结构以半年期和一年期为主，各期限、币种产品收益水平见下表：

产品分类	平均预期年化收益率
半年期美元产品	3.00%
一年期美元产品	3.50%
半年期港币产品	2.90%
一年期港币产品	3.20%
半年期欧元产品	3.00%
半年期澳元产品	4.60%

2010年，光大银行发行的理财产品类型分布见下表：

资金投向	发行量（亿元人民币）		
	人民币	外币	合计
信托贷款	6275.39	33.38	6308.77
债券及货币市场工具	11.86	0.00	11.86
股票和基金	52.56	0.00	52.56
结构性存款	1488.36	48.86	1537.22
结构性票据	0.00	0.00	0.00
合计	7828.17	82.24	7910.41

（三）2010年产品创新情况

2010年，光大银行立足市场环境，通过持续业务创新继续对理财产品线进行完善和补充。一是积极研究保本基金，初步形成了准保本基金型理财产品的方案；二是进一步改进固定收益型产品的发行和投资机制，通过对行内代销和TA系统的改造，将部分固定收益型产品的发行管理模式由期次化模式升级为组合管理模式，提高了产品发行的有序程度和投资管理的集约化；三是，研究黄金和股指期货等投资套利机会，形成了包含主动黄金投资管理的资产管理产品方案；四是，进一步完善私募基金产品系列，由原有私募基金宝产品向包含主动管理的私募基金宝、被动管理的风格化私募基金宝和单一私募基金代销等产品系列发展。同时，加大了产品销售模式的创新力度，在销售端推出了“六面体”理财业务展业模式。

二、2010 年光大银行理财产品业务运行的主要特点

2010 年，光大银行理财业务以稳健与规范作为主基调，在银信合作新政出台后，迅速调整理财业务发展模式，稳中求新，通过持续的多元化创新保持阳光理财品牌形象。全年理财业务运行特点主要概括为以下几个方面：

（一）理财产品以短期、稳健型产品为主，保证产品持续发行。

根据客户的理财需求，光大银行 2010 年的产品发行以短期、稳健型为主，并在春节、清明节、劳动节、国庆节等假日期间，推出 3 ~ 9 天的超短期假日理财产品，深受投资者青睐。同时，通过对产品资源的合理安排与调配，保证了理财产品的持续发行，确保了到期客户的顺利承接与新客户的拓展，使理财业务规模持续增长。

（二）对资产管理类产品进行精细化管理。

2010 年，光大银行继续对现有股票投资相关资产管理理财产品进行了合理梳理和细化管理，监管前期多支“仿制基金”、“FOF 产品”、“QDII 产品”投资顾问管理能力，并进行量化评价，以“阳光资产配置计划”产品为起点，以“阳光私募基金宝”为重点，不断完善投资顾问遴选规则和跟踪投资表现，履行 FOF 投资组合经理职责，通过投资顾问和我们的共同努力，截止 2010 年 12 月末，“阳光私募基金宝”累计净值 1.0918，较成立净值增长率为 9.18%，同期沪深 300 指数则跌幅达 5.02%。产品净值表现明显高于股票市场表现，为未来探索股票投资相关资产管理产品积累经验。

（三）大力拓展产品销售渠道，注重同业客户产品销售，加大财富客户营销力度。

光大银行在 2010 年继续拓展同业客户理财，保证重点客户产品销售，并将代销系统推广与理财顾问服务捆绑推广。在产品安排方面，除向同业客户提供不同期限、不同收益档次的固定收益理财产品外，还通过持续发行现金管理类产品，满足机构客户流动性需求。同时，光大银行于 2010 年完成了机构客户网银理财购买功能的开发，方便了机构客户异地购买本行理财产品。

同时，光大银行在 2010 年加大了个人财富客户的营销力度，通过财富客户理财产品的定制与销售，逐步改善客户结构，扩大产品销售规模。2010 年，持续发行面向高端客户的理财产品，并使之成为吸引、稳定高端客户的主要工具。

（四）通过改进产品发行管理模式，改善客户体验，并逐步促进理财业务转型。

为提升客户体验和优化产品管理模式，光大银行于 2010 年完成了行内 TA 及销售系统的全面升级改造，将部分固定收益型产品的发行管理模式由期次化模式升级为组合管理模式，提高了产品发行的有序程度和投资管理的集约化。通过模式优化，此类产品发行端不再受投资项目办理进度的影响，可实现理财产品定期发行甚至每日发行，从而可支持分支行有序的开展产品销售。

同时，此类产品的投资端采用组合化投资管理，将原有期次化产品的单一投资范围扩展至包括债券、货币市场工具和融资项目等等大部分固定收益型金融资产。在目前银信理财合作模式受阻的政策背景下，有利于我们抓住市场机会，分散化投资，逐步降低对银信合作产品的依赖，推动理财业务投资管理模式的转型。

三、2011 年理财产品业务发展展望

2011 年，光大银行在保留现有理财核心产品链的基础上，努力提升在“双 F”，即：Fixed Income 与

FOF(Fund of Fund)两个主线产品的投研能力,并配套IT系统与人力资源的投入,力争实现理财项下管理资产规模和中间业务收入的大幅提升,继续保持主要的中间业务收入产品地位,并在品牌与客户方面助力光大银行的发展。

1. 围绕"双F"业务模式布局核心产品线,除继续完善自主管理理财产品外,重视基金、专户、集合信托和阳光私募等外部引入产品,补充自有产品谱系的缺环,并仿照自主产品,形成一套对外部引入产品的评价、分级和后续管理机制,将其有机纳入光大银行整体产品体系中。

2. 重视销售端的理财产品和模式创新,通过销售端的主题产品推广和组合构建等扩大阳光理财的品牌影响力。同时,从单纯产品推广,向产品及组合管理和方案提供并重转变,重视发展对高端人群的理财顾问等咨询服务业务。

3. 进一步充实理财投研团队,提高投研能力,提升自主管理产品的管理能力;同时,完善对外部管理人(主要是权益类产品)的评价和考核激励制度,增强光大银行对外部产品的精选和配置能力。

4. 进一步完善理财IT系统平台,包括改进和建设理财TA和销售系统,建设和完善前中后台一体化的理财交易、风险和账务系统,以建设基金化产品绩效评估系统,为FOF产品的投资管理、绩效评估和投资顾问选择提供技术支持等。

四、相关政策性建议

1. 制订关于银行理财产品的法律法规,明确银行理财产品的法律架构,并进一步解决银行理财产品开户、交易等通道问题。

2. 区分理财产品公募与私募的不同性质,对公募性质的产品实行强制性的更为严格信息披露与销售控制,实行更为严格的核算与账务处理要求,实行更为严格投资限制;对私募性质产品也要监控,并执行不低于目前水平的信息披露要求。

3. 区分不同银行,实行分类管理,以加强银行的自律与自省。以组织架构、内部管控、投资研究、团队配备等能力评价为基础,对银行进行分类管理,实行业务、产品、地区、对象的不同准入标准;控制道德风险,提高职业操守。

4. 对销售行为统一管理,实行理财产品设计、销售人员的"黑名单"制度。

5. 加强理财业务数据共享,便于进行同业对比与分析。

6. 组织对银行理财产品与银行理财业务的客观介绍与宣传。

7. 进一步加强检查和监管力度,对存在违规行为的银行给予更加严厉的处罚,并在全行业曝光。

(光大银行财富管理中心　供稿)

2010年招商银行理财业务运行分析报告

一、产品运行情况

（一）理财产品主要类型及运作模式

理财业务是我国银行业界的新兴业务，自2006年开始，理财市场呈现了爆发式增长的态势，招商银行理财业务规模发展迅速、产品日趋变化多样。到目前为止，招商银行产品开发与发行已覆盖主要的各种资产类别，包括固定收益类、权益类、商品类、结构性产品类、QDII以及另类投资类等。金融危机以来，投资者市场风险意识上升，2009年、2010年固定收益类理财产品成为招商银行财富管理的主打产品。

从运作模式上看，招商银行理财业务在08年以前以一对一运作模式为主，即在募集一期特定期限资金后，匹配相关资产类别的投资或交易，这相当于银行提供一种投资通道服务并赚取中间业务收入。2008以来年招商银行在固定收益类产品上的运作模式有所突破，从传统的一对一理财转变为资产池的运作模式。2010年招行主动加大固定收益类理财产品开发，将一一对应运作与资产池运作模式并举，健全和明晰了日日金、岁月流金、贷里淘金、点贷成金、一诺千金、精艺求金六大系列固定收益类理财，并在每个系列内又开发了面向不同细分客户群的子产品，完善了招商银行金葵花固定收益类理财产品体系。

同时招商银行依托强大的财富管理能力，在一对一运作模式下，2010年还推出了投资权益类资产的理财产品，如挂钩A股表现的结构性理财产品、证券投资分层优先级理财产品、可转债投资理财产品；增加固定收益类投资策略，开发了基于套利交易策略模式的类基金理财产品；开拓有另类投资类理财，如股指期货套利理财产品、碳排放为主题的公益性理财产品以及儿童基金会慈善理财产品等。

（二）2010年产品规模

招商银行理财业务运作总体情况良好，近年来高速增长。截至2010年12月末管理理财产品余额1750亿元，当年累计开发理财产品1762支，当年累计发行理财产品16514亿元，较去年同期增长34%，创出历史新高。近年来产品总体发行情况如下表所示：

年份	发行只数	发行规模（亿元）	管理余额（亿元）
2008	2345	7019	1352
2009	1772	12290	1507
2010	1762	16514	1750

2010年末，根据理财产品的产品风险可控性以及投资类别，招商银行各类理财产品规模情况如下：

1. 保本固定收益类产品、现金管理类产品，余额折人民币409亿元，占比23.4%，主要包括日日金以及岁月流金类产品，通过资产池模式运作，投资方向为市场信用级别较高、流动性较好的金融工具；

2. 非保本固定收益类、现金管理类产品，余额折人民币1058亿，占比60%，主要包括日日盈、贷里淘金、点贷成金类产品，通过资产池模式运作，投资方向为银行间债券以及存量信托贷款等；

3. 非保本信托贷款、信贷资产、委托贷款类产品，余额149亿，占比8.5%，主要通过一对一模式运

作,投资方向为信托贷款(含股权收益权转让及回购)、他行信贷资产以及信托贷款等;

4. 非保本 FOF、股票二级市场类信托产品及 QDII 产品,通过一对一模式运作,余额 90.6 亿,占比 5.2%;

5. 结构性产品及其他,通过一对一模式运作,余额 43.7 亿,占比 2.5%。

具体如下表所示:

风险分类	投资类别	产品类型	余额(亿人民币)
基本无风险类	固定收益类	现金管理类(保本保息,日日金系列)	164
		固定收益(保本保息,岁月流金系列)	204
		一诺千金系列(大客户、保本)	41
风险较小类	固定收益类	现金管理类(非保本,日日盈系列)	288
		固定收益(非保本,贷里淘金等系列)	770
		存量信托贷款类、信贷资产类产品	123
		其他类	26
	权益类	结构分层型,投资二级市场的优先级产品	10
	结构性产品	稳赢系列(投资货币市场及掉期交易)	7.7
潜在风险类	结构性产品	结构性(挂钩汇率、利率、股票、商品等)	36
	固定收益类	精艺求金(主动管理型类基金债券产品)	9.1
密切关注风险类	权益类	FOF 和股票二级市场类	64
	QDII	QDII(不保本不保息)	7.5
合计			1750.3

(三)产品创新情况

创新是银行理财业务发展的原动力,2010 年招商银行不断研究金融市场趋势、同业理财动向和客户需求,继续开发各类创新型理财产品。2010 年,针对客户抗风险能力和预期回报的提高,开拓了理财产品结构设计,在权益分层、杠杆投资和无风险套利等产品系列中谋求了突破。

1. 密切研究各市场趋势,理财产品创新不断

在固定收益类产品方面,依托银行间债券市场的优势,招商银行自行开发设计的类货币市场基金理财产品日日金、日日盈系列市场反响热烈。2010 年以来招商银行对上述系列精耕细作,通过差异化产品深化固定收益类理财市场细分战略,设计了拥有满足不同风险偏好、回报客户群的子产品,如金葵花尊享日日金、钻石尊享日日金、私家典藏日日盈等,产品销售火爆,申购金额一度达到理财计划设定的上限。

对于权益类产品,招商银行权衡 2010 年 A 股市场风险与预期收益后,创新开发了相对稳健的分层结构的理财产品,理财产品资金用于认购投资 A 股股票集合资金信托计划的优先受益权。通过产品设计中的优先级与次级风险互补,设置补仓线和止损线等方式,为客户规避风险赢取较高收益。

结构性产品方面我部创新开发了与 A 股股票表现挂钩的结构化产品,在为客户提供本金保护的同时,还让客户有机会分享挂钩 A 股股票价格上涨带来的收益。另外招商银行及时把握人民币和美元的

跨市场套利机会，推出了稳赢系列产品，在保证本金安全的前提下为客户获取无风险的超额收益。该产品赢得了市场的广泛赞誉，成为拓展市场份额的利器，进一步巩固了招商银行的财富管理品牌。

在其他方面上，招商银行另辟蹊径，开拓另类投资类理财。招商银行力求理财与公益相结合，为投资者提供参与社会公益活动的平台，延续招商银行一贯以来具有的社会责任感形象。2010 年招商银行开发了碳排放为主题的公益性理财产品、儿童基金会慈善理财产品等。

2. 细化产品发行与投资管理方式，开发“贷里淘金”、“点贷成金”系列固定收益理财产品

银行理财产品设计和定价的局限性加大，同质化现象日趋明显。为了在固定收益类理财产品的市场竞争中取得领先优势，招商银行根据差异化生存与长尾理论，从产品发行方式和投资运作方面寻求创新，继“日日金”、“岁月流金”之后，推出“贷里淘金”、“点贷成金”系列固定收益理财计划。银行每个工作日滚动发行，招商银行投资运作由一对一平盘方式转变为资金池管理模式，在招商银行风险不变的前提下，通过资产管理模式大大提升了理财业务的规模化经营，提高了招商银行理财产品在收益率方面的竞争优势。

3. 紧密关注同业理财动向，全面搞活理财营销推广活动

为巩固招商银行理财业务的市场领先地位，培育基本客户，招商银行精心策划招行“2010 理财感恩年”系列营销活动，采用“高低搭配、以点带面”的定价策略应对同业竞争，整个活动分四季进行，时间跨度约一年。招商银行在节假日、行庆等特定时间，有计划、有特色、有亮点的高收益系列理财产品，配合行内外的宣传策划活动，持续提升招商银行理财业务竞争力、影响力，扩大招商银行理财市场份额。理财感恩年活动分别以节节高升、日新月异、共赢天下的主题开展，全行共计发行岁月流金”、“贷里淘金”、“点贷成金”各期限亮点产品 2200 亿元。

二、2010 年招商银行理财产品运行的主要特点

总体看，招商银行理财产品具有“集中管理、专业协作、稳健经营、风险可控”的特点。

1. 通过资产池运作固定收益类产品以实现集中管理。

总体看，招商银行通过滚动发售不同期限的理财产品持续募集资金，并以银行间债券、票据、回购、信托计划、同业拆借存款等多元化投资的集合性资产统一资金运用，以动态管理模式保持理财资金来源和理财资金运用平衡，并从中获取收益的产品运作模式。滚动发售保障募集理财资金的连贯性和稳定性，这有利于同一资产池发售的各款理财产品所募集资金归集管理。而统一资金运用可以使资产池理财产品在各类债券资产、回购、信贷资产等大类资产之间进行充分有效的资产摆布，规避某一投向某类资产所产生的过度波动，通过分散化投资有效降低资产组合的风险。

2010 全年招商银行就对“贷里淘金”和“点贷成金”两大理财资产池进行精细化运作，对产品的发行期限、发行频率、发行利率、到期时点和渠道分配等各个方面做出针对性的调整，推动了该类产品规模的持续增长，资产池运作模式巩固了招商银行理财业务在银行同业中的竞争优势。

2. 各部门分工协作

2010 年招商银行通过细分客户、市场和产品，明确考核机制和管理模式，与全行营销部门协作开拓零售（含私人）、公司、同业等传统理财销售渠道，保证产品品种多样性；通过挖掘新客户、设计新模式和研发新产品，与养老、离岸等新型销售渠道开创新的理财领域；在理财产品发行过程中密切与分行的联系，由分行开展理财营销活动，保证了理财产品的顺利发售。

3. 重视风险管理，稳健经营理财业务

招商银行采取各种必要措施控制产品投资过程的信用风险、市场风险、流动性风险、交易对手风险和 IT 系统风险等。

对于债券投资，招商银行通过管理系统严格控制投资组合的修正久期、凸性、基点价值、浮动盈亏、VaR 值等，不断监测和评估理财运作情况，从而有效防范和控制利率风险。对于信用类投资，特别是信托贷款、信贷资产、委托贷款等理财产品招商银行全部纳入信用风险管理体系，由授信审批部集中审批。对于权益类以及结构性产品投资，招商银行加强理财产品的后续跟踪，定期与相关投资顾问交流沟通，密切监控潜在的市场风险和交易对手信用风险。

操作风险方面，招商银行有全面理财业务规章制度和操作流程，积极开发各种电子报表，实现日常工作自动化、系统化，目前 95% 的理财业务均纳入系统管理，实现了金融平台、资产管理系统和 OPICS 系统的自动对接。

三、2011 年理财产品业务发展展望

宏观经济环境将给 2011 年理财业务的发展带来巨大挑战，成为制约业务创新的主要瓶颈之一。但与此同时，每次金融创新革命都起源于动荡的市场，因此，波动的市场也为我们寻求突破点、加快理财产品的创新步伐提供了前所未有的机遇。

从国内经济形势看，面对通胀形势，债券市场走势出现明显拐点，这将考验招商银行“日日金”、“岁月流金”、“贷里淘金”等固定收益理财产品的投资管理能力，2011 年固定收益类产品的发行节奏和收益率将会调整，同时新的固定收益类细分产品将会根据市场需求出现。

同时受到监管部门及市场成熟度的约束，2011 年银行理财产品的本金安全性仍将放在首要位置，但固定收益类理财的比例将下降，招商银行认为理财产品的投资类别会更广泛，结构化理财产品将成为趋势，银行将通过结构创新投资股票、基金、商品、外汇等高波动性的资产实现本金安全性，即通过包括 CPPI、分层、衍生交易等方式来实现本金的保障。结构化理财风险收益特征各异，具备了传统的固定收益产品和衍生产品合约所不具备的风险收益配比特征，它既继承了固定收益类产品“保本”这一显著特征，又充分发挥了衍生产品“高风险收益”的优势。特别是各类资产类别衍生交易的引入，起到了点石成金之效，激发了结构化理财产品无穷的市场活力，允许客户进行跨市场、跨产品、跨结构的混合衍生投资。

四、政策性建议

1. 完善市场价格的形成机制

目前，我国人民币理财市场已经有了一定的发展，但进一步发展尚需要推动金融市场发展、需要进一步完善利率和汇率机制。大力发展理财业务，就必须创新人民币市场金融产品和工具，完善金融市场体系，大力发展国债市场、衍生品市场、期权市场、资本市场。

2. 统筹设置理财业务部门

商业银行要充分认识到理财业务对于降低自身的利差依赖性、保持长期盈利的重要性，在组织架构上和业务分工的重组中，要充分研究理财业务发展的特殊性要求。应根据理财业务发展的需要和要求，专门指定一个职权相对独立的、职责比较明晰的、专业结构比较综合的业务部门负责理财业务的管理、规划和发展，发挥综合协作效应。

3. 需要完善理财产品风险评级的分类标准和风险特征的指引

从信息透明，产品揭示的角度看，监管机构需帮助商业银行建立理财产品分类统一标准，从募集资金的投资方向和范围上将各类产品划分风险等级，同时反映收益和风险的内在联系，即在强调收益递增的同时，体现出风险的随之增加，防止客户仅关注收益而忽略产品风险。

4. 需要完善理财业务应急处理措施及相关制度

监管机构要根据国内外宏观经济运行及金融市场的发展变化进行分析研究，通过公布金融数据等方式增强投资者的风险意识和风险防范能力。从国际经验看，在发生“黑天鹅”事件时监管者需有帮助银行处理应急事件的措施。为了防止系统风险带来的后续问题，有效处理理财客户投诉事件，监管机构需帮助商业银行加强理财业务的应急管理，并建立重大事件快速报告机制。引导公众理性投资，实现商业银行与客户之间的良性沟通，避免引起不必要的纠纷。

5. 加强商业银行理财业务风险管理体系建设

未来财富管理应从全球资产配置的角度出发，理财资金投资国际市场，这对商业银行理财资金运用和风险管理提出了更高的要求。监管部门应指导商业银行慎重选择托管人，建立和完善理财业务的风险识别、计量、监测和控制体系，将理财业务风险纳入银行整体风险管理体系之中。

（招商银行　金融市场管理部　供稿）

2010年兴业银行理财产品运行分析报告

一、产品的主要类型及具体运作模式

2010年兴业银行发行的主要理财产品类型分为开放式理财产品和封闭式理财产品。

(一)开放式理财产品

可分为全开放式产品与半开放式产品两类。全开放产品主要运作模式为:为每日(工作日)开放申购赎回,客户当日提交申购申请,当日开始计算理财收益。客户当日提交赎回申请,赎回资金当日转划至客户账户,按月分红,主要投资于中国银行间市场信用级别较高、流动性较好的金融产品,包括但不限于银行存款、货币市场产品、国债、金融债、央行票据、银行承兑汇票、商业票据、高信用级别的信用类债券(企业债、中期票据、公司债、短期融资券)、债务市场工具、银行间市场理财产品或监管政策允许的其它金融产品,并可通过主动管理调整以上资产的比例。半开放式产品只可赎回不可申购,客户持有理财时间段不同获得不同的收益。客户于赎回开放期内提交赎回申请,赎回资金于赎回兑付日转划至客户账户,主要投资于国债、金融债、央行票据、银行承兑汇票、商业票据等流动性较高的低风险资产。

(二)封闭式理财产品

主要运作模式为:客户于产品认购期内提交购买申请,产品正式起息当日开始计算理财收益,产品到期后一次性兑付理财本金及收益。产品投资范围包括银行间市场具有较强流动性的国债、央票、金融债,同业拆借、同业存放、利率汇率掉期等货币市场工具,符合兴业银行风险政策规定的信用类债券,符合兴业银行授权授信要求并对国有银行或全国性股份制商业银行具有追索权的商业汇票,以及符合兴业银行风险管理政策的低风险信托计划等基础资产或上述资产组合,在承受较低风险情况下获得较稳定的投资回报。如果所配置的基础资产为单一的低风险信托计划的,则理财产品与其基础资产应严格匹配;如果所配置的基础资产组合中包含低风险信托计划的,则该组合中应配置不低于30%的高流动性资产。

二、2010年零售理财产品基本情况

(一)按币种分析

2010年累计发行零售理财产品305款,总销量为1272.07亿元(外币折合人民币)。其中,人民币理财产品265款,募集金额1262.85亿元;美元理财产品40款,募集金额1.38亿美元。2010年兴业银行零售理财产品发行以人民币产品为主,外币产品仅发行美元币种,产品销量占比不足1%。

(二)按资金投向分析

2010年发行的零售理财产品全部为非结构性产品,资金投向包括债券/票据类、信贷资产信托计划、综合投资组合、他行理财产品、股权投资信托计划等。其中,理财资金投向债券/票据类基础资产的理财产品发行151款,全年累计发行306.24亿元;投向信贷资产信托计划的理财产品发行80款,全年累计发行626.14亿元;投向投资组合类基础资产的理财产品发行55款,全年累计发行288.71亿元。这三类产品发行量合计占全部销量的90%以上。

(三)按理财产品期限分析

2010年发行的零售理财产品平均期限4.4个月,客户平均收益率3.1%。整体来看,兴业银行理财

产品以期限6个月以下的中短期产品为主,其中理财期限1个月以下的理财产品销量占比近50%。

(四)余额情况

截止2010年末,兴业银行尚在存续期的零售理财产品181款,存续余额438.03亿元人民币(外币折合人民币)。其中,人民币理财产品161款,存续余额432.26亿元;外币理财产品20款,存续余额折合人民币5.77亿元。

三、2010年产品创新情况

(一)调整常规性产品发行频率

以兴业银行自2005年即开始发行的"天天万利宝"系列理财产品为例,调整了产品发行频率,由以往的10天一期缩短为每周一期,并对产品的类型和期限结构进行了相应调整,每期产品款数由往年的2-3款增加到4-5款,客户可选择品种产品类型与期限结构更加丰富,产品收益率市场排名中等偏上。

(二)增设新的外币品牌

2010年兴业银行新增设了一个名为"天天万汇通"系列的外币理财品牌,定位为低风险外币理财品牌。该系列的理财品牌审批流程短,发行安排效率高,有利于产品发行。根据数据统计,2009年兴业银行发行零售外币理财产品6款,募集资金仅为0.30亿美元。而自"天天万汇通"品牌于2010年2月启用至年底,该品牌系列理财产品已发行零售外币理财产品40款,累计募集资金达1.38亿美元,外币理财产品的销售能力得到大幅提升。"天天万汇通"品牌的创设,为兴业银行的低风险外币理财产品发行铺平了道路,使得外币理财产品的发行可以更好地根据外币资金市场的波动情况来安排。

(三)创设现金管理类产品

经过长时间准备,兴业银行于2010年4月份开始陆续在全行范围内推出开放式现金管理类理财产品系列,分别面向零售、企业客户发行。其中,面向机构客户发行的金雪球-优先1号于4月23日成立,资产运作收益率(年化)平均为3.11%左右,客户理财收益率(年化)目前为2.25%,日均余额29.56亿,粗略统计,该产品下实现银行销售费约1177万,资产管理费约1170万。面向零售客户发行的现金宝(1号)于10月20日成立,客户理财收益率(年化)目前为2.00%,日均余额为1.65亿。

(四)在产品运作模式上开始探讨资产组合管理运作模式

由于相关监管文件的要求,传统的单一资产运作模式开始受到多方面的限制,新规对于单一投向理财产品发行的时间、存续期限、资产配置方面均有严格要求,较难满足广大客户对于理财产品的灵活性、多样性的需要。因此,兴业银行在创设开放式产品的同时,考虑将开放式理财产品与资产组合型运作模式相结合,创设出发行募集方式灵活,资产配置方式多样的开放式资产组合型产品。由于采取了资产组合管理运作模式,该类型产品可以为客户提供阶段性的申购/赎回机会,并于运作期内根据市场利率变动情况阶段性调整客户的预期收益率,从而满足客户对于流动性的需求并缓释利率风险对于客户利益的影响。

四、2010年兴业银行理财业务的主要特点

2010年理财业务的第一大特点是产品的发行数量和产品类型较往年相比有了大幅的增加。以往兴业银行仅发行投向单一资产的封闭式理财产品,产品期限固定、销售档期不灵活。而2010年兴业在继续发行封闭式单一资产投向理财产品的同时,也开始探索其他产品类型,比如通过开展开放式理财产品的方式,做到每天至少有一款产品在销售期,实现产品销售无空档期。

2010年理财业务运行的第二大特点是信托类资产的单一或组合型理财产品数量迅猛增加。上半年，兴业银行针对信贷类资产由于其低风险、高收益的特点，通过期限匹配方式单一发行或通过期限错配方式以资产组合的形式发行了多款理财产品。下半年，随着"银信合作业务"的叫停，使得各家商业银行主流的理财产品配置模式受到巨大冲击。为此，兴业银行随即开始探索新的替代资产，如信用类债券等，有效的维持了理财产品的发行规模。

2010年理财业务运行的第三大特点是私人银行类产品的开发创新。为适应不同风险偏好的客户理财需求，兴业银行通过不断尝试逐渐摸索出了适合兴业银行开发与风险承受能力的项目种类，其中以资本市场类、股权质押类以及房地产信托类为主要投资方向的开发思路以逐渐成形。

五、2011年理财产品业务发展展望

2011年，兴业银行理财业务将以所管理的客户资产规模和盈利能力为主要着力点，而不是理财产品发行规模或者交易量。拟重点开展理财产品的主动管理，着眼于理财基础资产的统筹运作，改变以往理财产品创设发行中的项目型特征。在产品体系方面，一是在2010年零售、企业、同业条线分别推出的第1号现金管理类产品的基础上，2011年推出具有不同流动性和收益率特征的2号、3号产品，初步形成全行各条线较为齐全的现金管理类产品体系；二是针对普通零售客户和机构客户的投资需求，开发出具有较低流动性安排和连续投资特征的理财产品，满足客户在特定风险偏好上的理财需求；三是开发具有连续投资特点并有明确投向（例如优先级资本市场产品、股权受益权等）的私人银行类产品，满足高净值零售客户和机构客户的中高端投资理财需求。

（兴业银行　供稿）

2010 年华夏银行理财产品运行分析报告

一、2010 年理财业务发展情况

(一)华夏银行理财产品的主要类型及具体运作模式

华夏银行理财产品主要类型按照投资范围及资产类别分为增盈、创盈、慧盈。

增盈产品分为增盈普通型和增盈增强型。增盈普通型产品是保本浮动收益产品:该行将募集的客户理财资金投资于银行间市场流通的国债、央票、政策性金融债、银行间质押回购和信用级别为 AA -(含)以上的企业债、公司债、短期融资券等,产品到期将投资收益和本金返还客户。增盈增强型产品是非保本浮动收益产品:该行将募集的客户理财资金投资于银行间市场流通的国债、央票、政策性金融债、银行间质押回购和信用级别为 AA -(含)以上的企业债、公司债、短期融资券,以及中期票据、票据资产、资产支持证券、次级债等其它工具,并通过信托计划投资于可转换债券、可分离债、交易所债券、新股申购、信贷资产、信托贷款、银行存款和他行理财产品等其它工具。

创盈产品为非保本浮动收益产品,理财资金投资于华夏银行理财资产池,该资产池的投资范围包括但不限于国债、金融债、央行票据、债券回购、债券远期、企业债、公司债、短期融资券、中期票据、票据资产等资产或金融工具,或者通过信托计划投资于信贷资产、信托贷款、信托优先级、银行存款等。

慧盈产品为保本浮动收益产品。该行将募集的理财资金本金保留在本行,将理财资金孳生的利息通过期权或掉期交易投资于金融市场,客户的投资收益与国内外市场的挂钩标的变动相关联。

(二)2010 年产品情况

截止 2010 年 12 月末,华夏银行全年共销售理财产品 168.94 亿元,较 2009 年增幅为 143.5%。其中:发行 500 支封闭式理财产品,销售 126.08 亿元,包括 172 支增盈产品、219 支增盈增强型产品、6 支慧盈产品、103 支创盈产品;开放式理财产品中,天天理财全年申购 5.69 亿元,天天理财增强型全年申购 37.16 亿元。2010 年无外币理财产品。

1. 发行 391 支增盈产品

根据客户需求持续推出期限丰富、种类多元、风险较低的理财产品,包括保本的增盈产品及非保本的增盈增强型产品。其中 172 支增盈产品募集资金均投资于银行间债券市场高信用等级债券,风险较低,最低认购金额 5 万元,产品期限从 8 天到 378 天不等,发行金额 20.1 亿元;219 支增盈增强型产品均投资于信用级别较高、流动性较好的金融工具,产品期限从 7 天到 203 天不等,发行金额 65.99 亿元。

2. 发行 6 支慧盈产品

发行 6 支慧盈产品,共募集金额 1.78 亿,挂钩标的为 A 股股票或指数,为保证本金安全的人民币结构性理财产品,客户须在承担一定风险基础上,依靠对挂钩标的的市场判断博取相对应的理财收益。

3. 发行 103 支创盈产品

发行 103 支创盈产品为信托贷款类理财产品,产品期限从 41 天到 365 天不等,发行金额 38.2 亿元。

(三)2010 年理财产品创新情况

结合广大客户假日资金的投资需求,华夏银行在中秋、国庆期间,推出“中秋特辑 国庆专享”假期理财产品;在冬至、感恩节前夕,推出“华夏感恩 浓情暖冬”系列理财产品;在圣诞、元旦以及春节、元宵传统佳节期间，主推结合传统文化的“数九理财”系列理财产品，不断提升节假日理财服务能力和水平。这些产品理财天数从8天、17天到365天不等，期限丰富，收益与风险匹配较好，取得了良好的市场反响。华夏银行“浓情理财1号”（增盈增强型1043号）产品荣获了理财周报“2010年中国十大最佳银行理财产品”、卓越理财“卓越金融理财产品奖”等奖项。

二、2010年华夏银行理财业务发展的主要特点

2010年华夏银行在理财业务发展方面取得了长足进步，产品发行期次较往年有显著增多，理财产品销量及余额均较往年有了明显提升，个人理财业务迈上新台阶。理财业务主要特点如下：

（一）种类丰富

理财产品有稳盈、增盈、创盈、慧盈、金盈五大系列，涵盖不同的投资领域，适应不同风险承受能力的客户。

（二）期限多样

理财产品天数多样，包括每日申购赎回的天天理财及天天理财增强型产品，7～28天的短期限理财产品，2个月、3个月、6个月的中期限理财产品，1年的长期限理财产品。

（三）风险可控

年发行500支封闭式产品，无一出现亏损。开放式理财产品均实现预期收益。

（四）信息披露规范

深入做好理财产品信息披露规范性工作，成效显著，在2010年普益财富评选中，位列商业银行理财产品信息披露规范性排名前十名。

三、2011年华夏银行理财业务发展展望

2011年，华夏银行将延续2010年的理财产品销售的良好发展态势，在巩固现有市场份额的基础上，继续推出满足客户投资期望的具有市场竞争力的理财产品，提高“华夏理财”、“华夏财富”品牌的市场认知度，提升华夏银行个人理财业务市场形象。

（一）搭建产品平台

行内多产品部门研发理财产品，形成行内竞争环境。产品销售部门对各产品部门研发的产品、行外合作机构推荐的产品进行遴选，筛选出紧跟市场需求及定价要求的产品。

1. 自主研发

错周期的产品开发策略：根据经济周期的波动规律，错周期波动开发设计产品，使华夏银行在不同的经济环境下、任何周期波动阶段，都有核心产品支撑，满足客户需求。

客户分层销售策略：实现产品与客户的对接，针对不同客户的需要，开发和提供不同层级的产品和服务，实现差别化、分层销售。

客户资产组合管理策略：根据客户的风险收益偏好，从单纯的销售产品发展到依托投资组合模型为客户提供资产配置建议或者受托资产管理服务。

2. 行外产品遴选

从外部合作机构遴选产品，给机构客户、同业客户、个人客户做资产配置。比如保险产品、代理信托产品、券商集合计划、PE私募股权产品以及另类投资产品等。

（二）创新产品研发机制

产品的开发与创新始终坚持市场导向、客户导向与能力建设导向。由核心产品链、产品基金化扩

展到资产管理业务，最终在资产管理、结构化产品方面建立比较竞争能力。

1. 坚持市场导向：研究国内外金融市场可能的走势，确定核心产品与核心资产类型。

2. 坚持客户导向：通过客户需求的收集与分析，发现目前市场热点，实现产品与客户的对接。

3. 坚持能力导向：从产品组合向资产组合管理过渡。

逐步开展针对个人、机构客户的资产管理业务。借助债券市场新产品推出、资产证券化、银行综合化经营等契机，开发新的交易工具；研究已有产品包括交易机制与发行平台在行内的改进可能，优化流程、提高效率；通过与外部投资顾问定期交流等多种形式，提高自身资产管理能力。

（华夏银行　供稿）

2010 年中信银行理财产品运行分析报告

一、2010 年中信银行理财产品业务运行情况

（一）中信银行理财产品的主要类型及具体运作模式

中信银行理财产品按照销售对象主要划分为对公理财产品和个人理财产品两类。详细情况如下：

1. 对公信托理财产品的主要类型及运作模式

2010 年，中信银行共发行了包括信贷资产类、信托贷款类、全面配置类、股权投资类、债券类和保本类共 6 大类对公信托理财产品。各类型产品运作模式如下：

（1）信贷资产类理财产品

信贷资产类理财产品为中信银行将理财资金委托信托公司投资于银行优质信贷资产的非保本浮动收益类理财产品。

（2）信托贷款类理财产品

信托贷款类理财产品为中信银行将理财资金委托信托公司投资于该行优质客户信托贷款的非保本浮动收益类理财产品。

（3）全面配置类理财产品

全面配置类理财产品为中信银行将理财资金委托信托公司投资于债券、信托贷款及信贷资产的期限错配型非保本浮动收益类理财产品。

（4）股权投资类理财产品

股权投资类理财产品为中信银行将理财资金委托信托公司投资于集合资金信托计划信托受益权的非保本浮动收益类理财产品。

（5）债券类理财产品

债券类理财产品为中信银行与信托公司以及证券公司、基金公司或资产管理公司等机构合作，投资于银行间债券市场的非保本浮动收益类理财产品。

（6）保本类理财产品

保本类理财产品为中信银行将理财资金委托给信托公司投资于金融同业存款的理财产品保本固定收益类理财产品。

2. 个人理财产品的主要类型及运作模式

（1）主要类型

中信银行个人理财产品从产品特性上看主要可以划分为：类固定收益型产品（包含信托融资类产品、高流动性行内债券池产品、有固定报价的债券型产品、外币固定收益型产品等）；投资于资本市场的净值型产品（含国内资本市场产品、QDII 产品、主动管理产品）；结构性产品（包含挂钩汇率、贵金属、大宗商品、股票等产品）；复杂类产品（主要包括锦绣系列的股权投资产品）；代销类产品（包含代销券商集合理财、基金、保险产品等）。

类固定收益性产品有依托行内债券池发行的短期高流动性产品包括天天快车、超快车 2 号等，短期债券类产品包括优债系列、债赢系列等产品；信托融资类中长期产品包括理财快车、信托计划等产品。截止 2010 年 12 月 31 日中信银行存续的投资于国内证券市场的净值型产品合计 10 只，其中有 7 只产品可以通过投资二级市场股票或股票型基金进行权益类投资；存续的股权投资类产品共 4 只，其中 3 只

为中信银行理财产品,另外1只为代销信托产品。代销类产品主要包括代销券商集合理财、基金、保险产品和信托产品等。代销的券商集合理财、基金、保险产品已涵盖了市场上所有的主流产品。2010年全年中信银行新上线53家基金公司135只基金,截止2010年底已代销约730余只;2010年全年新上线保险产品共计58只,上线券商集合理资产管理计划10只。截止2010年底,共签署总对总合作协议保险公司8家,共与9家券商开展理财产品合作。

(2)运作模式

人民币个人理财产品除了高流动性产品是通过行内债券池运作发行,其它均采用银信合作方式运作。外币固定收益性产品和结构性产品的理财资金通过利率掉期方式参与产品运作。

(二)2010年产品情况

1.2010年对公信托理财产品情况

2010年,中信银行共发行了328期对公信托理财产品,发行金额为614.42亿元,年末余额为185.37亿元。

(1)2010年中信银行对公信托理财产品期限结构及对应收益率情况如下:

期限(天)	收益率(%)	发行期数
1-14	1.7-2.8	23
15-30	2.1-3.2	54
31-90	2.4-4.0	103
91-180	3.5-4.2	85
181-360	3.6-4.5	36
360+	3.9-5.5	27
合计		328

2010年对公信托理财产品期限分布

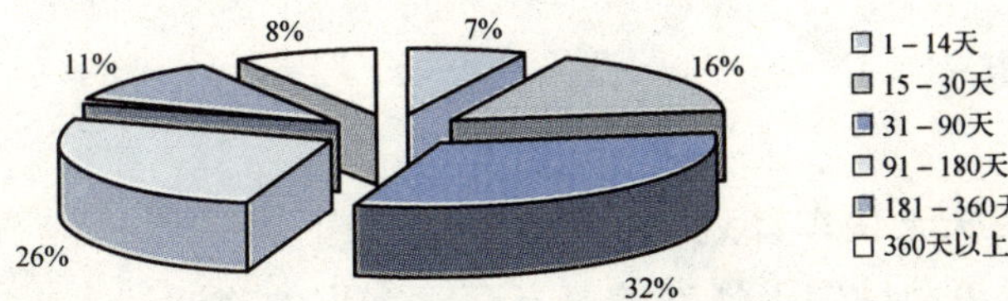

(2)2010年中信银行对公信托理财产品类型分布情况如下:

产品投向	产品期数
信托贷款	65
信贷资产	67
股权	4
债券	126
货币市场工具	66
合计	328

2010年对公信托理财产品投向分布

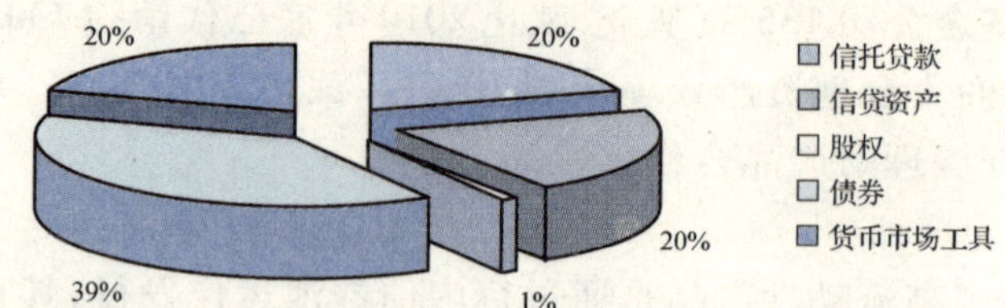

2. 2010 年中信银行个人理财产品情况

2010 年个人理财产品情况汇总报表

单位：万元

理财产品类型	2010 年资金募集情况		年末余额
	全年发行量	发行支数	
信托贷款类	5,560,541.30	338	3,802,100.30
贷款转让类	1,307,590.00	201	280,210.00
其他融资类	174,350.90	7	337,454.83
组合投资类	4,537,560.00	131	1,973,556.42
债券及货币市场类	7,865,016.00	96	893,269.54
资本市场类	–	0	97,942.66
人民币结构性产品	6,360,000.00	66	64,500.00
外币结构性产品	58,000.00	121	3,400.00
合计	25,863,058.20	960	7,452,433.75

（三）2010 年产品创新情况

1. 天天快车计划

2010 年，中信银行研发了天天快车计划，客户可随时申购、赎回本产品，产品收益稳定，期限灵活、赎回资金实时到账，受到资金流动性要求强烈的三方存管客户的欢迎。

2. 稳健理财计划 3 号

2010 年，中信银行积极应对银信监管政策调整，研发设计了稳健理财计划 3 号，主动放弃了信托融资类投资，转向债券、可转债、新股等公开市场品种。产品以其较强的流动性、稳健的投资风格、灵活而卓有成效的投资策略，赢得了追求稳健收益的客户欢迎。

3. 信福年金计划

2010 年，中信银行发行了信福年金计划，产品收益由基本收益和浮动收益两部分组成。基本收益部分引入保障增信机制，由平安创新资本投资有限公司为产品保障最低收益 1.75%。产品运作在 1.75% 以上的收益，扣除相关各方的费用后，作为客户的浮动收益。产品收益“基础 + 浮动”的方式非常适合客户作为年金类投资长期持有。

4. 结构性产品

2010 年，中信银行发行了保本结构性产品，智赢系列和假日赢、期期赢系列，智赢系列产品的挂钩标的物较为广泛，如石油、黄金等，以较低成本博取高收益；假日赢、期期赢系列产品发行期为节假日，期限短、收益稳定，受到节假日资金闲置的客户的广泛欢迎。

二、2010 年中信银行理财产品业务运行的主要特点

（一）对公信托理财业务

2010 年上半年，中信银行对公信托理财业务重点主要集中于信贷资产类、信托贷款类理财产品的设计和发行。信贷资产类、信托贷款类理财产品投资方向分别为优质企业的信贷资产及中信银行优质客户的信托贷款，属非保本浮动收益类理财产品。

2010 年 8 月，《中国银监会关于规范银信理财合作业务有关事项的通知》（银监发[2010]72 号）正式出台，对融资类银信合作理财产品实行了业务比例限制。为满足监管政策要求，中信银行全面暂停了信贷资产类、信托贷款类理财产品的发行，并陆续设计推出了保本类、债券类理财产品，有效压缩了融资类银信合作理财产品的占比情况，缓解了因监管政策影响而导致理财产品供应不足的问题，满足了投资者持续的理财投资需求。

纵观 2010 年全年，中信银行以“中信聚金理财”为品牌搭建了丰富的产品平台，推出了股权类、信贷资产类、全面配置类、债券类、保本类等全系列产品，形成了期限跨越 7 天至 3 年，发行频率密集的优势对公理财产品，实现了理财产品多元化、全期限、常态化的发行模式，满足了客户的持续性投资需求。

（二）个人理财产品业务

截至 2010 年 12 月 31 日，中信银行发行的全部零售理财产品，包括债券类、信贷类，以及投资于高风险的股票、基金的证券市场类产品，产品净值都在 1 以上，实现了理财产品风险的有效控制。同时，2010 年，完成了新理财系统的上线，这将为该行理财产品的研发和管理提供更有力的支持。

三、2011 年理财产品业务发展展望

2010 年 7 月，银监会发布了《关于规范银信理财合作业务有关事项的通知》（72 号文）规范银信合作理财产品，并使银信合作信贷类产品发行量骤减，债券与货币市场类产品逐渐成为信贷类产品的替代者，2010 年 12 月债券与货币市场类产品已占据市场七成以上的份额，成为银行理财市场的绝对主力军。

2011 年是银行理财业务经营压力较大的一年，同业竞争愈发激烈，各家银行均积极致力于探索未来理财产品业务的发展方式，寻求经营、运作模式的创新和转型。对于银行理财市场，存贷款基准利率的上调将直接促进银行理财产品收益率的上涨，特别是债券与货币市场类、信贷类、票据资产类等稳健性产品将体现得尤为显著。从历次存贷款基准利率调整对理财产品收益率的影响来看，这些稳健性产品均会呈现出跟随效应。所以，针对理财投资者低风险偏好的投资特点和灵活现金管理的投资需求，在市场加息声中，以投资于货币市场、银行间债券市场等方向的低风险、短期限的稳健性理财产品的发行预期收益率有望进一步上涨，同时这也将成为各行 2011 年发展理财业务的重点之一。

四、相关政策建议

（一）进一步完善各项法律法规

在现有《商业银行法》、《商业银行个人理财业务暂行管理办法》等法律法规的基础上，进一步完善理财业务法律法规，将各类理财业务界定清楚，填补无法律规定的空白区域。

（二）加强对商业银行理财业务创新的指导

国内资本市场的发展为商业银行理财产品的创新和发展提供了挑战和机遇。在此背景下，银监会

适时出台了相关制度,鼓励和支持商业银行的理财业务创新。中信银行将基于监管机构的相关政策和规定,积极面对理财业务市场面临的机遇和挑战,同时,希望监管机构在商业银行理财业务的开展过程中给予指导,并加强对相关政策和制度的解读和释义,促进商业银行理财业务的健康、有序的发展。

(三)鼓励银行理财产品创新

监管部门应提倡银行联合各行业的战略伙伴和各界专业精英,建立规范的理财管理委员会,为客户提供政策允许的金融理财服务。在具体的产品创新方面,建议监管部门在加强风险控制的前提下,逐步放开对商业银行实施分业经营的束缚,并且减少行政干预,鼓励大胆创新。例如:央行应支持银行发展中间业务和投资类保险产品,推进银行信贷资产证券化的实现;又如:为解决新兴行业和中小企业融资难的问题,建议制定相应的特殊政策,引导理财资金投向中小企业及有效益的新能源、新材料、节能环保、生物医药、信息网络、高端制造等新兴行业,为国家重点支持的行业和领域的相关企业拓宽融资渠道。

(四)打造良好的市场环境

政策和监管部门应加强商业银行理财业务的规范化监管,对于业务开展不规范、扰乱市场竞争秩序、进行不正当竞争、风险管理能力严重不足的市场参与者给予严厉惩处,保障理财市场的良好发展。

(五)做好投资者风险教育工作

监管部门对现有的相关法规,如《商业银行个人理财业务风险管理指引》和《商业银行个人理财业务管理暂行办法》应严格执行,要求银行严格按照规定进行风险管理和风险披露。同时,监管部门应制定出银行一线员工向客户推荐理财产品时的信息披露规范并积极监督其执行情况。此外,监管部门应与有关各方积极配合,大力推动银行理财产品投资者的投资风险教育工作。

(中信银行　公司银行部　零售银行部　投资银行中心　供稿)

2010年广发银行理财产品运行分析报告

一、2010年广发银行理财产品业务运行情况

2010年广发银行发行的理财产品，从资金投向来看，主要包括债券及货币市场工具类和结构性理财产品（挂钩黄金）两大类；从收益类型来看，可分为保本保收益类、保本浮动收益类和非保本浮动收益类三大类；从募集资金币种来看，均为人民币。产品运作上，采用了两类模式：一类是将理财产品募集的资金委托信托公司成立信托计划，由广发银行作为信托计划的管理人；另一类是由广发银行自主成立发行并进行管理。

2010年广发推出了广东发展银行"薪加薪13号—灵用钱系列"短期循环滚动型人民币理财计划系列、广东发展银行"薪加薪15号—黄金挂钩人民币理财计划"和广东发展银行"盆满钵盈"人民币理财计划，丰富了理财产品的种类，为广大市场投资者提供更优质的金融服务。其中，"薪加薪13号—灵用钱系列"短期循环滚动型人民币理财计划系列包括薪加薪13号—灵用钱系列"短期循环滚动型1个月版人民币理财计划、薪加薪13号—灵用钱系列"双周版人民币理财计划、"薪加薪13号—灵用钱系列"大客户版人民币理财计划、"薪加薪13号—灵用钱系列"国庆版人民币理财计划、"薪加薪13号—灵用钱系列"元旦版人民币理财计划。产品具体情况参见表1。

产品名称	发行期数	期限	收益率(%)	类型
"薪加薪13号—灵用钱系列"1个月版循环滚动型	12	1个月	2.2-2.6	债券及货币市场工具
"薪加薪13号—灵用钱系列"双周版循环滚动型	5	14天	1.8-2.2	债券及货币市场工具
"薪加薪13号—灵用钱系列"大客户版	7	1年以内各期限	2-4.4	债券及货币市场工具
"薪加薪13号—灵用钱系列"国庆版	1	8天	2.2	债券及货币市场工具
"薪加薪13号—灵用钱系列"元旦版	1	7天	3	债券及货币市场工具
"盆满钵盈(公司理财)—高明溢达"人民币理财计划	2	30天	2.3-2.5	债券及货币市场工具
薪加薪15号—黄金挂钩人民币理财计划	2	1年	0.36-8	结构性存款

2010年广东发展银行理财产品运行情况

2010年广发银行在理财业务上把投资者利益放在第一位，坚持稳健运作的投资理念，使风险和收益得到有效的平衡。专业化的理财投资运作团队，时刻把握市场行情动态，依据严格的筛选流程，在多变的市场环境中准确把握投资机会及时调整资产配置，为投资者带来财富的保值增值。主动深入了解客户、帮助客户识别金融理财需求，前瞻性地开掘、发现、培育市场需求，做市场的引导者。

从产品创新来看，"薪加薪13号—灵用钱系列"人民币理财产品的推出，实现了广东发展银行自主研发人民币理财产品从无到有零的突破，该系列产品每一期都为投资者实现了预期收益率，得到了投资者的一致好评。"盆满钵盈（公司理财）"人民币理财产品的推出，则实现了广东发展银行自主研发公司大客户保本型人民币理财系列产品从无到有零的突破。结构性理财产品方面，该行自主设计研发了薪加薪15号—黄金挂钩人民币理财计划（2010年发行2期）、薪加薪16号—汇率触发型理财计划（2011发行）、丰收金玉满堂—区间累积型理财计划（2010年尚未发行），丰富了结构性理财产品的种

类，挂钩标的进一步多元化。产品创新的过程中，广发银行紧紧把握广大投资者的金融理财服务需求变化，及时推出合适的理财产品满足投资者的需求。

二、2010年广发银行理财产品业务运行的主要特点

1. 产品研发

2010年，广发银行在理财产品研发上，更加关注市场投资者的理财需求变化，从投资者对收益、风险和流动性三方面的需求进行综合考虑。风险类型方面，广发理财产品分为保证收益型、保本浮动收益型、非保本浮动收益型三类，随着承担风险程度的提高，对应的投资者回报率也相应提升。在收益方面，密切关注金融市场的动态变化，随着宏观经济政策的变化及时推出收益率方面具有市场竞争力的理财产品。由于每一类投资者对于流动性的需求不一，针对不同的投资者推出不同期限的理财产品。

2. 产品销售

在理财产品的营销方面，广发银行注重帮助客户进行需求分析，为每一位投资者提供最合适的理财产品。

在产品与客户匹配性方面，购买理财产品前让客户详细阅读理财产品的风险警示书，以便权衡自己是否能承受这些风险，如果不能承受则不能购买这些理财产品。客户在购买理财产品前填写广东发展银行制定的理财计划“产品适合度评估书”，以便确定客户是否适合购买该理财产品

广发银行个人银行部和公司银行部在对客户经理进行培训时，总行金融市场部的产品设计人员将全程参与，并且对相关产品会有详细的介绍，培训以视频培训加下发纸质资料进行。总行个人银行部和公司银行部必须确保支行必须由相关人员参加培训后该支行才能销售本理财计划。广发银行规定销售人员在对客户销售时向客户提供的产品说明书、风险揭示书里均提示客户本理财计划面临的风险。并且在客户购买本理财计划之前要求客户进行适合度的评估，经评估合适的客户广发银行理财经理才推荐客户购买本理财计划；制定客户经理行为准则，规定若接到客户投诉客户经理误导客户购买理财产品，查清属实则严厉处理。

3. 产品管理

对于募集到的投资者资金，广发银行有专业的理财团队负责投资运作，严格履行理财合同，并在合理可行的限度内，尽其最大的努力最大限度的维护投资者的权益。针对不同风险类型的理财产品，采取不同的投资策略。如，对于保本型理财产品，会将资金投向货币市场或者高评级的债券品种，管理原则以投资期限与理财期限匹配为主；对于非保本型理财产品，则会关注市场的波动性，运用专业金融投资知识预测市场变化并及时调整策略，以期在合理的风险范围内为投资者带来更大的收益。

三、2011年理财产品业务发展展望

2011年，预计理财产品市场将会出现一系列新的变化。银行理财产品定位于面向大众的稳健型金融产品，其风险收益在银行存款、股票投资之间，则其风险方面可能会趋向中间平衡，以吸引更大范围的市场投资者。产品类型上，理财产品发展时间较短，产品类型结构也没有定型，业务创新发展的空间很大，如结构性产品的挂钩标的就有很大的扩展变化空间。随着人民币国际化的步伐逐渐加快，外币理财也将会有很大的发展。

在2011年，广发银行将继续坚持稳健原则，在现有产品的基础上，创建和丰富产品系列，增加产品种类，提高产品发行速度、数量和质量；细分客户，针对不同客户的需求，推出更丰富期限、多种风险程度、多种投资标的产品和组合，为客户实现资产的保值和增值。具体包括：

1. 将继续丰富保证收益型产品、保本浮动收益型产品、非保本浮动收益型产品三大类产品的种类，

供不同风险偏好和需求的客户选择。一般说来，保证收益型产品的投资风险小于保本浮动收益型产品小于非保本浮动收益型产品。但有的结构性产品虽然采用的是保本浮动收益型设计，但由于市场等原因也有可能出现零收益；而有的债券类产品虽然为非保本浮动收益结构，但其收益较稳定，风险较小。广发银行将通过产品结构设计、产品投资方向和产品挂钩标的等来完成。

2. 产品期限方面，继续丰富理财计划的期限，包括 7 天、28 天、2 个月和 3 个月的理财计划等；同时，要推出更多超过 1 年期的理财产品。

3. 推出外币理财产品，丰富广发银行的产品币种类别，满足各类有相应外币理财需求的企业和个人投资者的资产保值增值需求。

4. 从投资方向和挂钩标来看，丰产品的投资方向和挂钩标的，包括货币市场类产品（投资于同业拆借、短期证券市场、债券衍生市场）、资本市场类产品（投资于股票、债券、基金）、产业投资类产品（投资于信贷资产类、股权投资类）等，挂钩标的进一步扩大到挂钩利率、信用、股票、石油、农产品、大宗商品等。

5. 关注产品创新。理财产品市场作为一个发展时间较短的市场，各类规章制度仍在不断变化，发展空间很大，创新之处颇多。2011 年广发银行将进一步积极推动产品创新，结合银行现有的各项业务，考虑业务之间的交叉合作，推出新的产品，主动引导投资者的理财需求。

四、相关政策性建议

随着中国经济的持续发展，居民的投资需求将更加旺盛。在目前中国金融市场投资渠道较少的情况下，相比于股票市场与银行存款，银行理财产品以其适中的风险与收益成为其最吸引人的特点。与此同时，投资者的风险意识将会逐步增强，理财产品的市场参与者将会增多竞争加剧，理财产品的管理也将更加规范化。在银行传统业务转型、利率逐步市场化的背景下，理财业务将会成为银行最为重要的中间业务之一。

1. 应当鼓励我国商业银行跨业合作与金融创新，提高市场竞争力。积极与证券、保险、基金、信托等行业合作，在扩大投资渠道的同时，也推动了我国金融市场的创新发展，有利于形成多层次的金融市场。

2. 商业银行应充分考虑影响理财业务的各种因素，如风险、会计制度、资产负债管理、法律、监管等，注重组合理财，构建理财产品组合，提升理财服务能力。

3. 商业银行应当完善理财产品开发、销售、管理的整个流程，建立有效的风险评估和内部控制制度，与银行传统的自营类业务进行有效隔离，促进理财业务的健康发展。

4. 监管机构在规范理财市场时，对于政策调整的细节安排应有详尽说明，促进理财业务的规范发展，维护公平竞争。同时，可以考虑发展理财方面的行业协会，加强自律管理，提升行业形象。

（广发银行　供稿）

2010年深圳发展银行理财产品运行分析报告

2010年,深圳发展银行在各级金融监管部门的正确指导和悉心关怀下,把握中国GDP首次超过日本位列全球第二的良好经济形势,国内财富群体不断扩大的契机,规范发展,稳健经营,年度个人理财产品总销售额达到950亿元人民币,比2009年实现了约4倍的增长。年内,重点推动了固定收益类的"聚财宝"现金溢产品,共销售111只,规模达110亿;银信合作收紧后,适时加大代理集合信托计划的营销力度满足高端客户,全年规模逾12亿;年内深发展银行理财业务再次获得多项权威媒体大奖。为全面反映本年度个人理财业务的发展情况,全面总结经验,为下一年度的业务开展奠定基础,现就有关情况报告如下:

一、业务发展情况

(一)产品概况

1. 理财资金主要投资运用方向和形式,主要风险点、控制措施及效果评价

(1)"聚财宝"现金溢系列—非保本浮动收益型人民币理财产品

本系列产品募集的资金投资于银行间市场信用等级较高、流动性较好的债券或货币市场工具,以及高信用级别的企业债券、票据及存放类等金融资产。

(2)"聚财宝"日添利现金管理型人民币理财产品

本产品募集资金主要投资于境内银行间市场国债、央票、政策性银行金融债等高信用等级、高流动性债券或货币市场工具,每个工作日开放供客户认购、追加认购和赎回。

(3)"聚财宝"飞越计划—保本浮动收益型人民币理财产品

本系列产品是人民币结构性理财产品,募集资金主要投资到境外衍生产品市场,采取本金交割、期权或掉期等形式进行产品平盘交易。

(4)"聚财宝"人民币理财卓越计划—稳定收益型人民币理财产品

本系列产品募集资金主要投资于境内银行间市场信用等级较高、流动性较好的债券或货币市场工具。

(5)"聚汇宝"外币理财B计划—稳定收益型外币理财产品

本系列产品募集资金主要投资于货币市场工具、投资级别较高的债券、票据及存放类金融产品等。

上述(1)-(5)五类产品的主要风险点和控制措施如下:

A. 交易对手信用风险:中台风险部门设有专岗负责信用风险审批和贷后管理工作,密切跟踪主要交易对手信用风险变动情况,并及时采取相应措施。

B. 操作风险:结合监管部门对银行理财业务进行全面整顿的要求,2010年,深发展银行认真执行08年制定或修订的《深圳发展银行理财业务内部平盘操作规程》等多项规章制度,在逐级授权、逐级审批、前后台对帐、头寸监控、应急处理等方面严格把关,并规范使用前中后台一体化OPICS系统;同时,运营管理部、集中作业部与私人理财部在理财业务相关职能分工和岗位设置上进一步优化,更加有效地杜绝操作风险。

整体而言,2010年内,深发展银行对上述五类理财产品交易风险的控制较为严格,理财资金运作符合产品说明书约定,截至目前整体风险管控效果良好。

(6)"聚财宝"人民币理财腾越计划—信托证券类产品

本系列产品通过与信托公司和第三方专业投资机构(基金公司、证券公司、投资公司等)三方合作,由银行募集资金,信托公司成立信托计划,基金公司担任投资顾问,将信托资金投资于新股和基金组合类产品或发放信托贷款,主要风险点为投资顾问的投资管理水平和信托公司的资金管理能力。

为有效控制风险,深发展银行金融同业部对所有合作机构均开展准入调查,并优先选择已是本行长期合作伙伴、信誉良好的信托公司作为合作方。投资操作由投资顾问向信托公司下发,但信托资产在本行托管,托管部门具体执行款项的流动,并做到每日上报持仓和估值情况。

迄今为止该类产品普遍收益较佳,未出现到期收益率明显低于预期收益率的情况。

(7)"聚财宝"人民币理财尊贵计划—信托贷款类理财产品

本系列产品由深发展银行与信托公司两方合作,由银行募集资金,信托公司成立信托计划,将信托资金购买信贷资产或发放信托贷款,主要风险点为贷款本身的质量。72 号文出台以后,深发展银行严格按照监管要求,不再发行类似的融资类产品,原有存量也开始计提风险资产。

(8)"聚财宝"金娃娃理财产品—创新理财产品

金娃娃系列人民币理财产品的实质是信托计划与黄金的组合产品,利用信托计划较高的收益覆盖小额金条的购置成本,将投资收益变成了可投资可收藏的精美金条,实现了利上再添利的特点,充分将客户对投资的高收益和对小额实物黄金的喜好结合起来。

上述(7)-(8)两类产品的主要风险点和控制措施如下:

对于信贷资产转让类产品,为有效控制风险,对所有合作机构均开展准入调查,并优先选择已是深发展银行长期合作伙伴、信誉良好的信托公司作为合作方。信托资产在深发展银行托管部门,具体执行信托资金的划转。每笔贷款资源均按照本行自营贷款标准管理,发放时已经由本行公司部门进行过授信调查并审批通过,贷款存续期间也定期实施监测。

对于信托贷款类产品,发行信托计划的信托公司作为受托人,按照银监规定自主设计产品,筛选项目并按照自身的信托贷款管理制度自行开展信贷资产管理职能;深发展银行按照监管部门的要求在产品发行前报备,同时严格执行银监规定,在成本、风险、信息披露等方面遵守相关规定,并保证信贷资产投资的整体性原则。

对于借款人的信用风险,信托公司已经就该项目按照自身贷款审批标准通过各级审批,并将按照其信托贷款管理制度进行贷后检查及本息催收;深发展银行仍按照银监有关的规定和本行《关于规范理财新产品审批流程(对公及同业担保部分)和发行后管理的通知》(深发银 2008[984]号)文件的要求比照自营贷款业务标准对该贷款做出评审,信托贷款借款对象已经获得本行的授信额度,或者经过信审部门的审批,其信用风险及相关防控措施在该笔信托贷款发放前已经纳入行内贷款审批流程,并得到各级信审部门的认可;贷款发放后,本行也按照有关贷后管理规定随时跟踪,以确保信贷资产在双重的风险防控措施下,得到有效的监控。

2. 本年到期产品的实际收益与产品预测收益的偏离度情况及原因分析

2010 年,深发展银行除 07 年发行的一只基金组合产品未达预期收益外,其他产品均以预期收益率的良好业绩到期终止,具体如下:

(1)"聚财宝"卓越计划 2010 年共发行了 145 款包括单期型和滚动型人民币理财产品,每一款产品均按产品说明书的约定,以预期收益率到期终止。

(2)"聚财宝"飞越计划 2010 年 1、2 号欧元汇率挂钩型人民币理财产品到期年化收益率分别为 0.10%、0.10%。保证了客户的本金并实现了按产品说明书约定的最低收益率。这两期产品发行量不大,反映了客户对该类产品风险认识逐渐深入。

(3)"聚汇宝"外币理财 B 计划 2010 年共发行了 43 款美元及 43 款港币理财产品。每一款都按产品说明书的约定，以预期收益率到期终止，并保证了客户的本金。

（4）“聚财宝”现金溢系列2010年共发行了111款人民币理财产品。每一款都按产品说明书的约定，以预期收益率到期终止，并支付了客户的本金。

（5）“聚财宝”腾越计划有一只到期，09年1号产品以预期收益率到期终止，最高收益率达6%。

（6）“聚财宝”尊贵计划于上半年发行了11只，到期产品26只，绝大部分为09年发行的产品，均按预期收益率支付，收益率一般在4－5%之间。

（7）“聚财宝”鸿运计划07年3号精选基金人民币理财产品投资于证券投资基金，由上海国联投资公司担任投资顾问，投资起始于2007年12月11日，终止于2010年12月10日，到期产品单位净值为0.8257，跌幅17.43%，期间上证综合指数跌幅44.96%。该产品的负收益主要源于07年底至08年金融危机造成的系统性风险，产品存续前期净值下跌严重，市场逐步好转后产品净值有所回升但未能恢复本金。产品到期应对工作在本行制定的应急预案下进行，产品平稳过渡。

（二）客户管理情况

1. 客户结构分析

包括年龄结构（60岁以下及60岁以上）、风险偏好结构（根据客户评估结果划分）、理财产品投资规模结构等，以及其他有关本行理财客户的特点分析。

根据深发展银行财富管理系统和CRM系统提供的数据，截至2010年12月31日，本行90日平均资产余额在5万元以上的个人理财客户共130614户，总资产规模489.5亿元。其基本特点如下：

（1）年龄结构：

年龄分层	占比（%）
30岁（含）以下	13.04
30岁－40岁（含）	24.57
40岁－50岁（含）	22.92
50岁－60岁（含）	19.83
60岁以上	19.64
合计	100

（2）风险偏好结构

本行的理财客户风险承受能力评估由低到高分为保守型、安稳型、稳健型、积极型、激进型五类，具体结构如下：

风险承受能力类型	占　比
安稳型	3.4%
保守型	18.75%
稳健型	65.14%
积极型	9.93%
激进型	2.78%

（3）理财客户地域分布

本行个人理财客户群体主要分布于我国的华东和华南地区，分别占44%和32%；20%的客户分布于华北区，4%的客户分布于西南区。

(4)性别比例:男女性别比例约为44%:56%。

2. 理财售后服务的主要内容及执行情况

本行各分行理财经理和95501客户服务中心均接受客户对所购买理财产品的各种咨询和投诉,总行私人理财部、金融市场产品部对咨询和投诉提供权全力支持。对个别重要客户,私人理财客户甚至指派专人进行答疑和安抚。

总行和各分行均准确、及时地通过官方网站公告、营业网点公告、手机短信等公开途径对客户和社会公众披露信息。

3. 全年个人理财客户投诉数量及投诉信息获取渠道、已处理投诉占比,以及投诉集中反映的问题

本行2010年通过95501客户服务热线共接到个人理财客户投诉3起,远低于09年全年的16起,所有投诉均已处理完毕。投诉集中反映的问题是对个别产品到期收益率为零不满。

4. 涉及的法律诉讼情况(包括已撤诉的情况)

在2010年内,深发展银行个人理财业务未出现法律诉讼。

(三)理财队伍建设情况

1. 理财制度建设情况

2010年,总行更新和下发了《深圳发展银行理财经理管理办法》(2010,2.0版),全面规范了理财经理的上岗资格要求、职业通道、岗位职责、绩效考核评价等等。该新办法对理财经理上岗资格提出了更高的要求,对销售资格提出明确的规范,为理财业务的合规开展打下了坚固的基础。

2. 理财经理队伍的管理、人数、销售资质以及队伍发展计划

总行依据《深圳发展银行理财经理管理办法》,对理财经理实行严格的上岗资格准入制度和管理,要求理财经理在销售前必须取得相应的资质,总行每月更新理财经理信息台账,以确保理财业务人员资质符合标准。截至2010年底,深发展银行取得理财业务上岗资格的人数共有513位,比2009年增长29人,增幅6%,其中取得监管部门要求的保险销售资格的理财经理有501位,占比97.6%;取得基金销售资格的理财经理有471位,占比92%。

目前本行理财经理网均尚不足2人,2011年深发展银行将大力发展理财经理队伍,通过行内优秀人员选拔和对外招募金融专业人才等方式补充队伍力量,为客户提供更全面、更优质的理财服务。

3. 本年理财业务从业人员的培训情况

深发展银行通过各种培训持续提高理财经理合规意识和专业素质,确保理财经理能给客户提供合规的、高质量的理财服务。2010年总行通过面授、视频等方式共举办470小时培训,培训5009人次,分行培训超过6000人次,培训的内容包括本行每期新产品发售前的知识培训、提高理财经理销售技巧的培训、提高零售主管团队管理技能的培训、提高理财经理专业知识的培训以及举办普及理财经理合规意识的考试等。除行内培训外,深发展银行积极督导理财经理考取行外的专业资质,包括保险、基金、AFP/CFP金融理财师以及银行业协会举办的CCBP考试,截止2010年底理财经理人均持证张数达到3.63张,较2010年年初的2.71张大幅增长。

二、内部管理情况

(一)理财业务管理架构

1. 董事会、高管层对于理财业务的内部分工情况以及总行对分行的业务管理情况。

深发展银行由刘宝瑞副行长主管零售条线,向董事会报告个人理财业务发展战略及执行情况;袁丹旭私人理财总监任私人理财部主管,具体负责个人理财业务发展、个人理财队伍建设、制度建设和个人理财产品推广。

2. 理财业务相关部室设置及职责划分。

本行与个人理财业务相关的部门为私人理财部、金融市场产品部、集中作业部、财务信息与资产负债管理部、资产托管部。各部门职责及部门内各室职责分工如下：

(1)私人理财部是个人理财业务的主管部门，主要负责全行个人理财业务的统筹管理及部分个人理财产品的研发，下设银行产品、存款及结算两个室和业务管理与分析、销售督导与流程管理、理财规划、基金/保险/其它代理产品4个团队。

(2)金融市场产品部目前是结构性及固定收益类个人理财产品的研发部门，下设外汇交易、市场推广、理财产品、贵金属交易、固定收益5个团队。

(3)集中作业部对个人理财业务提供资金交易、清算作业等方面的支持，下设资金交易、账户与要素管理、清算作业、零售作业、进口结算、出口结算6个室以及电讯管理团队。

(4)财务信息与资产负债管理部对个人理财业务提供会计管理、基础数据管理等方面的支持，下设资产负债管理、统计信息管理、数据管理、市场风险管理、会计政策管理、管理会计数据管理、财务报告管理、1104系统管理8个团队。

(5)资产托管部负责部分个人理财产品，如"聚财宝"鸿运计划、尊贵计划等的资金托管、估值等，下设综合支持团队、运营管理团队、产品市场管理团队。

3. 产品研发、资金运用、风险管理、产品销售、售后服务(信息披露、客户投诉处理等)等方面的制度建设和完善情况

2010年，深发展银行已下发的与产品研发和销售管理相关的主要管理制度有：

(1)《深圳发展银行个人理财业务实施管理办法》(2.0版，2010年)

(2)关于印发《深圳发展银行高净值客户专属理财产品管理办法》(1.0版2010年)

(3)《深圳发展银行代理证券公司集合资产管理计划销售业务管理暂行办法》(2.0版，2010年)、《深圳发展银行代理证券公司集合资产管理计划销售业务操作规程》(2.0版，2010年)

(4)《深圳发展银行代理证券公司集合资产管理计划销售业务管理暂行办法》(2.0版，2010年)、《深圳发展银行代理证券公司集合资产管理计划销售业务操作规程》(2.0版，2010年)

(5)《关于印发《深圳发展银行代理信托产品资金收付业务管理办法(修订版)》(2.0版，2010年)的通知

(6)《深圳发展银行个人集合外汇理财业务(本金交割形式)操作规程(暂行)》(2.0版，2010年)

关于风险管理的主要管理制度有：(1)深圳发展银行个人理财业务突发事件应急预案

关于售后服务和信息透明度的主要管理制度有：(1)深圳发展银行个人理财业务信息披露管理办法(2.0版，2010年)

(二)内控及实施

1. 董事会、高管层对于理财业务的整体战略规划

平深整合以后，深发展银行的理财业务按照全行的"最佳银行战略"整体规划是把握机遇，在防范风险的前提下提升零售存款市场份额、理财产品销售市场份额、完善财富管理业务队伍建设、提升财富管理客户将服务能力和水平提升到新的层次。具体策略是强化"结算主办行"，夯实零售基础业务，重新设计销售队形，并紧密围绕促进产能提升的宗旨建设系统的销售管理体系，打造积极的销售文化。建立综合理财规划体系；以渠道和客户细分为导向，完善银行理财产品，打造最佳理财产品开放式研发平台；为适应以渠道为中心的销售模式，充分发挥平安集团的寿险和客户资源，围绕渠道拓展定制产品组合；建立快捷、直接、立体的产品信息发布、传导机制，以适应新的销售模式；打造全天候客户便利交易平台；打造综合经营客户理念，全面提升财富管理客户。

2\. 本年内就理财业务向董事会、高级管理层的报告情况

根据银监会《银行业个人理财业务突发事件应急预案》的要求，为有效防控个人理财业务的各类突发事件，提高应急保障效率，最大程度降低突发事件对个人理财客户的影响，深发展银行于2010年5月制定了《深圳发展银行个人理财业务突发事件应急预案》。2010年底，针对一只产品到期收益率不佳的情况，本行严格按照该应急预案要求开展产品应对工作，同时在产品到期前应对准备和产品到期后应对评估工作中，有关部门都及时向董事会及高级管理层作了报告。

3\. 本年内内部监督部门和审计部门对理财业务的监督检查情况

2010年内，总行稽核部对北京、天津、昆明、温州等多家分行稽核期间的理财业务进行了检查，未发现重大违规事项。对于所发现的个别不规范操作，稽核部已监督相关分行及时整改完毕。

4\. 为防止销售人员错误销售、不当销售而采取的激励约束机制及其后评价。

深发展银行在《深圳发展银行个人理财产品销售管理办法》的第四章《签约和销售管理》和第五章《售后管理》及第七章《检查督导》中对于防止销售人员错误销售、不当销售做出了细致规定，并责成各分行根据当地实际情况制定相关执行细则，建立和完善有效的相关激励约束机制。

2010年的业务实践表明，本行的上述工作效果令人满意。

5\. 对涉及关联方的理财业务相关内控规定及本年执行情况等

深发展银行于08年2月颁布并执行《深圳发展银行关联交易管理办法》(2008年版)。该办法第二章“关联方的界定”清楚界定理财业务中的关联方包括关联自然人、法人或其他组织，并定义本行内部人、本行主要自然人股东、本行内部人和主要自然人股东的近亲属、本行关联法人或其他组织的控股自然人股东、董事、关键管理人员以及其他对本行有重大影响的自然人为关联自认人，而本行主要非自然人股东、与本行同受某一企业直接或间接控制的法人或其他组织、本行内部人和主要自然人股东及其近亲属直接、间接、共同控制或可施加重大影响的法人或其他组织以及其他可直接、间接、共同控制本行或可对本行施加重大影响的法人或其他组织为关联法人和其他组织；上述管理办法第三章“关联方的报告与承诺、识别与确认”则对关联方的确认等事项作出明确规定，第五章以及第六章则分别对关联交易的界定及分类以及关联交易的识别、审批程序进行了明确规定。

（三）风险管理

1\. 与个人理财业务投资管理、销售和售后服务等相关的IT系统建设情况及其对于风险管理的作用

深发展银行新一代综合理财系统于2009年7月24日正式投产，投产以来基本运行正常，有效提升了个人理财业务系统平台的质量和容量。该系统支持每日开放式产品、短期现金管理型产品、净值管理型产品的销售和管理，实现了产品的参数化灵活设置，并且在报表功能方面有了极大的改进，成为本行理财业务强有力的技术支持平台。

2010年8月，本行正式在新版综合理财系统增加了全开放式理财产品的分级功能，即在现有“聚财宝”日添利人民币理财产品的基础上，按照客户存量金额的不同设置不同的收益率，增加了全开放式产品对高端客户的吸引力。同时，系统优化了全开放式产品的日终清算、实时监控等功能，增强了数据统计的准确性并加强了产品销售的异常情况预警功能。

同时，为适应新的收入计提方式，深发展银行还开发了一套完整的收入统计、摊销系统，从第三季度开始每月系统自动计提应收的本行收入即产品的各项费用，并在产品存续期内摊销，摊销的费用以信托产品为主，费用包括销售费、托管费、资产管理费等。系统实现后，大大增强了数据管理的准确性和科学性。

上述系统设计严密，技术先进，功能强大，能够有效控制IT系统风险和操作风险。

2. 本行个人理财产品的信用风险、市场风险、流动性风险、交易对手风险和IT系统风险等主要风险的控制措施与应急处理

深发展银行于2008年成立新产品委员会,成员包括计财、信贷、IT、会计结算部、运营管理部、合规部、法律事务部和董事长办公室等部门以及分行行长代表,在新产品正式推出前全面评估各项风险。成立至今,该委员会正常运作,确保已发行产品的风险可控性。

除按照上文"业务发展情况"部分所述的各项措施严格控制信用风险和交易对手风险外,本行也注意控制市场风险、流动性风险和IT系统风险。首先,在进行产品研发时尽量优先选择期限及或开放频率适中的产品,对于蕴含较大市场风险或流动性风险的产品通过撰写详细的售前分析报告、各部门反复合议等措施从严把关。其次,建立了产品后评估体系,每隔一定的时间按照风险等级、销售规模、利润效益等多个维度进行评估,总结产品发行后产生的各种问题,并进行改进。

对于IT系统风险,建立了异地备份系统,并由业务部门和技术部门紧密配合,密切监控相关IT系统的运作情况,遇故障时能排除则立即排除,不能立即排除则启动应急机制,避免因系统运作异常导致的各类问题。此外,本行一直积极进行系统的升级和改进工作,确保系统对于业务发展提供稳定可靠的支持。

3. 个人理财业务相关操作风险防范(含案件防范)措施

2010年,按照《深圳发展银行个人理财产品销售管理办法》的要求,深发展银行对于个人理财产品售前、售中、售后的各环节的规范性均进行了全面系统的规定外,还由总行业务部门、内控部门和业务支持部门制定、修订或强调一系列全新或已有的与个人理财业务操作相关的管理办法和指引,并且从总行至分支行层层落实,严格执行,务求将操作风险降至最低水平。同时,运营管理部、集中作业部与私人理财部在理财业务相关职能分工和岗位设置上进一步优化,更加有效地杜绝操作风险。

从2010年开始,本行还致力于推进以下工作:

(1)规范操作流程,落实和强化销售环节的客户评估工作;

(2)通过持续培训和绩效考核,加强对理财人员的教育和资质管理;

(3)严格销售流程,防止错误销售和不当销售,指导分支行将合适的产品销售给合适的客户;

(4)加强对各分行的相关业务支持,增强全行个人业务的可操作性以及合法、合规性。

三、理财业务创新情况

(一)产品创新

2010年,深发展银行私人理财部根据经济走势、市场热点及时调整产品创新策略,进一步加强了与信托公司、证券公司等非银行金融机构的合作,通过产品模式创新、结构调整和销售模式创新,为不同类型和风险偏好的投资者提供了较广阔的投资选择:针对保守型客户,主推卓越系列稳定收益债券型产品;针对追求高流动性客户,主推"日添利"每日开放型产品;对于资产较高的高端客户,上半年推出一系列主要投向为信托贷款的尊贵系列和金娃娃系列产品,下半年由于银信新规的推出,主要发行资产池类的现金溢系列产品。2010年3月,"金娃娃"获"2009年度最值得信赖的银行理财产品十大品牌"-最佳创新品牌。

(二)服务创新

2010年,除黄金、外汇网上银行频道服务之外,全新推出了国际金融信息平台,客户可在平台上进行贵金属交易,实现最新黄金外汇实时行情、丰富的市场资讯、详实的产品信息等一站式理财服务,同时还为客户提供贵金属投资操作短信、邮件、投资说明会等资讯增值服务,客户满意度显著提高。

(三)营销方式创新

2010年,本行零售银行紧紧围绕"价值客户"开展了系列营销举措,实施开展了针对"发展金卡"、

"黄金业务"、"第三方存管"、"理财产品"等提升零售筹资能力的9大营销举措。2010年,零售银行先后推出了"金娃娃"春季营销、"虎狼羊"争霸赛、天玑财富大讲堂、天玑财富私人中医、天玑财富私人牙医等营销活动。这些活动得到了价值客户及市场的高度认可,有效提升了本行的零售业务美誉度。

(四)管理模式创新

2010年,深发展银行行加大了代理信托业务的力度,为规范并流程化代理业务的审批,对集合信托业务项目采用总分行两级审批制度:分行项目由分行零售和法律合规部门审核通过后再上报总行零售部门,由总行零售部门筛选合适的项目评估风险后再发起总行审批流程,由总行法律部、合规部审核后上报行领导完成审批;总行项目则由总行启动审批流程,保证每笔业务均通过法律、合规部门对合同文本、业务流程等方面的审查。对于信贷融资的信托计划,零售部门在上报前可咨询信贷部门意见,在实际业务引进中,支行、分行作为风险把控的第一道关口;对于政策敏感型项目,由总分行合规部门进行核准。

四、问题与困难

(一)本行理财业务发展与管理中的问题

1. 人员与队伍建设问题

2010年在各种客观的因素下,理财经理的招聘以及行内人员补充呈现出紧张的局面。在总行的督导和分行的努力下,2009年末开始组建的大堂经理队伍在2010年实现了大幅的扩充,但理财经理队伍人数最终表现仅为小幅增长。

2. 业务考核与工作引导问题

理财业务总体上还未完全脱离初级阶段,绩效考核体系与现有工资奖金制度存在不协调情况,激励措施的种类和力度相对不足,从而影响了理财经理的工作积极性。

3. 客户教育和安抚问题

通过多次开展针对收益欠佳产品客户的安抚和应对工作,我们发现,目前个人理财客户普遍存在专业知识不足,投资决策情绪化的问题,并且中青年白领客户数量明显不足。因此,客户教育和安抚工作需要有更好的规划,更大的投入,可谓任重道远。

4. 风险控制问题

尽管在产品的售前、售中和售后环节已尽量关注并控制风险,但由于国内外金融市场仍受许多不明朗因素困扰,因此仍需要对于从前期的产品构思、研发到后期的售后及到期服务等一系列环节中涉及风险的环节更加关注,并且更全面、更细致地落实各项风险控制及风险管理工作。

5. 个人理财业务管理制度建设是一个复杂的系统工程,需要循序渐进

为规范业务操作,防范风险,深发展银行已着手个人理财业务的有关制度建设。但由于个人理财业务的管理模式和操作流程与现有银行的管理模式差别较大(更多地借鉴了外资银行),需要建立全新的管理架构,在此基础上建立与其配套的管理制度,因此个人理财业务管理制度的建设需要一个渐进过程。目前本行健全包括资金、风险、核算几方面在内的完整制度体系的工作任务仍然相当艰巨。

(二)来自外部的制约业务创新的主要因素

1. 监管政策的变化对金融创新的影响

2010年8月银信合作融资类理财业务的叫停使银行理财失去了一个重要合作伙伴,直接影响了金娃娃产品资产投资,而债券、和货币市场工具等又难以带来必要的收益率,信托公司投资标的广泛的天然优势未得到充分发挥。

2. 分业经营也制约了理财产品的创新

银行业、保险业、证券业三个市场分离,资金只能在某个系统中独立运作,银行推出的理财产品主

流标的长期局限于银行间市场债券和信贷资产上,而发行的保险、证券类产品多数以代理或简单资产配置的形式呈现,缺乏专业设计能力。

3. 海外市场投资标的的缺失

金融危机造成的恐慌和前期 QDII 产品的不佳变现,导致现在中资银行几乎不在开发挂钩海外标的的理财产品,同时由于经验不足,与境外交易对手进行合作时常常显得信心不足,使得境外投资愈发困难。

(三)现行监管政策、制度存在的问题及相应建议

1. 加强关于风险防范和抵御的指导

尽管全球金融危机已经过去两年多,但制约经济发展的不确定因素仍然较多,各商业银行要在有效防范和抵御风险的前提下实现个人理财业务的持续发展,仍有相当难度。因此,建议监管机关对于个人理财业务风险防范和抵御给予明确的指导,最好能定期或不定期地开展相关培训或讲座。

2. 适当放宽对理财新产品和创新服务限制

建议监管机关按照鼓励金融创新的原则,对商业银行理财创新产品和创新服务,在制度规范、流程透明、风险可控的前提下简化手续或降低门槛。

3. 牵头组织更多的业内交流活动

为同业机构间的充分学习和交流,尤其是对于新兴的理财业务的未来发展的探讨提供良好的平台,并进一步促进同业合作和良性竞争,提高各行发展理财业务的积极性和创造性。

五、下一步发展规划

(一)2011 年理财产品发行计划

2011 年,深发展银行将把银行理财产品作为价值客户的蓄水池来经营,以产品撬动客户,以规模带动收益。在银行理财产品经营上,重点是精准定位客户分层、增强产品竞争力,以产品作为吸引新增客户的有效手段,带动整体理财业务增长。明年,将通过加强市场研究和客户分析、加强行内沟通与协调、理顺理财产品审批流程,从而加快产品研发和发行速度。在分类开发的基础上,从规模、收益和市场热点三方面入手,突出以下三类重点产品的开发和销售:

1. 以债券、票据等低风险类产品做大理财产品规模

由于银信合作的限制,2011 年本行将进一步加大了债券、票据类产品的开发,扩大短期现金管理类产品的发行力度,以每日开放的"日添利"产品为拳头,带动债券类产品的整体销售。在资金池可投资品种的管理上,严格审核银行间市场债券和货币市场工具(包括债券回购、拆借、央行票据、国债、金融债、企业债、公司债、短期融资券、票据等资产)的信用等级与流动性,保证客户资金安全。

2. 以信托代收付等代理类产品带动收益提升

继续与信托公司、资产管理公司合作,引入属于国家鼓励行业并监管规定的集合信托计划,开展信托计划代理收付业务,提高银行效益。同时选定资金实力雄厚、有丰富证券投资经验的基金公司、信托公司、证券公司,根据市场变化选择合适私募基金、PE 投资等长期投资产品;继续开展基金公司特定多客户资产管理业务,即"一对多"专户理财业务;引进券商集合理财计划,丰富理财产品;引入证券公司、基金公司单一客户资产管理计划,针对千万元级客户提供专属服务,即"一对一"专户理财业务。

3. 设计高净值客户专属产品

深发展银行已经出台《高净值客户专属理财产品管理办法》,对于风险承受能力较强,资产实力雄厚的高端客户,本行将结合资本市场的走势,借助信托平台,聘请具有品牌优势的基金公司、证券公司为投资顾问,开发与一、二级市场挂钩的股权、产权、受益权等投资类产品。同时,自有的

稀缺型理财产品将向高端客户特别供应，并提供存款、贷款、理财、自主交易的综合理财计划，提供差异化服务。

4. 整合个人黄金产品链

对于2010年内的重点之一的黄金业务，将全面整合“个人黄金产品链”，充分发挥本行黄金产品特色，成为获取价值客户的利器。

得益于黄金业务品牌在市场上的知名度和影响力，深发展银行计划推出一系列以“黄金投资”为主题的创新产品，以丰富理财产品线、并增强理财业务综合实力，具体如下：

（1）借助个人黄金延期交易系统上线的契机，重新整合“聚金宝”品牌

2010年本行“聚金宝”个人贵金属交易业务实现了巨大飞跃，交易量和手续费大幅增长，客户的认知度较高，在市场处于第一集团军的领先地位。2011年，将加大“聚金宝”品牌宣传力度，持续开展一系列营销宣传活动，为拓展贵金属交易类客户和高端价值客户提供有力支持。

（2）“实物黄金＋衍生产品”的完美结合，“金娃娃”系列强势待发

“金娃娃”系列产品以本行创新的“金抵利”产品研发思路入手，通过小额实物黄金和其他类理财产品的不同结合方式，实现收益以实物黄金形式提前支付，具有风险偏低，收益较高等特点。该产品于本年度发行了两期，由于银信合作的叫停和金价的不断攀升未能持续发行。该产品为本行首创发行，切合了目前投资者对黄金市场的看多需求，偏低风险的设计又可以让广大的普通投资者涉足以往高门槛、专业化的黄金投资市场。

（二）与2010年的发展规划相比的主要变化

1. 打造最佳理财产品开放式研发平台

充分发挥行内自主研发能力，建立产品基础研发平台；利用其它金融机构合作优势，包括与信托、证券、基金、保险、财富管理公司等，丰富产品品种；充分利用平安集团资源，建立产品长期、稳定的引进渠道；外购国内外创新的结构型投资产品。

2. 建立快捷、直接、立体的产品信息发布、传导机制

建立文件、邮件、短信、网银、CRM系统等立体产品信息发布渠道；梳理客户、理财经理、渠道销售人员通过不同媒介获得产品信息的流程和方式；编制适合不同信息发布媒介的产品资料和营销话术。

3. 打造全天候客户便利交易平台

建立柜台、网银、电话银行多渠道交易平台，为客户提供全天候交易平台。

（三）本行发展理财业务的比较优势及中长期发展方向、定位

深发展银行早在2004年就已推出本外币理财产品，在固定收益类、结构类、信托类等产品研发和销售方面均积累了较为丰富的经验；同时，通过近两年来的努力，在业务培训、理财经理队伍管理及资质认证方面已经制度化、系统化；在制度建设方面，本行理财业务制度体系也基本构建完毕并在不断完善中。除了销售传统的银行端理财产品，本行更多的将充当其他金融机构理财产品的销售平台和金融超市，在代理业务上继续加强力度。伴随着代理产品较高的起点金额，拓展高端客户，建立私人银行机构，提供投资、资金管理、遗产筹划等全方位理财服务是银行理财业务的长期发展规划。

从中长期发展分析，个人理财业务可以有效改变个人金融资产的结构，防范金融风险的发生，促进宏观经济的稳定发展，商业银行通过向客户提供综合理财服务，一方面可以为客户提供更为全面的商业银行服务，另一方面还可以满足客户多元化的理财服务需求，提高自身的核心竞争能力。因此，规范发展理财业务，逐步实现产品组合化及多样化、客户细化分层及服务，将是本行理财业务的重点工作之一。

（深圳发展银行　供稿）

2010年上海浦东发展银行理财产品运行分析报告

2010年随着监管部门连续发文,规范银信合作理财业务模式,商业银行理财业务经营外部环境发生重大改变。上海浦东发展银行(以下简称"浦发银行")积极响应监管要求,顺势调整理财业务经营模式和方向,不断推出新产品,压力之下,继续保持了发行量迅猛增长,制度建设有序推进的势头,渡过了一个扎扎实实的发展之年。

一、2010年理财产品业务运行情况

(一)主要类型及具体运作模式

理财产品根据设计发行单位不同,可以分为自行设计开发并销售的理财产品(以下简称本行理财产品)与代理第三方机构收付并销售的理财产品(以下简称机构理财产品)两大类。以下报告与分析均以本行理财产品为主。

浦发银行本行理财产品根据募集资金投向主要可分为信贷类、债券及货币市场工具类和结构性存款三类。就具体运作模式而言,信贷类理财产品以银信理财合作业务模式为主。由银行面向机构和个人投资者募集理财资金,投资信托公司发行的信托计划,信托计划向借款人发放信托贷款或购买其他金融机构的信贷资产。债券及货币市场工具类则是由该行自主投资管理业务模式为主。由银行面向机构和个人投资者募集理财资金,自主投资于银行间市场发行的包括央票、国债、政策性金融债、AA及AA+评级以上的信用类债券—次级债、短期融资券、中期票据、企业债—在内的各类债券;以及存放同业、债券回购、货币市场拆借、正常类票据等货币市场工具。其中AA及AA+评级以上信用类债券占投资债券资产的比例不低于60%,其余投资于国债、央票、现金等高流动性资产。结构性存款产品则是浦发银行将基础资产投资于银行间市场央票、国债、金融债、企业债、银行票据、短融、中期票据、债券回购、信用产品等并进行主动性管理,同时通过结构简单、风险较低的相关金融工具获得较高投资收益;或将产品的收益与汇率、利率、股票、商品、指数或经济实体的信用等标的挂钩,当符合约定条件时客户即可获得较高投资收益的运作模式。

此外,为进一步满足个人客户对流动性资金的理财需求,浦发银行于2010年12月27日起在上海分行试点发售"天添盈1号"开放式理财产品。产品于2011年1月7日起息,2011年1月17日开放申购、赎回功能。"天添盈1号"产品不设投资期限,持续运作。产品成立后,由该行定期公布最高预期收益率,每个工作日客户均可进行申购、赎回交易,赎回金额的实时到账。

(二)产品发行情况

2010年信贷类银行理财产品发行447期,累计发行852亿,年末余额361亿。2010年发行的产品中,6个月(含)以下的215期,平均预期年化收益率3.47%;6个月到1年(含)的218期,平均预期年化收益率4.17%;1年以上的14期,平均预期年化收益率4.64%。已到期产品均实现了预期收益。

2010年债券及货币市场工具类产品发行101款,累计发行435.82亿,年末余额121.78亿。2010年发行的产品中,6个月(含)以下的92款,平均预期年化收益率3.11%;6个月到1年(含)9款,平均预期年化收益率3.87%。2010年累计发行了理财产品897款,其中6个月(含)以下的产品有578款,占比64.43%。

2010年结构性存款类理财产品(即汇理财)发行349款,累计发行863.21亿,年末余额196.50亿。

2010 年发行的产品中，有 51 款是外币类，有 298 款是人民币类。在人民币类中，6 个月(含)以下 226 期，平均预期年化收益率 2.37%；6 个月到 1 年(含)的 72 期，平均预期年化收益率 2.78%。在外币类中，6 个月(含)以下的 45 款，平均预期年化收益率 3.61%；6 个月到 1 年(含)6 款，平均预期年化收益 1.52%。

币种	类型	发行期数	实际募集资金量(亿元)	年末余额(亿元)	主要期限结构	收益率水平
人民币	信贷类	447	852	361	1 年以下居多，少量 1 年以上	3.47% -4.64%
	债券及货币市场工具类	101	435.82	121.78	7 天/1 个月/两个月/三个月/六个月/十二个月	2.20% -5.34%
	股票和基金	–	–	–	–	–
	结构性存款类	298	855.13	192.17	1 -12 个月	1.70% -4%
	结构性票据	–	–	–	–	–
外币	信贷类	–	–	–	–	–
	债券及货币市场工具类	–	–	–	–	–
	股票和基金	–	–	–	–	–
	结构性存款类	51	8.08 亿元人民币	4.33 亿元人民币	6 个月或者 12 个月	1.00% -3.80%
	结构性票据	–	–	–	–	–

从产品类型来看，信贷类和结构性存款类这两类产品相加几乎占了发行量的 8 成。从收益率来看，债券及货币市场工具类产品收益率幅度最大，期限选择最多，产品种类最多。其中结构性存款类外币 6 个月(含)以下的产品收益率高于 6 个月到 1 年(含)，主要原因是 6 个月以下外币类中包含大量澳币类产品，澳币类产品收益率比较高。

(三) 产品创新情况

产品方面，2010 年浦发银行不仅实现了纯资金类理财产品零的突破，而且迅速丰富和完善了产品线。从投资标的来看，2010 年新发行了债券类理财产品和票据类理财产品，其中债券类理财产品具体包括债券盈，周计划和利多多公司债券理财；票据类理财产品有利多多公司票据理财；从投资期限来看，以 7 天，1 个月，2 个月，3 个月，6 个月和 1 年的标准期限短期理财产品为主，此外还推出了期限相对灵活的对公定制产品和假日理财产品；从投资币种来看，主要以人民币理财产品为主，同时发行了美元、澳元和港币等外币理财产品；从发行对象来看，对私发行的理财产品有债券盈和汇理财，对公发行的理财产品有利多多公司债券理财和利多多公司票据理财，同时对公对私发行的理财产品有周计划。

尤其值得关注的是，12 月 27 日浦发银行正式推出了首款开放式 T+0 理财产品"天添盈 1 号理财计划"。这标志着该行理财业务又迈上了一个新的台阶。其他开放式理财产品，如 T+1、周期型也已完成制度建设和系统开发，预计将在 2011 年择机推出；票据非保本理财产品和对公结构性存款产品内部制度准备正有序推进，也是 2011 年计划发展的产品种类。此外，理财产品基金化运作、投资资本市场以及信贷资产引入等产品创新方案也已着手研究，为明年的理财业务创新做好了充分的准备。

二、2010 浦发银行理财业务运营主要特点

(一)设立理财业务领导小组，明确归口管理部门，搭建理财业务体制框架

为了大力推进全行理财业务发展，从组织架构上予以充分的保障和保证，浦发银行成立了由分管副行长挂帅的总行理财业务领导小组，不定期召开会议，决策理财业务发展方向，协调各部门职责，汇聚全行力量推进理财业务。2010 年，浦发银行明确了资金总部为全行理财业务归口管理部门、产品设计部门，会同公司部、个人部两大渠道部门以及运营、风险、财务、科技、合规等支持部门，实现理财产品在全行范围内的统一管理，产销协同，风险共控。高效、有序的立场业务体制、机制框架为业务快速发展奠定了坚实的基础。

(二)一般产品与定制产品相结合，满足不同层次客户需求

浦发银行在理财业务实际经营中发现，理财产品发行必须以客户需求为导向，市场变动为导向，能够满足不同收益需求、风险偏好的客户的各类要求。在 2010 年该行全年推出的 897 款理财产品中，定向发行的定制类理财产品有 30 款左右。如果说一般产品是在分析个人、机构客户普遍需求和市场主流产品基础上，满足了最大范围客户的一般理财产品投资需求的话，定制产品主要是为了服务重点客户、大型客户、优质客户对投资理财、资产保值增值的个性化需求，适应客户个别特点，为客户量身定做。一般产品与定制产品相结合，才能够最大程度地满足不同层次客户的需求。

(三)理财业务前中后台分开，加强风险监控与管理

与一贯的稳健经营风格相一致，浦发银行在发展理财业务时也非常重视风险监控与管理。在产品设计与资金募集管理方面，实行了产品设计与销售部门分开的原则:设计部门不参与销售，销售部门不主导设计;在理财资金投资与托管运营方面，严格实行前、中、后台分离制度:资金总部作为理财投资前台部门，负责投资组合管理与交易;风险管理总部作为理财投资中台部门，负责对投资交易中可能出现的信用风险、市场风险、操作风险和声誉风险进行监控与管理;运营、托管作为理财投资后台部门，负责投资资金的收付划拨，负责理财资产的托管估值，保障资金、资产安全;另有财务、科技、合规等支持部门，为理财业务发展提供支持性意见与建议。通过专业分工，各司其职，浦发银行理财业务风险，特别是投资端风险得到了有效地控制与管理。

(四)切实加强内部销售队伍培训与外部客户教育，提高产品及机构美誉度

2010 年浦发银行还切实加强了对内部理财销售队伍，即全行理财经理和客户经理团体的专业知识、政策法规、营销能力方面的培训和教育。截至 2010 年底，共 1,541 名在岗理财经理通过考试取得了浦发银行颁发的理财从业资格证，实现了理财经理 100% 持证上岗销售。该行在推出开放式 T+0 产品“天添盈 1 号”之前，以视频培训方式，专题向全行理财销售人员进行了宣讲，公布了总行业务相关联系人的咨询电话，确保授权销售单位都配备资质合格的销售人员。浦发银行还通过规范产品风险揭示文件、宣传品、销售用语等方式加强客户教育。务求使投资该行理财产品的个人客户、公司客户都能知晓产品的性质和自身承担的风险，以规范促销售，使理财产品不仅有高知名度还有高美誉度。

三、2011 年理财业务发展展望

(一)债券与货币市场工具类产品继续占据市场主流地位

2009 年末至 2010 年，监管机构连续下发规范银信合作理财产品管理的制度和文件。信托机构融资性产品余额比例的严格规定，使 2010 年下半年银信合作理财产品进入冰河期。预期 2011 年监管部门对银信理财合作业务的规范和监管仍将维持严格，此类业务较过去两年在发行量上将会大幅减少。

债券与货币市场类产品已经并将继续成为信贷类产品的替代者。债券与货币市场类产品设计简单，易于投资者理解，产品风险较低，几乎都能兑付预期收益率，因此成为众多投资者资产配置中低风险类型资产选择不可或缺的组成部分。可以预见，2011年债券与货币市场工具类产品仍将保持发行数量和发行规模上的优势地位，全年市场份额预计将超过50%。

与此同时，也应注意到随着信托公司以债券和货币市场工具为主要投资对象的银信合作产品发行量不断增加，余额比例指标的分母被不断做大，余额比例正在不断下降，一旦这一比例下降至30%及以下时，信托公司融资类业务又可重新开启。2011年信贷类理财产品较2010年下半年可能有一定程度的回暖。

（二）受加息影响，理财产品收益率将持续上行

年初人行工作会议上已经明确，2011年货币政策将由2010年的"适度宽松"转向"稳健"，紧缩含义不言自明。在2011年加息两到三次市场普遍预期作用下，理财产品收益率将持续上行。存贷款基准利率的上调会直接促进银行理财产品收益率上涨。特别是在债券与货币市场工具类、信贷类、票据资产类等稳健性产品收益率上将体现得尤为显著。从历次存贷款基准利率调整对理财产品收益率的影响来看，商业银行理财产品均会呈现出跟随效应。所以，2011年在市场加息声中，以债券与货币市场类为主的稳健性理财产品的发行预期收益率有望进一步上涨。一方面这将增强此类产品对投资者的吸引力，另一方面也将在投资运作、风险管理等方面对商业银行形成更大的管理压力。

（三）在充裕流动性作用下，商品挂钩类结构性存款产品有望得到发展

受各国政府宽松经济政策尤其是美国第二轮量化宽松货币政策的影响，2011年全球货币流动性泛滥的问题依然不可小觑。大宗商品市场将成为这些流动性资本的"获利场"。大宗商品价格可能继续被推动上行。挂钩于大宗商品及其相关资产的结构性理财产品相应地也可能受到市场投资者的关注。目前我国商业银行发行的结构性理财产品多为看涨型挂钩产品。因此，大宗商品价格的上涨将有利于挂钩于黄金、原油、农产品、贵金属等商品的结构性理财产品。估计广大商业银行将会根据实际客户需求和市场变动而加大研发、推出结构性存款产品。

（四）中高端理财将强劲增长，要求理财产品更多创新

随着我国富裕阶层的不断壮大，高端客户日益成为各商业银行理财业务竞相争取的目标客户群。浦发银行在2010年正式挂牌成立了私人银行部，专业服务于高端个人客户。各大国有商业银行、股份制商业银行莫不把发展私人银行等高端客户银行业务作为银行整体转型的战略性安排。2010年银行发行的理财产品中，针对高端客户发售及专门面向私人银行客户的理财产品共计2784款，占发行总数的28.05%，产品款数和市场份额均较2009年已有爆发式增长。我们预期2011年商业银行理财产品"爱富"情结将更为明显。高端客户定向产品将得到进一步发展。

从产品类型角度看，由于监管对面向高端客户发行的理财产品实行相对较为宽松的监管要求。高端客户也普遍风险承受能力更强，新兴标的产品接受度更高，未来商业银行高端产品将更多向新兴投资标的创新方向发展。股票、股权收益、基金、私募基金，甚至艺术品、黄金、红酒、影视等等非传统意义标的都可能成为高端理财产品的投资方向。高端产品的创新性、灵活性将非常值得期待。

（五）以客户需求为导向，理财产品发行更趋灵活，竞争更趋激烈

商业银行理财业务发展将以客户需求为导向，以市场为导向、加快新产品开发和现有产品的整合、包装，满足不同风险偏好投资者多样化的理财需求；不断培育、筛选、细分客户群，提供增值产品和服务，实施跨行业资源整合，既提供标准化理财产品，也提供专业定制理财服务；加强理财业务宣传和营销，逐步形成特色突出、知名度高的理财品牌，实现基于品牌的整体营销、深度营销，提高客户对银行理

财产品的认同度、美誉度和忠诚度，在合规前提下，有序开展理财业务。商业银行理财业务竞争将不再仅仅是产品竞争、价格竞争而更是服务竞争、客户体验度竞争。相关业务竞争将更趋激烈。

四、政策建议

1. 根据成熟产品和新兴产品进一步细分监管要求，实行差别化监管。

2. 更新、修订部分理财业务监管规定，使监管政策与日新月异的理财产品创新更相匹配，避免政策滞后。

3. 密切监管部门与商业银行理财业务沟通交流，建立交流机制和平台，促进全行业业务水平和风险防控能力的提高，更好地服务客户，创造价值。

（上海浦东发展银行　资金总部　供稿）

2010年北京银行理财产品运行分析报告

(一) 2010年北京银行理财产品业务运行情况

1. 理财产品的主要类型及具体运作模式

北京银行理财产品的主要类型包括银行间市场投资理财、票据理财、SHIBOR挂钩理财、信托受益权理财。

(1)银行间市场投资理财产品的投资方向为银行间债券市场国债、金融债、企业债、央行票据、银行次级债、短期融资券、中期票据、债券回购、货币市场存拆放交易等,上述金融工具的投资比例均为0-100%。通过收取销售服务费的方式获取手续费。

(2)票据理财产品的投资方向为票据转贴现市场,用于购买金融机构已贴现的汇票(包括:银行承兑汇票或商业承兑汇票)。理财产品最终实现的投资年化收益率高于理财产品预期收益的部分为北京银行收取的管理费,如实际投资年化收益率未能超过理财产品预期收益则理财行不收取管理费。

(3)SHIBOR挂钩理财的投资方向为银行间货币市场存/拆放交易、银行间债券市场国债、金融债、企业债、央行票据、银行次级债、短期融资券、中期票据、债券回购交易等,上述金融工具投资比例均为0%-100%。通过收取销售服务费的方式获取手续费。

(4)信托受益权理财用于购买原始债权人转让的某债务人的债权。原始债权人在理财到期时承诺回购债权或债权于理财到期日自然终止。客户最终实现的投资年化收益率高于封顶年收益率部分为北京银行收取的管理费,如实际收益未能超过封顶收益则不收取管理费。

2. 2010年产品情况

2010年北京银行共发售人民币个人、机构理财产品728支,累计募集资金量为1035.64亿元,2010年末理财余额为439.48亿元。2010年人民币理财产品的期限结构如下图:

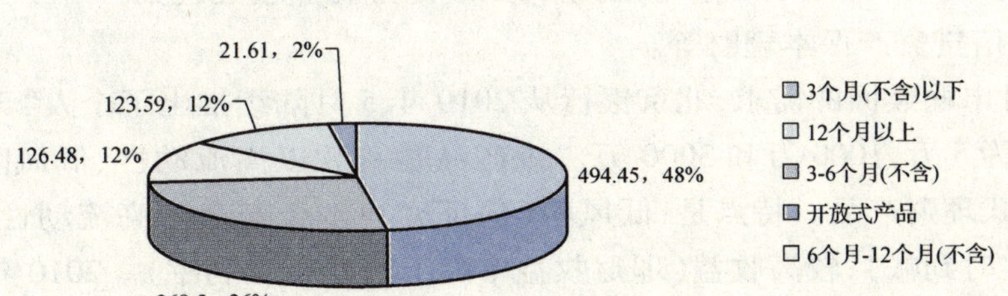

2010年人民币理财收益率水平情况是:3个月(不含)以下理财收益率区间为1.38%-6.5429%;3-6个月(不含)理财收益率区间为1.9%-3.6%;6-12个月(不含)理财收益率区间为2.4%-4.4%;12个月以上理财收益率区间为2.8%-5.0%;开放式产品理财收益率区间为1.55%-4.00%(见下表)(开放式产品包括"天天金"、"季季添金1号"、"双月添金1号"、"双季添金1号"等)。

期　限	3个月(不含)以下	3-6个月(不含)	6个月-12个月(不含)	12个月以上	开放式产品
收益率水平	1.38%-6.5429%	1.9%-3.6%	2.4%-4.4%	2.8%-5.0%	1.55%-4.00%

人民币理财产品按投资方向划分，包括信托贷款、债券及货币市场类理财、票据理财、信贷资产保本理财、信托受益权理财、资产池理财等，具体品种结构如下图：

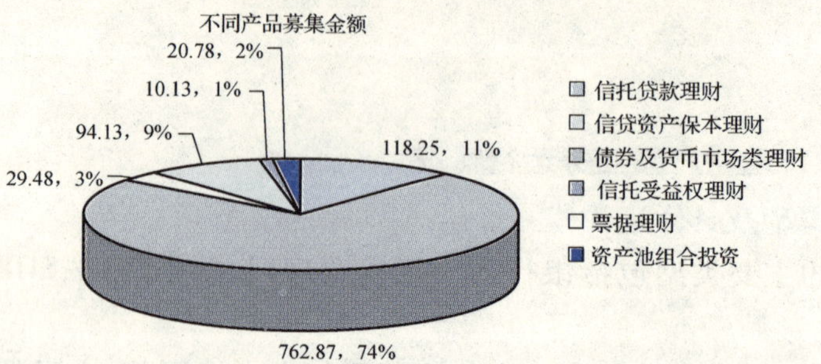

2010 年共发售外币个人理财产品 62 支，累计募集资金量折合人民币 5.95 亿元，2010 年末余额为 3.13 亿元。2010 年外币理财产品的期限结构如下图：

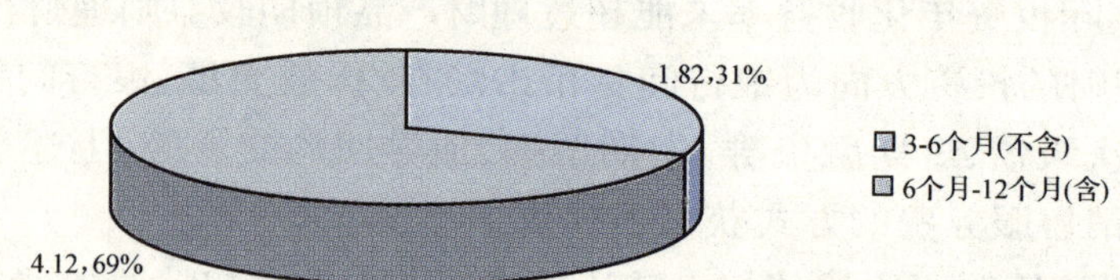

2010 年外币理财收益率水平情况是：3－6 个月（不含）理财收益率区间为 1.0% －2.4%；6 －12 个月（不含）理财收益率区间为 1.9% －5.5%。其中，澳元理财 2010 年收益率一直维持在 5% 以上。外币理财产品的投资方向均为债券及货币市场。

3. 2010 年理财产品创新情况

2010 年北京银行理财产品进行了多项创新，推出了现金管理类理财－个人“天天金”系列产品、SHIBOR 挂钩理财和信贷资产保本理财等。

为满足客户每日申购赎回的需求，北京银行从 2010 年 5 月陆续推出了个人“天天金”1、2、3 号系列产品，起购金额分别为 5 万、1000 万和 3000 万。该产品是一款以高流动性、低风险的金融工具为投资标的的组合型、开放式理财产品。特点是：低风险（保证客户本金安全）；高流动性（每个工作日开放申购、赎回，赎回本金实时到帐）；较高收益（理财收益率高于活期存款利率）。2010 年“天天金”系列产品累计申购金额 131.4 亿元，截止 2010 年末余额为 11.24 亿元。

北京银行于 2010 年下半年推出 SHIBOR 挂钩理财。该产品通过 SHIBOR 利率减点的方式确定客户的预期收益率，期限包括 7 天、14 天和 1 个月，面向机构和个人客户销售，受到投资者青睐。尤其在 2010 年末，银行间市场资金趋紧，货币市场利率一度高企，SHIBOR 挂钩理财产品更是受到投资者热捧。2010 年 SHIBOR 挂钩理财累计募集金额达到 198.32 亿元。

个人信贷资产保本理财也是北京银行 2010 年创新理财产品。“本无忧”系列信贷资产类保本个人理财产品是以分支行提供的某笔贷款为匹配资产的个人保本理财产品，扩大了原有“本无忧”系列保本理财产品的投资范围。该理财产品主要面向贷款提供行的客户定向发行，同时，也可面向特定区域或全行零售客户发行。2010 年个人信贷资产保本理财累计募集金额为 7.76 亿元。

（二）2010 年北京银行理财产品业务运行的主要特点

1. 创新理财产品渐次推出

2010 年，北京银行推出了现金管理类理财－个人“天天金”系列产品、SHIBOR 挂钩理财和信贷资产保本理财等，丰富了产品种类，提升了产品竞争力。

2. 理财产品期限品种日趋丰富

2010 年推出的“天天金”系列产品填补了北京银行超短期理财产品的空白，是该行第一支类货币基金型理财。之后，又推出了 7 天、14 天、1 个月 SHIBOR 挂钩理财，3 个月、6 个月、9 个月、1 年期银行间市场投资保本理财产品。另外，北京银行还有 1 个月“现金流”、1 年期“步步高”等理财产品，给予客户特定日期的赎回权，满足客户临时性的资金需求。总之，现有理财产品已实现对 1 年内各期限品种的全覆盖，可满足不同客户的流动性需求。

3. 银行间市场已成为北京银行理财投资的主渠道

2010 年下半年，银监会对银信合作业务进行规范，北京银行积极应对，对理财产品发行结构进行调整，停止发售信托贷款理财产品，大力开发银行间市场投资产品。SHIBOR 挂钩理财、“天天金”系列理财、“步步高”理财等都是基于银行间市场开发的理财产品，受到了客户的欢迎。加之前期的银行间市场投资保本理财和非保本债券理财，银行间市场已成为该行理财的主要投资方向。

4. 保本理财产品占比提升

2010 年北京银行人民币理财累计募集资金量为 1035.64 亿元。其中，保本浮动收益型、保证收益型理财募集金额为 802.72 亿元，占比达到 77.51%。2010 年外币理财累计募集资金量折合人民币 5.95 亿元，全部为保本理财产品。

（三）2011 年理财产品业务发展展望

2010 年下半年，银监会暂停信托贷款理财产品的发放，各家银行加快了其他理财产品的研发工作。同时，央行从去年下半年开始，多次提高存款准备金率和利率，市场环境趋紧。各家银行也逐渐提高了理财产品的预期收益率，加快了理财产品发售频率，同业竞争日趋激烈。展望 2011 年，预计理财业务将会呈现以下趋势：

1. 债券及货币市场类理财继续快速发展

2010 年下半年，信托贷款理财业务暂停，各家银行将更多理财资源投向债券及货币市场，此类理财呈爆发式增长态势。债券及货币市场类理财安全性高，收益稳定，适合稳健的银行理财客户。在没有其他更好的理财投资渠道的情况下，银行间市场仍将是理财投资的主渠道，并且规模将逐步增大。

2. 现金管理类理财规模将快速增长

目前各家银行理财产品的投资主渠道均为银行间债券及货币市场，理财安全性和收益性差距不大，流动性已变成银行理财竞争的利器。招商银行、建设银行、工商银行等均推出了类货币基金型理财产品，给予客户每日申购赎回权利，但收益率高于活期存款利率。北京银行也于 2010 年 5 月推出了“天天金”系列理财产品，受到投资者青睐。2010 年下半年，还推出了机构非保本现金管理类理财产品－“季季添金 1 号”、“双月添金 1 号”、“双季添金 1 号”等产品，给予客户每季、双月或半年申购赎回权，较好的满足了客户流动性需求。2011 年，北京银行将推出机构保本现金管理类理财和个人非保本现金管理类理财，进一步丰富现金管理理财系列。前者的销售对象是稳健的企业客户，在满足其流动性前提下，收益高于活期存款利率，市场前景看好；后者的销售对象为流动性要求很高、收益要求高于保本“天天金”理财的个人客户，实现不同风险偏好个人客户的市场细分。

3. 票据理财将持续增长

2010 年下半年，我国货币市场资金面趋紧，票据利率也呈上升态势。投资于票据转贴现市场的票据理财因其期限短、收益高的特性日益受到投资者欢迎。相信2011年在市场资金面依然偏紧的情况下,票据理财发售规模仍将增长。

4. SHIBOR挂钩理财仍将受市场青睐

2010年下半年,北京银行推出SHIBOR挂钩理财产品。推出后不久,由于央行实行紧缩货币政策,SHIBOR利率一度高企,SHIBOR挂钩理财产品随之受到追捧。2011年,市场仍处于货币政策紧缩环境中,SHIBOR利率依然维持在高位,故SHIBOR挂钩理财仍然维持较高吸引力。

5. 创新理财产品可能推出

2010年下半年至今,市场上多种金融创新产品陆续推出,其中包括CRM(信用风险缓释工具)、外汇期权等。另外,商业银行进入交易所债市的工作正在稳步推进。可以预见,随着金融产品的日趋丰富,投资于更多金融工具的创新理财产品也将推出。

(四)相关政策性建议

1. 建立统一的理财业务监管报表体系,供相关监管部门共享,避免商业银行重复填报不同口径、不同格式的监管报表,造成重复劳动。

2. 建立银行间理财业务沟通交流机制,有利于商业银行加强业务交流,提高业务水平,更好地为客户服务。

3. 有序渐进开展金融工具创新,为商业银行理财投资创造宽松的市场环境,促进理财业务做大做强。

4. 目前针对商业银行理财产品的评价、排名机构众多,水平良莠不齐。其排名容易对投资者造成误导,也易引发商业银行理财的无序竞争。建议监管机构对理财评级机构进行监管,或设立独立的第三方机构对商业银行理财进行评价,以保证理财评级的公正、公平。

5. 目前各家商业银行的理财会计核算办法均各自制定,差异较大,互相之间难以借鉴。建议监管机构出台统一的理财会计核算规定,便于各家银行遵照执行。

(北京银行　资金交易部　供稿)

2010年上海银行理财产品运行分析报告

一、2010年理财产品业务运行情况

2010年，上海银行积极贯彻“以财富管理为个人金融的主线，稳健创设理财产品”的指导思想，在理财业务的产品、渠道、队伍、机制等方面做了大量卓有成效的工作，形成了“产品创新、渠道支撑、队伍成长、客户聚集”的良好态势。

（一）主要类型及具体运作模式

1. 保证收益型产品及运作模式

上海银行创设的保证收益型产品对接的资产均为金融机构信用或本行已经授信的高信用等级企业信用资产（包括债券、商业票据、回购等），理财资金投资运用风险主要体现为投资对象的信用风险、收益匹配风险、操作风险。对于信用风险，本行有严格的信用风险评价体系和授信体系，理财资金所购买资产均需经授信批准后购买。理财产品的设计严格遵守资产池构建为先、按资产池资产收益匹配产品收益的原则，并通过换人复核、逐级审批、前中后台分离原则控制操作风险。所有产品和资产均正常，已到期产品均实现了预期收益，未有风险发生。

2. 非保证浮动收益型

非保本浮动收益型产品主要包括债权类信托挂钩理财产品、债券增强型理财产品和优先受益权理财产品。债权类信托个人理财产品均为银信企联动项目，上海银行均按照公司贷款项目进行审批，并责成项目发起行视为自有贷款，作好项目贷后监管工作，关注企业运行情况，对可能出现的风险做好应急预案，目前运行情况正常。已到期的债权类信托产品均按照预期收益获得实际收益。债券增强型理财产品和优先受益权理财产品主要是本行与一流券商和信托公司进行合作通过信托平台针对本行个人VIP客户发行的产品。“易精灵”贵宾专属开放式理财产品主要投资于银行间及交易所市场信用级别较高、流动性较好的金融工具，由本行投资团队自行运作。

（二）产品运行情况

自全球金融危机爆发以来，资本市场剧烈振荡使多数投资者的需求偏好再次回归到理性，稳健收益类理财产品受到客户追捧。为此，上海银行加大了该类理财产品的投放。2010年，累计发行人民币点滴成金保证收益型理财产品共76期，累计发售金额为43.52亿元；累计发行外币保证收益型理财产品共25期，累计发售金额为6652.74万美元；累计发行人民币易精灵贵宾专属开放式T+0理财产品220亿元；累计发行人民币银信合作理财产品11期，累计发售金额20.11亿元；累计发行人民币债券增强型理财产品3期，累计发售金额5.98亿元；累计发行人民币白金及养老无忧理财产品9期，累计发行金额14.94亿元；累计发行人民币白金V+高端客户理财产品7期，累计发行金额2.12亿元；发行人民币优先受益权理财产品1期，发行金额2.45亿元。

表1－12－1　2010年理财产品情况表　　单位：万元

币种	类型	利率范围	资金募集量	年末余额	结构	主要期限结构
RMB	封闭式	2.6%－4.5%	913066	465244	22%信托挂钩理财产品，78%债券及货币市场工具	1个月，3个月，6个月、12个月

续表

币种	类型	利率范围	资金募集量	年末余额	结构	主要期限结构
RMB	开放式	1.5% -3.2%	2604576	142450	100%债券及货币市场工具	T+0
USD	封闭式	1% -3.6%	6652.74	4424.31	100%债券及货币市场工具	3个月,6个月,12个月

(三) 2010年产品创新情况

1. 产品创新

上海银行始终坚持遵循“从客户需求角度出发,坚持稳健”的原则,进行理财产品设计开发。2010年,资本市场及宏观形势依然不确定性较大,客户对稳健型投资需求依旧强烈,本行在以投向银行间市场债券、债券回购、同业存款、同业借款及商业票据市场的稳健理财产品基础上新增开发了债券增强型、优先受益权理财产品,获得客户亲睐。

2. 客户细分和服务创新

以客户为中心,进行产品和客户细分,针对不同客户群发行不同的理财产品。2010年,进一步加大针对VIP客户发行了“易精灵”贵宾专属开放式理财产品及“慧财”白金系列理财产品,针对养老金客户创新发行了保证收益型养老无忧系列理财产品,针对单户认购金额超过1000万元的个人超高净值客户创新发行了保证收益型“慧财”白金V+系列理财产品。将客户类型不断细分,满足了不同层次客户对理财产品的不同需求,目前“慧财”理财产品家族已形成9类13款本外币理财产品成员。今年本行加快了客户经理队伍的培养,努力提高“一对一”专属服务客户的覆盖率,并加紧建设理财中心,提高对客户差异化服务的水平,对本行以“客户为中心”服务模式打下了良好的基础。

3. 营销方式创新

一是品牌宣传推广。近年来,随着资本监管要求的不断提高,商业银行面临的政策环境、市场环境都发生了深刻变化。面对新的发展环境和新的矛盾,如何坚持科学发展观、加强金融创新、加快业务转型已经成为本行面临的共同战略抉择。在这一过程中,品牌建设的作用不容忽视。在2010年,上海银行倾力打造“慧通理财”业务品牌,通过营业网点、报章、广播、网络、博览会等渠道大力宣传本行理财品牌,提高理财业务的市场影响力。目前,本行“慧通理财”业务“尽心尽职,唯您专享”、“理财.理生活,理财.理幸福”的品牌理念深得广大客户的喜爱。

二是公私业务联动。为加深银信企合作,2010年上海银行相继开发并发售了信托债权类理财产品20期,累计发行金额达20.11亿元,在本行公私联动方面取得了良好的效果。

4. 管理模式创新

在理财业务的管理方面,上海银行积极引导和促进理财服务由传统的产品销售向理财顾问转变,不是将单纯的理财产品销售量与客户经理的业绩考核挂钩,而是以专业、稳健、先进的理念,提升客户经理为客户进行专业的理财顾问服务和进行资产配置的意识为目标,全面推进对客户的个性化理财规划服务。通过转变客户在理财中单纯购买产品的观念,引导其从自身特点、市场情况、理财目标等方面出发,全面配置各类流动性、安全性、收益性不同的金融资产,稳步实现理财目标。

二、2010年理财产品业务运行的主要特点

(一) 产品特点

上海银行坚持稳健创设理财产品的原则,2010年,本行发行的理财产品主要投向银行间债券市场,满足客户对稳健型投资产品强烈需求,此类产品的投放比例占全部产品约78%左右。2010年到期理财

产品全部实现预期收益,未发生理财产品到期未实现预期收益的情况。

2010 年,受紧缩货币政策影响,由于本行理财产品主要投向银行间债券市场,理财产品的收益率在年内稳步上升。此外,受短期资本市场不确定性及房地产严格调控影响,投资者偏爱短期理财产品倾向突出。

(二)理财产品风险控制特点

1. 理财业务管理架构分工严谨

上海银行对理财业务实行的是行长室领导下的部门分工合作制,主要涉及部门包括个人金融部、金融市场部、合规部、公司金融部、同业金融部、信息技术部、会计结算部、风险管理部、审计部等相关部室,其中个人金融部负责理财产品的研发、销售以及牵头向监管部门报备或报批,组织个人本外币理财业务的市场需求调查、营销策划、营销管理和宣传等工作,制定本行个人理财业务人员的岗位考核标准,并会同有关部门组织相关人员的培训工作;金融市场部负责制定个人本外币理财业务的本外币理财产品说明书的设计,制定平盘运作及相关管理规程,并具体负责平盘运作计划的实施;合规部负责法律风险、合规性风险管理工作,对个人理财业务进行合规审查和法律文本审查;公司金融部负责信托挂钩(债权类项目)理财产品的前期准入审查;同业金融部负责同业金融机构的审查准入,信息技术部负责系统的开发、修正、维护和数据备份工作,确保本行具备与个人理财业务风险管控相适应的技术支持平台、后台保障能力及其他必要的资源保证;会计结算部负责个人理财业务会计核算管理工作及相关核算办法的制定,总行会计核算中心按事后监督要求对个人理财业务进行后督;风险管理部负责制定个人理财业务的风险管理办法、授权管理制度等并上报行长室;审计部负责独立负责开展对个人理财业务的审计检查活动,定期或不定期对个人理财业务过程中的信用风险、市场风险、操作风险、流动性风险、法律风险及声誉风险等管理和监控的充分性、有效性进行审核和测试等工作。

2. 理财产品风险管理措施完备

(1)信用风险管理

本行理财产品主要分为点滴成金、易精灵、白金系列、白金 V + 系列、养老无忧、债券增强系列、信托挂钩、全球市场挂钩等几大类,外汇理财产品主要是在国内货币市场上进行背对背平盘的保证收益型产品。对于人民币点滴成金、易精灵、白金系列、白金 V + 系列、养老无忧、债券增强系列等理财产品,目前纳入本行理财资产池内的均为银行间或交易所流通高信用等级固定收益工具,如国债、中短期金融债、央行票据及短期融资券等,故发生未能如期兑付或付息的风险极小;对于人民币信托挂钩(债权类)理财产品,本行在信托计划的选取中,除关注项目本身的资信状况、行业风险外,将高信用等级商业企业提供担保作为重要考虑条件,同时相应设置提前终止权,以便在信托计划因提前保全等提前终止时对理财产品期限做出相应调整。

(2)市场风险管理

市场风险主要表现为在理财产品存续期间,由于市场利率、汇率波动对投资者可能造成的机会损失。由于市场风险是系统性风险,对此,总行要求理财业务人员在理财产品发售过程中对投资者予以充分提示关注。

(3)流动性风险管理

流动性风险主要表现为理财产品在投资期间,投资者不能及时变现所产生的风险。对此,本行除在定价上予以一定的补偿外,总行要求理财业务人员在理财产品发售过程中充分提示投资者避免用近期可能使用的资金投资购买本行的理财产品,建议投资者充分考虑可用资金的投资期限要长于理财产品的存续期限。

(4)交易对手风险管理

对于有交易对手的理财产品，上海银行将审慎选择合作交易对手，严格设定授信额度，有效降低交易对手的信用风险，并要求交易对手定期提供研究报告，严密监测市场变动情况。

（5）IT 系统风险管理

首先是确保机房、网络等相关外围设备安全可靠；其次对信息系统及数据库的运行维护工作高度重视，所有数据均有备份；最后上海银行拥有完备的门禁系统、严格的权限控制等系列管理措施进行保障。

（6）操作风险管理

本行理财业务资金在管理上除严格贯彻自营、理财各自独立核算、理财产品与相应资产分户核算等要求外，在运作人员安排上也严格执行自营、理财业务人员分离的要求，并严格遵守有关操作管理规程办理相关业务。在分支行层面，明确个人理财业务人员与网点柜员一体化操作管理体系，有效防范操作风险。同时，本行及时解读监管部门新政策，把握政策要点，合规营销，最大限度地防范案件的发生，确保理财业务健康发展。

三、2011 年理财产品业务发展展望

目前，理财业务已成为银行维护和发展中高端客户、获取中间业务收入的重要业务，然而在发展过程中仍然存在诸多挑战。从市场面看，国际金融服务经济环境的不确定性，再加上国内通货膨胀压力高企带来客户抵御通胀需求的增大，直接考验到银行理财产品研发技术支撑能力和理财业务人员的专业销售能力。从客户面看，投资者教育应成为持续关注的问题。同时，如何科学细分客户、满足客户多元化的投资理财需求，仍然是亟待解决的重要课题。从银行自身看，为适应市场变化快速创设理财产品，需要有完善的产品准入评估机制和良好的技术支撑系统；适应客户理财观念转变实施多元资产配置，更需要加强理财业务人员的专业知识和理财技能的培养。

面对上述挑战，在 2011 年，上海银行将继续坚持稳健原则，加大系列理财产品的创设，积极提升对高端客户的吸附意识和能力。继续加大客户经理队伍建设，强化培训机制和考核机制，提高客户经理专业资产配置能力，提升对金融市场的前瞻性研究水平，充分把握市场风险，加快产品研发效率，支持营销推动，推进财富管理业务快速健康发展。

四、相关政策性建议

金融业分业经营的现状制约了理财业务发展的空间。在分业经营管理的体制下，我国银行和信托、证券、保险几大市场相互割裂，理财业务发展空间受到限制，银行、证券公司和保险公司提供的理财服务均以本行业的业务为主，导致个人理财业务发展不够完善。当前银行端开发理财产品均涉及综合经营领域较多，建议银行和信托、证券等监管部门协同出台政策予以规范协调健康发展。

（上海银行　供稿）

专题篇

我国银信合作理财业务发展现状分析

一、2010 年银信合作理财业务运行基本情况

（一）业务规模

2010 年，16 家主要商业银行①发行银信合作理财产品（含对公产品及对私产品）累计募集资金 66964.8 亿元；截止 2010 年底，银信合作理财产品余额为 14078.4 亿元。

（二）类型分布

从全年发行情况看，信托贷款等融资类产品累计募集资金 14343.9 亿元，占全部银信合作产品募集资金的 21.4%。投资类产品中，组合投资类、债券和货币市场类产品规模居前，在全部银信合作理财产品募集资金中的占比分别为 39.7% 和 36.8%。

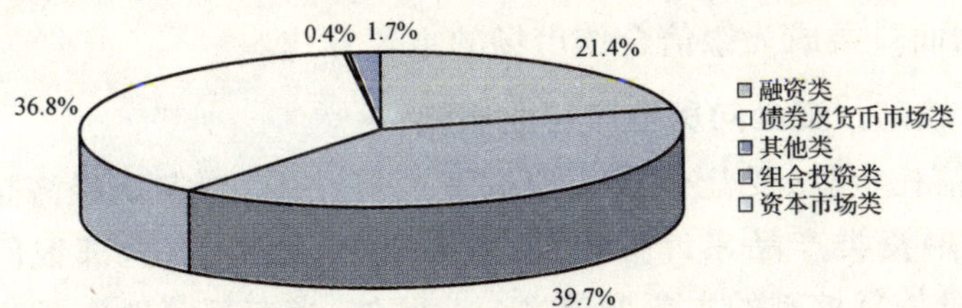

图 2-1-1　2010 年各类型银信产品发行规模占比情况

从年末余额看，信托贷款等融资类产品累计募集资金 6317.6 亿元，占全部银信合作产品募集资金的 44.9%。投资类产品中，组合投资类、债券和货币市场类规模较大，在全部银信合作理财产品募集资金中的占比分别为 27.0% 和 19.2%。

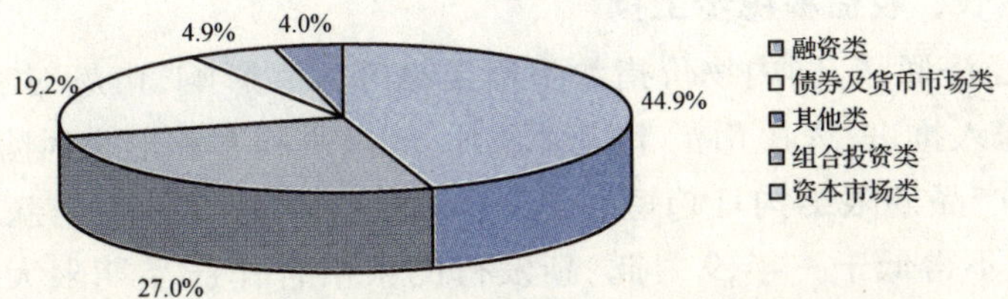

图 2-1-2　2010 年各类型银信产品年末余额占比情况

二、2010 年银信合作理财业务运行主要特点

（一）发行规模大幅增长

2010 年起，银信合作理财产品市场出现爆发式增长，其中主要原因来自以下三方面：一是银行通过发行大量采取表外运作模式的银信产品，规避监管部门对新增贷款、信贷规模的控制及自身资本充足率的约束；二是在低利率和通胀预期下，银信产品高于存款的收益及便捷的购买方式，受到投资者追

① 包括：中国工商银行、中国农业银行、中国银行、建设银行、交通银行、中信银行、光大银行、华夏银行、广东发展银行、深圳发展银行、招商银行、上海浦东发展银行、兴业银行、民生银行、北京银行、上海银行。

捧;三是信托公司为银信合作这一类资产证券化过程提供了规范平台。但其中也蕴含了较大风险:首先,大部门银信产品均采取表外模式运作,游离于信贷规模控制和资本充足率约束外,大大影响了货币、信贷政策的研判和效力;二是尽管贷款等风险资产被银行打包成银信产品售出,但相关风险并未有效转移,银行仍承担隐性担保义务,使得风险在整个银行体系累积;三是银信产品法律地位尚不明确,缺乏有效监管,为金融稳定埋下隐患。

针对上述风险,三季度起监管当局密集出台了相关监管举措。在新政影响下,8 月起银信产品发行量出现明显下降,三季度银信产品累计募集资金 3011.8 亿元,仅占同期银行理财产品募集资金总额的 22.8%,较二季度 30.4% 明显收缩。尽管短期内,银信合作理财业务规模和占比将继续受到影响,但长期看,通过遏制当前银信合作中存在的潜在风险和不合理的利益结构,有利于规范银信产品运作,促进市场的长期健康、稳健发展。

(二)组合投资类产品成为银信合作的主要方式

2010 年,组合投资类产品取代单一投资产品成为银信产品的主流。对于投资者而言,组合投资能够满足多样化需求,且收益高于单一的债券货币市场类的投资类产品,深受欢迎;对银行和信托公司而言,组合类产品能够有效分散投资风险、做大业务规模,确立稳定的盈利模式,并可借助相对复杂的设计和安排适度规避监管,因而日益成为银信合作市场的主要方式。

(三)融资类产品占比较高,资金向房地产行业倾斜

融资类银信产品包括信托贷款、受让信贷或票据资产等在内,与宏观经济金融调控密切相关。截至 2010 年末,信托贷款等融资类产品累计募集资金 14343.9 亿元,占全部银信合作产品募集资金的 21.4%。成为商业银行规避信贷控制的主要渠道之一。此外,尚有部分融资类产品以“假股权真债权”的形式变相隐藏在股权投资类产品中。与此同时,由于年内政府加大房地产调控力度,在银行信贷和证券市场增发受限情况下,信托渠道成为房地产开发企业缓解资金紧缺的首选,相当部分银信融资所得资金正是在此背景下,通过各种方式间接流入了房地产市场,既影响了国家房地产调控政策的效力,也造成了房地产市场的风险向银行体系和普通投资者扩散。

(四)期限结构先短后长,收益率稳步上扬

2010 年初起,受宏观经济回暖、国内物价指数不断走高等因素影响,市场对通货膨胀和升息的预期同步增强,加之 6 月汇改深入推进,人民币汇率持续攀升,从规避利率和汇率风险出发,投资者对短期品种的偏好明显增强。银信产品期限结构日趋短期化。但这一趋势在 8 月银信新政出台后发生逆转,由于《通知》规定银信期限均不得低于一年,9 月起,新发行的银信合作产品期限大大延长,传统银信产品滚动发行的模式将受到挑战,而短期银信产品将在较长时间内消失。

由于年内央行 5 次提高商业银行存款准备金率,1 次提高贷款利率,国内通胀和升息预期增强,加之受全球经济复苏和美联储定量宽松货币政策刺激,国内外金融市场大举反弹,2010 年银信产品预期收益率延续了自 2009 年 3 季度以来的升势,呈稳步上扬态势。值得注意的是,在贸易保护、欧洲债务危机阴影和人民币升值等多重因素影响下,与汇率挂钩的结构性产品收益率出现较大不确定性,低收益、零收益或负收益屡见不鲜。

三、银信合作理财业务的宏观效应分析

(一)促进了金融市场的完善

一方面,丰富了中国金融市场的投资者类型。银行作为理财资金的受托管理人按照产品合约进行投资管理,成为我国金融市场投资范围广泛、资金实力雄厚、风险管理能力卓越的特殊投资主体,丰富

了我国金融市场的投资者类型，增强了金融市场竞争发展的活力。另一方面，银行理财业务推动了金融市场的联结与融合。理财业务的发展使我国居民及普通法人客户能够投资银行间债券市场多样化的主权债、信用债，使境内居民能够顺畅地进行境外市场多类型金融工具的投资，使低风险承受能力的客户通过投资优先级产品在分享高风险工具投资收益的同时降低投资风险，推动了境内外金融市场、境内货币市场与资本市场的联结与融合。

（二）对货币政策的规避

银信合作理财业务通过表外运行模式，在一定程度上规避了货币政策调控和信贷政策的约束。一方面，在存款准备金率连续上调的背景下，商业银行通过银信合作理财业务，可以将表内资产转出表外，作为理财投资标的，从而规避资本监管。这类资产主要是信贷资产和票据，由于此类产品不受信贷规模的限制。无论是"票据"产品还是"转让贷款"产品，都是对贷款规模控制的变相突破。此外，商业银行还可以通过银信合作业务，依托信托公司发放信托贷款，来满足潜在客户或现有客户的贷款需求。随着票据类、转让贷款类和信托贷款类银信合作理财产品的快速增长，每年的新增融资量相当巨大，相当于"影子银行"，使得存款准备金政策和信贷规模等限制失去了应有的效果。

另一方面，部分理财资金通过银信合作渠道流向房地产等宏观调控行业，值得监管机构关注。一是资金流向不符合国家政策导向，有弱化宏观调控的可能。二是当前房地产行业整体存在较高风险，房价的大幅波动以及房地产企业的再融资能力在当前直接影响到房地产企业的盈利能力乃至生存能力。房地产企业在巨大的资金压力和严格的政策限制背景之下，只得以大幅高于正常贷款利率才有可能融到资金。此类房地产信托计划通常给出很高的预期收益率（平均在 15% 以上）。

（三）对货币供应量统计的干扰

金融管制的放松及金融创新快速发展使对货币的定义及计量十分困难。从国际经验来看，美国和日本等国家都经历过金融创新使货币供应量这个政策目标失效的过程。关于一些创新金融产品该不该归纳到货币供应量的范畴，在全球范围内引起了长时间的争论，而究竟应该归纳到哪个层次的货币供应量，也没有定论。银信合作理财产品是近年来金融市场的一种创新，也存在这方面的问题：一方面，一些理财产品的出现可能改变了货币供应量，但现有统计口径无法反应。例如，居民的存款变成理财产品，尤其很多短期产品，那么这种资产究竟能否纳入到货币供应量的统计口径，如果可以的话，应该纳入到哪个层次的货币供应量，这个问题值得探讨。另一方面，有些理财产品的出现，虽然不会改变货币供应量，但却支持了社会的融资活动。例如，通过银信合作理财产品发放信托贷款，居民的存款变成了企业的存款，并没有影响到货币供应量的变化，事实上却发生了融资活动。如果不考虑这个因素，单纯以货币供应量的变化作为货币政策调控目标，其有效性将下降。

（四）助长地方政府融资平台债务

近两年，地方政府融资平台的融资规模爆发式增长，据保守估计截至 2010 年末，将达到 11 万亿，地方政府债务风险存在较大压力。在如此巨量的债务规模中，有一部分就是通过银信合作理财模式为地方政府项目进行融资。在这种合作模式下，发行理财产品的商业银行以及作为运作平台的信托公司都不承担借款企业的违约风险，那么这种信用风险只有提供担保的机构来承担。这种担保有两种情况：第一种情况，担保机构是独立第三方，一般是商业银行或者政策性银行。因为贷款调查和项目调查都是由发行理财产品的商业银行执行，担保的金融机构参与程度不够，那么提供担保的金融机构本身就对贷款项目的风险程度评估不够充分。第二种情况，担保机构本身与借款企业就有合作项目，之前贷款给该企业。要么贷款到期不能偿还，要么尚未到期但需要后续贷款，担保机构为其融资进行担保。相对而言，第二种情况的风险就更为严重。

在地方债务风险开始上升的时期，通过银信合作业务为其进行融资，相当于普通投资者承受的信用风险开始大幅上升。此类产品牵涉的机构多、普通投资者数量大、交易结构比一般贷款相对复杂，一旦出现违约事件，对维护金融秩序和社会稳定具有一定冲击。

三、政策性建议

（一）加强对理财市场的监管

商业银行和信托公司要进一步强化内部风险控制。根据银监会2010年8月对外公布的《关于规范银信理财合作业务有关事项的通知》，对银行和信托公司理财合作业务作进一步规范。对于银信理财产品，银监会要求商业银行应严格按照要求将表外资产在今、明两年转入表内，并按照150%的拨备覆盖率要求计提拨备，同时大型银行应按照11.5%、中小银行按照10%的资本充足率要求计提资本。

（二）加强对银信合作理财产品的监测与分析

及时掌握理财产品发展的动态，分析其发展对货币政策的影响，加强研究货币统计口径的问题，统筹考虑银信合作理财产品等金融创新产品对货币供应量的影响。

（三）促进金融机构理财业务创新

要构建激励机制，促使金融机构进行产品创新，从而打破对原有的银信合作理财业务模式的依赖。这样，既可以避免理财业务总是围绕贷款这类传统业务做文章，也可以促进商业银行和信托公司的研发和投资能力。

房地产类信托产品市场的新动态及风险分析

在房地产调控政策等宏观因素影响下，大量理财资金通过信托渠道进入房地产市场，推动了房地产类信托产品市场规模的迅速扩大。这其中潜在的政策风险、流动性风险、信用风险及市场风险不容忽视。因此，我们建议，应密切监测房地产类信托产品发展动向，重点关注对宏观调控和金融稳定的影响；同时从长期看，应理顺产品的法律关系，帮助信托行业尽快确立稳定的业务模式，防止信托行业成为金融风险爆发点。

一、房地产类信托产品市场规模快速增长

自这一轮房地产调控政策实施以来，房地产类信托产品发行规模①呈现跨越式增长态势，大量理财资金正在通过信托渠道进入房地产市场。2009 年 4 季度，我部样本信托公司新设房地产类信托产品 54 只，累计募集金额 277.7 亿元，环比分别增长 2 倍和 2.4 倍；2010 年 1－3 季度，累计新设房地产类信托产品 183 只，募集金额 774.5 亿元，分别是去年同期的 3.1 倍和 4.7 倍。

来自中国信托业协会的公开数据也显示，今年 1 季度，信托资金中有 10.64% 投向房地产行业，2 季度该比例升至 11.35%，3 季度进一步升至 13.41%，显示信托理财资金更多的向房地产市场倾斜。

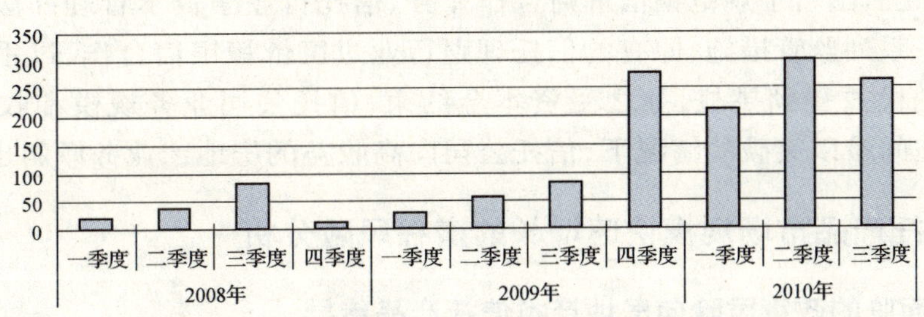

图 1　2008 年以来各季度房地产信托产品募集资金（单位：亿元）

二、房地产类信托产品市场规模快速增长的动因分析

在房地产行业调控及货币政策收紧背景下，房地产信托产品市场的快速增长可被视为房地产开发企业、投资者和信托公司三大主体互动的结果：

（一）房地产企业面临融资困境，存在巨大实际需求

一般而言，房地产企业的融资渠道主要有银行贷款、股票市场 IPO 及增发配售股票、发行债券或票据、信托融资等，其中前两者是我国房地产企业最主要的融资方式。

随着房地产开发风险日益凸显，针对房地产行业调控力度加大，房地产企业资金压力日益紧张。已公布的三季度报告显示，1－9 月在净利润同比基本持平情况下，78 家 A 股房地产上市公司累计经营性现金流量为－598 亿元，同比下降超过 200%，在实现盈利的公司中，有 15 家每股经营现金流在－1 元以下。与此同时，商业银行对房地产开发贷款和个人住房贷款的审批更为严格，房地产贷款新增量逐季回落。银监会已表示，要严控大型房企集团贷款风险，预先布防高风险房地产企业风险暴露。证

① 数据来源为 13 家样本信托公司：中信信托、中诚信托、平安信托、北京国投、华宝信托、上海国投、中国外贸信托、华润深圳国投、天津信托、吉林信托、山东信托、重庆信托和江苏信托。样本业务规模占市场总体规模的 70% 以上。

监会也于近期宣布,已暂缓受理房地产开发企业重组申请,并对已受理的房地产类重组申请征求国土资源部意见。

在银行信贷和证券市场增发融资双重受限困境下,房地产企业被迫加大信托渠道融资力度。对其而言,信托融资程序方便、操作灵活、利率可调,可以大大缓解在新政调控下面临的新项目开工及土地款支付资金短缺问题。发行股权投资类信托产品,还可以增加企业资本金从而提升信用等级,帮助其更好的达到从银行融资的条件。

(二)产品具有高收益,对投资者极具吸引力

相对其他产品,房地产类信托产品期限较长,多属非保本浮动收益型产品,具有高收益、高风险的特点。在资金紧缺背景下,多数房地产企业往往通过短期过桥贷款等形式以高息吸引信托资金,客观上推高了产品的整体收益率,使得此类产品的年化收益率普遍维持在7%以上,10%甚至20%以上的收益率也并不少见。对于市场投资者而言,在通胀预期和其他投资渠道收益不佳的条件下,高收益率且相对稳定的房地产类信托产品无疑具有巨大的吸引力。

(三)信托公司拓展业务及获取收益的客观需要

信托公司的主业是提供融资服务,即信托投行业务,理财只是辅助业务。传统上,房地产市场信托也并非主流,通常只占信托资金的一成左右,低于基础设施和工商企业。但由于与有类似融资业务性质的银行、证券公司相比,信托公司的竞争力和业务空间相对有限。因而从去年年底以来,在房地产企业和市场投资者的双重需求下,高收益的房地产业务自然成为信托公司的新的业务增长点。特别是从今年7月份起,银监会先后出台了规范银信理财合作业务、信托行业净资本管理办法、信托公司监管评级与分类监管指引等一系列监管措施,原有的信托理财行业过度依赖银信合作、过手业务、集中于贷款和投向基础设施行业的模式受到挑战,加之受资本金约束,信托公司业务规模和收益面临下滑可能。在金融信托产品发展空间难以突破的情况下,信托公司向高收益的房地产业务倾斜也就在所难免。

三、房地产类信托产品市场规模快速增长的潜在风险分析

(一)房地产行业面临的政策风险向房地产类信托产品传导

房地产行业对政策的敏感性较强,房地产类信托产品同样面临政策风险,来源有三:一是房地产行业调控短期内不会放松,全社会经济结构转型将可能改变以房地产为支柱产业的经济格局,房地产价格在前期的大幅上涨之后累计了一定风险;二是近期在货币政策做出上调存款准备金、加息等调整后,市场流动性得到一定收缩,对于房地产等资金密集型行业具有紧缩效应,未来货币政策仍存在继续收紧可能;三是此次银监会《通知》已对房地产信托业务发出风险提示,在信托公司进行自查以后,不排除会对该业务做出调整,而这种调整的方向可能趋紧而不会放松。

(二)房地产行业风险向信托行业及普通投资者扩散

房地产市场目前处于较高的风险阶段已成市场共识,而经由房地产类信托产品,这种风险将向信托公司,尤其是普通投资者扩散和转移。房地产市场调整引起风险上升最直接的表现就是贷款不良率上升。今年5月,按银监会要求,各商业银行公布了房地产贷款压力测试结果。若房地产价格下降30%,交通银行开发贷款不良率将增加1.2个百分点,个人按揭不良率提高0.9个百分点。兴业银行对公房地产贷款不良率上升0.99个百分点,个贷不良率上升0.3个百分点。与商业银行相比,信托公司和普通投资者承受风险的能力明显较弱。信托公司的资本金过小,而普通投资者更加缺乏风险保护机制,一旦房地产行业开始深度调整,二者都可能遭受巨大冲击。

(三)房地产类信托产品面临较大流动性风险

房地产类信托产品的流动性风险比较突出。第一,房地产企业当前资产负债率处于较高水平。银

监会最近对60家大型房地产企业集团进行分析，结果其中18家平均资产负债率超过70%；在集团所有的4266个成员企业中，64个家资产负债率已超过90%。第二，房地产企业本身的运作模式加剧了流动性压力。房地产开发项目建设投资大、开发周期长，对资金运用要求很高，而房地产类信托产品期限与之相比则明显偏短，资产负债期限错配必然带来流动性风险。第三，在当前调控背景下，企业集团内部还存在资金担保型资金链断裂和关联方占用型资金链断裂的风险，相关资金链断裂可能会对信托产品构成不利影响。

（四）抵押品价格一旦下跌将导致信用风险

房地产类信托产品都有抵押担保条款，抵押物主要为股权、土地、房屋等固定资产。如融资方未能按期偿还本息，受托人又无法及时变现信托财产或行使抵押权时，则可能产生违约风险。

在房地产市场调整期，房地产抵押品的市场价值将下降。如借款者还款余额大于房地产抵押品的市价，借款者很可能违约。而在借款人违约后，面临市场低迷，房地产抵押品变现通常会出现困难。特别是当房地产价格跌幅过大时，房地产信托面临的信用风险将大幅上升。

四、近期相关监管部门的政策调整

11月12日，银监会下发《关于信托公司房地产信托业务风险提示的通知》（银监办发[2010]43号）（以下简称"《通知》"）。《通知》要求，各家信托公司应立刻对房地产信托的合规性和风险状况进行自查，内容包括：信托公司发放贷款的房地产开发项目是否满足"四证[①]"齐全、开发商或其控股股东是否具备二级资质、项目资本金是否达到国家最低要求等。信托公司还需对自身房地产业务的项目评价体系、风险评估体系及风险处预案等进行自查。在信托公司自查基础上，各银监局应逐笔对房地产信托业务进行核查。尤其是对变相提供贷款的情况，要按照实质重于形式的原则予以甄别。《通知》还要求各银监局督促信托公司在开展房地产信托业务时审慎选择交易对手，合理把握规模扩张，加强信托资金运用监控，严控对大型房企集团多头授信、集团成员内部关联风险，积极防范房地产市场调整风险。

五、政策性建议

短期内，应重点关注房地产信托市场发展对宏观调控和金融稳定的可能影响。在政府加大对房地产市场调控力度的同时，社会理财资金借由信托渠道进入房地产市场，既在一定程度上降低了国家房地产市场调控政策、配套的货币、信贷政策的效力，也增大了房地产行业风险向金融体系和投资者渗透的可能，埋下了金融稳定的隐患。下阶段，应密切监测房地产类信托产品市场的走向和后续政策的调整情况，促进我国宏观经济的平稳健康运行。

值得注意的是，在规范的同时，也应理性、客观地看待房地产信托的地位，不能简单地"一棒子打倒"。房地产信托的发展背后是市场化力量的推动。尽管房地产行业目前处于政策调整期，但其长期发展前景毋庸置疑，房地产和金融作为国民经济的两大支柱产业，二者融合与合作是不可避免的。通过对房地产信托业务加以引导、规范，提高信托公司的风险防范意识和风险控制能力，将房地产信托市场的风险保持在可控范围内，对房地产行业、信托行业及国民经济的健康、可持续发展都是有益的。

长期看，理顺法律关系，帮助信托行业尽快确立稳定的业务模式，是防止信托行业成为金融风险高发地的治本之策。在我国，信托行业历来是金融风险的高发地和监管的重灾区，究其原因：一是法律地位尚不明确。现有《信托法》的本质是信托关系法，并不针对信托行业本身。目前市场中直接或间接从事信托性质业务的主体很多，银行理财产品、券商集合理财都属此类，但由于信托行业缺乏以市场主体

① 指国有土地使用证、建设用地规划许可证、建设工程规划许可证、建筑工程施工许可证。

为对象的法律,不同监管部门制定了大量部门规章,导致竞争主体业务标准差异大,从根本上束缚了整个信托业的发展。因此,迫切需要以从全局高度理顺各个市场主体之间的竞争关系。二是信托公司缺乏稳定业务模式。信托公司在我国属非银行金融机构,但事实上,其在资产规模、研发能力、人员素质等方面都难与商业银行、证券公司等主体竞争,在金融市场中处于比较边缘的地位,没有可持续的业务模式,基本是“打一枪换个地方”,自然从事的多是法律地位不明确、风险较大的业务,屡屡被监管也就不足为奇。因此,要从根本上杜绝信托行业成为滋生金融风险的温床,就需要从规范法律关系入手,尽快帮助信托公司确立可持续的业务模式,树立核心竞争力。

监管制度对理财产品市场的影响分析

伴随着我国民间财富的快速增长和金融投资市场发展的相对滞后，作为对我国金融投资产品谱系的重要补充，银行理财业务（以下简称“理财业务”）应运而生并迅速发展壮大。作为一种新鲜事物，理财业务在发展过程中不可避免的出现了这样那样的问题，为此监管机构陆续出台了一系列监管措施。本文试图在厘清理财业务在中国金融市场的地位、作用以及目前理财业务所存在的问题的基础上，对监管制度在理财业务的发展中所起到的影响进行分析，并对今后理财业务的发展方向以及所需配套的监管制度提出相应的建议。

（一）理财业务在中国金融市场中的地位和作用

首先，理财产品的出现填补了中国金融投资谱系的空白。正如中国光大银行财富管理中心主任张旭阳先生在《财经国家周刊》（2010 年第 18 期）中发表的《给银行理财业务更多些阳光》一文中所指出的“在中国目前金融投资产品体系当中，已经有了储蓄、国债这样低风险产品。但是比储蓄、国债风险更低的品种，如美国的通货膨胀保护债（美国国债的一种，收益率随通货膨胀指数调整，从而给投资者提供了对冲通胀风险的工具）目前还未出现。在高风险产品端，我们已经有了股票、股票型基金，但比股票风险更高的杠杆基金、卖空、衍生品等高波动性产品也十分稀缺。在储蓄与股票之间，对中小投资者而言也往往非黑既白，缺少风险与收益配比的多样化组合。因此，要么承担储蓄的负利率风险（2007 年 –2009 年，储蓄存款收益经通货膨胀调整后的收益为 –2% 左右），要么忍受股票市场过山车一样的跌荡起伏。而银行理财产品的出现，恰恰补充并平滑了中国金融市场中投资风险收益曲线。”理财业务出现以来，银行所陆续推出的结构化产品、挂钩信贷、票据和债券等的直接投资类产品，其预期收益和波动性恰好位于储蓄和股票之间，很好的弥补了中国金融投资产品谱系所缺失的部分。

其次，银行理财产品在部分资产管理领域具有证券、基金等其他专业管理人所不具备的比较优势。第一，银行和投资者之间具有更强的黏性。与证券、基金等管理人仅提供资产管理服务不同，银行还提供清算、融资和投资顾问等综合性服务。因此，在理财服务中，银行更加重视与投资者的长期关系，并可在对投资者财务信息更全面了解的基础上，为投资者提供更加合理的资产配置方案，从而可更好的避免部分可能伤害投资者长远利益的短期行为。第二，由于银行在投融资领域所具有的良好渠道，银行理财产品具有比证券、基金等产品更广泛的投资范围，从而可有效的扩展投资前沿面，提高投资效率。第三，银行作为专业投资管理人，除可提供自身产品外，还可通过 FOF 和代销等方式，为投资者挑选各个投资领域的最优秀的投资管理人。银行代投资者挑选投资管理人，具有更高的谈判筹码和更强的专业性。

（二）理财业务在发展过程中出现的问题

理财业务自出现以来整体保持了健康快速的发展势头，但也必须看到理财业务作为一种新鲜事物，在发展中也出现了一些问题。这些问题概括起来主要集中在以下三个方面：

第一，作为传统经营存贷款业务的金融机构，银行在理财业务快速膨胀的过程中，内部理财业务人才储备不足，培训不完全到位，在理财产品销售推广过程中出现了一些不规范的行为。如片面扩大理财产品的最高收益，将理财产品等同于存款进行推介，对投资者的风险提示不到位，将高风险产品出售给风险承受能力较低的投资者等。可以看出，上述问题主要是如何进行合规销售的问题，其关键点在于如实和全面的向投资者介绍产品结构、收益和风险，并向合适的客户出售合适的产品。

第二,通过银信理财业务合作规避信贷规模控制,过度表外放贷放大银行杠杆。然而,规避规模控制和放大杠杆只是表象,其反映的深层次问题在于:1、部分名义上出售给投资者的信贷资产实际上风险并没有完全转移,部分银行在不符合金融资产转移的条件下对其进行表外处理。这反映的实际上是对现有会计准则(财政部企业会计准则(2006)第23号)执行不到位的问题。2、将信贷资产包装成理财产品向投资者发售产品份额,其实质为资产证券化业务。但在此类业务中发起人、发行人、服务商、保管人等角色银行合为一体,存在利益冲突,银行不可避免承担道义责任,同时也缺乏真正的证券化债券所应具有的审批核准等程序,使得表外融资长期游离于社会融资监控之外。这反映的更多是资产证券化法规缺位,机制不完善等问题。3、信托公司对业务发展缺乏明确定位,过于依赖银信合作扩大业务规模,助长了银信合作信贷类产品的快速膨胀。这反映的是对信托公司信托资产规模和受托能力管理制度的缺失。

第三,由于理财产品的法律地位不明确,缺乏独立实体地位,理财产品难以以自身独立身份开立银行结算账户和证券清算账户,投资机制不畅,投资者群体受限制。这导致理财资金的独立性难以得到充分保证,也使得银行在发展真正的资产管理业务方面障碍重重,不得不过多的依赖于银信合作产品。这反映的是银行理财产品法律法规的不完善。

综上,尽管理财业务在发展过程中出现了一些问题,但更过的是因为理财业务在我国出现时间相对较晚,业务发展与法律法规、监管能力和各行管理能力的建设不同步造成的,并不能因此否认理财业务在我国金融市场中的重要地位和积极作用,以及其所代表的金融投资领域的未来发展方向。

(三)为规范理财业务健康发展,监管机构出台的政策及影响

可以看出,监管机构对于上述问题已有清醒的认识,并陆续出台了一系列监管措施。我们看到,在大部分措施对于理财业务健康发展起到正面作用的同时,部分政策也在政策目的和实际效果之间存在一定的偏差。这些监管措施主要集中以下两个方面:

第一,着力规范合规销售。此方面,银监会除在《商业银行个人理财业务管理暂行办法》和《商业银行个人理财业务风险管理指引》中对合规销售进行了重点规范外,在后续出台的银监办发[2006]157号《中国银行业监督管理委员会办公厅关于商业银行开展个人理财业务风险提示的通知》、银监办发[2008]47号《中国银监会办公厅关于进一步规范商业银行个人理财业务有关问题的通知》和银监发[2009]65号《中国银监会关于进一步规范商业银行个人理财业务投资管理有关问题的通知》和等文件中都对理财产品的销售过程、合格投资者、风险披露、宣传材料等进行了强调和规范。我们认为上述文件对于规范理财产品的合规销售,促进理财业务今后健康发展已经和正在发生重要和积极的作用。

第二,逐步规范和限制银信合作和信贷资产转让。此方面银监会陆续出台了2009年65号文件、2009年111号文件、2009年113号文件、2010年72号文件、2010年102号文件和2011年7号文件等政策规定,对银信理财合作和理财项下信贷资产转让及投资逐步进行了规范和限制。同时,银监会还在2010年出台了《信托公司净资本管理办法》,并在2011年11号文件中对于净资本管理的具体计算细则进行了明确。可以看出,上述政策的基本脉络主线是对于银信理财合作特别是融资类银信理财合作的渠道逐步收紧。而2010年72号文件关于银信理财合作融资类业务余额不超过信托公司银信理财合作余额30%的规定,以及2011年11号文件关于银信理财合作融资类信托计收信托公司9%附属资本的规定,基本上宣告了银信理财合作融资类业务的终结。结合2010年102号文件关于"银行理财产品不得直接投资信贷资产"的规定,若政策得以严格执行,也基本上等于封死了理财产品投资信贷资产的渠道。

虽然目前缺乏理财业务的公开统计数据,但根据我们的了解,截至2010年7月银监会72号文件下发时,整个银行理财产品中信托贷款类产品的占比超过60%。我们认为,短期内上述监管制度的变化将至少造成以下影响:

1. 占比超过60%的理财产品到期后可能无法承接，将造成理财业务规模在短期内下降，至少是业务规模增速的下降。

2. 目前理财业务收入占各行中间业务收入的比例普遍在10－20%之间，理财业务萎缩后势必在短期内造成各行理财中间业务收入甚至是全部中间业务收入增速的下降。

3. 若到期的部分信托型理财产品无法承接，可能导致客户粘合度下降，甚至造成部分理财客户的流失。

可以看出，上述第二方面政策的效果主要是限制银行理财产品投资信贷资产的渠道，而对于金融资产转移会计准则的执行、资产证券产品的规范开展和理财产品的法律地位等深层次问题则没有涉及。我们认为，基于理财业务在我国金融市场的前述地位和作用，不应简单的限制理财业务的开展，而应对于阻碍理财业务规范开展的上述深层次问题逐步推动相关法规出台，为理财业务的下一步发展指明方向，以继续满足投资者日益增长的投资理财需求。

同时，我们也注意到尽管监管政策对于理财业务投资信贷资产的限制已相当严格，部分银行仍在通过信托受益权转让、委托贷款债权转让等模式继续进行信贷类理财产品的发行；关于银信合作融资类业务如何入表，各行的会计政策也不尽相同。这说明，因相关政策缺乏执行细则，且因监管机构人力限制，后续检查较少，各行对政策的执行尺度不一，有可能使政策的实际执行效果打折扣，并可能形成不同银行之间的不公平竞争。

（四）未来理财业务的发展方向及政策建议

我们认为，结合目前监管环境和业务实践，未来理财业务的基本出路为：

1. 继续做强做精结构化产品。从国外经验来看，商业银行的理财产品主要是结构化产品。下一步银行在继续保持结构化产品发行的同时，应着力提高自身结构设计和定价能力，至少不应简单的成为外资投行的销售渠道。

2. 目前的信贷类理财产品逐步向规范的信贷资产证券化业务发展，而理财业务中的资产证券化模式是一种短中介链（参见中国光大银行财富管理中心主任张旭阳先生在《财经国家周刊》（2010年第18期）中发表的《给银行理财业务更多些阳光》）的证券化模式，相较欧美长中介链的证券化模式有一定的比较优势，若在相关法律法规完备的前提下规范开展，有可能成为具有中国特色的资产证券化新模式。

3. 提高产品投研能力，逐步向资产管理业务转型。结合银行业务现状，我们认为银行资产管理可采取“双F”，即：Fixed Income与FOF（Fund of Fund）的模式，其中Fixed Income产品由银行自主进行管理，权益类资产通过FOF的方式挑选外部优秀管理机构进行管理。

为此，我们呼吁监管机构配套出台和推动下述政策法规的出台：

1. 制订关于银行理财产品的法律法规，明确银行理财产品的法律架构，并进一步规范理财业务的人员管理、投资决策和交易流程、信息披露、收费办法和明确理财产品开立银行结算账户和证券托管账户的政策等。

2. 恢复资产证券化业务的试点推进，逐步出台规范资产证券化业务开展的法律法规，以规范的资产证券化模式替代现有信贷类理财产品。

3. 在理财产品立法的基础上，向符合一定资质条件的银行发放资产管理业务牌照，促进银行资产管理业务的规范开展。

4. 加强相关政策和法规的后续执行检查，保证政策执行效果，避免因不同银行执行政策的尺度不同而形成不公平竞争。

（光大银行　财富管理中心　供稿）

2010年理财产品业务创新与发展

2010年，我国理财产品市场迎来高速发展。在市场规模迅速扩大的同时，市场竞争日趋激烈，市场主体创新动力不断增强。以市场需求和政策调整为导向，加大市场创新力度，成为全年理财产品市场发展的明显标志。

一、2010年理财产品市场创新重点

（一）产品创新

2010年，产品创新主要围绕四大主线：一是国内通胀预期与货币政策调整；二是监管部门对银信合作业务的新规；三是国际金融市场企稳及大宗商品市场高涨；四是各发行主体差异化竞争策略。全年产品创新呈现以下特点：

1. 短期、高灵活性的固定收益类产品成为创新重点

年内，随着通胀预期增加和货币政策频繁收紧，无论机构还是个人投资者对流动性及收益性的要求都显著增强，产品偏好明显短期化，加之发行银行也受自身定期存款考核利益驱动，各类超短期、高灵活性的固定收益类产品成为市场创新的重点。

从资金投向看，此类产品主要投向于银行间债券市场，以保证较高的流动性和稳定的收益。期限大多从1－9天不等，并以“日”、“周”和“假日”等系列为主要代表。“日”系列产品实质是类货币市场基金，客户可随时申购或赎回，每日计息，本金实时到账，很受流动性要求较高的机构和个人投资者欢迎；“周”系类通常采取7天滚动方式发行，使得投资者能在保持一定灵活度的同时，从市场利率调整中受益；“假日”系列主要是迎合元旦、春节、五一、十一等节假日社会资金集中闲置而开发的概念性产品，有较广泛的市场基础。

除了将创新重点放在期限和赎回方式外，各商业银行还结合市场需求，从产品属性和收益率特性等方面加强创新，推出分段计息的固定收益类产品和同人民币基准利率浮动挂钩的结构性产品。前者可视为传统开放式和封闭式的组合，无固定期限，设置多个档期，收益随着投资期限延长而递增，开放、赎回设计类似开放式产品，收益结构则类似于不同期限封闭式产品的组合。后者的收益率可根据基准利率每次调整或按照约定规则自发变动，满足了投资者在加息周期中寻求同步收益的需求。

2. 银信理财产品模式迎来调整

2010年上半年，银信合作理财产品迎来较快增长。除投资于信托贷款的理财产品外，投资于非上市公司股权、上市公司股票公开或定向增发等信托计划收益权的理财产品也占较大比重。

三季度起，随着监管部门规范信托理财产品政策的出台，各理财产品发行主体纷纷根据监管要求，调整银信合作理财业务方向，将产品模式从以信贷资产融资类为主转向对投资类信托产品的深度开发：一是开发分层结构的信托投资产品。如募集资金用于投资资本市场的集合资金信托计划的优先收益权。此类产品往往通过在产品设计中同时加入优先级与次级互补、补仓止损位，或在收益部分引入保障增信机制等方式，帮助客户规避风险；二是将信托计划的优先收益权纳入投资组合，开发结构化证券投资产品；三是推出信托收益转让性理财产品，用募集资金受让市场上优质信托计划的信托收益权；四是加大阳光私募产品和FOF模式产品的开发和细分力度。

与此同时，为更好的履行监管要求，各家银行还纷纷从总行层面收紧对代理信托业务的审批和规范，部分银行还在银信合作发行产品模式外，尝试代为推介信托计划的新模式。

3. 与境内外资本市场、商品市场挂钩的结构性产品日益增多

2010 年，随着全球金融市场复苏，除市场原有的与利率、汇率、企业信用等挂钩的结构性产品外，与境内外资本市场挂钩的结构化产品和 QDII 类产品都大幅回暖。

在此背景下，各发行主体纷纷加大了与 A 股、港股及相关交易所 ETF 挂钩的资本市场结构性产品的研发力度，特别是结合年内市场波动较大的特点，设计了"涨跌双赢"等策略结构。很多外资银行为满足投资者需求还增设了"可自动赎回"结构，即标的资产表现满足一定条件时，投资者可提前获取本金及回报，从而缩短实际投资期限，及时落袋为安。在 QDII 产品方面，外资银行也表现的十分积极，在 QDII 基金组合产品创新及以人民币投资的境外基金产品的开发等方面都有较多投入，相比之下，中资银行对 QDII 类产品仍较为谨慎。

另一个值得注意的创新热点来自于商品市场，由于年内黄金、原油等大宗商品价格大幅上涨，投资者参与上述市场的意愿高涨，除外资银行外，很多中资银行也创新推出了各自与黄金、原油和多种商品组合挂钩的结构性产品，弥补了此前业务的空白。

4. 发行主体基于自身优势开发个性化、另类投资工具

随着国内参与理财产品市场竞争的机构增多，同业竞争日趋激烈，为发挥自身优势，提供差别化、有竞争力的产品，各发行主体除在营销方面下功夫外，也加大了个性化、另类投资产品，如酒类、艺术品、保障房委托贷款、碳排放公益性产品、慈善类产品的开发，寻求差异化竞争。

（二）发行与运作模式创新

2010 年理财市场在发行和运作模式方面最主要的特点是期次化发行越来越多的被"滚动发售 + 资产池运作模式"取代，后者将在未来一段时间内继续担当市场的主流。

滚动发售能够保证募集资金的连贯性和稳定性，将分散的理财产品按属性归入统一的资产池运作，则可使募集资金在各类债券、票据、信贷等大类资产间更好地进行配置，借助分散化投资有效降低资产组合风险。二者结合大大提升了理财业务的规范化和规模化经营模式，提升了运作效率。此外，采取资产组合方式，也能够适度规避监管部门对单一资产的相关限制。

值得注意的是，发行有序化、管理集约化的变化反过来也会对产品设计产生影响，未来产品设计可能会更多的从资产组合角度来考虑期限、收益率类型、风险特性等要素的安排。

（三）销售与服务模式创新

随着理财产品同质化竞争的加剧，产品设计和运作模式差异化竞争的难度在不断增加，各发行主体不约而同的将竞争重点放在强调服务、客户体验度等方面的"品牌"竞争，对高端客户的争夺日益激烈，销售服务模式的创新力度不断加大。包括通过网络、短信、邮件、投资者见面会、主体宣传活动等方式，提升品牌竞争力、影响力；为对公客户开通网上渠道，便利其异地购买；通过客户分层和私人银行产品定制常态化等方式，加大对个人财富客户的营销力度；加强对销售人员数据跟踪和规范，建立个人理财业务回访服务等。

二、理财产品市场创新的风险评估

从全年看，固定收益类创新产品多数为保本类产品，收益较为稳定，风险也较低；权益类创新产品由于符合市场资金需求形势、贴近市场表现，普遍取得了较高的收益率，风险也相对可控。

未来，理财产品市场创新的主要风险可能集中于以下方面：

一是各发行主体建立包括资金、风险、核算、绩效考核等在内的完整的理财内部体系的工作任务仍相当艰巨。在尚未形成完善的风险管理体系的过程中，产品设计、销售、运作、到期管理等各个环节都可能蕴含风险。

二是理财市场主体的自营业务与代客理财业务间并未建立起有效的风险隔离，随着同业客户产品销售与代销日益普遍，需防范个别机构的风险对整个市场的传染。

三是随着利率化改革推进，银行存贷利差逐步缩小，以银行理财产品为代表的中间业务将面临更激烈的竞争，理财产品市场的基础和产品结构都面临深刻调整。

四是监管政策的每一次调整对现有理财市场创新产品和未来创新方向都会产生不确定的影响。

三、理财产品市场创新展望

从国际经验看，理财市场发展的大方向是向资产管理业务转型，理财产品的主体则是个性化的结构性产品。因此，对于国内银行来说，未来业务开发的重点是提升自身结构化产品的设计、定价和销售能力；对于外资银行而言，则是如何将引入海外成熟产品与自身人民币业务拓展更好的结合。展望未来，理财产品市场可能从以下几个方面加强创新：

一是加大结构化产品引进创新力度。通过引入全球债券、可转换股票结构票据产品等，更好地满足高端客户资产配置要求；通过拓展 QDII 产品种类，满足客户海外投资要求；通过引入私募产品、基金公司、券商的集合理财产品，丰富信托和代收付产品种类；通过分层、衍生品交易等方法更好的实现本金保障等。

二是对利率市场化未雨绸缪。密切关注未来利率市场化对理财产品市场可能产生的替代影响及对理财产品结构的可能，提前从产品组合设计与同业合作等方面加强布局。

三是顺应人民币对外投资开放的趋势，研究开发包括离岸市场上人民币存托凭证、衍生产品、保险等的理财产品，使理财产品成为沟通境内市场和离岸市场的有效渠道。

四是拓展符合产业和政策导向的投资标的，与水利、不可再生资源、新能源、气候变化等挂钩的结构性产品可能有较大的发展空间。

五是加强品牌固化和客户细分。更多的利用现有品牌，进行纵向拓展，在同一品牌下提供多种产品线组合，而非横向推出更多品牌，为理财业务向资产管理业务转型奠定品牌基础。

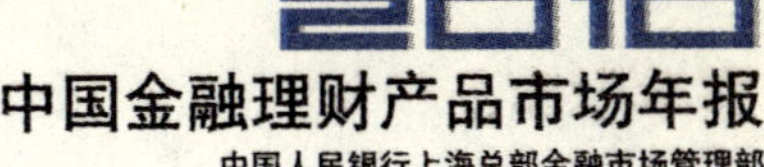

中国金融理财产品市场年报

中国人民银行上海总部金融市场管理部

数据篇

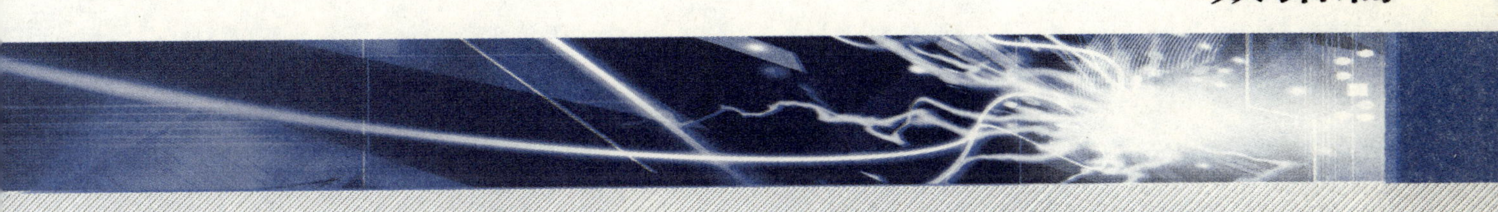

表3－1　2010年中国工商银行个人人民币封闭式理财产品发行情况表　单位：万元人民币

序号	理财产品名称	起始日	到期日	发行量	资金主要投向	客户预期收益率（%/年）下限	客户预期收益率（%/年）上限
1	中国工商银行"理财金帐户"专属人民币理财产品(7天)	2010－1－1	2010－1－8	54989	固定收益类	2.37	2.37
2	中国工商银行"稳得利"人民币理财产品(56天)	2010－1－1	2010－2－26	25016	固定收益类	2.70	2.70
3	中国工商银行"稳得利"人民币理财产品(25天)	2010－1－4	2010－1－29	8888	固定收益类	2.40	2.40
4	09年第61期理财金专属理财产品信托90天LCXT0920	2010－1－5	2010－4－4	94405	固定收益类	2.50	2.50
5	09年第90期人民币理财产品90天XT0973	2010－1－5	2010－4－4	155415	固定收益类	2.30	2.30
6	09年第90期人民币理财产品180天XT0974	2010－1－5	2010－7－3	197309	固定收益类	3.00	3.00
7	09年第90期人民币理财产品365天XT0975	2010－1－5	2011－1－4	243409	固定收益类	3.60	3.60
8	09年第63期理财金专属理财产品债券14天ZQ0906	2010－1－6	2010－1－19	300485	固定收益类	2.10	2.10
9	09年第47期工银财富专属人民币理财产品364天CFXT0919	2010－1－6	2011－1－4	98917	固定收益类	4.00	4.00
10	09年第91期债券投资型理财产品1个月SHZQ0971(仅沪)	2010－1－7	2010－2－7	95859	固定收益类	2.30	2.30
11	09年第91期信托投资型理财产品90天SHXT0918(仅沪)	2010－1－7	2010－4－6	59582	固定收益类	2.50	2.50
12	09年第48期工银财富专属理财产品180天CFXT0920(仅京)	2010－1－7	2010－7－5	29194	固定收益类	3.60	3.60
13	工行"稳得利"人民币理财产品49天SZPG1001	2010－1－8	2010－2－26	17987	固定收益类	2.50	2.50
14	工行"稳得利"人民币理财产品(16天)	2010－1－13	2010－1－29	22574	固定收益类	2.20	2.20
15	2010年第1期债券投资型理财产品28天SHZQ1002	2010－1－13	2010－2－9	49995	固定收益类	2.00	2.00
16	2010年第1期债券投资型理财产品2个月SHZQ1001	2010－1－13	2010－3－13	23053	固定收益类	2.10	2.10
17	10年第2期人民币理财产品增强信托90天ZQXT1001	2010－1－14	2010－4－13	270108	固定收益类	2.10	2.10
18	10年第2期人民币理财产品增强信托180天ZQXT1002	2010－1－14	2010－7－12	273010	固定收益类	2.80	2.80
19	2010年第3期债券投资型理财产品1个月SHZQ1003(仅沪)	2010－1－19	2010－2－19	32446	固定收益类	1.90	1.90

续表

序号	理财产品名称	起始日	到期日	发行量	资金主要投向	客户预期收益率(%/年)下限	客户预期收益率(%/年)上限
20	2010年第3期债券投资型理财产品2个月SHZQ1004(仅沪)	2010-1-19	2010-3-19	62347	固定收益类	2.10	2.10
21	工行"稳得利"人民币理财产品(36天)	2010-1-21	2010-2-26	23058	固定收益类	2.40	2.40
22	10年第4期理财产品信托180天SDXT1001(仅济南)	2010-1-21	2010-7-19	5000	固定收益类	2.94	2.94
23	10年第4期理财产品信托180天SDXT1002(仅济南)	2010-1-21	2010-7-19	6000	固定收益类	2.94	2.94
24	09年信托投资型理财产品200天BJXT1001(仅京)	2010-1-22	2010-8-9	24085	固定收益类	3.00	3.00
25	2010年债券投资型理财产品3个月SHZQ1005	2010-1-25	2010-4-25	80000	固定收益类	2.10	2.10
26	10年第1期工银财富专属理财产品信托30天CFXT1001	2010-1-26	2010-2-24	337938	固定收益类	2.20	2.20
27	10年人民币理财产品信托91天HBXT1001(仅冀)	2010-1-26	2010-4-26	10000	固定收益类	2.20	2.20
28	10年第5期理财产品信托365天SXXT1001(仅晋)	2010-1-26	2011-1-25	20000	固定收益类	3.60	3.60
29	工行"稳得利"人民币理财产品(14天)	2010-1-27	2010-2-10	1583	固定收益类	2.00	2.00
30	工行"稳得利"人民币理财产品(30天)	2010-1-27	2010-2-26	7176	固定收益类	2.40	2.40
31	2010年债券投资型理财产品2个月SHZQ1006	2010-1-27	2010-3-27	79939	固定收益类	2.00	2.00
32	工行"精赢"人民币理财产品(61天)	2010-1-27	2010-3-29	22428	固定收益类	3.05	3.05
33	工行"稳得利"人民币理财产品(63天)	2010-1-27	2010-3-31	5626	固定收益类	2.50	2.50
34	10年第1期工银财富专属理财产品信托365天CFXT1002	2010-1-28	2011-1-27	193344	固定收益类	3.60	3.60
35	2010年债券投资型理财产品1个月SHZQ1007	2010-2-1	2010-3-1	99947	固定收益类	1.90	1.90
36	2010年债券投资型理财产品88天SHZQ1008	2010-2-1	2010-4-29	99858	固定收益类	2.10	2.10
37	10年人民币理财产品信托155天GDXT1001(仅粤)	2010-2-1	2010-7-5	39970	固定收益类	2.80	2.80
38	工行稳得利人民币理财产品57天SZPG1004	2010-2-2	2010-3-31	18098	固定收益类	2.50	2.50

续表

序号	理财产品名称	起始日	到期日	发行量	资金主要投向	客户预期收益率(%/年)下限	客户预期收益率(%/年)上限
39	10年人民币理财产品信托91天GDXT1003(仅粤)	2010-2-3	2010-5-4	8600	固定收益类	3.10	3.10
40	10年理财金专属理财产品信托91天JSXT1001(仅江苏)	2010-2-3	2010-5-4	19990	固定收益类	3.10	3.10
41	工行稳得利人民币理财产品22天SZPG1008	2010-2-4	2010-2-26	20072	固定收益类	2.30	2.30
42	2010年债券投资型理财产品1个月SHZQ1009(仅沪)	2010-2-4	2010-3-4	76426	固定收益类	1.90	1.90
43	2010年债券投资型理财产品2个月SHZQ1010(仅沪)	2010-2-4	2010-4-4	15262	固定收益类	2.00	2.00
44	10年第2期高净值客户专属理财产品信托90天ZQXT1003	2010-2-4	2010-5-4	298911	固定收益类	2.20	2.20
45	10年第2期高净值客户专属理财产品信托180天ZQXT1004	2010-2-4	2010-8-2	99874	固定收益类	2.90	2.90
46	10年第2期高净值客户专属理财产品信托270天ZQXT1005	2010-2-4	2010-10-31	99716	固定收益类	3.10	3.10
47	10年人民币理财产品信托28天GDXT1002(仅粤)	2010-2-5	2010-3-4	10600	固定收益类	2.00	2.00
48	2010年第4期高净值客户专属理财产品信托30天ZQXT1006	2010-2-5	2010-3-6	303456	固定收益类	2.00	2.00
49	10年人民币理财产品信托89天GDXT1004(仅粤)	2010-2-5	2010-5-4	45937	固定收益类	3.00	3.00
50	10年第2期私人银行专享产品配置投资PBPZ1002	2010-2-5	2010-5-5	19992	固定收益类	3.00	3.00
51	10年第3期高净值客户专属理财产品信托90天ZH1001	2010-2-5	2010-5-5	40068	固定收益类	3.00	3.00
52	10年人民币理财产品信托179天GDXT1005(仅粤)	2010-2-5	2010-8-2	64627	固定收益类	3.30	3.30
53	2010年债券投资型理财产品1个月SHZQ1011(仅沪)	2010-2-8	2010-3-8	67455	固定收益类	1.90	1.90
54	工行精赢人民币理财产品78天SZSR1002	2010-2-8	2010-4-27	25627	固定收益类	3.00	3.00
55	2010年债券投资型理财产品3个月SHZQ1012(仅沪)	2010-2-8	2010-5-8	14674	固定收益类	2.10	2.10
56	工行理财金专属人民币理财产品SZPG1009	2010-2-9	2010-3-31	9725	固定收益类	2.50	2.50
57	2010年理财金专属理财产品信托350天GDXT1006(仅粤)	2010-2-9	2010-8-6	10000	固定收益类	3.50	3.50

续表

序号	理财产品名称	起始日	到期日	发行量	资金主要投向	客户预期收益率(%/年)下限	客户预期收益率(%/年)上限
58	2010年债券投资型理财产品1个月SHZQ1013	2010-2-10	2010-3-10	36608	固定收益类	1.90	1.90
59	2010年第5期高净值客户专属理财产品信托30天ZQXT1010	2010-2-10	2010-3-11	297720	固定收益类	2.00	2.00
60	2010年债券投资型理财产品2个月SHZQ1014	2010-2-10	2010-4-10	10951	固定收益类	2.00	2.00
61	2010年第4期高净值客户专属理财产品信托90天ZQXT1007	2010-2-10	2010-5-10	213210	固定收益类	2.20	2.20
62	2010年第4期高净值客户专属理财产品信托180天ZQXT1008	2010-2-10	2010-8-8	134041	固定收益类	2.90	2.90
63	2010年第4期高净值客户专属理财产品信托270天ZQXT1009	2010-2-10	2010-11-6	108856	固定收益类	3.10	3.10
64	2010年债券投资型理财产品10天SHZQ1015(仅沪)	2010-2-11	2010-2-20	99849	固定收益类	1.70	1.70
65	2010年第2期工银财富专属理财产品债券14天CFZQ1001	2010-2-11	2010-2-24	509678	固定收益类	2.00	2.00
66	2010年第6期高净值客户专属理财产品信托14天ZQXT1011	2010-2-11	2010-2-24	251714	固定收益类	2.00	2.00
67	2010年理财金专属人民币理财产品35天(仅京)	2010-2-11	2010-3-17	29748	固定收益类	1.90	1.90
68	2010年理财金专属人民币理财产品50天(仅京)	2010-2-11	2010-4-1	22624	固定收益类	2.00	2.00
69	10年人民币理财产品信托50天GDXT1007(仅粤)	2010-2-11	2010-4-1	26550	固定收益类	2.40	2.40
70	2010年理财金专属人民币理财产品70天(仅京)	2010-2-11	2010-4-21	21681	固定收益类	2.10	2.10
71	10年人民币理财产品信托90天GDXT1008(仅粤)	2010-2-11	2010-5-11	45833	固定收益类	3.00	3.00
72	2010年信托投资型理财产品162天SHXT1001(仅沪)	2010-2-11	2010-7-22	9998	固定收益类	2.90	2.90
73	2010年第3期工银财富专属理财产品信托180天CFXT1003(仅京)	2010-2-11	2010-8-9	7704	固定收益类	4.00	4.00
74	10年人民币理财产品信托182天GDXT1009(仅粤)	2010-2-11	2010-8-11	37500	固定收益类	3.30	3.30
75	2010年第6期人民币理财产品信托270天XT1001	2010-2-11	2010-11-7	76264	固定收益类	3.00	3.00
76	工行理财金专属人民币产品8天SZPG1010	2010-2-12	2010-2-20	59995	固定收益类	2.10	2.10

续表

序号	理财产品名称	起始日	到期日	发行量	资金主要投向	客户预期收益率(%/年)下限	客户预期收益率(%/年)上限
77	工行工银财富专属人民币产品14天SZPG1014	2010-2-12	2010-2-26	30000	固定收益类	2.30	2.30
78	2010年债券投资型理财产品2个月SHZQ1016(仅沪)	2010-2-20	2010-4-20	32834	固定收益类	2.00	2.00
79	2010年第6期人民币理财产品信托90天XT1002	2010-2-22	2010-5-22	248618	固定收益类	2.20	2.20
80	2010年第2期工银财富专属理财产品信托180天CFXT1004	2010-2-22	2010-8-20	199833	固定收益类	3.00	3.00
81	2010年第6期人民币理财产品信托180天XT1003	2010-2-22	2010-8-20	151287	固定收益类	2.60	2.60
82	2010年第2期工银财富专属理财产品信托30天CFXT1005	2010-2-23	2010-3-24	199564	固定收益类	2.20	2.20
83	工行理财金专属人民币产品35天SZPG1011	2010-2-24	2010-3-31	15885	固定收益类	2.40	2.40
84	2010年信托投资型理财产品90天SHXT1002(仅沪)	2010-2-25	2010-5-25	49910	固定收益类	2.30	2.30
85	2010年第4期私人银行专享产品配置投资PBPZ1004	2010-2-25	2010-8-23	9466	固定收益类	3.63	3.63
86	2010年债券投资型理财产品21天SHZQ1019(仅沪)	2010-2-26	2010-3-18	3000	固定收益类	2.00	2.00
87	2010年债券投资型理财产品1个月SHZQ1017(仅沪)	2010-2-26	2010-3-26	99960	固定收益类	1.90	1.90
88	2010年理财金专属理财产品信托158天GDXT1010(仅粤)	2010-2-26	2010-8-2	72945	固定收益类	3.30	3.30
89	工行理财金专属人民币产品30天SZPG1012	2010-3-1	2010-3-31	21853	固定收益类	2.40	2.40
90	工行理财金专属人民币产品60天SZPG1013	2010-3-1	2010-4-30	4903	固定收益类	2.50	2.50
91	工行工银财富专属人民币产品91天SZPG1015	2010-3-1	2010-5-31	10553	固定收益类	2.70	2.70
92	2010年债券投资型理财产品3个月SHZQ1018	2010-3-1	2010-6-1	87967	固定收益类	2.10	2.10
93	2010年第7期高净值客户专属理财产品信托180天ZQXT1012	2010-3-1	2010-8-27	249952	固定收益类	2.90	2.90
94	2010年第7期高净值客户专属理财产品信托270天ZQXT1013	2010-3-1	2010-11-25	249155	固定收益类	3.10	3.10
95	2010年人民币理财产品信托365天SDXT1003(仅鲁)	2010-3-1	2011-2-28	8000	固定收益类	3.78	3.78

续表

序号	理财产品名称	起始日	到期日	发行量	资金主要投向	客户预期收益率(%/年)下限	客户预期收益率(%/年)上限
96	2010 年人民币理财产品信托 365 天 SDXT1004(仅鲁)	2010-3-1	2011-2-28	3991	固定收益类	3.78	3.78
97	2010 年人民币理财产品信托 365 天 SDXT1005(仅鲁)	2010-3-1	2011-2-28	4999	固定收益类	3.78	3.78
98	2010 年第 5 期私人银行专享产品配置投资 PBPZ1005	2010-3-2	2010-7-29	9964	固定收益类	3.39	3.39
99	2010 年第 7 期人民币理财产品信托 90 天 XT1004	2010-3-3	2010-5-31	248313	固定收益类	2.20	2.20
100	2010 年第 7 期人民币理财产品信托 180 天 XT1005	2010-3-3	2010-8-29	183429	固定收益类	2.60	2.60
101	2010 年工银财富专属理财产品信托 180 天 ZJXT1001(仅浙)	2010-3-3	2010-8-29	29997	固定收益类	3.30	3.30
102	2010 年第 7 期人民币理财产品信托 270 天 XT1006	2010-3-3	2010-11-27	99810	固定收益类	3.00	3.00
103	工行精赢个人人民币产品 15 天 SZSR1003	2010-3-4	2010-3-19	19394	固定收益类	2.30	2.30
104	2010 年债券投资型理财产品 33 天 SHZQ1020(仅沪)	2010-3-4	2010-4-5	78909	固定收益类	1.90	1.90
105	2010 年信托投资型理财产品 184 天 SHXT1003(仅沪)	2010-3-4	2010-9-3	29999	固定收益类	2.90	2.90
106	工行稳得利人民币产品 26 天 SZPG1016	2010-3-5	2010-3-31	42541	固定收益类	2.40	2.40
107	2010 年人民币理财产品信托 35 天(仅京)	2010-3-5	2010-4-8	39880	固定收益类	2.00	2.00
108	2010 年第 8 期私人银行专享产品配置投资 PBPZ1008	2010-3-5	2010-4-13	30000	固定收益类	2.50	2.50
109	2010 年人民币理财产品信托 50 天(仅京)	2010-3-5	2010-4-23	39950	固定收益类	2.10	2.10
110	2010 年债券投资型理财产品 63 天 SHZQ1021(仅沪)	2010-3-8	2010-5-9	48295	固定收益类	2.00	2.00
111	10 年人民币理财产品信托 91 天 GDXT1011(仅粤)	2010-3-9	2010-6-7	30000	固定收益类	2.50	2.50
112	10 年人民币理财产品信托 91 天 GDXT1012(仅粤)	2010-3-9	2010-6-7	7998	固定收益类	2.50	2.50
113	2010 年第 8 期高净值客户专属理财产品信托 120 天 ZQXT1014	2010-3-9	2010-7-6	360903	固定收益类	2.40	2.40
114	2010 年第 9 期高净值客户专属理财产品信托 365 天 ZQXT1015(仅浙沪)	2010-3-9	2011-3-8	9535	固定收益类	3.60	3.60

续表

序号	理财产品名称	起始日	到期日	发行量	资金主要投向	客户预期收益率(%/年)下限	客户预期收益率(%/年)上限
115	2010年白领丽人专属理财产品38天BJXT1007(仅京)	2010-3-11	2010-4-17	40000	固定收益类	2.20	2.20
116	2010年第10期高净值客户专属理财产品信托48天ZQXT1016	2010-3-11	2010-4-27	298948	固定收益类	2.10	2.10
117	2010年人民币理财产品信托150天SDXT1006(仅鲁)	2010-3-11	2010-8-7	2455	固定收益类	2.70	2.70
118	2010年人民币理财产品信托180天SDXT1007(仅鲁)	2010-3-11	2010-9-6	6396	固定收益类	3.00	3.00
119	2010年人民币理财产品信托180天SDXT1008(仅鲁)	2010-3-11	2010-9-6	2399	固定收益类	3.00	3.00
120	工行稳得利人民币理财产品49天SZPG1017	2010-3-12	2010-4-30	17494	固定收益类	2.50	2.50
121	2010年债券投资型理财产品32天SHZQ1022(仅沪)	2010-3-15	2010-4-15	67052	固定收益类	1.90	1.90
122	2010年债券投资型理财产品63天SHZQ1023(仅沪)	2010-3-15	2010-5-16	38002	固定收益类	2.00	2.00
123	2010年第8期人民币理财产品信托90天XT1007	2010-3-15	2010-6-12	299789	固定收益类	2.30	2.30
124	2010年第3期工银财富专属理财产品信托180天CFXT1006	2010-3-15	2010-9-10	257758	固定收益类	3.00	3.00
125	2010年第4期工银财富专属理财产品信托180天CFXT1007(仅浙)	2010-3-16	2010-9-11	29993	固定收益类	3.30	3.30
126	工行稳得利人民币理财产品14天SZPG1018	2010-3-17	2010-3-31	16573	固定收益类	2.20	2.20
127	2010年第13期私人银行专享产品配置投资PBPZ1013	2010-3-18	2010-4-18	17743	固定收益类	2.10	2.10
128	2010年第10期私人银行专享产品配置投资PBPZ1010	2010-3-18	2010-5-16	1980	固定收益类	2.40	2.40
129	2010年第11期私人银行专享产品配置投资PBPZ1011	2010-3-18	2010-5-16	900	固定收益类	2.40	2.40
130	2010年第12期私人银行专享产品配置投资PBPZ1012	2010-3-18	2010-5-16	6895	固定收益类	2.40	2.40
131	2010年第9期私人银行专享产品配置投资PBPZ1009	2010-3-18	2010-6-15	29968	固定收益类	3.10	3.10
132	2010年工银财富专属理财产品信托270天SDXT1013(仅鲁)	2010-3-18	2010-12-12	6994	固定收益类	3.50	3.50
133	2010年债券投资型理财产品32天SHZQ1024(仅沪)	2010-3-19	2010-4-19	61944	固定收益类	2.00	2.00

续表

序号	理财产品名称	起始日	到期日	发行量	资金主要投向	客户预期收益率(%/年)下限	客户预期收益率(%/年)上限
134	2010年债券投资型理财产品62天SHZQ1025(仅沪)	2010-3-19	2010-5-19	17841	固定收益类	2.10	2.10
135	工行工银财富人民币理财产品73天SZPG1019	2010-3-19	2010-5-31	9670	固定收益类	2.60	2.60
136	2010年人民币理财产品信托181天GDXT1013(仅粤)	2010-3-19	2010-9-15	29287	固定收益类	3.00	3.00
137	2010年人民币理财产品信托365天GDXT1014(仅粤)	2010-3-19	2011-3-18	16200	固定收益类	3.60	3.60
138	工行精赢人民币理财产品15天SZSR1004	2010-3-22	2010-4-6	10000	固定收益类	2.30	2.30
139	2010年工银财富专属理财产品信托60天SDXT1009(仅鲁)	2010-3-22	2010-5-20	1999	固定收益类	2.25	2.25
140	2010年工银财富专属理财产品信托60天SDXT1010(仅鲁)	2010-3-22	2010-5-20	500	固定收益类	2.25	2.25
141	2010年工银财富专属理财产品信托60天SDXT1011(仅鲁)	2010-3-22	2010-5-20	500	固定收益类	2.25	2.25
142	2010年工银财富专属理财产品信托60天SDXT1012(仅鲁)	2010-3-22	2010-5-20	497	固定收益类	2.25	2.25
143	2010年第5期工银财富专属理财产品信托90天CFXT1008	2010-3-22	2010-6-19	173819	固定收益类	2.50	2.50
144	2010年第11期高净值客户专属理财产品信托90天ZQXT1017	2010-3-22	2010-6-19	299911	固定收益类	2.40	2.40
145	2010年第11期高净值客户专属理财产品信托180天ZQXT1018	2010-3-22	2010-9-17	211104	固定收益类	2.80	2.80
146	2010年债券投资型理财产品31天SHZQ1026(仅沪)	2010-3-23	2010-4-22	6000	固定收益类	2.10	2.10
147	2010年稳得利信托投资型人民币理财产品60天(仅京)	2010-3-23	2010-5-21	43214	固定收益类	2.10	2.10
148	2010年债券投资型理财产品33天SHZQ1027(仅沪)	2010-3-24	2010-4-25	41202	固定收益类	2.00	2.00
149	2010年债券投资型理财产品62天SHZQ1028	2010-3-24	2010-5-24	91528	固定收益类	2.10	2.10
150	2010年第12期高净值客户专属理财产品信托300天ZH1002	2010-3-24	2011-1-17	99980	固定收益类	3.40	3.40
151	2010年理财金账户专属信托投资型人民币理财产品50天(仅京)	2010-3-25	2010-5-13	49992	固定收益类	2.30	2.30
152	2010年第14期私人银行专享产品配置投资PBPZ1014	2010-3-25	2010-6-22	2680	固定收益类	2.70	2.70

续表

序号	理财产品名称	起始日	到期日	发行量	资金主要投向	客户预期收益率(%/年)下限	客户预期收益率(%/年)上限
153	2010年工银财富专属理财产品信托90天SDXT1014(仅鲁)	2010-3-25	2010-6-22	11719	固定收益类	2.30	2.30
154	2010年工银财富专属理财产品信托93天CQXT1001(仅渝)	2010-3-25	2010-6-25	9781	固定收益类	2.73	2.73
155	2010年债券投资型理财产品32天SHZQ1029(仅沪)	2010-3-26	2010-4-26	36676	固定收益类	2.00	2.00
156	2010年债券投资型理财产品62天SHZQ1030	2010-3-26	2010-5-26	99359	固定收益类	2.10	2.10
157	工行工银财富人民币理财产品96天SZPG1020	2010-3-26	2010-6-30	9888	固定收益类	2.80	2.80
158	2010年工银财富专属理财产品信托90天SDXT1015(仅鲁)	2010-3-30	2010-6-27	3000	固定收益类	2.30	2.30
159	2010年工银财富专属理财产品信托90天SDXT1016(仅鲁)	2010-3-30	2010-6-27	3417	固定收益类	2.30	2.30
160	2010年理财金专属理财产品信托163天GZXT1001(仅广州)	2010-3-30	2010-9-8	20000	固定收益类	3.12	3.12
161	2010年工银财富专属理财产品信托319天HBXT1002(仅冀)	2010-3-30	2011-2-11	18000	固定收益类	3.68	3.68
162	2010年债券投资型理财产品30天SHZQ1031(仅沪)	2010-3-31	2010-4-29	37300	固定收益类	2.00	2.00
163	2010年债券投资型理财产品62天SHZQ1032(仅沪)	2010-3-31	2010-5-31	24615	固定收益类	2.10	2.10
164	2010年工银财富专属理财产品信托365天SDXT1017(仅鲁)	2010-3-31	2011-3-30	10500	固定收益类	3.78	3.78
165	工行工银财富人民币产品14天SZPG1022	2010-4-1	2010-4-15	42883	固定收益类	2.50	2.50
166	2010年第8期工银财富专属理财产品信托30天CFXT1012(仅晋)	2010-4-1	2010-4-30	13446	固定收益类	2.30	2.30
167	工行工银财富人民币产品40天SZPG1023	2010-4-1	2010-5-11	55661	固定收益类	2.80	2.80
168	2010年人民币理财产品信托120天GDXT1016(仅粤)	2010-4-1	2010-7-29	11470	固定收益类	2.60	2.60
169	2010年人民币理财产品信托181天GDXT1015(仅粤)	2010-4-1	2010-9-28	12400	固定收益类	3.00	3.00
170	2010年第17期私人银行专享产品配置投资PBPZ1017	2010-4-1	2010-12-26	19992	固定收益类	3.80	3.80
171	工行稳得利人民币理财产品28天SZPG1021	2010-4-2	2010-4-30	17897	固定收益类	2.40	2.40

续表

序号	理财产品名称	起始日	到期日	发行量	资金主要投向	客户预期收益率(%/年)下限	客户预期收益率(%/年)上限
172	2010年理财金账户专属信托投资型人民币理财产品50天(仅京)	2010-4-2	2010-5-21	49979	固定收益类	2.30	2.30
173	2010年第13期高净值客户专属理财产品信托55天ZQXT1019	2010-4-2	2010-5-26	618295	固定收益类	2.25	2.25
174	2010年高净值客户专属信托投资型理财产品90天BJXT1012(仅京)	2010-4-2	2010-6-30	6508	固定收益类	3.00	3.00
175	2010年第18期私人银行专享产品配置投资PBPZ1018	2010-4-2	2010-8-30	11942	固定收益类	3.60	3.60
176	2010年理财金专属理财产品信托179天CQXT1002(仅渝)	2010-4-2	2010-9-27	53996	固定收益类	3.10	3.10
177	2010年第6期工银财富专属理财产品信托180天CFXT1009(仅宁波)	2010-4-2	2010-9-28	19995	固定收益类	3.50	3.50
178	2010年第6期工银财富专属理财产品信托180天CFXT1010(仅宁波)	2010-4-2	2010-9-28	15000	固定收益类	3.80	3.80
179	2010年第1期理财金专属理财产品信托180天LCXT1001(仅浙)	2010-4-2	2010-9-28	19999	固定收益类	3.30	3.30
180	2010年工银财富专属理财产品信托365天SDXT1018(仅鲁)	2010-4-2	2011-4-1	1297	固定收益类	3.78	3.78
181	2010年第7期工银财富专属理财产品信托30天CFXT1011(仅京沪苏)	2010-4-6	2010-5-5	108975	固定收益类	2.40	2.40
182	2010年第9期工银财富专属理财产品信托30天CFXT1013(仅津)	2010-4-6	2010-5-5	21000	固定收益类	2.50	2.50
183	2010年债券投资型理财产品31天SHZQ1033(仅沪)	2010-4-6	2010-5-6	30661	固定收益类	2.00	2.00
184	2010年债券投资型理财产品62天SHZQ1034	2010-4-6	2010-6-6	99891	固定收益类	2.10	2.10
185	2010年第9期人民币理财产品信托90天XT1008	2010-4-6	2010-7-4	399880	固定收益类	2.30	2.30
186	2010年人民币理财产品信托153天GDXT1017(仅粤)	2010-4-6	2010-9-5	17350	固定收益类	2.80	2.80
187	2010年第9期人民币理财产品信托187天XT1009	2010-4-6	2010-10-9	349914	固定收益类	2.70	2.70

续表

序号	理财产品名称	起始日	到期日	发行量	资金主要投向	客户预期收益率(%/年)下限	客户预期收益率(%/年)上限
188	工行精赢人民币理财产品 15 天 SZSR1005	2010-4-7	2010-4-22	10000	固定收益类	2.50	2.50
189	2010 年工银财富专属理财产品信托 365 天 SDXT1019(仅鲁)	2010-4-7	2011-4-6	9939	固定收益类	3.78	3.78
190	2010 年理财金账户专属信托投资型人民币理财产品 50 天(仅京)	2010-4-8	2010-5-27	48648	固定收益类	2.30	2.30
191	工行稳得利人民币理财产品 52 天 SZPG1024	2010-4-9	2010-5-31	15575	固定收益类	2.70	2.70
192	工行精赢人民币理财产品 61 天 SZSR1006	2010-4-9	2010-6-9	15841	固定收益类	3.05	3.05
193	2010 年第 10 期人民币理财产品信托 90 天 XT1010	2010-4-9	2010-7-7	299365	固定收益类	2.30	2.30
194	2010 年工银财富专属理财产品信托 183 天 LNXT1001(仅辽)	2010-4-9	2010-10-8	30000	固定收益类	2.90	2.90
195	2010 年第 10 期工银财富专属理财产品信托 365 天 CFXT1014(今京沪苏)	2010-4-9	2011-4-8	49744	固定收益类	4.00	4.00
196	2010 年债券投资型理财产品 31 天 SHZQ1035(仅沪)	2010-4-12	2010-5-12	60137	固定收益类	2.00	2.00
197	工行工银财富专属人民币产品 49 天 SZPG1025	2010-4-12	2010-5-31	5027	固定收益类	2.80	2.80
198	2010 年债券投资型理财产品 60 天 SHZQ1036	2010-4-12	2010-6-10	99889	固定收益类	2.10	2.10
199	2010 年信托投资型理财产品 184 天 SHXT1004(仅沪)	2010-4-12	2010-10-12	40066	固定收益类	2.90	2.90
200	2010 年第 11 期工银财富专属理财产品信托 30 天 CFXT1015	2010-4-14	2010-5-13	169611	固定收益类	2.30	2.30
201	2010 年第 19 期私人银行专享产品配置投资 PBPZ1019	2010-4-14	2010-7-6	30000	固定收益类	3.10	3.10
202	2010 年信托投资型人民币理财产品 90 天(仅京)	2010-4-14	2010-7-12	5728	固定收益类	3.00	3.00
203	2010 年债券投资型理财产品 32 天 SHZQ1037(仅沪)	2010-4-15	2010-5-16	29932	固定收益类	2.00	2.00
204	2010 年债券投资型理财产品 63 天 SHZQ1038	2010-4-15	2010-6-16	95296	固定收益类	2.10	2.10
205	工行稳得利人民币理财产品 76 天 SZPG1026	2010-4-15	2010-6-30	21731	固定收益类	2.90	2.90

续表

序号	理财产品名称	起始日	到期日	发行量	资金主要投向	客户预期收益率(%/年)下限	客户预期收益率(%/年)上限
206	2010年第11期人民币理财产品信托180天XT1011	2010-4-15	2010-10-11	299501	固定收益类	2.70	2.70
207	2010年第15期高净值客户专属理财产品180天ZH1004	2010-4-15	2010-10-11	17044	固定收益类	3.60	3.60
208	2010年信托投资型理财产品184天SHXT1005(仅沪)	2010-4-15	2010-10-15	9995	固定收益类	2.90	2.90
209	工行稳得利人民币理财产品14天SZPG1027	2010-4-16	2010-4-30	25360	固定收益类	2.40	2.40
210	2010年人民币理财产品信托140天GDXT1019(仅粤)	2010-4-16	2010-6-4	31300	固定收益类	2.80	2.80
211	2010年第21期私人银行专享产品配置投资PBPZ1021	2010-4-16	2010-6-24	6972	固定收益类	2.90	2.90
212	2010年人民币理财产品信托267天GDXT1018(仅粤)	2010-4-16	2011-1-7	13300	固定收益类	3.30	3.30
213	2010年第14期高净值客户专属理财产品365天ZH1003	2010-4-16	2011-4-15	69857	固定收益类	3.70	3.70
214	2010年工银财富专属理财产品信托309天HBXT1003	2010-4-19	2011-2-21	17995	固定收益类	3.68	3.68
215	2010年债券投资型理财产品31天SHZQ1039(仅沪)	2010-4-20	2010-5-20	60489	固定收益类	2.00	2.00
216	2010年债券投资型理财产品62天SHZQ1040	2010-4-20	2010-6-20	199087	固定收益类	2.10	2.10
217	2010年信托投资型理财产品183天SHXT1006(仅沪)	2010-4-20	2010-10-19	29990	固定收益类	2.90	2.90
218	2010年工银财富专属理财产品信托365天SDXT1020(仅鲁)	2010-4-20	2011-4-19	29970	固定收益类	3.78	3.78
219	2010年第20期私人银行专享产品配置投资PBPZ1020	2010-4-21	2010-5-31	30000	固定收益类	2.50	2.50
220	2010年第16期高净值客户专属理财产品90天ZH1005(仅琼京)	2010-4-21	2010-7-19	45876	固定收益类	3.20	3.20
221	2010年工银财富专属理财产品信托308天HBXT1004(仅冀)	2010-4-21	2011-2-22	5500	固定收益类	3.68	3.68
222	工行精赢人民币理财产品32天SZSR1007	2010-4-22	2010-5-24	26774	固定收益类	3.20	3.20
223	工行稳得利人民币理财产品39天SZPG1028	2010-4-22	2010-5-31	10501	固定收益类	2.60	2.60
224	工行工银财富人民币理财产品11天SZPG1031	2010-4-23	2010-5-4	20766	固定收益类	2.40	2.40

续表

序号	理财产品名称	起始日	到期日	发行量	资金主要投向	客户预期收益率(%/年)下限	客户预期收益率(%/年)上限
225	2010年第23期私人银行专享产品配置投资 PBPZ1023	2010-4-23	2010-6-25	4000	固定收益类	3.20	3.20
226	工行工银财富人民币理财产品68天 SZPG1029	2010-4-23	2010-6-30	12707	固定收益类	2.80	2.80
227	2010年第12期工银财富专属理财产品信托90天 CFXT1016	2010-4-23	2010-7-21	59738	固定收益类	2.70	2.70
228	2010年第12期工银财富专属理财产品信托180天 CFXT1017	2010-4-23	2010-10-19	90572	固定收益类	3.30	3.30
229	2010年债券投资型理财产品31天 SHZQ1041(仅沪)	2010-4-26	2010-5-26	24681	固定收益类	2.00	2.00
230	2010年稳得利人民币理财产品60天 BJXT1014(仅京)	2010-4-26	2010-6-24	39896	固定收益类	2.50	2.50
231	2010年债券投资型理财产品63天 SHZQ1042	2010-4-26	2010-6-27	89096	固定收益类	2.10	2.10
232	2010年稳得利人民币理财产品90天 BJXT1015(仅京)	2010-4-26	2010-7-24	29999	固定收益类	2.70	2.70
233	2010年第13期工银财富专属理财产品信托365天 CFXT1018(仅津)	2010-4-26	2011-4-25	7050	固定收益类	4.10	4.10
234	2010年稳得利理财产品信托365天 QDXT1001(仅青岛)	2010-4-26	2011-4-25	60600	固定收益类	4.10	4.20
235	工行精赢人民币理财产品7天 SZSR1008	2010-4-27	2010-5-4	5000	固定收益类	2.40	2.40
236	2010年第12期人民币理财产品信托56天 XT1012	2010-4-27	2010-6-21	445553	固定收益类	2.20	2.20
237	2010年工银财富专属理财产品信托180天 ZJXT1002(仅浙)	2010-4-27	2010-10-23	9999	固定收益类	3.50	3.50
238	2010年理财金专属理财产品275天 GDXT1020(仅粤)	2010-4-27	2011-1-26	25848	固定收益类	3.30	3.30
239	2010年工银财富专属理财产品信托302天 HBXT1005(仅冀)	2010-4-27	2011-2-22	5000	固定收益类	3.68	3.68
240	2010年第12期人民币理财产品信托365天 XT1013	2010-4-27	2011-4-26	99262	固定收益类	3.60	3.60
241	2010年债券投资型理财产品30天 SHZQ1046(仅沪)	2010-4-28	2010-5-27	3000	固定收益类	2.10	2.10
242	2010年理财金专属理财产品61天 GDXT1021(仅粤)	2010-4-28	2010-6-27	49996	固定收益类	2.25	2.25
243	2010年工银财富理财产品126天A款 JXXT1001(仅江西)	2010-4-28	2010-8-31	9000	固定收益类	3.00	3.00

续表

序号	理财产品名称	起始日	到期日	发行量	资金主要投向	客户预期收益率（%/年）下限	客户预期收益率（%/年）上限
244	2010年工银财富理财产品126天B款JXXT1002（仅江西）	2010－4－28	2010－8－31	9000	固定收益类	3.00	3.00
245	2010年工银财富理财产品176天JXXT1003（仅江西）	2010－4－28	2010－10－20	10000	固定收益类	3.30	3.30
246	2010年债券投资型理财产品7天SHZQ1043（仅沪）	2010－4－29	2010－5－5	38974	固定收益类	1.70	1.70
247	2010年第25期私人银行专享产品配置投资PBPZ1025	2010－4－29	2010－5－26	3990	固定收益类	2.30	2.30
248	2010年债券投资型理财产品30天SHZQ1044（仅沪）	2010－4－29	2010－5－28	24324	固定收益类	2.00	2.00
249	2010年债券投资型理财产品61天SHZQ1045（仅沪）	2010－4－29	2010－6－28	22431	固定收益类	2.20	2.20
250	工行精赢人民币理财产品4天SZSR1009	2010－4－30	2010－5－4	14124	固定收益类	2.30	2.30
251	2010年稳得利人民币理财产品55天BJXT1016（仅京）	2010－4－30	2010－6－23	75034	固定收益类	2.50	2.50
252	工行稳得利人民币理财产品61天SZPG1030	2010－4－30	2010－6－30	280	固定收益类	2.90	2.90
253	2010年稳得利人民币理财产品90天BJXT1017（仅京）	2010－4－30	2010－7－28	29978	固定收益类	2.70	2.70
254	2010年工银财富理财产品180天SDXT1021（仅山东）	2010－4－30	2010－10－26	1999	固定收益类	3.30	3.30
255	2010年工银财富理财产品180天SDXT1022（仅山东）	2010－4－30	2010－10－26	996	固定收益类	3.30	3.30
256	2010年工银财富理财产品180天SDXT1023（仅山东）	2010－4－30	2010－10－26	3573	固定收益类	3.30	3.30
257	2010年理财金专属理财产品255天GDXT1022（仅粤）	2010－4－30	2011－1－9	16067	固定收益类	3.30	3.30
258	工行工银财富人民币理财产品27天SZPG1032	2010－5－4	2010－5－31	39900	固定收益类	3.00	3.00
259	2010年五一劳动节专属人民币理财产品51天BJXT1022（仅京）	2010－5－4	2010－6－23	29998	固定收益类	2.60	2.60
260	2010年第18期高净值客户专属理财产品55天ZH1006（仅杭州）	2010－5－4	2010－6－27	20000	固定收益类	3.90	3.90
261	工行工银财富人民币理财产品57天SZPG1033	2010－5－4	2010－6－30	47511	固定收益类	3.20	3.20

续表

序号	理财产品名称	起始日	到期日	发行量	资金主要投向	客户预期收益率(%/年)下限	客户预期收益率(%/年)上限
262	2010年稳得利理财产品239天SZXT1001(仅苏州)	2010-5-4	2010-12-28	12000	固定收益类	2.95	2.95
263	2010年工银财富专属理财产品信托308天HBXT1006(仅冀)	2010-5-4	2011-3-7	10000	固定收益类	3.68	3.68
264	2010年第17期高净值专属理财产品信托54天ZQXT1020	2010-5-5	2010-6-27	497360	固定收益类	2.30	2.30
265	2010年第26期私人银行专享产品配置投资PBPZ1026	2010-5-5	2010-9-2	53955	固定收益类	3.50	3.50
266	2010年第12期人民币理财产品信托267天XT1014	2010-5-5	2011-1-26	360236	固定收益类	3.30	3.30
267	2010年工银财富理财产品365天SDXT1024(仅山东)	2010-5-5	2011-5-4	14954	固定收益类	3.78	3.78
268	2010年工银财富理财产品365天SDXT1025(仅京沪鲁陕鄂苏)	2010-5-5	2011-5-4	29894	固定收益类	3.78	3.78
269	2010年工银财富理财产品365天SDXT1026(仅山东)	2010-5-5	2011-5-4	2599	固定收益类	3.78	3.78
270	2010年工银财富专属理财产品365天ZJXT1003(仅浙)	2010-5-5	2011-5-4	14758	固定收益类	3.90	3.90
271	2010年债券投资型理财产品32天SHZQ1047(仅沪)	2010-5-6	2010-6-6	83378	固定收益类	2.20	2.20
272	2010年稳得利人民币理财产品50天BJXT1018	2010-5-6	2010-6-24	109711	固定收益类	2.35	2.35
273	2010年第14期工银财富专属理财产品信托50天CFXT1020	2010-5-6	2010-6-24	49959	固定收益类	2.50	2.50
274	2010年第14期工银财富专属理财产品信托84天CFXT1019	2010-5-6	2010-7-28	49984	固定收益类	3.00	3.00
275	2010年稳得利人民币理财产品90天BJXT1019(仅京)	2010-5-6	2010-8-3	30000	固定收益类	2.70	2.70
276	2010年债券投资型理财产品90天SHZQ1048(仅沪)	2010-5-6	2010-8-3	45584	固定收益类	2.40	2.40
277	工行工银财富人民币理财产品11天SZPG1035	2010-5-7	2010-5-18	29392	固定收益类	2.70	2.70
278	工行工银财富人民币理财产品54天SZPG1034	2010-5-7	2010-6-30	35540	固定收益类	3.20	3.20
279	2010年理财金专属理财产品155天GDXT1023(仅粤)	2010-5-7	2010-10-8	10000	固定收益类	3.00	3.00
280	2010年债券投资型理财产品31天SHZQ1049(仅沪)	2010-5-10	2010-6-9	56209	固定收益类	2.10	2.10

续表

序号	理财产品名称	起始日	到期日	发行量	资金主要投向	客户预期收益率(%/年)下限	客户预期收益率(%/年)上限
281	2010年五四青年节专属人民币理财产品50天BJXT1023(仅京)	2010-5-10	2010-6-28	29510	固定收益类	2.60	2.60
282	2010年债券投资型理财产品63天SHZQ1050(仅沪)	2010-5-10	2010-7-11	41060	固定收益类	2.20	2.20
283	2010年理财金专属理财产品48天GDXT1024(仅粤)	2010-5-11	2010-6-27	100000	固定收益类	2.30	2.30
284	2010年工银财富理财产品180天SDXT1027(仅山东)	2010-5-11	2010-11-6	15948	固定收益类	3.30	3.30
285	2010年工银财富理财产品262天SDXT1028(仅山东)	2010-5-11	2011-1-27	7533	固定收益类	3.50	3.50
286	2010年工银财富理财产品365天SDXT1029(仅山东)	2010-5-11	2011-5-10	4684	固定收益类	3.78	3.78
287	2010年母亲节专属人民币理财产品90天BJXT1026(仅京)	2010-5-12	2010-8-9	29999	固定收益类	2.80	2.80
288	2010年理财金专属理财产品155天GDXT1025(仅粤)	2010-5-12	2010-10-13	6700	固定收益类	3.00	3.00
289	2010年债券投资型理财产品30天SHZQ1051(仅沪)	2010-5-13	2010-6-11	64624	固定收益类	2.10	2.10
290	2010年债券投资型理财产品62天SHZQ1052(仅沪)	2010-5-13	2010-7-13	39257	固定收益类	2.20	2.20
291	2010年稳得利人民币理财产品90天BJXT1024(仅京)	2010-5-13	2010-8-10	778	固定收益类	2.80	2.80
292	2010年工银财富专属理财产品307天HBXT1007(仅冀)	2010-5-13	2011-3-15	19826	固定收益类	3.68	3.68
293	工行精赢人民币理财产品31天SZSR1010	2010-5-14	2010-6-17	8008	固定收益类	3.20	3.20
294	2010年稳得利人民币理财产品40天BJXT1020(仅京)	2010-5-14	2010-6-22	99957	固定收益类	2.20	2.20
295	工行工银财富人民币理财产品47天SZPG1036	2010-5-14	2010-6-30	67842	固定收益类	3.10	3.10
296	2010年稳得利人民币理财产品90天BJXT1021(仅京)	2010-5-14	2010-8-11	29999	固定收益类	2.70	2.70
297	2010年第13期人民币理财产品信托90天XT1015	2010-5-14	2010-8-11	186762	固定收益类	2.30	2.30
298	2010年第28期私人银行专享产品配置投资PBPZ1028	2010-5-17	2010-6-15	2800	其他	12.82	12.82
299	2010年债券投资型理财产品32天SHZQ1053(仅沪)	2010-5-17	2010-6-17	52095	固定收益类	2.10	2.10

续表

序号	理财产品名称	起始日	到期日	发行量	资金主要投向	客户预期收益率(%/年)下限	客户预期收益率(%/年)上限
300	2010年第15期工银财富产品42天CFXT1021(仅津黑陕浙晋蒙徽豫苏)	2010-5-17	2010-6-27	77697	固定收益类	2.40	2.40
301	2010年债券投资型理财产品63天SHZQ1054(仅沪)	2010-5-17	2010-7-18	24465	固定收益类	2.20	2.20
302	2010年工银财富理财产品90天SDXT1031(仅山东)	2010-5-17	2010-8-14	4973	固定收益类	2.50	2.50
303	2010年信托投资型理财产品172天SHXT1007(仅沪)	2010-5-18	2010-11-5	10000	固定收益类	3.00	3.00
304	2010年第19期高净值客户专属保险复合理财产品183天ZH1007	2010-5-18	2010-11-16	392240	固定收益类	3.00	3.00
305	工行工银财富人民币理财产品12天SZPG1037	2010-5-19	2010-5-31	30517	固定收益类	2.70	2.70
306	2010年第30期私人银行专享产品配置投资PBPZ1030	2010-5-19	2010-6-25	20000	固定收益类	2.50	2.50
307	2010年第27期私人银行专享产品配置投资PBPZ1027	2010-5-19	2010-8-17	79918	固定收益类	3.00	3.00
308	2010年工银财富理财产品120天SDXT1030(仅山东)	2010-5-19	2010-9-15	11161	固定收益类	2.80	2.80
309	2010年第16期工银财富专属理财产品信托30天CFXT1022	2010-5-20	2010-6-18	96179	固定收益类	2.30	2.30
310	2010年债券投资型理财产品32天SHZQ1055(仅沪)	2010-5-20	2010-6-20	66605	固定收益类	2.10	2.10
311	2010年债券投资型理财产品62天SHZQ1056(仅沪)	2010-5-20	2010-7-20	28957	固定收益类	2.20	2.20
312	2010年稳得利人民币理财产品90天BJXT1025(仅京)	2010-5-20	2010-8-17	1765	固定收益类	2.80	2.80
313	2010年第1期珠联币合原油挂钩型浮动收益理财产品93天ZL1001	2010-5-20	2010-8-20	49973	结构化	0.36	0.36
314	工行工银财富人民币理财产品40天SZPG1038	2010-5-21	2010-6-30	32345	固定收益类	3.00	3.00
315	2010年第16期工银财富专属理财产品信托90天CFXT1023(仅京)	2010-5-21	2010-8-18	2741	固定收益类	3.00	3.00
316	2010年第16期工银财富专属理财产品信托180天CFXT1024(仅京)	2010-5-21	2010-11-16	5210	固定收益类	3.60	3.60

续表

序号	理财产品名称	起始日	到期日	发行量	资金主要投向	客户预期收益率（%/年）下限	客户预期收益率（%/年）上限
317	2010年理财金账户专属理财产品信托2年SXXT1002（仅晋中）	2010－5－21	2012－5－20	7800	固定收益类	5.00	5.00
318	2010年理财金专属理财产品63天GDXT1026（仅粤）	2010－5－24	2010－7－25	82547	固定收益类	2.40	2.40
319	2010年第29期私人银行专享产品配置投资PBPZ1029	2010－5－24	2011－2－17	12884	固定收益类	3.90	3.90
320	2010年理财金专属理财产品34天GDXT1027（仅粤）	2010－5－25	2010－6－27	99999	固定收益类	2.20	2.20
321	2010年第31期私人银行专享产品配置投资PBPZ1031	2010－5－25	2010－6－27	99924	固定收益类	2.30	2.30
322	2010年债券投资型理财产品34天SHZQ1057（仅沪）	2010－5－25	2010－6－27	71861	固定收益类	2.10	2.10
323	2010年债券投资型理财产品62天SHZQ1058（仅沪）	2010－5－25	2010－7－25	26400	固定收益类	2.20	2.20
324	2010年第20期高净值客户专属理财产品120天ZH1008（仅苏州）	2010－5－25	2010－9－21	18510	固定收益类	3.00	3.00
325	2010年第14期人民币理财产品信托180天XT1016	2010－5－25	2010－11－20	181835	固定收益类	2.80	2.80
326	2010年第14期人民币理财产品信托272天XT1017	2010－5－25	2011－2－20	326269	固定收益类	3.30	3.30
327	工行精赢人民币理财产品30天SZSR1011	2010－5－26	2010－6－25	8148	固定收益类	3.10	3.10
328	工行稳得利人民币理财产品35天SZPG1039	2010－5－26	2010－6－30	9658	固定收益类	2.99	2.99
329	2010年稳得利人民币理财产品365天AHXT1001（仅皖）	2010－5－26	2011－5－25	10000	固定收益类	3.65	3.65
330	2010年第18期工银财富专属理财产品信托30天CFXT1026	2010－5－27	2010－6－25	108682	固定收益类	2.30	2.30
331	2010年稳得利理财产品信托365天SCXT1001（仅四川）	2010－5－27	2011－5－26	29924	固定收益类	3.70	3.70
332	2010年第23期高净值客户专属理财产品14天ZQXT1023	2010－5－28	2010－6－10	521507	固定收益类	2.00	2.00
333	工行稳得利人民币理财产品33天SZPG1040	2010－5－28	2010－6－30	8696	固定收益类	2.90	2.90
334	工行稳得利人民币理财产品63天SZPG1041	2010－5－28	2010－7－30	7070	固定收益类	3.00	3.00
335	2010年第22期高净值客户专属理财产品90天ZQXT1022	2010－5－28	2010－8－25	386198	固定收益类	2.60	2.60

续表

序号	理财产品名称	起始日	到期日	发行量	资金主要投向	客户预期收益率(%/年)下限	客户预期收益率(%/年)上限
336	2010年第19期工银财富专属理财产品信托175天CFXT1027(仅桂)	2010-5-28	2010-11-18	10000	固定收益类	3.20	3.20
337	2010年工银财富理财产品300天SDXT1032(仅山东)	2010-5-28	2011-3-23	3978	固定收益类	3.60	3.60
338	2010年债券投资型理财产品25天SHZQ1059(仅沪)	2010-5-31	2010-6-24	50067	固定收益类	2.10	2.10
339	2010年债券投资型理财产品59天SHZQ1060(仅沪)	2010-5-31	2010-7-28	25761	固定收益类	2.20	2.20
340	2010年第34期私人银行专享产品配置投资PBPZ1034	2010-5-31	2011-1-11	9480	固定收益类	3.80	3.80
341	工行稳得利人民币理财产品11天SZPG1042	2010-6-1	2010-6-12	16208	固定收益类	2.70	2.70
342	2010年第21期高净值客户专属理财产品25天ZQXT1021(仅杭州南京)	2010-6-1	2010-6-25	135959	固定收益类	2.40	2.40
343	工行稳得利人民币理财产品41天SZPG1043	2010-6-1	2010-7-12	14668	固定收益类	3.00	3.00
344	2010年第20期工银财富专属理财产品信托90天CFXT1028	2010-6-1	2010-8-29	24820	固定收益类	2.70	2.70
345	2010年工银财富理财产品120天SDXT1033(仅鲁陕闽青宁甘黑吉)	2010-6-1	2010-9-28	9614	固定收益类	2.80	2.80
346	2010年第15期人民币理财产品信托180天XT1019	2010-6-1	2010-11-27	118996	固定收益类	2.80	2.80
347	2010年第15期人民币理财产品信托270天XT1020	2010-6-1	2011-2-25	136308	固定收益类	3.30	3.30
348	2010年第17期工银财富专属理财产品信托360天CFXT1025(仅宁波)	2010-6-1	2011-5-26	20000	固定收益类	4.00	4.00
349	2010年工银财富理财产品360天SDXT1034(仅鲁陕闽青宁甘黑吉)	2010-6-1	2011-5-26	36875	固定收益类	3.78	3.78
350	2010年第15期人民币理财产品信托360天XT1018	2010-6-1	2011-5-26	250373	固定收益类	3.60	3.60
351	2010年第32期私人银行专享产品配置投资PBPZ1032	2010-6-1	2011-5-31	7680	固定收益类	4.00	4.00
352	2010年理财金账户理财产品365天SZXT1002(仅苏州)	2010-6-1	2011-5-31	10000	固定收益类	3.10	3.10

续表

序号	理财产品名称	起始日	到期日	发行量	资金主要投向	客户预期收益率(%/年)下限	客户预期收益率(%/年)上限
353	2010年理财金账户理财产品20天CQPJ1001(仅重庆)	2010-6-2	2010-6-21	6350	固定收益类	2.00	2.00
354	工行精赢人民币理财产品7天SZSR1012	2010-6-3	2010-6-10	9365	固定收益类	2.40	2.40
355	2010年理财金专属理财产品20天GDXT1029(仅粤)	2010-6-3	2010-6-22	99940	固定收益类	2.00	2.00
356	2010年第2期理财金账户专属理财产品信托25天LCXT1002	2010-6-3	2010-6-27	300012	固定收益类	2.20	2.20
357	工行稳得利人民币理财产品27天SZPG1044	2010-6-3	2010-6-30	79256	固定收益类	3.00	3.00
358	2010年稳得利信托型人民币理财产品90天BJXT1027(仅京)	2010-6-3	2010-8-31	29930	固定收益类	2.70	2.70
359	2010年理财金专属理财产品146天GDXT1028(仅粤)	2010-6-3	2010-10-26	7200	固定收益类	3.00	3.00
360	2010年债券投资型理财产品21天SHZQ1061(仅沪)	2010-6-4	2010-6-24	9000	固定收益类	2.20	2.20
361	2010年理财金专属理财产品42天GDXT1030(仅粤)	2010-6-4	2010-7-15	49831	固定收益类	2.25	2.25
362	2010年第3期理财金账户专属理财产品信托60天LCXT1003	2010-6-4	2010-8-2	300791	固定收益类	2.50	2.50
363	2010年第24期高净值客户专属理财产品180天ZQXT1024	2010-6-4	2010-11-30	272119	固定收益类	3.00	3.00
364	2010年第25期高净值客户专属理财产品21天ZQXT1025	2010-6-7	2010-6-27	201132	固定收益类	2.10	2.10
365	2010年债券投资型理财产品22天SHZQ1062(仅沪)	2010-6-7	2010-6-28	80775	固定收益类	2.10	2.10
366	2010年第22期工银财富专属理财产品信托30天CFXT1030	2010-6-7	2010-7-6	278170	固定收益类	2.30	2.30
367	2010年第26期高净值客户专属理财产品60天ZQXT1026	2010-6-7	2010-8-5	331347	固定收益类	2.60	2.60
368	2010年债券投资型理财产品63天SHZQ1063(仅沪)	2010-6-7	2010-8-8	11387	固定收益类	2.20	2.20
369	2010年第16期人民币理财产品信托365天XT1021	2010-6-7	2011-6-6	254477	固定收益类	3.60	3.60
370	工行稳得利人民币理财产品52天SZPG1045	2010-6-8	2010-7-30	21185	固定收益类	3.10	3.10
371	2010年理财金账户理财产品183天CQXT1003(仅渝湘鄂苏赣黔琼)	2010-6-8	2010-12-7	59972	固定收益类	3.50	3.50

续表

序号	理财产品名称	起始日	到期日	发行量	资金主要投向	客户预期收益率(%/年)下限	客户预期收益率(%/年)上限
372	2010年第17期人民币理财产品信托30天XT1022	2010-6-9	2010-7-8	156830	固定收益类	2.30	2.30
373	2010年第28期高净值客户专属理财产品90天ZQXT1028	2010-6-9	2010-9-6	155331	固定收益类	2.80	2.80
374	2010年第23期工银财富专属理财产品信托180天CFXT1031	2010-6-9	2010-12-5	199320	固定收益类	3.50	3.50
375	2010年债券投资型理财产品20天SHZQ1066(仅沪)	2010-6-10	2010-6-29	10000	固定收益类	2.20	2.20
376	2010年债券投资型理财产品32天SHZQ1064(仅沪)	2010-6-10	2010-7-11	84266	固定收益类	2.40	2.40
377	2010年第35期私人银行专享产品配置投资PBPZ1035	2010-6-10	2010-7-12	10532	固定收益类	2.40	2.40
378	2010年债券投资型理财产品62天SHZQ1065(仅沪)	2010-6-10	2010-8-10	22231	固定收益类	2.50	2.50
379	2010年第36期私人银行专享产品配置投资PBPZ1036	2010-6-11	2010-6-27	17900	固定收益类	2.80	2.80
380	工行稳得利人民币理财产品49天SZPG1046	2010-6-11	2010-7-30	29923	固定收益类	3.10	3.10
381	2010年理财金账户专属人民币理财产品183天HUXT1001(武汉)	2010-6-11	2010-12-10	14996	固定收益类	3.50	3.50
382	2010年第27期高净值客户专属理财产品365天ZQXT1027	2010-6-11	2011-6-10	19855	固定收益类	5.00	5.00
383	工行精赢人民币理财产品9天SZSR1013	2010-6-12	2010-6-21	5500	固定收益类	3.00	3.00
384	2010年第4期理财金账户专属理财产品信托30天LCXT1004	2010-6-12	2010-7-11	420783	固定收益类	2.50	2.50
385	2010年第18期人民币理财产品信托270天XT1023	2010-6-12	2011-3-8	163584	固定收益类	3.30	3.30
386	2010年第19期人民币理财产品信托4天XT1025	2010-6-13	2010-6-16	304316	固定收益类	2.00	2.00
387	工行稳得利人民币理财产品8天SZPG1047	2010-6-13	2010-6-21	75324	固定收益类	3.00	3.00
388	2010年第19期人民币理财产品信托16天XT1024	2010-6-13	2010-6-28	646689	固定收益类	2.10	2.10
389	2010年债券投资型理财产品31天SHZQ1067(仅沪)	2010-6-13	2010-7-13	16134	固定收益类	2.40	2.40
390	工行稳得利人民币理财产品47天SZPG1048	2010-6-13	2010-7-30	16909	固定收益类	3.10	3.10

续表

序号	理财产品名称	起始日	到期日	发行量	资金主要投向	客户预期收益率(%/年)下限	客户预期收益率(%/年)上限
391	2010年债券投资型理财产品64天SHZQ1068(仅沪)	2010-6-13	2010-8-15	19162	固定收益类	2.50	2.50
392	2010年第19期人民币理财产品信托180天XT1026	2010-6-13	2010-12-9	86601	固定收益类	3.00	3.00
393	2010年理财金专属理财产品20天GDXT1031(仅粤)	2010-6-17	2010-7-6	51160	固定收益类	2.30	2.30
394	2010年第29期高净值客户专属理财产品30天ZQXT1029	2010-6-17	2010-7-16	202517	固定收益类	2.50	2.50
395	2010年债券投资型理财产品32天SHZQ1069(仅沪)	2010-6-17	2010-7-18	3257	固定收益类	2.40	2.40
396	2010年第37期私人银行专享产品配置投资PBPZ1037	2010-6-17	2010-7-19	30600	固定收益类	2.60	2.60
397	2010年稳得利信托型人民币理财产品55天BJXT1028(仅京)	2010-6-17	2010-8-10	10072	固定收益类	2.50	2.50
398	2010年第21期工银财富专属理财产品信托60天CFXT1029	2010-6-17	2010-8-15	49997	固定收益类	3.00	3.00
399	2010年第24期工银财富专属理财产品信托60天CFXT1032	2010-6-17	2010-8-15	91483	固定收益类	2.70	2.70
400	2010年第38期私人银行专享产品配置投资PBPZ1038	2010-6-17	2010-9-14	20879	固定收益类	3.00	3.00
401	2010年工银财富理财产品37天JXXT1004(仅江西)	2010-6-18	2010-7-24	3000	固定收益类	2.65	2.65
402	2010年工银财富理财产品77天JXXT1005(仅江西)	2010-6-18	2010-9-2	3000	固定收益类	3.15	3.15
403	2010年工银财富理财产品90天SDXT1036(仅山东)	2010-6-18	2010-9-15	16900	固定收益类	2.85	2.85
404	2010年工银财富理财产品277天JXXT1006(仅江西)	2010-6-18	2011-3-21	4000	固定收益类	3.60	3.60
405	2010年工银财富理财产品365天SDXT1035(仅山东)	2010-6-18	2011-6-17	9997	固定收益类	4.20	4.20
406	2010年第21期人民币理财产品信托8天XT1029	2010-6-21	2010-6-28	675408	固定收益类	2.10	2.10
407	2010年稳得利信托型人民币理财产品88天BJXT1029(仅京)	2010-6-21	2010-9-16	20034	固定收益类	2.70	2.70
408	2010年第41期私人银行专享产品配置投资PBPZ1041	2010-6-21	2010-9-21	9999	固定收益类	3.30	3.30
409	2010年第20期人民币理财产品“展新疆来”信托99天XT1027	2010-6-21	2010-9-27	99999	固定收益类	3.00	3.00

续表

序号	理财产品名称	起始日	到期日	发行量	资金主要投向	客户预期收益率(%/年)下限	客户预期收益率(%/年)上限
410	工行稳得利人民币理财产品8天 SZPG1050	2010-6-22	2010-6-30	25000	固定收益类	2.60	2.60
411	2010年理财金专属理财产品20天 GDXT1032(仅粤)	2010-6-22	2010-7-11	34086	固定收益类	2.50	2.50
412	工行稳得利个人人民币理财产品38天 SZPG1049	2010-6-22	2010-7-30	24516	固定收益类	3.10	3.10
413	工行稳得利人民币理财产品7天 SZPG1059	2010-6-23	2010-6-30	9971	固定收益类	2.60	2.60
414	2010年第39期私人银行专享产品配置投资 PBPZ1039	2010-6-23	2010-9-13	12805	固定收益类	3.50	3.50
415	2010年稳得利信托型人民币理财产品90天(仅京)BJXT1030	2010-6-23	2010-9-20	741	固定收益类	3.00	3.00
416	2010年第1期"如意金"复合理财产品3个月 XT1028	2010-6-23	2010-9-23	99999	固定收益类	2.80	2.80
417	2010年第40期私人银行专享产品配置投资 PBPZ1040	2010-6-23	2010-10-19	9969	固定收益类	3.70	3.70
418	2010年理财金专属理财产品14天 GDXT1033(仅粤)	2010-6-24	2010-7-7	89021	固定收益类	2.80	2.80
419	2010年第21期人民币理财产品信托30天 XT1030	2010-6-24	2010-7-23	354606	固定收益类	2.50	2.50
420	2010年债券投资型理财产品32天 SHZQ1070(仅沪)	2010-6-24	2010-7-25	7835	固定收益类	2.40	2.40
421	2010年第30期高净值客户专属理财产品60天 ZQXT1030	2010-6-24	2010-8-22	187438	固定收益类	2.60	2.60
422	2010年理财金专属理财产品3天 GDXT1034(仅粤)	2010-6-25	2010-6-27	99960	固定收益类	2.40	2.40
423	2010年第5期理财金账户专属理财产品信托4天 LCXT1006	2010-6-25	2010-6-28	484908	固定收益类	2.20	2.20
424	工行稳得利人民币理财产品19天 SZPG1051	2010-6-25	2010-7-14	10267	固定收益类	3.20	3.20
425	2010年信托投资型理财产品92天 SHXT1008(仅沪)	2010-6-25	2010-9-24	99943	固定收益类	3.00	3.00
426	2010年第31期高净值客户专属理财产品25天 ZQXT1031	2010-6-28	2010-7-22	154206	固定收益类	2.45	2.45
427	2010年第32期高净值客户专属理财产品50天 ZH1009	2010-6-28	2010-8-16	144975	固定收益类	2.90	2.90
428	2010年第46期私人银行专享产品配置投资 PBPZ1046	2010-6-29	2010-7-18	22464	固定收益类	4.00	4.00

续表

序号	理财产品名称	起始日	到期日	发行量	资金主要投向	客户预期收益率(%/年)下限	客户预期收益率(%/年)上限
429	2010 年工银财富专属理财产品 91 天 JSXT1002(仅江苏)	2010-6-29	2010-9-27	18396	固定收益类	3.20	3.20
430	2010 年工银财富专属理财产品 183 天 HEXT1001(仅河南)	2010-6-29	2010-12-28	4958	固定收益类	3.50	3.50
431	2010 年理财产品信托投资 190 天 GZXT1002(仅广州)	2010-6-29	2011-1-4	18780	固定收益类	3.30	3.30
432	2010 年第 30 期工银财富专属理财产品信托 28 天 CFXT1039	2010-6-30	2010-7-27	158419	固定收益类	3.00	3.00
433	2010 年第 5 期理财金账户专属理财产品信托 88 天 LCXT1005	2010-6-30	2010-9-25	679817	固定收益类	2.80	2.80
434	2010 年工银财富专属理财产品 363 天 ZJXT1004(仅浙江)	2010-6-30	2011-6-27	6980	固定收益类	4.20	4.20
435	2010 年工银财富理财产品 365 天 SDXT1037(仅淄博滨州)	2010-6-30	2011-6-29	9993	固定收益类	4.20	4.20
436	工行稳得利人民币理财产品 4 天 SZPG1053	2010-7-1	2010-7-5	78732	固定收益类	2.80	2.80
437	2010 年理财金专属理财产品 12 天 GDXT1035(仅粤)	2010-7-1	2010-7-12	190001	固定收益类	2.70	2.70
438	2010 年理财金专属理财产品 27 天 GDXT1036(仅粤)	2010-7-1	2010-7-27	299899	固定收益类	3.00	3.00
439	工行稳得利人民币理财产品 29 天 SZPG1052	2010-7-1	2010-7-30	43559	固定收益类	3.10	3.10
440	工行精赢人民币理财产品 29 天 SZSR1014	2010-7-1	2010-7-30	4300	固定收益类	3.10	3.10
441	2010 年债券投资型理财产品 32 天 SHZQ1071(仅沪)	2010-7-1	2010-8-1	92763	固定收益类	2.60	2.60
442	2010 年债券投资型理财产品 63 天 SHZQ1072(仅沪)	2010-7-1	2010-9-1	76564	固定收益类	2.80	2.80
443	2010 年工银财富专属理财产品 180 天 JSXT1003(仅江苏)	2010-7-1	2010-12-27	19982	固定收益类	3.60	3.60
444	2010 年理财金账户专属理财产品 181 天 SZXT1003(仅苏州)	2010-7-1	2010-12-28	12000	固定收益类	3.10	3.10
445	2010 年稳得利理财产品 181 天 SZXT1004	2010-7-1	2010-12-28	17996	固定收益类	3.00	3.00
446	2010 年工银财富理财产品 210 天 SDXT1038(仅山东)	2010-7-1	2011-1-26	12487	固定收益类	3.80	3.80
447	2010 年第 25 期工银财富专属理财产品信托 365 天 CFXT1033(仅津)	2010-7-1	2011-6-30	19000	固定收益类	4.00	4.00

续表

序号	理财产品名称	起始日	到期日	发行量	资金主要投向	客户预期收益率(%/年)下限	客户预期收益率(%/年)上限
448	2010年第28期工银财富专属理财产品信托10天CFXT1037	2010-7-2	2010-7-11	1297189	固定收益类	2.60	2.60
449	2010年理财金专属理财产品18天GDXT1037(仅粤)	2010-7-2	2010-7-19	199999	固定收益类	2.80	2.80
450	2010年稳得利信托型人民币理财产品20天BJXT1031(仅京)	2010-7-2	2010-7-21	19735	固定收益类	2.50	2.50
451	2010年第43期私人银行专享产品配置投资PBPZ1043	2010-7-2	2010-7-27	179008	固定收益类	2.80	2.80
452	2010年第29期工银财富专属理财产品信托27天CFXT1038	2010-7-2	2010-7-28	123089	固定收益类	2.60	2.60
453	工行稳得利人民币理财产品28天SZPG1056	2010-7-2	2010-7-30	69702	固定收益类	3.10	3.10
454	工行稳得利人民币理财产品60天SZPG1054	2010-7-2	2010-8-31	38656	固定收益类	3.20	3.20
455	2010年理财金账户理财产品88天CQXT1004(仅渝)	2010-7-2	2010-9-27	20000	固定收益类	3.50	3.50
456	工行稳得利人民币理财产品90天SZPG1055	2010-7-2	2010-9-30	49997	固定收益类	3.30	3.30
457	2010年第26期工银财富专属理财产品信托171天CFXT1034	2010-7-2	2010-12-19	796106	固定收益类	3.50	3.50
458	2010年第28期工银财富专属理财产品信托240天CFXT1036	2010-7-2	2011-2-26	107612	固定收益类	4.00	4.00
459	2010年第33期高净值客户专属理财产品240天ZQXT1033	2010-7-2	2011-2-26	13793	固定收益类	4.00	4.00
460	2010年第27期工银财富专属理财产品信托7天CFXT1035	2010-7-5	2010-7-11	552472	固定收益类	3.00	3.00
461	2010年第35期高净值客户专属理财产品26天ZH1011	2010-7-5	2010-7-30	630754	固定收益类	2.70	2.70
462	2010年第33期高净值客户专属理财产品42天ZQXT1032	2010-7-5	2010-8-15	328885	固定收益类	2.60	2.60
463	2010年工银财富理财产品信托185天QDXT1002(仅青岛)	2010-7-5	2011-1-5	6000	固定收益类	3.80	3.90
464	2010年第34期高净值客户专属理财产品200天ZH1010	2010-7-5	2011-1-20	460865	固定收益类	3.20	3.60
465	工行精赢人民币理财产品9天SZSR1016	2010-7-6	2010-7-15	5509	固定收益类	2.40	2.40
466	工行精赢人民币理财产品31天SZSR1015	2010-7-6	2010-8-6	4000	固定收益类	3.15	3.15

续表

序号	理财产品名称	起始日	到期日	发行量	资金主要投向	客户预期收益率(%/年)下限	客户预期收益率(%/年)上限
467	工行稳得利人民币理财产品 56 天 SZPG1057	2010-7-6	2010-8-31	34367	固定收益类	3.10	3.10
468	工行稳得利人民币理财产品 23 天 SZPG1058	2010-7-7	2010-7-30	32441	固定收益类	2.90	2.90
469	2010 年债券投资型理财产品 33 天 SHZQ1073(仅沪)	2010-7-7	2010-8-8	70356	固定收益类	2.60	2.60
470	2010 年债券投资型理财产品 63 天 SHZQ1074(仅沪)	2010-7-7	2010-9-7	72718	固定收益类	2.80	2.80
471	2010 年理财金专属理财产品 98 天 GDXT1038(仅粤)	2010-7-7	2010-10-12	9619	固定收益类	3.00	3.00
472	2010 年第 22 期人民币理财产品信托 32 天 XT1031	2010-7-8	2010-8-8	297038	固定收益类	2.20	2.20
473	2010 年第 31 期工银财富专属理财产品信托 82 天 CFXT1040(仅沪)	2010-7-8	2010-9-27	14000	固定收益类	3.40	3.40
474	2010 年第 22 期人民币理财产品信托 82 天 XT1032	2010-7-8	2010-9-27	282458	固定收益类	2.40	2.40
475	2010 年工银财富理财产品 365 天 SDXT1039(仅山东)	2010-7-8	2011-7-7	5999	固定收益类	4.00	4.00
476	2010 年第 32 期工银财富专属理财产品信托 20 天 CFXT1041	2010-7-9	2010-7-28	94038	固定收益类	2.30	2.30
477	工行稳得利人民币理财产品 21 天 SZPG1060	2010-7-9	2010-7-30	10695	固定收益类	2.80	2.80
478	2010 年理财金专属理财产品 31 天 GDXT1039(仅粤)	2010-7-9	2010-8-8	82584	固定收益类	2.30	2.30
479	工行精赢人民币理财产品 31 天 SZSR1017	2010-7-9	2010-8-9	7000	固定收益类	3.15	3.15
480	工行稳得利人民币理财产品 53 天 SZPG1061	2010-7-9	2010-8-31	8723	固定收益类	3.10	3.10
481	工行稳得利人民币理财产品 83 天 SZPG1062	2010-7-9	2010-9-30	19998	固定收益类	3.25	3.25
482	2010 年第 37 期高净值客户专属理财产品 91 天 ZQXT1035	2010-7-9	2010-10-7	82285	固定收益类	2.50	2.50
483	2010 年理财金专属理财产品 93 天 GDXT1040(仅粤)	2010-7-9	2010-10-9	99999	固定收益类	3.00	3.00
484	2010 年第 23 期人民币理财产品信托 180 天 XT1033	2010-7-9	2011-1-4	130921	固定收益类	3.00	3.00
485	2010 年第 36 期高净值客户专属理财产品 260 天 ZQXT1034	2010-7-9	2011-3-25	207513	固定收益类	3.40	3.40

续表

序号	理财产品名称	起始日	到期日	发行量	资金主要投向	客户预期收益率（%/年）下限	客户预期收益率（%/年）上限
486	2010年理财金账户专属理财产品债券32天SHZQ1075（仅沪）	2010-7-12	2010-8-12	53909	固定收益类	2.50	2.50
487	2010年第33期工银财富专属理财产品信托60天CFXT1042	2010-7-12	2010-9-9	242026	固定收益类	2.50	2.50
488	2010年理财金账户专属理财产品债券63天SHZQ1076（仅沪）	2010-7-12	2010-9-12	117647	固定收益类	2.80	2.80
489	2010年第34期工银财富专属理财产品信托78天CFXT1043（晋京沪甬）	2010-7-12	2010-9-27	40749	固定收益类	3.00	3.00
490	2010年工银财富专属理财产品354天TJXT1001（仅天津）	2010-7-12	2011-6-30	19028	固定收益类	4.00	4.00
491	2010年第23期人民币理财产品信托365天XT1034	2010-7-12	2011-7-11	149943	固定收益类	3.60	3.60
492	2010年第35期工银财富专属理财产品信托16天CFXT1044	2010-7-13	2010-7-28	577829	固定收益类	2.20	2.20
493	2010年第48期私人银行专享产品配置投资PBPZ1048	2010-7-13	2010-12-21	20000	固定收益类	3.80	3.80
494	工行稳得利人民币理财产品16天SZPG1063	2010-7-14	2010-7-30	13903	固定收益类	2.60	2.60
495	工行稳得利人民币理财产品48天SZPG1064	2010-7-14	2010-8-31	19928	固定收益类	3.05	3.05
496	2010年第36期工银财富专属理财产品信托30天CFXT1045	2010-7-15	2010-8-13	646368	固定收益类	2.50	2.50
497	2010年债券投资型理财产品32天SHZQ1077（仅沪）	2010-7-15	2010-8-15	6708	固定收益类	2.00	2.00
498	工行稳得利人民币理财产品32天SZPG1067	2010-7-15	2010-8-16	24421	固定收益类	3.00	3.00
499	2010年债券投资型理财产品63天SHZQ1078（仅沪）	2010-7-15	2010-9-15	2665	固定收益类	2.30	2.30
500	2010年理财金专属理财产品10天GDXT1041（仅粤）	2010-7-16	2010-7-25	61222	固定收益类	2.00	2.00
501	2010年第39期高净值客户专属理财产品13天ZQXT1036	2010-7-16	2010-7-28	424783	固定收益类	2.20	2.20
502	2010年理财金专属理财产品15天GDXT1042（仅粤）	2010-7-16	2010-7-30	99999	固定收益类	2.20	2.20
503	2010年第25期人民币理财产品信托70天XT1035	2010-7-16	2010-9-23	424826	固定收益类	2.40	2.40
504	工行稳得利人民币理财产品76天SZPG1065	2010-7-16	2010-9-30	19118	固定收益类	3.20	3.20

续表

序号	理财产品名称	起始日	到期日	发行量	资金主要投向	客户预期收益率(%/年)下限	客户预期收益率(%/年)上限
505	2010年稳得利信托型人民币理财产品90天(仅京)BJXT1032	2010-7-16	2010-10-13	6365	固定收益类	3.00	3.00
506	2010年第38期高净值客户专属理财产品123天ZH1012	2010-7-16	2010-11-15	34554	固定收益类	2.60	2.60
507	2010年稳得利信托型人民币理财产品180天(仅京)BJXT1033	2010-7-16	2011-1-11	2410	固定收益类	3.20	3.20
508	2010年第25期人民币理财产品信托180天XT1036	2010-7-16	2011-1-11	499716	固定收益类	3.00	3.20
509	2010年第25期人民币理财产品信托365天XT1037	2010-7-16	2011-7-15	287193	固定收益类	3.60	3.60
510	2010年第37期人民币理财产品信托90天CFXT1047	2010-7-19	2010-10-16	5000	固定收益类	3.60	3.60
511	2010年第39期高净值客户专属理财产品38天ZQXT1037	2010-7-20	2010-8-26	399445	固定收益类	2.40	2.40
512	2010年第37期工银财富专属理财产品信托365天CFXT1046(南京西安)	2010-7-20	2011-7-19	12878	固定收益类	4.20	4.30
513	工行稳得利人民币理财产品9天SZPG1066	2010-7-21	2010-7-30	19898	固定收益类	2.50	2.50
514	2010年信托投资型理财产品33天SHXT1009(仅沪)	2010-7-21	2010-8-22	46814	固定收益类	2.30	2.30
515	2010年信托投资型理财产品61天SHXT1010(仅沪)	2010-7-21	2010-9-19	38851	固定收益类	2.50	2.50
516	工行稳得利人民币理财产品61天SZPG1068	2010-7-21	2010-9-20	13695	固定收益类	3.10	3.10
517	2010年第40期高净值客户专属理财产品90天ZH1013	2010-7-21	2010-10-18	197667	固定收益类	2.50	2.50
518	2010年第40期高净值客户专属理财产品180天ZQXT1038	2010-7-21	2011-1-16	310924	固定收益类	3.00	3.20
519	2010年第49期私人银行专享产品配置投资PBPZ1049	2010-7-22	2010-8-24	149775	固定收益类	2.60	2.60
520	2010年第38期工银财富专属理财产品信托60天CFXT1048	2010-7-22	2010-9-19	196004	固定收益类	2.60	2.60
521	工行稳得利人民币理财产品(7天)SZPG1069	2010-7-23	2010-7-30	14825	固定收益类	2.50	2.50
522	2010年理财金专属理财产品10天GDXT1043(仅粤)	2010-7-23	2010-8-1	70839	固定收益类	2.00	2.00
523	2010年理财金专属理财产品20天GDXT1044(仅粤)	2010-7-23	2010-8-11	99995	固定收益类	2.25	2.25

续表

序号	理财产品名称	起始日	到期日	发行量	资金主要投向	客户预期收益率(%/年)下限	客户预期收益率(%/年)上限
524	工行稳得利人民币理财产品(31天)SZPG1071	2010-7-23	2010-8-23	4721	固定收益类	2.90	2.90
525	工行稳得利人民币理财产品(69天)SZPG1070	2010-7-23	2010-9-30	6762	固定收益类	3.10	3.10
526	2010年信托投资型理财产品32天SHXT1011(仅沪)	2010-7-26	2010-8-26	19911	固定收益类	2.30	2.30
527	工行稳得利人民币理财产品SZ-PG1072	2010-7-26	2010-8-31	3206	固定收益类	2.95	2.95
528	2010年第41期高净值客户专属理财产品42天ZQXT1039	2010-7-26	2010-9-5	199166	固定收益类	2.40	2.40
529	2010年稳得利信托型人民币理财产品60天BJXT1034(仅京)	2010-7-26	2010-9-23	19536	固定收益类	2.50	2.50
530	2010年信托投资型理财产品63天SHXT1012(仅沪)	2010-7-26	2010-9-26	25261	固定收益类	2.50	2.50
531	2010年第2期珠联币合玉米挂钩型浮动收益理财产品93天ZL1002	2010-7-26	2010-10-26	22768	结构化	0.36	0.36
532	2010年第39期工银财富专属理财产品信托180天CFXT1050(仅福州)	2010-7-26	2011-1-21	3000	固定收益类	3.70	3.70
533	2010年第26期人民币理财产品信托270天XT1039	2010-7-26	2011-4-21	159480	固定收益类	3.30	3.30
534	2010年第38期工银财富专属理财产品信托30天CFXT1049	2010-7-27	2010-8-25	465658	固定收益类	2.50	2.50
535	工行稳得利人民币理财产品55天SZPG1073	2010-7-27	2010-9-20	7339	固定收益类	3.00	3.00
536	2010年第26期人民币理财产品信托180天XT1038	2010-7-27	2011-1-22	250562	固定收益类	3.00	3.20
537	2010年理财金专属理财产品14天GDXT1045(仅粤)	2010-7-29	2010-8-11	70886	固定收益类	2.10	2.10
538	2010年信托投资型理财产品14天SHXT1013(仅沪)	2010-7-29	2010-8-11	17323	固定收益类	2.00	2.00
539	2010年第40期工银财富专属理财产品信托29天CFXT1051	2010-7-29	2010-8-26	303014	固定收益类	2.50	2.50
540	2010年第40期工银财富专属理财产品信托61天CFXT1052	2010-7-29	2010-9-27	194715	固定收益类	2.60	2.60
541	2010年信托投资型理财产品182天SHXT1014(仅沪)	2010-7-29	2011-1-26	24874	固定收益类	3.00	3.00

续表

序号	理财产品名称	起始日	到期日	发行量	资金主要投向	客户预期收益率(%/年)下限	客户预期收益率(%/年)上限
542	2010年稳得利信托型人民币理财产品60天BJXT1035(仅京)	2010-7-30	2010-9-27	11028	固定收益类	2.50	2.50
543	2010年理财金专属理财产品88天GDXT1046(仅粤)	2010-7-30	2010-10-25	16852	固定收益类	2.60	2.60
544	2010年稳得利信托型人民币理财产品90天BJXT1036(仅京)	2010-7-30	2010-10-27	33142	固定收益类	2.70	2.70
545	2010年第27期人民币理财产品信托90天XT1040	2010-7-30	2010-10-27	26674	固定收益类	2.40	2.40
546	2010年第27期人民币理财产品信托180天XT1041	2010-7-30	2011-1-25	193882	固定收益类	3.00	3.20
547	2010年信托投资型理财产品14天SHXT1015(仅沪)	2010-8-2	2010-8-15	48496	固定收益类	2.00	2.00
548	2010年第50期私人银行专享产品配置投资PBPZ1050	2010-8-2	2010-8-24	149992	固定收益类	2.50	2.50
549	2010年第41期工银财富专属理财产品信托25天CFXT1053(冀晋豫等)	2010-8-2	2010-8-26	146792	固定收益类	2.60	2.60
550	2010年第43期高净值客户专属理财产品25天ZQXT1040(江浙苏甬)	2010-8-2	2010-8-26	195674	固定收益类	2.60	2.60
551	2010年第51期私人银行专享产品配置投资PBPZ1051	2010-8-2	2010-9-27	78624	固定收益类	2.70	2.70
552	2010年第44期高净值客户专属理财产品57天ZQXT1041	2010-8-2	2010-9-27	199969	固定收益类	2.60	2.60
553	2010年信托投资型理财产品58天SHXT1016(仅沪)	2010-8-2	2010-9-28	35415	固定收益类	2.50	2.50
554	2010年第44期高净值客户专属理财产品86天ZQXT1042	2010-8-2	2010-10-26	64691	固定收益类	2.50	2.50
555	2010年第42期高净值客户专属理财产品149天ZH1014(仅晋)	2010-8-2	2010-12-28	9996	固定收益类	3.50	3.50
556	工行稳得利人民币理财产品28天SZPG1075	2010-8-3	2010-8-31	57999	固定收益类	2.90	2.90
557	工行稳得利人民币理财产品58天SZPG1074	2010-8-3	2010-9-30	19998	固定收益类	3.20	3.20
558	工行精赢人民币理财产品67天SZSR1018	2010-8-3	2010-10-9	5000	固定收益类	3.20	3.20
559	2010年第28期人民币理财产品信托65天XT1042	2010-8-4	2010-10-7	350134	固定收益类	2.45	2.45

续表

序号	理财产品名称	起始日	到期日	发行量	资金主要投向	客户预期收益率(%/年)下限	客户预期收益率(%/年)上限
560	2010年第28期人民币理财产品信托154天XT1043	2010-8-4	2011-1-4	262933	固定收益类	2.90	3.10
561	工行稳得利人民币理财产品14天SZPG1076	2010-8-5	2010-8-19	29396	固定收益类	2.65	2.65
562	工行稳得利人民币理财产品35天SZPG1078	2010-8-5	2010-9-9	28344	固定收益类	3.00	3.00
563	工行稳得利人民币理财产品56天SZPG1077	2010-8-5	2010-9-30	29999	固定收益类	3.10	3.10
564	工行稳得利人民币理财产品65天SZPG1079	2010-8-5	2010-10-9	47099	固定收益类	3.20	3.20
565	2010年理财金专属理财产品75天GDXT1048(仅粤)	2010-8-5	2010-10-18	70177	固定收益类	2.60	2.60
566	2010年理财金专属理财产品13天GDXT1047(仅粤)	2010-8-6	2010-8-18	100000	固定收益类	2.10	2.10
567	工行稳得利人民币理财产品28天SZPG1080	2010-8-6	2010-9-3	10426	固定收益类	2.90	2.90
568	2010年第45期高净值客户专属理财产品41天ZQXT1043(南通)	2010-8-6	2010-9-15	9745	固定收益类	2.60	2.60
569	2010年第42期工银财富专属“加倍赢”结构化进取份额173天JQ1001	2010-8-6	2011-1-25	10300	固定收益类		
570	2010年第42期工银财富专属“加倍赢”结构化优先份额173天YX1001	2010-8-6	2011-1-25	51992	固定收益类	3.00	3.00
571	2010年信托投资型理财产品14天SHXT1017(仅沪)	2010-8-9	2010-8-22	84571	固定收益类	2.00	2.00
572	2010年稳得利信托型人民币理财产品50天BJXT1038(仅京)	2010-8-9	2010-9-27	47138	固定收益类	2.50	2.50
573	2010年信托投资型理财产品185天SHXT1018(仅沪)	2010-8-9	2011-2-9	49968	固定收益类	3.00	3.00
574	工行精赢人民币理财产品(17天)SZSR1019	2010-8-10	2010-8-27	4000	固定收益类	2.80	2.80
575	2010年第29期人民币理财产品信托30天XT1044	2010-8-10	2010-9-8	298626	固定收益类	2.10	2.10
576	2010年第45期高净值客户专属理财产品35天ZH1015(京沪等)	2010-8-10	2010-9-13	79984	固定收益类	2.60	2.60

续表

序号	理财产品名称	起始日	到期日	发行量	资金主要投向	客户预期收益率(%/年)下限	客户预期收益率(%/年)上限
577	工行稳得利人民币理财产品 62 天 SZPG1081	2010-8-10	2010-10-11	17480	固定收益类	3.20	3.20
578	2010 年第 43 期工银财富专属理财产品信托 90 天 CFXT1054	2010-8-10	2010-11-7	298873	固定收益类	2.60	2.60
579	工行稳得利人民币理财产品 14 天 SZPG1083	2010-8-11	2010-8-25	13452	固定收益类	2.65	2.65
580	2010 年第 47 期高净值客户专属理财产品 16 天 ZH1017(仅沪)	2010-8-11	2010-8-26	10000	固定收益类	2.60	2.60
581	工行稳得利人民币理财产品 33 天 SZPG1082	2010-8-11	2010-9-13	10944	固定收益类	3.00	3.00
582	2010 年理财金专属理财产品 75 天 GDXT1050(仅粤)	2010-8-12	2010-10-25	76714	固定收益类	2.60	2.60
583	2010 年理财金专属理财产品 11 天 GDXT1049(仅粤)	2010-8-13	2010-8-23	80000	固定收益类	2.00	2.00
584	2010 年信托投资型理财产品 14 天 SHXT1019(仅沪)	2010-8-13	2010-8-26	88208	固定收益类	2.00	2.00
585	工行稳得利人民币理财产品 14 天 SZPG1084	2010-8-13	2010-8-27	4461	固定收益类	2.70	2.70
586	2010 年稳得利信托型人民币理财产品 40 天 BJXT1040(仅京)	2010-8-13	2010-9-21	36601	固定收益类	2.40	2.40
587	2010 年稳得利信托型人民币理财产品 45 天 BJXT1039(仅京)	2010-8-13	2010-9-26	79725	固定收益类	2.45	2.45
588	工行稳得利人民币理财产品 45 天 SZPG1085	2010-8-13	2010-9-27	6194	固定收益类	2.90	2.90
589	2010 年第 46 期高净值客户专属理财产品 167 天 ZH1016(川晋琼苏吉等)	2010-8-13	2011-1-26	19791	固定收益类	3.40	3.40
590	2010 年第 48 期高净值客户专属理财产品 180 天 ZQXT1044	2010-8-13	2011-2-8	356424	固定收益类	3.00	3.00
591	2010 年信托投资型理财产品 185 天 SHXT1020(仅沪)	2010-8-13	2011-2-13	39074	固定收益类	3.00	3.00
592	2010 年第 47 期高净值客户专属理财产品 43 天 ZH1018(仅沪)	2010-8-16	2010-9-27	8280	固定收益类	3.00	3.00
593	2010 年第 45 期工银财富专属理财产品信托 63 天 CFXT1056	2010-8-16	2010-10-17	199716	固定收益类	2.50	2.50
594	2010 年第 30 期人民币理财产品信托 30 天 XT1045	2010-8-17	2010-9-15	299003	固定收益类	2.10	2.10
595	2010 年稳得利信托型人民币理财产品 40 天 BJXT1041(仅京)	2010-8-17	2010-9-25	9926	固定收益类	2.45	2.45

续表

序号	理财产品名称	起始日	到期日	发行量	资金主要投向	客户预期收益率(%/年)下限	客户预期收益率(%/年)上限
596	工行稳得利人民币理财产品 57 天 SZPG1086	2010-8-17	2010-10-13	8007	固定收益类	3.10	3.10
597	2010 年信托投资型理财产品 13 天 SHXT1021(仅沪)	2010-8-18	2010-8-30	56504	固定收益类	2.00	2.00
598	工行稳得利人民币理财产品 33 天 SZPG1087	2010-8-18	2010-9-20	9913	固定收益类	2.90	2.90
599	2010 年信托投资型理财产品 61 天 SHXT1022(仅沪)	2010-8-18	2010-10-17	42726	固定收益类	2.40	2.40
600	2010 年第 31 期人民币理财产品信托 40 天 XT1046	2010-8-19	2010-9-27	434183	固定收益类	2.20	2.20
601	2010 年第 49 期高净值客户专属理财产品 40 天 ZQXT1045(仅武汉)	2010-8-19	2010-9-27	37347	固定收益类	3.00	3.00
602	2010 年第 50 期高净值客户专属理财产品 180 天 ZQXT1046	2010-8-19	2011-2-14	396448	固定收益类	3.00	3.00
603	工行稳得利人民币理财产品 14 天 SZPG1089	2010-8-20	2010-9-3	6612	固定收益类	2.60	2.60
604	工行稳得利人民币理财产品 26 天 SZPG1088	2010-8-20	2010-9-15	10644	固定收益类	2.90	2.90
605	2010 年第 44 期工银财富专属理财产品信托 39 天 CFXT1055(仅深圳)	2010-8-20	2010-9-27	13323	固定收益类	2.70	2.70
606	2010 年第 50 期高净值客户专属理财产品 60 天 ZQXT1047	2010-8-20	2010-10-18	192265	固定收益类	2.35	2.35
607	2010 年稳得利信托型人民币理财产品 77 天 BJXT1042(仅京)	2010-8-20	2010-11-4	29833	固定收益类	2.70	2.70
608	2010 年信托投资型理财产品 14 天 SHXT1023(仅沪)	2010-8-23	2010-9-5	26027	固定收益类	1.90	1.90
609	2010 年第 46 期工银财富专属理财产品信托 36 天 CFXT1057(江苏)	2010-8-23	2010-9-27	57174	固定收益类	2.50	2.50
610	2010 年信托投资型理财产品 63 天 SHXT1024(仅沪)	2010-8-23	2010-10-24	20744	固定收益类	2.30	2.30
611	2010 年第 51 期高净值客户专属理财产品 365 天 ZH1019(天津大连等)	2010-8-23	2011-8-22	16590	固定收益类	3.80	3.80
612	2010 年稳得利信托型人民币理财产品 35 天 BJXT1043(仅京)	2010-8-24	2010-9-27	57671	固定收益类	2.40	2.40

续表

序号	理财产品名称	起始日	到期日	发行量	资金主要投向	客户预期收益率(%/年)下限	客户预期收益率(%/年)上限
613	2010年第47期工银财富专属理财产品信托91天CFXT1058	2010-8-24	2010-11-22	199209	固定收益类	2.70	2.70
614	2010年理财金专属理财产品20天GDXT1051(仅粤)	2010-8-25	2010-9-13	86980	固定收益类	2.00	2.00
615	工行稳得利人民币理财产品27天SZPG1090	2010-8-25	2010-9-21	4937	固定收益类	2.80	2.80
616	2010年第54期私人银行专享产品配置投资PBPZ1054	2010-8-25	2010-9-27	149999	固定收益类	2.80	2.80
617	工行稳得利人民币理财产品47天SZPG1091	2010-8-25	2010-10-11	6783	固定收益类	3.00	3.00
618	2010年第6期理财金账户专属理财产品信托210天LCXT1007	2010-8-25	2011-3-22	298869	固定收益类	3.10	3.10
619	工行精赢人民币理财产品7天SZSR1020	2010-8-26	2010-9-2	8000	固定收益类	2.40	2.40
620	2010年信托投资型理财产品62天SHXT1025(仅沪)	2010-8-26	2010-10-26	30604	固定收益类	2.30	2.30
621	2010年第53期私人银行专享产品配置投资PBPZ1053	2010-8-26	2010-12-27	12000	固定收益类	2.80	2.80
622	2010年信托投资型理财产品175天SHXT1026(仅沪)	2010-8-26	2011-2-16	31868	固定收益类	3.00	3.00
623	2010年稳得利信托型人民币理财产品32天BJXT1044(仅京)	2010-8-27	2010-9-27	71116	固定收益类	2.40	2.40
624	工行稳得利人民币理财产品32天SZPG1092	2010-8-27	2010-9-28	14646	固定收益类	2.90	2.90
625	2010年第52期高净值客户专属理财产品60天ZQXT1048	2010-8-27	2010-10-25	52485	固定收益类	2.35	2.35
626	2010年稳得利信托型人民币理财产品90天BJXT1045(仅京)	2010-8-27	2010-11-24	79737	固定收益类	2.70	2.70
627	2010年第52期高净值客户专属理财产品124天ZQXT1049	2010-8-27	2010-12-28	159310	固定收益类	2.50	2.50
628	2010年第32期人民币理财产品信托270天XT1047	2010-8-27	2011-5-23	95901	固定收益类	3.30	3.30
629	2010年第55期私人银行专享产品配置投资PBPZ1055	2010-8-30	2010-9-26	29363	固定收益类	2.60	2.60
630	2010年稳得利信托型人民币理财产品30天BJXT1046(仅京)	2010-8-30	2010-9-28	46894	固定收益类	2.40	2.40
631	2010年第53期高净值客户专属理财产品88天ZH1021	2010-8-30	2010-11-25	14345	固定收益类	2.90	2.90

续表

序号	理财产品名称	起始日	到期日	发行量	资金主要投向	客户预期收益率(%/年)下限	客户预期收益率(%/年)上限
632	2010 年第 49 期工银财富专属理财产品信托 97 天 CFXT1060	2010 - 8 - 31	2010 - 12 - 5	37568	固定收益类	2.70	2.70
633	2010 年第 33 期人民币理财产品信托 188 天 XT1048	2010 - 8 - 31	2011 - 3 - 6	47055	固定收益类	3.00	3.00
634	工行稳得利人民币理财产品 12 天 SZPG1094	2010 - 9 - 1	2010 - 9 - 13	14002	固定收益类	2.60	2.60
635	2010 年信托投资型理财产品 20 天 SHXT1027(仅沪)	2010 - 9 - 1	2010 - 9 - 20	99796	固定收益类	2.00	2.00
636	2010 年第 50 期工银财富专属理财产品信托 27 天 CFXT1061	2010 - 9 - 1	2010 - 9 - 27	19994	固定收益类	3.00	3.00
637	2010 年第 56 期私人银行专享产品配置投资 PBPZ1056	2010 - 9 - 1	2010 - 9 - 27	39992	固定收益类	2.30	2.30
638	工行稳得利人民币理财产品 58 天 SZPG1093	2010 - 9 - 1	2010 - 10 - 29	27059	固定收益类	3.10	3.10
639	2010 年信托投资型理财产品 62 天 SHXT1028(仅沪)	2010 - 9 - 1	2010 - 11 - 1	31396	固定收益类	2.30	2.30
640	工行稳得利人民币理财产品 24 天 SZPG1095	2010 - 9 - 2	2010 - 9 - 26	25052	固定收益类	2.80	2.80
641	2010 年第 48 期工银财富专属理财产品信托 26 天 CFXT1059	2010 - 9 - 2	2010 - 9 - 27	249241	固定收益类	2.60	2.60
642	2010 年第 53 期高净值客户专属理财产品 26 天 ZQXT1050	2010 - 9 - 2	2010 - 9 - 27	407128	固定收益类	2.60	2.60
643	工行稳得利人民币理财产品 39 天 SZPG1096	2010 - 9 - 2	2010 - 10 - 11	16695	固定收益类	2.90	2.90
644	2010 年第 51 期工银财富专属理财产品信托 53 天 CFXT1062	2010 - 9 - 2	2010 - 10 - 24	397775	固定收益类	2.50	2.50
645	2010 年第 54 期高净值客户专属理财产品 146 天 ZH1022	2010 - 9 - 2	2011 - 1 - 25	298526	固定收益类	2.90	2.90
646	工行稳得利人民币理财产品 17 天 SZPG1097	2010 - 9 - 3	2010 - 9 - 20	16351	固定收益类	2.65	2.65
647	2010 年第 34 期人民币理财产品信托 25 天 XT1049	2010 - 9 - 3	2010 - 9 - 27	194436	固定收益类	2.50	2.50
648	2010 年第 55 期高净值客户专属理财产品 25 天 ZQXT1051	2010 - 9 - 3	2010 - 9 - 27	205782	固定收益类	2.30	2.30
649	工行稳得利人民币理财产品 45 天 SZPG1098	2010 - 9 - 3	2010 - 10 - 18	24102	固定收益类	2.95	2.95
650	2010 年第 57 期私人银行专享产品配置投资 PBPZ1057	2010 - 9 - 3	2010 - 11 - 25	30000	固定收益类	3.10	3.10

续表

序号	理财产品名称	起始日	到期日	发行量	资金主要投向	客户预期收益率(%/年)下限	客户预期收益率(%/年)上限
651	2010年第55期高净值客户专属理财产品108天ZQXT1052	2010-9-3	2010-12-19	298417	固定收益类	2.80	2.80
652	2010年第56期高净值客户专属理财产品22天ZH1024(仅沪)	2010-9-6	2010-9-27	9953	固定收益类	2.50	2.50
653	2010年理财金专属理财产品23天GDXT1052(仅粤)	2010-9-6	2010-9-28	50000	固定收益类	2.00	2.00
654	2010年信托投资型理财产品23天SHXT1029(仅沪)	2010-9-6	2010-9-28	49981	固定收益类	2.00	2.00
655	工行稳得利人民币理财产品43天SZPG1099	2010-9-6	2010-10-19	9442	固定收益类	2.90	2.90
656	2010年第34期人民币理财产品信托114天XT1050	2010-9-6	2010-12-28	77728	固定收益类	2.90	2.90
657	2010年信托投资型理财产品171天SHXT1030(仅沪)	2010-9-6	2011-2-23	24999	固定收益类	3.00	3.00
658	2010年第52期工银财富专属理财产品63天CFXT1063	2010-9-7	2010-11-8	199867	固定收益类	2.50	2.50
659	2010年第53期高净值客户专属理财产品112天ZH1020(仅晋)	2010-9-7	2010-12-27	9995	固定收益类	3.30	3.30
660	2010年第35期稳得利人民币理财产品274天XT1051	2010-9-7	2011-6-7	184384	固定收益类	3.30	3.30
661	2010年理财金专属理财产品21天GDXT1053(仅粤)	2010-9-8	2010-9-28	49999	固定收益类	2.00	2.00
662	2010年第57期高净值客户专属理财产品141天ZQXT1053	2010-9-8	2011-1-26	298890	固定收益类	3.00	3.00
663	2010年第56期高净值客户专属理财产品169天ZH1023	2010-9-8	2011-2-23	102954	固定收益类	3.00	3.00
664	2010年第59期私人银行专享产品配置投资PBPZ1059	2010-9-10	2010-9-28	59992	固定收益类	2.30	2.30
665	工行稳得利人民币理财产品46天szxt1001	2010-9-10	2010-10-26	9588	固定收益类	2.95	2.95
666	2010年资产组合投资型理财产品14天SHXT1031(仅沪)	2010-9-13	2010-9-26	49906	固定收益类	1.90	1.90
667	2010年第59期高净值客户专属理财产品15天ZH1025(仅深)	2010-9-13	2010-9-27	29786	固定收益类	2.40	2.40
668	2010年资产组合投资型理财产品63天SHXT1032(仅沪)	2010-9-13	2010-11-14	23257	固定收益类	2.30	2.30
669	2010年第36期稳得利人民币理财产品64天XT1052	2010-9-13	2010-11-15	20578	固定收益类	2.50	2.50

续表

序号	理财产品名称	起始日	到期日	发行量	资金主要投向	客户预期收益率(%/年)下限	客户预期收益率(%/年)上限
670	2010年第53期工银财富专属理财产品365天CFXT1064	2010-9-13	2011-9-12	16137	固定收益类	3.80	3.80
671	2010年第36期稳得利人民币理财产品365天XT1053	2010-9-13	2011-9-12	60124	固定收益类	3.60	3.60
672	2010年稳得利人民币理财产品11天BJXT1047(仅京)	2010-9-14	2010-9-24	19852	固定收益类	2.40	2.40
673	2010年第58期私人银行专享产品配置投资PBPZ1058	2010-9-14	2010-11-30	16778	固定收益类	3.50	3.50
674	2010年第59期高净值客户专属理财产品13天ZH1026(仅武汉)	2010-9-15	2010-9-27	27141	固定收益类	2.50	2.50
675	2010年第60期高净值客户专属理财产品13天ZH1027(仅杭州)	2010-9-15	2010-9-27	15000	固定收益类	2.90	2.90
676	2010年第58期高净值客户专属人民币理财产品34天ZQXT1054	2010-9-15	2010-10-18	397041	固定收益类	2.40	2.40
677	工行稳得利人民币理财产品55天szxt1002	2010-9-15	2010-11-9	18071	固定收益类	3.10	3.10
678	2010年理财金专属理财产品61天GDXT1054(仅粤)	2010-9-15	2010-11-14	36181	固定收益类	2.40	2.40
679	2010年第58期高净值客户专属人民币理财产品180天ZQXT1055	2010-9-15	2011-3-13	299455	固定收益类	3.00	3.10
680	2010年第61期高净值客户专属理财产品12天ZQXT1056(仅深圳)	2010-9-16	2010-9-27	23292	固定收益类	2.40	2.40
681	2010年资产组合投资型理财产品22天SHXT1033(仅沪)	2010-9-16	2010-10-7	7687	固定收益类	2.10	2.10
682	2010年资产组合投资型理财产品32天SHXT1034(仅沪)	2010-9-16	2010-10-17	50775	固定收益类	2.30	2.30
683	工行精赢人民币理财产品10天SZSR1021	2010-9-17	2010-9-27	6400	固定收益类	2.50	2.50
684	2010年理财金专属理财产品12天GDXT1055(仅粤)	2010-9-17	2010-9-28	50000	固定收益类	1.90	1.90
685	工行稳得利人民币理财产品szxt1003	2010-9-17	2010-10-29	16010	固定收益类	3.10	3.10
686	2010年第37期人民币理财产品信托30天XT1054	2010-9-19	2010-10-18	45658	固定收益类	2.30	2.30

续表

序号	理财产品名称	起始日	到期日	发行量	资金主要投向	客户预期收益率(%/年)下限	客户预期收益率(%/年)上限
687	2010年第37期人民币理财产品信托183天XT1055	2010-9-19	2011-3-20	33614	固定收益类	3.00	3.00
688	2010年第7期理财金账户专属理财产品279天LCXT1008	2010-9-19	2011-6-24	33979	固定收益类	3.35	3.35
689	2010年理财金专属理财产品8天GDXT1056(仅粤)	2010-9-20	2010-9-27	19986	固定收益类	2.00	2.00
690	2010年第39期人民币理财产品信托4天XT1057	2010-9-21	2010-9-24	1548681	固定收益类	2.10	2.10
691	2010年资产组合投资型人民币理财产品7天BJXT1048(仅京)	2010-9-21	2010-9-27	19999	固定收益类	2.20	2.20
692	工行工银财富人民币理财产品6天szxt1006	2010-9-21	2010-9-27	49996	固定收益类	2.40	2.40
693	工行稳得利人民币理财产品29天szxt1004	2010-9-21	2010-10-20	19650	固定收益类	3.00	3.00
694	2010年第62期高净值客户专属理财产品36天ZH1028	2010-9-21	2010-10-26	264185	固定收益类	2.50	2.50
695	2010年第54期工银财富专属理财产品信托99天CFXT1065	2010-9-21	2010-12-28	175079	固定收益类	2.70	2.70
696	2010年高净值客户专属理财产品125天SHXT1035(仅沪)	2010-9-21	2011-1-23	34966	固定收益类	3.20	3.20
697	2010年第38期人民币理财产品信托365天XT1056	2010-9-21	2011-9-20	152655	固定收益类	3.60	3.60
698	2010年第55期工银财富专属理财产品信托30天CFXT1066	2010-9-27	2010-10-26	247057	固定收益类	2.50	2.50
699	工行稳得利人民币理财产品64天szxt1005	2010-9-27	2010-11-30	17702	固定收益类	3.20	3.20
700	2010年第63期高净值客户专属理财产品90天ZQXT1057	2010-9-27	2010-12-25	198221	固定收益类	2.60	2.60
701	2010年第56期工银财富专属理财产品183天CFXT1067	2010-9-27	2011-3-28	199461	固定收益类	3.20	3.20
702	2010年第58期工银财富专属理财产品11天CFXT1070	2010-9-29	2010-10-9	380884	固定收益类	3.00	3.00
703	2010年工银财富专属理财产品7天BJXT1050(仅京)	2010-10-1	2010-10-7	569278	固定收益类	3.00	3.00
704	2010年第59期工银财富专属理财产品7天CFXT1073	2010-10-1	2010-10-7	3858126	固定收益类	2.60	2.60
705	工行工银财富人民币理财产品10天szxt1007	2010-10-1	2010-10-11	159960	固定收益类	2.60	2.60

续表

序号	理财产品名称	起始日	到期日	发行量	资金主要投向	客户预期收益率(%/年)下限	客户预期收益率(%/年)上限
706	2010年理财金专属理财产品14天GDXT1059(仅粤)	2010-10-1	2010-10-14	499999	固定收益类	2.80	2.80
707	工行工银财富人民币理财产品28天szxt1008	2010-10-1	2010-10-29	19991	固定收益类	2.70	2.70
708	2010年第64期高净值客户专属理财产品19天ZH1029	2010-10-8	2010-10-26	356169	固定收益类	3.20	3.20
709	2010年第58期工银财富专属理财产品20天CFXT1072	2010-10-8	2010-10-27	184523	固定收益类	2.60	2.60
710	2010年理财金专属理财产品20天GDXT1057(仅粤)	2010-10-8	2010-10-27	155096	固定收益类	2.40	2.40
711	2010年第64期高净值客户专属理财产品20天ZQXT1058(江苏重庆)	2010-10-8	2010-10-27	235751	固定收益类	3.00	3.00
712	工行稳得利人民币理财产品53天szxt1009	2010-10-8	2010-11-30	58885	固定收益类	3.10	3.10
713	2010年高净值客户专属“保中宝”理财产品70天BJXT1037(仅京)	2010-10-8	2010-12-16	15742	固定收益类	2.70	2.70
714	2010年第40期人民币理财产品稳得利76天XT1058	2010-10-8	2010-12-22	1214569	固定收益类	2.60	2.60
715	2010年“工银财富”专属人民币理财产品145天BJXT1049(仅京)	2010-10-8	2011-3-1	39992	固定收益类	3.80	3.80
716	2010年第57期工银财富专属理财产品172天CFXT1068(宁波)	2010-10-8	2011-3-28	94119	固定收益类	3.30	3.50
717	2010年第65期高净值客户专属理财产品180天ZQXT1059	2010-10-8	2011-4-5	308510	固定收益类	3.60	3.60
718	2010年第58期工银财富专属理财产品181天CFXT1071	2010-10-8	2011-4-6	796835	固定收益类	3.40	3.40
719	2010年第57期工银财富专属理财产品355天CFXT1069(宁波)	2010-10-8	2011-9-27	39990	固定收益类	3.80	4.00
720	2010年第40期人民币理财产品稳得利367天XT1059	2010-10-8	2011-10-9	260387	固定收益类	3.60	4.00
721	2010年第65期高净值客户专属理财产品367天ZQXT1060	2010-10-8	2011-10-9	176831	固定收益类	3.60	4.00
722	2010年第63期私人银行专享产品配置投资PBPZ1063	2010-10-9	2010-12-15	100000	固定收益类	3.50	3.50
723	工行稳得利人民币理财产品83天szxt1010	2010-10-9	2010-12-31	30594	固定收益类	2.90	3.20

续表

序号	理财产品名称	起始日	到期日	发行量	资金主要投向	客户预期收益率(%/年)下限	客户预期收益率(%/年)上限
724	工行稳得利人民币理财产品 18 天 szxt1012	2010-10-11	2010-10-29	29997	固定收益类	2.80	2.80
725	2010 年理财金专属理财产品 20 天 GDXT1058(仅粤)	2010-10-11	2010-10-30	99999	固定收益类	2.10	2.10
726	2010 年第 41 期人民币理财产品稳得利 30 天 XT1060	2010-10-11	2010-11-9	507712	固定收益类	2.50	2.50
727	工行稳得利人民币理财产品 50 天 szxt1011	2010-10-11	2010-11-30	29999	固定收益类	3.10	3.10
728	2010 年第 60 期工银财富专属理财产品 15 天 CFXT1075	2010-10-13	2010-10-27	905470	固定收益类	2.60	2.60
729	工行稳得利人民币理财产品 16 天 szxt1014	2010-10-13	2010-10-29	19995	固定收益类	2.65	2.65
730	工行稳得利人民币理财产品 41 天 szxt1013	2010-10-13	2010-11-23	49093	固定收益类	3.00	3.00
731	2010 年第 60 期工银财富专属理财产品 71 天 CFXT1074	2010-10-13	2010-12-22	643441	固定收益类	3.00	3.00
732	2010 年第 42 期人民币理财产品稳得利 365 天 XT1061	2010-10-13	2011-10-12	266737	固定收益类	3.60	3.60
733	2010 年理财金专属理财产品 20 天 GDXT1060(仅粤)	2010-10-14	2010-11-2	49171	固定收益类	2.00	2.00
734	工行精赢人民币理财产品 89 天 SZSR1022	2010-10-14	2011-1-11	7515	固定收益类	3.50	3.50
735	工行稳得利人民币理财产品 szxt1016	2010-10-15	2010-10-29	19968	固定收益类	2.60	2.60
736	2010 年第 61 期工银财富专属理财产品 31 天 CFXT1076	2010-10-15	2010-11-14	394459	固定收益类	2.50	2.50
737	工行稳得利人民币理财产品 szxt1015	2010-10-15	2010-12-7	29996	固定收益类	3.10	3.10
738	2010 年理财金专属理财产品 90 天 GDXT1061(仅粤)	2010-10-15	2011-1-12	9042	固定收益类	2.40	2.40
739	2010 年第 43 期人民币理财产品稳得利 185 天 XT1062	2010-10-15	2011-4-17	298493	固定收益类	3.00	3.00
740	工行稳得利人民币理财产品 11 天 szxt1017	2010-10-18	2010-10-29	11432	固定收益类	2.55	2.55
741	2010 年第 66 期高净值客户专属理财产品 63 天 ZQXT1061	2010-10-18	2010-12-19	501331	固定收益类	2.60	2.60
742	2010 年第 62 期工银财富专属理财产品 66 天 CFXT1077(杭州)	2010-10-18	2010-12-22	19993	固定收益类	3.20	3.20

续表

序号	理财产品名称	起始日	到期日	发行量	资金主要投向	客户预期收益率(%/年)下限	客户预期收益率(%/年)上限
743	2010年第67期高净值客户专属理财产品120天ZH1030	2010-10-18	2011-2-14	199709	固定收益类	2.70	2.90
744	2010年第67期高净值客户专属理财产品162天ZH1031(武汉)	2010-10-18	2011-3-28	17539	固定收益类	3.60	3.60
745	2010年第66期私人银行专享产品配置投资PBPZ1066	2010-10-18	2011-7-18	7000	固定收益类	4.00	4.00
746	2010年第64期私人银行专享产品配置投资PBPZ1064	2010-10-19	2010-12-6	19996	固定收益类	3.00	3.00
747	2010年第67期高净值客户专属理财产品90天ZH1032(珠海等)	2010-10-19	2011-1-16	13641	固定收益类	3.80	3.80
748	2010年第67期高净值客户专属理财产品181天ZQXT1062	2010-10-19	2011-4-17	199806	固定收益类	3.00	3.10
749	2010年第62期私人银行专享产品配置投资PBPZ1062	2010-10-20	2011-2-21	9995	固定收益类	3.70	3.70
750	工行稳得利人民币理财产品40天szxt1018	2010-10-21	2010-11-30	29999	固定收益类	3.00	3.00
751	2010年理财金专属理财产品20天GDXT1062(仅粤)	2010-10-22	2010-11-10	150000	固定收益类	2.10	2.10
752	工行工银财富人民币理财产品70天szxt1019	2010-10-22	2010-12-31	29995	固定收益类	3.10	3.20
753	2010年理财金专属理财产品90天GDXT1063(仅粤)	2010-10-22	2011-1-19	64710	固定收益类	2.60	2.60
754	2010年第44期人民币理财产品稳得利270天XT1063	2010-10-22	2011-7-18	198901	固定收益类	3.30	3.30
755	2010年第45期人民币理财产品稳得利91天XT1064	2010-10-25	2011-1-23	71059	固定收益类	2.70	2.70
756	2010年第68期高净值客户专属理财产品120天ZH1034	2010-10-25	2011-2-21	199860	固定收益类	2.70	2.90
757	2010年第69期高净值客户专属理财产品180天ZQXT1064(上海)	2010-10-25	2011-4-22	9791	固定收益类	3.60	3.60
758	2010年第45期人民币理财产品稳得利182天XT1065	2010-10-25	2011-4-24	45215	固定收益类	3.00	3.00
759	2010年私人银行专享产品张裕红酒收益权PBPZ1067	2010-10-26	2012-4-26	8019	固定收益类	5.00	5.00
760	2010年理财金专属理财产品20天GDXT1064(仅粤)	2010-10-27	2010-11-15	83059	固定收益类	2.20	2.20

续表

序号	理财产品名称	起始日	到期日	发行量	资金主要投向	客户预期收益率(%/年)下限	客户预期收益率(%/年)上限
761	2010年第67期高净值客户专属理财产品90天ZH1033(辽源)	2010-10-27	2011-1-24	6476	固定收益类	2.90	2.90
762	2010年第69期高净值客户专属理财产品153天ZQXT1063	2010-10-27	2011-3-28	503857	固定收益类	3.10	3.20
763	工行稳得利人民币理财产品64天szxt1021	2010-10-28	2010-12-31	13979	固定收益类	2.90	3.10
764	2010年第71期高净值客户专属理财产品10天ZH1035(重庆)	2010-10-29	2010-11-7	10800	固定收益类	2.50	2.50
765	2010年理财金专属理财产品90天GDXT1065(仅粤)	2010-10-29	2011-1-26	47554	固定收益类	2.60	2.60
766	工行精赢人民币理财产品91天SZSR1023	2010-10-29	2011-1-28	5554	固定收益类	3.50	3.50
767	工行稳得利人民币理财产品94天szxt1022	2010-10-29	2011-1-31	17328	固定收益类	3.10	3.50
768	2010年第65期工银财富专属理财产品10天CFXT1082(河北等)	2010-11-1	2010-11-10	1127835	固定收益类	2.60	2.60
769	2010年第63期工银财富专属理财产品25天CFXT1078(浙江)	2010-11-1	2010-11-25	244484	固定收益类	2.60	2.60
770	2010年第70期高净值客户专属理财产品25天ZQXT1065(江苏等)	2010-11-1	2010-11-25	218031	固定收益类	2.60	2.60
771	2010年第70期高净值客户专属理财产品25天ZQXT1066(山西等)	2010-11-1	2010-11-25	297592	固定收益类	3.00	3.00
772	2010年第69期私人银行专享产品配置投资PBPZ1069	2010-11-1	2010-11-30	17551	固定收益类	2.80	2.80
773	工行稳得利人民币理财产品29天szxt1020	2010-11-1	2010-11-30	20000	固定收益类	2.90	2.90
774	工行工银财富人民币理财产品60天szxt1023	2010-11-1	2010-12-31	28515	固定收益类	2.90	3.00
775	2010年第68期私人银行专享产品配置投资PBPZ1068	2010-11-1	2011-3-28	55157	固定收益类	3.20	3.50
776	2010年第71期高净值客户专属理财产品148天ZH1037(北京等)	2010-11-1	2011-3-28	108726	固定收益类	3.20	3.50
777	2010年第64期工银财富专属理财产品30天CFXT1080	2010-11-2	2010-12-1	507060	固定收益类	2.50	2.50

续表

序号	理财产品名称	起始日	到期日	发行量	资金主要投向	客户预期收益率(%/年)下限	客户预期收益率(%/年)上限
778	2010年第71期高净值客户专属理财产品56天 ZH1036(山东等)	2010-11-2	2010-12-27	199563	固定收益类	2.60	2.60
779	2010年理财金账户专属理财产品70天 GDXT1066(仅粤)	2010-11-2	2011-1-10	66517	固定收益类	2.60	2.60
780	2010年第64期工银财富专属理财产品177天 CFXT1081	2010-11-2	2011-4-27	299543	固定收益类	3.00	3.20
781	2010年第46期人民币理财产品稳得利365天 XT1066	2010-11-2	2011-11-1	299736	固定收益类	3.70	3.70
782	2010年第70期私人银行专享产品配置投资 PBPZ1070	2010-11-3	2010-12-28	77789	固定收益类	3.10	3.10
783	工行工银财富人民币理财产品58天 szxt1024	2010-11-3	2010-12-31	19770	固定收益类	2.85	2.95
784	2010年第63期工银财富专属理财产品100天 CFXT1079	2010-11-3	2011-2-10	88073	固定收益类	3.00	3.00
785	2010年第47期人民币理财产品稳得利85天 XT1067	2010-11-4	2011-1-27	47741	固定收益类	2.50	2.50
786	2010年第47期人民币理财产品稳得利172天 XT1068	2010-11-4	2011-4-24	37990	固定收益类	3.00	3.00
787	2010年第47期人民币理财产品稳得利270天 XT1069	2010-11-4	2011-7-31	52484	固定收益类	3.30	3.30
788	2010年第72期高净值客户专属理财产品22天 ZH1038(上海)	2010-11-5	2010-11-26	45598	固定收益类	3.00	3.00
789	工行稳得利人民币理财产品56天 szxt1025	2010-11-5	2010-12-31	8101	固定收益类	2.75	2.90
790	2010年理财金账户专属理财产品62天 GDXT1067(仅粤)	2010-11-5	2011-1-5	80000	固定收益类	2.60	2.60
791	2010年理财金账户专属理财产品52天 GDXT1068(仅粤)	2010-11-8	2010-12-29	29591	固定收益类	2.30	2.30
792	工行稳得利人民币理财产品84天 szxt1026	2010-11-8	2011-1-31	36245	固定收益类	3.20	3.40
793	工行精赢人民币理财产品20天 SZSR1026	2010-11-9	2010-11-29	6000	固定收益类	2.90	2.90
794	工行稳得利人民币理财产品45天 szxt1027	2010-11-9	2010-12-24	6321	固定收益类	2.60	2.60
795	工行稳得利人民币理财产品27天 szxt1030	2010-11-10	2010-12-7	8697	固定收益类	2.80	2.80
796	2010年第71期私人银行专享产品配置投资 PBPZ1071	2010-11-10	2010-12-27	19999	固定收益类	3.80	3.80

续表

序号	理财产品名称	起始日	到期日	发行量	资金主要投向	客户预期收益率(%/年)下限	客户预期收益率(%/年)上限
797	工行稳得利人民币理财产品 82 天 szxt1031	2010-11-10	2011-1-31	4351	固定收益类	3.00	3.20
798	2010 年第 66 期工银财富专属理财产品 96 天 CFXT1083	2010-11-10	2011-2-13	223791	固定收益类	2.70	3.00
799	2010 年第 48 期人民币理财产品稳得利 180 天 XT1070	2010-11-10	2011-5-8	218968	固定收益类	3.00	3.20
800	2010 年第 72 期高净值客户专属理财产品 230 天 ZQXT1067(岳阳)	2010-11-10	2011-6-27	15450	固定收益类	4.00	4.00
801	2010 年第 48 期人民币理财产品稳得利 271 天 XT1071	2010-11-10	2011-8-7	210861	固定收益类	3.30	3.30
802	2010 年理财金账户专属理财产品 70 天 GDXT1069(仅粤)	2010-11-11	2011-1-19	53694	固定收益类	2.70	2.70
803	2010 年第 49 期人民币理财产品稳得利 90 天 XT1072	2010-11-11	2011-2-8	34490	固定收益类	2.50	2.50
804	2010 年第 73 期高净值客户专属理财产品 138 天 ZH1039	2010-11-11	2011-3-28	169801	固定收益类	2.70	2.90
805	2010 年第 49 期人民币理财产品稳得利 270 天 XT1073	2010-11-11	2011-8-7	40585	固定收益类	3.30	3.30
806	2010 年第 68 期工银财富专属理财产品 10 天 CFXT1085	2010-11-12	2010-11-21	505865	固定收益类	2.50	2.50
807	2010 年第 67 期工银财富专属理财产品 17 天 CFXT1084(广西等)	2010-11-12	2010-11-28	95012	固定收益类	2.50	2.50
808	2010 年第 74 期高净值客户专属理财产品 47 天 ZQXT1068(厦门等)	2010-11-12	2010-12-28	80419	固定收益类	3.50	3.50
809	工行稳得利人民币理财产品 49 天 szxt1028	2010-11-12	2010-12-31	11795	固定收益类	2.70	2.90
810	工行精赢人民币理财产品 95 天 SZSR1024	2010-11-12	2011-2-15	3129	固定收益类	3.50	3.50
811	2010 年第 75 期高净值客户专属理财产品 180 天 ZH1040(海南)	2010-11-12	2011-5-10	10400	固定收益类	3.80	3.80
812	2010 年第 68 期工银财富专属理财产品 731 天 CFXT1086	2010-11-12	2012-11-11	76001	固定收益类	6.00	6.00
813	工银财富专属资产组合人民币理财产品 szxt1032	2010-11-12	2012-11-11	4988	固定收益类	6.00	6.20
814	2010 年工银财富客户专属理财产品 44 天 BJXT1051(北京)	2010-11-15	2010-12-28	99976	固定收益类	2.85	2.85

续表

序号	理财产品名称	起始日	到期日	发行量	资金主要投向	客户预期收益率(%/年)下限	客户预期收益率(%/年)上限
815	2010年理财金账户专属理财产品45天GDXT1070(仅粤)	2010-11-15	2010-12-29	29566	固定收益类	2.25	2.25
816	2010年第69期工银财富专属理财产品101天CFXT1087(杭州)	2010-11-15	2011-2-23	15000	固定收益类	4.00	4.00
817	工行工银财富人民币理财产品14天szxt1029	2010-11-16	2010-11-30	9943	固定收益类	2.50	2.50
818	2010年第76期高净值客户专属理财产品28天ZQXT1069	2010-11-17	2010-12-14	304856	固定收益类	2.50	2.50
819	2010年第73期私人银行专享产品配置投资PBPZ1073	2010-11-17	2010-12-27	20000	固定收益类	3.80	3.80
820	工行稳得利人民币理财产品44天szxt1033	2010-11-17	2010-12-31	12680	固定收益类	2.75	2.95
821	工行稳得利人民币理财产品103天szxt1034	2010-11-17	2011-2-28	8353	固定收益类	3.20	3.40
822	2010年第77期高净值客户专属理财产品132天ZQXT1070	2010-11-17	2011-3-28	36186	固定收益类	3.80	3.80
823	2010年第50期人民币理财产品稳得利32天XT1074	2010-11-18	2010-12-19	199870	固定收益类	2.40	2.40
824	2010年理财金账户专属理财产品56天GDXT1071(仅粤)	2010-11-18	2011-1-12	67672	固定收益类	2.50	2.50
825	2010年第50期人民币理财产品稳得利180天XT1075	2010-11-18	2011-5-16	68412	固定收益类	3.00	3.00
826	2010年工银财富专属理财产品365天GZXT1003(仅广州)	2010-11-18	2011-11-17	29900	固定收益类	4.25	4.25
827	2010年第50期人民币理财产品稳得利365天XT1076	2010-11-18	2011-11-17	68365	固定收益类	3.70	3.70
828	工行稳得利人民币理财产品42天szxt1035	2010-11-19	2010-12-31	6153	固定收益类	2.75	2.95
829	工行稳得利人民币理财产品73天szxt1036	2010-11-19	2011-1-31	4762	固定收益类	2.90	3.10
830	2010年第76期高净值客户专属理财产品365天ZH1041	2010-11-19	2011-11-18	303713	固定收益类	3.80	3.90
831	2010年工银财富客户专属理财产品36天BJXT1052(北京)	2010-11-22	2010-12-27	49731	固定收益类	2.70	2.70
832	2010年第72期私人银行专享产品配置投资PBPZ1072	2010-11-22	2010-12-27	139504	固定收益类	3.20	3.20
833	2010年理财金账户专属理财产品38天GDXT1072(仅粤)	2010-11-22	2010-12-29	99999	固定收益类	2.25	2.25

续表

序号	理财产品名称	起始日	到期日	发行量	资金主要投向	客户预期收益率（%/年）下限	客户预期收益率（%/年）上限
834	工行稳得利人民币产品测试1号特定客户 szxt1043	2010－11－23	2010－11－26	35	固定收益类	2.50	2.50
835	工行稳得利人民币产品测试2号理财金专属 szxt1044	2010－11－23	2010－11－26	15	固定收益类	2.50	2.50
836	2010年第78期高净值客户专属理财产品125天 ZQXT1071	2010－11－23	2011－3－27	298666	固定收益类	2.80	3.00
837	2010年第52期人民币理财产品稳得利272天 XT1079	2010－11－23	2011－8－21	108570	固定收益类	3.30	3.30
838	工行稳得利人民币理财产品37天 szxt1037	2010－11－24	2010－12－31	17605	固定收益类	2.70	2.90
839	工行稳得利人民币理财产品96天 szxt1038	2010－11－24	2011－2－28	16552	固定收益类	3.20	3.40
840	2010年第51期人民币理财产品稳得利90天 XT1077	2010－11－25	2011－2－22	52388	固定收益类	2.50	2.50
841	2010年第51期人民币理财产品稳得利270天 XT1078	2010－11－25	2011－8－21	28739	固定收益类	3.30	3.30
842	工行稳得利人民币理财产品35天 szxt1039	2010－11－26	2010－12－31	9517	固定收益类	2.65	2.85
843	工行精赢人民币理财产品40天 SZSR1025	2010－11－26	2011－1－5	5000	固定收益类	3.00	3.00
844	2010年理财金账户专属理财产品48天 GDXT1073(仅粤)	2010－11－26	2011－1－12	63375	固定收益类	2.50	2.50
845	工行稳得利人民币理财产品66天 szxt1040	2010－11－26	2011－1－31	10703	固定收益类	2.90	3.10
846	2010年第53期人民币理财产品稳得利90天 XT1080	2010－11－26	2011－2－23	198207	固定收益类	2.60	2.60
847	2010年第79期高净值客户专属理财产品214天 ZQXT1072	2010－11－26	2011－6－27	199231	固定收益类	3.30	3.50
848	2010年理财金账户专属理财产品31天 GDXT1074(仅粤)	2010－11－29	2010－12－29	49895	固定收益类	2.20	2.20
849	工行精赢人民币理财产品39天 SZSR1027	2010－11－29	2011－1－7	5245	固定收益类	3.60	3.60
850	2010年"工银财富"专属理财产品60天 BJXT1053(仅京)	2010－11－29	2011－1－27	1894	固定收益类	2.60	2.60
851	2010年"工银财富"专属理财产品86天 BJXT1054(仅京)	2010－11－29	2011－2－22	8356	固定收益类	3.00	3.00
852	工行精赢人民币理财产品24天 SZSR1028	2010－11－30	2010－12－24	5000	固定收益类	2.50	2.50

续表

序号	理财产品名称	起始日	到期日	发行量	资金主要投向	客户预期收益率(%/年)下限	客户预期收益率(%/年)上限
853	2010年第77期私人银行专享产品配置投资PBPZ1077	2010-11-30	2010-12-29	33450	固定收益类	2.50	2.50
854	2010年第78期私人银行专享产品配置投资PBPZ1078	2010-11-30	2011-1-27	3087	固定收益类	2.80	2.80
855	2010年第82期高净值客户专属理财产品15天ZH1043	2010-12-1	2010-12-15	274271	固定收益类	3.50	3.50
856	2010年第71期工银财富专属理财产品26天CFXT1089	2010-12-1	2010-12-26	419567	固定收益类	2.50	2.50
857	2010年第80期私人银行专享产品配置投资PBPZ1080	2010-12-1	2010-12-27	30000	固定收益类	3.50	3.50
858	2010年"工银财富"专属理财产品28天BJXT1055(仅京)	2010-12-1	2010-12-28	99014	固定收益类	2.80	2.80
859	2010年第70期工银财富专属理财产品28天CFXT1088	2010-12-1	2010-12-28	326279	固定收益类	2.80	2.80
860	2010年第83期高净值客户专属理财产品28天ZH1044	2010-12-1	2010-12-28	281732	固定收益类	3.00	3.00
861	2010年第81期高净值客户专属理财产品28天ZQXT1074	2010-12-1	2010-12-28	329769	固定收益类	2.80	2.80
862	工行稳得利人民币理财产品30天szxt1045	2010-12-1	2010-12-31	24754	固定收益类	2.65	2.85
863	2010年第79期私人银行专享产品配置投资PBPZ1079	2010-12-1	2011-1-18	9998	固定收益类	3.90	3.90
864	2010年"工银财富"专属理财产品59天BJXT1056(仅京)	2010-12-1	2011-1-28	68402	固定收益类	2.90	3.00
865	2010年第76期私人银行专享产品配置投资PBPZ1076	2010-12-1	2011-2-21	19475	固定收益类	3.50	3.50
866	2010年第84期高净值客户专属理财产品177天ZQXT1075	2010-12-1	2011-5-26	56531	固定收益类	4.00	4.00
867	工行稳得利人民币理财产品88天szxt1046	2010-12-2	2011-2-28	31071	固定收益类	3.20	3.40
868	2010年第54期人民币理财产品稳得利174天XT1081	2010-12-2	2011-5-24	30678	固定收益类	3.00	3.00
869	2010年第54期人民币理财产品稳得利368天XT1082	2010-12-2	2011-12-4	57736	固定收益类	3.70	3.70
870	2010年理财金账户专属理财产品27天GDXT1076(仅粤)	2010-12-3	2010-12-29	135677	固定收益类	2.40	2.40
871	工行稳得利人民币理财产品28天szxt1048	2010-12-3	2010-12-31	38266	固定收益类	2.65	2.85

续表

序号	理财产品名称	起始日	到期日	发行量	资金主要投向	客户预期收益率(%/年)下限	客户预期收益率(%/年)上限
872	工行精赢人民币理财产品 39 天 SZSR1029	2010-12-3	2011-1-11	7031	固定收益类	3.60	3.60
873	2010 年理财金账户专属理财产品 52 天 GDXT1075(仅粤)	2010-12-3	2011-1-23	18247	固定收益类	2.60	2.60
874	工行稳得利人民币理财产品 59 天 szxt1049	2010-12-3	2011-1-31	10516	固定收益类	2.90	3.10
875	工行稳得利人民币理财产品 118 天 szxt1047	2010-12-3	2011-3-31	22282	固定收益类	3.30	3.50
876	2010 年第 80 期高净值客户专属理财产品 299 天 ZQXT1073	2010-12-3	2011-9-27	134195	固定收益类	3.40	3.60
877	工行稳得利人民币理财产品 25 天 szxt1050	2010-12-6	2010-12-31	11824	固定收益类	2.60	2.80
878	2010 年第 72 期工银财富专属理财产品 91 天 CFXT1090	2010-12-6	2011-3-6	231669	固定收益类	2.80	3.00
879	2010 年第 80 期高净值客户专属理财产品 538 天 ZH1042	2010-12-6	2012-5-26	189692	固定收益类	4.20	4.50
880	2010 年第 86 期高净值客户专属理财产品 51 天 ZQXT1077	2010-12-7	2011-1-26	257697	固定收益类	2.60	2.60
881	2010 年第 85 期高净值客户专属理财产品 52 天 ZQXT1076	2010-12-7	2011-1-27	50617	固定收益类	3.30	3.30
882	2010 年第 86 期高净值客户专属理财产品 112 天 ZQXT1078	2010-12-7	2011-3-28	264673	固定收益类	2.80	3.00
883	2010 年第 72 期工银财富专属理财产品 182 天 CFXT1091	2010-12-7	2011-6-6	199801	固定收益类	3.00	3.40
884	2010 年第 87 期高净值客户专属理财产品 33 天 ZH1045	2010-12-8	2011-1-9	267460	固定收益类	2.40	2.50
885	2010 年第 81 期私人银行专享产品配置投资 PBPZ1081	2010-12-8	2011-1-25	30000	固定收益类	3.80	3.80
886	工行稳得利人民币理财产品 54 天 szxt1052	2010-12-8	2011-1-31	7739	固定收益类	2.90	3.10
887	工行稳得利人民币理财产品 82 天 szxt1051	2010-12-8	2011-2-28	13490	固定收益类	3.10	3.30
888	工行稳得利人民币理财产品 22 天 szxt1053	2010-12-9	2010-12-31	19500	固定收益类	2.50	2.70
889	2010 年第 56 期人民币理财产品稳得利 30 天 XT1085	2010-12-9	2011-1-7	350971	固定收益类	2.80	2.80
890	2010 年第 88 期高净值客户专属理财产品 30 天 ZQXT1079	2010-12-9	2011-1-7	613245	固定收益类	3.00	3.20

续表

序号	理财产品名称	起始日	到期日	发行量	资金主要投向	客户预期收益率(%/年)下限	客户预期收益率(%/年)上限
891	2010年"工银财富"专属理财产品50天BJXT1057(仅京)	2010-12-9	2011-1-27	22613	固定收益类	2.85	2.95
892	2010年第55期人民币理财产品稳得利90天XT1083	2010-12-9	2011-3-8	8406	固定收益类	2.50	2.50
893	2010年第55期人民币理财产品稳得利270天XT1084	2010-12-9	2011-9-4	15546	固定收益类	3.30	3.30
894	2010年第85期私人银行专享产品配置投资PBPZ1085	2010-12-10	2010-12-29	10000	固定收益类	3.95	3.95
895	2010年第82期私人银行专享产品配置投资PBPZ1082	2010-12-10	2011-1-12	25407	固定收益类	3.00	3.00
896	2010年"工银财富"专属理财产品73天GDXT1077(仅粤)	2010-12-10	2011-2-20	50015	固定收益类	3.10	3.10
897	工行精赢人民币理财产品89天SZSR1030	2010-12-10	2011-3-9	8601	固定收益类	3.50	3.50
898	2010年第87期高净值客户专属理财产品109天ZH1046	2010-12-10	2011-3-28	124633	固定收益类	2.80	3.00
899	工行稳得利人民币理财产品111天szxt1054	2010-12-10	2011-3-31	7792	固定收益类	3.20	3.40
900	2010年第83期私人银行专享产品配置投资PBPZ1083	2010-12-10	2011-4-4	1420	固定收益类	3.20	3.20
901	2010年第56期人民币理财产品稳得利365天XT1086	2010-12-10	2011-12-9	258577	固定收益类	3.80	4.00
902	2010年"工银财富"专属理财产品15天BJXT1058(仅京)	2010-12-13	2010-12-27	78062	固定收益类	2.80	2.80
903	2010年第84期私人银行专享产品配置投资PBPZ1084	2010-12-13	2010-12-28	149791	固定收益类	3.20	3.20
904	2010年第89期高净值客户专属理财产品30天ZQXT1080	2010-12-13	2011-1-11	62408	固定收益类	3.20	4.20
905	2010年"工银财富"专属理财产品46天BJXT1059(仅京)	2010-12-13	2011-1-27	46714	固定收益类	3.20	3.30
906	2010年工银财富专属资产投资理财产品365天GZXT1004(广州)	2010-12-14	2011-12-13	9895	固定收益类	4.25	4.25
907	工行稳得利人民币理财产品16天szxt1056	2010-12-15	2010-12-31	13292	固定收益类	2.45	2.55
908	2010年第58期人民币理财产品稳得利30天XT1088(北京等)	2010-12-15	2011-1-13	331862	固定收益类	3.00	3.20

续表

序号	理财产品名称	起始日	到期日	发行量	资金主要投向	客户预期收益率（%/年）下限	客户预期收益率（%/年）上限
909	2010 年第 90 期高净值客户专属理财产品 30 天 ZQXT1081（河北等）	2010－12－15	2011－1－13	183548	固定收益类	2.80	2.80
910	工行稳得利人民币理财产品 75 天 szxt1055	2010－12－15	2011－2－28	9059	固定收益类	3.10	3.30
911	2010 年第 73 期工银财富专属理财产品 104 天 CFXT1092	2010－12－15	2011－3－28	263625	固定收益类	3.00	3.20
912	2010 年第 57 期人民币理财产品稳得利 181 天 XT1087	2010－12－15	2011－6－13	132265	固定收益类	3.30	3.30
913	2010 年第 92 期高净值客户专属理财产品 195 天 ZQXT1083（北京等）	2010－12－15	2011－6－27	13487	固定收益类	4.20	4.20
914	工行精赢人民币理财产品 19 天 SZSR1031	2010－12－16	2011－1－4	19948	固定收益类	3.20	3.40
915	2010 年第 91 期高净值客户专属理财产品 42 天 ZQXT1082（广东）	2010－12－16	2011－1－26	357106	固定收益类	4.10	4.20
916	2010 年理财金账户专属理财产品 13 天 GDXT1078（仅粤）	2010－12－17	2010－12－29	299999	固定收益类	3.00	3.00
917	2010 年理财金账户专属理财产品 13 天 GDXT1080（仅粤）	2010－12－17	2010－12－29	252854	固定收益类	3.00	3.00
918	2010 年第 94 期高净值客户专属理财产品 18 天 ZH1047（晋城）	2010－12－17	2011－1－3	5700	固定收益类	2.60	2.60
919	2010 年理财金账户专属理财产品 25 天 GDXT1079（仅粤）	2010－12－17	2011－1－10	77995	固定收益类	4.00	4.00
920	工行稳得利人民币理财产品 25 天 szxt1058	2010－12－17	2011－1－11	6768	固定收益类	2.80	3.00
921	工行稳得利人民币理财产品 45 天 szxt1057	2010－12－17	2011－1－31	6654	固定收益类	2.90	3.10
922	2010 年第 87 期私人银行专享产品配置投资 PBPZ1087	2010－12－20	2010－12－29	68504	固定收益类	3.20	3.20
923	2010 年“工银财富”专属理财产品 25 天 BJXT1060（仅京）	2010－12－20	2011－1－13	4793	固定收益类	3.10	3.20
924	2010 年第 88 期私人银行专享产品配置投资 PBPZ1088	2010－12－20	2011－1－27	23719	固定收益类	4.20	4.20
925	2010 年“工银财富”专属理财产品 55 天 BJXT1061（仅京）	2010－12－20	2011－2－12	1229	固定收益类	3.20	3.30
926	2010 年“工银财富”专属理财产品 65 天 BJXT1062（仅京）	2010－12－20	2011－2－22	4683	固定收益类	3.30	3.40

续表

序号	理财产品名称	起始日	到期日	发行量	资金主要投向	客户预期收益率(%/年)下限	客户预期收益率(%/年)上限
927	2010 年第 60 期人民币理财产品稳得利 9 天 XT1092	2010－12－21	2010－12－29	1124890	固定收益类	3.00	3.00
928	2010 年第 86 期私人银行专享产品配置投资 PBPZ1086	2010－12－21	2011－1－19	11453	固定收益类	3.40	3.40
929	2010 年第 74 期工银财富专属理财产品 37 天 CFXT1093	2010－12－21	2011－1－26	319228	固定收益类	3.30	3.30
930	2010 年第 60 期人民币理财产品稳得利 37 天 XT1090	2010－12－21	2011－1－26	125106	固定收益类	3.00	3.00
931	2010 年第 74 期工银财富专属理财产品 98 天 CFXT1094	2010－12－21	2011－3－28	169577	固定收益类	3.40	3.40
932	2010 年第 96 期高净值客户专属理财产品 98 天 ZQXT1086	2010－12－21	2011－3－28	101010	固定收益类	3.20	3.20
933	2010 年第 95 期高净值客户专属理财产品 189 天 ZH1048	2010－12－21	2011－6－27	92413	固定收益类	3.30	3.50
934	2010 年第 59 期人民币理财产品稳得利 365 天 XT1089	2010－12－21	2011－12－20	177537	固定收益类	3.80	4.00
935	2010 年理财金账户专属理财产品 15 天 GDXT1081(仅粤)	2010－12－22	2011－1－5	14736	固定收益类	3.50	3.50
936	工行稳得利人民币理财产品 40 天 szxt1060	2010－12－22	2011－1－31	2805	固定收益类	3.00	3.00
937	工行稳得利人民币理财产品 68 天 szxt1059	2010－12－22	2011－2－28	3970	固定收益类	3.30	3.30
938	2010 年“工银财富”专属理财产品 7 天 BJXT1063(仅京)	2010－12－23	2010－12－29	46147	固定收益类	2.95	2.95
939	2010 年理财金账户专属理财产品 7 天 GDXT1082(仅粤)	2010－12－23	2010－12－29	273025	固定收益类	3.00	3.00
940	工行精赢人民币理财产品 13 天 SZSR1032	2010－12－23	2011－1－5	5000	固定收益类	3.50	3.50
941	2010 年第 60 期人民币理财产品稳得利 20 天 XT1091	2010－12－23	2011－1－11	344347	固定收益类	3.10	3.10
942	2010 年第 91 期私人银行专享产品配置投资 PBPZ1091	2010－12－23	2011－2－14	21859	固定收益类	3.80	3.80
943	2010 年理财金账户专属理财产品 6 天 GDXT1084(仅粤)	2010－12－24	2010－12－29	128415	固定收益类	3.30	3.30
944	2010 年人民币理财产品 6 天 JSXT1004(仅江苏)	2010－12－24	2010－12－29	126886	固定收益类	3.40	3.40
945	2010 年第 92 期私人银行专享产品配置投资 PBPZ1092	2010－12－24	2010－12－29	28991	固定收益类	4.20	4.20

续表

序号	理财产品名称	起始日	到期日	发行量	资金主要投向	客户预期收益率(%/年)下限	客户预期收益率(%/年)上限
946	工行稳得利人民币理财产品 7 天 szxt1062	2010-12-24	2010-12-31	21737	固定收益类	3.30	3.30
947	2010 年第 75 期工银财富专属理财产品 12 天 CFXT1095	2010-12-24	2011-1-4	434324	固定收益类	3.80	3.80
948	2010 年第 75 期工银财富专属理财产品 18 天 CFXT1096	2010-12-24	2011-1-10	569564	固定收益类	4.00	4.00
949	2010 年“工银财富”专属理财产品 20 天 BJXT1064(仅京)	2010-12-24	2011-1-12	9628	固定收益类	3.20	3.20
950	2010 年理财金账户专属理财产品 31 天 GDXT1083(仅粤)	2010-12-24	2011-1-23	41992	固定收益类	3.50	3.50
951	2010 年第 93 期高净值客户专属理财产品 34 天 ZQXT1084(萍乡)	2010-12-24	2011-1-26	16354	固定收益类	3.50	3.50
952	工行稳得利人民币理财产品 47 天 szxt1061	2010-12-24	2011-2-9	1751	固定收益类	3.20	3.20
953	2010 年“工银财富”专属理财产品 52 天 BJXT1065(仅京)	2010-12-24	2011-2-13	8557	固定收益类	3.30	3.30
954	2010 年“工银财富”专属理财产品 95 天 BJXT1066(仅京)	2010-12-24	2011-3-28	18112	固定收益类	3.50	3.50
955	2010 年“工银财富”专属理财产品 10 天 BJXT1068(仅京)	2010-12-27	2011-1-5	9288	固定收益类	3.80	3.80
956	2010 年“工银财富”专属理财产品 10 天 BJXT1069(仅京)	2010-12-27	2011-1-5	11832	固定收益类	3.80	3.80
957	2010 年“工银财富”专属理财产品 10 天 BJXT1070(仅京)	2010-12-27	2011-1-5	9563	固定收益类	3.80	3.80
958	2010 年第 98 期高净值客户专属理财产品 24 天 ZQXT1088	2010-12-27	2011-1-19	299560	固定收益类	4.20	4.20
959	2010 年第 93 期私人银行专享产品配置投资 PBPZ1093	2010-12-27	2011-1-27	8290	固定收益类	4.20	4.20
960	2010 年第 98 期高净值客户专属理财产品 32 天 ZH1049	2010-12-27	2011-1-27	998508	固定收益类	4.40	4.40
961	2010 年第 61 期人民币理财产品稳得利 92 天 XT1093	2010-12-27	2011-3-28	1048387	固定收益类	4.50	4.50
962	2010 年“工银财富”专属理财产品 10 天 BJXT1067(仅京)	2010-12-28	2011-1-6	49310	固定收益类	3.80	3.80
963	2010 年理财金账户专属理财产品 14 天 GDXT1085(仅粤)	2010-12-28	2011-1-10	20861	固定收益类	4.20	4.20
964	2010 年理财金账户专属理财产品 28 天 GDXT1086(仅粤)	2010-12-28	2011-1-24	45647	固定收益类	4.30	4.30

续表

序号	理财产品名称	起始日	到期日	发行量	资金主要投向	客户预期收益率（%/年）下限	客户预期收益率（%/年）上限
965	2010年第97期高净值客户专属理财产品365天ZQXT1087（北京）	2010－12－28	2011－12－27	25814	固定收益类	4.90	5.10
966	2010年第77期工银财富专属理财产品2天CFXT1098	2010－12－29	2010－12－30	492894	固定收益类	4.00	4.00
967	工行精赢人民币理财产品19天SZSR1034	2010－12－29	2011－1－17	2880	固定收益类	3.50	3.50
968	2010年第101期高净值客户专属理财产品29天ZH1052（杭州）	2010－12－30	2011－1－27	3000	固定收益类	4.10	4.10
969	2010年第一期保本型个人人民币理财产品365天BB1001	2010－12－30	2011－12－29	186218	固定收益类	3.60	3.60
970	2010年"工银财富"专属理财产品4天BJXT1071（仅京）	2010－12－31	2011－1－3	59970	固定收益类	4.00	4.00
971	2010年"工银财富"专属理财产品4天BJXT1072（仅京）	2010－12－31	2011－1－3	59898	固定收益类	4.00	4.00
972	2010年"工银财富"专属理财产品9天BJXT1073（仅京）	2010－12－31	2011－1－8	149835	固定收益类	4.05	4.05
973	2010年"工银财富"专属理财产品9天BJXT1074（仅京）	2010－12－31	2011－1－8	79794	固定收益类	4.05	4.05
974	2010年第62期人民币理财产品稳得利24天XT1094	2010－12－31	2011－1－27	1365001	固定收益类	4.20	4.20

数据来源：工商银行

表3－2　2010年中国工商银行个人人民币开放式理财产品发行情况表　单位：万元人民币

序号	理财产品名称	起息日	发行量	资金主要投向	客户预期收益率（年）下限	客户预期收益率（年）上限
1	精赢"天天利"固定收益类个人人民币理财产品SZLT1001	2010－1－11	4571	固定收益类	1.92	2.20
2	灵通快线四周滚动型人民币理财产品第4期LTGD0809	2010－3－16	23440	固定收益类	1.90	1.90
3	工银财富周周利固定收益类人民币产品SZ1W1001	2010－3－24	1599	固定收益类	1.92	1.92
4	灵通快线两周滚动型人民币理财产品第2期LTGD0810	2010－3－29	9092	固定收益类	1.70	1.70
5	灵通快线七天滚动型人民币理财产品（周五起息）LTGD0811	2010－4－9	162618	固定收益类	1.75	
6	步步为赢收益递增型灵活期限人民币理财产品WY1001	2010－5－25	243721	固定收益类	0.36	3.80

续表

序号	理财产品名称	起息日	发行量	资金主要投向	客户预期收益率(年)下限	客户预期收益率(年)上限
7	2010年第42期私人银行专享产品配置投资 PBPZ1042	2010－7－1	5000	固定收益类	4.00	4.00
8	步步为赢2号收益递增型灵活期限人民币理财产品 WY1002	2010－8－6	430002	固定收益类	1.20	2.10
9	09年第5期私人银行专享产品证券投资 PBZQ0905	2010－1－12	42906	基金型		
10	10年第1期高净值客户专属理财产品配置2年 PZ1001	2010－1－29	50000	基金型		
11	2010年第1期私人银行专享产品证券投资 PBZQ1001	2010－5－12	39323	基金型		
12	2010年第2期私人银行专享产品阳光私募组合证券投资 PBZQ1002	2010－8－23	45208	基金型		
13	2010年工银财富全权委托系列可转债理财产品 CFWT01	2010－9－20	38382	基金型		
14	2010年第3期 QDII 巴西石油 ADR 专项产品 QD1003	2010－9－20	184310	QDII		
15	2010年第2期精赢系列之外币投资产品 PBWB1002	2010－10－22	44000	QDII		
16	2010年 QDII 专项产品二号友邦保险 QD1004	2010－10－22	247510	QDII		
17	东方之珠 QDII 产品新兴市场投资机会 QD1005	2010－11－23	8154	QDII		
18	工银财富全权资产委托系列“稳健配置”偏债型理财产品 CFWT02	2010－12－1	31502	基金型		

数据来源：工商银行

表3－3　2010年中国农业银行个人人民币封闭式理财产品发行情况表　单位：万元人民币

序号	名称	发行日	到期日	拟发行量	资金主要投向	预期收益率(%)
1	2009年第85期“金钥匙·本利丰”人民币理财“安心得利”系列第82支	2010－1－5	2010－1－19	299579	货币市场，债券	1.70
2	2009年第86期“金钥匙·本利丰”人民币理财“安心得利”系列第83支	2010－1－5	2010－2－3	200000	货币市场，债券	1.85
3	2009年第87期“金钥匙·本利丰”人民币理财“安心得利”系列第84支	2010－1－5	2010－3－9	176301	货币市场，债券	2.00
4	2009年第88期“金钥匙·本利丰”人民币理财“安心得利”系列第85支	2010－1－5	2010－4－7	156091	货币市场，债券	2.20
5	2009年第89期“金钥匙·本利丰”人民币理财“安心得利”系列第86支	2010－1－5	2010－7－7	100049	货币市场，债券	2.60

续表

序号	名称	发行日	到期日	拟发行量	资金主要投向	预期收益率(%)
6	2009 年第 90 期"金钥匙·本利丰"人民币理财"安心得利"系列第 87 支	2010-1-5	2011-1-5	99984	货币市场,债券	3.10
7	2010 年第 1 期"金钥匙·本利丰"人民币理财"安心得利"系列第 88 支	2010-1-7	2010-1-21	459740	货币市场,债券	1.70
8	2010 年第 2 期"金钥匙·本利丰"人民币理财"安心得利"系列第 89 支	2010-1-7	2010-2-4	255338	货币市场,债券	1.85
9	2010 年第 3 期"金钥匙·本利丰"人民币理财"安心得利"系列第 90 支	2010-1-12	2010-3-16	201658	货币市场,债券	2.00
10	2010 年第 4 期"金钥匙·本利丰"人民币理财"安心得利"系列第 91 支	2010-1-12	2010-4-15	299980	货币市场,债券	2.20
11	2010 年第 5 期"金钥匙·本利丰"人民币理财"安心得利"系列第 92 支	2010-1-12	2010-1-26	370929	货币市场,债券	1.70
12	2010 年第 6 期"金钥匙·本利丰"人民币理财"安心得利"系列第 93 支	2010-1-14	2010-1-28	397314	货币市场,债券	1.70
13	2010 年第 7 期"金钥匙·本利丰"人民币理财"安心得利"系列第 94 支	2010-1-19	2010-2-25	273564	货币市场,债券	1.85
14	2010 年第 8 期"金钥匙·本利丰"人民币理财"安心得利"系列第 95 支	2010-1-19	2010-3-25	179936	货币市场,债券	2.00
15	2010 年第 9 期"金钥匙·本利丰"人民币理财"安心得利"系列第 96 支	2010-1-19	2010-4-22	294808	货币市场,债券	2.20
16	2010 年第 10 期"金钥匙·本利丰"人民币理财"安心得利"系列第 97 支	2010-1-21	2010-2-4	299985	货币市场,债券	1.70
17	2010 年第 11 期"金钥匙·本利丰"人民币理财"安心得利"系列第 98 支	2010-1-21	2010-2-25	208936	货币市场,债券	1.85
18	2010 年第 12 期"金钥匙·本利丰"人民币理财"安心得利"系列第 99 支	2010-1-26	2010-4-29	240081	货币市场,债券	2.20
19	2010 年第 13 期"金钥匙·本利丰"人民币理财"安心得利"系列第 100 支	2010-1-26	2010-7-27	99985	货币市场,债券	2.60
20	2010 年第 14 期"金钥匙·本利丰"人民币理财"安心得利"系列第 101 支	2010-1-26	2010-2-9	299863	货币市场,债券	1.70
21	2010 年第 15 期"金钥匙·本利丰"人民币理财"安心得利"系列第 102 支	2010-1-26	2010-2-25	299973	货币市场,债券	1.85
22	2010 年第 16 期"金钥匙·本利丰"人民币理财"安心得利"系列第 103 支	2010-1-28	2010-3-2	299939	货币市场,债券	1.85
23	2010 年第 17 期"金钥匙·本利丰"人民币理财"安心得利"系列第 104 支	2010-2-2	2010-5-5	199943	货币市场,债券	2.20
24	2010 年第 18 期"金钥匙·本利丰"人民币理财"安心得利"系列第 105 支	2010-2-2	2010-3-2	299445	货币市场,债券	1.85

续表

序号	名称	发行日	到期日	拟发行量	资金主要投向	预期收益率(%)
25	2010 年第 19 期"金钥匙·本利丰"人民币理财"安心得利"系列第 106 支	2010-2-9	2010-2-23	299924	货币市场,债券	1.70
26	2010 年第 20 期"金钥匙·本利丰"人民币理财"安心得利"系列第 107 支	2010-2-9	2010-3-9	299901	货币市场,债券	1.85
27	2010 年第 21 期"金钥匙·本利丰"人民币理财"安心得利"系列第 108 支	2010-2-11	2010-2-25	600000	货币市场,债券	2.20
28	2010 年第 22 期"金钥匙·本利丰"人民币理财"安心得利"系列第 109 支	2010-2-23	2010-5-27	299948	货币市场,债券	1.70
29	2010 年第 23 期"金钥匙·本利丰"人民币理财"安心得利"系列第 110 支	2010-2-23	2010-3-9	299990	货币市场,债券	2.20
30	2010 年第 24 期"金钥匙·本利丰"人民币理财"安心得利"系列第 111 支	2010-2-25	2010-3-11	299996	货币市场,债券	1.70
31	2010 年第 25 期"金钥匙·本利丰"人民币理财"安心得利"系列第 112 支	2010-2-25	2010-3-25	300000	货币市场,债券	1.85
32	2010 年第 26 期"金钥匙·本利丰"人民币理财"安心得利"系列第 113 支	2010-3-2	2010-6-1	149998	货币市场,债券	2.20
33	2010 年第 27 期"金钥匙·本利丰"人民币理财"安心得利"系列第 114 支	2010-3-2	2010-3-16	299906	货币市场,债券	1.70
34	2010 年第 28 期"金钥匙·本利丰"人民币理财"安心得利"系列第 115 支	2010-3-2	2010-3-30	317744	货币市场,债券	1.85
35	2010 年第 30 期"金钥匙·本利丰"人民币理财"安心得利"系列第 115 支	2010-3-4	2010-3-18	300000	货币市场,债券	1.70
36	2010 年第 31 期"金钥匙·本利丰"人民币理财"安心得利"系列第 115 支	2010-3-9	2010-5-12	99960	货币市场,债券	2.00
37	2010 年第 32 期"金钥匙·本利丰"人民币理财"安心得利"系列第 115 支	2010-3-9	2010-3-23	299596	货币市场,债券	1.70
38	2010 年第 33 期"金钥匙·本利丰"人民币理财"安心得利"系列第 115 支	2010-3-9	2010-4-6	149999	货币市场,债券	1.85
39	2010 年第 34 期"金钥匙·本利丰"人民币理财"安心得利"系列第 115 支	2010-3-11	2010-3-25	299996	货币市场,债券	1.70
40	2010 年第 35 期"金钥匙·本利丰"人民币理财"安心得利"系列第 115 支	2010-3-16	2010-5-19	99999	货币市场,债券	2.00
41	2010 年第 36 期"金钥匙·本利丰"人民币理财"安心得利"系列第 115 支	2010-3-16	2010-3-30	349980	货币市场,债券	1.70
42	2010 年第 37 期"金钥匙·本利丰"人民币理财"安心得利"系列第 115 支	2010-3-16	2010-4-13	200000	货币市场,债券	1.85
43	2010 年第 38 期"金钥匙·本利丰"人民币理财	2010-3-18	2010-4-1	264208	货币市场,债券	1.50

续表

序号	名称	发行日	到期日	拟发行量	资金主要投向	预期收益率(%)
44	2010年第39期"金钥匙·本利丰"人民币理财	2010-3-23	2010-4-20	228558	货币市场,债券	1.60
45	"金钥匙·安心得利"2010年第1001期人民币理财产品	2010-3-25	2010-4-8	20517	货币市场,债券	1.80
46	"金钥匙·本利丰"2010年第40期人民币理财	2010-3-30	2010-4-27	245824	货币市场,债券	1.60
47	"金钥匙·本利丰"2010年第41期人民币理财	2010-3-30	2010-6-29	138983	货币市场,债券	2.00
48	"金钥匙·安心得利"2010年第1002期人民币理财产品	2010-3-30	2010-4-27	17635	货币市场,债券	1.95
49	金钥匙·安心得利"2010年第1003期人民币理财产品	2010-4-2	2010-4-9	97416	货币市场,债券	1.65
50	"金钥匙·安心得利"2010年第1004期人民币理财产品	2010-4-2	2010-4-16	83822	货币市场,债券	1.80
51	"金钥匙·安心得利"2010年第1005期人民币理财产品	2010-4-7	2010-5-5	93368	货币市场,债券	1.95
52	"金钥匙·安心得利"2010年第1006期人民币理财产品	2010-4-7	2010-6-9	41093	货币市场,债券	2.15
53	"金钥匙·本利丰"2010年第42期人民币理财	2010-4-7	2010-7-7	299614	货币市场,债券	2.00
54	"金钥匙·本利丰"2010年第43期人民币理财	2010-4-7	2010-10-9	40171	货币市场,债券	2.10
55	"金钥匙·安心得利"2010年第1007期人民币理财产品	2010-4-9	2010-4-16	104451	货币市场,债券	1.65
56	"金钥匙·安心得利"2010年第1008期人民币理财产品	2010-4-9	2010-4-23	102414	货币市场,债券	1.80
57	"金钥匙·安心得利"2010年第1009期人民币理财产品	2010-4-9	2010-5-7	82912	货币市场,债券	1.95
58	"金钥匙·本利丰"2010年第44期人民币理财	2010-4-9	2010-7-9	127236	货币市场,债券	2.00
59	"金钥匙·安心得利"2010年第1010期人民币理财产品	2010-4-15	2010-4-22	241863	货币市场,债券	1.70
60	"金钥匙·安心得利"2010年第1011期人民币理财产品	2010-4-15	2010-4-29	86872	货币市场,债券	1.80
61	"金钥匙·安心得利"2010年第1012期人民币理财产品	2010-4-20	2010-5-18	193379	货币市场,债券	2.00
62	"金钥匙·安心得利"2010年第1013期人民币理财产品	2010-4-20	2010-6-22	88780	货币市场,债券	2.20

续表

序号	名称	发行日	到期日	拟发行量	资金主要投向	预期收益率(%)
63	"金钥匙·本利丰"2010年第45期人民币理财	2010-4-20	2010-7-20	210035	货币市场,债券	2.00
64	"金钥匙·安心得利"2010年第1014期人民币理财产品	2010-4-22	2010-4-29	250516	货币市场,债券	1.70
65	"金钥匙·安心得利"2010年第1015期人民币理财产品	2010-4-22	2010-5-6	63000	货币市场,债券	1.85
66	"金钥匙·安心得利"2010年第1019期VIP专享人民币理财产品	2010-4-26	2010-5-28	1259705	货币市场,债券	2.25
67	"金钥匙·安心得利"2010年第1020期VIP专享人民币理财产品	2010-4-26	2010-7-29	1259911	货币市场,债券	2.55
68	"金钥匙·安心得利"2010年第1021期VIP专享人民币理财产品	2010-4-26	2010-10-29	859939	货币市场,债券	2.90
69	"金钥匙·安心得利"2010年第1022期VIP专享人民币理财产品(电网专项)	2010-4-26	2011-4-26	399974	货币市场,债券	3.75
70	"金钥匙·安心得利"2010年第1016期人民币理财产品	2010-4-27	2010-5-25	200758	货币市场,债券	2.00
71	"金钥匙·安心得利"2010年第1017期人民币理财产品	2010-4-27	2010-7-27	201947	货币市场,债券	2.40
72	"金钥匙·安心得利"2010年第1018期人民币理财产品	2010-4-27	2010-5-11	200500	货币市场,债券	1.85
73	"金钥匙·本利丰"2010年第46期人民币理财	2010-4-27	2010-6-29	201383	货币市场,债券	1.90
74	"金钥匙·安心得利"2010年第1023期人民币理财产品	2010-4-29	2010-5-6	164274	货币市场,债券	1.70
75	"金钥匙·安心得利"2010年第1024期人民币理财产品	2010-4-29	2010-5-13	204771	货币市场,债券	1.85
76	"金钥匙·安心得利"2010年第1025期(五一假日专享)人民币理财产品	2010-4-30	2010-5-4	270384	货币市场,债券	1.70
77	"金钥匙·安心得利"2010年第1026期人民币理财产品	2010-5-4	2010-5-18	248366	货币市场,债券	1.85
78	"金钥匙·安心得利"2010年第1027期人民币理财产品	2010-5-4	2010-6-1	202311	货币市场,债券	2.00
79	"金钥匙·安心得利"2010年第1028期人民币理财产品	2010-5-4	2010-8-3	136178	货币市场,债券	2.40
80	"金钥匙·本利丰"2010年第47期人民币理财	2010-5-4	2010-7-6	131412	货币市场,债券	1.90
81	"金钥匙·安心得利"2010年第1029期人民币理财产品	2010-5-13	2010-5-27	293785	货币市场,债券	1.85

续表

序号	名称	发行日	到期日	拟发行量	资金主要投向	预期收益率(%)
82	“金钥匙·安心得利”2010年第1038期人民币理财产品(江苏、厦门)	2010-5-13	2010-5-27	82183	货币市场,债券	1.85
83	“金钥匙·安心得利”2010年第1030期人民币理财产品	2010-5-18	2010-8-17	265470	货币市场,债券	2.40
84	“金钥匙·安心得利”2010年第1031期人民币理财产品	2010-5-20	2010-6-3	269929	货币市场,债券	1.85
85	“金钥匙·安心得利”2010年第1032期人民币理财产品	2010-5-20	2010-6-17	237947	货币市场,债券	2.00
86	“金钥匙·安心得利”2010年第1033期人民币理财产品	2010-5-20	2010-6-29	128108	货币市场,债券	2.10
87	“金钥匙·安心得利”2010年第1034期人民币理财产品	2010-5-25	2010-7-30	40204	货币市场,债券	2.20
88	“金钥匙·安心得利”2010年第1035期人民币理财产品	2010-5-25	2010-8-24	183936	货币市场,债券	2.40
89	“金钥匙·安心得利”2010年第1036期人民币理财产品	2010-5-25	2010-6-8	279899	货币市场,债券	1.85
90	“金钥匙·安心得利”2010年第1037期人民币理财产品	2010-5-25	2010-6-29	136327	货币市场,债券	2.00
91	“金钥匙·安心得利”2010年第1039期人民币理财产品	2010-5-27	2010-6-10	177475	货币市场,债券	1.85
92	“金钥匙·安心得利”2010年第1040期人民币理财产品	2010-5-27	2010-6-29	65601	货币市场,债券	2.00
93	“金钥匙·本利丰”2010年第48期人民币理财	2010-5-27	2010-8-26	59616	货币市场,债券	2.00
94	“金钥匙·安心得利”2010年第1041期人民币理财产品	2010-6-1	2010-8-3	65988	货币市场,债券	2.20
95	“金钥匙·安心得利”2010年第1042期人民币理财产品	2010-6-1	2010-8-30	137522	货币市场,债券	2.40
96	“金钥匙·安心得利”2010年第1043期人民币理财产品	2010-6-3	2010-6-17	295499	货币市场,债券	1.85
97	“金钥匙·安心得利”2010年第1044期人民币理财产品	2010-6-3	2010-6-30	289999	货币市场,债券	2.10
98	“金钥匙·安心得利”2010年第1045期贵宾客户专享人民币理财产品	2010-6-8	2010-7-23	272827	货币市场,债券	2.30
99	“金钥匙·安心得利”2010年第1046期人民币理财产品	2010-6-8	2010-7-6	198405	货币市场,债券	2.10
100	“金钥匙·安心得利”2010年第1047期人民币理财产品	2010-6-8	2010-9-7	83566	货币市场,债券	2.40

续表

序号	名称	发行日	到期日	拟发行量	资金主要投向	预期收益率(%)
101	“金钥匙·安心得利”2010年第1048期人民币理财产品	2010-6-8	2010-12-7	85776	货币市场,债券	2.85
102	“金钥匙·安心得利”2010年第1049期人民币理财产品	2010-6-10	2010-6-24	282000	货币市场,债券	1.85
103	“金钥匙·安心得利”2010年第1050期人民币理财产品	2010-6-10	2010-7-8	68928	货币市场,债券	2.10
104	“金钥匙·安心得利”2010年第1051期人民币理财产品	2010-6-17	2010-9-16	81561	货币市场,债券	2.40
105	“金钥匙·安心得利”2010年第1052期人民币理财产品	2010-6-17	2010-12-16	70711	货币市场,债券	2.85
106	“金钥匙·安心得利”2010年第1059期人民币理财产品(北京)	2010-6-18	2010-6-30	50000	货币市场,债券	2.10
107	“金钥匙·安心得利”2010年第1053期人民币理财产品	2010-6-22	2010-7-6	146210	货币市场,债券	1.85
108	“金钥匙·安心得利”2010年第1054期人民币理财产品	2010-6-22	2010-8-17	45630	货币市场,债券	2.30
109	“金钥匙·本利丰”2010年第51期人民币理财	2010-6-22	2010-12-21	53535	货币市场,债券	2.30
110	“金钥匙·安心得利”2010年第1055期人民币理财产品	2010-6-24	2010-8-31	17180	货币市场,债券	2.35
111	“金钥匙·安心得利”2010年第1056期人民币理财产品	2010-6-24	2010-9-23	68974	货币市场,债券	2.50
112	“金钥匙·安心得利”2010年第1057期人民币理财产品	2010-6-24	2010-7-8	43155	货币市场,债券	1.85
113	“金钥匙·安心得利”2010年第1058期人民币理财产品	2010-6-24	2010-8-5	38053	货币市场,债券	2.25
114	“金钥匙·安心得利”2010年第1060期人民币理财产品	2010-7-2	2010-9-30	108873	货币市场,债券	2.50
115	“金钥匙·安心得利”2010年第1061期人民币理财产品	2010-7-2	2010-7-16	277697	货币市场,债券	1.85
116	“金钥匙·安心得利”2010年第1062期人民币理财产品	2010-7-2	2010-7-30	135444	货币市场,债券	2.10
117	“金钥匙·本利丰”2010年第52期贵宾专享人民币理财	2010-7-2	2010-8-12	299960	货币市场,债券	2.20
118	“金钥匙·安心得利”2010年第1063期贵宾专享人民币理财产品(09国电集团专项)	2010-7-2	2010-7-22	199992	货币市场,债券	2.38
119	“金钥匙·安心得利”2010年第1064期贵宾专享人民币理财产品	2010-7-2	2010-8-17	241573	货币市场,债券	2.40

续表

序号	名称	发行日	到期日	拟发行量	资金主要投向	预期收益率(%)
120	“金钥匙·安心得利”2010年第1065期贵宾专享人民币理财产品	2010-7-2	2010-8-31	162287	货币市场,债券	2.45
121	“金钥匙·安心得利”2010年第1066期贵宾专享人民币理财产品	2010-7-2	2010-9-30	239446	货币市场,债券	2.60
122	“金钥匙·本利丰”2010年第53期贵宾专享人民币理财	2010-7-6	2010-8-3	284822	货币市场,债券	2.00
123	“金钥匙·安心得利”2010年第1067期贵宾专享人民币理财产品	2010-7-6	2010-9-23	60716	货币市场,债券	2.55
124	“金钥匙·安心得利”2010年第1068期贵宾专享人民币理财产品(电网专项)	2010-7-8	2011-4-26	147530	货币市场,债券	3.70
125	“金钥匙·安心得利”2010年第1069期人民币理财产品	2010-7-8	2010-8-26	145390	货币市场,债券	2.25
126	“金钥匙·本利丰”2010年第54期贵宾专享人民币理财	2010-7-8	2010-8-19	173877	货币市场,债券	2.10
127	“金钥匙·安心得利”2010年第1070期人民币理财产品	2010-7-13	2010-10-12	82585	货币市场,债券	2.55
128	“金钥匙·安心得利”2010年第1071期人民币理财产品	2010-7-13	2010-8-24	139259	货币市场,债券	2.35
129	“金钥匙·安心得利”2010年第1072期人民币理财产品	2010-7-13	2010-8-10	314131	货币市场,债券	2.15
130	“金钥匙·本利丰”2010年第55期人民币理财	2010-7-13	2010-9-7	163211	货币市场,债券	2.10
131	“金钥匙·安心得利”2010年第1073期人民币理财产品(电网专项)	2010-7-15	2011-4-26	144831	货币市场,债券	3.50
132	“金钥匙·安心得利”2010年第1074期人民币理财产品	2010-7-15	2010-8-12	188706	货币市场,债券	2.15
133	“金钥匙·安心得利”2010年第1075期人民币理财产品	2010-7-20	2010-8-17	222474	货币市场,债券	2.10
134	“金钥匙·安心得利”2010年第1076期人民币理财产品	2010-7-22	2010-9-23	146459	货币市场,债券	2.45
135	“金钥匙·安心得利”2010年第1077期人民币理财产品	2010-7-22	2010-9-9	137020	货币市场,债券	2.40
136	“金钥匙·本利丰”2010年第56期人民币理财	2010-7-22	2010-9-16	240324	货币市场,债券	2.10
137	“金钥匙·安心得利”2010年第1078期人民币理财产品	2010-7-27	2010-8-24	290020	货币市场,债券	2.10
138	“金钥匙·本利丰”2010年第57期人民币理财	2010-7-27	2010-9-2	76396	货币市场,债券	1.85

续表

序号	名称	发行日	到期日	拟发行量	资金主要投向	预期收益率(%)
139	“金钥匙·安心得利”2010年第1079期人民币理财产品	2010-7-27	2010-9-28	63183	货币市场,债券	2.35
140	“金钥匙·本利丰”2010年第58期人民币理财	2010-7-29	2010-10-12	87545	货币市场,债券	2.05
141	“金钥匙·安心得利”2010年第1080期人民币理财产品	2010-7-29	2010-11-2	147134	货币市场,债券	2.55
142	“金钥匙·本利丰”2010年第59期人民币理财	2010-8-3	2010-8-24	349910	货币市场,债券	1.75
143	“金钥匙·安心得利”2010年第1081期人民币理财产品	2010-8-3	2010-10-8	181487	货币市场,债券	2.35
144	“金钥匙·安心得利”2010年第1082期人民币理财产品	2010-8-3	2011-1-31	80000	货币市场,债券	2.85
145	“金钥匙·安心得利”2010年第1083期人民币理财产品(中铁专项)	2010-8-3	2011-7-20	9198	货币市场,债券	3.40
146	“金钥匙·安心得利”2010年第1088期私人银行客户专享人民币理财产品	2010-8-4	2010-9-30	195704	货币市场,债券	2.75
147	“金钥匙·安心得利”2010年第1084期人民币理财产品	2010-8-5	2010-9-2	298202	货币市场,债券	2.10
148	“金钥匙·本利丰”2010年第60期人民币理财	2010-8-10	2010-9-28	165307	货币市场,债券	1.95
149	“金钥匙·安心得利”2010年第1085期人民币理财产品	2010-8-10	2010-9-7	268877	货币市场,债券	2.10
150	“金钥匙·安心得利”2010年第1086期人民币理财产品	2010-8-12	2010-11-11	267837	货币市场,债券	2.50
151	“金钥匙·安心得利”2010年第1087期人民币理财产品	2010-8-12	2010-9-9	182146	货币市场,债券	2.10
152	“金钥匙·安心得利”2010年第1089期人民币理财产品	2010-8-17	2010-9-14	288213	货币市场,债券	2.10
153	“金钥匙·安心得利”2010年第1090期人民币理财产品	2010-8-17	2010-9-28	145622	货币市场,债券	2.25
154	“金钥匙·安心得利”2010年第1091期人民币理财产品	2010-8-17	2010-11-16	78770	货币市场,债券	2.50
155	“金钥匙·本利丰”2010年第61期人民币理财	2010-8-17	2010-10-19	120773	货币市场,债券	2.00
156	“金钥匙·安心得利”2010年第1092期人民币理财产品	2010-8-19	2011-2-17	114835	货币市场,债券	2.85
157	“金钥匙·安心得利”2010年第1093期人民币理财产品	2010-8-19	2010-9-16	164020	货币市场,债券	2.10

续表

序号	名称	发行日	到期日	拟发行量	资金主要投向	预期收益率(%)
158	“金钥匙·安心得利”2010年第1094期人民币理财产品	2010-8-19	2010-10-14	71997	货币市场,债券	2.35
159	“金钥匙·本利丰”2010年第62期人民币理财	2010-8-24	2010-10-26	32583	货币市场,债券	1.95
160	“金钥匙·本利丰”2010年第63期人民币理财	2010-8-24	2010-11-9	54691	货币市场,债券	2.05
161	“金钥匙·安心得利”2010年第1095期人民币理财产品	2010-8-24	2010-9-21	385132	货币市场,债券	2.10
162	“金钥匙·安心得利”2010年第1096期人民币理财产品	2010-8-24	2010-11-23	102934	货币市场,债券	2.50
163	“金钥匙·安心得利”2010年第1097期人民币理财产品(中铁专项)	2010-8-26	2011-8-9	2600	货币市场,债券	3.40
164	“金钥匙·安心得利”2010年第1098期人民币理财产品	2010-8-26	2011-2-24	129484	货币市场,债券	2.85
165	“金钥匙·安心得利”2010年第1099期人民币理财产品	2010-8-26	2010-10-14	132704	货币市场,债券	2.25
166	“金钥匙·安心得利”2010年第1100期人民币理财产品	2010-8-26	2010-9-16	208165	货币市场,债券	2.00
167	“金钥匙·本利丰”2010年第64期人民币理财	2010-9-2	2010-11-4	74815	货币市场,债券	1.95
168	“金钥匙·安心得利”2010年第1101期人民币理财产品	2010-9-2	2010-10-14	185341	货币市场,债券	2.20
169	“金钥匙·安心得利”2010年第1102期人民币理财产品	2010-9-2	2010-12-2	133514	货币市场,债券	2.50
170	“金钥匙·安心得利”2010年第1103期人民币理财产品	2010-9-2	2011-3-3	80384	货币市场,债券	2.85
171	“金钥匙·安心得利”2010年第1104期人民币理财产品(广东)	2010-9-2	2010-9-30	139390	货币市场,债券	2.30
172	“金钥匙·安心得利”2010年第1105期人民币理财产品(广东)	2010-9-2	2010-10-29	70919	货币市场,债券	2.50
173	中国农业银行“安心得利”定向对公(DG201055)人民币理财产品(私人银行天津分部客户:杜宝新)	2010-9-2	2010-9-21	10000	货币市场,债券	2.10
174	“金钥匙·安心得利”2010年第1110期私人银行客户专享人民币理财产品(私人银行客户(广东、深圳、江苏、浙江))	2010-9-3	2010-9-30	149756	货币市场,债券	2.60

续表

序号	名称	发行日	到期日	拟发行量	资金主要投向	预期收益率(%)
175	"金钥匙·安心得利"2010年第1111期私人银行客户专享人民币理财产品私人银行客户(不包括广东、深圳、江苏、浙江)	2010-9-3	2010-9-30	65972	货币市场,债券	2.45
176	"金钥匙·安心得利"2010年第1117期人民币理财产品(浙江)	2010-9-6	2010-9-30	75620	货币市场,债券	2.30
177	"金钥匙·本利丰"2010年第69期人民币理财	2010-9-7	2010-12-31	67692	货币市场,债券	2.30
178	"金钥匙·安心得利"2010年第1106期人民币理财产品	2010-9-7	2010-9-30	280000	货币市场,债券	2.15
179	"金钥匙·安心得利"2010年第1107期人民币理财产品	2010-9-9	2010-9-30	327163	货币市场,债券	2.15
180	"金钥匙·安心得利"2010年第1108期人民币理财产品	2010-9-9	2010-12-9	194559	货币市场,债券	2.55
181	"金钥匙·安心得利"2010年第1109期人民币理财产品(中铁专项)	2010-9-9	2011-7-20	59159	货币市场,债券	3.30
182	"金钥匙·本利丰"2010年第70期人民币理财	2010-9-14	2010-10-29	153563	货币市场,债券	2.05
183	"金钥匙·安心得利"2010年第1112期人民币理财产品	2010-9-14	2010-11-16	60161	货币市场,债券	2.35
184	"金钥匙·安心得利"2010年第1113期人民币理财产品	2010-9-16	2010-12-31	139036	货币市场,债券	2.55
185	"金钥匙·安心得利"2010年第1114期人民币理财产品	2010-9-16	2010-10-14	79270	货币市场,债券	2.10
186	"金钥匙·安心得利"2010年第1115期人民币理财产品(深圳)	2010-9-16	2010-9-30	49997	货币市场,债券	2.20
187	"金钥匙·安心得利"2010年第1116期人民币理财产品	2010-9-16	2010-9-30	455282	货币市场,债券	2.05
188	"金钥匙·安心得利"2010年第1121期人民币理财产品(广东)	2010-9-16	2010-9-30	204929	货币市场,债券	2.20
189	"金钥匙·安心得利"2010年第1118期人民币理财产品(浙江)	2010-9-17	2010-9-30	100000	货币市场,债券	2.05
190	"金钥匙·安心得利"2010年第1119期人民币理财产品(浙江)	2010-9-21	2010-9-26	170000	货币市场,债券	2.80
191	"金钥匙·安心得利"2010年第1120期人民币理财产品(浙江)	2010-9-21	2010-9-28	180000	货币市场,债券	2.80
192	"金钥匙·安心得利"2010年第1122期人民币理财产品	2010-9-21	2010-9-30	396200	货币市场,债券	2.50
193	"金钥匙·安心得利"2010年第1124期人民币理财产品(中秋假日专享)	2010-9-21	2010-9-25	280995	货币市场,债券	2.20

续表

序号	名称	发行日	到期日	拟发行量	资金主要投向	预期收益率(%)
194	“金钥匙·安心得利”2010年第1126期人民币理财产品	2010-9-21	2010-12-21	128999	货币市场,债券	2.60
195	“金钥匙·安心得利”2010年第1127期人民币理财产品(电网专项)	2010-9-25	2011-4-26	49981	货币市场,债券	3.20
196	“金钥匙·本利丰”2010年第71期人民币理财	2010-9-25	2010-10-16	92512	货币市场,债券	1.80
197	“金钥匙·安心得利”2010年第1129期人民币理财产品	2010-9-25	2010-10-22	106240	货币市场,债券	2.40
198	“金钥匙·安心得利”2010年第1128期人民币理财产品	2010-9-26	2010-11-9	124323	货币市场,债券	2.50
199	“金钥匙·安心得利”2010年第1138期人民币理财产(江苏)	2010-9-26	2010-9-30	77415	货币市场,债券	2.75
200	“金钥匙·安心得利”2010年第1123期人民币理财产品	2010-9-27	2010-9-30	289999	货币市场,债券	2.40
201	“金钥匙·本利丰”2010年第72期人民币理财	2010-9-28	2010-12-31	156091	货币市场,债券	2.25
202	“金钥匙·安心得利”2010年第1125期人民币理财产品(国庆假日专享)	2010-9-29	2010-10-8	282626	货币市场,债券	2.40
203	“金钥匙·安心得利”2010年第1142期人民币理财产品	2010-10-2	2010-10-8	979850	货币市场,债券	2.30
204	“金钥匙·安心得利”2010年第1130期人民币理财产品	2010-10-9	2010-10-22	330827	货币市场,债券	1.90
205	“金钥匙·安心得利”2010年第1131期人民币理财产品	2010-10-9	2010-11-5	177041	货币市场,债券	2.10
206	“金钥匙·安心得利”2010年第1132期人民币理财产品	2010-10-9	2010-11-23	194338	货币市场,债券	2.25
207	“金钥匙·安心得利”2010年第1133期人民币理财产品	2010-10-9	2011-1-7	94451	货币市场,债券	2.50
208	“金钥匙·本利丰”2010年第73期人民币理财	2010-10-9	2011-4-8	51691	货币市场,债券	2.40
209	“金钥匙·安心得利”2010年第1139期人民币理财产(广东)	2010-10-9	2010-10-29	49270	货币市场,债券	2.15
210	“金钥匙·安心得利”2010年第1140期私人银行客户专享人民币理财产品	2010-10-9	2010-11-8	98238	货币市场,债券	2.40
211	“金钥匙·安心得利”2010年第1141期人民币理财产品	2010-10-9	2010-12-31	488455	货币市场,债券	2.80
212	“金钥匙·安心得利”2010年第1134期人民币理财产品	2010-10-12	2010-11-9	327123	货币市场,债券	2.10

续表

序号	名称	发行日	到期日	拟发行量	资金主要投向	预期收益率(%)
213	“金钥匙·安心得利”2010年第1135期人民币理财产品	2010-10-12	2011-2-11	70421	货币市场,债券	2.65
214	“金钥匙·本利丰”2010年第74期人民币理财	2010-10-14	2011-1-13	118829	货币市场,债券	2.20
215	“金钥匙·安心得利”2010年第1136期人民币理财产品	2010-10-14	2010-12-16	107365	货币市场,债券	2.30
216	“金钥匙·安心得利”2010年第1137期人民币理财产品	2010-10-14	2010-11-11	198372	货币市场,债券	2.10
217	“金钥匙·安心得利”2010年第1143期人民币理财产品	2010-10-14	2010-12-31	681232	货币市场,债券	2.80
218	“金钥匙·安心得利”2010年第1144期人民币理财产品	2010-10-19	2010-12-31	165375	货币市场,债券	2.45
219	“金钥匙·安心得利”2010年第1145期人民币理财产品	2010-10-19	2011-1-18	67936	货币市场,债券	2.50
220	“金钥匙·本利丰”2010年第75期人民币理财	2010-10-19	2010-11-9	205743	货币市场,债券	1.85
221	“金钥匙·安心得利”2010年第1146期人民币理财产品	2010-10-19	2010-11-16	329942	货币市场,债券	2.15
222	“金钥匙·本利丰”2010年第76期人民币理财	2010-10-21	2011-1-31	61413	货币市场,债券	2.25
223	“金钥匙·安心得利”2010年第1147期人民币理财产品	2010-10-21	2011-2-28	50498	货币市场,债券	2.65
224	“金钥匙·安心得利”2010年第1148期人民币理财产品	2010-10-21	2010-11-18	197916	货币市场,债券	2.15
225	“金钥匙·安心得利”2010年第1149期人民币理财产品	2010-10-21	2010-12-9	137984	货币市场,债券	2.30
226	“金钥匙·安心得利”2010年第1150期人民币理财产品(电网专项)	2010-10-26	2011-4-26	87103	货币市场,债券	2.85
227	“金钥匙·安心得利”2010年第1151期人民币理财产品	2010-10-26	2011-1-25	75142	货币市场,债券	2.50
228	“金钥匙·安心得利”2010年第1152期人民币理财产品	2010-10-26	2010-11-23	165567	货币市场,债券	2.15
229	“金钥匙·本利丰”2010年第77期人民币理财	2010-10-26	2010-12-31	211359	货币市场,债券	2.30
230	“金钥匙·安心得利”2010年第1153期人民币理财产品	2010-10-28	2010-11-25	203457	货币市场,债券	2.25
231	“金钥匙·安心得利”2010年第1154期人民币理财产品	2010-11-2	2010-12-31	362096	货币市场,债券	2.45

续表

序号	名称	发行日	到期日	拟发行量	资金主要投向	预期收益率(%)
232	“金钥匙·安心得利”2010年第1155期人民币理财产品	2010-11-2	2010-11-30	329194	货币市场,债券	2.25
233	“金钥匙·本利丰”2010年第78期人民币理财	2010-11-4	2011-1-6	196707	货币市场,债券	2.30
234	“金钥匙·安心得利”2010年第1156期人民币理财产品(电网专项)	2010-11-4	2011-4-26	149930	货币市场,债券	3.00
235	“金钥匙·安心得利”2010年第1157期人民币理财产品	2010-11-4	2010-11-25	160696	货币市场,债券	2.15
236	“金钥匙·安心得利”2010年第1158期人民币理财产品	2010-11-4	2010-12-2	105462	货币市场,债券	2.25
237	“金钥匙·安心得利”2010年第1160期私人银行客户专享人民币理财产品	2010-11-4	2010-11-30	92913	货币市场,债券	2.45
238	“金钥匙·安心得利”2010年第1161期私人银行客户专享人民币理财产品	2010-11-4	2010-12-31	56201	货币市场,债券	2.70
239	“金钥匙·安心得利”2010年第1162期私人银行客户专享人民币理财产品	2010-11-4	2011-1-31	23773	货币市场,债券	2.75
240	“金钥匙·本利丰”2010年第84期人民币理财	2010-11-5	2011-1-20	52175	货币市场,债券	2.25
241	“金钥匙·安心得利”2010年第1159期人民币理财产品	2010-11-5	2010-12-31	176918	货币市场,债券	2.40
242	“金钥匙·安心得利”2010年第1163期人民币理财产品	2010-11-16	2010-12-14	180000	货币市场,债券	2.25
243	“金钥匙·安心得利”2010年第1164期人民币理财产品	2010-11-16	2010-12-31	462571	货币市场,债券	2.35
244	“金钥匙·安心得利”2010年第1165期人民币理财产品	2010-11-18	2011-2-17	169653	货币市场,债券	2.55
245	“金钥匙·安心得利”2010年第1166期人民币理财产品	2010-11-18	2010-12-16	180847	货币市场,债券	2.25
246	“金钥匙·安心得利”2010年第1177期人民币理财产品(广东、深圳)	2010-11-22	2010-12-31	113073	货币市场,债券	2.50
247	“金钥匙·安心得利”2010年第1168期人民币理财产品(电网专项)	2010-11-23	2011-4-27	80793	货币市场,债券	2.95
248	“金钥匙·安心得利”2010年第1169期人民币理财产品	2010-11-23	2010-12-31	412291	货币市场,债券	2.30
249	“金钥匙·安心得利”2010年第1170期人民币理财产品	2010-11-23	2010-12-21	179991	货币市场,债券	2.25
250	“金钥匙·安心得利”2010年第1171期人民币理财产品	2010-11-25	2011-2-24	116710	货币市场,债券	2.55

续表

序号	名称	发行日	到期日	拟发行量	资金主要投向	预期收益率(%)
251	“金钥匙·安心得利”2010年第1172期人民币理财产品	2010-11-25	2010-12-23	180097	货币市场,债券	2.25
252	“金钥匙·安心得利”2010年第1184期人民币理财产品(广东)	2010-11-29	2010-12-31	108392	货币市场,债券	2.50
253	“金钥匙·安心得利”2010年第1173期人民币理财产品	2010-12-2	2011-2-28	122904	货币市场,债券	2.55
254	“金钥匙·安心得利”2010年第1174期人民币理财产品	2010-12-2	2010-12-21	338646	货币市场,债券	2.15
255	“金钥匙·安心得利”2010年第1175期人民币理财产品	2010-12-2	2010-12-31	490535	货币市场,债券	2.25
256	“金钥匙·安心得利”2010年第1176期人民币理财产品	2010-12-2	2011-1-27	104598	货币市场,债券	2.35
257	“金钥匙·安心得利”2010年第1191期私人银行客户专享人民币理财产品	2010-12-6	2010-12-31	199986.3	货币市场,债券	2.50
258	“金钥匙·安心得利”2010年第1192期私人银行客户专享人民币理财产品	2010-12-6	2011-1-31	19693	货币市场,债券	2.75
259	“金钥匙·安心得利”2010年第1193期私人银行客户专享人民币理财产品	2010-12-6	2011-2-28	16044	货币市场,债券	2.85
260	“金钥匙·安心得利”2010年第1178期人民币理财产品	2010-12-7	2011-3-8	59870	货币市场,债券	2.55
261	“金钥匙·安心得利”2010年第1179期人民币理财产品	2010-12-7	2011-1-4	209509	货币市场,债券	2.25
262	“金钥匙·安心得利”2010年第1180期人民币理财产品	2010-12-9	2010-12-31	489997	货币市场,债券	2.20
263	“金钥匙·安心得利”2010年第1181期人民币理财产品	2010-12-9	2011-1-27	134203	货币市场,债券	2.35
264	“金钥匙·安心得利”2010年第1182期人民币理财产品(电网专项)	2010-12-9	2011-4-27	98556	货币市场,债券	2.90
265	“金钥匙·安心得利”2010年第1183期人民币理财产品	2010-12-9	2011-1-6	125033	货币市场,债券	2.25
266	“金钥匙·安心得利”2010年第1194期人民币理财产品(江苏、广东)	2010-12-10	2010-12-31	499892	货币市场,债券	2.45
267	中国农业银行“安心得利”定向对公(DG2010101)人民币理财产品(电网专项)(吉林分行个人客户)	2010-12-10	2011-4-27	10000	货币市场,债券	3.60
268	“金钥匙·安心得利”2010年第1185期人民币理财产品	2010-12-14	2011-3-15	58568	货币市场,债券	2.55
269	“金钥匙·安心得利”2010年第1186期人民币理财产品	2010-12-14	2011-1-11	171064	货币市场,债券	2.25

续表

序号	名称	发行日	到期日	拟发行量	资金主要投向	预期收益率(%)
270	“金钥匙·安心得利”2010年第1187期人民币理财产品	2010-12-14	2011-1-31	46895	货币市场,债券	2.35
271	“金钥匙·安心得利”2010年第1188期人民币理财产品	2010-12-16	2010-12-31	490061	货币市场,债券	2.10
272	“金钥匙·本利丰”2010年第94期人民币理财	2010-12-16	2011-3-3	95545	货币市场,债券	2.25
273	“金钥匙·安心得利”2010年第1189期人民币理财产品(电网专项)	2010-12-16	2011-4-27	86682	货币市场,债券	2.90
274	“金钥匙·安心得利”2010年第1190期人民币理财产品	2010-12-16	2011-1-13	119821	货币市场,债券	2.25
275	“金钥匙·安心得利”2010年第1202期人民币理财产品(江苏、广东、山东、北京)	2010-12-17	2010-12-31	578679	货币市场,债券	2.50
276	“金钥匙·安心得利”2010年第1195期人民币理财产品	2010-12-21	2011-3-22	47521	货币市场,债券	2.55
277	“金钥匙·安心得利”2010年第1196期人民币理财产品	2010-12-21	2010-12-31	489096	货币市场,债券	2.20
278	“金钥匙·安心得利”2010年第1197期人民币理财产品	2010-12-21	2011-1-18	308745	货币市场,债券	2.25
279	“金钥匙·安心得利”2010年第1198期人民币理财产品	2010-12-21	2011-2-22	42499	货币市场,债券	2.45
280	“金钥匙·安心得利”2010年第1208期人民币理财产品(江苏、广东、山东、北京、浙江)	2010-12-22	2010-12-31	569503	货币市场,债券	2.50
281	“金钥匙·安心得利”2010年第1199期人民币理财产品(电网专项)	2010-12-23	2011-4-27	79791	货币市场,债券	2.85
282	“金钥匙·本利丰”2010年第95期人民币理财	2010-12-23	2011-2-24	159846	货币市场,债券	2.20
283	“金钥匙·安心得利”2010年第1200期人民币理财产品	2010-12-23	2010-12-31	479698	货币市场,债券	2.15
284	“金钥匙·安心得利”2010年第1201期人民币理财产品	2010-12-23	2011-1-20	132975	货币市场,债券	2.25
285	“金钥匙·安心得利”2010年第1209期人民币理财产品(江苏、广东、山东、北京、浙江)(个人客户)	2010-12-24	2010-12-31	230008	货币市场,债券	3.10
286	“金钥匙·安心得利”2010年第1210期人民币理财产品(江苏、广东、山东、北京、浙江)(个人客户)	2010-12-27	2010-12-31	459933	货币市场,债券	2.80
287	“金钥匙·安心得利”2010年第1220期人民币理财产品(上海)(个人客户)	2010-12-27	2010-12-31	23216	货币市场,债券	2.80

续表

序号	名称	发行日	到期日	拟发行量	资金主要投向	预期收益率(%)
288	“金钥匙·安心得利”2010 年第 1203 期人民币理财产品	2010-12-28	2011-3-31	51779	货币市场,债券	2.55
289	“金钥匙·安心得利”2010 年第 1204 期人民币理财产品(电网专项)	2010-12-28	2011-4-27	58783	货币市场,债券	2.80
290	“金钥匙·本利丰”2010 年第 96 期人民币理财	2010-12-28	2011-4-19	24726	货币市场,债券	2.35
291	“金钥匙·安心得利”2010 年第 1205 期人民币理财产品	2010-12-28	2010-12-31	978358	货币市场,债券	2.60
292	“金钥匙·安心得利”2010 年第 1206 期人民币理财产品	2010-12-28	2011-1-25	205666	货币市场,债券	2.25
293	“金钥匙·安心得利”2010 年第 1207 期人民币理财产品	2010-12-28	2011-2-28	42755	货币市场,债券	2.45
294	“金钥匙·安心得利”2010 年第 1211 期人民币理财产品(江苏、广东、山东、北京、浙江、深圳、重庆)(个人客户)	2010-12-29	2010-12-31	210171	货币市场,债券	3.10
295	“金钥匙·安心得利”2010 年第 1212 期人民币理财产品	2010-12-30	2011-1-4	852305	货币市场,债券	2.80
296	“金钥匙·安心得利”2010 年第 1213 期人民币理财产品	2010-12-30	2011-1-27	279429	货币市场,债券	3.20
297	“金钥匙·安心得利”2010 年第 1221 期人民币理财产品	2010-12-30	2011-1-13	256932	货币市场,债券	3.00

数据来源:农业银行

表 3-4　2010 年中国银行个人人民币理财产品发行情况表

单位:万元人民币

序号	产品名称	发行日	到期日	拟发行量	资金主要投向	预期收益率(%)
1	搏·弈 BY1001A7D-1	2010-1-5	2010-1-12	5304	结构性存款	1.60
2	搏·弈 BY1001A7D-2(中银财富专享)	2010-1-5	2010-1-12	4826	结构性存款	1.62
3	搏·弈 BY1001A7D-3(中银财富专享)	2010-1-5	2010-1-12	50883	结构性存款	1.65
4	搏·弈 BY09101	2010-1-5	2010-1-13	120203	结构性存款	1.99
5	搏·弈 BY1001A21D-1	2010-1-5	2010-1-26	4197	结构性存款	1.65
6	搏·弈 BY1001A21D-2(中银财富专享)	2010-1-5	2010-1-26	15717	结构性存款	1.67
7	搏·弈 BY1001A21D-3(中银财富专享)	2010-1-5	2010-1-26	60003	结构性存款	1.70
8	搏·弈 BY1001A21D-4(中银私行专享)	2010-1-5	2010-1-26	40699	结构性存款	1.75
9	搏·弈 BY1001A1M	2010-1-5	2010-2-5	42715	结构性存款	1.70
10	搏·弈 BY0905GX7D-35(七日有约)	2010-1-6	2010-1-13	88452	结构性存款	1.62
11	搏·弈 BYZM1001(周末理财)	2010-1-8	2010-1-11	1685425	结构性存款	起息日的 O/N_SHIBOR -0.20
12	搏·弈 BY10002	2010-1-11	2010-3-11	5393	结构性存款	1.85

续表

序号	产品名称	发行日	到期日	拟发行量	资金主要投向	预期收益率(%)
13	搏·弈 BY1001B7D-1	2010-1-13	2010-1-20	8229	结构性存款	1.60
14	搏·弈 BY1001B7D-2(中银财富专享)	2010-1-13	2010-1-20	8086	结构性存款	1.62
15	搏·弈 BY1001B7D-3(中银财富专享)	2010-1-13	2010-1-20	104064	结构性存款	1.65
16	搏·弈 BY0905GX7D-36(七日有约)	2010-1-13	2010-1-20	95664	结构性存款	1.62
17	搏·弈 BY1001B14D-1	2010-1-13	2010-1-27	3212	结构性存款	1.62
18	搏·弈 BY1001B14D-2(中银财富专享)	2010-1-13	2010-1-27	4019	结构性存款	1.64
19	搏·弈 BY1001B14D-3(中银财富专享)	2010-1-13	2010-1-27	37568	结构性存款	1.67
20	搏·弈 BY1001B1M-1	2010-1-13	2010-2-12	6586	结构性存款	1.70
21	搏·弈 BY1001B1M-2(中银财富专享)	2010-1-13	2010-2-12	10145	结构性存款	1.72
22	搏·弈 BY1001B1M-3(中银财富专享)	2010-1-13	2010-2-12	53479	结构性存款	1.75
23	搏·弈 BY1001B2M	2010-1-13	2010-3-15	81371	结构性存款	1.80
24	搏·弈 BY10001-V 汇市争锋	2010-1-13	2010-4-13	2371	结构性存款	0.36 或 2.15
25	搏·弈 BYZM1002(周末理财)	2010-1-15	2010-1-18	1724689	结构性存款	起息日的 O/N_SHIBOR -0.20
26	中银信富 1002	2010-1-15	2010-4-15	40000	新增贷款	2.70
27	搏·弈 BY0905GX7D-37(七日有约)	2010-1-20	2010-1-27	100692	结构性存款	1.62
28	搏·弈 BY1001C7D-1	2010-1-21	2010-1-28	14868	结构性存款	1.60
29	搏·弈 BY1001C7D-2(中银财富专享)	2010-1-21	2010-1-28	14387	结构性存款	1.62
30	搏·弈 BY1001C7D-3(中银财富专享)	2010-1-21	2010-1-28	127422	结构性存款	1.65
31	搏·弈 BY1001C21D-1	2010-1-21	2010-2-11	2217	结构性存款	1.65
32	搏·弈 BY1001C21D-2(中银财富专享)	2010-1-21	2010-2-11	1805	结构性存款	1.67
33	搏·弈 BY1001C21D-3(中银财富专享)	2010-1-21	2010-2-11	19111	结构性存款	1.70
34	搏·弈 BY1001C1M-1	2010-1-21	2010-2-22	7152	结构性存款	1.70
35	搏·弈 BY1001C1M-2(中银财富专享)	2010-1-21	2010-2-22	9124	结构性存款	1.72
36	搏·弈 BY1001C1M-3(中银财富专享)	2010-1-21	2010-2-22	37776	结构性存款	1.75
37	搏·弈 BY1001C1M-4(中银私行专享)	2010-1-21	2010-2-22	23368	结构性存款	1.80
38	搏·弈 BY1001C2M	2010-1-21	2010-3-22	59340	结构性存款	1.80
39	搏·弈 BYZM1003(周末理财)	2010-1-22	2010-1-25	1737178	结构性存款	起息日的 O/N_SHIBOR -0.20
40	中银进取 10001A-标普高盛农产品超额回报指数挂钩产品	2010-1-22	2011-1-24	17486	结构性存款	6 或 0.36
41	搏·弈 BY0905GX7D-38(七日有约)	2010-1-27	2010-2-3	90896	结构性存款	1.62
42	搏·弈 BY1001D7D-1	2010-1-28	2010-2-4	3231	结构性存款	1.60
43	搏·弈 BY1001D7D-2(中银财富专享)	2010-1-28	2010-2-4	4227	结构性存款	1.62
44	搏·弈 BY1001D7D-3(中银财富专享)	2010-1-28	2010-2-4	31968	结构性存款	1.65
45	搏·弈 BY1001D14D-1	2010-1-28	2010-2-11	1276	结构性存款	1.62

续表

序号	产品名称	发行日	到期日	拟发行量	资金主要投向	预期收益率(%)
46	搏·弈 BY1001D14D－2（中银财富专享）	2010－1－28	2010－2－11	1282	结构性存款	1.64
47	搏·弈 BY1001D14D－3（中银财富专享）	2010－1－28	2010－2－11	12195	结构性存款	1.67
48	搏·弈 BY1001D1M－1	2010－1－28	2010－2－26	6225	结构性存款	1.70
49	搏·弈 BY1001D1M－2（中银财富专享）	2010－1－28	2010－2－26	8643	结构性存款	1.72
50	搏·弈 BY1001D1M－3（中银财富专享）	2010－1－28	2010－2－26	57771	结构性存款	1.75
51	搏·弈 BY1001D2M	2010－1－28	2010－3－29	41427	结构性存款	1.80
52	中银信富 1003	2010－1－28	2010－7－29	83638	新增贷款	3.30
53	搏·弈 BYZM1004(周末理财)	2010－1－29	2010－2－1	692242	结构性存款	起息日的 O/N_SHIBOR －0.25
54	中银信富 1001	2010－1－29	2011－1－24	199230	新增贷款	4.00
55	搏·弈 BY10003	2010－2－2	2010－3－30	8880	结构性存款	1.90
56	搏·弈 BY0905GX7D－39(七日有约)	2010－2－3	2010－2－10	86153	结构性存款	1.62
57	搏·弈 BY1002A7D－1	2010－2－3	2010－2－10	4902	结构性存款	1.60
58	搏·弈 BY1002A7D－2（中银财富专享）	2010－2－3	2010－2－10	5550	结构性存款	1.62
59	搏·弈 BY1002A7D－3（中银财富专享）	2010－2－3	2010－2－10	51188	结构性存款	1.65
60	搏·弈 BY1002A21D－1	2010－2－3	2010－2－24	2714	结构性存款	1.65
61	搏·弈 BY1002A21D－2（中银财富专享）	2010－2－3	2010－2－24	15858	结构性存款	1.67
62	搏·弈 BY1002A21D－3（中银财富专享）	2010－2－3	2010－2－24	100089	结构性存款	1.70
63	搏·弈 BY10004	2010－2－3	2010－2－24	10500	结构性存款	1.76
64	搏·弈 BY1002A1M－1	2010－2－3	2010－3－3	10740	结构性存款	1.70
65	搏·弈 BY1002A1M－2（中银财富专享）	2010－2－3	2010－3－3	10852	结构性存款	1.72
66	搏·弈 BY1002A1M－3（中银财富专享）	2010－2－3	2010－3－3	33727	结构性存款	1.75
67	搏·弈 BY1002A1M－4(中银私行专享)	2010－2－3	2010－3－3	43499	结构性存款	1.80
68	搏·弈 BYZM1005(周末理财)	2010－2－5	2010－2－8	1663729	结构性存款	O/N_SHIBOR －0.20
69	搏·弈 BY10005	2010－2－9	2010－3－30	663	结构性存款	1.85
70	搏·弈 BY0905GX7D－40(七日有约)	2010－2－10	2010－2－23	219095	结构性存款	1.67
71	中银信富 1008	2010－2－10	2010－5－10	15000	新增贷款	2.90
72	中银信富 1011	2010－2－10	2010－5－10	30000	新增贷款	3.50
73	中银智富 1001	2010－2－10	2011－2－10	40000	股权投资	5.50
74	搏·弈 BYZM1006(周末理财)	2010－2－11	2010－2－22	745378	结构性存款	O/N_SHIBOR
75	搏·弈 BY1002B14D－1	2010－2－11	2010－2－25	17430	结构性存款	1.65
76	搏·弈 BY1002B14D－2（中银财富专享）	2010－2－11	2010－2－25	20456	结构性存款	1.67
77	搏·弈 BY1002B14D－3（中银财富专享）	2010－2－11	2010－2－25	237421	结构性存款	1.70
78	搏·弈 BY10006	2010－2－11	2010－2－26	6917	结构性存款	1.75
79	搏·弈 BY1002B21D－1	2010－2－11	2010－3－4	3309	结构性存款	1.70

续表

序号	产品名称	发行日	到期日	拟发行量	资金主要投向	预期收益率（%）
80	搏·弈 BY1002B21D－2（中银财富专享）	2010－2－11	2010－3－4	5297	结构性存款	1.72
81	搏·弈 BY1002B21D－3（中银财富专享）	2010－2－11	2010－3－4	32375	结构性存款	1.75
82	搏·弈 BY1002B1M－1	2010－2－11	2010－3－11	19969	结构性存款	1.75
83	搏·弈 BY1002B1M－2（中银财富专享）	2010－2－11	2010－3－11	23794	结构性存款	1.77
84	搏·弈 BY1002B1M－3（中银财富专享）	2010－2－11	2010－3－11	168921	结构性存款	1.80
85	中银信富 1004	2010－2－11	2010－8－11	10832	新增贷款	3.40
86	中银信富 1007	2010－2－11	2010－8－10	20000	新增贷款	3.90
87	中银信富 1010	2010－2－11	2010－8－11	50000	新增贷款	3.30
88	搏·弈 BY10007	2010－2－21	2010－3－22	46105	结构性存款	1.90
89	搏·弈 BY1002C4D－1	2010－2－22	2010－2－26	2037	结构性存款	1.60
90	搏·弈 BY1002C4D－2（中银财富专享）	2010－2－22	2010－2－26	3229	结构性存款	1.62
91	搏·弈 BY1002C4D－3（中银财富专享）	2010－2－22	2010－2－26	16106	结构性存款	1.65
92	搏·弈 BY1002C14D－1	2010－2－22	2010－3－8	1381	结构性存款	1.65
93	搏·弈 BY1002C14D－2（中银财富专享）	2010－2－22	2010－3－8	2149	结构性存款	1.67
94	搏·弈 BY1002C14D－3（中银财富专享）	2010－2－22	2010－3－8	14048	结构性存款	1.70
95	搏·弈 BY1002C1M－1	2010－2－22	2010－3－22	6402	结构性存款	1.75
96	搏·弈 BY1002C1M－2（中银财富专享）	2010－2－22	2010－3－22	4776	结构性存款	1.77
97	搏·弈 BY1002C1M－3（中银财富专享）	2010－2－22	2010－3－22	13874	结构性存款	1.80
98	搏·弈 BY1002C1M－4(中银私行专享)	2010－2－22	2010－3－22	9744	结构性存款	1.85
99	搏·弈 BY10008	2010－2－23	2010－2－26	47333	结构性存款	1.60
100	搏·弈 BY0905GX7D－41(七日有约)	2010－2－23	2010－3－2	163866	结构性存款	1.67
101	中银信富 1005	2010－2－23	2010－5－21	30000	新增贷款	3.00
102	搏·弈 BYZM1007(周末理财)	2010－2－26	2010－3－1	806079	结构性存款	1.23
103	中银信富 1013	2010－2－26	2010－5－26	30000	新增贷款	3.30
104	中银信富 1014	2010－2－26	2010－5－26	70000	新增贷款	3.30
105	中银信富 1012	2010－3－1	2010－9－3	30400	转让贷款	3.50
106	搏·弈 BY0905GX7D－42(七日有约)	2010－3－2	2010－3－9	161353	结构性存款	1.62
107	搏·弈 BY10012	2010－3－2	2010－3－9	18959	结构性存款	1.70
108	搏·弈 BY10009	2010－3－2	2010－3－31	39064	结构性存款	1.78
109	中银信富 1006	2010－3－2	2011－3－2	15000	新增贷款	3.20
110	中银智富 1002	2010－3－2	2011－3－2	40850	股权投资	5.50
111	中银智富 1003	2010－3－3	2011－3－3	49800	股权投资	5.50
112	搏·弈 BY10010	2010－3－4	2010－3－30	205578	结构性存款	1.95
113	搏·弈 BY10011	2010－3－4	2010－3－31	9615	结构性存款	1.78
114	搏·弈 BYZM1008(周末理财)	2010－3－5	2010－3－8	1899617	结构性存款	O/N_SHIBOR－0.20

续表

序号	产品名称	发行日	到期日	拟发行量	资金主要投向	预期收益率(%)
115	搏·弈 BY1003A7D-1	2010-3-8	2010-3-15	7568	结构性存款	1.60
116	搏·弈 BY1003A7D-2(中银财富专享)	2010-3-8	2010-3-15	8380	结构性存款	1.62
117	搏·弈 BY1003A7D-3(中银财富专享)	2010-3-8	2010-3-15	55645	结构性存款	1.65
118	搏·弈 BY1003A14D-1	2010-3-8	2010-3-22	6282	结构性存款	1.65
119	搏·弈 BY1003A14D-2(中银财富专享)	2010-3-8	2010-3-22	5586	结构性存款	1.67
120	搏·弈 BY1003A14D-3(中银财富专享)	2010-3-8	2010-3-22	72103	结构性存款	1.70
121	搏·弈 BY1003A23D-1	2010-3-8	2010-3-31	23996	结构性存款	1.70
122	搏·弈 BY1003A23D-2(中银财富专享)	2010-3-8	2010-3-31	35777	结构性存款	1.72
123	搏·弈 BY1003A23D-3(中银财富专享)	2010-3-8	2010-3-31	251561	结构性存款	1.75
124	搏·弈 BY0905GX7D-43(七日有约)	2010-3-9	2010-3-16	174304	结构性存款	1.62
125	搏·弈 BY10016	2010-3-9	2010-3-30	34227	结构性存款	1.85
126	搏·弈 BY10018	2010-3-10	2010-3-17	20499	结构性存款	1.70
127	搏·弈 BY10013	2010-3-10	2010-3-31	8530	结构性存款	1.72
128	搏·弈 BY10017	2010-3-10	2010-3-31	22430	结构性存款	1.78
129	搏·弈 BY10015-V(汇市争锋)	2010-3-10	2010-6-10	6392	结构性存款	1 或 3
130	搏·弈 BY10022	2010-3-11	2010-3-19	3000	结构性存款	1.71
131	搏·弈 BYZM1009(周末理财)	2010-3-12	2010-3-15	1581463	结构性存款	O/N_SHIBOR
132	搏·弈 BY0905GX7D-44(七日有约)	2010-3-16	2010-3-23	162128	结构性存款	1.62
133	搏·弈 BY1003B7D-1	2010-3-16	2010-3-23	8860	结构性存款	1.65
134	搏·弈 BY1003B7D-2(中银财富专享)	2010-3-16	2010-3-23	8531	结构性存款	1.67
135	搏·弈 BY1003B7D-3(中银财富专享)	2010-3-16	2010-3-23	105860	结构性存款	1.70
136	搏·弈 BY1003B15D-1	2010-3-16	2010-3-31	7266	结构性存款	1.70
137	搏·弈 BY1003B15D-2(中银财富专享)	2010-3-16	2010-3-31	9790	结构性存款	1.72
138	搏·弈 BY1003B15D-3(中银财富专享)	2010-3-16	2010-3-31	119322	结构性存款	1.75
139	搏·弈 BY1003B1M-1	2010-3-16	2010-4-16	5098	结构性存款	1.75
140	搏·弈 BY1003B1M-2(中银财富专享)	2010-3-16	2010-4-16	7542	结构性存款	1.77
141	搏·弈 BY1003B1M-3(中银财富专享)	2010-3-16	2010-4-16	23808	结构性存款	1.80
142	搏·弈 BY1003B1M-4(中银私行专享)	2010-3-16	2010-4-16	20932	结构性存款	1.85
143	搏·弈 BY1003B2M	2010-3-16	2010-5-17	45493	结构性存款	1.90
144	搏·弈 BY10014-V(汇市争锋)	2010-3-16	2010-6-28	2286	结构性存款	0.36 或 2.36
145	搏·弈 BY10019	2010-3-18	2010-3-25	17942	结构性存款	1.65
146	搏·弈 BY10020	2010-3-18	2010-4-8	2143	结构性存款	1.72
147	搏·弈 BY10021	2010-3-18	2010-4-19	599	结构性存款	1.75
148	搏·弈 BYZM1010(周末理财)	2010-3-19	2010-3-22	1356875	结构性存款	O/N_SHIBOR -0.20
149	中银信富 1015	2010-3-19	2010-7-19	40000	新增贷款	3.50

续表

序号	产品名称	发行日	到期日	拟发行量	资金主要投向	预期收益率(%)
150	中银信富 1018A	2010-3-19	2010-6-25	20000	转让贷款	3.30
151	中银信富 1009	2010-3-22	2010-9-17	50000	新增贷款	3.2-3.4
152	中银信富 1017	2010-3-22	2012-7-31	20000	新增贷款	3.90
153	中银信富 1020	2010-3-22	2010-9-21	36000	新增贷款	3.00
154	搏·弈 BY0905GX7D-45(七日有约)	2010-3-23	2010-3-30	162571	结构性存款	1.67
155	搏·弈 BY10023	2010-3-23	2010-3-31	98194	结构性存款	1.80
156	搏·弈 BY10024	2010-3-23	2010-3-31	68424	结构性存款	1.90
157	搏·弈 BY1003C7D-1	2010-3-24	2010-3-31	6545	结构性存款	1.65
158	搏·弈 BY1003C7D-2(中银财富专享)	2010-3-24	2010-3-31	7731	结构性存款	1.67
159	搏·弈 BY1003C7D-3(中银财富专享)	2010-3-24	2010-3-31	124116	结构性存款	1.70
160	搏·弈 BY1003C14D-1	2010-3-24	2010-4-7	1645	结构性存款	1.70
161	搏·弈 BY1003C14D-2(中银财富专享)	2010-3-24	2010-4-7	1938	结构性存款	1.72
162	搏·弈 BY1003C14D-3(中银财富专享)	2010-3-24	2010-4-7	3854	结构性存款	1.75
163	搏·弈 BY1003C1M-1	2010-3-24	2010-4-26	10983	结构性存款	1.80
164	搏·弈 BY1003C1M-2(中银财富专享)	2010-3-24	2010-4-26	12856	结构性存款	1.85
165	搏·弈 BY1003C1M-3(中银财富专享)	2010-3-24	2010-4-26	38616	结构性存款	1.90
166	中银信富 1018B	2010-3-25	2010-8-18	30000	转让贷款	3.60
167	搏·弈 BYZM1011(周末理财)	2010-3-26	2010-3-29	1628341	结构性存款	O/N_SHIBOR -0.20
168	中银进取 10003A-人民币黄金挂钩产品	2010-3-26	2011-3-28	15037	结构性存款	6 或 0.36
169	中银信富 1021	2010-3-29	2010-9-29	50000	新增贷款	3.80
170	搏·弈 BY0905GX7D-46(七日有约)	2010-3-30	2010-4-6	46062	结构性存款	1.67
171	中银信富 1024A	2010-3-30	2010-9-30	50000	新增贷款	3.60
172	中银智富 1004(绍兴柯桥项目)	2010-3-30	2011-3-30	100090	股权投资	5.50
173	搏·弈 BY10025	2010-4-1	2010-4-6	27620	结构性存款	1.70
174	搏·弈 BY1004A7D-1	2010-4-1	2010-4-8	3250	结构性存款	1.65
175	搏·弈 BY1004A7D-2(中银财富专享)	2010-4-1	2010-4-8	3971	结构性存款	1.67
176	搏·弈 BY1004A7D-3(中银财富专享)	2010-4-1	2010-4-8	72584	结构性存款	1.70
177	搏·弈 BY1004A14D-1	2010-4-1	2010-4-15	2617	结构性存款	1.70
178	搏·弈 BY1004A14D-2(中银财富专享)	2010-4-1	2010-4-15	2531	结构性存款	1.72
179	搏·弈 BY1004A14D-3(中银财富专享)	2010-4-1	2010-4-15	38303	结构性存款	1.75
180	搏·弈 BY10026	2010-4-1	2010-4-15	11436	结构性存款	1.78
181	搏·弈 BY1004A1M-1	2010-4-1	2010-4-30	9172	结构性存款	1.80
182	搏·弈 BY1004A1M-2(中银财富专享)	2010-4-1	2010-4-30	10287	结构性存款	1.85
183	搏·弈 BY1004A1M-3(中银财富专享)	2010-4-1	2010-4-30	56168	结构性存款	1.90
184	搏·弈 BY1004A1M-4(中银私行专享)	2010-4-1	2010-4-30	316350	结构性存款	1.95

续表

序号	产品名称	发行日	到期日	拟发行量	资金主要投向	预期收益率(%)
185	搏·弈 BY10027	2010-4-1	2010-4-30	25523	结构性存款	1.92
186	搏·弈 BY1004A3M	2010-4-1	2010-6-30	118466	结构性存款	2.15
187	搏·弈 BY10028-V(汇市争锋)	2010-4-1	2010-6-30	2641	结构性存款	0.5 或 2.36
188	搏·弈 BYZM1012(周末理财)	2010-4-2	2010-4-6	2076565	结构性存款	O/N_SHIBOR -0.20
189	搏·弈 BY10030	2010-4-2	2010-4-30	21123	结构性存款	1.94
190	中银智富 1005(吉林地王置业)	2010-4-2	2011-4-2	50050	股权投资	5.50
191	搏·弈 BY0905GX7D-47(七日有约)	2010-4-6	2010-4-13	51093	结构性存款	1.67
192	搏·弈 BY10029	2010-4-6	2010-4-30	94690	结构性存款	1.85
193	搏·弈 BY10031	2010-4-7	2010-4-30	35429	结构性存款	1.90
194	搏·弈 BY10032	2010-4-7	2010-5-31	9501	结构性存款	2.10
195	搏·弈 BY10033	2010-4-7	2010-6-30	12730	结构性存款	2.15
196	搏·弈 BY1004B7D-1	2010-4-8	2010-4-15	4954	结构性存款	1.65
197	搏·弈 BY1004B7D-2(中银财富专享)	2010-4-8	2010-4-15	6980	结构性存款	1.67
198	搏·弈 BY1004B7D-3(中银财富专享)	2010-4-8	2010-4-15	97414	结构性存款	1.70
199	搏·弈 BY1004B14D-1	2010-4-8	2010-4-22	2510	结构性存款	1.70
200	搏·弈 BY1004B14D-2(中银财富专享)	2010-4-8	2010-4-22	4394	结构性存款	1.72
201	搏·弈 BY1004B14D-3(中银财富专享)	2010-4-8	2010-4-22	28851	结构性存款	1.75
202	搏·弈 BY1004B22D-1	2010-4-8	2010-4-30	13031	结构性存款	1.75
203	搏·弈 BY1004B22D-2(中银财富专享)	2010-4-8	2010-4-30	16954	结构性存款	1.77
204	搏·弈 BY1004B22D-3(中银财富专享)	2010-4-8	2010-4-30	125163	结构性存款	1.80
205	搏·弈 BYZM1013(周末理财)	2010-4-9	2010-4-12	1718576	结构性存款	O/N_SHIBOR -0.20
206	搏·弈 BY0905GX7D-48(七日有约)	2010-4-13	2010-4-20	63830	结构性存款	1.67
207	搏·弈 BY1004C7D-1	2010-4-15	2010-4-22	3510	结构性存款	1.65
208	搏·弈 BY1004C7D-2(中银财富专享)	2010-4-15	2010-4-22	5628	结构性存款	1.67
209	搏·弈 BY1004C7D-3(中银财富专享)	2010-4-15	2010-4-22	72259	结构性存款	1.70
210	搏·弈 BY1004C15D-1	2010-4-15	2010-4-30	4096	结构性存款	1.70
211	搏·弈 BY1004C15D-2(中银财富专享)	2010-4-15	2010-4-30	6962	结构性存款	1.72
212	搏·弈 BY1004C15D-3(中银财富专享)	2010-4-15	2010-4-30	56736	结构性存款	1.75
213	搏·弈 BY1004C1M-1	2010-4-15	2010-5-17	15367	结构性存款	1.80
214	搏·弈 BY1004C1M-2(中银财富专享)	2010-4-15	2010-5-17	18742	结构性存款	1.85
215	搏·弈 BY1004C1M-3(中银财富专享)	2010-4-15	2010-5-17	61999	结构性存款	1.90
216	搏·弈 BY1004C1M-4(中银私行专享)	2010-4-15	2010-5-17	49141	结构性存款	1.95
217	搏·弈 BYZM1014(周末理财)	2010-4-16	2010-4-19	1906352	结构性存款	O/N_SHIBOR -0.20

续表

序号	产品名称	发行日	到期日	拟发行量	资金主要投向	预期收益率(%)
218	搏·弈 BY10034－V(汇市争锋)	2010－4－16	2010－6－30	14148	结构性存款	0.35 或 3.1
219	搏·弈 BY0905GX7D－49(七日有约)	2010－4－20	2010－4－27	80458	结构性存款	1.67
220	中银智富 1006	2010－4－20	2013－4－19	49700	股权投资	6.60
221	搏·弈 BY10035	2010－4－21	2010－6－30	14069	结构性存款	2.00
222	搏·弈 BY1004D8D－1	2010－4－22	2010－4－30	8240	结构性存款	1.70
223	搏·弈 BY1004D8D－2(中银财富专享)	2010－4－22	2010－4－30	9214	结构性存款	1.72
224	搏·弈 BY1004D8D－3(中银财富专享)	2010－4－22	2010－4－30	118530	结构性存款	1.75
225	搏·弈 BY1004D21D－1	2010－4－22	2010－5－13	2247	结构性存款	1.75
226	搏·弈 BY1004D21D－2(中银财富专享)	2010－4－22	2010－5－13	2469	结构性存款	1.77
227	搏·弈 BY1004D21D－3(中银财富专享)	2010－4－22	2010－5－13	12944	结构性存款	1.80
228	搏·弈 BY1004D1M－1	2010－4－22	2010－5－24	13563	结构性存款	1.85
229	搏·弈 BY1004D1M－2(中银财富专享)	2010－4－22	2010－5－24	18882	结构性存款	1.90
230	搏·弈 BY1004D1M－3(中银财富专享)	2010－4－22	2010－5－24	117155	结构性存款	1.95
231	中银信富 1022	2010－4－22	2010－9－27	12000	新增贷款	3.40
232	中银智富 1007	2010－4－22	2011－4－22	98772	股权投资	5.50
233	搏·弈 BYZM1015(周末理财)	2010－4－23	2010－4－26	1803537	结构性存款	O/N_SHIBOR －0.20
234	中银进取 ZYJQ10004A－人民币港股挂钩产品	2010－4－23	2011－4－25	19815	结构性存款	6 或 2.25 或 0.36
235	搏·弈 BY10037	2010－4－26	2010－5－10	1000	结构性存款	1.78
236	中银信富 1019	2010－4－26	2010－10－25	10000	新增贷款	3.50
237	中银信富 1023	2010－4－26	2010－10－26	50000	新增贷款	3.2－3.8
238	搏·弈 BY0905GX7D－50(七日有约)	2010－4－27	2010－5－4	63502	结构性存款	1.67
239	中银信富 1027	2010－4－27	2010－7－27	30000	新增贷款	3.00
240	搏·弈 BY10036－V(汇市争锋)	2010－4－28	2010－7－30	6832	结构性存款	0.36 或 3.5
241	搏·弈 BYZM1016(周末理财)	2010－4－30	2010－5－4	1092393	结构性存款	O/N_SHIBOR －0.20
242	搏·弈 BY1005GX7D1(七日有约)	2010－5－5	2010－5－12	28753	结构性存款	1.67
243	搏·弈 BY1005A7D－1	2010－5－5	2010－5－12	12865	结构性存款	1.65
244	搏·弈 BY1005A7D－2(中银财富专享)	2010－5－5	2010－5－12	7545	结构性存款	1.67
245	搏·弈 BY1005A7D－3(中银财富专享)	2010－5－5	2010－5－12	81868	结构性存款	1.70
246	搏·弈 BY1005A14D－1	2010－5－5	2010－5－19	3058	结构性存款	1.70
247	搏·弈 BY1005A14D－2(中银财富专享)	2010－5－5	2010－5－19	5641	结构性存款	1.72
248	搏·弈 BY1005A14D－3(中银财富专享)	2010－5－5	2010－5－19	61569	结构性存款	1.75
249	搏·弈 BY1005A1M－1	2010－5－5	2010－5－31	11840	结构性存款	1.85
250	搏·弈 BY1005A1M－2(中银财富专享)	2010－5－5	2010－5－31	19046	结构性存款	1.90

续表

序号	产品名称	发行日	到期日	拟发行量	资金主要投向	预期收益率(%)
251	搏·弈 BY1005A1M-3(中银财富专享)	2010-5-5	2010-5-31	65306	结构性存款	1.95
252	搏·弈 BY1005A1M-4(中银私行专享)	2010-5-5	2010-5-31	282327	结构性存款	2.00
253	搏·弈 BY10038	2010-5-5	2010-5-31	94572	结构性存款	2.00
254	搏·弈 BY10039	2010-5-5	2010-6-30	18180	结构性存款	2.10
255	搏·弈 BY1005A3M	2010-5-5	2010-7-30	127275	结构性存款	2.15
256	搏·弈 BYZM1017(周末理财)	2010-5-7	2010-5-10	1938716	结构性存款	O/N_SHIBOR -0.20%
257	搏·弈 BY10040	2010-5-7	2010-5-31	3555	结构性存款	2.00
258	搏·弈 BY1005GX7D2(七日有约)	2010-5-12	2010-5-19	53677	结构性存款	1.70
259	搏·弈 BY1005B7D-1	2010-5-13	2010-5-20	6196	结构性存款	1.65
260	搏·弈 BY1005B7D-2(中银财富专享)	2010-5-13	2010-5-20	9062	结构性存款	1.67
261	搏·弈 BY1005B7D-3(中银财富专享)	2010-5-13	2010-5-20	134432	结构性存款	1.70
262	搏·弈 BY1005B18D-1	2010-5-13	2010-5-31	6411	结构性存款	1.75
263	搏·弈 BY1005B18D-2(中银财富专享)	2010-5-13	2010-5-31	5374	结构性存款	1.77
264	搏·弈 BY1005B18D-3(中银财富专享)	2010-5-13	2010-5-31	83055	结构性存款	1.80
265	搏·弈 BY1005B1M-1	2010-5-13	2010-6-17	5524	结构性存款	1.85
266	搏·弈 BY1005B1M-2(中银财富专享)	2010-5-13	2010-6-17	9778	结构性存款	1.90
267	搏·弈 BY1005B1M-3(中银财富专享)	2010-5-13	2010-6-17	110809	结构性存款	1.95
268	搏·弈 BY1005B2M	2010-5-13	2010-7-13	116922	结构性存款	2.10
269	中银信富 1028	2010-5-13	2010-8-13	30000	新增贷款	3.30
270	搏·弈 BYZM1018(周末理财)	2010-5-14	2010-5-17	2272171	结构性存款	O/N_SHIBOR -0.20%
271	搏·弈 BY10041	2010-5-14	2010-5-31	4731	结构性存款	1.90
272	搏·弈 BY10043	2010-5-18	2010-5-21	12002	结构性存款	1.50
273	搏·弈 BY1005GX7D3(七日有约)	2010-5-19	2010-5-26	63775	结构性存款	1.70
274	搏·弈 BY10042	2010-5-19	2010-5-26	6940	结构性存款	1.72
275	搏·弈 BY1005C11D-1	2010-5-20	2010-5-31	8493	结构性存款	1.70
276	搏·弈 BY1005C11D-2(中银财富专享)	2010-5-20	2010-5-31	8674	结构性存款	1.72
277	搏·弈 BY1005C11D-3(中银财富专享)	2010-5-20	2010-5-31	98098	结构性存款	1.75
278	搏·弈 BY1005C21D-1	2010-5-20	2010-6-10	2640	结构性存款	1.75
279	搏·弈 BY1005C21D-2(中银财富专享)	2010-5-20	2010-6-10	4070	结构性存款	1.77
280	搏·弈 BY1005C21D-3(中银财富专享)	2010-5-20	2010-6-10	26427	结构性存款	1.80
281	搏·弈 BY1005C41D-1	2010-5-20	2010-6-30	21522	结构性存款	2.00
282	搏·弈 BY1005C41D-2(中银财富专享)	2010-5-20	2010-6-30	27038	结构性存款	2.05
283	搏·弈 BY1005C41D-3(中银财富专享)	2010-5-20	2010-6-30	62222	结构性存款	2.10
284	搏·弈 BY1005C41D-4(中银私行专享)	2010-5-20	2010-6-30	102273	结构性存款	2.15

续表

序号	产品名称	发行日	到期日	拟发行量	资金主要投向	预期收益率(%)
285	搏·弈 BYZM1019(周末理财)	2010-5-21	2010-5-24	2378702	结构性存款	O/N_SHIBOR -0.20
286	搏·弈 BY10044	2010-5-21	2010-5-31	12301	结构性存款	1.80
287	搏·弈 BY1005D6D-1	2010-5-25	2010-5-31	5787	结构性存款	1.65
288	搏·弈 BY1005D6D-2(中银财富专享)	2010-5-25	2010-5-31	7087	结构性存款	1.67
289	搏·弈 BY1005D6D-3(中银财富专享)	2010-5-25	2010-5-31	84547	结构性存款	1.70
290	搏·弈 BY1005D14D-1	2010-5-25	2010-6-8	2736	结构性存款	1.70
291	搏·弈 BY1005D14D-2(中银财富专享)	2010-5-25	2010-6-8	2662	结构性存款	1.72
292	搏·弈 BY1005D14D-3(中银财富专享)	2010-5-25	2010-6-8	20576	结构性存款	1.75
293	搏·弈 BY1005D1M-1	2010-5-25	2010-6-30	3581	结构性存款	1.85
294	搏·弈 BY1005D1M-2(中银财富专享)	2010-5-25	2010-6-30	5779	结构性存款	1.90
295	搏·弈 BY1005D1M-3(中银财富专享)	2010-5-25	2010-6-30	56130	结构性存款	1.95
296	搏·弈 BY1005D2M	2010-5-25	2010-7-30	56431	结构性存款	2.10
297	搏·弈 BY1005GX7D4(七日有约)	2010-5-26	2010-6-2	57343	结构性存款	1.70
298	搏·弈 BY10046	2010-5-27	2010-5-31	28	结构性存款	1.65
299	搏·弈 BY10047	2010-5-27	2010-5-31	20	结构性存款	1.67
300	搏·弈 BY10048	2010-5-27	2010-5-31	1559	结构性存款	1.70
301	搏·弈 BY10049	2010-5-27	2010-6-8	54	结构性存款	1.72
302	搏·弈 BY10050	2010-5-27	2010-6-8	400	结构性存款	1.75
303	搏·弈 BY10051	2010-5-27	2010-6-30	24	结构性存款	1.85
304	搏·弈 BY10052	2010-5-27	2010-6-30	20	结构性存款	1.90
305	搏·弈 BY10053	2010-5-27	2010-6-30	136	结构性存款	1.95
306	搏·弈 BY10054	2010-5-27	2010-7-30	598	结构性存款	2.10
307	搏·弈 BYZM1020(周末理财)	2010-5-28	2010-5-31	2234616	结构性存款	O/N_SHIBOR -0.30%
308	中银进取 ZYJQ10005C-人民币黄金挂钩产品	2010-5-28	2011-5-30	1693	结构性存款	6.00或0.36
309	搏·弈 BY1005GX7D5(七日有约)	2010-6-2	2010-6-9	69563	结构性存款	1.70
310	搏·弈 BY10057	2010-6-2	2010-6-9	24376	结构性存款	1.72
311	搏·弈 BY1006A7D-1	2010-6-3	2010-6-10	5595	结构性存款	1.65
312	搏·弈 BY1006A7D-2-中银财富专享	2010-6-3	2010-6-10	7468	结构性存款	1.67
313	搏·弈 BY1006A7D-3-中银财富专享	2010-6-3	2010-6-10	92890	结构性存款	1.70
314	搏·弈 BY1006A14D-1	2010-6-3	2010-6-17	4333	结构性存款	1.70
315	搏·弈 BY1006A14D-2-中银财富专享	2010-6-3	2010-6-17	3879	结构性存款	1.72
316	搏·弈 BY1006A14D-3-中银财富专享	2010-6-3	2010-6-17	49937	结构性存款	1.75
317	搏·弈 BY10055	2010-6-3	2010-6-29	6617	结构性存款	1.90

续表

序号	产品名称	发行日	到期日	拟发行量	资金主要投向	预期收益率(%)
318	搏·弈 BY10056	2010-6-3	2010-6-29	85323	结构性存款	2.00
319	搏·弈 BY1006A27D-1	2010-6-3	2010-6-30	15671	结构性存款	1.85
320	搏·弈 BY1006A27D-2-中银财富专享	2010-6-3	2010-6-30	24261	结构性存款	1.90
321	搏·弈 BY1006A27D-3-中银财富专享	2010-6-3	2010-6-30	85516	结构性存款	1.95
322	搏·弈 BY1006A27D-4-中银私行专享	2010-6-3	2010-6-30	262746	结构性存款	2.00
323	搏·弈 BYZM1021(周末理财)	2010-6-4	2010-6-7	2126858	结构性存款	O/N_SHIBOR -0.70
324	搏·弈 BY10058	2010-6-4	2010-6-11	3200	结构性存款	2.50
325	搏·弈 BY10045-V(汇市争锋)	2010-6-7	2010-9-7	5881	结构性存款	0.36-3.20
326	中银进取10005A-人民币黄金挂钩产品	2010-6-8	2011-6-8	19010	结构性存款	0.36-6
327	搏·弈 BY1005GX7D6(七日有约)	2010-6-9	2010-6-17	77460	结构性存款	1.70
328	搏·弈 BY1006B7D-1	2010-6-10	2010-6-17	5608	结构性存款	1.65
329	搏·弈 BY1006B7D-2-中银财富专享	2010-6-10	2010-6-17	3999	结构性存款	1.67
330	搏·弈 BY1006B7D-3-中银财富专享	2010-6-10	2010-6-17	71781	结构性存款	1.70
331	搏·弈 BY1006B14D-1	2010-6-10	2010-6-24	2705	结构性存款	1.70
332	搏·弈 BY1006B14D-2-中银财富专享	2010-6-10	2010-6-24	3066	结构性存款	1.72
333	搏·弈 BY1006B14D-3-中银财富专享	2010-6-10	2010-6-24	53766	结构性存款	1.75
334	搏·弈 BY1006B20D-1	2010-6-10	2010-6-30	4892	结构性存款	1.75
335	搏·弈 BY1006B20D-2-中银财富专享	2010-6-10	2010-6-30	6812	结构性存款	1.77
336	搏·弈 BY1006B20D-3-中银财富专享	2010-6-10	2010-6-30	220972	结构性存款	1.80
337	搏·弈 BY1006B50D	2010-6-10	2010-7-30	89935	结构性存款	2.20
338	搏·弈 BYZM1022(周末理财)	2010-6-11	2010-6-17	1314289	结构性存款	O/N_SHIBOR -0.20%
339	中银信富1026A	2010-6-13	2011-6-13	20000	新增贷款	4.00
340	搏·弈 BY1005GX7D7(七日有约)	2010-6-17	2010-6-24	75062	结构性存款	1.70
341	搏·弈 BY1006C7D-1	2010-6-17	2010-6-24	2484	结构性存款	1.65
342	搏·弈 BY1006C7D-2-中银财富专享	2010-6-17	2010-6-24	1790	结构性存款	1.67
343	搏·弈 BY1006C7D-3-中银财富专享	2010-6-17	2010-6-24	17234	结构性存款	1.70
344	搏·弈 BY1006C13D-1	2010-6-17	2010-6-30	2045	结构性存款	1.70
345	搏·弈 BY1006C13D-2-中银财富专享	2010-6-17	2010-6-30	3417	结构性存款	1.72
346	搏·弈 BY1006C13D-3-中银财富专享	2010-6-17	2010-6-30	62709	结构性存款	1.75
347	搏·弈 BY1006C43D-1	2010-6-17	2010-7-30	5987	结构性存款	2.00
348	搏·弈 BY1006C43D-2-中银财富专享	2010-6-17	2010-7-30	6772	结构性存款	2.05
349	搏·弈 BY1006C43D-3-中银财富专享	2010-6-17	2010-7-30	14493	结构性存款	2.10
350	搏·弈 BY1006C43D-4-中银私行专享	2010-6-17	2010-7-30	21143	结构性存款	2.15
351	中银平稳收益0917	2010-6-17	2010-12-15	79370	新增贷款	3.40

续表

序号	产品名称	发行日	到期日	拟发行量	资金主要投向	预期收益率(%)
352	搏·弈 BYZM1023(周末理财)	2010-6-18	2010-6-21	1533755	结构性存款	O/N_SHIBOR -0.50%
353	搏·弈 BY10059	2010-6-22	2010-6-30	50962	结构性存款	2.05
354	搏·弈 BY10061	2010-6-23	2010-6-30	7372	结构性存款	1.80
355	搏·弈 BY1006D7D-1	2010-6-23	2010-6-30	9821	结构性存款	1.70
356	搏·弈 BY1006D7D-2-中银财富专享	2010-6-23	2010-6-30	10361	结构性存款	1.72
357	搏·弈 BY1006D7D-3-中银财富专享	2010-6-23	2010-6-30	176896	结构性存款	1.75
358	搏·弈 BY1006D21D-1	2010-6-23	2010-7-14	1389	结构性存款	1.80
359	搏·弈 BY1006D21D-2-中银财富专享	2010-6-23	2010-7-14	1400	结构性存款	1.82
360	搏·弈 BY1006D21D-3-中银财富专享	2010-6-23	2010-7-14	8293	结构性存款	1.85
361	搏·弈 BY1006D37D-1	2010-6-23	2010-7-30	7149	结构性存款	2.00
362	搏·弈 BY1006D37D-2-中银财富专享	2010-6-23	2010-7-30	9500	结构性存款	2.05
363	搏·弈 BY1006D37D-3-中银财富专享	2010-6-23	2010-7-30	41855	结构性存款	2.10
364	搏·弈 BY1005GX7D8(七日有约)	2010-6-24	2010-7-1	50339	结构性存款	1.72
365	中银信富 1029	2010-6-24	2011-6-24	157789	新增贷款	4.00
366	搏·弈 BYZM1024(周末理财)	2010-6-25	2010-6-28	1535241	结构性存款	O/N_SHIBOR -0.50
367	搏·弈 BY10062	2010-6-25	2010-6-30	53467	结构性存款	1.80
368	搏·弈 BY10065	2010-6-29	2010-7-30	8543	结构性存款	2.15
369	中银信富 1024B	2010-6-30	2010-9-28	50000	新增贷款	3.75
370	搏·弈 BY1005GX7D9(七日有约)	2010-7-1	2010-7-8	58520	结构性存款	1.72
371	搏·弈 10063	2010-7-1	2010-9-30	27994	结构性存款	2.25
372	搏·弈 BYZM1025(周末理财)	2010-7-2	2010-7-5	2241566	结构性存款	O/N_SHIBOR -0.50
373	搏·弈 10060	2010-7-2	2010-7-12	48718	结构性存款	2.10
374	搏·弈 10066	2010-7-2	2010-7-16	149564	结构性存款	2.42
375	搏·弈 10067	2010-7-2	2010-7-30	12003	结构性存款	2.10
376	搏·弈 10064-V(汇市争锋)	2010-7-2	2010-9-30	13898	结构性存款	0.36%或3.30%
377	搏·弈 1007A7D-1	2010-7-5	2010-7-12	3703	结构性存款	1.70
378	搏·弈 1007A7D-2	2010-7-5	2010-7-12	4271	结构性存款	1.72
379	搏·弈 1007A7D-3	2010-7-5	2010-7-12	50627	结构性存款	1.75
380	搏·弈 1007A14D-1	2010-7-5	2010-7-19	3699	结构性存款	1.75
381	搏·弈 1007A14D-2	2010-7-5	2010-7-19	4634	结构性存款	1.77
382	搏·弈 1007A14D-3	2010-7-5	2010-7-19	24134	结构性存款	1.80
383	搏·弈 1007A25D-1	2010-7-5	2010-7-30	20718	结构性存款	1.90
384	搏·弈 1007A25D-2	2010-7-5	2010-7-30	34094	结构性存款	1.95

续表

序号	产品名称	发行日	到期日	拟发行量	资金主要投向	预期收益率（%）
385	搏·弈 1007A25D－3	2010－7－5	2010－7－30	108656	结构性存款	2.00
386	搏·弈 1007A25D－4	2010－7－5	2010－7－30	483688	结构性存款	2.05
387	搏·弈 10068	2010－7－6	2010－7－22	2946	结构性存款	1.88
388	搏·弈 BY1005GX7D10（七日有约）	2010－7－8	2010－7－15	92191	结构性存款	1.72
389	中银信富 1033	2010－7－8	2011－7－4	9900	新增贷款	4.10
390	搏·弈 BYZM1026（周末理财）	2010－7－9	2010－7－12	2064949	结构性存款	O/N_SHIBOR －0.50
391	搏·弈 1007B7D－1	2010－7－14	2010－7－21	6244	结构性存款	1.70
392	搏·弈 1007B7D－2	2010－7－14	2010－7－21	7761	结构性存款	1.72
393	搏·弈 1007B7D－3	2010－7－14	2010－7－21	123801	结构性存款	1.75
394	搏·弈 1007B16D－1	2010－7－14	2010－7－30	6995	结构性存款	1.80
395	搏·弈 1007B16D－2	2010－7－14	2010－7－30	10137	结构性存款	1.82
396	搏·弈 1007B16D－3	2010－7－14	2010－7－30	139152	结构性存款	1.85
397	搏·弈 1007B1M－1	2010－7－14	2010－8－16	5946	结构性存款	1.90
398	搏·弈 1007B1M－2	2010－7－14	2010－8－16	10976	结构性存款	1.95
399	搏·弈 1007B1M－3	2010－7－14	2010－8－16	115407	结构性存款	2.00
400	搏·弈 1007B2M	2010－7－14	2010－9－14	195921	结构性存款	2.20
401	搏·弈 BY1005GX7D11（七日有约）	2010－7－15	2010－7－22	107203	结构性存款	1.72
402	中银信富 1030	2010－7－15	2012－7－16	118997	新增贷款	4.80
403	中银智富 1008	2010－7－15	2013－7－15	150000	股权投资	4.80
404	搏·弈 BYZM1027（周末理财）	2010－7－16	2010－7－19	1896493	结构性存款	O/N_SHIBOR －0.20
405	中银进取 10006A－人民币港股挂钩产品	2010－7－20	2011－7－20	12641	结构性存款	5.50%或0.36%
406	搏·弈 1007C9D－1	2010－7－21	2010－7－30	8323	结构性存款	1.75
407	搏·弈 1007C9D－2	2010－7－21	2010－7－30	7795	结构性存款	1.77
408	搏·弈 1007C9D－3	2010－7－21	2010－7－30	110881	结构性存款	1.80
409	搏·弈 1007C21D－1	2010－7－21	2010－8－11	3336	结构性存款	1.80
410	搏·弈 1007C21D－2	2010－7－21	2010－8－11	3305	结构性存款	1.82
411	搏·弈 1007C21D－3	2010－7－21	2010－8－11	28742	结构性存款	1.85
412	搏·弈 1007C41D－1	2010－7－21	2010－8－31	20655	结构性存款	2.00
413	搏·弈 1007C41D－2	2010－7－21	2010－8－31	25534	结构性存款	2.02
414	搏·弈 1007C41D－3	2010－7－21	2010－8－31	54221	结构性存款	2.05
415	搏·弈 1007C41D－4	2010－7－21	2010－8－31	86313	结构性存款	2.10
416	搏·弈 BY1005GX7D12（七日有约）	2010－7－22	2010－7－29	106372	结构性存款	1.72
417	搏·弈 BYZM1028（周末理财）	2010－7－23	2010－7－26	1851783	结构性存款	O/N_SHIBOR －0.20

续表

序号	产品名称	发行日	到期日	拟发行量	资金主要投向	预期收益率(%)
418	搏·弈 10069	2010-7-27	2010-8-31	114389	结构性存款	2.30
419	搏·弈 10070	2010-7-28	2010-8-4	3363	结构性存款	1.80
420	搏·弈 1007D7D-1	2010-7-28	2010-8-4	4509	结构性存款	1.70
421	搏·弈 1007D7D-2	2010-7-28	2010-8-4	4792	结构性存款	1.72
422	搏·弈 1007D7D-3	2010-7-28	2010-8-4	60359	结构性存款	1.75
423	搏·弈 1007D14D-1	2010-7-28	2010-8-11	1789	结构性存款	1.75
424	搏·弈 1007D14D-2	2010-7-28	2010-8-11	2551	结构性存款	1.77
425	搏·弈 1007D14D-3	2010-7-28	2010-8-11	22254	结构性存款	1.80
426	搏·弈 1007D34D	2010-7-28	2010-8-31	20796	结构性存款	1.90
427	搏·弈 1007D64D-1	2010-7-28	2010-9-30	9983	结构性存款	2.10
428	搏·弈 1007D64D-2	2010-7-28	2010-9-30	10805	结构性存款	2.15
429	搏·弈 1007D64D-3	2010-7-28	2010-9-30	47639	结构性存款	2.20
430	搏·弈 BY1005GX7D13(七日有约)	2010-7-29	2010-8-5	99391	结构性存款	1.72
431	搏·弈 BYZM1029(周末理财)	2010-7-30	2010-8-2	1079016	结构性存款	O/N_SHIBOR-0.20
432	搏·弈 BY10071	2010-8-2	2010-8-31	15827	结构性存款	2.00
433	搏·弈 BY10074	2010-8-2	2010-8-31	10785	结构性存款	2.15
434	搏·弈 BY10072	2010-8-2	2010-9-30	13446	结构性存款	2.20
435	搏·弈 BY1008A7D-1	2010-8-4	2010-8-11	5545	结构性存款	1.70
436	搏·弈 BY1008A7D-2(中银财富专享)	2010-8-4	2010-8-11	4316	结构性存款	1.72
437	搏·弈 BY1008A7D-3(中银财富专享)	2010-8-4	2010-8-11	46270	结构性存款	1.75
438	搏·弈 BY1008A14D-1	2010-8-4	2010-8-18	2793	结构性存款	1.75
439	搏·弈 BY1008A14D-2(中银财富专享)	2010-8-4	2010-8-18	3511	结构性存款	1.77
440	搏·弈 BY1008A14D-3(中银财富专享)	2010-8-4	2010-8-18	24965	结构性存款	1.80
441	搏·弈 BY1008A27D-1	2010-8-4	2010-8-31	13529	结构性存款	2.00
442	搏·弈 BY1008A27D-2(中银财富专享)	2010-8-4	2010-8-31	24235	结构性存款	2.05
443	搏·弈 BY1008A27D-3(中银财富专享)	2010-8-4	2010-8-31	99026	结构性存款	2.10
444	搏·弈 BY1008A27D-4(中银私行专享)	2010-8-4	2010-8-31	183628	结构性存款	2.15
445	搏·弈 BY1008A57D	2010-8-4	2010-9-30	285573	结构性存款	2.40
446	搏·弈 10073-V(汇市争锋)	2010-8-4	2010-12-30	994	结构性存款	0.36 或 4
447	搏·弈 BY1005GX7D14(七日有约)	2010-8-5	2010-8-12	103649	结构性存款	1.72
448	搏·弈 BYZM1030(周末理财)	2010-8-6	2010-8-9	1812664	结构性存款	O/N_SHIBOR-0.30
449	搏·弈 BY1008B7D-1	2010-8-11	2010-8-18	6916	结构性存款	1.80
450	搏·弈 BY1008B7D-2(中银财富专享)	2010-8-11	2010-8-18	5817	结构性存款	1.82
451	搏·弈 BY1008B7D-3(中银财富专享)	2010-8-11	2010-8-18	92503	结构性存款	1.85

续表

序号	产品名称	发行日	到期日	拟发行量	资金主要投向	预期收益率(%)
452	搏·弈 BY1008B20D－1	2010－8－11	2010－8－31	8461	结构性存款	1.90
453	搏·弈 BY1008B20D－2(中银财富专享)	2010－8－11	2010－8－31	10993	结构性存款	1.92
454	搏·弈 BY1008B20D－3(中银财富专享)	2010－8－11	2010－8－31	76515	结构性存款	1.95
455	搏·弈 BY1008B50D－1	2010－8－11	2010－9－30	35474	结构性存款	2.25
456	搏·弈 BY1008B50D－2(中银财富专享)	2010－8－11	2010－9－30	46501	结构性存款	2.30
457	搏·弈 BY1008B50D－3(中银财富专享)	2010－8－11	2010－9－30	176619	结构性存款	2.35
458	搏·弈 BY1005GX7D15(七日有约)	2010－8－12	2010－8－19	122497	结构性存款	1.82
459	搏·弈 BYZM1031(周末理财)	2010－8－13	2010－8－16	1906786	结构性存款	O/N_SHIBOR －0.30
460	搏·弈 BY1008C7D－1	2010－8－18	2010－8－25	10477	结构性存款	1.80
461	搏·弈 BY1008C7D－2(中银财富专享)	2010－8－18	2010－8－25	15507	结构性存款	1.82
462	搏·弈 BY1008C7D－3(中银财富专享)	2010－8－18	2010－8－25	37397	结构性存款	1.85
463	搏·弈 BY1008C13D－1	2010－8－18	2010－8－31	8599	结构性存款	1.85
464	搏·弈 BY1008C13D－2(中银财富专享)	2010－8－18	2010－8－31	15844	结构性存款	1.87
465	搏·弈 BY1008C13D－3(中银财富专享)	2010－8－18	2010－8－31	48830	结构性存款	1.90
466	搏·弈 BY1008C43D－1	2010－8－18	2010－9－30	14389	结构性存款	2.15
467	搏·弈 BY1008C43D－2(中银财富专享)	2010－8－18	2010－9－30	14916	结构性存款	2.20
468	搏·弈 BY1008C43D－3(中银财富专享)	2010－8－18	2010－9－30	43908	结构性存款	2.25
469	搏·弈 BY1008C43D－4(中银私行专享)	2010－8－18	2010－9－30	69380	结构性存款	2.35
470	搏·弈 BY1008C72D	2010－8－18	2010－10－29	113658	结构性存款	2.50
471	搏·弈 BY1005GX7D16(七日有约)	2010－8－19	2010－8－26	147597	结构性存款	1.82
472	搏·弈 BYZM1032(周末理财)	2010－8－20	2010－8－23	1868822	结构性存款	O/N_SHIBOR －0.30
473	搏·弈 BY1008D6D－1	2010－8－25	2010－8－31	8059	结构性存款	1.80
474	搏·弈 BY1008D6D－2(中银财富专享)	2010－8－25	2010－8－31	9086	结构性存款	1.82
475	搏·弈 BY1008D6D－3(中银财富专享)	2010－8－25	2010－8－31	29909	结构性存款	1.85
476	搏·弈 BY1008D1M－1	2010－8－25	2010－9－25	32233	结构性存款	2.00
477	搏·弈 BY1008D1M－2(中银财富专享)	2010－8－25	2010－9－25	25034	结构性存款	2.10
478	搏·弈 BY1008D1M－3(中银财富专享)	2010－8－25	2010－9－25	29333	结构性存款	2.20
479	搏·弈 BY10075	2010－8－25	2010－9－30	17832	结构性存款	2.50
480	搏·弈 BY1008D3M－1	2010－8－25	2010－11－25	40056	结构性存款	2.45
481	搏·弈 BY1008D3M－2(中银财富专享)	2010－8－25	2010－11－25	32926	结构性存款	2.50
482	搏·弈 BY1008D3M－3(中银财富专享)	2010－8－25	2010－11－25	28276	结构性存款	2.60
483	搏·弈 BY1008D6M	2010－8－25	2011－2－25	51680	结构性存款	3.00
484	搏·弈 BY1005GX7D17(七日有约)	2010－8－26	2010－9－2	152113	结构性存款	1.82
485	搏·弈 BY10076	2010－8－26	2010－11－25	982	结构性存款	2.45

续表

序号	产品名称	发行日	到期日	拟发行量	资金主要投向	预期收益率(%)
486	搏·弈 BYZM1033(周末理财)	2010-8-27	2010-8-30	2102843	结构性存款	O/N_SHIBOR -0.30
487	搏·弈 BY10079	2010-9-1	2010-9-14	1500	结构性存款	1.90
488	搏·弈 BY10078	2010-9-1	2010-9-15	125302	结构性存款	2W_SHIBOR -0.30
489	搏·弈 BY10077	2010-9-1	2010-9-30	9974	结构性存款	2.15
490	搏·弈 BY1005GX7D18(七日有约)	2010-9-2	2010-9-9	307126	结构性存款	1.82
491	搏·弈 BY1009A7D-1	2010-9-2	2010-9-9	34527	结构性存款	1.80
492	搏·弈 BY1009A7D-2(中银财富专享)	2010-9-2	2010-9-9	62497	结构性存款	1.85
493	搏·弈 BY1009A1M-1	2010-9-2	2010-9-30	38921	结构性存款	2.00
494	搏·弈 BY1009A1M-2(中银财富专享)	2010-9-2	2010-9-30	59531	结构性存款	2.15
495	搏·弈 BY1009A4M-1	2010-9-2	2010-12-31	35025	结构性存款	2.60
496	搏·弈 BY1009A4M-2(中银财富专享)	2010-9-2	2010-12-31	55407	结构性存款	2.70
497	搏·弈 BYZM1034(周末理财)	2010-9-3	2010-9-6	1986473	结构性存款	O/N_SHIBOR -0.40
498	搏·弈 BY10080	2010-9-6	2010-9-27	1610	结构性存款	2.10
499	搏·弈 BY1009B7D-1	2010-9-8	2010-9-15	27587	结构性存款	1.80
500	搏·弈 BY1009B7D-2(中银财富专享)	2010-9-8	2010-9-15	68209	结构性存款	1.85
501	搏·弈 BY1009B13D-1	2010-9-8	2010-9-21	29359	结构性存款	1.88
502	搏·弈 BY1009B13D-2(中银财富专享)	2010-9-8	2010-9-21	39637	结构性存款	1.90
503	搏·弈 BY1009B13D-3(网银专享)	2010-9-8	2010-9-21	29999	结构性存款	1.95
504	搏·弈 BY10081	2010-9-8	2010-9-25	23098	结构性存款	2W_SHIBOR -0.30
505	搏·弈 BY1009B3M-1	2010-9-8	2010-12-8	15029	结构性存款	2.40
506	搏·弈 BY1009B3M-2(中银财富专享)	2010-9-8	2010-12-8	45124	结构性存款	2.60
507	搏·弈 BY1005GX7D19(七日有约)	2010-9-9	2010-9-16	383741	结构性存款	1.82
508	搏·弈 BYZM1035(周末理财)	2010-9-10	2010-9-13	2031248	结构性存款	O/N_SHIBOR -0.30
509	搏·弈 BY1009C6D-1	2010-9-15	2010-9-21	27178	结构性存款	1.80
510	搏·弈 BY1009C6D-2(中银财富专享)	2010-9-15	2010-9-21	67782	结构性存款	1.85
511	搏·弈 BY1009C15D-1	2010-9-15	2010-9-30	29245	结构性存款	1.88
512	搏·弈 BY1009C15D-2(中银财富专享)	2010-9-15	2010-9-30	38019	结构性存款	1.90
513	搏·弈 BY1009C15D-3(网银专享)	2010-9-15	2010-9-30	29997	结构性存款	1.95
514	搏·弈 BY1009C9M	2010-9-15	2011-6-15	52281	结构性存款	3.60
515	搏·弈 BY1005GX7D20(七日有约)	2010-9-16	2010-9-27	467531	结构性存款	1.85
516	搏·弈 BY10082	2010-9-16	2010-9-30	182632	结构性存款	2W_SHIBOR -0.15

续表

序号	产品名称	发行日	到期日	拟发行量	资金主要投向	预期收益率(%)
517	搏·弈 BYZM1036(周末理财)	2010-9-17	2010-9-20	2144043	结构性存款	O/N_SHIBOR -0.30
518	搏·弈 BY10085	2010-9-17	2010-9-27	7000	结构性存款	2.00
519	搏·弈 BY10084	2010-9-17	2010-10-8	21531	结构性存款	2.50
520	搏·弈 BY10083	2010-9-20	2010-9-30	22666	结构性存款	2W_SHIBOR-0.15
521	搏·弈 BY10086	2010-9-20	2010-9-30	7624	结构性存款	1.85
522	搏·弈 BY10087	2010-9-20	2010-10-11	18734	结构性存款	2.50
523	搏·弈 BYZM1037(假日理财)	2010-9-21	2010-9-27	1603750	结构性存款	O/N_SHIBOR -0.20
524	搏·弈 BY10088	2010-9-21	2010-9-30	13887	结构性存款	1.95
525	搏·弈 BY10089	2010-9-21	2010-9-30	13465	结构性存款	1.90
526	搏·弈 BY10090	2010-9-21	2010-10-12	21785	结构性存款	2.50
527	搏·弈 BY1005GX7D21(七日有约)	2010-9-27	2010-10-8	217542	结构性存款	1.85
528	搏·弈 BY1009D11D-1	2010-9-27	2010-10-8	29933	结构性存款	1.85
529	搏·弈 BY1009D11D-2(中银财富专享)	2010-9-27	2010-10-8	70641	结构性存款	1.90
530	搏·弈 BY10091	2010-9-27	2010-10-18	15633	结构性存款	2.50
531	搏·弈 BY1009D1M-1	2010-9-27	2010-10-29	30181	结构性存款	2.00
532	搏·弈 BY1009D1M-2(中银财富专享)	2010-9-27	2010-10-29	41127	结构性存款	2.15
533	搏·弈 BY1009D1M-3(网银专享)	2010-9-27	2010-10-29	31004	结构性存款	2.20
534	搏·弈 BY1009D3M-1	2010-9-27	2010-12-31	30586	结构性存款	2.40
535	搏·弈 BY1009D3M-2(中银财富专享)	2010-9-27	2010-12-31	63545	结构性存款	2.70
536	搏·弈 BY10093	2010-9-28	2010-10-19	7268	结构性存款	2.50
537	搏·弈 BY10094	2010-9-29	2010-10-8	51783	结构性存款	2.20
538	搏·弈 BY10095	2010-9-29	2010-10-20	21589	结构性存款	2.70
539	搏·弈 BYZM1038(假日理财)	2010-9-30	2010-10-8	425937	结构性存款	O/N_SHIBOR -0.20
540	搏·弈 BY10097	2010-9-30	2010-10-11	82924	结构性存款	2.30
541	搏·弈 BY10092	2010-9-30	2010-10-14	12920	结构性存款	2W_SHIBOR-0.15
542	搏·弈 BY10098	2010-9-30	2010-10-21	84637	结构性存款	2.80
543	搏·弈 BYZM1039(周末理财)	2010-10-8	2010-10-11	1716594	结构性存款	O/N_SHIBOR -0.30
544	搏·弈 BY1005GX7D22(七日有约)	2010-10-8	2010-10-15	181471	结构性存款	1.82
545	搏·弈 BY10099	2010-10-8	2010-10-29	7385	结构性存款	2.15
546	搏·弈 BY10100	2010-10-8	2010-10-29	32996	结构性存款	2.40
547	搏·弈 BY1010A7D-1	2010-10-11	2010-10-18	26350	结构性存款	1.80

续表

序号	产品名称	发行日	到期日	拟发行量	资金主要投向	预期收益率(%)
548	搏·弈 BY1010A7D-2(中银财富专享)	2010-10-11	2010-10-18	64311	结构性存款	1.85
549	搏·弈 BY1010A14D-1	2010-10-11	2010-10-25	27984	结构性存款	1.88
550	搏·弈 BY1010A14D-2(中银财富专享)	2010-10-11	2010-10-25	69915	结构性存款	1.90
551	搏·弈 BY10101	2010-10-11	2010-10-29	4471	结构性存款	2.00
552	搏·弈 BY1010A1M-1	2010-10-11	2010-11-11	30372	结构性存款	2.00
553	搏·弈 BY1010A1M-2(中银财富专享)	2010-10-11	2010-11-11	41222	结构性存款	2.15
554	搏·弈 BY1010A1M-3(网银专享)	2010-10-11	2010-11-11	25449	结构性存款	2.10
555	搏·弈 BY1010A2M-1	2010-10-11	2010-12-13	30932	结构性存款	2.30
556	搏·弈 BY1010A2M-2(中银财富专享)	2010-10-11	2010-12-13	91493	结构性存款	2.60
557	搏·弈 BY1010A3M	2010-10-11	2011-1-11	116583	结构性存款	2.70
558	搏·弈 BY10096	2010-10-12	2010-10-26	13084	结构性存款	2W_SHIBOR-0.15
559	搏·弈 BY10104	2010-10-13	2010-10-29	14481	结构性存款	1.90
560	搏·弈 BY10105	2010-10-14	2010-10-20	2763	结构性存款	1.80
561	搏·弈 BYZM1040(周末理财)	2010-10-15	2010-10-18	2346882	结构性存款	O/N_SHIBOR -0.30
562	搏·弈 BY1005GX7D23(七日有约)	2010-10-15	2010-10-22	348080	结构性存款	1.82
563	搏·弈 BY10102	2010-10-15	2010-11-15	9719	结构性存款	2.20
564	搏·弈 BY10103	2010-10-15	2010-12-15	9821	结构性存款	2.40
565	搏·弈 BY1010B7D-1	2010-10-20	2010-10-27	29906	结构性存款	1.80
566	搏·弈 BY1010B7D-2(中银财富专享)	2010-10-20	2010-10-27	69718	结构性存款	1.85
567	搏·弈 BY1010B1M-1	2010-10-20	2010-11-22	30044	结构性存款	2.00
568	搏·弈 BY1010B1M-2(中银财富专享)	2010-10-20	2010-11-22	40818	结构性存款	2.15
569	搏·弈 BY1010B1M-3(网银专享)	2010-10-20	2010-11-22	29995	结构性存款	2.10
570	搏·弈 BY1010B6M	2010-10-20	2011-4-20	84131	结构性存款	3.10
571	搏·弈 BY1010B9M	2010-10-20	2011-7-20	36925	结构性存款	3.60
572	搏·弈 BYZM1041(周末理财)	2010-10-22	2010-10-25	1392703	结构性存款	O/N_SHIBOR -0.30
573	搏·弈 BY10108	2010-10-22	2010-10-25	11455	结构性存款	O/N_SHIBOR-0.10
574	搏·弈 BY1005GX7D24(七日有约)	2010-10-22	2010-10-29	327974	结构性存款	1.82
575	搏·弈 BY10107	2010-10-25	2010-10-29	5294	结构性存款	1.85
576	搏·弈 BY10109	2010-10-26	2010-10-29	6430	结构性存款	1.80
577	搏·弈 BY1010C7D-1	2010-10-27	2010-11-3	7955	结构性存款	1.80
578	搏·弈 BY1010C7D-2(中银财富专享)	2010-10-27	2010-11-3	60192	结构性存款	1.85
579	搏·弈 BY1010C14D-1	2010-10-27	2010-11-10	17429	结构性存款	1.88
580	搏·弈 BY1010C14D-2(中银财富专享)	2010-10-27	2010-11-10	63676	结构性存款	1.90

续表

序号	产品名称	发行日	到期日	拟发行量	资金主要投向	预期收益率(%)
581	搏·弈 BY1010C1M－1	2010－10－27	2010－11－30	30958	结构性存款	2.00
582	搏·弈 BY1010C1M－2(中银财富专享)	2010－10－27	2010－11－30	41030	结构性存款	2.15
583	搏·弈 BY1010C1M－3(网银专享)	2010－10－27	2010－11－30	28685	结构性存款	2.10
584	搏·弈 BY1010C2M－1	2010－10－27	2010－12－31	29950	结构性存款	2.30
585	搏·弈 BY1010C2M－2(中银财富专享)	2010－10－27	2010－12－31	88552	结构性存款	2.60
586	搏·弈 BY1010C3M－1	2010－10－27	2011－1－31	30039	结构性存款	2.40
587	搏·弈 BY1010C3M－2(中银财富专享)	2010－10－27	2011－1－31	88668	结构性存款	2.70
588	搏·弈 BY10106	2010－10－28	2011－4－28	11224	结构性存款	3.50
589	搏·弈 BYZM1042(周末理财)	2010－10－29	2010－11－1	1236002	结构性存款	O/N_SHIBOR－0.30
590	搏·弈 BY1005GX7D25(七日有约)	2010－10－29	2010－11－5	272105	结构性存款	1.82
591	搏·弈 BY10111	2010－11－1	2010－11－30	6000	结构性存款	1.90
592	搏·弈 BY10112	2010－11－2	2010－11－23	4240	结构性存款	1.95
593	搏·弈 BY10115	2010－11－3	2010－11－10	238	结构性存款	1.88
594	搏·弈 BY10116	2010－11－3	2010－11－10	1344	结构性存款	1.90
595	搏·弈 BY1011A7D－1	2010－11－3	2010－11－10	6201	结构性存款	1.80
596	搏·弈 BY1011A7D－2(中银财富专享)	2010－11－3	2010－11－10	65493	结构性存款	1.85
597	搏·弈 BY1011A14D－1	2010－11－3	2010－11－17	12566	结构性存款	1.88
598	搏·弈 BY1011A14D－2(中银财富专享)	2010－11－3	2010－11－17	71445	结构性存款	1.90
599	搏·弈 BY10117	2010－11－3	2010－11－30	46	结构性存款	2.00
600	搏·弈 BY10118	2010－11－3	2010－11－30	20	结构性存款	2.15
601	搏·弈 BY10119	2010－11－3	2010－11－30	1299	结构性存款	2.10
602	搏·弈 BY1011A1M－1	2010－11－3	2010－11－30	30690	结构性存款	2.00
603	搏·弈 BY1011A1M－2(中银财富专享)	2010－11－3	2010－11－30	39479	结构性存款	2.15
604	搏·弈 BY1011A1M－3(网银专享)	2010－11－3	2010－11－30	28549	结构性存款	2.10
605	搏·弈 BY10120	2010－11－3	2010－12－31	73	结构性存款	2.30
606	搏·弈 BY10121	2010－11－3	2010－12－31	2193	结构性存款	2.60
607	搏·弈 BY1011A2M－1	2010－11－3	2010－12－31	49769	结构性存款	2.20
608	搏·弈 BY1011A2M－2(中银财富专享)	2010－11－3	2010－12－31	199567	结构性存款	2.50
609	搏·弈 BY10122	2010－11－3	2011－1－31	115	结构性存款	2.40
610	搏·弈 BY10123	2010－11－3	2011－1－31	2253	结构性存款	2.70
611	搏·弈 BYZM1043(周末理财)	2010－11－5	2010－11－8	2156607	结构性存款	O/N_SHIBOR －0.30
612	搏·弈 BY1005GX7D26(七日有约)	2010－11－5	2010－11－12	308228	结构性存款	1.82
613	搏·弈 BY10113	2010－11－5	2010－11－30	19416	结构性存款	2.40
614	搏·弈 BY10114	2010－11－5	2010－12－31	65251	结构性存款	2.60

续表

序号	产品名称	发行日	到期日	拟发行量	资金主要投向	预期收益率(%)
615	搏·弈 BY10110	2010-11-5	2011-10-31	1996	结构性存款	3.80
616	搏·弈 BY10126	2010-11-9	2010-11-30	4329	结构性存款	1.95
617	搏·弈 BY10124-V(汇市争锋)	2010-11-9	2010-12-9	70	结构性存款	0.36 或 2.50
618	搏·弈 BY10125-V(汇市争锋)	2010-11-9	2010-12-9	15	结构性存款	0.36 或 2.50
619	搏·弈 BY1011B7D-1	2010-11-10	2010-11-17	5307	结构性存款	1.80
620	搏·弈 BY1011B7D-2(中银财富专享)	2010-11-10	2010-11-17	48956	结构性存款	1.85
621	搏·弈 BY1011B14D-1	2010-11-10	2010-11-24	15858	结构性存款	1.88
622	搏·弈 BY1011B14D-2(中银财富专享)	2010-11-10	2010-11-24	71827	结构性存款	1.90
623	搏·弈 BY10127	2010-11-10	2010-11-30	2246	结构性存款	1.95
624	搏·弈 BY1011B1M-1	2010-11-10	2010-12-10	30808	结构性存款	2.00
625	搏·弈 BY1011B1M-2(中银财富专享)	2010-11-10	2010-12-10	42520	结构性存款	2.15
626	搏·弈 BY1011B1M-3(网银专享)	2010-11-10	2010-12-10	21326	结构性存款	2.10
627	搏·弈 BY1011B6M	2010-11-10	2011-5-10	102296	结构性存款	3.10
628	搏·弈 BY10128	2010-11-11	2010-12-2	7507	结构性存款	1.90
629	搏·弈 BYZM1044(周末理财)	2010-11-12	2010-11-15	1940455	结构性存款	O/N_SHIBOR -0.30
630	搏·弈 BY1005GX7D27(七日有约)	2010-11-12	2010-11-19	284222	结构性存款	1.82
631	搏·弈 BY10129	2010-11-12	2010-11-30	1283	结构性存款	1.85
632	搏·弈 BY10130	2010-11-12	2010-12-3	5817	结构性存款	1.90
633	搏·弈 BY10131	2010-11-16	2010-12-7	7593	结构性存款	1.90
634	搏·弈 BY1011C7D-1	2010-11-17	2010-11-24	16072	结构性存款	1.80
635	搏·弈 BY1011C7D-2(中银财富专享)	2010-11-17	2010-11-24	67333	结构性存款	1.85
636	搏·弈 BY1011C1M-1	2010-11-17	2010-12-17	30494	结构性存款	2.00
637	搏·弈 BY1011C1M-2(中银财富专享)	2010-11-17	2010-12-17	41182	结构性存款	2.15
638	搏·弈 BY1011C1M-3(网银专享)	2010-11-17	2010-12-17	14555	结构性存款	2.10
639	搏·弈 BY1011C2M-1	2010-11-17	2011-1-17	30643	结构性存款	2.20
640	搏·弈 BY1011C2M-2(中银财富专享)	2010-11-17	2011-1-17	60747	结构性存款	2.45
641	搏·弈 BYZM1045(周末理财)	2010-11-19	2010-11-22	2380115	结构性存款	O/N_SHIBOR -0.30
642	搏·弈 BY1005GX7D28(七日有约)	2010-11-19	2010-11-26	308132	结构性存款	1.82
643	搏·弈 BY10133	2010-11-19	2010-12-10	5165	结构性存款	1.90
644	搏·弈 BY10132	2010-11-22	2010-11-30	28678	结构性存款	2.12
645	搏·弈 BY10134	2010-11-23	2010-12-14	10746	结构性存款	1.80
646	搏·弈 BY1011D6D-1	2010-11-24	2010-11-30	28060	结构性存款	1.80
647	搏·弈 BY1011D6D-2(中银财富专享)	2010-11-24	2010-11-30	65094	结构性存款	1.85
648	搏·弈 BY1011D1M-1	2010-11-24	2010-12-24	30410	结构性存款	2.00

续表

序号	产品名称	发行日	到期日	拟发行量	资金主要投向	预期收益率(%)
649	搏·弈 BY1011D1M－2(中银财富专享)	2010－11－24	2010－12－24	40022	结构性存款	2.15
650	搏·弈 BY1011D1M－3(网银专享)	2010－11－24	2010－12－24	22124	结构性存款	2.10
651	搏·弈 BY1011D4M－1	2010－11－24	2011－3－24	30502	结构性存款	2.70
652	搏·弈 BY1011D4M－2(中银财富专享)	2010－11－24	2011－3－24	91456	结构性存款	2.80
653	搏·弈 BYZM1046(周末理财)	2010－11－26	2010－11－29	2017242	结构性存款	O/N_SHIBOR －0.30
654	搏·弈 BY10135	2010－11－26	2010－11－30	1925	结构性存款	2.00
655	搏·弈 BY1005GX7D29(七日有约)	2010－11－26	2010－12－3	292696	结构性存款	1.92
656	搏·弈 BY10136	2010－11－26	2010－12－17	15186	结构性存款	2.00
657	搏·弈 BY10138	2010－11－30	2010－12－21	4737	结构性存款	2.00
658	搏·弈 BY10139	2010－11－30	2010－12－21	1280	结构性存款	2.80
659	搏·弈 BY10137	2010－12－1	2010－12－10	206036	结构性存款	3.61
660	搏·弈 BY1012A7D－1	2010－12－2	2010－12－9	24106	结构性存款	1.90
661	搏·弈 BY1012A7D－2(中银财富专享)	2010－12－2	2010－12－9	27839	结构性存款	1.95
662	搏·弈 BY1012A14D－1	2010－12－2	2010－12－16	26557	结构性存款	2.10
663	搏·弈 BY1012A14D－2(中银财富专享)	2010－12－2	2010－12－16	34335	结构性存款	2.15
664	搏·弈 BY10140	2010－12－2	2010－12－23	127126	结构性存款	2.80
665	搏·弈 BY1012A1M－1	2010－12－2	2010－12－31	38209	结构性存款	2.20
666	搏·弈 BY1012A1M－2(中银财富专享)	2010－12－2	2010－12－31	104413	结构性存款	2.50
667	搏·弈 BY1012A1M－3(网银专享)	2010－12－2	2010－12－31	12998	结构性存款	2.25
668	搏·弈 BY1012A3M－1	2010－12－2	2011－3－2	28470	结构性存款	2.65
669	搏·弈 BY1012A3M－2(中银财富专享)	2010－12－2	2011－3－2	121236	结构性存款	2.90
670	搏·弈 BYZM1047(周末理财)	2010－12－3	2010－12－6	1902157	结构性存款	O/N_SHIBOR －0.40
671	搏·弈 BY1005GX7D30(七日有约)	2010－12－3	2010－12－10	371120	结构性存款	1.92
672	搏·弈 BY10141	2010－12－3	2010－12－17	8729	结构性存款	2.60
673	搏·弈 BY10145	2010－12－3	2010－12－24	19131	结构性存款	2.50
674	搏·弈 BY10142	2010－12－3	2010－12－31	4110	结构性存款	2.20
675	搏·弈 BY10143	2010－12－6	2010－12－13	37027	结构性存款	2.79
676	搏·弈 BY10144	2010－12－6	2010－12－20	160411	结构性存款	3.08
677	搏·弈 BY10146	2010－12－6	2010－12－27	11489	结构性存款	2.80
678	搏·弈 BY10149	2010－12－7	2010－12－28	19773	结构性存款	2.80
679	搏·弈 BY1012B7D－1	2010－12－8	2010－12－15	10110	结构性存款	1.90
680	搏·弈 BY1012B7D－2(中银财富专享)	2010－12－8	2010－12－15	84654	结构性存款	1.95
681	搏·弈 BY10151	2010－12－8	2010－12－22	8026	结构性存款	3.10
682	搏·弈 BY1012B1M－1	2010－12－8	2011－1－10	38995	结构性存款	2.20

续表

序号	产品名称	发行日	到期日	拟发行量	资金主要投向	预期收益率(%)
683	搏·弈 BY1012B1M-2(中银财富专享)	2010-12-8	2011-1-10	100979	结构性存款	2.50
684	搏·弈 BY1012B1M-3(网银专享)	2010-12-8	2011-1-10	17706	结构性存款	2.25
685	搏·弈 BY1012B9M	2010-12-8	2011-9-8	59966	结构性存款	3.60
686	搏·弈 BY10147	2010-12-9	2010-12-16	18978	结构性存款	2.34
687	搏·弈 BY10148	2010-12-9	2010-12-23	58176	结构性存款	3.19
688	搏·弈 BY10150	2010-12-9	2010-12-31	5663	结构性存款	2.50
689	搏·弈 BYZM1048(周末理财)	2010-12-10	2010-12-13	2175501	结构性存款	O/N_SHIBOR -0.40
690	搏·弈 BY1005GX7D31(七日有约)	2010-12-10	2010-12-17	354582	结构性存款	1.92
691	搏·弈 BY10152	2010-12-10	2010-12-31	228125	结构性存款	3.00
692	搏·弈 BY10154	2010-12-13	2010-12-20	91191	结构性存款	2.45
693	搏·弈 BY10156	2010-12-13	2010-12-27	116188	结构性存款	3.06
694	搏·弈 BY10153	2010-12-13	2010-12-31	26929	结构性存款	3.00
695	搏·弈 BY10158	2010-12-14	2010-12-31	2795	结构性存款	2.80
696	搏·弈 BY10159	2010-12-14	2011-1-4	60818	结构性存款	3.00
697	搏·弈 BY1012C7D-1	2010-12-15	2010-12-22	16926	结构性存款	1.90
698	搏·弈 BY1012C7D-2(中银财富专享)	2010-12-15	2010-12-22	80498	结构性存款	1.95
699	搏·弈 BY1012C1M-1	2010-12-15	2011-1-17	23135	结构性存款	2.20
700	搏·弈 BY1012C1M-2(中银财富专享)	2010-12-15	2011-1-17	130975	结构性存款	2.50
701	搏·弈 BY1012C1M-3(网银专享)	2010-12-15	2011-1-17	5000	结构性存款	2.25
702	搏·弈 BY1012C3M-1	2010-12-15	2011-3-15	28242	结构性存款	2.65
703	搏·弈 BY1012C3M-2(中银财富专享)	2010-12-15	2011-3-15	97866	结构性存款	2.90
704	搏·弈 BY1012C6M	2010-12-15	2011-6-15	60529	结构性存款	3.10
705	搏·弈 BY10161	2010-12-16	2010-12-31	14447	结构性存款	2.80
706	搏·弈 BY10163	2010-12-16	2010-12-31	21858	结构性存款	3.00
707	搏·弈 BYZM1049(周末理财)	2010-12-17	2010-12-20	1759896	结构性存款	O/N_SHIBOR -0.30
708	搏·弈 BY1005GX7D32(七日有约)	2010-12-17	2010-12-24	335739	结构性存款	1.92
709	搏·弈 BY10157	2010-12-17	2010-12-31	59169	结构性存款	3.73
710	搏·弈 BY10160	2010-12-17	2010-12-31	150520	结构性存款	3.83
711	搏·弈 BY10162	2010-12-20	2010-12-31	217653	结构性存款	3.75
712	搏·弈 BY10155	2010-12-21	2010-12-31	53245	结构性存款	4.24
713	搏·弈 BY1012D7D-1	2010-12-22	2010-12-29	2756	结构性存款	1.90
714	搏·弈 BY1012D7D-2(中银财富专享)	2010-12-22	2010-12-29	31975	结构性存款	1.95
715	搏·弈 BY10166	2010-12-22	2010-12-31	6473	结构性存款	4.36

续表

序号	产品名称	发行日	到期日	拟发行量	资金主要投向	预期收益率(%)
716	搏·弈 BY1012D14D-1	2010-12-22	2011-1-5	6666	结构性存款	2.10
717	搏·弈 BY1012D14D-2(中银财富专享)	2010-12-22	2011-1-5	44077	结构性存款	2.15
718	搏·弈 BY1012D1M-1	2010-12-22	2011-1-24	26218	结构性存款	2.20
719	搏·弈 BY1012D1M-2(中银财富专享)	2010-12-22	2011-1-24	118643	结构性存款	2.50
720	搏·弈 BY1012D1M-3(网银专享)	2010-12-22	2011-1-24	3090	结构性存款	2.25
721	搏·弈 BY1012D6M	2010-12-22	2011-6-22	41021	结构性存款	3.10
722	搏·弈 BYZM1050(周末理财)	2010-12-24	2010-12-27	1396809	结构性存款	O/N_SHIBOR -0.30
723	搏·弈 BY10164	2010-12-24	2010-12-31	1628722	结构性存款	4.00
724	搏·弈 BY1005GX7D33(七日有约)	2010-12-24	2010-12-31	252918	结构性存款	1.92
725	搏·弈 BY10165	2010-12-24	2011-1-7	2788989	结构性存款	4.20
726	搏·弈 BY10169	2010-12-27	2010-12-31	25539	结构性存款	3.00
727	搏·弈 BY10167	2010-12-27	2011-1-10	246789	结构性存款	5.31
728	搏·弈 BY10168	2010-12-28	2010-12-31	27320	结构性存款	5.56
729	搏·弈 BY10170	2010-12-28	2010-12-31	280151	结构性存款	3.40
730	搏·弈 BY1012E1M-1	2010-12-29	2011-1-31	5062	结构性存款	2.20
731	搏·弈 BY1012E1M-2	2010-12-29	2011-1-31	28596	结构性存款	2.50
732	搏·弈 BY1012E1M-3	2010-12-29	2011-1-31	804	结构性存款	2.25
733	搏·弈 BY1012E3M-1	2010-12-29	2011-3-31	15463	结构性存款	2.65
734	搏·弈 BY1012E3M-2	2010-12-29	2011-3-31	39152	结构性存款	2.90
735	搏·弈 BY10171	2010-12-30	2011-1-6	1271050	结构性存款	4.15
736	搏·弈 BY10172	2010-12-30	2011-1-13	415192	结构性存款	5.94
737	搏·弈 BY10173	2010-12-30	2011-1-13	65030	结构性存款	5.74
738	搏·弈 BY10175	2010-12-30	2011-1-13	49066	结构性存款	6.14
739	搏·弈 BY10174	2010-12-30	2011-1-20	42323	结构性存款	4.80
740	搏·弈 BYZM1051(周末理财)	2010-12-31	2011-1-4	2961922	结构性存款	O/N_SHIBOR -0.50
741	搏·弈 BY10176	2010-12-31	2011-1-7	160	结构性存款	4.15
742	搏·弈 BY1005GX7D34(七日有约)	2010-12-31	2011-1-7	206169	结构性存款	2.00
743	中银集富	2010-1-1~2010-12-31		34040000	详见备注	1.00~5.00

注:中国银行

中银集富产品投资方向主要为:银行存款、同业存放、国债、金融债、中央银行票据和符合监管机构要求的信托计划及其他资产或资产组合,"富"系列拟发行量为个人公司合计口径。

数据来源:中国银行

表3－5　2010年中国建设银行个人人民币理财产品发行情况表　　单位：万元人民币

序号	产品简称	起始日	到期日	募集金额	主要投向	预期收益率（客户，%）
1	深圳分行乾元一号股权投资类人民币理财产品2010年第1期	2010－1－4	2010－5－4	9，206.00	股权（收益权）	3.51
2	辽宁分行“乾元一号”股权收益权理财产品2010年第1期	2010－1－5	2011－12－30	39，000.00	股权（收益权）	6.00
3	建行财富2010第1期	2010－1－8	2010－5－8	19，990.00	新增信贷资产	3.78
4	甘肃分行“乾元一号”股权投资类理财产品2010年第2期	2010－1－8	2013－1－8	9，000.00	股权（收益权）	7.80
5	建行财富2010第2期	2010－1－12	2010－2－9	150，000.00	新增信贷资产	2.61
6	深圳分行乾元一号2010年股权投资类人民币理财产品第2期	2010－1－12	2011－12－25	14，219.00	股权（收益权）	7.00
7	建行财富2010第3期	2010－1－19	2012－1－19	30，000.00	新增信贷资产	5.60
8	利得盈2010（全）第1期	2010－1－21	2010－6－20	99，968.70	新增信贷资产	3.08
9	利得盈2010（全）第2期	2010－1－21	2010－6－20	100，000.00	新增信贷资产	3.08
10	建行财富2010第4期	2010－1－22	2010－7－21	20，000.00	新增信贷资产	3.27
11	大连分行“乾元一号”高基股权类理财产品2010年第1期	2010－1－22	2012－1－22	80，000.00	股权（收益权）	6.00
12	河北省分行“乾元一号”股权投资类人民币理财产品2010年第1期	2010－1－25	2012－1－24	19，993.00	股权（收益权）	4.29
13	建行财富2010第6期	2010－1－28	2010－7－27	24，940.00	新增信贷资产	3.38
14	利得盈2010（定）第1期	2010－1－29	2011－1－26	4，948.50	新增信贷资产	3.78
15	利得盈2010（定）第2期	2010－1－29	2010－7－28	4，297.20	新增信贷资产	3.18
16	利得盈2010（全）第3期	2010－1－29	2010－6－28	99，999.90	新增信贷资产	3.08
17	建行财富2010第5期	2010－1－29	2010－6－28	99，840.00	新增信贷资产	3.20
18	福建分行乾元一号股权投资类人民币理财产品2010年第1期	2010－1－29	2012－1－29	29，990.00	股权（收益权）	6.50
19	深圳分行“乾元一号”2010股权投资类人民币理财产品第3期	2010－1－29	2011－12－25	20，605.00	股权（收益权）	7.00
20	中国建设银行内蒙古区分行“乾元一号”2010－1股权投资类理财产品	2010－2－3	2013－2－3	80，000.00	股权（收益权）	8.00
21	利得盈2010（定）第5期	2010－2－4	2011－1－25	9，860.50	新增信贷资产	3.78
22	建行财富2010第7期	2010－2－4	2011－2－4	14，590.00	新增信贷资产	4.00
23	利得盈2010（定）第3期	2010－2－5	2011－2－7	5，000.00	新增信贷资产	3.78
24	利得盈2010（定）第4期	2010－2－5	2010－8－3	24，950.00	新增信贷资产	3.18
25	“乾元”辽宁分行2010年第1期应收账款型理财产品	2010－2－5	2011－10－16	23，576.00	新增信贷资产	4.92
26	利得盈2010（定）第6期	2010－2－8	2010－8－9	10，000.00	新增信贷资产	3.18

续表

序号	产品简称	起始日	到期日	募集金额	主要投向	预期收益率（客户，%）
27	中国建设银行内蒙古区分行“乾元一号”2010－2股权投资类理财产品	2010－2－8	2012－2－7	28,309.00	股权（收益权）	4.29
28	利得盈2010（定）第7期	2010－2－10	2011－2－10	15,872.20	新增信贷资产	3.80
29	内蒙分行“乾元”凭证式国债2010年1期	2010－2－12	2010－3－31	627.20	债券	3.81
30	内蒙分行“乾元”凭证式国债2010年2期	2010－2－12	2010－4－30	602.66	债券	3.81
31	内蒙分行“乾元”凭证式国债2010年3期	2010－2－12	2010－3－31	1,344.28	债券	3.39
32	内蒙分行“乾元”凭证式国债2010年4期	2010－2－12	2010－4－30	1,362.27	债券	3.66
33	内蒙分行“乾元”凭证式国债2010年5期	2010－2－12	2010－5－31	1,063.59	债券	3.66
34	苏州分行乾元一号2010年1期股权投资类	2010－2－22	2011－8－22	9,100.00	股权（收益权）	5.00
35	建行财富2010第8期	2010－2－26	2010－9－15	30,000.00	新增信贷资产	3.51
36	苏州分行乾元一号2010年2期股权投资类	2010－2－26	2011－8－26	31,900.00	股权（收益权）	5.00
37	中国建设银行宁波市分行乾元一号股权投资类人民币理财产品2010年第1期	2010－3－1	2012－3－1	55,000.00	股权（收益权）	6.00
38	利得盈2010（全）第4期	2010－3－9	2010－4－8	99,997.90	新增信贷资产	2.52
39	利得盈2010（全）第5期	2010－3－12	2011－3－11	29,983.70	新增信贷资产	3.78
40	利得盈2010（全）第6期	2010－3－12	2010－9－11	30,000.00	新增信贷资产	3.18
41	利得盈2010（定）第9期	2010－3－16	2010－8－16	30,000.00	新增信贷资产	3.15
42	中国建设银行上海市分行股权收益权型人民币理财产品2010年第1期	2010－3－17	2012－5－17	20,000.00	股权（收益权）	6.00
43	中国建设银行吉林省分行“乾元一号”2010－1股权投资类理财产品	2010－3－17	2014－3－16	30,000.00	股权（收益权）	12.00
44	对公债券类理财产品2010年第1期	2010－3－19	2010－3－18	27,830.34	债券	1.40
45	利得盈2010（定）第10期	2010－3－25	2010－9－21	99,993.00	新增信贷资产	3.18
46	利得盈2010（定）第11期	2010－3－30	2010－12－25	10,000.00	新增信贷资产	3.46
47	建行财富2010第10期	2010－3－30	2010－12－30	10,000.00	新增信贷资产	3.66
48	建行财富2010第9期	2010－3－30	2010－9－27	4,000.00	新增信贷资产	3.24
49	湖北省分行“乾元八号”信托贷款类2010－1期理财产品	2010－3－30	2010－9－29	10,000.00	新增信贷资产	3.18
50	“乾元”苏州分行2010年第1期中小企业信托贷款集合型理财产品	2010－3－30	2011－3－30	3,000.00	新增信贷资产	4.00

续表

序号	产品简称	起始日	到期日	募集金额	主要投向	预期收益率（客户，%）
51	“乾元”苏州分行2010年第2期中小企业信托贷款集合型理财产品	2010－3－30	2011－3－30	4,450.00	新增信贷资产	4.00
52	利得盈2010(定)第13期	2010－3－31	2011－3－29	40,357.60	新增信贷资产	3.78
53	建行财富2010年第1期(助力黄三角)	2010－3－31	2011－3－29	53,000.00	新增信贷资产	4.00
54	中国建设银行广东省分行“乾元三号”2010年第1期股权投资类人民币理财产品	2010－3－31	2015－3－30	28,982.00	股权(收益权)	10.00
55	河南分行“乾元”凭证式国债2010年1期	2010－4－1	2010－5－9	5,800.00	债券	3.66
56	青岛分行“乾元一号”2010年第1期股权投资人民币理财产品	2010－4－1	2011－4－1	100,000.00	股权(收益权)	5.00
57	内蒙古分行“乾元一号”股权投资人民币理财产品2010年第2期	2010－4－1	2013－4－1	80,000.00	股权(收益权)	8.00
58	中国建设银行河北省分行“乾元一号”股权投资人民币理财产品2010年第1期	2010－4－2	2011－10－9	44,985.00	股权(收益权)	6.00
59	利得盈2010(定)第12期	2010－4－6	2011－4－6	4,996.00	新增信贷资产	3.78
60	建行财富2010第12期	2010－4－6	2011－4－6	10,900.00	新增信贷资产	4.00
61	建行财富2010第11期	2010－4－7	2010－10－9	6,000.00	新增信贷资产	3.24
62	利得盈2010(定)第14期	2010－4－9	2010－10－5	19,998.70	新增信贷资产	3.15
63	利得盈2010(定)第15期	2010－4－9	2010－10－5	29,999.00	新增信贷资产	3.18
64	利得盈2010(定)第16期	2010－4－9	2010－10－9	25,000.00	新增信贷资产	3.18
65	利得盈2010(定)第19期	2010－4－9	2011－4－8	50,000.00	新增信贷资产	3.78
66	利得盈2010(定)第20期	2010－4－9	2011－4－9	19,847.90	新增信贷资产	3.78
67	利得盈2010(定)第17期	2010－4－13	2010－10－11	9,967.80	新增信贷资产	3.18
68	建行财富2010第13期	2010－4－13	2011－4－13	49,720.00	新增信贷资产	4.00
69	建行财富2010第14期	2010－4－13	2011－4－13	19,970.00	新增信贷资产	4.00
70	中国建设银行苏州分行“乾元一号－城乡通”2010年第1期股权类人民币理财产品	2010－4－13	2013－4－13	20,000.00	股权(收益权)	5.50
71	利得盈2010(定)第18期	2010－4－14	2011－3－11	49,380.00	新增信贷资产	3.68
72	江苏分行“乾元一号”2010年第2期股权类人民币理财产品	2010－4－15	2012－4－16	35,000.00	股权(收益权)	7.00
73	辽宁省分行“乾元”信托贷款类2010年第1期理财产品	2010－4－19	2011－2－18	10,000.00	新增信贷资产	3.60
74	利得盈2010(定)第21期	2010－4－20	2010－10－17	29,990.00	新增信贷资产	3.18
75	建行财富2010第15期	2010－4－20	2011－2－19	10,000.00	新增信贷资产	3.81

续表

序号	产品简称	起始日	到期日	募集金额	主要投向	预期收益率（客户,%）
76	建行财富 2010 第 17 期	2010－4－20	2011－4－20	14,970.00	新增信贷资产	4.00
77	建行财富 2010 第 16 期	2010－4－21	2011－4－21	5,000.00	新增信贷资产	4.00
78	建行财富 2010 第 18 期	2010－4－21	2011－4－21	49,870.00	新增信贷资产	4.00
79	利得盈 2010(定)第 22 期	2010－4－23	2011－4－23	39,960.00	新增信贷资产	3.78
80	利得盈 2010(定)第 23 期	2010－4－23	2011－4－25	20,000.00	新增信贷资产	3.78
81	利得盈 2010(定)第 24 期	2010－4－23	2010－7－26	34,998.20	新增信贷资产	2.87
82	利得盈 2010(定)第 25 期	2010－4－23	2011－4－23	50,000.00	新增信贷资产	3.78
83	辽宁省分行“乾元”信托信贷类 2010 年第 2 期理财产品	2010－4－23	2011－2－22	9,993.90	新增信贷资产	3.60
84	利得盈 2010(全)第 7 期	2010－4－26	2010－6－1	199,999.30	新增信贷资产	2.60
85	建行财富 2010 第 19 期	2010－4－27	2010－10－24	49,970.00	新增信贷资产	3.38
86	湖北省分行“乾元一号”2010－1 期股权类人民币理财产品	2010－4－28	2012－4－28	30,000.00	股权(收益权)	7.00
87	利得盈 2010(全)第 8 期	2010－4－29	2010－9－27	100,000.00	新增信贷资产	3.08
88	中国建设银行苏州分行“乾元一号－城乡通”2010 年第 2 期股权类人民币理财产品	2010－4－29	2013－4－29	30,000.00	股权(收益权)	6.00
89	中国建设银行安徽省分行“乾元一号”2010－1 股权投资类人民币理财产品	2010－4－29	2015－4－28	49,934.90	股权(收益权)	15.00
90	中国建设银行北京市分行“乾元一号”2010－1 股权类人民币理财产品	2010－4－29	2015－4－29	70,000.00	股权(收益权)	20.00
91	利得盈 2010(定)第 26 期	2010－4－30	2011－2－22	5,000.00	新增信贷资产	3.57
92	利得盈 2010(定)第 27 期	2010－4－30	2010－10－26	19,998.90	新增信贷资产	3.18
93	利得盈 2010(定)第 28 期	2010－4－30	2011－4－26	16,414.60	新增信贷资产	3.78
94	吉林省分行“乾元”信托贷款类 2010 年第 1 期理财产品	2010－5－5	2011－2－14	40,000.00	新增信贷资产	3.78
95	中国建设银行山西省分行“乾元一号”2010 第 1 期股权类人民币理财产品	2010－5－6	2012－5－5	20,000.00	股权(收益权)	7.00
96	内蒙分行“乾元”凭证式国债 2010 年 6 期	2010－5－7	2010－8－31	365.74	债券	3.60
97	内蒙分行“乾元”凭证式国债 2010 年 7 期	2010－5－7	2010－9－30	275.97	债券	5.20
98	内蒙分行“乾元”凭证式国债 2010 年 8 期	2010－5－7	2010－11－30	515.98	债券	3.60
99	利得盈 2010(定)第 29 期	2010－5－10	2010－11－10	49,972.00	新增信贷资产	3.18

续表

序号	产品简称	起始日	到期日	募集金额	主要投向	预期收益率（客户，%）
100	建行财富 2010 年第 1 期（助力皖江城市带）	2010－5－11	2011－5－10	6,600.00	新增信贷资产	4.00
101	建行财富 2010 年第 2 期（助力皖江城市带）	2010－5－11	2011－5－10	13,980.00	新增信贷资产	4.00
102	“乾元”山东分行 2010 年第 1 期中小企业信托贷款集合型理财产品	2010－5－11	2011－5－11	20,000.00	新增信贷资产	4.20
103	中国建设银行上海市分行“建行财富”股权收益权类人民币理财产品 2010 年第 2 期	2010－5－11	2011－11－9	98,000.00	股权（收益权）	4.80
104	建行财富 2010 第 20 期	2010－5－12	2011－5－12	59,980.00	新增信贷资产	4.00
105	天津分行“乾元”2010 年第 1 期信托贷款类理财产品	2010－5－13	2011－5－12	20,000.00	新增信贷资产	3.78
106	利得盈 2010（全）第 9 期	2010－5－14	2010－11－12	199,976.30	新增信贷资产	3.18
107	建行财富 2010 第 21 期	2010－5－14	2011－5－13	13,500.00	新增信贷资产	4.00
108	辽宁省分行“乾元”信托信贷类 2010 年第 3 期理财产品	2010－5－17	2010－12－16	10,000.00	新增信贷资产	3.24
109	福建分行“乾元一号”2010 年第 2－1 期股权类人民币理财产品	2010－5－17	2010－11－17	36,000.00	股权（收益权）	5.00
110	黑龙江省分行“乾元一号”2010－3 股权投资类人民币理财产品	2010－5－17	2012－5－17	60,000.00	股权（收益权）	6.20
111	中国建设银行安徽省分行“乾元一号”股权投资类 2010－2 人民币理财产品	2010－5－18	2012－5－18	16,584.30	股权（收益权）	6.00
112	中国建设银行吉林省分行“乾元一号”2010 年第 2 期股权类人民币理财产品	2010－5－18	2013－5－18	55,000.00	股权（收益权）	7.60
113	建行财富 2010 第 22 期	2010－5－21	2011－5－20	5,000.00	新增信贷资产	4.00
114	利得盈 2010（定）第 30 期	2010－5－28	2011－4－25	30,000.00	新增信贷资产	3.68
115	上海分行“乾元一号”2010 年第 2 期	2010－5－28	2012－5－25	100,000.00	股权（收益权）	4.50
116	利得盈 2010（定）第 31 期	2010－5－31	2011－5－30	6,998.80	新增信贷资产	3.78
117	苏州分行城乡一体化 2010 年第 3 期	2010－5－31	2012－6－18	99,940.00	股权（收益权）	5.30
118	中国建设银行厦门市分行“乾元一号”2010 年第 1 期股权类人民币理财产品—固定期限型 1 年款	2010－6－1	2011－6－1	27,000.00	股权（收益权）	5.50
119	中国建设银行厦门市分行“乾元一号”2010 年第 2 期股权类人民币理财产品—固定期限型 2 年款	2010－6－1	2012－6－1	63,000.00	股权（收益权）	6.50
120	“乾元”吉林分行 2010 年第 1 期中小企业信托贷款集合型理财产品	2010－6－4	2010－12－3	21,000.00	新增信贷资产	3.40

续表

序号	产品简称	起始日	到期日	募集金额	主要投向	预期收益率（客户,%）
121	利得盈 2010(定)第 33 期	2010-6-7	2010-12-4	6,463.60	新增信贷资产	3.18
122	辽宁省分行“乾元”信托信贷类 2010 年第 4 期理财产品	2010-6-7	2011-12-6	10,000.00	新增信贷资产	5.00
123	利得盈 2010(定)第 34 期	2010-6-9	2011-6-9	59,584.40	新增信贷资产	3.78
124	中国建设银行江苏省分行“乾元一号”2010 年第 1 期股权类人民币理财产品	2010-6-10	2011-12-2	15,000.00	股权(收益权)	6.20
125	中国建设银行上海分行“乾元一号”2010 年第 3 期股权类人民币理财产品	2010-6-13	2012-6-12	130,000.00	股权(收益权)	5.80
126	对公债券类理财产品 2010 年第 2 期	2010-6-13	2010-6-21	22,000.00	债券	1.90
127	辽宁省分行“乾元”信托信贷类 2010 年第 5 期理财产品	2010-6-17	2011-1-17	5,000.00	新增信贷资产	3.24
128	黑龙江省分行“乾元一号”2010-1 股权投资类人民币理财产品	2010-6-18	2012-6-18	40,000.00	股权(收益权)	6.20
129	湖北省分行“乾元”城中村改造 2010-1 期人民币理财产品	2010-6-18	2012-6-17	20,000.00	股权(收益权)	7.20
130	中国建设银行上海市分行“乾元一号”2010 年第 1 期股权类理财产品	2010-6-18	2017-6-18	100,000.00	股权(收益权)	20.00
131	建行财富 2010 第 24 期	2010-6-22	2011-6-22	49,970.00	新增信贷资产	4.00
132	吉林分行“乾元一号”2010 年第 3 期股权类人民币理财产品	2010-6-24	2013-6-24	50,000.00	股权(收益权)	7.80
133	建行财富 2010 第 23 期	2010-6-25	2010-12-22	149,980.00	新增信贷资产	3.38
134	辽宁省分行“乾元”信托信贷类 2010 年第 6 期理财产品	2010-6-25	2011-6-24	5,000.00	新增信贷资产	3.78
135	利得盈 2010(定)第 35 期	2010-6-28	2010-12-28	10,000.00	新增信贷资产	3.18
136	利得盈 2010(定)第 37 期	2010-6-29	2010-12-26	19,999.00	新增信贷资产	3.18
137	苏州分行城乡一体化 2010 年第 4 期	2010-6-29	2012-6-29	10,000.00	股权(收益权)	5.50
138	建行财富 2010 第 1 期(助力山东蓝色半岛)	2010-6-30	2011-6-30	49,940.00	新增信贷资产	4.00
139	中国建设银行股份有限公司“乾元一号”2010 年第 3 期股权投资类人民币理财产品	2010-6-30	2011-12-30	41,802.20	股权(收益权)	5.30
140	河南分行“乾元”凭证式国债 2010 年 2 期	2010-7-2	2010-9-29	4,600.00	债券	5.20
141	内蒙古分行“乾元一号”股权投资人民币理财产品 2010 年第 3 期	2010-7-2	2013-7-2	80,000.00	股权(收益权)	8.00
142	利得盈 2010(定)第 32 期	2010-7-5	2011-1-4	20,000.00	新增信贷资产	3.18

续表

序号	产品简称	起始日	到期日	募集金额	主要投向	预期收益率（客户,%）
143	苏州分行"乾元一号－城乡一体化"2010年第5期股权类人民币理财产品	2010－7－6	2013－7－6	42,500.00	股权(收益权)	5.80
144	苏州分行"乾元一号－城乡一体化"2010年6期股权类人民币理财产品	2010－7－6	2013－7－6	7,500.00	股权(收益权)	7.20
145	深圳市分行"乾元一号"股权类人民币理财产品2010年第4期	2010－7－6	2010－12－31	25,000.00	股权(收益权)	4.50
146	利得盈2010(定)第36期	2010－7－7	2011－7－7	10,000.00	新增信贷资产	3.78
147	湖北省分行"乾元一号"2010－2期股权类人民币理财产品	2010－7－8	2012－7－7	20,000.00	股权(收益权)	6.90
148	对公债券类理财产品2010年第3期	2010－7－8	2010－10－8	100,000.00	债券	2.20
149	对公债券类理财产品2010年第4期	2010－7－8	2010－12－7	100,000.00	债券	2.40
150	江苏分行"乾元一号"2010年第6期股权类人民币理财产品	2010－7－10	2012－7－10	40,000.00	股权(收益权)	7.00
151	辽宁省分行"乾元"信托贷款类2010年第7期理财产品	2010－7－14	2011－2－14	15,000.00	新增信贷资产	3.24
152	内蒙古分行"乾元一号"股权投资人民币理财产品2010年第4期	2010－7－15	2013－7－16	50,000.00	股权(收益权)	7.80
153	中国建设银行股份有限公司青岛分行"乾元一号"2010年第4期股权投资类人民币理财产品	2010－7－19	2012－1－19	38,197.70	股权(收益权)	5.30
154	中国建设银行吉林省分行"乾元一号"2010年第4期股权类人民币理财产品	2010－7－20	2012－7－20	90,000.00	股权(收益权)	7.50
155	内蒙分行"乾元一号"2010－5股权投资类人民币理财产品	2010－7－21	2012－7－21	40,000.00	股权(收益权)	7.00
156	对公债券类理财产品2010年第5期	2010－7－28	2010－8－23	240,000.00	债券	1.60
157	"乾元一号"内蒙古股权投资人民币理财产品2010年第6期	2010－8－3	2012－8－3	50,000.00	股权(收益权)	7.00
158	湖北省分行"乾元一号"2010－4期股权类人民币理财产品	2010－8－6	2013－8－5	50,000.00	股权(收益权)	7.02
159	对公债券类理财产品2010年第6期	2010－8－24	2010－9－14	50,000.00	债券	1.85
160	河南分行"乾元"凭证式国债2010年3期	2010－9－3	2010－10－15	5,400.00	债券	3.60
161	河南分行"乾元"凭证式国债2010年4期	2010－9－16	2010－12－5	4,700.00	债券	5.74
162	对公债券类理财产品2010年第7期	2010－9－26	2010－10－26	300,000.00	债券	2.00
163	建行财富2010第27期	2010－9－29	2011－9－26	16,960.00	新增信贷资产	4.00
164	建行财富2010第28期	2010－9－29	2011－9－26	30,000.00	新增信贷资产	4.00

续表

序号	产品简称	起始日	到期日	募集金额	主要投向	预期收益率（客户,%）
165	建行财富债券类2010年第1期	2010－9－29	2010－12－29	9,588.00	债券	2.20
166	河北省分行“乾元”信托信贷类2010年第1期	2010－10－8	2011－10－8	29,985.00	新增信贷资产	3.80
167	中国建设银行厦门市分行“乾元四号”精选投资类2010年第1期人民币理财产品	2010－10－14	2012－10－14	8,000.00	优质股票、基金	6.00
168	苏州分行“乾元一号－城乡一体化”2010年第6期股权收益权类人民币理财产品	2010－11－9	2012－11－9	10,000.00	股权(收益权)	5.20
169	内蒙古分行“乾元一号”2010－7期股权类理财产品	2010－11－11	2013－11－11	48,000.00	股权(收益权)	7.80
170	建行财富2010第26期	2010－11－12	2011－11－12	20,000.00	新增信贷资产	4.00
171	利得盈2010(定)第38期	2010－11－19	2011－11－18	20,000.00	新增信贷资产	3.96
172	利得盈2010(定)第39期	2010－11－19	2011－11－18	20,000.00	新增信贷资产	3.96
173	利得盈2010(定)第40期	2010－11－19	2011－11－18	50,000.00	新增信贷资产	3.96
174	建行财富2010第30期	2010－11－19	2011－11－18	20,000.00	新增信贷资产	4.20
175	苏州分行“乾元一号－城乡一体化”2010年第7期股权收益权类人民币理财产品	2010－11－19	2012－11－19	5,000.00	股权(收益权)	5.20
176	福建省分行“乾元”2010年第1期信托受益权转让型理财产品	2010－11－23	2011－1－14	40,000.00	新增信贷资产	2.80
177	利得盈2010(定)第41期	2010－11－26	2011－11－26	50,000.00	新增信贷资产	3.96
178	建行财富2010第29期	2010－11－26	2011－11－25	30,000.00	新增信贷资产	4.20
179	宁波分行乾元2010年第1期信托受益权转让型理财产品	2010－11－26	2011－11－18	10,000.00	新增信贷资产	3.90
180	建行财富2010第31期	2010－11－30	2011－11－30	60,000.00	新增信贷资产	4.20
181	贵州分行2010第1期信托受益权转让型理财产品	2010－12－3	2011－11－29	20,000.00	新增信贷资产	4.20
182	利得盈2010(定)第42期	2010－12－8	2011－12－7	24,300.00	新增信贷资产	3.96
183	建行财富2010第32期	2010－12－8	2011－12－8	5,000.00	新增信贷资产	4.20
184	建行财富2010第35期	2010－12－9	2011－12－9	29,670.00	新增信贷资产	4.20
185	对公债券类理财产品2010年第8期	2010－12－9	2011－3－15	50,000.00	债券	2.45
186	苏州分行2010年1期信托受益权转让型理财产品	2010－12－10	2011－12－10	695.00	新增信贷资产	3.90
187	利得盈2010(定)第44期	2010－12－13	2011－12－13	14,122.20	新增信贷资产	3.96
188	苏州分行“乾元一号－城乡一体化”2010年第8期股权收益权类人民币理财产品	2010－12－14	2013－12－14	20,000.00	股权(收益权)	5.40

续表

序号	产品简称	起始日	到期日	募集金额	主要投向	预期收益率（客户，%）
189	建行财富2010第33期	2010-12-15	2012-12-14	11,550.00	新增信贷资产	4.80
190	建行财富2010第34期	2010-12-15	2012-12-14	17,130.00	新增信贷资产	4.80
191	宁波分行"乾元三号"2010年第1期上市公司股票增发类人民币理财产品	2010-12-16	2012-12-16	20,000.00	股权（收益权）	
192	福建省分行"乾元"2010年第2期信托受益权转让型理财产品	2010-12-17	2011-8-17	9,613.60	新增信贷资产	3.80
193	福建省分行"乾元"2010年第3期信托受益权转让型理财产品	2010-12-17	2011-8-17	8,645.20	新增信贷资产	3.80
194	宁波分行"乾元三号"2010年第2期上市公司股票增发类人民币理财产品	2010-12-20	2012-12-19	20,000.00	股权（收益权）	
195	中国建设银行广东省分行"乾元一号"2010年第11期股权收益权类人民币理财产品	2010-12-20	2013-9-19	35,000.00	股权（收益权）	7.00
196	苏州分行2010年2期信托受益权转让型理财产品	2010-12-21	2011-6-21	11,000.00	新增信贷资产	3.60
197	福建分行2010年第4期信托受益权转让型理财产品	2010-12-21	2011-3-13	20,000.00	新增信贷资产	3.10
198	利得盈2010（定）第43期	2010-12-24	2012-6-21	16,712.40	新增信贷资产	4.18
199	利得盈2010（定）第46期	2010-12-24	2011-12-23	4,500.00	新增信贷资产	3.96
200	利得盈2010年第45期	2010-12-24	2011-12-23	3,000.00	新增信贷资产	3.96
201	福建省分行"乾元"2010年第5期信托受益权转让型理财产品	2010-12-24	2011-8-24	10,000.00	新增信贷资产	3.80
202	建行财富2010第36期	2010-12-28	2011-12-28	19,920.00	新增信贷资产	4.20
203	对公债券类理财产品2010年第9期	2010-12-29	2011-1-28	30,000.00	债券	2.20
204	利得盈2010（定）第48期	2010-12-30	2011-12-30	5,000.00	新增信贷资产	3.96
205	建行财富2010第37期	2010-12-30	2011-12-30	15,000.00	新增信贷资产	4.30
206	苏州分行2010年3期信托受益权转让型理财产品	2010-12-30	2012-12-30	6,000.00	新增信贷资产	5.60
207	北京市分行"乾元"信托受益权转让型2010年第01期	2010-12-30	2011-3-17	100,000.00	新增信贷资产	3.60
208	建行财富债券类2010年第2期	2010-12-30	2011-1-6	250,000.00	债券	4.00
209	甘肃分行2010年第1期信托受益权转让型理财产品	2010-12-31	2011-12-28	7,750.00	新增信贷资产	4.20
210	深圳分行滚动组合类理财产品	2008-9-23	2015-9-23	46,762,187.59	优质资产组合	
211	广东分行滚动组合类理财产品	2009-3-19	2016-3-19	23,010,548.60	优质资产组合	
212	山东分行滚动组合类理财产品	2009-7-16	2016-7-16	6,859,906.76	优质资产组合	
213	上海分行滚动组合类理财产品	2009-7-30	2016-7-30	22,218,786.10	优质资产组合	

续表

序号	产品简称	起始日	到期日	募集金额	主要投向	预期收益率（客户，%）
214	厦门分行滚动组合类理财产品	2009－6－12	2016－6－12	739,608.20	优质资产组合	
215	宁波分行滚动组合类理财产品	2009－5－26	2016－5－26	6,041,600.00	优质资产组合	
216	重庆分行滚动组合类理财产品	2009－7－16	2016－7－16	5,417,204.20	优质资产组合	
217	北京分行滚动组合类理财产品	2009－9－1	2016－9－1	8,891,370.69	优质资产组合	
218	三峡分行滚动组合类理财产品	2009－10－21	2016－10－21	105,337.90	优质资产组合	
219	浙江分行滚动组合类理财产品	2009－11－24	2016－11－24	18,983,652.58	优质资产组合	
220	福建分行滚动组合类理财产品	2009－12－2	2016－12－2	6,157,634.40	优质资产组合	
221	江西行滚动组合类理财产品	2009－12－2	2016－12－2	631,126.74	优质资产组合	
222	黑龙江行滚动组合类理财产品	2010－3－23	2017－3－12	2,056,342.40	优质资产组合	
223	四川行滚动组合类理财产品	2010－2－3	2017－2－3	4,241,309.20	优质资产组合	
224	江苏行滚动组合类理财产品	2010－3－18	2017－3－18	4,913,961.20	优质资产组合	
225	天津行滚动组合类理财产品	2009－12－23	2016－12－23	4,767,575.93	优质资产组合	
226	苏州行滚动组合类理财产品	2010－4－20	2017－4－20	590,529.20	优质资产组合	
227	河北行滚动组合类理财产品	2010－5－20	2017－5－20	1,862,732.30	优质资产组合	
228	湖南行滚动组合类理财产品	2010－6－8	2017－6－8	1,967,143.00	优质资产组合	
229	乾元－日鑫月溢	2010－2－10	2018－2－10	10,964,167.00	优质资产组合	
230	“天天大丰收”开放型理财产品	2009－12－10	2012－12－10	36,514,255.14	优质资产组合	
231	“周周大丰收”开放型理财产品（普通版）	2010－2－9	2015－2－10	3,793,854.40	优质资产组合	
232	“周周大丰收”开放型理财产品（高端版）	2010－8－24	2015－2－10	229,864.00	优质资产组合	

数据来源：建设银行

表3－6　2010年交通银行个人人民币封闭式理财产品发行情况表

单位：万元人民币

序号	产品简称	起始日	到期日	发行量	资金主要投向	预期收益率（%）
1	得利宝·沃德添利16号	2010－1－11	2010－4－6	25453	债券及货币市场工具类、转让贷款、票据融资	3.20
2	得利宝．天蓝29号	2010－1－12	2010－3－29	30000	债券及货币市场工具类	2.70
3	得利宝．天蓝30号	2010－1－15	2010－1－28	17786	债券及货币市场工具类	2.00
4	得利宝．天蓝31号	2010－1－15	2010－2－25	33747	债券及货币市场工具类	2.70
5	得利宝．天蓝32号	2010－1－15	2010－3－29	99989	债券及货币市场工具类	3.05
6	得利宝．天蓝33号	2010－1－19	2010－3－29	50000	债券及货币市场工具类	2.95
7	得利宝．天蓝34号	2010－2－1	2010－2－25	20000	债券及货币市场工具类	1.90
8	得利宝．天蓝35号	2010－2－11	2010－4－28	20436	债券及货币市场工具类	2.90
9	得利宝．天蓝36号	2010－2－11	2010－4－28	23300	债券及货币市场工具类	2.90
10	沃德添利春节版	2010－2－13	2010－2－22	49153	债券及货币市场工具类	3.00

续表

序号	产品简称	起始日	到期日	发行量	资金主要投向	预期收益率(%)
11	得利宝．天蓝37号	2010-3-1	2010-5-28	79318	债券及货币市场工具类	3.00
12	得利宝．天蓝38号	2010-3-1	2010-6-28	30000	债券及货币市场工具类	2.80
13	得利宝．天蓝39号	2010-3-1	2010-5-28	1800	债券及货币市场工具类	3.00
14	得利宝．智慧添利	2010-3-2	2010-4-23	10000	债券及货币市场工具类	1.95
15	得利宝．天蓝40号	2010-3-8	2010-3-29	69986	债券及货币市场工具类	2.25
16	得利宝．天蓝41号	2010-3-8	2010-3-29	29999	债券及货币市场工具类	2.25
17	得利宝．天蓝42号	2010-3-17	2010-5-17	10000	债券及货币市场工具类	2.50
18	得利宝．天蓝43号	2010-3-18	2010-3-29	20000	债券及货币市场工具类	2.10
19	得利宝．智慧添利	2010-3-24	2010-3-31	6000	债券及货币市场工具类	1.95
20	得利宝．天蓝45号	2010-4-1	2010-4-28	32190	债券及货币市场工具类	2.20
21	沃德添利．假日版-清明	2010-4-1	2010-4-6	2245329	债券及货币市场工具类	2.70
22	得利宝．天蓝46号	2010-4-6	2010-6-28	20000	债券及货币市场工具类	2.90
23	得利宝．天蓝47号	2010-4-7	2010-5-6	15677	债券及货币市场工具类	2.20
24	得利宝．天蓝48号	2010-4-7	2010-6-7	30859	债券及货币市场工具类	2.50
25	得利宝．智慧添利	2010-4-8	2010-4-28	6000	债券及货币市场工具类	1.95
26	得利宝．天蓝49号	2010-4-12	2010-6-28	99984	债券及货币市场工具类	2.90
27	得利宝．天蓝50号	2010-4-12	2010-4-28	50000	债券及货币市场工具类	2.30
28	得利宝．天蓝51号	2010-4-14	2010-5-13	9951	债券及货币市场工具类	2.20
29	得利宝．天蓝52号	2010-4-14	2010-6-14	10570	债券及货币市场工具类	2.50
30	得利宝．天蓝53号	2010-4-21	2010-5-20	9771	债券及货币市场工具类	2.20
31	得利宝．天蓝54号	2010-4-21	2010-6-21	14746	债券及货币市场工具类	2.50
32	得利宝．天蓝56号	2010-4-22	2010-6-28	80000	债券及货币市场工具类	2.90
33	得利宝·沃德添利63天	2010-4-23	2010-6-25	20000	债券及货币市场工具类、转让贷款、票据融资	3.50
34	得利宝．天蓝57号	2010-4-26	2010-5-27	4161	债券及货币市场工具类	2.20
35	得利宝．天蓝58号	2010-4-26	2010-6-28	9835	债券及货币市场工具类	2.50
36	得利宝·沃德添利243天	2010-4-28	2010-12-27	58094	债券及货币市场工具类、转让贷款、票据融资	2.80
37	得利宝·沃德添利252天	2010-4-28	2011-1-5	18488	债券及货币市场工具类、转让贷款、票据融资	2.80
38	得利宝·沃德添利351天	2010-4-28	2011-4-14	56070	债券及货币市场工具类、转让贷款、票据融资	3.60
39	得利宝·沃德添利60天	2010-4-28	2010-6-27	103295	债券及货币市场工具类、转让贷款、票据融资	2.10
40	得利宝·沃德添利65天	2010-4-28	2010-7-2	15241	债券及货币市场工具类、转让贷款、票据融资	2.10
41	得利宝．天蓝59号	2010-4-29	2010-6-28	29732	债券及货币市场工具类	2.70
42	得利宝·沃德添利6天	2010-4-29	2010-5-5	169921	债券及货币市场工具类、转让贷款、票据融资	2.90
43	得利宝．智慧添利	2010-4-29	2010-6-25	3000	债券及货币市场工具类	1.95
44	得利宝·沃德添利58天	2010-4-30	2010-6-27	45698	债券及货币市场工具类、转让贷款、票据融资	3.00
45	得利宝．天蓝61号	2010-5-5	2010-6-7	3985	债券及货币市场工具类	2.20

续表

序号	产品简称	起始日	到期日	发行量	资金主要投向	预期收益率(%)
46	得利宝．天蓝62号	2010-5-5	2010-7-5	5175	债券及货币市场工具类	2.50
47	得利宝·沃德添利21天	2010-5-6	2010-5-27	2830	债券及货币市场工具类、转让贷款、票据融资	2.00
48	沃德添利(定制版)	2010-5-6	2010-6-30	5470	债券及货币市场工具类、转让贷款、票据融资	3.20
49	沃德添利．假日版-五一	2010-5-6	2010-6-30	749578	债券及货币市场工具类	3.50
50	得利宝·沃德添利(双月)	2010-5-7	2010-7-9	51632	债券及货币市场工具类	2.60
51	得利宝·沃德添利178天	2010-5-7	2010-11-1	2100	债券及货币市场工具类、转让贷款、票据融资	3.60
52	得利宝·沃德添利203天	2010-5-7	2010-11-26	9586	债券及货币市场工具类、转让贷款、票据融资	3.60
53	得利宝·沃德添利81天	2010-5-7	2010-7-27	29242	债券及货币市场工具类、转让贷款、票据融资	2.70
54	得利宝·沃德添利81天(1)	2010-5-7	2010-7-27	57858	债券及货币市场工具类、转让贷款、票据融资	2.70
55	得利宝．智慧添利(双月)	2010-5-7	2010-7-9	18345	债券及货币市场工具类	2.40
56	得利宝．天蓝60号	2010-5-10	2010-6-28	70000	债券及货币市场工具类	2.60
57	沃德添利(定制版)	2010-5-11	2010-6-29	5000	债券及货币市场工具类、转让贷款、票据融资	3.30
58	得利宝．天蓝63号	2010-5-12	2010-6-10	6081	债券及货币市场工具类	2.20
59	得利宝．天蓝64号	2010-5-12	2010-7-12	4247	债券及货币市场工具类	2.50
60	得利宝·沃德添利173天	2010-5-12	2010-11-1	1650	债券及货币市场工具类、转让贷款、票据融资	3.60
61	得利宝·沃德添利337天	2010-5-12	2011-4-14	1525	债券及货币市场工具类、转让贷款、票据融资	4.10
62	得利宝·沃德添利(双月)	2010-5-14	2010-7-16	28566	债券及货币市场工具类	2.60
63	得利宝．智慧添利(双月)	2010-5-14	2010-7-16	12106	债券及货币市场工具类	2.40
64	得利宝．新蓝318号	2010-5-17	2010-6-29	540820	债券及货币市场工具类	2.95
65	得利宝．天蓝65号	2010-5-19	2010-6-17	6713	债券及货币市场工具类	2.20
66	得利宝．天蓝66号	2010-5-19	2010-7-19	3224	债券及货币市场工具类	2.50
67	得利宝·沃德添利183天	2010-5-20	2010-11-19	30000	债券及货币市场工具类、转让贷款、票据融资	3.30
68	得利宝·沃德添利365天	2010-5-20	2011-5-20	15000	债券及货币市场工具类、转让贷款、票据融资	3.80
69	得利宝·沃德添利(双月)	2010-5-21	2010-7-23	37374	债券及货币市场工具类	2.60
70	得利宝·沃德添利328天	2010-5-21	2011-4-14	73830	债券及货币市场工具类、转让贷款、票据融资	3.60
71	得利宝．智慧添利(双月)	2010-5-21	2010-7-23	15273	债券及货币市场工具类	2.40
72	得利宝·沃德添利(九月)	2010-5-26	2011-2-23	16566	债券及货币市场工具类	3.50
73	得利宝·沃德添利(六月)	2010-5-26	2010-11-24	46105	债券及货币市场工具类	3.20
74	得利宝·沃德添利182天	2010-5-26	2010-11-24	1080	债券及货币市场工具类、转让贷款、票据融资	3.20
75	得利宝·沃德添利323天	2010-5-26	2011-4-14	500	债券及货币市场工具类、转让贷款、票据融资	4.00
76	得利宝．智慧添利(九月)	2010-5-26	2011-2-23	5021	债券及货币市场工具类	3.20
77	得利宝．智慧添利(六月)	2010-5-26	2010-11-24	8109	债券及货币市场工具类	2.90
78	得利宝·沃德添利(双月)	2010-5-28	2010-7-30	29007	债券及货币市场工具类	2.60
79	得利宝·沃德添利182天	2010-5-28	2010-11-26	3282	债券及货币市场工具类、转让贷款、票据融资	3.20
80	得利宝·沃德添利321天	2010-5-28	2011-4-14	71910	债券及货币市场工具类、转让贷款、票据融资	3.60

续表

序号	产品简称	起始日	到期日	发行量	资金主要投向	预期收益率(%)
81	得利宝·沃德添利68天	2010-5-28	2010-8-4	560	债券及货币市场工具类、转让贷款、票据融资	3.20
82	得利宝.新蓝319号	2010-5-28	2010-6-29	206920	债券及货币市场工具类	2.90
83	得利宝.新蓝320号	2010-5-28	2010-6-29	123759	债券及货币市场工具类	2.40
84	得利宝.智慧添利(双月)	2010-5-28	2010-7-30	11148	债券及货币市场工具类	2.40
85	得利宝·沃德添利(九月)	2010-6-2	2011-3-2	14589	债券及货币市场工具类	3.50
86	得利宝·沃德添利(六月)	2010-6-2	2010-12-1	41196	债券及货币市场工具类	3.20
87	得利宝·沃德添利183天	2010-6-2	2010-12-2	15000	债券及货币市场工具类、转让贷款、票据融资	3.30
88	得利宝·沃德添利30天	2010-6-2	2010-7-2	3600	债券及货币市场工具类、转让贷款、票据融资	3.10
89	得利宝·沃德添利316天	2010-6-2	2011-4-14	600	债券及货币市场工具类、转让贷款、票据融资	4.00
90	得利宝·沃德添利63天	2010-6-2	2010-8-4	700	债券及货币市场工具类、转让贷款、票据融资	3.20
91	得利宝·沃德添利91天	2010-6-2	2010-9-1	2200	债券及货币市场工具类、转让贷款、票据融资	3.70
92	得利宝.智慧添利(九月)	2010-6-2	2011-3-2	8823	债券及货币市场工具类	3.20
93	得利宝.智慧添利(六月)	2010-6-2	2010-12-1	11253	债券及货币市场工具类	2.90
94	得利宝.天蓝67号	2010-6-3	2010-7-1	6127	债券及货币市场工具类	2.20
95	得利宝.天蓝68号	2010-6-3	2010-8-3	6545	债券及货币市场工具类	2.50
96	得利宝.天蓝69号	2010-6-3	2010-6-28	15000	债券及货币市场工具类	2.40
97	得利宝·沃德添利(三月)	2010-6-4	2010-9-3	26314	债券及货币市场工具类	2.80
98	得利宝·沃德添利(双月)	2010-6-4	2010-8-6	35214	债券及货币市场工具类	2.60
99	得利宝·沃德添利314天	2010-6-4	2011-4-14	96178	债券及货币市场工具类、转让贷款、票据融资	3.60
100	得利宝·沃德添利314天	2010-6-4	2011-4-14	6000	债券及货币市场工具类、转让贷款、票据融资	4.20
101	得利宝.智慧添利(三月)	2010-6-4	2010-9-3	8824	债券及货币市场工具类	2.50
102	得利宝.智慧添利(双月)	2010-6-4	2010-8-6	13985	债券及货币市场工具类	2.40
103	得利宝.新蓝321号	2010-6-7	2010-6-29	100000	债券及货币市场工具类	2.20
104	得利宝·沃德添利44天	2010-6-8	2010-7-22	73319	债券及货币市场工具类、转让贷款、票据融资	2.40
105	得利宝·沃德添利79天	2010-6-8	2010-8-26	51437	债券及货币市场工具类、转让贷款、票据融资	2.60
106	得利宝.天蓝70号	2010-6-9	2010-7-8	16198	债券及货币市场工具类	2.20
107	得利宝.天蓝71号	2010-6-9	2010-8-9	2182	债券及货币市场工具类	2.50
108	得利宝.天蓝72号	2010-6-9	2010-9-9	15425	债券及货币市场工具类	2.80
109	得利宝·沃德添利(九月)	2010-6-9	2011-3-9	6062	债券及货币市场工具类	3.50
110	得利宝·沃德添利(六月)	2010-6-9	2010-12-8	30150	债券及货币市场工具类	3.20
111	得利宝.智慧添利(九月)	2010-6-9	2011-3-9	7588	债券及货币市场工具类	3.20
112	得利宝.智慧添利(六月)	2010-6-9	2010-12-8	8643	债券及货币市场工具类	2.90
113	得利宝·沃德添利(三月)	2010-6-11	2010-9-10	22367	债券及货币市场工具类	2.80
114	得利宝·沃德添利(双月)	2010-6-11	2010-8-13	24565	债券及货币市场工具类	2.60
115	得利宝·沃德添利307天	2010-6-11	2011-4-14	100494	债券及货币市场工具类、转让贷款、票据融资	3.60

续表

序号	产品简称	起始日	到期日	发行量	资金主要投向	预期收益率(%)
116	得利宝．智慧添利(三月)	2010-6-11	2010-9-10	9425	债券及货币市场工具类	2.50
117	得利宝．智慧添利(双月)	2010-6-11	2010-8-13	10866	债券及货币市场工具类	2.40
118	得利宝．天蓝77号	2010-6-12	2010-6-28	25015	债券及货币市场工具类	2.60
119	得利宝．天蓝78号	2010-6-12	2010-6-28	2000	债券及货币市场工具类	2.50
120	得利宝．天蓝79号	2010-6-12	2010-6-28	1236	债券及货币市场工具类	2.50
121	得利宝·沃德添利17天	2010-6-13	2010-6-30	185088	债券及货币市场工具类、转让贷款、票据融资	2.50
122	得利宝·沃德添利17天	2010-6-13	2010-6-30	29517	债券及货币市场工具类、转让贷款、票据融资	2.50
123	沃德添利．假日版-端午	2010-6-13	2010-6-30	46635	债券及货币市场工具类	2.70
124	得利宝．天蓝73号	2010-6-17	2010-7-15	4749	债券及货币市场工具类	1.90
125	得利宝．天蓝74号	2010-6-17	2010-8-16	2219	债券及货币市场工具类	2.30
126	得利宝．天蓝75号	2010-6-17	2010-9-16	6807	债券及货币市场工具类	2.50
127	得利宝．天蓝76号	2010-6-17	2010-6-28	9790	债券及货币市场工具类	2.40
128	得利宝·沃德添利(九月)	2010-6-17	2011-3-16	6570	债券及货币市场工具类	3.50
129	得利宝·沃德添利(六月)	2010-6-17	2010-12-15	26406	债券及货币市场工具类	3.20
130	得利宝．智慧添利(九月)	2010-6-17	2011-3-16	6972	债券及货币市场工具类	3.20
131	得利宝．智慧添利(六月)	2010-6-17	2010-12-15	7582	债券及货币市场工具类	2.90
132	得利宝·沃德添利(三月)	2010-6-18	2010-9-17	19018	债券及货币市场工具类	2.80
133	得利宝·沃德添利(双月)	2010-6-18	2010-8-20	19790	债券及货币市场工具类	2.60
134	得利宝·沃德添利300天	2010-6-18	2011-4-14	56636	债券及货币市场工具类、转让贷款、票据融资	3.50
135	得利宝．智慧添利(三月)	2010-6-18	2010-9-17	6913	债券及货币市场工具类	2.50
136	得利宝．智慧添利(双月)	2010-6-18	2010-8-20	8151	债券及货币市场工具类	2.40
137	得利宝．天蓝80号	2010-6-23	2010-7-22	3211	债券及货币市场工具类	1.90
138	得利宝．天蓝81号	2010-6-23	2010-8-23	2233	债券及货币市场工具类	2.30
139	得利宝．天蓝82号	2010-6-23	2010-9-20	4374	债券及货币市场工具类	2.50
140	得利宝·沃德添利(九月)	2010-6-23	2011-3-23	3487	债券及货币市场工具类	3.50
141	得利宝·沃德添利(六月)	2010-6-23	2010-12-22	11931	债券及货币市场工具类	3.20
142	得利宝·沃德添利182天	2010-6-23	2010-12-22	2514	债券及货币市场工具类、转让贷款、票据融资	3.50
143	得利宝·沃德添利365天	2010-6-23	2011-6-23	4247	债券及货币市场工具类、转让贷款、票据融资	4.20
144	得利宝．智慧添利(九月)	2010-6-23	2011-3-23	5343	债券及货币市场工具类	3.20
145	得利宝．智慧添利(六月)	2010-6-23	2010-12-22	5117	债券及货币市场工具类	2.90
146	得利宝·沃德添利294天	2010-6-24	2011-4-14	31109	债券及货币市场工具类、转让贷款、票据融资	3.70
147	得利宝·沃德添利294天	2010-6-24	2011-4-14	18891	债券及货币市场工具类、转让贷款、票据融资	4.00
148	得利宝·沃德添利(三月)	2010-6-25	2010-9-24	14551	债券及货币市场工具类	2.80
149	得利宝·沃德添利(双月)	2010-6-25	2010-8-27	15160	债券及货币市场工具类	2.60
150	得利宝·沃德添利293天	2010-6-25	2011-4-14	50148	债券及货币市场工具类、转让贷款、票据融资	3.50

续表

序号	产品简称	起始日	到期日	发行量	资金主要投向	预期收益率(%)
151	得利宝·沃德添利41天	2010-6-25	2010-8-5	23110	债券及货币市场工具类、转让贷款、票据融资	2.30
152	得利宝.智慧添利(三月)	2010-6-25	2010-9-24	7149	债券及货币市场工具类	2.50
153	得利宝.智慧添利(双月)	2010-6-25	2010-8-27	6841	债券及货币市场工具类	2.40
154	得利宝·沃德添利215天	2010-6-30	2011-1-31	15454	债券及货币市场工具类、转让贷款、票据融资	3.60
155	得利宝.天蓝89号	2010-7-1	2010-7-19	21154	债券及货币市场工具类	2.20
156	得利宝·沃德添利(九月)	2010-7-1	2011-3-30	27195	债券及货币市场工具类	3.50
157	得利宝·沃德添利(六月)	2010-7-1	2010-12-29	39050	债券及货币市场工具类	3.20
158	得利宝·沃德添利181天	2010-7-1	2010-12-29	58249	债券及货币市场工具类、转让贷款、票据融资	3.50
159	得利宝·沃德添利181天	2010-7-1	2010-12-29	5333	债券及货币市场工具类、转让贷款、票据融资	3.50
160	得利宝.智慧添利(九月)	2010-7-1	2011-3-30	15976	债券及货币市场工具类	3.20
161	得利宝.智慧添利(六月)	2010-7-1	2010-12-29	10520	债券及货币市场工具类	2.90
162	得利宝.天蓝83号	2010-7-2	2010-7-29	10000	债券及货币市场工具类	2.50
163	得利宝·沃德添利(三月)	2010-7-2	2010-9-30	50000	债券及货币市场工具类	2.80
164	得利宝·沃德添利(双月)	2010-7-2	2010-9-3	47737	债券及货币市场工具类	2.60
165	得利宝·沃德添利161天	2010-7-2	2010-12-10	20000	债券及货币市场工具类、转让贷款、票据融资	3.40
166	得利宝·沃德添利180天	2010-7-2	2010-12-29	5000	债券及货币市场工具类、转让贷款、票据融资	4.80
167	得利宝·沃德添利181天	2010-7-2	2010-12-30	10000	债券及货币市场工具类、转让贷款、票据融资	3.60
168	得利宝·沃德添利186天	2010-7-2	2011-1-4	28231	债券及货币市场工具类、转让贷款、票据融资	3.50
169	得利宝·沃德添利186天	2010-7-2	2011-1-4	21769	债券及货币市场工具类、转让贷款、票据融资	3.40
170	得利宝·沃德添利187天	2010-7-2	2011-1-5	3000	债券及货币市场工具类、转让贷款、票据融资	3.75
171	得利宝·沃德添利200天	2010-7-2	2011-1-18	10000	债券及货币市场工具类、转让贷款、票据融资	4.10
172	得利宝·沃德添利202天	2010-7-2	2011-1-20	3200	债券及货币市场工具类、转让贷款、票据融资	3.70
173	得利宝·沃德添利20天	2010-7-2	2010-7-22	49287	债券及货币市场工具类、转让贷款、票据融资	1.80
174	得利宝·沃德添利362天	2010-7-2	2011-6-29	40000	债券及货币市场工具类、转让贷款、票据融资	4.00
175	得利宝·沃德添利365天	2010-7-2	2011-7-2	1000	债券及货币市场工具类、转让贷款、票据融资	4.00
176	得利宝·沃德添利62天	2010-7-2	2010-9-2	11200	债券及货币市场工具类、转让贷款、票据融资	3.00
177	得利宝·沃德添利74天	2010-7-2	2010-9-14	3500	债券及货币市场工具类、转让贷款、票据融资	3.20
178	得利宝·沃德添利75天	2010-7-2	2010-9-15	21000	债券及货币市场工具类、转让贷款、票据融资	3.60
179	得利宝·沃德添利88天	2010-7-2	2010-9-28	12325	债券及货币市场工具类、转让贷款、票据融资	3.20
180	得利宝·沃德添利99天	2010-7-2	2010-10-9	34560	债券及货币市场工具类、转让贷款、票据融资	3.10
181	得利宝·沃德添利99天	2010-7-2	2010-10-9	21600	债券及货币市场工具类、转让贷款、票据融资	3.50
182	得利宝.智慧添利(三月)	2010-7-2	2010-9-30	7205	债券及货币市场工具类	2.50
183	得利宝.智慧添利(双月)	2010-7-2	2010-9-3	12044	债券及货币市场工具类	2.40
184	得利宝.天蓝84号	2010-7-5	2010-9-28	39995	债券及货币市场工具类	3.00
185	得利宝.天蓝85号	2010-7-5	2010-7-29	29991	债券及货币市场工具类	1.90

续表

序号	产品简称	起始日	到期日	发行量	资金主要投向	预期收益率(%)
186	得利宝．天蓝 86 号	2010-7-5	2010-8-26	27522	债券及货币市场工具类	2.30
187	得利宝．天蓝 87 号	2010-7-5	2010-9-28	29995	债券及货币市场工具类	2.50
188	得利宝．天蓝 88 号	2010-7-5	2010-9-28	150000	债券及货币市场工具类	3.00
189	得利宝．天蓝 90 号	2010-7-5	2010-9-28	10000	债券及货币市场工具类	3.10
190	得利宝·沃德添利 24 天	2010-7-5	2010-7-29	131395	债券及货币市场工具类、转让贷款、票据融资	2.00
191	得利宝．智慧添利	2010-7-5	2010-8-17	4000	债券及货币市场工具类	1.95
192	得利宝·沃德添利(九月)	2010-7-6	2011-4-6	50000	债券及货币市场工具类	3.50
193	得利宝·沃德添利(六月)	2010-7-6	2011-1-5	50000	债券及货币市场工具类	3.20
194	得利宝·沃德添利(三月)	2010-7-6	2010-10-8	50000	债券及货币市场工具类	2.80
195	得利宝·沃德添利(双月)	2010-7-6	2010-9-10	50000	债券及货币市场工具类	2.60
196	得利宝·沃德添利 172 天	2010-7-6	2010-12-28	234000	债券及货币市场工具类、转让贷款、票据融资	3.40
197	得利宝·沃德添利 172 天	2010-7-6	2010-12-28	15000	债券及货币市场工具类、转让贷款、票据融资	3.50
198	得利宝·沃德添利 172 天	2010-7-6	2010-12-28	11000	债券及货币市场工具类、转让贷款、票据融资	3.55
199	得利宝·沃德添利 182 天	2010-7-6	2011-1-5	26895	债券及货币市场工具类、转让贷款、票据融资	3.50
200	得利宝·沃德添利 365 天	2010-7-6	2011-7-6	5600	债券及货币市场工具类、转让贷款、票据融资	4.00
201	得利宝·沃德添利 76 天	2010-7-6	2010-9-20	113179	债券及货币市场工具类、转让贷款、票据融资	2.50
202	得利宝·沃德添利 82 天	2010-7-6	2010-9-28	150000	债券及货币市场工具类、转让贷款、票据融资	2.60
203	得利宝·沃德添利 95 天	2010-7-6	2010-10-9	1000	债券及货币市场工具类、转让贷款、票据融资	3.50
204	得利宝·沃德添利 99 天	2010-7-6	2010-10-14	32720	债券及货币市场工具类、转让贷款、票据融资	3.00
205	得利宝·沃德添利 100 天	2010-7-7	2010-10-16	51826	债券及货币市场工具类、转让贷款、票据融资	3.00
206	得利宝·沃德添利 120 天	2010-7-7	2010-11-6	159135	债券及货币市场工具类、转让贷款、票据融资	3.20
207	得利宝·沃德添利 153 天	2010-7-7	2010-12-7	6000	债券及货币市场工具类、转让贷款、票据融资	4.00
208	得利宝·沃德添利 182 天	2010-7-7	2011-1-5	4500	债券及货币市场工具类、转让贷款、票据融资	3.70
209	得利宝·沃德添利 94 天	2010-7-7	2010-10-9	27385	债券及货币市场工具类、转让贷款、票据融资	3.10
210	得利宝·沃德添利 94 天	2010-7-7	2010-10-9	1500	债券及货币市场工具类、转让贷款、票据融资	3.10
211	得利宝．智慧添利(九月)	2010-7-7	2011-4-6	45102	债券及货币市场工具类	3.20
212	得利宝．智慧添利(六月)	2010-7-7	2011-1-5	18445	债券及货币市场工具类	2.90
213	得利宝．智慧添利 120 天	2010-7-7	2010-11-6	25723	债券及货币市场工具类、转让贷款、票据融资	3.00
214	得利宝·沃德添利 27 天	2010-7-8	2010-8-4	8500	债券及货币市场工具类、转让贷款、票据融资	2.80
215	得利宝·沃德添利 68 天	2010-7-8	2010-9-14	2520	债券及货币市场工具类、转让贷款、票据融资	3.00
216	得利宝．智慧添利 100 天	2010-7-8	2010-10-16	25000	债券及货币市场工具类、转让贷款、票据融资	2.80
217	得利宝·沃德添利 120 天	2010-7-9	2010-11-6	2200	债券及货币市场工具类、转让贷款、票据融资	3.20
218	得利宝·沃德添利 173 天	2010-7-9	2010-12-29	4116	债券及货币市场工具类、转让贷款、票据融资	3.50
219	得利宝·沃德添利 174 天	2010-7-9	2010-12-30	10000	债券及货币市场工具类、转让贷款、票据融资	3.60
220	得利宝·沃德添利 67 天	2010-7-9	2010-9-14	4930	债券及货币市场工具类、转让贷款、票据融资	3.00

续表

序号	产品简称	起始日	到期日	发行量	资金主要投向	预期收益率(%)
221	得利宝・沃德添利92天	2010-7-9	2010-10-9	5210	债券及货币市场工具类、转让贷款、票据融资	3.20
222	得利宝．智慧添利(三月)	2010-7-9	2010-10-8	27805	债券及货币市场工具类	2.50
223	得利宝．智慧添利(双月)	2010-7-9	2010-9-10	50000	债券及货币市场工具类	2.40
224	得利宝．天蓝91号	2010-7-13	2010-8-29	90000	债券及货币市场工具类	2.75
225	得利宝．天蓝92号	2010-7-13	2010-8-16	19662	债券及货币市场工具类	1.85
226	得利宝・沃德添利162天	2010-7-13	2010-12-22	20000	债券及货币市场工具类、转让贷款、票据融资	3.40
227	得利宝・沃德添利(六月)	2010-7-14	2011-1-12	50000	债券及货币市场工具类	3.20
228	得利宝．智慧添利(六月)	2010-7-14	2011-1-12	25000	债券及货币市场工具类	2.90
229	得利宝・沃德添利(九月)	2010-7-16	2011-4-15	50000	债券及货币市场工具类	3.50
230	得利宝．智慧添利(九月)	2010-7-16	2011-4-15	25000	债券及货币市场工具类	3.20
231	得利宝・沃德添利42天	2010-7-19	2010-8-30	5000	债券及货币市场工具类、转让贷款、票据融资	2.60
232	得利宝・沃德添利(九月)	2010-7-21	2011-4-20	10015	债券及货币市场工具类	3.50
233	得利宝・沃德添利(三月)	2010-7-21	2010-10-20	10000	债券及货币市场工具类	2.80
234	得利宝・沃德添利181天	2010-7-21	2011-1-18	2155	债券及货币市场工具类、转让贷款、票据融资	4.00
235	得利宝・沃德添利181天	2010-7-21	2011-1-18	11655	债券及货币市场工具类、转让贷款、票据融资	4.10
236	得利宝・沃德添利62天	2010-7-22	2010-9-22	5300	债券及货币市场工具类、转让贷款、票据融资	3.00
237	得利宝・沃德添利92天	2010-7-22	2010-10-22	4513	债券及货币市场工具类、转让贷款、票据融资	3.20
238	得利宝・沃德添利(六月)	2010-7-23	2011-1-21	10000	债券及货币市场工具类	3.20
239	得利宝・沃德添利(双月)	2010-7-23	2010-9-24	10000	债券及货币市场工具类	2.60
240	得利宝・沃德添利151天	2010-7-23	2010-12-21	5000	债券及货币市场工具类、转让贷款、票据融资	3.00
241	得利宝・沃德添利179天	2010-7-23	2011-1-18	2147	债券及货币市场工具类、转让贷款、票据融资	3.50
242	得利宝・沃德添利31天	2010-7-23	2010-8-23	20000	债券及货币市场工具类、转让贷款、票据融资	3.10
243	得利宝．天蓝93号	2010-7-27	2010-8-26	18716	债券及货币市场工具类	1.85
244	得利宝．天蓝94号	2010-7-27	2010-9-27	13557	债券及货币市场工具类	2.00
245	得利宝．天蓝95号	2010-7-27	2010-10-27	12804	债券及货币市场工具类	2.10
246	得利宝・沃德添利——年	2010-7-30	2011-7-30	2581	债券及货币市场工具类	4.00
247	得利宝・沃德添利67天	2010-8-2	2010-10-8	5000	债券及货币市场工具类、转让贷款、票据融资	3.20
248	得利宝．天蓝96号	2010-8-3	2010-9-6	24633	债券及货币市场工具类	1.85
249	得利宝．天蓝97号	2010-8-3	2010-10-11	4120	债券及货币市场工具类	2.00
250	得利宝．天蓝98号	2010-8-3	2010-11-3	18916	债券及货币市场工具类	2.10
251	得利宝．天蓝99号	2010-8-4	2010-8-29	80000	债券及货币市场工具类	2.30
252	得利宝・沃德添利(定制版)	2010-8-5	2011-8-5	4520	债券及货币市场工具类、转让贷款、票据融资	3.00
253	得利宝．天蓝100号	2010-8-6	2010-10-11	120000	债券及货币市场工具类	2.60
254	得利宝・沃德添利-90天	2010-8-6	2010-11-4	52185	债券及货币市场工具类、转让贷款、票据融资	2.80
255	得利宝・沃德添利——年(Q)	2010-8-6	2011-8-6	40	债券及货币市场工具类	4.00

续表

序号	产品简称	起始日	到期日	发行量	资金主要投向	预期收益率(%)
256	得利宝·沃德添利--一年(Q)	2010-8-6	2011-8-6	228	债券及货币市场工具类	4.00
257	得利宝·沃德添利(定制版)	2010-8-9	2011-8-9	5000	债券及货币市场工具类、转让贷款、票据融资	3.00
258	得利宝·沃德添利130天	2010-8-9	2010-12-21	5978	债券及货币市场工具类、转让贷款、票据融资	3.00
259	得利宝·沃德添利135天	2010-8-9	2010-12-22	4000	债券及货币市场工具类、转让贷款、票据融资	3.50
260	得利宝·沃德添利141天	2010-8-9	2010-12-28	4380	债券及货币市场工具类、转让贷款、票据融资	3.30
261	得利宝·沃德添利28天	2010-8-9	2010-9-6	5000	债券及货币市场工具类、转让贷款、票据融资	2.80
262	得利宝·沃德添利31天	2010-8-9	2010-9-9	48795	债券及货币市场工具类、转让贷款、票据融资	2.10
263	得利宝．天蓝101号	2010-8-10	2010-9-8	14201	债券及货币市场工具类	1.85
264	得利宝．天蓝102号	2010-8-10	2010-10-13	3797	债券及货币市场工具类	2.00
265	得利宝．天蓝103号	2010-8-10	2010-11-10	11339	债券及货币市场工具类	2.10
266	得利宝·沃德添利(九月)	2010-8-11	2011-5-11	43436	债券及货币市场工具类	3.50
267	得利宝·沃德添利(九月)	2010-8-11	2011-5-11	1700	债券及货币市场工具类	3.70
268	得利宝·沃德添利(六月)	2010-8-11	2011-2-9	31730	债券及货币市场工具类	3.20
269	得利宝·沃德添利(六月)	2010-8-11	2011-2-9	800	债券及货币市场工具类	3.50
270	得利宝·沃德添利(三月)	2010-8-11	2010-11-10	34349	债券及货币市场工具类	2.80
271	得利宝·沃德添利(三月)	2010-8-11	2010-11-10	3430	债券及货币市场工具类	3.20
272	得利宝·沃德添利60天	2010-8-11	2010-10-10	7550	债券及货币市场工具类、转让贷款、票据融资	3.00
273	得利宝·沃德添利64天	2010-8-11	2010-10-14	50000	债券及货币市场工具类、转让贷款、票据融资	2.40
274	得利宝·沃德添利129天	2010-8-13	2010-12-20	8200	债券及货币市场工具类、转让贷款、票据融资	3.50
275	得利宝·沃德添利181天	2010-8-13	2011-2-10	27272	债券及货币市场工具类、转让贷款、票据融资	3.20
276	得利宝·沃德添利181天	2010-8-13	2011-2-10	9143	债券及货币市场工具类、转让贷款、票据融资	4.00
277	得利宝·沃德添利200天	2010-8-13	2011-3-1	1500	债券及货币市场工具类、转让贷款、票据融资	3.70
278	得利宝·沃德添利273天	2010-8-13	2011-5-13	38286	债券及货币市场工具类、转让贷款、票据融资	3.50
279	得利宝·沃德添利273天	2010-8-13	2011-5-13	3000	债券及货币市场工具类、转让贷款、票据融资	3.80
280	得利宝·沃德添利60天	2010-8-13	2010-10-12	3000	债券及货币市场工具类、转让贷款、票据融资	3.20
281	得利宝·沃德添利90天	2010-8-13	2010-11-11	35943	债券及货币市场工具类、转让贷款、票据融资	2.80
282	沃德添利273天(H)	2010-8-13	2011-5-13	4722	债券及货币市场工具类、转让贷款、票据融资	3.00
283	得利宝·沃德添利--一年(Q)	2010-8-16	2011-8-16	30	债券及货币市场工具类	4.00
284	得利宝．天蓝104号	2010-8-17	2010-9-15	4609	债券及货币市场工具类	1.85
285	得利宝．天蓝105号	2010-8-17	2010-10-18	1083	债券及货币市场工具类	2.00
286	得利宝．天蓝106号	2010-8-17	2010-11-17	6688	债券及货币市场工具类	2.10
287	得利宝·沃德添利(六月)	2010-8-18	2011-2-16	10000	债券及货币市场工具类	3.20
288	得利宝·沃德添利(三月)	2010-8-18	2010-11-17	25000	债券及货币市场工具类	2.70
289	得利宝．智慧添利(六月)	2010-8-18	2011-2-16	10000	债券及货币市场工具类	2.90
290	得利宝．智慧添利(三月)	2010-8-18	2010-11-17	25000	债券及货币市场工具类	2.50

续表

序号	产品简称	起始日	到期日	发行量	资金主要投向	预期收益率(%)
291	得利宝．智慧添利	2010-8-19	2010-9-9	3000	债券及货币市场工具类	1.95
292	得利宝·沃德添利(九月)	2010-8-20	2011-5-20	10000	债券及货币市场工具类	3.30
293	得利宝·沃德添利(双月)	2010-8-20	2010-10-22	25000	债券及货币市场工具类	2.55
294	得利宝·沃德添利119天	2010-8-20	2010-12-17	5000	债券及货币市场工具类、转让贷款、票据融资	3.40
295	得利宝·沃德添利182天	2010-8-20	2011-2-18	9581	债券及货币市场工具类、转让贷款、票据融资	3.20
296	得利宝·沃德添利365天	2010-8-20	2011-8-20	130	债券及货币市场工具类、转让贷款、票据融资	4.80
297	得利宝·沃德添利365天-1	2010-8-20	2011-8-20	5000	债券及货币市场工具类、转让贷款、票据融资	5.50
298	得利宝·沃德添利365天-2	2010-8-20	2011-8-20	27885	债券及货币市场工具类、转让贷款、票据融资	4.80
299	得利宝·沃德添利91天	2010-8-20	2010-11-19	8089	债券及货币市场工具类、转让贷款、票据融资	2.80
300	得利宝．智慧添利(九月)	2010-8-20	2011-5-20	10000	债券及货币市场工具类	3.10
301	得利宝．智慧添利(双月)	2010-8-20	2010-10-22	25000	债券及货币市场工具类	2.35
302	得利宝·沃德添利180天	2010-8-23	2011-2-19	2698	债券及货币市场工具类、转让贷款、票据融资	3.00
303	得利宝·沃德添利365天	2010-8-23	2011-8-23	30	债券及货币市场工具类、转让贷款、票据融资	4.80
304	得利宝·沃德添利-一年(Q)	2010-8-23	2011-8-23	57	债券及货币市场工具类	4.00
305	得利宝．天蓝107号	2010-8-24	2010-9-27	6683	债券及货币市场工具类	1.85
306	得利宝．天蓝108号	2010-8-24	2010-10-25	1246	债券及货币市场工具类	2.00
307	得利宝．天蓝109号	2010-8-24	2010-11-24	2528	债券及货币市场工具类	2.10
308	得利宝·沃德添利(定制版)	2010-8-24	2012-2-22	10000	债券及货币市场工具类、转让贷款、票据融资	3.00
309	得利宝·沃德添利20天	2010-8-24	2010-9-13	15000	债券及货币市场工具类、转让贷款、票据融资	2.50
310	得利宝·沃德添利(六月)	2010-8-25	2011-2-23	10000	债券及货币市场工具类	3.20
311	得利宝·沃德添利(三月)	2010-8-25	2010-11-24	25000	债券及货币市场工具类	2.70
312	得利宝．智慧添利(六月)	2010-8-25	2011-2-23	10000	债券及货币市场工具类	2.90
313	得利宝．智慧添利(三月)	2010-8-25	2010-11-24	7571	债券及货币市场工具类	2.50
314	得利宝·沃德添利(九月)	2010-8-27	2011-5-27	10000	债券及货币市场工具类	3.30
315	得利宝·沃德添利(双月)	2010-8-27	2010-10-29	35174	债券及货币市场工具类	2.55
316	得利宝·沃德添利34天	2010-8-27	2010-9-30	90501	债券及货币市场工具类、转让贷款、票据融资	2.20
317	得利宝·沃德添利365天	2010-8-27	2011-8-27	100	债券及货币市场工具类、转让贷款、票据融资	4.80
318	得利宝．智慧添利(九月)	2010-8-27	2011-5-27	10000	债券及货币市场工具类	3.10
319	得利宝．智慧添利(双月)	2010-8-27	2010-10-29	7443	债券及货币市场工具类	2.35
320	得利宝·沃德添利123天	2010-8-28	2010-12-29	8000	债券及货币市场工具类、转让贷款、票据融资	3.80
321	得利宝·沃德添利29天	2010-8-28	2010-9-26	2000	债券及货币市场工具类、转让贷款、票据融资	3.00
322	得利宝·沃德添利365天	2010-8-28	2011-8-28	580	债券及货币市场工具类、转让贷款、票据融资	4.80
323	得利宝·沃德添利30天	2010-8-31	2010-9-30	97736	债券及货币市场工具类、转让贷款、票据融资	2.10
324	得利宝．天蓝110号	2010-9-1	2010-9-28	9223	债券及货币市场工具类	1.85
325	得利宝．天蓝111号	2010-9-1	2010-11-1	881	债券及货币市场工具类	2.00

续表

序号	产品简称	起始日	到期日	发行量	资金主要投向	预期收益率(%)
326	得利宝．天蓝112号	2010－9－1	2010－12－1	1723	债券及货币市场工具类	2.10
327	得利宝·沃德添利(六月)	2010－9－1	2011－3－2	10000	债券及货币市场工具类	3.20
328	得利宝·沃德添利(三月)	2010－9－1	2010－12－1	24988	债券及货币市场工具类	2.70
329	得利宝·沃德添利27天	2010－9－1	2010－9－30	99818	债券及货币市场工具类、转让贷款、票据融资	2.10
330	得利宝．智慧添利(六月)	2010－9－1	2011－3－2	9982	债券及货币市场工具类	2.90
331	得利宝．智慧添利(三月)	2010－9－1	2010－12－1	11495	债券及货币市场工具类	2.50
332	得利宝·沃德添利91天	2010－9－2	2010－12－2	11200	债券及货币市场工具类、转让贷款、票据融资	3.00
333	得利宝·沃德添利(九月)	2010－9－3	2011－6－3	10000	债券及货币市场工具类	3.30
334	得利宝·沃德添利(双月)	2010－9－3	2010－11－5	21130	债券及货币市场工具类	2.55
335	得利宝·沃德添利118天	2010－9－3	2010－12－30	119549	债券及货币市场工具类、转让贷款、票据融资	2.70
336	得利宝·沃德添利180天	2010－9－3	2011－3－2	1000	债券及货币市场工具类、转让贷款、票据融资	3.50
337	得利宝·沃德添利27天	2010－9－3	2010－9－30	572418	债券及货币市场工具类、转让贷款、票据融资	2.80
338	得利宝·沃德添利27天	2010－9－3	2010－9－30	9000	债券及货币市场工具类、转让贷款、票据融资	3.20
339	得利宝·沃德添利365天	2010－9－3	2011－9－3	1000	债券及货币市场工具类、转让贷款、票据融资	4.00
340	得利宝．智慧添利(九月)	2010－9－3	2011－6－3	10000	债券及货币市场工具类	3.10
341	得利宝．智慧添利(双月)	2010－9－3	2010－11－5	3013	债券及货币市场工具类	2.35
342	得利宝．天蓝113号	2010－9－6	2010－9－28	12059	债券及货币市场工具类	2.30
343	得利宝·沃德添利(六月)	2010－9－8	2011－3－9	10000	债券及货币市场工具类	3.20
344	得利宝·沃德添利(三月)	2010－9－8	2010－12－8	10395	债券及货币市场工具类	2.70
345	得利宝·沃德添利180天	2010－9－8	2011－3－7	60	债券及货币市场工具类、转让贷款、票据融资	4.00
346	得利宝·沃德添利22天	2010－9－8	2010－9－30	510988	债券及货币市场工具类、转让贷款、票据融资	2.80
347	得利宝．智慧添利(六月)	2010－9－8	2011－3－9	7152	债券及货币市场工具类	2.90
348	得利宝．智慧添利(三月)	2010－9－8	2010－12－8	2326	债券及货币市场工具类	2.50
349	得利宝·沃德添利(九月)	2010－9－10	2011－6－10	10000	债券及货币市场工具类	3.30
350	得利宝·沃德添利(双月)	2010－9－10	2010－11－12	7523	债券及货币市场工具类	2.55
351	得利宝·沃德添利20天	2010－9－10	2010－9－30	322202	债券及货币市场工具类、转让贷款、票据融资	2.70
352	得利宝·沃德添利20天	2010－9－10	2010－9－30	4700	债券及货币市场工具类、转让贷款、票据融资	3.10
353	得利宝．智慧添利(九月)	2010－9－10	2011－6－10	10000	债券及货币市场工具类	3.10
354	得利宝．智慧添利(双月)	2010－9－10	2010－11－12	1937	债券及货币市场工具类	2.35
355	得利宝·沃德添利(六月)	2010－9－15	2011－3－16	10000	债券及货币市场工具类	3.20
356	得利宝·沃德添利(三月)	2010－9－15	2010－12－15	6105	债券及货币市场工具类	2.70
357	得利宝·沃德添利15天	2010－9－15	2010－9－30	473536	债券及货币市场工具类、转让贷款、票据融资	2.70
358	得利宝．智慧添利(六月)	2010－9－15	2011－3－16	3917	债券及货币市场工具类	2.90
359	得利宝．智慧添利(三月)	2010－9－15	2010－12－15	3083	债券及货币市场工具类	2.50
360	得利宝·沃德添利(九月)	2010－9－17	2011－6－17	4114	债券及货币市场工具类	3.30

续表

序号	产品简称	起始日	到期日	发行量	资金主要投向	预期收益率(%)
361	得利宝·沃德添利(双月)	2010-9-17	2010-11-19	4693	债券及货币市场工具类	2.55
362	得利宝·沃德添利104天	2010-9-17	2010-12-30	36987	债券及货币市场工具类、转让贷款、票据融资	2.70
363	得利宝·沃德添利285天	2010-9-17	2011-6-29	51301	债券及货币市场工具类、转让贷款、票据融资	3.30
364	得利宝.智慧添利(九月)	2010-9-17	2011-6-17	2214	债券及货币市场工具类	3.10
365	得利宝.智慧添利(双月)	2010-9-17	2010-11-19	2564	债券及货币市场工具类	2.35
366	得利宝·沃德添利.假日版(中秋)	2010-9-21	2010-9-30	655977	债券及货币市场工具类	2.50
367	得利宝·沃德添利.假日版(中秋)	2010-9-21	2010-9-30	117011	债券及货币市场工具类	2.80
368	沃德添利(92天专享)	2010-9-29	2010-12-30	586533	债券及货币市场工具类、转让贷款、票据融资	3.10
369	得利宝·沃德添利91天	2010-9-30	2010-12-30	10013	债券及货币市场工具类、转让贷款、票据融资	3.00
370	沃德添利(国庆1号)	2010-10-1	2010-10-8	1400879	债券及货币市场工具类、转让贷款、票据融资	3.00
371	沃德添利国庆2号	2010-10-1	2010-10-8	783306	债券及货币市场工具类、转让贷款、票据融资	2.70
372	沃德添利(90天)	2010-10-1	2010-12-30	76500	债券及货币市场工具类、转让贷款、票据融资	3.00
373	得利宝·沃德添利7天	2010-10-1	2010-10-8	7000	债券及货币市场工具类、转让贷款、票据融资	3.20
374	得利宝·沃德添利31天	2010-10-8	2010-11-8	101579	债券及货币市场工具类、转让贷款、票据融资	2.30
375	得利宝·沃德添利45天	2010-10-8	2010-11-22	148149	债券及货币市场工具类、转让贷款、票据融资	2.60
376	得利宝·沃德添利82天	2010-10-8	2010-12-29	396321	债券及货币市场工具类、转让贷款、票据融资	2.80
377	得利宝·沃德添利157天	2010-10-9	2011-3-15	49157	债券及货币市场工具类、转让贷款、票据融资	3.80
378	得利宝·沃德添利125天	2010-10-9	2011-2-11	7200	债券及货币市场工具类、转让贷款、票据融资	3.80
379	得利宝·沃德添利26天	2010-10-9	2010-11-4	29782	债券及货币市场工具类、转让贷款、票据融资	2.50
380	沃德添利365天	2010-10-12	2011-10-12	6510	债券及货币市场工具类、转让贷款、票据融资	5.00
381	沃德添利365天	2010-10-12	2011-10-12	1200	债券及货币市场工具类、转让贷款、票据融资	5.00
382	沃德添利90天	2010-10-12	2011-1-10	7870	债券及货币市场工具类、转让贷款、票据融资	3.00
383	沃德添利60天	2010-10-12	2010-12-11	14100	债券及货币市场工具类、转让贷款、票据融资	3.00
384	沃德添利30天	2010-10-12	2010-11-11	8000	债券及货币市场工具类、转让贷款、票据融资	3.00
385	得利宝·沃德添利(六月)	2010-10-13	2011-4-13	10000	债券及货币市场工具类	3.20
386	得利宝·沃德添利(三月)	2010-10-13	2011-1-12	198696	债券及货币市场工具类	2.70
387	得利宝.智慧添利(六月)	2010-10-13	2011-4-13	10000	债券及货币市场工具类	2.90
388	得利宝.智慧添利(三月)	2010-10-13	2011-1-12	47636	债券及货币市场工具类	2.50
389	沃德添利90天	2010-10-14	2011-1-12	32626	债券及货币市场工具类、转让贷款、票据融资	3.00
390	得利宝·沃德添利(双月)	2010-10-15	2010-12-17	210111	债券及货币市场工具类	2.55
391	得利宝·沃德添利(九月)	2010-10-15	2011-7-15	10000	债券及货币市场工具类	3.30
392	沃德添利365天	2010-10-15	2011-10-15	4330	债券及货币市场工具类、转让贷款、票据融资	5.00
393	沃德添利30天	2010-10-15	2010-11-14	25000	债券及货币市场工具类、转让贷款、票据融资	3.00

续表

序号	产品简称	起始日	到期日	发行量	资金主要投向	预期收益率(%)
394	沃德添利 60 天	2010-10-15	2010-12-14	7000	债券及货币市场工具类、转让贷款、票据融资	3.00
395	沃德添利 90 天	2010-10-15	2011-1-13	2983	债券及货币市场工具类、转让贷款、票据融资	3.00
396	沃德添利 76 天	2010-10-15	2010-12-30	3000	债券及货币市场工具类、转让贷款、票据融资	3.00
397	沃德添利 180 天	2010-10-15	2011-4-13	5000	债券及货币市场工具类、转让贷款、票据融资	3.00
398	沃德添利 365 天	2010-10-15	2011-10-15	130	债券及货币市场工具类、转让贷款、票据融资	5.00
399	得利宝．智慧添利(双月)	2010-10-15	2010-12-17	37828	债券及货币市场工具类	2.35
400	得利宝．智慧添利(九月)	2010-10-15	2011-7-15	10000	债券及货币市场工具类	3.10
401	智慧添利(一年期)	2010-10-15	2011-10-14	18099	债券及货币市场工具类	3.90
402	得利宝·沃德添利 158 天	2010-10-18	2011-3-25	20000	债券及货币市场工具类、转让贷款、票据融资	3.40
403	沃德添利 58 天	2010-10-18	2010-12-15	3000	债券及货币市场工具类、转让贷款、票据融资	3.00
404	得利宝·沃德添利 60 天	2010-10-19	2010-12-18	2600	债券及货币市场工具类、转让贷款、票据融资	3.00
405	得利宝·沃德添利(六月)	2010-10-20	2011-4-20	10000	债券及货币市场工具类	3.20
406	得利宝·沃德添利(三月)	2010-10-20	2011-1-19	119752	债券及货币市场工具类	2.70
407	得利宝．智慧添利(六月)	2010-10-20	2011-4-20	10000	债券及货币市场工具类	2.90
408	得利宝．智慧添利(三月)	2010-10-20	2011-1-19	23929	债券及货币市场工具类	2.50
409	得利宝．天蓝 115 号	2010-10-21	2010-12-29	5633	债券及货币市场工具类	2.75
410	得利宝．天蓝 116 号	2010-10-21	2010-12-29	49996	债券及货币市场工具类	2.75
411	得利宝·沃德添利(双月)	2010-10-22	2010-12-24	90930	债券及货币市场工具类	2.55
412	得利宝·沃德添利(九月)	2010-10-22	2011-7-22	10000	债券及货币市场工具类	3.30
413	沃德添利 164 天	2010-10-22	2011-4-4	19998	债券及货币市场工具类、转让贷款、票据融资	3.00
414	沃德添利 256 天	2010-10-22	2011-7-5	101218	债券及货币市场工具类、转让贷款、票据融资	3.00
415	沃德添利 164 天(专享)	2010-10-22	2011-4-4	25941	债券及货币市场工具类、转让贷款、票据融资	3.00
416	沃德添利 365 天	2010-10-22	2011-10-22	9980	债券及货币市场工具类、转让贷款、票据融资	5.00
417	沃德添利 90 天	2010-10-22	2011-1-20	11080	债券及货币市场工具类、转让贷款、票据融资	3.00
418	沃德添利 180 天	2010-10-22	2011-4-20	3420	债券及货币市场工具类、转让贷款、票据融资	3.00
419	得利宝．智慧添利(双月)	2010-10-22	2010-12-24	19798	债券及货币市场工具类	2.35
420	得利宝．智慧添利(九月)	2010-10-22	2011-7-22	10000	债券及货币市场工具类	3.10
421	得利宝·沃德添利 365 天	2010-10-23	2011-10-23	150	债券及货币市场工具类、转让贷款、票据融资	5.00
422	得利宝．天蓝 117 号	2010-10-26	2010-12-29	40383	债券及货币市场工具类	2.70
423	得利宝·沃德添利(六月)	2010-10-27	2011-4-27	44930	债券及货币市场工具类	3.20
424	得利宝·沃德添利(三月)	2010-10-27	2011-1-26	52350	债券及货币市场工具类	2.70
425	得利宝·沃德添利 30 天	2010-10-27	2010-11-26	6170	债券及货币市场工具类、转让贷款、票据融资	3.00
426	得利宝·沃德添利 365 天	2010-10-27	2011-10-27	3020	债券及货币市场工具类、转让贷款、票据融资	5.00
427	得利宝．智慧添利(六月)	2010-10-27	2011-4-27	11355	债券及货币市场工具类	2.90
428	得利宝．智慧添利(三月)	2010-10-27	2011-1-26	11451	债券及货币市场工具类	2.50

续表

序号	产品简称	起始日	到期日	发行量	资金主要投向	预期收益率(%)
429	沃德添利 365 天	2010-10-28	2011-10-28	90	债券及货币市场工具类、转让贷款、票据融资	5.00
430	得利宝·沃德添利(双月)	2010-10-29	2010-12-31	76045	债券及货币市场工具类	2.55
431	得利宝·沃德添利(九月)	2010-10-29	2011-7-29	29664	债券及货币市场工具类	3.30
432	沃德添利(62 天专享)	2010-10-29	2010-12-30	517127	债券及货币市场工具类、转让贷款、票据融资	3.00
433	得利宝·沃德添利 365 天	2010-10-29	2011-10-29	2442	债券及货币市场工具类、转让贷款、票据融资	5.00
434	沃德添利 62 天	2010-10-29	2010-12-30	13000	债券及货币市场工具类、转让贷款、票据融资	3.00
435	得利宝.智慧添利(双月)	2010-10-29	2010-12-31	11829	债券及货币市场工具类	2.35
436	得利宝.智慧添利(九月)	2010-10-29	2011-7-29	8974	债券及货币市场工具类	3.10
437	沃德添利--一年期	2010-11-1	2011-11-1	771	债券及货币市场工具类、转让贷款、票据融资	5.00
438	沃德添利 59 天	2010-11-1	2010-12-30	5126	债券及货币市场工具类、转让贷款、票据融资	3.00
439	沃德添利 27 天	2010-11-1	2010-11-28	4000	债券及货币市场工具类、转让贷款、票据融资	3.00
440	得利宝.天蓝 118 号	2010-11-2	2010-12-2	10884	债券及货币市场工具类	2.20
441	得利宝.天蓝 119 号	2010-11-2	2011-1-27	17205	债券及货币市场工具类	2.70
442	得利宝·沃德添利(六月)	2010-11-3	2011-5-4	46495	债券及货币市场工具类	3.20
443	得利宝·沃德添利(三月)	2010-11-3	2011-2-2	22697	债券及货币市场工具类	2.70
444	沃德添利 90 天	2010-11-3	2011-2-1	20688	债券及货币市场工具类、转让贷款、票据融资	3.00
445	得利宝·沃德添利(三周)	2010-11-3	2010-11-24	26380	债券及货币市场工具类	1.95
446	得利宝.智慧添利(六月)	2010-11-3	2011-5-4	7631	债券及货币市场工具类	2.90
447	得利宝.智慧添利(三月)	2010-11-3	2011-2-2	8633	债券及货币市场工具类	2.50
448	沃德添利 103 天	2010-11-4	2011-2-15	26266	债券及货币市场工具类、转让贷款、票据融资	3.00
449	沃德添利 69 天	2010-11-4	2011-1-12	664	债券及货币市场工具类、转让贷款、票据融资	3.00
450	得利宝·沃德添利(双月)	2010-11-5	2011-1-7	29430	债券及货币市场工具类	2.55
451	得利宝·沃德添利(九月)	2010-11-5	2011-8-5	16055	债券及货币市场工具类	3.30
452	沃德添利-12 个月	2010-11-5	2011-11-5	10204	债券及货币市场工具类、转让贷款、票据融资	5.00
453	沃德添利-12 个月	2010-11-5	2011-11-5	1500	债券及货币市场工具类、转让贷款、票据融资	5.00
454	沃德添利-12 个月	2010-11-5	2011-11-5	21	债券及货币市场工具类、转让贷款、票据融资	5.00
455	沃德添利 58 天	2010-11-5	2011-1-2	26035	债券及货币市场工具类、转让贷款、票据融资	2.60
456	沃德添利 96 天	2010-11-5	2011-2-9	14556	债券及货币市场工具类、转让贷款、票据融资	2.90
457	沃德添利 182 天	2010-11-5	2011-5-6	4117	债券及货币市场工具类、转让贷款、票据融资	3.20
458	沃德添利 275 天	2010-11-5	2011-8-7	5904	债券及货币市场工具类、转让贷款、票据融资	3.40
459	沃德添利 365 天	2010-11-5	2011-11-5	2000	债券及货币市场工具类、转让贷款、票据融资	5.00
460	沃德添利 58 天(专享)	2010-11-5	2011-1-2	43279	债券及货币市场工具类、转让贷款、票据融资	3.00
461	沃德添利 96 天(专享)	2010-11-5	2011-2-9	9624	债券及货币市场工具类、转让贷款、票据融资	3.20
462	沃德添利 182 天(专享)	2010-11-5	2011-5-6	10111	债券及货币市场工具类、转让贷款、票据融资	3.50
463	沃德添利 275 天(专享)	2010-11-5	2011-8-7	7629	债券及货币市场工具类、转让贷款、票据融资	3.70

续表

序号	产品简称	起始日	到期日	发行量	资金主要投向	预期收益率(%)
464	得利宝．智慧添利(双月)	2010-11-5	2011-1-7	10516	债券及货币市场工具类	2.35
465	得利宝．智慧添利(九月)	2010-11-5	2011-8-5	7374	债券及货币市场工具类	3.10
466	沃德添利99天	2010-11-8	2011-2-15	3628	债券及货币市场工具类、转让贷款、票据融资	3.00
467	得利宝．天蓝120号	2010-11-9	2010-12-9	13974	债券及货币市场工具类	2.20
468	得利宝．天蓝121号	2010-11-9	2011-2-15	7027	债券及货币市场工具类	2.70
469	沃德添利101天	2010-11-9	2011-2-18	67079	债券及货币市场工具类、转让贷款、票据融资	3.00
470	沃德添利365天	2010-11-9	2011-11-9	120	债券及货币市场工具类、转让贷款、票据融资	5.00
471	得利宝·沃德添利(六月)	2010-11-10	2011-5-11	21762	债券及货币市场工具类	3.20
472	得利宝·沃德添利(三月)	2010-11-10	2011-2-9	10331	债券及货币市场工具类	2.70
473	得利宝·沃德添利(三周)	2010-11-10	2010-12-1	18514	债券及货币市场工具类	1.95
474	得利宝．智慧添利(六月)	2010-11-10	2011-5-11	6565	债券及货币市场工具类	2.90
475	得利宝．智慧添利(三月)	2010-11-10	2011-2-9	6269	债券及货币市场工具类	2.50
476	得利宝·沃德添利(双月)	2010-11-12	2011-1-14	10753	债券及货币市场工具类	2.55
477	得利宝·沃德添利(九月)	2010-11-12	2011-8-12	4790	债券及货币市场工具类	3.30
478	沃德添利66天	2010-11-12	2011-1-17	97661	债券及货币市场工具类、转让贷款、票据融资	2.80
479	沃德添利66天(专享)	2010-11-12	2011-1-17	47310	债券及货币市场工具类、转让贷款、票据融资	3.00
480	沃德添利99天	2010-11-12	2011-2-19	66009	债券及货币市场工具类、转让贷款、票据融资	3.00
481	沃德添利99天(专享)	2010-11-12	2011-2-19	8264	债券及货币市场工具类、转让贷款、票据融资	3.20
482	沃德添利188天	2010-11-12	2011-5-19	19512	债券及货币市场工具类、转让贷款、票据融资	3.20
483	沃德添利188天(专享)	2010-11-12	2011-5-19	8257	债券及货币市场工具类、转让贷款、票据融资	3.50
484	沃德添利277天	2010-11-12	2011-8-16	24426	债券及货币市场工具类、转让贷款、票据融资	3.40
485	沃德添利277天(专享)	2010-11-12	2011-8-16	10938	债券及货币市场工具类、转让贷款、票据融资	3.70
486	沃德添利30天	2010-11-12	2010-12-12	300	债券及货币市场工具类、转让贷款、票据融资	3.00
487	得利宝．智慧添利(双月)	2010-11-12	2011-1-14	7430	债券及货币市场工具类	2.35
488	得利宝．智慧添利(九月)	2010-11-12	2011-8-12	4635	债券及货币市场工具类	3.10
489	沃德添利225天	2010-11-16	2011-6-29	16954	债券及货币市场工具类、转让贷款、票据融资	3.20
490	沃德添利365天	2010-11-16	2011-11-16	140	债券及货币市场工具类、转让贷款、票据融资	4.00
491	沃德添利30天	2010-11-16	2010-12-16	8000	债券及货币市场工具类、转让贷款、票据融资	3.00
492	得利宝·沃德添利(六月)	2010-11-17	2011-5-18	22157	债券及货币市场工具类	3.20
493	得利宝·沃德添利(三月)	2010-11-17	2011-2-16	22744	债券及货币市场工具类	2.70
494	沃德添利365天	2010-11-17	2011-11-17	40	债券及货币市场工具类、转让贷款、票据融资	4.00
495	沃德添利182天	2010-11-17	2011-5-18	300	债券及货币市场工具类、转让贷款、票据融资	3.00
496	得利宝．智慧添利(六月)	2010-11-17	2011-5-18	3884	债券及货币市场工具类	2.90
497	得利宝．智慧添利(三月)	2010-11-17	2011-2-16	8947	债券及货币市场工具类	2.50
498	得利宝．天蓝122号	2010-11-18	2011-2-21	8593	债券及货币市场工具类	2.70

续表

序号	产品简称	起始日	到期日	发行量	资金主要投向	预期收益率(%)
499	沃德添利132天	2010-11-18	2011-3-30	24313	债券及货币市场工具类、转让贷款、票据融资	2.80
500	得利宝·沃德添利(双月)	2010-11-19	2011-1-21	24035	债券及货币市场工具类	2.55
501	得利宝·沃德添利(九月)	2010-11-19	2011-8-19	6190	债券及货币市场工具类	3.30
502	沃德添利104天	2010-11-19	2011-3-3	30000	债券及货币市场工具类、转让贷款、票据融资	2.90
503	得利宝.智慧添利(双月)	2010-11-19	2011-1-21	7215	债券及货币市场工具类	2.35
504	得利宝.智慧添利(九月)	2010-11-19	2011-8-19	3516	债券及货币市场工具类	3.10
505	得利宝·沃德添利365天	2010-11-22	2011-11-22	350	债券及货币市场工具类、转让贷款、票据融资	5.00
506	沃德添利68天	2010-11-23	2011-1-30	117117	债券及货币市场工具类、转让贷款、票据融资	2.80
507	沃德添利218天	2010-11-23	2011-6-29	73062	债券及货币市场工具类、转让贷款、票据融资	3.50
508	得利宝·沃德添利(六月)	2010-11-24	2011-5-25	10768	债券及货币市场工具类	3.20
509	得利宝·沃德添利(三月)	2010-11-24	2011-2-23	8162	债券及货币市场工具类	2.70
510	沃德添利62天	2010-11-24	2011-1-25	5997	债券及货币市场工具类、转让贷款、票据融资	2.90
511	得利宝·沃德添利(三周)	2010-11-24	2010-12-15	11958	债券及货币市场工具类	1.95
512	得利宝.智慧添利(六月)	2010-11-24	2011-5-25	3172	债券及货币市场工具类	2.90
513	得利宝.智慧添利(三月)	2010-11-24	2011-2-23	5267	债券及货币市场工具类	2.50
514	得利宝·沃德添利(双月)	2010-11-26	2011-1-28	17369	债券及货币市场工具类	2.55
515	得利宝·沃德添利(九月)	2010-11-26	2011-8-26	3821	债券及货币市场工具类	3.30
516	沃德添利92天	2010-11-26	2011-2-26	1000	债券及货币市场工具类、转让贷款、票据融资	3.20
517	沃德添利365天	2010-11-26	2011-11-26	1000	债券及货币市场工具类、转让贷款、票据融资	4.00
518	得利宝.智慧添利(双月)	2010-11-26	2011-1-28	6727	债券及货币市场工具类	2.35
519	得利宝.智慧添利(九月)	2010-11-26	2011-8-26	2470	债券及货币市场工具类	3.10
520	周末添利加强版	2010-11-26	2010-11-30	555850	债券及货币市场工具类	3.00
521	得利宝·沃德添利(六月)	2010-12-1	2011-6-1	3228	债券及货币市场工具类	3.20
522	得利宝·沃德添利(三月)	2010-12-1	2011-3-2	2523	债券及货币市场工具类	2.70
523	沃德添利90天	2010-12-1	2011-3-1	1000	债券及货币市场工具类、转让贷款、票据融资	3.20
524	沃德添利365天	2010-12-1	2011-12-1	2000	债券及货币市场工具类、转让贷款、票据融资	5.00
525	沃德添利60天	2010-12-1	2011-1-30	152590	债券及货币市场工具类、转让贷款、票据融资	3.00
526	沃德添利210天	2010-12-1	2011-6-29	57599	债券及货币市场工具类、转让贷款、票据融资	3.50
527	得利宝·沃德添利(三周)	2010-12-1	2010-12-22	5005	债券及货币市场工具类	1.95
528	得利宝.智慧添利(六月)	2010-12-1	2011-6-1	1727	债券及货币市场工具类	2.90
529	得利宝.智慧添利(三月)	2010-12-1	2011-3-2	3263	债券及货币市场工具类	2.50
530	沃德添利90天	2010-12-2	2011-3-2	1387	债券及货币市场工具类、转让贷款、票据融资	3.00
531	沃德添利98天	2010-12-2	2011-3-10	11200	债券及货币市场工具类、转让贷款、票据融资	3.80
532	沃德添利105天	2010-12-2	2011-3-17	10233	债券及货币市场工具类、转让贷款、票据融资	3.20
533	沃德添利363天	2010-12-2	2011-11-30	995	债券及货币市场工具类、转让贷款、票据融资	4.00

续表

序号	产品简称	起始日	到期日	发行量	资金主要投向	预期收益率(%)
534	沃德添利年末版	2010-12-2	2010-12-31	6600	债券及货币市场工具类、转让贷款、票据融资	3.00
535	沃德添利105天	2010-12-2	2011-3-17	4767	债券及货币市场工具类、转让贷款、票据融资	3.80
536	沃德添利年末版	2010-12-2	2010-12-31	640956	债券及货币市场工具类	3.00
537	得利宝·沃德添利(双月)	2010-12-3	2011-2-4	1108	债券及货币市场工具类	2.55
538	得利宝·沃德添利(九月)	2010-12-3	2011-9-2	111	债券及货币市场工具类	3.30
539	得利宝.智慧添利(双月)	2010-12-3	2011-2-4	1007	债券及货币市场工具类	2.35
540	得利宝.智慧添利(九月)	2010-12-3	2011-9-2	286	债券及货币市场工具类	3.10
541	至尊16-1号	2010-12-6	2015-12-6	30000	股权投资	8.00
542	沃德添利专项理财	2010-12-6	2010-12-31	87620	债券及货币市场工具类	3.10
543	沃德添利128天	2010-12-7	2011-4-14	61927	债券及货币市场工具类、转让贷款、票据融资	3.30
544	沃德添利40天	2010-12-7	2011-1-16	150000	债券及货币市场工具类、转让贷款、票据融资	3.00
545	沃德添利210天	2010-12-7	2011-7-5	28605	债券及货币市场工具类、转让贷款、票据融资	3.60
546	沃德添利106天	2010-12-7	2011-3-23	6000	债券及货币市场工具类、转让贷款、票据融资	3.50
547	至尊16号(对公)	2010-12-7	2015-12-7	10000	股权投资	
548	得利宝·沃德添利(六月)	2010-12-8	2011-6-8	4134	债券及货币市场工具类	3.20
549	得利宝·沃德添利(三月)	2010-12-8	2011-3-9	6210	债券及货币市场工具类	2.70
550	得利宝·沃德添利(三周)	2010-12-8	2010-12-29	39004	债券及货币市场工具类	1.95
551	得利宝.智慧添利(六月)	2010-12-8	2011-6-8	1217	债券及货币市场工具类	2.90
552	得利宝.智慧添利(三月)	2010-12-8	2011-3-9	3718	债券及货币市场工具类	2.50
553	得利宝·沃德添利(双月)	2010-12-10	2011-2-11	8469	债券及货币市场工具类	2.55
554	得利宝·沃德添利(九月)	2010-12-10	2011-9-9	523	债券及货币市场工具类	3.30
555	沃德添利365天	2010-12-10	2011-12-10	100000	债券及货币市场工具类、转让贷款、票据融资	4.00
556	得利宝.智慧添利(双月)	2010-12-10	2011-2-11	3438	债券及货币市场工具类	2.35
557	得利宝.智慧添利(九月)	2010-12-10	2011-9-9	855	债券及货币市场工具类	3.10
558	沃德添利350天	2010-12-13	2011-11-28	6938	债券及货币市场工具类、转让贷款、票据融资	4.00
559	得利宝.天蓝123号	2010-12-14	2011-2-24	2475	债券及货币市场工具类	2.70
560	沃德添利40天	2010-12-14	2011-1-23	200000	债券及货币市场工具类、转让贷款、票据融资	3.00
561	沃德添利202天	2010-12-14	2011-7-4	38442	债券及货币市场工具类、转让贷款、票据融资	3.60
562	沃德添利120天	2010-12-14	2011-4-13	37459	债券及货币市场工具类、转让贷款、票据融资	3.30
563	得利宝·沃德添利(六月)	2010-12-15	2011-6-15	3386	债券及货币市场工具类	3.20
564	得利宝·沃德添利(三月)	2010-12-15	2011-3-16	5119	债券及货币市场工具类	2.70
565	得利宝·沃德添利(三周)	2010-12-15	2011-1-5	7552	债券及货币市场工具类	1.95
566	得利宝.智慧添利(六月)	2010-12-15	2011-6-15	974	债券及货币市场工具类	2.90
567	得利宝.智慧添利(三月)	2010-12-15	2011-3-16	2150	债券及货币市场工具类	2.50
568	沃德添利专项理财	2010-12-15	2010-12-31	49319	债券及货币市场工具类	3.30

续表

序号	产品简称	起始日	到期日	发行量	资金主要投向	预期收益率(%)
569	沃德添利45天	2010-12-16	2011-1-30	577	债券及货币市场工具类、转让贷款、票据融资	3.00
570	沃德添利73天	2010-12-16	2011-2-27	309	债券及货币市场工具类、转让贷款、票据融资	3.20
571	沃德添利104天	2010-12-16	2011-3-30	1730	债券及货币市场工具类、转让贷款、票据融资	3.40
572	沃德添利348天	2010-12-16	2011-11-29	546	债券及货币市场工具类、转让贷款、票据融资	4.00
573	得利宝·沃德添利(双月)	2010-12-17	2011-2-18	2257	债券及货币市场工具类	2.55
574	得利宝·沃德添利(九月)	2010-12-17	2011-9-16	1041	债券及货币市场工具类	3.30
575	沃德添利14天	2010-12-17	2010-12-31	6534	债券及货币市场工具类、转让贷款、票据融资	3.50
576	沃德添利90天	2010-12-17	2011-3-17	3000	债券及货币市场工具类、转让贷款、票据融资	3.50
577	得利宝.智慧添利(双月)	2010-12-17	2011-2-18	1521	债券及货币市场工具类	2.35
578	得利宝.智慧添利(九月)	2010-12-17	2011-9-16	1155	债券及货币市场工具类	3.10
579	沃德添利13天	2010-12-18	2010-12-31	6312	债券及货币市场工具类、转让贷款、票据融资	3.20
580	沃德添利13天	2010-12-18	2010-12-31	3600	债券及货币市场工具类、转让贷款、票据融资	3.50
581	得利宝.天蓝124号	2010-12-21	2011-1-27	16834	债券及货币市场工具类	3.00
582	得利宝.天蓝125号	2010-12-21	2011-3-29	3255	债券及货币市场工具类	3.10
583	沃德添利40天	2010-12-21	2011-1-30	146934	债券及货币市场工具类、转让贷款、票据融资	3.00
584	沃德添利195天	2010-12-21	2011-7-4	48004	债券及货币市场工具类、转让贷款、票据融资	3.60
585	沃德添利160天	2010-12-21	2011-5-30	15787	债券及货币市场工具类、转让贷款、票据融资	3.40
586	沃德添利35天	2010-12-21	2011-1-25	12758	债券及货币市场工具类、转让贷款、票据融资	3.00
587	沃德添利10天	2010-12-21	2010-12-31	12912	债券及货币市场工具类、转让贷款、票据融资	3.50
588	得利宝·沃德添利(六月)	2010-12-22	2011-6-22	4290	债券及货币市场工具类	3.40
589	得利宝·沃德添利(三月)	2010-12-22	2011-3-23	3310	债券及货币市场工具类	2.90
590	得利宝·沃德添利(三周)	2010-12-22	2011-1-12	6375	债券及货币市场工具类	2.15
591	至尊16-2号	2010-12-22	2015-12-22	25788	股权投资	8.00
592	得利宝.智慧添利(六月)	2010-12-22	2011-6-22	1983	债券及货币市场工具类	3.10
593	得利宝.智慧添利(三月)	2010-12-22	2011-3-23	2398	债券及货币市场工具类	2.70
594	得利宝·沃德添利(双月)	2010-12-24	2011-2-25	6304	债券及货币市场工具类	2.75
595	得利宝·沃德添利(九月)	2010-12-24	2011-9-23	2551	债券及货币市场工具类	3.50
596	得利宝.智慧添利(双月)	2010-12-24	2011-2-25	1553	债券及货币市场工具类	2.55
597	得利宝.智慧添利(九月)	2010-12-24	2011-9-23	2181	债券及货币市场工具类	3.30
598	沃德添利4天	2010-12-27	2010-12-31	445	债券及货币市场工具类、转让贷款、票据融资	3.20
599	至尊16-2号(续)	2010-12-27	2015-12-27	2420	股权投资	8.00
600	沃德添利360天	2010-12-28	2011-12-23	20330	债券及货币市场工具类、转让贷款、票据融资	5.00
601	沃德添利33天	2010-12-28	2011-1-30	61563	债券及货币市场工具类、转让贷款、票据融资	3.00
602	沃德添利274天	2010-12-28	2011-9-28	22714	债券及货币市场工具类、转让贷款、票据融资	3.80
603	得利宝·沃德添利(六月)	2010-12-29	2011-6-29	1530	债券及货币市场工具类	3.40

续表

序号	产品简称	起始日	到期日	发行量	资金主要投向	预期收益率(%)
604	得利宝·沃德添利(三月)	2010-12-29	2011-3-30	2396	债券及货币市场工具类	2.90
605	沃德添利90天	2010-12-29	2011-3-29	1773	债券及货币市场工具类、转让贷款、票据融资	3.10
606	沃德添利90天	2010-12-29	2011-3-29	1000	债券及货币市场工具类、转让贷款、票据融资	3.80
607	沃德添利30天	2010-12-29	2011-1-28	14386	债券及货币市场工具类、转让贷款、票据融资	3.60
608	沃德添利90天	2010-12-29	2011-3-29	700	债券及货币市场工具类、转让贷款、票据融资	3.60
609	得利宝·沃德添利(三周)	2010-12-29	2011-1-19	4055	债券及货币市场工具类	2.15
610	得利宝．智慧添利(六月)	2010-12-29	2011-6-29	740	债券及货币市场工具类	3.10
611	得利宝．智慧添利(三月)	2010-12-29	2011-3-30	253	债券及货币市场工具类	2.70
612	得利宝．元旦添利1号	2010-12-31	2011-2-14	102562	债券及货币市场工具类、转让贷款、票据融资	3.80

数据来源：交通银行

表3-7 2010年华夏银行个人人民币封闭式理财产品发行情况表 单位：万元人民币

序号	产品名称	发行日	到期日	拟发行量	投资方向	预期收益率(%)
1	增盈74号28天期	2010-01-07	2010-02-04	940	债券及货币市场工具	1.80
2	增盈74号63天期	2010-01-07	2010-03-11	831	债券及货币市场工具	1.85
3	增盈75号28天期	2010-01-14	2010-02-11	3377	债券及货币市场工具	1.80
4	增盈75号63天期	2010-01-14	2010-03-18	1932	债券及货币市场工具	1.85
5	慧盈21号A款	2010-01-21	2011-01-21	5688	结构类	5.81
6	慧盈21号B款	2010-01-21	2011-01-21	1679	结构类	7.00
7	增盈76号32天期	2010-01-21	2010-02-22	626	债券及货币市场工具	1.80
8	增盈76号63天期	2010-01-21	2010-03-25	936	债券及货币市场工具	1.85
9	增盈77号28天期	2010-01-28	2010-02-25	2864	债券及货币市场工具	1.80
10	增盈77号63天期	2010-01-28	2010-04-01	1750	债券及货币市场工具	1.85
11	创盈36号	2010-02-04	2010-08-03	10000	信托贷款	4.00
12	增盈78号28天期	2010-02-04	2010-03-04	1690	债券及货币市场工具	1.80
13	增盈78号63天期	2010-02-04	2010-04-08	1098	债券及货币市场工具	1.85
14	创盈(定向)057号	2010-02-10	2011-02-09	2810	信托贷款	4.00
15	慧盈22号A款	2010-02-11	2011-02-11	7085	结构类	5.81
16	慧盈22号B款	2010-02-11	2011-02-11	1721	结构类	7.00
17	增盈79号28天期	2010-02-11	2010-03-11	4732	债券及货币市场工具	1.80
18	增盈79号63天期	2010-02-11	2010-04-15	1767	债券及货币市场工具	1.85
19	增盈80号28天期	2010-02-25	2010-03-25	4687	债券及货币市场工具	1.80
20	增盈80号63天期	2010-02-25	2010-04-29	2086	债券及货币市场工具	1.85
21	增盈81号28天期	2010-03-04	2010-04-01	2961	债券及货币市场工具	1.80
22	增盈81号63天期	2010-03-04	2010-05-06	1493	债券及货币市场工具	1.85

续表

序号	产品名称	发行日	到期日	拟发行量	投资方向	预期收益率(%)
23	增盈 82 号 28 天期	2010－03－11	2010－04－08	1513	债券及货币市场工具	1.80
24	增盈 82 号 63 天期	2010－03－11	2010－05－13	1001	债券及货币市场工具	1.85
25	增盈 83 号 28 天期	2010－03－18	2010－04－15	2001	债券及货币市场工具	1.85
26	增盈 83 号 63 天期	2010－03－18	2010－05－20	646	债券及货币市场工具	1.90
27	增盈 84 号 179 天期	2010－03－25	2010－09－20	3614	债券及货币市场工具	4.00
28	增盈 84 号 364 天期	2010－03－25	2011－03－24	3176	债券及货币市场工具	4.20
29	增盈 85 号 28 天期	2010－03－25	2010－04－22	818	债券及货币市场工具	1.85
30	增盈 85 号 63 天期	2010－03－25	2010－05－27	491	债券及货币市场工具	1.90
31	增盈 85 号 91 天期	2010－03－25	2010－06－24	805	债券及货币市场工具	1.95
32	增盈 86 号 28 天期	2010－04－01	2010－04－29	2586	债券及货币市场工具	1.85
33	增盈 86 号 63 天期	2010－04－01	2010－06－03	310	债券及货币市场工具	1.90
34	增盈 86 号 91 天期	2010－04－01	2010－07－01	1279	债券及货币市场工具	1.95
35	增盈 87 号 28 天期	2010－04－08	2010－05－06	1501	债券及货币市场工具	1.85
36	增盈 87 号 63 天期	2010－04－08	2010－06－10	1467	债券及货币市场工具	1.90
37	增盈 87 号 91 天期	2010－04－08	2010－07－08	615	债券及货币市场工具	1.95
38	创盈(定向)059 号	2010－04－13	2010－10－13	2011	信托贷款	3.60
39	创盈(定向)058 号	2010－04－15	2011－04－15	12630	信托贷款	3.60
40	增盈 88 号 28 天期	2010－04－15	2010－05－13	1754	债券及货币市场工具	1.85
41	增盈 88 号 63 天期	2010－04－15	2010－06－17	469	债券及货币市场工具	1.90
42	增盈 88 号 91 天期	2010－04－15	2010－07－15	550	债券及货币市场工具	1.95
43	创盈(定向)060 号	2010－04－21	2011－04－21	8000	信托贷款	4.20
44	创盈(定向)061 号	2010－04－21	2010－10－21	2900	信托贷款	3.60
45	增盈 89 号 28 天期	2010－04－22	2010－05－20	1949	债券及货币市场工具	1.85
46	增盈 89 号 63 天期	2010－04－22	2010－06－24	582	债券及货币市场工具	1.90
47	增盈 89 号 91 天期	2010－04－22	2010－07－22	956	债券及货币市场工具	1.95
48	创盈(定向)062 号	2010－04－29	2011－04－29	5003	信托贷款	4.20
49	增盈 90 号 28 天期	2010－04－29	2010－05－27	893	债券及货币市场工具	1.85
50	增盈 90 号 63 天期	2010－04－29	2010－07－01	220	债券及货币市场工具	1.90
51	增盈 90 号 91 天期	2010－04－29	2010－07－29	601	债券及货币市场工具	1.95
52	创盈 63 号信托贷款	2010－05－06	2011－05－06	4000	信托贷款	4.00
53	创盈 65 号	2010－05－06	2011－05－06	3000	信托贷款	4.00
54	增盈 91 号 28 天期	2010－05－06	2010－06－03	323	债券及货币市场工具	1.85
55	增盈 91 号 63 天期	2010－05－06	2010－07－08	275	债券及货币市场工具	1.90
56	增盈 91 号 91 天期	2010－05－06	2010－08－05	504	债券及货币市场工具	1.95

续表

序号	产品名称	发行日	到期日	拟发行量	投资方向	预期收益率(%)
57	创盈(定向)065 号	2010-05-12	2010-11-30	4188	信托贷款	3.60
58	创盈(定向)066 号	2010-05-12	2010-08-12	7900	信托贷款	3.20
59	创盈 67 号	2010-05-12	2011-05-12	2220	信托贷款	4.20
60	增盈 92 号 28 天期	2010-05-13	2010-06-10	468	债券及货币市场工具	1.85
61	增盈 92 号 63 天期	2010-05-13	2010-07-15	354	债券及货币市场工具	1.90
62	增盈 92 号 91 天期	2010-05-13	2010-08-12	628	债券及货币市场工具	1.95
63	增盈增强型(定向)1001 号	2010-05-13	2010-06-28	1184	债券及货币市场工具	2.30
64	增盈增强型(定向)1001 号(武汉)	2010-05-13	2010-06-28	1800	债券及货币市场工具	2.80
65	创盈(定向)68 号	2010-05-14	2010-11-15	3000	信托贷款	3.20
66	创盈 66 号	2010-05-18	2011-05-18	11092	信托贷款	4.00
67	创盈(定向)063 号	2010-05-19	2011-05-19	1200	信托贷款	4.50
68	创盈(定向)064 号	2010-05-19	2011-05-19	2900	信托贷款	4.20
69	创盈 64 号 5 至 200 万个人客户	2010-05-19	2011-05-19	5800	信托贷款	4.20
70	增盈 93 号 28 天期产品	2010-05-20	2010-06-17	775	债券及货币市场工具	1.85
71	增盈 93 号 63 天期产品	2010-05-20	2010-07-22	296	债券及货币市场工具	1.90
72	增盈 93 号 91 天期产品	2010-05-20	2010-08-19	1257	债券及货币市场工具	1.95
73	增盈增强型(定向)1002 号 38 天期产品	2010-05-21	2010-06-28	1669	债券及货币市场工具	2.50
74	增盈增强型(定向)1002 号 90 天期产品	2010-05-21	2010-08-19	6749	债券及货币市场工具	3.20
75	增盈 94 号 28 天期产品	2010-05-27	2010-06-24	326	债券及货币市场工具	1.90
76	增盈 94 号 63 天期产品	2010-05-27	2010-07-29	156	债券及货币市场工具	1.95
77	增盈 94 号 91 天期产品	2010-05-27	2010-08-26	377	债券及货币市场工具	2.00
78	增盈增强型(定向)1003 号 31 天期产品	2010-05-28	2010-06-28	2166	债券及货币市场工具	2.50
79	增盈增强型(定向)1003 号 90 天期产品	2010-05-28	2010-08-26	6109	债券及货币市场工具	3.20
80	增盈增强型(定向)1004 号 31 天期产品	2010-05-28	2010-06-28	1558	债券及货币市场工具	2.50
81	增盈增强型(定向)1004 号 90 天期产品	2010-05-28	2010-08-26	4386	债券及货币市场工具	3.20
82	增盈 95 号 28 天期产品	2010-06-03	2010-07-01	415	债券及货币市场工具	1.90
83	增盈 95 号 63 天期产品	2010-06-03	2010-08-05	111	债券及货币市场工具	1.95
84	增盈 95 号 91 天产品	2010-06-03	2010-09-02	439	债券及货币市场工具	2.00
85	创盈(定向)71 号产品	2010-06-09	2010-11-30	6927	信托贷款	3.60
86	创盈(定向)73 号 70 万以上	2010-06-09	2011-03-22	1525	信托贷款	4.10
87	创盈(定向)73 号产品	2010-06-09	2011-03-22	3475	信托贷款	4.00
88	创盈 69 号	2010-06-10	2011-06-10	3697	信托贷款	4.20
89	增盈 96 号 28 天期产品	2010-06-10	2010-07-08	2035	债券及货币市场工具	1.90
90	增盈 96 号 63 天期产品	2010-06-10	2010-08-12	383	债券及货币市场工具	1.95

续表

序号	产品名称	发行日	到期日	拟发行量	投资方向	预期收益率(%)
91	增盈96号91天期产品	2010-06-10	2010-09-09	913	债券及货币市场工具	2.00
92	增盈增强型1005号34天期	2010-06-10	2010-07-14	2492	债券及货币市场工具	2.50
93	增盈增强型1005号90天期	2010-06-10	2010-09-08	5426	债券及货币市场工具	3.20
94	创盈(定向)74号产品	2010-06-11	2011-04-13	512	信托贷款	4.10
95	慧盈23号A产品	2010-06-18	2011-06-17	1103	结构类	5.81
96	慧盈23号B产品	2010-06-18	2011-06-17	511	结构类	7.00
97	增盈增强型1006号33天期	2010-06-18	2010-07-21	3009	债券及货币市场工具	2.50
98	增盈增强型1006号61天期	2010-06-18	2010-08-18	2366	债券及货币市场工具	2.80
99	创盈(定向)78号	2010-06-23	2012-06-22	8948	信托贷款	6.00
100	创盈(定向)79号	2010-06-23	2010-11-30	9120	信托贷款	3.60
101	创盈77号20万(含)至70万(不含)	2010-06-23	2011-06-23	1787	信托贷款	4.40
102	创盈77号5至20万(不含)	2010-06-23	2011-06-23	1020	信托贷款	4.20
103	创盈77号70万(含)以上	2010-06-23	2011-06-23	2193	信托贷款	4.50
104	增盈97号182天期	2010-06-24	2010-12-23	797	债券及货币市场工具	2.25
105	增盈97号28天期	2010-06-24	2010-07-22	1172	债券及货币市场工具	2.00
106	增盈97号96天期	2010-06-24	2010-09-28	1112	债券及货币市场工具	2.10
107	增盈增强型1007号37天期	2010-06-28	2010-08-04	1339	债券及货币市场工具	2.50
108	增盈增强型1007号65天期	2010-06-28	2010-09-01	2817	债券及货币市场工具	2.80
109	增盈98号181天期	2010-07-01	2010-12-29	447	债券及货币市场工具	2.25
110	增盈98号28天期	2010-07-01	2010-07-29	2358	债券及货币市场工具	2.00
111	增盈98号90天期	2010-07-01	2010-09-29	547	债券及货币市场工具	2.10
112	创盈(定向)81号	2010-07-02	2010-11-30	7205	信托贷款	3.50
113	增盈增强型1009号产品	2010-07-02	2010-09-29	3100	债券及货币市场工具	3.40
114	增盈增强型1008号35天期	2010-07-07	2010-08-11	4533	债券及货币市场工具	2.50
115	增盈增强型1008号63天期	2010-07-07	2010-09-08	1136	债券及货币市场工具	2.80
116	增盈增强型1008号98天期	2010-07-07	2010-10-13	4083	债券及货币市场工具	3.00
117	创盈(定向)82号20(含)至70万	2010-07-08	2011-07-08	3165	信托贷款	4.30
118	创盈(定向)82号70万(含)以上	2010-07-08	2011-07-08	1835	信托贷款	4.40
119	创盈(定向)83号20(含)至70万	2010-07-08	2011-07-08	5174	信托贷款	4.30
120	创盈(定向)83号70万(含)以上	2010-07-08	2011-07-08	2700	信托贷款	4.40
121	创盈(定向)83号产品2000万(含)上	2010-07-08	2011-07-08	2006	信托贷款	4.00
122	创盈80号20万(含)以上	2010-07-08	2011-07-07	3303	信托贷款	4.40
123	创盈80号5万-20万(不含)	2010-07-08	2011-07-07	1197	信托贷款	3.00
124	增盈99号182天期	2010-07-08	2011-01-06	870	债券及货币市场工具	2.35

续表

序号	产品名称	发行日	到期日	拟发行量	投资方向	预期收益率(%)
125	增盈 99 号 28 天期	2010-07-08	2010-08-05	1680	债券及货币市场工具	2.10
126	增盈 99 号 98 天期	2010-07-08	2010-10-14	867	债券及货币市场工具	2.20
127	增盈增强型 1011 号	2010-07-09	2010-10-13	3500	债券及货币市场工具	3.10
128	增盈增强型 1010 号 35 天期	2010-07-14	2010-08-18	2518	债券及货币市场工具	2.50
129	增盈增强型 1010 号 63 天期	2010-07-14	2010-09-15	1466	债券及货币市场工具	2.80
130	增盈增强型 1010 号 91 天期	2010-07-14	2010-10-13	6840	债券及货币市场工具	3.00
131	增盈增强型 1013 号	2010-07-14	2010-09-28	1500	债券及货币市场工具	3.20
132	增盈 100 号 182 天期	2010-07-15	2011-01-13	1222	债券及货币市场工具	2.50
133	增盈 100 号 28 天期	2010-07-15	2010-08-12	3884	债券及货币市场工具	2.25
134	增盈 100 号 98 天期	2010-07-15	2010-10-21	1456	债券及货币市场工具	2.35
135	增盈增强型 1015 号 75 天期	2010-07-16	2010-09-29	1065	债券及货币市场工具	3.10
136	增盈增强型 1012 号 35 天期	2010-07-21	2010-08-25	1114	债券及货币市场工具	2.50
137	增盈增强型 1012 号 61 天期	2010-07-21	2010-09-20	535	债券及货币市场工具	2.80
138	增盈增强型 1012 号 91 天期	2010-07-21	2010-10-20	5023	债券及货币市场工具	3.00
139	增盈 101 号 182 天期	2010-07-22	2011-01-20	598	债券及货币市场工具	2.50
140	增盈 101 号 28 天期	2010-07-22	2010-08-19	3630	债券及货币市场工具	2.25
141	增盈 101 号 98 天期	2010-07-22	2010-10-28	3511	债券及货币市场工具	2.35
142	创盈(定向)85 号 20 万(含)-70 万	2010-07-23	2010-11-30	4556	信托贷款	3.40
143	创盈(定向)85 号 70 万(含)以上	2010-07-23	2010-11-30	5444	信托贷款	3.50
144	创盈(定向)86 号 20 万(含)-70 万	2010-07-23	2010-10-12	5057	信托贷款	3.20
145	创盈(定向)86 号 70 万(含)以上	2010-07-23	2010-10-12	4943	信托贷款	3.30
146	增盈增强型 1016 号 182 天期	2010-07-28	2011-01-26	2801	债券及货币市场工具	2.25
147	增盈增强型 1016 号 35 天期	2010-07-28	2010-09-01	2502	债券及货币市场工具	2.50
148	增盈增强型 1016 号 75 天期	2010-07-28	2010-10-11	624	债券及货币市场工具	2.80
149	增盈增强型 1016 号 91 天期	2010-07-28	2010-10-27	2478	债券及货币市场工具	3.00
150	增盈 102 号 182 天期	2010-07-29	2011-01-27	1007	债券及货币市场工具	2.35
151	增盈 102 号 28 天期	2010-07-29	2010-08-26	4166	债券及货币市场工具	2.25
152	增盈 102 号 98 天期	2010-07-29	2010-11-04	847	债券及货币市场工具	2.30
153	增盈增强型 1020 号	2010-08-03	2010-09-29	10000	债券及货币市场工具	3.10
154	增盈增强型 1021 号	2010-08-03	2010-10-09	14000	债券及货币市场工具	3.10
155	增盈增强型 1017 号 190 天期	2010-08-04	2011-02-10	2419	债券及货币市场工具	3.10
156	增盈增强型 1017 号 35 天期	2010-08-04	2010-09-08	1807	债券及货币市场工具	2.50
157	增盈增强型 1017 号 70 天期	2010-08-04	2010-10-13	631	债券及货币市场工具	2.65
158	增盈增强型 1017 号 91 天期	2010-08-04	2010-11-03	1748	债券及货币市场工具	2.70

续表

序号	产品名称	发行日	到期日	拟发行量	投资方向	预期收益率(%)
159	增盈 103 号 189 天期	2010-08-05	2011-02-10	767	债券及货币市场工具	2.50
160	增盈 103 号 28 天期	2010-08-05	2010-09-02	2651	债券及货币市场工具	2.25
161	增盈 103 号 98 天期	2010-08-05	2010-11-11	650	债券及货币市场工具	2.35
162	创盈(定向)87 号 20-70 万	2010-08-06	2011-08-01	5630	信托贷款	4.30
163	创盈(定向)87 号 70 万以上	2010-08-06	2011-08-01	7370	信托贷款	4.40
164	创盈(定向)88 号 20-70 万	2010-08-06	2011-04-06	6657	信托贷款	3.60
165	创盈(定向)88 号 70 万以上	2010-08-06	2011-04-06	3343	信托贷款	3.80
166	创盈(定向)90 号	2010-08-06	2011-08-01	1400	信托贷款	4.40
167	增盈增强型 1018 号 189 天期	2010-08-11	2011-02-16	2785	债券及货币市场工具	3.00
168	增盈增强型 1018 号 35 天期	2010-08-11	2010-09-15	1577	债券及货币市场工具	2.50
169	增盈增强型 1018 号 70 天期	2010-08-11	2010-10-20	457	债券及货币市场工具	2.70
170	增盈增强型 1018 号 91 天期	2010-08-11	2010-11-10	1697	债券及货币市场工具	2.80
171	创盈(定向)89 号 20 至 70 万	2010-08-12	2010-10-12	2490	信托贷款	2.80
172	创盈(定向)89 号 70 万以上	2010-08-12	2010-10-12	3860	信托贷款	3.00
173	增盈 104 号 182 天期	2010-08-12	2011-02-10	540	债券及货币市场工具	2.50
174	增盈 104 号 28 天期	2010-08-12	2010-09-09	1540	债券及货币市场工具	2.25
175	增盈 104 号 364 天期	2010-08-12	2011-08-11	362	债券及货币市场工具	2.65
176	增盈 104 号 98 天期	2010-08-12	2010-11-18	577	债券及货币市场工具	2.35
177	增盈增强型 1022 号 189 天期	2010-08-18	2011-02-23	2195	债券及货币市场工具	3.00
178	增盈增强型 1022 号 28 天期	2010-08-18	2010-09-15	3689	债券及货币市场工具	2.50
179	增盈增强型 1022 号 70 天期	2010-08-18	2010-10-27	648	债券及货币市场工具	2.70
180	增盈增强型 1022 号 91 天期	2010-08-18	2010-11-17	1705	债券及货币市场工具	2.80
181	增盈 105 号 182 天期	2010-08-19	2011-02-17	474	债券及货币市场工具	2.50
182	增盈 105 号 28 天期	2010-08-19	2010-09-16	3666	债券及货币市场工具	2.25
183	增盈 105 号 364 天期	2010-08-19	2011-08-18	302	债券及货币市场工具	2.65
184	增盈 105 号 98 天期	2010-08-19	2010-11-25	835	债券及货币市场工具	2.35
185	创盈(定向)91 号 20 至 70 万	2010-08-20	2010-11-30	5322	信托贷款	3.40
186	创盈(定向)91 号 70 万以上	2010-08-20	2010-11-30	3068	信托贷款	3.50
187	增盈增强型 1023 号 189 天期	2010-08-25	2011-03-02	2162	债券及货币市场工具	3.00
188	增盈增强型 1023 号 47 天期	2010-08-25	2010-10-11	863	债券及货币市场工具	2.50
189	增盈增强型 1023 号 63 天期	2010-08-25	2010-10-27	844	债券及货币市场工具	2.70
190	增盈增强型 1023 号 91 天期	2010-08-25	2010-11-24	1183	债券及货币市场工具	2.80
191	增盈 106 号 182 天期	2010-08-26	2011-02-24	1799	债券及货币市场工具	2.50
192	增盈 106 号 33 天期	2010-08-26	2010-09-28	1902	债券及货币市场工具	2.25

续表

序号	产品名称	发行日	到期日	拟发行量	投资方向	预期收益率(%)
193	增盈106号364天期	2010-08-26	2011-08-25	166	债券及货币市场工具	2.65
194	增盈106号98天期	2010-08-26	2010-12-02	984	债券及货币市场工具	2.35
195	创盈(定向)92号20至70万	2010-08-27	2011-02-11	5792	信托贷款	3.50
196	创盈(定向)92号70万以上	2010-08-27	2011-02-11	2220	信托贷款	3.60
197	创盈(定向)93号20至70万	2010-09-01	2010-10-12	1294	信托贷款	2.80
198	创盈(定向)93号70万以上	2010-09-01	2010-10-12	4356	信托贷款	2.90
199	创盈(定向)94号20至70万	2010-09-01	2011-04-13	6711	信托贷款	3.80
200	创盈(定向)94号70万以上	2010-09-01	2011-04-13	3209	信托贷款	3.90
201	增盈增强型1024号189天	2010-09-01	2011-03-09	2038	债券及货币市场工具	3.00
202	增盈增强型1024号42天	2010-09-01	2010-10-13	1002	债券及货币市场工具	2.50
203	增盈增强型1024号63天	2010-09-01	2010-11-03	723	债券及货币市场工具	2.70
204	增盈增强型1024号91天	2010-09-01	2010-12-01	1842	债券及货币市场工具	2.80
205	增盈107号182天	2010-09-02	2011-03-03	293	债券及货币市场工具	2.50
206	增盈107号42天	2010-09-02	2010-10-14	2952	债券及货币市场工具	2.25
207	增盈107号98天	2010-09-02	2010-12-09	777	债券及货币市场工具	2.35
208	增盈107天364天	2010-09-02	2011-09-01	348	债券及货币市场工具	2.65
209	增盈增强型1025号126天期	2010-09-08	2011-01-12	6104	债券及货币市场工具	3.10
210	增盈增强型1025号42天期	2010-09-08	2010-10-20	3873	债券及货币市场工具	2.50
211	增盈增强型1025号63天期	2010-09-08	2010-11-10	2035	债券及货币市场工具	2.70
212	创盈(定向)100号	2010-09-09	2011-01-27	420	信托贷款	3.60
213	创盈(定向)96号20至70万	2010-09-09	2011-01-27	8657	信托贷款	3.40
214	创盈(定向)96号70万以上	2010-09-09	2011-01-27	5013	信托贷款	3.50
215	创盈(定向)97号	2010-09-09	2011-01-27	700	信托贷款	3.60
216	增盈108号182天期	2010-09-09	2011-03-10	477	债券及货币市场工具	2.50
217	增盈108号35天期	2010-09-09	2010-10-14	4147	债券及货币市场工具	2.25
218	增盈108号364天期	2010-09-09	2011-09-08	225	债券及货币市场工具	2.65
219	增盈108号98天期	2010-09-09	2010-12-16	379	债券及货币市场工具	2.35
220	增盈109号182天期	2010-09-09	2011-03-10	294	债券及货币市场工具	4.00
221	增盈109号91天期	2010-09-09	2010-12-09	59	债券及货币市场工具	3.60
222	增盈增强型1028号33天期	2010-09-10	2010-10-13	2000	债券及货币市场工具	2.60
223	创盈(定向)95号产品	2010-09-14	2011-08-01	4557	信托贷款	6.00
224	增盈增强型1026号126天期	2010-09-15	2011-01-19	2746	债券及货币市场工具	2.90
225	增盈增强型1026号182天期	2010-09-15	2011-03-16	4011	债券及货币市场工具	3.10
226	增盈增强型1026号42天期	2010-09-15	2010-10-27	1458	债券及货币市场工具	2.50

续表

序号	产品名称	发行日	到期日	拟发行量	投资方向	预期收益率(%)
227	增盈增强型1026号63天期	2010-09-15	2010-11-17	1392	债券及货币市场工具	2.70
228	创盈(定向)101号20万-70万	2010-09-16	2011-02-11	5999	信托贷款	3.50
229	创盈(定向)101号70万以上	2010-09-16	2011-02-11	4389	信托贷款	3.60
230	创盈(定向)103号	2010-09-16	2011-02-11	1100	信托贷款	3.70
231	创盈(定向)104号	2010-09-16	2011-02-11	500	信托贷款	3.80
232	增盈110号182天期	2010-09-16	2011-03-17	527	债券及货币市场工具	2.50
233	增盈110号35天期	2010-09-16	2010-10-21	2106	债券及货币市场工具	2.25
234	增盈110号364天期	2010-09-16	2011-09-15	204	债券及货币市场工具	2.65
235	增盈110号98天期	2010-09-16	2010-12-23	692	债券及货币市场工具	2.35
236	增盈增强型1030号90天期	2010-09-16	2010-12-15	1000	债券及货币市场工具	2.80
237	增盈111号182天期	2010-09-21	2011-03-22	640	债券及货币市场工具	2.50
238	增盈111号91天期	2010-09-21	2010-12-21	41	债券及货币市场工具	2.35
239	增盈113号184天期	2010-09-21	2011-03-24	226	债券及货币市场工具	2.50
240	增盈113号30天期	2010-09-21	2010-10-21	2754	债券及货币市场工具	2.25
241	增盈113号366天期	2010-09-21	2011-09-22	135	债券及货币市场工具	2.65
242	增盈113号93天期	2010-09-21	2010-12-23	425	债券及货币市场工具	2.35
243	增盈114号17天期20万-70万	2010-09-21	2010-10-08	1813	债券及货币市场工具	2.20
244	增盈114号17天期70万以上	2010-09-21	2010-10-08	3884	债券及货币市场工具	2.40
245	增盈增强型1027号127天期	2010-09-21	2011-01-26	2373	债券及货币市场工具	3.10
246	增盈增强型1027号183天期	2010-09-21	2011-03-23	3350	债券及货币市场工具	3.20
247	增盈增强型1027号43天期	2010-09-21	2010-11-03	1682	债券及货币市场工具	2.50
248	增盈增强型1027号64天期	2010-09-21	2010-11-24	1276	债券及货币市场工具	2.70
249	增盈增强型1029号17天期20万-70	2010-09-21	2010-10-08	4350	债券及货币市场工具	2.50
250	增盈增强型1029号17天期70万以上	2010-09-21	2010-10-08	13619	债券及货币市场工具	2.70
251	创盈(定向)102号20万-70万	2010-09-29	2011-03-31	6364	信托贷款	3.50
252	创盈(定向)102号70万以上	2010-09-29	2011-03-31	5023	信托贷款	3.60
253	创盈(定向)106号20万-70万武汉	2010-09-29	2011-03-31	601	信托贷款	3.60
254	创盈(定向)106号70万以上武汉	2010-09-29	2011-03-31	549	信托贷款	3.70
255	创盈(定向)98号20万元起	2010-09-29	2011-08-01	6992	信托贷款	6.00
256	增盈增强型1031号133天期	2010-09-29	2011-02-09	1106	债券及货币市场工具	3.10
257	增盈增强型1031号189天期	2010-09-29	2011-04-06	2324	债券及货币市场工具	3.20
258	增盈增强型1031号35天期	2010-09-29	2010-11-03	1452	债券及货币市场工具	2.50
259	增盈增强型1031号63天期	2010-09-29	2010-12-01	1190	债券及货币市场工具	2.70
260	增盈115号8天期20万-70万	2010-09-30	2010-10-08	4145	债券及货币市场工具	2.10

续表

序号	产品名称	发行日	到期日	拟发行量	投资方向	预期收益率(%)
261	增盈115号8天期70万以上	2010-09-30	2010-10-08	5490	债券及货币市场工具	2.30
262	增盈116号189天期	2010-09-30	2011-04-07	791	债券及货币市场工具	2.60
263	增盈116号35天期	2010-09-30	2010-11-04	2538	债券及货币市场工具	2.25
264	增盈116号378天期	2010-09-30	2011-10-13	420	债券及货币市场工具	2.80
265	增盈116号98天期	2010-09-30	2011-01-06	889	债券及货币市场工具	2.40
266	增盈增强型1032号8天期20万-70万	2010-09-30	2010-10-08	7786	债券及货币市场工具	2.40
267	增盈增强型1032号8天期500万以上	2010-09-30	2010-10-08	3320	债券及货币市场工具	2.70
268	增盈增强型1032号8天期70万以上	2010-09-30	2010-10-08	12568	债券及货币市场工具	2.60
269	增盈112号181天期	2010-10-08	2011-04-07	877	债券及货币市场工具	4.00
270	增盈112号90天期	2010-10-08	2011-01-06	115	债券及货币市场工具	3.60
271	创盈(定向)99号	2010-10-13	2011-08-01	4153	信托贷款	6.00
272	增盈增强型1033号119天	2010-10-13	2011-02-09	2605	债券及货币市场工具	3.10
273	增盈增强型1033号189天	2010-10-13	2011-04-20	5208	债券及货币市场工具	3.20
274	增盈增强型1033号35天期	2010-10-13	2010-11-17	7338	债券及货币市场工具	2.50
275	增盈增强型1033号63天	2010-10-13	2010-12-15	1416	债券及货币市场工具	2.70
276	增盈118号189天	2010-10-14	2011-04-21	999	债券及货币市场工具	2.25
277	增盈118号35天期	2010-10-14	2010-11-18	2215	债券及货币市场工具	2.40
278	增盈118号364天	2010-10-14	2011-10-13	637	债券及货币市场工具	2.60
279	增盈118号98天	2010-10-14	2011-01-20	440	债券及货币市场工具	2.80
280	增盈增强型1037号70天期	2010-10-14	2010-12-23	2000	债券及货币市场工具	3.20
281	增盈增强型1036号68天期	2010-10-15	2010-12-22	1470	债券及货币市场工具	3.00
282	增盈增强型1039号	2010-10-15	2010-11-29	3250	债券及货币市场工具	2.80
283	创盈(定向)105号20至70	2010-10-19	2011-04-13	3409	信托贷款	3.40
284	创盈(定向)105号700以上	2010-10-19	2011-04-13	3401	信托贷款	3.70
285	创盈(定向)105号70至700	2010-10-19	2011-04-13	2250	信托贷款	3.50
286	创盈(定向)107号20至70	2010-10-19	2011-08-01	5728	信托贷款	3.90
287	创盈(定向)107号70至700	2010-10-19	2011-08-01	4232	信托贷款	4.00
288	创盈(定向)111号1000万以上	2010-10-19	2011-04-13	1000	信托贷款	4.00
289	增盈121号63天20万	2010-10-20	2010-12-22	1272	债券及货币市场工具	2.40
290	增盈121号63天70万	2010-10-20	2010-12-22	2131	债券及货币市场工具	2.60
291	增盈增强型1034号63天20万	2010-10-20	2010-12-22	4083	债券及货币市场工具	2.80
292	增盈增强型1034号63天70万	2010-10-20	2010-12-22	9586	债券及货币市场工具	3.00
293	增盈增强型1035号119天	2010-10-20	2011-02-16	4206	债券及货币市场工具	3.10
294	增盈增强型1035号189天	2010-10-20	2011-04-27	6482	债券及货币市场工具	3.20

续表

序号	产品名称	发行日	到期日	拟发行量	投资方向	预期收益率(%)
295	增盈增强型1035号35天	2010-10-20	2010-11-24	4447	债券及货币市场工具	2.50
296	增盈增强型1035号84天	2010-10-20	2011-01-12	1431	债券及货币市场工具	2.90
297	增盈122号189天	2010-10-21	2011-04-28	688	债券及货币市场工具	2.60
298	增盈122号35天	2010-10-21	2010-11-25	2445	债券及货币市场工具	2.25
299	增盈122号364天	2010-10-21	2011-10-20	652	债券及货币市场工具	2.80
300	增盈122号98天	2010-10-21	2011-01-27	408	债券及货币市场工具	2.40
301	创盈(定向)112号20万	2010-10-22	2011-01-27	2615	信托贷款	3.30
302	创盈(定向)112号70至700	2010-10-22	2011-01-27	2595	信托贷款	3.40
303	增盈119号181天	2010-10-22	2011-04-21	2715	债券及货币市场工具	4.00
304	增盈119号90天	2010-10-22	2011-01-20	489	债券及货币市场工具	3.60
305	创盈(定向)108号	2010-10-27	2011-08-01	2988	信托贷款	6.00
306	增盈增强型1038号119天	2010-10-27	2011-02-23	2720	债券及货币市场工具	3.10
307	增盈增强型1038号189天	2010-10-27	2011-05-04	3689	债券及货币市场工具	3.20
308	增盈增强型1038号35天	2010-10-27	2010-12-01	5228	债券及货币市场工具	2.50
309	增盈增强型1038号84天	2010-10-27	2011-01-19	1788	债券及货币市场工具	2.90
310	增盈增强型1040号35天20万起	2010-10-27	2010-12-01	103	债券及货币市场工具	2.60
311	增盈增强型1040号91天20万起	2010-10-27	2011-01-26	67	债券及货币市场工具	3.00
312	增盈123号189天	2010-10-28	2011-05-05	169	债券及货币市场工具	2.60
313	增盈123号35天	2010-10-28	2010-12-02	2851	债券及货币市场工具	2.25
314	增盈123号364天	2010-10-28	2011-10-27	144	债券及货币市场工具	2.80
315	增盈123号91天	2010-10-28	2011-01-27	1137	债券及货币市场工具	2.40
316	创盈(定向)113号20至70万	2010-10-29	2011-01-27	653	信托贷款	3.30
317	创盈(定向)113号70至700	2010-10-29	2011-01-27	350	信托贷款	3.40
318	创盈(定向)114号20至70万	2010-10-29	2011-08-01	9100	信托贷款	4.00
319	创盈(定向)114号700万以上	2010-10-29	2011-08-01	2000	信托贷款	4.30
320	创盈(定向)114号70至700万	2010-10-29	2011-08-01	2900	信托贷款	4.10
321	增盈增强型1041号119天	2010-11-03	2011-03-02	2061	债券及货币市场工具	3.10
322	增盈增强型1041号189天	2010-11-03	2011-05-11	3482	债券及货币市场工具	3.20
323	增盈增强型1041号35天	2010-11-03	2010-12-08	2672	债券及货币市场工具	2.50
324	增盈增强型1041号84天	2010-11-03	2011-01-26	1921	债券及货币市场工具	2.90
325	增盈124号189天	2010-11-04	2011-05-12	251	债券及货币市场工具	2.60
326	增盈124号35天	2010-11-04	2010-12-09	828	债券及货币市场工具	2.25
327	增盈124号364天	2010-11-04	2011-11-03	117	债券及货币市场工具	2.80
328	增盈124号98天	2010-11-04	2011-02-10	1566	债券及货币市场工具	2.40

续表

序号	产品名称	发行日	到期日	拟发行量	投资方向	预期收益率(%)
329	增盈增强1043号100天20至70万	2010-11-09	2011-02-17	1390	债券及货币市场工具	3.35
330	增盈增强1043号100天5至20万	2010-11-09	2011-02-17	926	债券及货币市场工具	3.30
331	增盈增强1043号100天70万以上	2010-11-09	2011-02-17	2320	债券及货币市场工具	3.40
332	增盈增强1043号181天20至70万	2010-11-09	2011-05-09	3762	债券及货币市场工具	3.60
333	增盈增强1043号181天5至20万	2010-11-09	2011-05-09	4531	债券及货币市场工具	3.65
334	增盈增强1043号181天70万以上	2010-11-09	2011-05-09	1582	债券及货币市场工具	3.70
335	增盈增强1043号30天20至70万	2010-11-09	2010-12-09	2071	债券及货币市场工具	3.75
336	增盈增强1043号30天5(含)至20万	2010-11-09	2010-12-09	1171	债券及货币市场工具	3.10
337	增盈增强1043号30天70万(含)以上	2010-11-09	2010-12-09	5400	债券及货币市场工具	3.15
338	增盈增强1043号62天20至70万	2010-11-09	2011-01-10	1013	债券及货币市场工具	3.20
339	增盈增强1043号62天5(含)至20万	2010-11-09	2011-01-10	752	债券及货币市场工具	3.20
340	增盈增强1043号62天70万以上	2010-11-09	2011-01-10	7037	债券及货币市场工具	3.25
341	增盈增强型1043号181天期(定制)	2010-11-09	2011-05-09	1820	债券及货币市场工具	3.80
342	增盈增强型1043号62天(定制)	2010-11-09	2011-01-10	900	债券及货币市场工具	3.50
343	增盈120号181天	2010-11-10	2011-05-10	711	债券及货币市场工具	4.00
344	增盈120号92天	2010-11-10	2011-02-10	108	债券及货币市场工具	3.60
345	增盈增强型1042号119天	2010-11-10	2011-03-09	297	债券及货币市场工具	3.10
346	增盈增强型1042号189天	2010-11-10	2011-05-18	540	债券及货币市场工具	3.20
347	增盈增强型1042号35天	2010-11-10	2010-12-15	2377	债券及货币市场工具	2.50
348	增盈增强型1042号91天	2010-11-10	2011-02-09	182	债券及货币市场工具	2.90
349	创盈(定向)109号	2010-11-11	2011-08-01	3183	信托贷款	6.00
350	增盈125号189天	2010-11-11	2011-05-19	166	债券及货币市场工具	2.60
351	增盈125号35天	2010-11-11	2010-12-16	1323	债券及货币市场工具	2.25
352	增盈125号364天	2010-11-11	2011-11-10	73	债券及货币市场工具	2.80
353	增盈125号98天	2010-11-11	2011-02-17	276	债券及货币市场工具	2.40
354	创盈(定向)115号20万(含)至70万	2010-11-12	2011-01-27	782	信托贷款	3.30
355	创盈(定向)115号70(含)至700万	2010-11-12	2011-01-27	215	信托贷款	3.40
356	创盈(定向)115号700万(含)以上	2010-11-12	2011-01-27	3000	信托贷款	3.50
357	创盈(定向)117号20至70万	2010-11-12	2011-08-01	2938	信托贷款	4.30
358	创盈(定向)117号700万以上	2010-11-12	2011-08-01	800	信托贷款	4.50
359	创盈(定向)117号70至700	2010-11-12	2011-08-01	2462	信托贷款	4.60
360	创盈(定向)118号	2010-11-12	2011-08-01	2430	信托贷款	4.50
361	增盈增强型1044号180天20万起	2010-11-12	2011-05-11	5300	债券及货币市场工具	3.65
362	增盈增强型1044号180天5万起	2010-11-12	2011-05-11	5918	债券及货币市场工具	3.60

续表

序号	产品名称	发行日	到期日	拟发行量	投资方向	预期收益率(%)
363	增盈增强型1044号180天70万起	2010-11-12	2011-05-11	4525	债券及货币市场工具	3.70
364	增盈增强型1044号61天70万起	2010-11-12	2011-01-12	6316	债券及货币市场工具	3.30
365	增盈增强型1044号61天期20万起	2010-11-12	2011-01-12	3464	债券及货币市场工具	2.25
366	增盈增强型1044号61天期5万起	2010-11-12	2011-01-12	2990	债券及货币市场工具	3.20
367	增盈增强型1044号89天20万起	2010-11-12	2011-02-09	1482	债券及货币市场工具	3.35
368	增盈增强型1044号89天5万起	2010-11-12	2011-02-09	1521	债券及货币市场工具	3.30
369	增盈增强型1044号89天70万起	2010-11-12	2011-02-09	2341	债券及货币市场工具	3.40
370	增盈132号35天期	2010-11-16	2010-12-21	2900	债券及货币市场工具	2.45
371	增盈增强型1045号119天期	2010-11-17	2011-03-16	1085	债券及货币市场工具	3.40
372	增盈增强型1045号154天	2010-11-17	2011-04-20	561	债券及货币市场工具	3.50
373	增盈增强型1045号182天期	2010-11-17	2011-05-18	7603	债券及货币市场工具	3.60
374	增盈增强型1045号63天期	2010-11-17	2011-01-19	8634	债券及货币市场工具	3.20
375	增盈增强型1045号91天	2010-11-17	2011-02-16	2663	债券及货币市场工具	3.30
376	创盈(定向)119号20至70万(不含)	2010-11-18	2011-01-27	3232	信托贷款	3.30
377	创盈(定向)119号700万起	2010-11-18	2011-01-27	700	信托贷款	3.40
378	创盈(定向)119号70万以上	2010-11-18	2011-01-27	6068	信托贷款	3.40
379	创盈(定向)120号20至70(不含)	2010-11-18	2011-03-31	1163	信托贷款	3.50
380	创盈(定向)120号70万以上	2010-11-18	2011-03-31	1300	信托贷款	3.60
381	增盈128号35天	2010-11-18	2010-12-23	1450	债券及货币市场工具	2.35
382	增盈128号63天期	2010-11-18	2011-01-20	373	债券及货币市场工具	2.40
383	增盈128号98天期	2010-11-18	2011-02-24	361	债券及货币市场工具	2.50
384	创盈(定向)121号20至70万	2010-11-19	2011-08-01	4124	信托贷款	4.30
385	创盈(定向)121号70万以上	2010-11-19	2011-08-01	2856	信托贷款	4.40
386	创盈(定向)110号	2010-11-23	2011-08-01	1772	信托贷款	6.00
387	增盈增强型1046号119天20万起	2010-11-24	2011-03-23	2244	债券及货币市场工具	3.45
388	增盈增强型1046号119天5万起	2010-11-24	2011-03-23	3300	债券及货币市场工具	3.40
389	增盈增强型1046号119天70万起	2010-11-24	2011-03-23	1496	债券及货币市场工具	3.50
390	增盈增强型1046号42天20万起	2010-11-24	2011-01-05	1779	债券及货币市场工具	3.05
391	增盈增强型1046号42天5万起	2010-11-24	2011-01-05	1241	债券及货币市场工具	3.00
392	增盈增强型1046号42天70万起	2010-11-24	2011-01-05	904	债券及货币市场工具	3.10
393	增盈增强型1046号61天20万起	2010-11-24	2011-01-24	2616	债券及货币市场工具	3.25
394	增盈增强型1046号61天5万起	2010-11-24	2011-01-24	2528	债券及货币市场工具	3.20
395	增盈增强型1046号61天70万起	2010-11-24	2011-01-24	3791	债券及货币市场工具	3.30
396	增盈增强型1046号92天20万起	2010-11-24	2011-02-24	1768	债券及货币市场工具	3.35

续表

序号	产品名称	发行日	到期日	拟发行量	投资方向	预期收益率(%)
397	增盈增强型1046号92天5万起	2010-11-24	2011-02-24	2098	债券及货币市场工具	3.30
398	增盈增强型1046号92天70万起	2010-11-24	2011-02-24	1165	债券及货币市场工具	3.40
399	增盈129号181天	2010-11-25	2011-05-25	328	债券及货币市场工具	4.00
400	增盈129号91天期	2010-11-25	2011-02-24	68	债券及货币市场工具	3.60
401	增盈131号34天	2010-11-25	2010-12-29	3315	债券及货币市场工具	2.35
402	增盈131号63天	2010-11-25	2011-01-27	129	债券及货币市场工具	2.40
403	增盈131号98天	2010-11-25	2011-03-03	486	债券及货币市场工具	2.50
404	增盈增强型1047号133天20万起	2010-12-01	2011-04-13	3199	债券及货币市场工具	3.45
405	增盈增强型1047号133天5万起	2010-12-01	2011-04-13	3796	债券及货币市场工具	3.40
406	增盈增强型1047号35天20万起	2010-12-01	2011-01-05	2659	债券及货币市场工具	3.50
407	增盈增强型1047号35天5万起	2010-12-01	2011-01-05	2652	债券及货币市场工具	3.00
408	增盈增强型1047号35天70万起	2010-12-01	2011-01-05	5271	债券及货币市场工具	3.10
409	增盈增强型1047号70天20万起	2010-12-01	2011-02-09	1592	债券及货币市场工具	3.25
410	增盈增强型1047号70天5万起	2010-12-01	2011-02-09	1586	债券及货币市场工具	3.20
411	增盈增强型1047号70天70万起	2010-12-01	2011-02-09	5005	债券及货币市场工具	3.30
412	增盈增强型1047号98天20万起	2010-12-01	2011-03-09	1318	债券及货币市场工具	3.35
413	增盈增强型1047号98天5万起	2010-12-01	2011-03-09	2047	债券及货币市场工具	3.30
414	增盈增强型1047号98天70万起	2010-12-01	2011-03-09	1484	债券及货币市场工具	3.40
415	增盈增盈型1047号133天70万起	2010-12-01	2011-04-13	1811	债券及货币市场工具	3.50
416	增盈133号35天	2010-12-02	2011-01-06	1543	债券及货币市场工具	2.35
417	增盈133号70天	2010-12-02	2011-02-10	123	债券及货币市场工具	2.40
418	增盈133号98天	2010-12-02	2011-03-10	447	债券及货币市场工具	2.50
419	创盈(定向)123号	2010-12-03	2011-08-01	2123	信托贷款	6.00
420	创盈(定向)122号	2010-12-08	2012-06-07	6667	信托贷款	6.50
421	增盈增强型1048号121天20至70万	2010-12-08	2011-04-08	5225	债券及货币市场工具	3.45
422	增盈增强型1048号121天5至20万	2010-12-08	2011-04-08	3882	债券及货币市场工具	3.40
423	增盈增强型1048号121天70万以上	2010-12-08	2011-04-08	1978	债券及货币市场工具	3.50
424	增盈增强型1048号29天20至70万	2010-12-08	2011-01-06	6354	债券及货币市场工具	3.15
425	增盈增强型1048号29天5至20万	2010-12-08	2011-01-06	3709	债券及货币市场工具	3.10
426	增盈增强型1048号29天70万以上	2010-12-08	2011-01-06	9753	债券及货币市场工具	3.20
427	增盈增强型1048号64天20至70万	2010-12-08	2011-02-10	2457	债券及货币市场工具	3.25
428	增盈增强型1048号64天5至20万	2010-12-08	2011-02-10	1872	债券及货币市场工具	3.20
429	增盈增强型1048号64天70万以上	2010-12-08	2011-02-10	2607	债券及货币市场工具	3.30
430	增盈增强型1048号92天5至20万	2010-12-08	2011-03-10	1858	债券及货币市场工具	3.30

续表

序号	产品名称	发行日	到期日	拟发行量	投资方向	预期收益率(%)
431	增盈增强型1048号92天70万以上	2010-12-08	2011-03-10	1292	债券及货币市场工具	3.40
432	增盈增盈型1048号92天20至70万	2010-12-08	2011-03-10	3103	债券及货币市场工具	3.35
433	增盈134号35天	2010-12-09	2011-01-13	665	债券及货币市场工具	2.35
434	增盈134号63天	2010-12-09	2011-02-10	163	债券及货币市场工具	2.40
435	增盈134号98天	2010-12-09	2011-03-17	774	债券及货币市场工具	2.50
436	增盈130号181天	2010-12-15	2011-06-14	155	债券及货币市场工具	4.00
437	增盈增强型1049号112天20至70万	2010-12-15	2011-04-06	847	债券及货币市场工具	3.35
438	增盈增强型1049号112天5至20万	2010-12-15	2011-04-06	896	债券及货币市场工具	3.30
439	增盈增强型1049号112天70万以上	2010-12-15	2011-04-06	690	债券及货币市场工具	3.40
440	增盈增强型1049号147天20至70万	2010-12-15	2011-05-11	1073	债券及货币市场工具	3.45
441	增盈增强型1049号147天5至20万	2010-12-15	2011-05-11	824	债券及货币市场工具	3.40
442	增盈增强型1049号147天70万以上	2010-12-15	2011-05-11	523	债券及货币市场工具	3.50
443	增盈增强型1049号203天期	2010-12-15	2011-07-06	2917	债券及货币市场工具	3.60
444	增盈增强型1049号42天期20至70万	2010-12-15	2011-01-26	2452	债券及货币市场工具	3.15
445	增盈增强型1049号42天期5至20万	2010-12-15	2011-01-26	2030	债券及货币市场工具	3.10
446	增盈增强型1049号42天期70万以上	2010-12-15	2011-01-26	2371	债券及货币市场工具	3.20
447	增盈增强型1049号70天期20至70万	2010-12-15	2011-02-23	1365	债券及货币市场工具	3.25
448	增盈增强型1049号70天期5至20万	2010-12-15	2011-02-23	1505	债券及货币市场工具	3.20
449	增盈增强型1049号70天期70万以上	2010-12-15	2011-02-23	761	债券及货币市场工具	3.30
450	创盈(定向)124号	2010-12-16	2011-08-01	333	信托贷款	6.00
451	增盈135号35天期	2010-12-16	2011-01-20	342	债券及货币市场工具	2.35
452	增盈135号63天期	2010-12-16	2011-02-17	105	债券及货币市场工具	2.40
453	增盈135号98天期	2010-12-16	2011-03-24	339	债券及货币市场工具	2.50
454	增盈增强型1050号20至70万个人	2010-12-16	2011-01-04	2872	债券及货币市场工具	3.15
455	增盈增强型1050号5至20万个人和机构	2010-12-16	2011-01-04	1883	债券及货币市场工具	3.10
456	增盈增强型1050号70万以上个人	2010-12-16	2011-01-04	4222	债券及货币市场工具	3.20
457	增盈增强型1051号13天20万至70万	2010-12-22	2011-01-04	20790	债券及货币市场工具	5.05
458	增盈增强型1051号13天5至20万	2010-12-22	2011-01-04	10918	债券及货币市场工具	5.00
459	增盈增强型1051号13天70万起	2010-12-22	2011-01-04	54162	债券及货币市场工具	5.10
460	增盈136号35天期	2010-12-23	2011-01-27	903	债券及货币市场工具	2.35
461	增盈136号63天期	2010-12-23	2011-02-24	188	债券及货币市场工具	2.40
462	增盈136号91天期	2010-12-23	2011-03-24	480	债券及货币市场工具	2.50
463	增盈增强型1051号123天20至70万	2010-12-23	2011-04-25	1222	债券及货币市场工具	3.55
464	增盈增强型1051号123天5至20万	2010-12-23	2011-04-25	1528	债券及货币市场工具	3.50
465	增盈增强型1051号123天70万起	2010-12-23	2011-04-25	590	债券及货币市场工具	3.60

续表

序号	产品名称	发行日	到期日	拟发行量	投资方向	预期收益率(%)
466	增盈增强型1051号32天20至70万	2010-12-23	2011-01-24	947	债券及货币市场工具	3.25
467	增盈增强型1051号32天5至20万	2010-12-23	2011-01-24	811	债券及货币市场工具	3.20
468	增盈增强型1051号32天70万起	2010-12-23	2011-01-24	290	债券及货币市场工具	3.30
469	增盈增强型1051号63天20至70万	2010-12-23	2011-02-24	570	债券及货币市场工具	3.35
470	增盈增强型1051号63天5至20万	2010-12-23	2011-02-24	461	债券及货币市场工具	3.30
471	增盈增强型1051号63天70万起	2010-12-23	2011-02-24	530	债券及货币市场工具	3.40
472	增盈增强型1051号91天20至70万	2010-12-23	2011-03-24	815	债券及货币市场工具	3.45
473	增盈增强型1051号91天5至20万	2010-12-23	2011-03-24	674	债券及货币市场工具	3.40
474	增盈增强型1051号91天70万起	2010-12-23	2011-03-24	330	债券及货币市场工具	3.50
475	创盈(定向)125号	2010-12-28	2011-08-01	485	信托贷款	6.00
476	增盈增强型1052号119天20至70万	2010-12-29	2011-04-27	666	债券及货币市场工具	3.65
477	增盈增强型1052号119天5至20万	2010-12-29	2011-04-27	919	债券及货币市场工具	3.60
478	增盈增强型1052号119天70万以上	2010-12-29	2011-04-27	143	债券及货币市场工具	3.70
479	增盈增强型1052号13天20至70万	2010-12-29	2011-01-11	7360	债券及货币市场工具	4.05
480	增盈增强型1052号13天5至20万	2010-12-29	2011-01-11	4249	债券及货币市场工具	4.00
481	增盈增强型1052号13天70万以上	2010-12-29	2011-01-11	9387	债券及货币市场工具	4.10
482	增盈增强型1052号203天个人客户	2010-12-29	2011-07-20	1994	债券及货币市场工具	3.70
483	增盈增强型1052号42天20至70万	2010-12-29	2011-02-09	640	债券及货币市场工具	3.35
484	增盈增强型1052号42天5至20万	2010-12-29	2011-02-09	510	债券及货币市场工具	3.30
485	增盈增强型1052号42天70万以上	2010-12-29	2011-02-09	981	债券及货币市场工具	3.40
486	增盈增强型1052号70天20至70万	2010-12-29	2011-03-09	446	债券及货币市场工具	3.45
487	增盈增强型1052号70天5至20万	2010-12-29	2011-03-09	440	债券及货币市场工具	3.40
488	增盈增强型1052号70天70万以上	2010-12-29	2011-03-09	773	债券及货币市场工具	3.50
489	增盈增强型1052号98天20至70万	2010-12-29	2011-04-06	648	债券及货币市场工具	3.55
490	增盈增强型1052号98天5至20万	2010-12-29	2011-04-06	671	债券及货币市场工具	3.50
491	增盈增强型1052号98天70万以上	2010-12-29	2011-04-06	574	债券及货币市场工具	3.60
492	增盈137号28天	2010-12-30	2011-01-27	645	债券及货币市场工具	2.35
493	增盈137号63天	2010-12-30	2011-03-03	63	债券及货币市场工具	2.40
494	增盈137号98天	2010-12-30	2011-04-07	236	债券及货币市场工具	2.50
495	增盈增强型1054号13天20至70万	2010-12-30	2011-01-12	2980	债券及货币市场工具	4.05
496	增盈增强型1054号13天5至20万	2010-12-30	2011-01-12	1981	债券及货币市场工具	4.00
497	增盈增强型1054号13天70万以上	2010-12-30	2011-01-12	4992	债券及货币市场工具	4.10
498	增盈增强型1054号7天20至70万	2010-12-30	2011-01-06	386	债券及货币市场工具	3.85
499	增盈增强型1054号7天5至20万	2010-12-30	2011-01-06	221	债券及货币市场工具	3.80
500	增盈增强型1054号7天70万以上	2010-12-30	2011-01-06	989	债券及货币市场工具	3.90

数据来源:华夏银行

表3－8　2010年中国光大银行个人人民币封闭式理财产品发行情况表　单位：万元人民币

序号	产品名称	发行日	到期日	拟发行量	资金主要投向	预期收益率（%）
1	T计划2009年财富客户第24期产品6	2010－1－1	2010－2－1	32912	信托贷款	2.90
2	T计划2009年第三十期产品5	2010－1－1	2010－3－1	109481	信托贷款	2.90
3	T计划2009年第三十期产品2	2010－1－1	2010－4－19	78898	信托贷款	3.20
4	T计划2009年财富客户第24期产品3	2010－1－1	2010－12－17	600	信托贷款	4.40
5	T计划2009年定向第五十期产品1	2010－1－1	2010－12－17	2000	信托贷款	4.20
6	T计划2009年第三十期产品1	2010－1－1	2010－12－21	46693	信托贷款	4.00
7	T计划2009年财富客户第24期产品5	2010－1－1	2012－11－27	1026	股权质押贷款	5.20
8	T计划2009年第三十期产品6	2010－1－4	2010－3－4	64160	信托贷款	2.90
9	T计划2009年第三十期产品8	2010－1－4	2010－8－9	49613	信托贷款	3.70
10	T计划2009年财富客户第24期产品8	2010－1－4	2010－12－17	10914	信托贷款	4.30
11	T计划2009年财富客户第21期产品5	2010－1－4	2010－11－19	5000	权投资	5.30
12	T计划2009年第三十期产品3	2010－1－4	2011－12－21	58157	信托贷款	4.80
13	T计划2009年第三十期产品4	2010－1－4	2011－12－21	21971	信托贷款	5.00
14	T计划2009年财富客户第24期产品9	2010－1－4	2012－12－18	1052	股权质押贷款	5.40
15	T计划2009年第三十期产品7	2010－1－5	2010－5－18	78985	信托贷款	3.30
16	T计划2010年第一期产品3	2010－1－11	2010－6－18	12972	信托贷款	3.30
17	A＋计划2009年第五期产品	2010－1－11	2010－7－11	1656	结构性存款	0.36至5.00
18	A＋计划2009年第四期产品	2010－1－11	2011－1－11	12649	利率互换	0.00至8.20
19	T计划2010年第一期产品1	2010－1－12	2011－1－6	46975	信托贷款	4.00
20	T计划2010年财富客户第1期产品1	2010－1－12	2012－1－18	12300	股权投资	6.00
21	阳光财富T计划2010年第001期产品	2010－1－13	2011－4－13	82400	信托贷款	6.00
22	阳光财富T计划2010年第002期产品	2010－1－13	2011－4－13	19547	信托贷款	6.00
23	T计划2010年第一期产品2	2010－1－13	2011－12－21	24846	信托贷款	4.80
24	阳光财富T计划2010年第003期产品	2010－1－15	2010－7－8	600	信托贷款	3.45
25	T计划2010年第一期产品4	2010－1－16	2010－7－8	148440	信托贷款	3.40
26	阳光财富T计划2010年第004期产品	2010－1－18	2012－1－25	6600	股权投资	6.00
27	T计划2010年定向第一期产品2	2010－1－19	2010－5－30	533	信托贷款	3.50
28	T计划2010年定向第一期产品3	2010－1－19	2010－8－9	431	信托贷款	3.80
29	阳光财富T计划2010年第005期产品	2010－1－19	2010－9－21	1000	信托贷款	4.00
30	T计划2010年定向第一期产品1	2010－1－19	2010－11－19	512	信托贷款	4.10
31	T计划2010年定向第一期产品6	2010－1－19	2010－12－1	878	信托贷款	4.30
32	T计划2010年定向第一期产品7	2010－1－19	2010－12－21	369	信托贷款	4.40
33	阳光财富T计划2010年第007期产品	2010－1－25	2010－9－21	1559	信托贷款	4.00
34	T计划2010年定向第一期产品4	2010－1－26	2010－4－19	1039	信托贷款	3.40
35	T计划2010年定向第一期产品5	2010－1－26	2010－11－30	1078	信托贷款	4.40

续表

序号	产品名称	发行日	到期日	拟发行量	资金主要投向	预期收益率（%）
36	T 计划 2010 年定向第二期产品 1	2010 - 1 - 26	2011 - 1 - 6	1995	信托贷款	4. 10
37	T 计划 2010 年定向第二期产品 2	2010 - 1 - 26	2011 - 1 - 6	1058	信托贷款	4. 10
38	阳光财富 T 计划 2010 年第 006 期产品	2010 - 1 - 26	2011 - 11 - 25	9000	股权投资	5. 80
39	A + 计划 2010 年第一期产品	2010 - 1 - 28	2010 - 11 - 1	4584	利率互换	0. 00 至 6. 50
40	T 计划 2010 年第二期产品 3	2010 - 2 - 1	2011 - 1 - 21	148487	信托贷款	4. 00
41	阳光财富 T 计划 2010 年第 008 期产品	2010 - 2 - 1	2011 - 1 - 27	12912	信托贷款	4. 40
42	T 计划 2010 年第二期产品 2	2010 - 2 - 1	2011 - 6 - 24	14480	信托贷款	4. 60
43	T 计划 2010 年第二期产品 1	2010 - 2 - 1	2011 - 12 - 21	14942	信托贷款	4. 70
44	T 计划 2010 年第三期产品 1	2010 - 2 - 2	2011 - 2 - 2	104011	信托贷款	4. 00
45	阳光财富 T 计划 2010 年第 011 期产品	2010 - 2 - 4	2011 - 2 - 4	14994	股权质押贷款	6. 00
46	T 计划 2010 年定向第三期产品 1	2010 - 2 - 4	2012 - 2 - 4	12000	信托贷款	5. 50
47	阳光财富 T 计划 2010 年第 009 期产品	2010 - 2 - 5	2011 - 2 - 15	7000	股权贷款	5. 30
48	阳光财富 T 计划 2010 年第 010 期产品	2010 - 2 - 5	2011 - 8 - 12	5976	股权投资	5. 60
49	T 计划 2010 年第四期产品 3	2010 - 2 - 8	2011 - 1 - 27	60803	信托贷款	4. 20
50	T 计划 2010 年第三期产品 2	2010 - 2 - 8	2012 - 7 - 10	15168	信托贷款	4. 80
51	阳光财富 T 计划 2010 年第 013 期产品	2010 - 2 - 11	2011 - 1 - 27	4853	信托贷款	4. 40
52	T 计划 2010 年第四期产品 1	2010 - 2 - 13	2010 - 2 - 22	128603	信托贷款	2. 00
53	T 计划 2010 年第四期产品 2	2010 - 2 - 13	2010 - 2 - 22	514695	信托贷款	2. 40
54	T 计划 2010 年第四期产品 4	2010 - 2 - 13	2011 - 8 - 3	79444	信托贷款	4. 80
55	T 计划 2010 年第四期产品 5	2010 - 2 - 13	2011 - 8 - 3	19724	信托贷款	5. 00
56	T 计划 2010 年定向第四期产品 1	2010 - 2 - 18	2010 - 5 - 18	1012	信托贷款	3. 45
57	T 计划 2010 年定向第四期产品 3	2010 - 2 - 20	2011 - 2 - 2	604	信托贷款	3. 90
58	T 计划 2010 年第五期产品 1	2010 - 2 - 23	2012 - 2 - 10	52050	信托贷款	4. 30
59	T 计划 2010 年第五期产品 2	2010 - 2 - 23	2012 - 2 - 10	20543	信托贷款	4. 30
60	T 计划 2010 年定向第四期产品 7	2010 - 2 - 24	2011 - 1 - 27	1967	信托贷款	4. 00
61	T 计划 2010 年定向第四期产品 8	2010 - 2 - 24	2011 - 1 - 27	2970	信托贷款	4. 20
62	T 计划 2010 年定向第四期产品 4	2010 - 3 - 1	2010 - 10 - 12	978	信托贷款	3. 50
63	T 计划 2010 年定向第四期产品 6	2010 - 3 - 1	2011 - 1 - 21	1702	信托贷款	3. 90
64	T 计划 2010 年定向第四期产品 5	2010 - 3 - 1	2011 - 6 - 24	600	信托贷款	4. 50
65	T 计划 2010 年定向第四期产品 2	2010 - 3 - 4	2010 - 7 - 8	964	信托贷款	3. 45
66	阳光财富 T 计划 2010 年第 016 期产品	2010 - 3 - 5	2010 - 3 - 25	5300	信托贷款	2. 40
67	阳光财富 T 计划 2010 年第 014 期产品	2010 - 3 - 10	2011 - 1 - 13	6197	股权投资	5. 60
68	阳光财富 T 计划 2010 年第 015 期产品	2010 - 3 - 10	2011 - 2 - 12	10000	股权贷款	5. 40
69	阳光财富 T 计划 2010 年第 017 期产品	2010 - 3 - 11	2010 - 4 - 11	10000	信托贷款	3. 00
70	T 计划 2010 年定向第六期产品 1	2010 - 3 - 11	2011 - 8 - 3	800	信托贷款	5. 00

续表

序号	产品名称	发行日	到期日	拟发行量	资金主要投向	预期收益率(%)
71	阳光财富T计划2010年第018期产品	2010-3-12	2010-3-30	5300	信托贷款	2.30
72	阳光财富T计划2010年第019期产品	2010-3-15	2010-4-14	31764	信托贷款	3.10
73	阳光财富T计划2010年第020期产品	2010-3-15	2010-4-14	14422	信托贷款	3.30
74	T计划2010年定向第五期产品1	2010-3-16	2012-3-16	12000	信托贷款	5.50
75	T计划2010年定向第七期产品1	2010-3-17	2010-4-14	14921	信托贷款	3.25
76	T计划2010年定向第七期产品2	2010-3-17	2010-4-14	8877	信托贷款	3.45
77	T计划2010年定向第七期产品3	2010-3-17	2010-4-14	18562	信托贷款	4.16
78	T计划2010年定向第八期产品1	2010-3-17	2011-3-15	9960	信托贷款	4.00
79	阳光财富T计划2010年第021期产品	2010-3-22	2011-3-22	6696	股权投资	5.00
80	阳光财富T计划2010年第022期产品	2010-3-22	2011-3-22	304	股权投资	5.00
81	A+计划2010年第二期产品	2010-3-22	2013-3-22	17908	利率互换	0.00至12.00
82	T计划2010年第六期产品1	2010-3-26	2010-9-18	39489	信托贷款	3.50
83	T计划2010年第六期产品2	2010-3-26	2011-3-25	58471	信托贷款	3.90
84	T计划2010年定向第九期产品1	2010-3-27	2011-3-19	20865	信托贷款	3.90
85	阳光财富T计划2010年第023期产品	2010-3-29	2011-3-19	40169	信托贷款	4.30
86	阳光财富T计划2010年第024期产品	2010-3-29	2011-3-19	9400	信托贷款	4.80
87	阳光财富T计划2010年第025期产品	2010-3-31	2011-10-12	1400	股权投资	6.20
88	阳光财富T计划2010年第027期产品	2010-3-31	2011-10-12	3000	股权投资	6.00
89	T计划2010年第八期产品1	2010-4-1	2010-4-6	50294	信托贷款	2.20
90	T计划2010年第八期产品2	2010-4-1	2010-4-6	89291	信托贷款	2.50
91	T计划2010年第八期产品3	2010-4-1	2010-4-6	127039	信托贷款	3.00
92	T计划2010年第七期产品1	2010-4-1	2011-3-29	75997	信托贷款	3.90
93	T计划2010年定向第十期产品1	2010-4-2	2010-11-9	8849	信托贷款	3.80
94	T计划2010年定向第十期产品2	2010-4-2	2010-11-9	1000	信托贷款	4.10
95	T计划2010年定向第十期产品3	2010-4-2	2011-3-22	11994	信托贷款	4.10
96	阳光财富T计划2010年第026期产品	2010-4-2	2011-10-12	5600	股权投资	6.00
97	阳光财富T计划2010年第028期产品	2010-4-2	2011-10-12	400	股权投资	6.00
98	T计划2010年第七期产品3	2010-4-3	2011-3-15	108411	信托贷款	3.90
99	T计划2010年第七期产品2	2010-4-5	2012-3-30	69959	信托贷款	4.80
100	阳光财富T计划2010年第029期产品	2010-4-6	2011-3-19	3551	信托贷款	4.50
101	T计划2010年第九期产品1	2010-4-7	2011-4-7	48985	信托贷款	4.20
102	T计划2010年第九期产品2	2010-4-8	2010-10-13	144463	信托贷款	3.60
103	T计划2010年第九期产品3	2010-4-8	2010-10-13	52721	信托贷款	3.80
104	T计划2010年定向第十一期产品1	2010-4-11	2011-4-8	3944	信托贷款	3.90
105	T计划2010年定向第十一期产品2	2010-4-11	2011-4-8	13401	信托贷款	4.20

续表

序号	产品名称	发行日	到期日	拟发行量	资金主要投向	预期收益率(%)
106	T计划2010年定向第十一期产品3	2010-4-11	2011-4-8	8883	信托贷款	4.50
107	T计划2010年定向第十二期产品1	2010-4-12	2011-4-6	46080	信托贷款	4.60
108	阳光财富T计划2010年第031期产品	2010-4-16	2010-5-16	1500	信托贷款	3.05
109	阳光财富T计划2010年第030期产品	2010-4-16	2011-3-19	1000	信托贷款	4.80
110	T计划2010年第九期产品4	2010-4-16	2012-3-30	16484	信托贷款	4.80
111	阳光财富C计划2010年第001期产品	2010-4-19	2011-3-29	7620	结构性存款	3.80
112	T计划2010年定向第十四期产品2	2010-4-20	2011-3-22	14936	信托贷款	4.30
113	T计划2010年定向第十四期产品1	2010-4-21	2011-3-22	9925	信托贷款	4.10
114	阳光财富T计划2010年第032期产品	2010-4-23	2010-10-13	779	信托贷款	3.80
115	阳光财富T计划2010年第034期产品	2010-4-26	2011-4-30	4500	股权投资	5.40
116	阳光财富T计划2010年第035期产品	2010-4-26	2011-4-30	3500	股权投资	5.80
117	阳光财富T计划2010年第041期产品	2010-4-27	2010-6-25	1000	信托贷款	3.40
118	阳光财富T计划2010年第043期产品	2010-4-27	2010-6-25	2239	信托贷款	3.20
119	T计划2010年定向第十五期产品1	2010-4-27	2011-4-12	10661	信托贷款	4.00
120	T计划2010年定向第十五期产品2	2010-4-27	2011-4-12	3622	信托贷款	4.20
121	T计划2010年定向第十五期产品3	2010-4-27	2011-4-12	11399	信托贷款	4.20
122	T计划2010年定向第十五期产品4	2010-4-27	2011-4-12	4750	信托贷款	4.30
123	T计划2010年定向第十五期产品5	2010-4-27	2011-4-12	2081	信托贷款	4.40
124	T计划2010年定向第十三期产品1	2010-4-27	2012-4-27	12000	信托贷款	5.50
125	阳光财富T计划2010年第039期产品	2010-4-28	2011-4-7	1015	信托贷款	4.40
126	T计划2010年第十一期产品1	2010-5-1	2010-5-6	100720	信托贷款	2.20
127	T计划2010年第十一期产品2	2010-5-1	2010-5-6	115884	信托贷款	2.50
128	T计划2010年第十一期产品3	2010-5-1	2010-5-6	198436	信托贷款	3.00
129	阳光财富T计划2010年第042期产品	2010-5-1	2010-9-18	308	信托贷款	3.90
130	阳光财富T计划2010年第036期产品	2010-5-1	2011-3-19	1960	信托贷款	4.30
131	阳光财富T计划2010年第037期产品	2010-5-1	2011-3-19	2200	信托贷款	4.80
132	阳光财富T计划2010年第038期产品	2010-5-1	2011-4-8	1740	信托贷款	4.50
133	T计划2010年第十期产品1	2010-5-1	2011-5-1	16725	信托贷款	3.93
134	阳光财富T计划2010年第044期产品	2010-5-2	2010-8-29	3334	信托贷款	4.90
135	阳光财富T计划2010年第045期产品	2010-5-2	2010-8-29	3000	信托贷款	4.90
136	阳光财富C计划2010年第002期产品	2010-5-4	2011-3-29	5000	结构性存款	3.80
137	阳光财富T计划2010年第046期产品	2010-5-6	2011-4-6	2000	信托贷款	4.80
138	阳光财富T计划2010年第047期产品	2010-5-6	2011-4-6	1785	信托贷款	4.30
139	T计划2010年定向第十五期产品6	2010-5-6	2011-4-12	4987	信托贷款	4.20
140	T计划2010年定向第十五期产品7	2010-5-6	2011-4-12	1382	信托贷款	4.30

续表

序号	产品名称	发行日	到期日	拟发行量	资金主要投向	预期收益率(%)
141	T计划2010年定向第十六期产品2	2010-5-12	2011-5-19	2566	股权投资	6.30
142	T计划2010年定向第十六期产品1	2010-5-12	2011-10-14	4648	股权投资	6.90
143	阳光财富T计划2010年第048期产品	2010-5-14	2011-3-19	700	信托贷款	4.30
144	阳光财富T计划2010年第049期产品	2010-5-14	2011-3-19	500	信托贷款	4.80
145	T计划2010年第十二期产品1	2010-5-17	2011-4-27	43624	信托贷款	4.20
146	套餐计划2010年第四期产品1(结构性部分)	2010-5-18	2011-5-18	4192	结构性存款	不确定
147	套餐计划2010年第四期产品1(信托部分)	2010-5-18	2011-5-18	9782	信托贷款	不确定
148	阳光财富T计划2010年第051期产品	2010-5-21	2010-10-13	1000	信托贷款	3.80
149	阳光财富T计划2010年第052期产品	2010-5-21	2010-10-13	1000	信托贷款	3.80
150	阳光财富T计划2010年第050期产品	2010-5-21	2012-5-27	6071	股权投资	6.30
151	套餐计划2010年第六期产品1(结构性部分)	2010-5-30	2010-9-30	93967	结构性存款	3.08
152	套餐计划2010年第六期产品1(信托部分)	2010-5-30	2010-9-30	93967	信托贷款	3.08
153	T计划2010年定向第二十期产品1	2010-6-1	2010-6-6	738	信托贷款	2.80
154	T计划2010年定向第二十期产品2	2010-6-1	2010-6-6	3971	信托贷款	3.00
155	T计划2010年定向第十八期产品1	2010-6-1	2010-6-29	26816	信托贷款	2.80
156	T计划2010年定向第十九期产品1	2010-6-1	2010-6-29	2548	信托贷款	3.05
157	T计划2010年定向第十七期产品1	2010-6-1	2011-4-27	427	信托贷款	4.20
158	A+计划2010年第三期产品	2010-6-1	2010-12-3	26188	利率互换	0.00或5.60
159	阳光财富T计划2010年第059期产品	2010-6-1	2012-5-27	3850	股权投资	6.30
160	阳光财富T计划2010年第060期产品	2010-6-3	2012-12-18	2300	股权质押贷款	4.80
161	阳光理财假日盈2010年第一期产品4	2010-6-4	2010-6-7	156424	结构性存款	1.80
162	T计划2010年定向第十八期产品2	2010-6-4	2010-6-29	29687	信托贷款	2.80
163	T计划2010年定向第十六期产品4	2010-6-10	2011-5-19	434	股权投资	6.30
164	T计划2010年定向第十六期产品3	2010-6-10	2011-9-30	877	股权投资	6.90
165	阳光财富T计划2010年第053期产品	2010-6-11	2012-5-19	260	股权质押贷款	8.00
166	阳光财富T计划2010年第054期产品	2010-6-11	2012-5-19	943	股权质押贷款	8.50
167	阳光理财假日盈2010年第一期产品1	2010-6-12	2010-6-17	98420	信托贷款	2.20
168	阳光理财假日盈2010年第一期产品2	2010-6-12	2010-6-17	138455	信托贷款	2.50
169	阳光理财假日盈2010年第一期产品3	2010-6-12	2010-6-17	255705	信托贷款	3.00
170	套餐计划2010年第七期产品1(结构性部分)	2010-6-13	2010-10-13	91633	结构性存款	3.08
171	套餐计划2010年第七期产品1(信托部分)	2010-6-13	2010-10-13	91633	信托贷款	3.08
172	套餐计划2010年第七期产品2(结构性部分)	2010-6-13	2011-2-13	86277	结构性存款	3.50
173	套餐计划2010年第七期产品2(信托部分)	2010-6-13	2011-2-13	129415	信托贷款	3.50
174	阳光理财假日盈2010年第一期产品5	2010-6-18	2010-6-21	236102	结构性存款	1.80
175	阳光财富T计划2010年第065期产品	2010-6-21	2011-6-13	260	信托贷款	4.80

续表

序号	产品名称	发行日	到期日	拟发行量	资金主要投向	预期收益率(%)
176	T计划2010年定向第二十一期产品1	2010-6-23	2010-6-30	35893	信托贷款	2.60
177	阳光理财A+计划2010年第四期产品	2010-6-24	2010-12-28	6695	利率互换	0.00或5.60
178	阳光理财假日盈2010年第一期产品6	2010-6-25	2010-6-28	181681	结构性存款	1.80
179	阳光财富T计划2010年第069期产品	2010-6-30	2012-7-2	2915	股权投资	6.00
180	T计划2010年第十三期产品1	2010-7-1	2010-7-6	50304	信托贷款	2.20
181	T计划2010年第十三期产品2	2010-7-1	2010-7-6	140568	信托贷款	2.50
182	T计划2010年第十三期产品3	2010-7-1	2010-7-6	181422	信托贷款	3.00
183	T计划2010年第十三期产品4	2010-7-1	2010-7-6	94982	信托贷款	3.30
184	T计划2010年定向第二十二期产品1	2010-7-1	2011-5-11	3379	信托贷款	4.20
185	T计划2010年定向第二十二期产品2	2010-7-1	2011-5-11	5526	信托贷款	4.30
186	T计划2010年定向第二十二期产品3	2010-7-1	2011-5-11	11810	信托贷款	4.40
187	阳光财富T计划2010年第066期产品	2010-7-1	2011-6-13	22580	信托贷款	4.80
188	阳光财富T计划2010年第070期产品	2010-7-1	2011-6-13	960	信托贷款	4.30
189	阳光财富T计划2010年第071期产品	2010-7-1	2011-7-8	9615	股权投资	5.50
190	阳光财富T计划2010年第072期产品	2010-7-1	2011-7-8	385	股权投资	5.50
191	阳光理财假日盈2010年第二期产品1	2010-7-2	2010-7-5	63659	结构性存款	1.80
192	阳光理财假日盈2010年第二期产品6	2010-7-2	2010-7-5	200000	结构性存款	2.00
193	T计划2010年第十三期产品7	2010-7-2	2010-7-9	9000	信托贷款	3.30
194	阳光财富T计划2010年第067期产品	2010-7-2	2011-6-17	24614	信托贷款	4.30
195	阳光财富T计划2010年第055期产品	2010-7-2	2012-5-19	5670	股权投资	8.00
196	阳光财富T计划2010年第056期产品	2010-7-2	2012-5-19	11806	股权投资	8.50
197	阳光财富T计划2010年第057期产品	2010-7-2	2012-5-19	515	股权投资	6.50
198	阳光财富T计划2010年第058期产品	2010-7-2	2012-5-19	300	股权投资	7.00
199	阳光财富C计划2010年第003期产品	2010-7-3	2011-3-29	4000	结构性存款	3.80
200	T计划2010年第十三期产品6	2010-7-3	2011-7-3	1600	信托贷款	4.30
201	阳光财富T计划2010年第068期产品	2010-7-3	2012-6-1	6319	股权投资	6.50
202	T计划2010年定向第二十一期产品3	2010-7-4	2010-9-30	50397	信托贷款	3.10
203	阳光财富T计划2010年第073期产品	2010-7-6	2010-8-6	10000	信托贷款	3.00
204	套餐计划2010年第九期产品1(结构性部分)	2010-7-8	2010-11-8	69029	结构性存款	3.08
205	套餐计划2010年第九期产品1(信托部分)	2010-7-8	2010-11-8	69029	信托贷款	3.08
206	套餐计划2010年第九期产品2(结构性部分)	2010-7-8	2011-3-8	79130	结构性存款	3.50
207	套餐计划2010年第九期产品2(信托部分)	2010-7-8	2011-3-8	118694	信托贷款	3.50
208	阳光理财假日盈2010年第二期产品2	2010-7-9	2010-7-12	265066	结构性存款	1.80
209	T计划2010年定向第二十一期产品2	2010-7-9	2011-5-11	24607	信托贷款	4.30
210	T计划2010年定向第十六期产品6	2010-7-12	2011-5-19	574	股权投资	6.30

续表

序号	产品名称	发行日	到期日	拟发行量	资金主要投向	预期收益率(%)
211	T 计划 2010 年定向第十六期产品 5	2010-7-12	2011-9-30	1351	股权投资	6.90
212	阳光理财假日盈 2010 年第二期产品 3	2010-7-16	2010-7-19	195480	结构性存款	1.80
213	阳光财富 T 计划 2010 年第 076 期产品	2010-7-16	2010-8-16	7200	信托贷款	3.00
214	T 计划 2010 年定向第二十三期产品 1	2010-7-16	2012-7-16	32220	信托贷款	6.00
215	阳光财富 T 计划 2010 年第 077 期产品	2010-7-19	2010-7-25	7000	信托贷款	2.50
216	套餐计划 2010 年第十一期产品 1(结构性部分)	2010-7-19	2010-11-19	43998	结构性存款	3.08
217	套餐计划 2010 年第十一期产品 1(信托部分)	2010-7-19	2010-11-19	43998	信托贷款	3.08
218	套餐计划 2010 年第十一期产品 3(结构性部分)	2010-7-19	2010-11-19	18000	结构性存款	3.37
219	套餐计划 2010 年第十一期产品 3(信托部分)	2010-7-19	2010-11-19	26999	信托贷款	3.37
220	套餐计划 2010 年第十一期产品 2(结构性部分)	2010-7-19	2011-3-19	59995	结构性存款	3.50
221	套餐计划 2010 年第十一期产品 2(信托部分)	2010-7-19	2011-3-19	89992	信托贷款	3.50
222	阳光理财假日盈 2010 年第二期产品 4	2010-7-23	2010-7-26	198896	结构性存款	1.80
223	阳光理财假日盈 2010 年第二期产品 5	2010-7-30	2010-8-2	233789	结构性存款	1.80
224	T 计划 2010 年第十四期产品 1	2010-8-1	2010-9-30	29104	信托贷款	2.60
225	T 计划 2010 年第十四期产品 2	2010-8-1	2010-9-30	87939	信托贷款	2.80
226	T 计划 2010 年定向第二十四期产品 1	2010-8-1	2010-10-30	7973	信托贷款	3.00
227	T 计划 2010 年第十四期产品 3	2010-8-1	2010-12-31	169082	信托贷款	3.10
228	T 计划 2010 年第十四期产品 4	2010-8-1	2010-12-31	198167	信托贷款	3.20
229	阳光财富 T 计划 2010 年第 061 期产品	2010-8-2	2012-5-19	907	股权投资	6.50
230	阳光财富 T 计划 2010 年第 062 期产品	2010-8-2	2012-5-19	205	股权投资	7.00
231	阳光财富 T 计划 2010 年第 063 期产品	2010-8-2	2012-5-19	12536	股权投资	8.00
232	阳光财富 T 计划 2010 年第 064 期产品	2010-8-2	2012-5-19	16239	股权投资	8.50
233	T 计划 2010 年定向第二十五期产品 1	2010-8-3	2010-8-10	5509	信托贷款	2.50
234	T 计划 2010 年定向第二十五期产品 2	2010-8-3	2010-8-10	42561	信托贷款	2.90
235	阳光理财假日盈 2010 年第三期产品 1	2010-8-6	2010-8-9	104776	结构性存款	1.80
236	阳光理财假日盈 2010 年第三期产品 2	2010-8-6	2010-8-9	129773	结构性存款	2.00
237	阳光财富 T 计划 2010 年第 080 期产品	2010-8-6	2010-9-6	10000	信托贷款	3.00
238	阳光财富 C 计划 2010 年第 004 期产品	2010-8-7	2011-3-29	3378	结构性存款	3.50
239	T 计划 2010 年定向第二十五期产品 3	2010-8-10	2010-8-17	9424	信托贷款	2.50
240	T 计划 2010 年定向第二十五期产品 4	2010-8-10	2010-8-17	10899	信托贷款	2.90
241	阳光财富 T 计划 2010 年第 081 期产品	2010-8-10	2010-9-10	6000	信托贷款	2.80
242	阳光理财假日盈 2010 年第三期产品 3	2010-8-13	2010-8-16	139992	结构性存款	1.80
243	阳光理财假日盈 2010 年第三期产品 4	2010-8-13	2010-8-16	204843	结构性存款	2.00
244	阳光理财 A+计划 2010 年第五期产品	2010-8-13	2012-2-13	12309	利率互换	0.00 至 9.00
245	阳光财富 T 计划 2010 年第 083 期产品	2010-8-16	2010-9-16	4200	信托贷款	3.00

续表

序号	产品名称	发行日	到期日	拟发行量	资金主要投向	预期收益率(%)
246	阳光财富T计划2010年第079期产品	2010-8-16	2012-7-2	2612	股权投资	6.50
247	T计划2010年定向第二十五期产品5	2010-8-17	2010-8-24	5740	信托贷款	2.50
248	T计划2010年定向第二十五期产品6	2010-8-17	2010-8-24	31327	信托贷款	2.90
249	套餐计划2010年第十四期产品1(结构性部分)	2010-8-18	2010-11-18	9903	结构性存款	2.83
250	套餐计划2010年第十四期产品1(信托部分)	2010-8-18	2010-11-18	23107	信托贷款	2.83
251	T计划2010年定向第十六期产品7	2010-8-18	2012-7-23	22555	股权质押贷款	7.00
252	阳光理财假日盈2010年第三期产品5	2010-8-20	2010-8-23	110845	结构性存款	1.80
253	阳光理财假日盈2010年第三期产品6	2010-8-20	2010-8-23	162112	结构性存款	2.00
254	阳光财富T计划2010年第082期产品	2010-8-22	2011-8-22	1624	股权质押贷款	6.20
255	套餐计划2010年第十四期产品2(结构性部分)	2010-8-23	2011-1-7	34437	结构性存款	2.96
256	套餐计划2010年第十四期产品2(信托部分)	2010-8-23	2011-1-7	80352	信托贷款	2.96
257	T计划2010年定向第二十五期产品7	2010-8-24	2010-8-31	5462	信托贷款	2.50
258	T计划2010年定向第二十五期产品8	2010-8-24	2010-8-31	8475	信托贷款	2.90
259	阳光财富T计划2010年第084期产品	2010-8-24	2010-9-24	1000	信托贷款	3.00
260	阳光财富T计划2010年第085期产品	2010-8-26	2010-9-26	5000	信托贷款	3.05
261	阳光理财假日盈2010年第三期产品7	2010-8-27	2010-8-30	125212	结构性存款	1.80
262	阳光理财假日盈2010年第三期产品8	2010-8-27	2010-8-30	174959	结构性存款	2.00
263	T计划2010年定向第二十八期产品1	2010-9-1	2010-9-30	17825	信托贷款	2.80
264	T计划2010年第十五期产品1	2010-9-1	2010-9-30	68961	信托贷款	2.80
265	T计划2010年第十五期产品2	2010-9-1	2010-9-30	196223	信托贷款	3.00
266	T计划2010年定向第二十八期产品2	2010-9-1	2010-12-30	32960	信托贷款	3.05
267	T计划2010年定向第二十七期产品1	2010-9-1	2011-3-29	998	信托贷款	3.50
268	T计划2010年定向第二十七期产品2	2010-9-1	2011-7-20	2000	信托贷款	4.00
269	阳光财富T计划2010年第091期产品	2010-9-2	2010-9-30	1000	信托贷款	3.00
270	T计划2010年定向第二十六期产品1	2010-9-2	2011-7-20	5903	信托贷款	3.90
271	T计划2010年定向第二十六期产品2	2010-9-2	2011-7-20	4796	信托贷款	4.10
272	T计划2010年定向第二十六期产品3	2010-9-2	2011-7-20	3192	信托贷款	4.30
273	阳光理财假日盈2010年第四期产品1	2010-9-3	2010-9-6	86709	结构性存款	1.80
274	阳光理财假日盈2010年第四期产品2	2010-9-3	2010-9-6	112310	结构性存款	2.00
275	套餐计划2010年第十六期产品3(结构性部分)	2010-9-3	2011-7-20	27999	结构性存款	3.80
276	套餐计划2010年第十六期产品3(信托部分)	2010-9-3	2011-7-20	27999	信托贷款	3.80
277	阳光财富T计划2010年第093期产品	2010-9-6	2010-9-22	2000	信托贷款	2.40
278	阳光财富T计划2010年第092期产品	2010-9-6	2010-10-6	10000	信托贷款	3.00
279	套餐计划2010年第十六期产品1(结构性部分)	2010-9-6	2011-4-16	18336	结构性存款	3.35
280	套餐计划2010年第十六期产品1(信托部分)	2010-9-6	2011-4-16	18336	信托贷款	3.35

续表

序号	产品名称	发行日	到期日	拟发行量	资金主要投向	预期收益率(%)
281	阳光财富 T 计划 2010 年第 088 期产品	2010-9-6	2011-7-8	15452	股权投资	5.30
282	阳光财富 T 计划 2010 年第 094 期产品	2010-9-6	2011-8-3	304	股权投资	5.20
283	阳光财富 T 计划 2010 年第 090 期产品	2010-9-6	2011-10-14	103	股权投资	5.50
284	阳光理财 A+计划 2010 年第六期产品	2010-9-7	2012-3-7	18511	利率互换	0.00 至 10.00
285	套餐计划 2010 年第十六期产品 2(结构性部分)	2010-9-8	2011-6-2	83546	结构性存款	3.50
286	套餐计划 2010 年第十六期产品 2(信托部分)	2010-9-8	2011-6-2	125318	信托贷款	3.50
287	阳光理财假日盈 2010 年第四期产品 3	2010-9-10	2010-9-13	111285	结构性存款	1.80
288	阳光理财假日盈 2010 年第四期产品 4	2010-9-10	2010-9-13	128882	结构性存款	2.00
289	T 计划 2010 年定向第二十九期产品 1	2010-9-11	2011-6-29	2950	信托贷款	4.20
290	阳光财富 T 计划 2010 年第 086 期产品	2010-9-11	2011-7-8	1983	股权投资	5.30
291	阳光财富 T 计划 2010 年第 087 期产品	2010-9-11	2011-9-1	2000	股权投资	5.50
292	阳光理财假日盈 2010 年第四期产品 5	2010-9-17	2010-9-20	145723	结构性存款	1.80
293	阳光理财假日盈 2010 年第四期产品 6	2010-9-17	2010-9-20	234842	结构性存款	2.00
294	阳光财富 T 计划 2010 年第 098 期产品	2010-9-17	2010-9-29	20000	信托贷款	3.00
295	T 计划 2010 年定向第三十一期产品 1	2010-9-17	2010-9-30	19955	信托贷款	2.80
296	阳光财富 T 计划 2010 年第 097 期产品	2010-9-17	2010-10-31	1600	信托贷款	3.00
297	阳光理财 A+计划 2010 年第七期产品	2010-9-17	2011-3-17	23871	结构性存款	1.71 或 4.5
298	阳光财富 T 计划 2010 年第 099 期产品	2010-9-17	2011-8-3	100	信托贷款	4.20
299	T 计划 2010 年定向第十六期产品 8	2010-9-17	2012-7-23	4786	股权质押贷款	7.00
300	T 计划 2010 年定向第三十一期产品 4	2010-9-18	2010-9-30	5442	信托贷款	2.80
301	阳光财富 T 计划 2010 年第 100 期产品	2010-9-20	2011-9-30	120	股权投资	5.30
302	阳光财富 T 计划 2010 年第 101 期产品	2010-9-20	2011-11-25	140	股权投资	5.50
303	T 计划 2010 年定向第三十一期产品 2	2010-9-21	2010-12-21	13527	信托贷款	3.00
304	阳光财富 T 计划 2010 年第 102 期产品	2010-9-21	2011-10-12	170	股权投资	5.30
305	阳光理财假日盈(中秋版)2010 年第五期产品 3	2010-9-22	2010-9-27	175465	结构性存款	2.10
306	阳光理财假日盈(中秋版)2010 年第五期产品 4	2010-9-22	2010-9-27	739333	结构性存款	2.20
307	阳光财富 T 计划 2010 年第 104 期产品	2010-9-22	2010-9-30	9000	信托贷款	3.00
308	T 计划 2010 年定向第三十一期产品 3	2010-9-23	2010-9-30	21595	信托贷款	2.60
309	套餐计划 2010 年第十七期产品 3(结构性部分)	2010-9-27	2011-4-23	47728	结构性存款	3.60
310	套餐计划 2010 年第十七期产品 3(信托部分)	2010-9-27	2011-4-23	71592	信托贷款	3.60
311	套餐计划 2010 年第十七期产品 2(结构性部分)	2010-9-27	2011-4-27	36360	结构性存款	3.60
312	套餐计划 2010 年第十七期产品 2(信托部分)	2010-9-27	2011-4-27	36360	信托贷款	3.60
313	套餐计划 2010 年第十七期产品 1(结构性部分)	2010-9-27	2011-4-29	98794	结构性存款	3.45
314	套餐计划 2010 年第十七期产品 1(信托部分)	2010-9-27	2011-4-29	98794	信托贷款	3.45
315	套餐计划 2010 年第十七期产品 5(结构性部分)	2010-9-30	2011-4-27	42999	结构性存款	3.60

续表

序号	产品名称	发行日	到期日	拟发行量	资金主要投向	预期收益率(%)
316	套餐计划2010年第十七期产品5(信托部分)	2010-9-30	2011-4-27	42999	信托贷款	3.60
317	套餐计划2010年第十七期产品6(结构性部分)	2010-9-30	2011-4-28	23973	结构性存款	3.60
318	套餐计划2010年第十七期产品6(信托部分)	2010-9-30	2011-4-28	35959	信托贷款	3.60
319	套餐计划2010年第十七期产品4(结构性部分)	2010-9-30	2011-4-29	39997	结构性存款	3.60
320	套餐计划2010年第十七期产品4(信托部分)	2010-9-30	2011-4-29	59996	信托贷款	3.60
321	阳光财富T计划2010年第103期产品	2010-10-1	2011-9-14	6490	股权投资	5.50
322	阳光财富T计划2010年第105期产品	2010-10-1	2012-3-5	13065	股权投资	6.00
323	阳光财富T计划2010年第106期产品	2010-10-1	2011-9-7	6390	股权投资	5.50
324	阳光财富T计划2010年第107期产品	2010-10-1	2011-4-6	183	信托贷款	3.90
325	阳光财富T计划2010年第108期产品	2010-10-1	2011-3-22	254	信托贷款	3.80
326	阳光财富T计划2010年第109期产品	2010-10-1	2011-12-21	277	信托贷款	4.40
327	阳光财富T计划2010年第110期产品	2010-10-1	2011-6-29	297	信托贷款	4.10
328	阳光财富T计划2010年第111期产品	2010-10-1	2010-10-8	7400	信托贷款	3.20
329	T计划2010年定向第三十期产品1	2010-10-1	2011-7-20	2959	信托贷款	3.80
330	T计划2010年定向第三十期产品2	2010-10-1	2011-7-20	3089	信托贷款	4.00
331	阳光理财假日盈2010年第五期(国庆版)产品5	2010-10-1	2010-10-8	285979	信托贷款	2.20
332	阳光理财假日盈2010年第五期(国庆版)产品6	2010-10-1	2010-10-8	592679	信托贷款	2.50
333	阳光理财假日盈2010年第五期(国庆版)产品7	2010-10-1	2010-10-8	779319	信托贷款	3.00
334	阳光理财假日盈2010年第五期(国庆版)产品8	2010-10-1	2010-10-8	171200	信托贷款	3.20
335	T计划2010年第十六期产品1	2010-10-1	2010-10-30	148759	信托贷款	2.80
336	T计划2010年第十六期产品2	2010-10-1	2010-10-30	297808	信托贷款	3.00
337	阳光财富T计划2010年第112期产品	2010-10-8	2010-10-18	20000	信托贷款	3.20
338	阳光财富T计划2010年第113期产品	2010-10-8	2010-10-31	10800	信托贷款	3.00
339	T计划2010年定向第三十二期产品1	2010-10-8	2010-12-31	60292	信托贷款	3.00
340	阳光财富T计划2010年第115期产品	2010-10-11	2010-11-11	800	信托贷款	3.00
341	阳光财富T计划2010年第121期产品	2010-10-11	2010-11-17	4878	信托贷款	3.10
342	阳光财富T计划2010年第122期产品	2010-10-11	2010-11-11	2500	信托贷款	3.00
343	阳光财富T计划2010年第118期产品	2010-10-12	2010-12-7	208	信托贷款	3.20
344	阳光财富T计划2010年第120期产品	2010-10-12	2010-11-12	7000	信托贷款	3.00
345	阳光财富T计划2010年第123期产品	2010-10-15	2011-3-22	2000	股权投资	4.50
346	阳光财富T计划2010年第114期产品	2010-10-16	2010-11-18	5721	信托贷款	3.10
347	T计划2010年定向第三十二期产品2	2010-10-16	2011-1-8	29774	信托贷款	3.00
348	阳光财富T计划2010年第119期产品	2010-10-17	2010-11-17	432	信托贷款	3.00
349	阳光财富T计划2010年第124期产品	2010-10-17	2010-11-17	1800	信托贷款	3.02
350	阳光财富T计划2010年第125期产品	2010-10-17	2010-12-7	840	信托贷款	3.05

续表

序号	产品名称	发行日	到期日	拟发行量	资金主要投向	预期收益率(%)
351	阳光财富T计划2010年第131期产品	2010-10-19	2010-11-19	790	信托贷款	3.00
352	套餐计划2010年第十八期产品1(结构性部分)	2010-10-19	2011-4-29	111199	结构性存款	3.45
353	套餐计划2010年第十八期产品2(结构性部分)	2010-10-19	2011-6-29	124293	结构性存款	3.60
354	套餐计划2010年第十八期产品1(信托部分)	2010-10-19	2011-4-29	111199	信托贷款	3.45
355	套餐计划2010年第十八期产品2(信托部分)	2010-10-19	2011-6-29	186439	信托贷款	3.60
356	阳光财富T计划2010年第132期产品	2010-10-20	2011-8-16	3000	股权投资	5.30
357	T计划2010年第十七期产品1	2010-10-21	2011-1-21	60759	信托贷款	3.00
358	T计划2010年第十七期产品2	2010-10-21	2011-1-21	138490	信托贷款	3.10
359	阳光财富T计划2010年第126期产品	2010-10-25	2011-4-22	8055	股权投资	4.50
360	阳光财富T计划2010年第127期产品	2010-10-25	2011-10-14	5912	股权投资	5.50
361	阳光财富T计划2010年第128期产品	2010-10-25	2011-10-19	4605	股权投资	5.50
362	阳光财富T计划2010年第129期产品	2010-10-25	2012-4-22	6991	股权投资	5.80
363	阳光财富T计划2010年第130期产品	2010-10-25	2012-4-26	17106	股权投资	5.80
364	阳光财富T计划2010年第133期产品	2010-10-25	2010-10-31	40000	信托贷款	3.00
365	套餐计划2010年第十九期产品3(结构性部分)	2010-10-28	2011-4-28	9716	结构性存款	3.75
366	套餐计划2010年第十九期产品3(信托部分)	2010-10-28	2011-4-28	14575	信托贷款	3.75
367	T计划2010年第十七期产品3	2010-11-1	2010-11-30	115568	信托贷款	2.80
368	T计划2010年第十七期产品4	2010-11-1	2010-11-30	287760	信托贷款	3.00
369	T计划2010年第十七期产品5	2010-11-1	2011-2-1	41539	信托贷款	3.00
370	T计划2010年第十七期产品6	2010-11-1	2011-2-1	98321	信托贷款	3.10
371	阳光财富T计划2010年第134期产品	2010-11-1	2010-11-30	1600	信托贷款	3.00
372	阳光财富T计划2010年第135期产品	2010-11-1	2010-11-30	500	信托贷款	3.10
373	套餐计划2010年第十九期产品1(结构性部分)	2010-11-1	2011-6-15	47469	结构性存款	3.50
374	套餐计划2010年第十九期产品2(结构性部分)	2010-11-1	2011-5-11	64275	结构性存款	3.65
375	套餐计划2010年第十九期产品4(结构性部分)	2010-11-1	2011-4-28	32807	结构性存款	3.65
376	套餐计划2010年第十九期产品1(信托部分)	2010-11-1	2011-6-15	47469	信托贷款	3.50
377	套餐计划2010年第十九期产品2(信托部分)	2010-11-1	2011-5-11	96413	信托贷款	3.65
378	套餐计划2010年第十九期产品4(信托部分)	2010-11-1	2011-4-28	49211	信托贷款	3.65
379	阳光财富T计划2010年第137期产品	2010-11-2	2011-9-14	1536	股权投资	5.30
380	阳光财富T计划2010年第139期产品	2010-11-2	2012-3-5	1000	股权投资	5.80
381	阳光财富T计划2010年第140期产品	2010-11-2	2011-9-7	343	股权投资	5.20
382	阳光财富T计划2010年第138期产品	2010-11-8	2012-7-2	500	股权投资	5.80
383	阳光财富T计划2010年第144期产品	2010-11-8	2010-11-15	30000	信托贷款	3.05
384	T计划2010年定向第十六期产品9	2010-11-9	2012-7-23	39	股权质押贷款	7.00
385	阳光财富T计划2010年第136期产品	2010-11-11	2012-4-22	2431	股权投资	5.80

续表

序号	产品名称	发行日	到期日	拟发行量	资金主要投向	预期收益率(%)
386	阳光财富T计划2010年第143期产品	2010-11-11	2011-11-10	3741	股权投资	5.50
387	T计划2010年第十八期产品1	2010-11-11	2011-1-11	36719	信托贷款	2.90
388	T计划2010年第十八期产品2	2010-11-11	2011-1-11	69170	信托贷款	3.05
389	T计划2010年第十八期产品3	2010-11-11	2011-2-11	25468	信托贷款	3.00
390	T计划2010年第十八期产品4	2010-11-11	2011-2-11	59488	信托贷款	3.10
391	阳光财富T计划2010年第148期产品	2010-11-13	2010-12-13	1650	信托贷款	3.00
392	阳光财富T计划2010年第152期产品	2010-11-13	2010-12-12	1690	信托贷款	3.02
393	阳光财富T计划2010年第145期产品	2010-11-15	2011-3-22	5982	股权投资	4.00
394	阳光财富T计划2010年第146期产品	2010-11-15	2012-5-17	11276	股权投资	5.80
395	阳光财富T计划2010年第147期产品	2010-11-15	2011-11-17	3707	股权投资	5.50
396	阳光财富T计划2010年第150期产品	2010-11-15	2011-3-15	285	信托贷款	3.90
397	阳光财富T计划2010年第151期产品	2010-11-16	2012-6-1	110	股权投资	5.80
398	套餐计划2010年第二十期产品1(结构性部分)	2010-11-16	2011-7-30	22680	结构性存款	3.50
399	套餐计划2010年第二十期产品2(结构性部分)	2010-11-16	2011-4-23	52296	结构性存款	3.60
400	套餐计划2010年第二十期产品3(结构性部分)	2010-11-16	2011-4-29	29998	结构性存款	3.60
401	套餐计划2010年第二十期产品4(结构性部分)	2010-11-16	2011-5-28	13300	结构性存款	3.75
402	套餐计划2010年第二十期产品1(信托部分)	2010-11-16	2011-7-30	34019	信托贷款	3.50
403	套餐计划2010年第二十期产品2(信托部分)	2010-11-16	2011-4-23	78444	信托贷款	3.60
404	套餐计划2010年第二十期产品3(信托部分)	2010-11-16	2011-4-29	29998	信托贷款	3.60
405	套餐计划2010年第二十期产品4(信托部分)	2010-11-16	2011-5-28	19950	信托贷款	3.75
406	阳光财富T计划2010年第141期产品	2010-11-18	2011-4-22	1945	股权投资	4.50
407	阳光财富T计划2010年第149期产品	2010-11-18	2011-3-19	3000	信托贷款	4.40
408	阳光财富T计划2010年第153期产品	2010-11-20	2011-1-15	9000	信托贷款	3.25
409	阳光财富T计划2010年第154期产品	2010-11-20	2010-12-20	7000	信托贷款	3.20
410	T计划2010年第十九期产品1	2010-11-21	2011-1-21	29694	信托贷款	2.90
411	T计划2010年第十九期产品2	2010-11-21	2011-1-21	44690	信托贷款	3.05
412	T计划2010年第十九期产品3	2010-11-21	2011-2-21	29862	信托贷款	3.00
413	T计划2010年第十九期产品4	2010-11-21	2011-2-21	74470	信托贷款	3.10
414	阳光财富T计划2010年第155期产品	2010-11-22	2010-12-22	1000	信托贷款	3.10
415	阳光财富T计划2010年第156期产品	2010-11-23	2011-3-19	5800	信托贷款	4.00
416	阳光理财A+计划2010年第八期产品	2010-11-24	2011-11-24	11345	利率互换	
417	阳光财富T计划2010年第158期产品	2010-11-30	2011-3-22	1162	股权投资	5.20
418	套餐计划2010年第二十一期产品1(结构性部分)	2010-11-30	2011-7-30	18270	结构性存款	3.45
419	套餐计划2010年第二十一期产品2(结构性部分)	2010-11-30	2011-8-19	88983	结构性存款	3.60
420	套餐计划2010年第二十一期产品1(信托部分)	2010-11-30	2011-7-30	18270	信托贷款	3.45

续表

序号	产品名称	发行日	到期日	拟发行量	资金主要投向	预期收益率（%）
421	套餐计划2010年第二十一期产品2（信托部分）	2010-11-30	2011-8-19	88983	信托贷款	3.60
422	T计划2010年第二十期产品1	2010-12-1	2010-12-30	69530	信托贷款	2.90
423	T计划2010年第二十期产品2	2010-12-1	2010-12-30	119193	信托贷款	3.10
424	T计划2010年第二十期产品3	2010-12-1	2011-1-16	65366	信托贷款	3.00
425	T计划2010年第二十期产品4	2010-12-1	2011-1-16	69310	信托贷款	3.20
426	T计划2010年第二十期产品5	2010-12-1	2011-2-1	117443	信托贷款	3.10
427	T计划2010年第二十期产品6	2010-12-1	2011-2-1	118623	信托贷款	3.30
428	阳光财富T计划2010年第157期产品	2010-12-1	2011-1-4	3000	信托贷款	3.05
429	套餐计划2010年第二十一期产品3（结构性部分）	2010-12-1	2011-8-19	2000	结构性存款	3.85
430	套餐计划2010年第二十一期产品3（信托部分）	2010-12-1	2011-8-19	2000	信托贷款	3.85
431	阳光财富T计划2010年第161期产品	2010-12-2	2010-12-29	1500	信托贷款	3.00
432	阳光财富T计划2010年第162期产品	2010-12-3	2010-12-30	2000	信托贷款	3.00
433	T计划2010年定向第三十三期产品1	2010-12-4	2011-1-4	12290	信托贷款	3.00
434	T计划2010年定向第三十三期产品2	2010-12-4	2011-1-19	8553	信托贷款	3.10
435	T计划2010年定向第三十三期产品3	2010-12-4	2011-2-4	14150	信托贷款	3.20
436	T计划2010年定向第三十三期产品4	2010-12-4	2011-3-4	14905	信托贷款	3.30
437	T计划2010年定向第三十四期产品1	2010-12-11	2011-4-16	10853	信托贷款	3.60
438	T计划2010年第二十一期产品1	2010-12-11	2010-12-30	41892	信托贷款	2.90
439	T计划2010年第二十一期产品2	2010-12-11	2010-12-30	92765	信托贷款	3.10
440	T计划2010年第二十一期产品3	2010-12-11	2011-1-26	40588	信托贷款	3.00
441	T计划2010年第二十一期产品4	2010-12-11	2011-1-26	48017	信托贷款	3.20
442	T计划2010年第二十一期产品5	2010-12-11	2011-2-11	74896	信托贷款	3.10
443	T计划2010年第二十一期产品6	2010-12-11	2011-2-11	78076	信托贷款	3.30
444	套餐计划2010年第二十二期产品1（结构性部分）	2010-12-11	2011-8-19	28258	结构性存款	3.80
445	套餐计划2010年第二十二期产品2（结构性部分）	2010-12-11	2011-11-30	20661	结构性存款	3.90
446	套餐计划2010年第二十二期产品3（结构性部分）	2010-12-11	2011-11-30	35992	结构性存款	4.20
447	套餐计划2010年第二十二期产品1（信托部分）	2010-12-11	2011-8-19	28258	信托贷款	3.80
448	套餐计划2010年第二十二期产品2（信托部分）	2010-12-11	2011-11-30	20661	信托贷款	3.90
449	套餐计划2010年第二十二期产品3（信托部分）	2010-12-11	2011-11-30	53987	信托贷款	4.20
450	阳光财富T计划2010年第164期产品	2010-12-13	2012-3-5	979	股权投资	5.60
451	阳光财富T计划2010年第165期产品	2010-12-13	2011-11-23	2961	股权投资	5.58
452	阳光财富T计划2010年第166期产品	2010-12-13	2011-11-23	2386	股权投资	5.58
453	阳光财富T计划2010年第167期产品	2010-12-13	2011-11-19	9960	股权投资	5.58
454	阳光财富T计划2010年第168期产品	2010-12-13	2011-8-22	3473	股权质押贷款	5.00
455	阳光财富T计划2010年第169期产品	2010-12-13	2011-8-3	14944	股权投资	4.67

续表

序号	产品名称	发行日	到期日	拟发行量	资金主要投向	预期收益率(%)
456	阳光财富T计划2010年第170期产品	2010-12-13	2011-7-8	2716	股权投资	4.64
457	阳光财富T计划2010年第171期产品	2010-12-13	2011-5-12	5000	股权投资	4.57
458	阳光财富T计划2010年第163期产品	2010-12-14	2012-6-7	65340	信托贷款	6.43
459	阳光财富T计划2010年第175期产品	2010-12-14	2011-1-4	3000	信托贷款	3.60
460	阳光财富T计划2010年第159期产品	2010-12-16	2011-11-10	2259	股权投资	5.50
461	阳光财富T计划2010年第160期产品	2010-12-16	2011-11-17	2893	股权投资	5.50
462	套餐计划2010年第二十三期产品1(结构性部分)	2010-12-16	2011-8-19	5303	结构性存款	3.80
463	套餐计划2010年第二十三期产品2(结构性部分)	2010-12-16	2011-11-30	13541	结构性存款	4.20
464	套餐计划2010年第二十三期产品1(信托部分)	2010-12-16	2011-8-19	5303	信托贷款	3.80
465	套餐计划2010年第二十三期产品2(信托部分)	2010-12-16	2011-11-30	20312	信托贷款	4.20
466	阳光理财A+计划2010年第九期产品	2010-12-17	2012-6-17	4226	利率互换	0.00至12.00
467	阳光财富T计划2010年第173期产品	2010-12-17	2011-3-19	3650	信托贷款	4.00
468	阳光财富T计划2010年第174期产品	2010-12-17	2011-12-13	2000	股权投资	5.70
469	阳光财富T计划2010年第176期产品	2010-12-17	2012-5-19	80	信托贷款	8.50
470	阳光财富T计划2010年第178期产品	2010-12-17	2011-3-19	500	信托贷款	4.00
471	阳光财富T计划2010年第172期产品	2010-12-18	2011-12-15	4979	股权投资	5.59
472	T计划2010年定向第三十五期产品1	2010-12-18	2011-3-18	29845	信托贷款	3.35
473	阳光财富T计划2010年第185期产品	2010-12-20	2011-1-4	4500	信托贷款	3.95
474	阳光财富T计划2010年第179期产品	2010-12-21	2011-3-22	4000	股权投资	3.80
475	阳光财富T计划2010年第180期产品	2010-12-21	2012-2-16	6000	股权投资	5.80
476	阳光财富T计划2010年第181期产品	2010-12-21	2011-5-19	3733	股权投资	4.20
477	阳光财富T计划2010年第182期产品	2010-12-21	2011-7-19	6023	股权投资	4.60
478	阳光财富T计划2010年第183期产品	2010-12-21	2011-5-12	1973	股权投资	4.20
479	阳光财富T计划2010年第186期产品	2010-12-21	2011-1-4	3422	信托贷款	3.70
480	T计划2010年第二十二期产品1	2010-12-21	2011-1-21	23732	信托贷款	2.90
481	T计划2010年第二十二期产品2	2010-12-21	2011-1-21	34283	信托贷款	3.10
482	T计划2010年第二十二期产品3	2010-12-21	2011-2-6	29649	信托贷款	3.10
483	T计划2010年第二十二期产品4	2010-12-21	2011-2-6	16744	信托贷款	3.20
484	T计划2010年第二十二期产品5	2010-12-21	2011-2-21	39704	信托贷款	3.10
485	T计划2010年第二十二期产品6	2010-12-21	2011-2-21	39739	信托贷款	3.30
486	套餐计划2010年第二十三期产品3(结构性部分)	2010-12-22	2011-12-17	45323	结构性存款	4.20
487	套餐计划2010年第二十三期产品4(结构性部分)	2010-12-22	2011-12-17	10000	结构性存款	4.20
488	套餐计划2010年第二十三期产品3(信托部分)	2010-12-22	2011-12-17	67985	信托贷款	4.20
489	套餐计划2010年第二十三期产品4(信托部分)	2010-12-22	2011-12-17	15000	信托贷款	4.20

续表

序号	产品名称	发行日	到期日	拟发行量	资金主要投向	预期收益率(%)
490	阳光财富T计划2010年第184期产品	2010-12-23	2012-6-7	28798	信托贷款	6.50
491	T计划2010年定向第三十七期产品1	2010-12-23	2011-1-23	13555	信托贷款	3.50
492	T计划2010年定向第三十七期产品2	2010-12-23	2011-2-8	14995	信托贷款	3.70
493	阳光财富T计划2010年第177期产品	2010-12-25	2011-8-3	9899	股权投资	5.30
494	T计划2010年定向第三十六期产品1	2010-12-25	2011-6-21	499	信托贷款	3.60
495	T计划2010年定向第三十七期产品3	2010-12-27	2011-1-27	187	信托贷款	3.50
496	T计划2010年定向第三十七期产品4	2010-12-27	2011-2-12	526	信托贷款	3.70
497	阳光理财A+计划2010年第十期产品	2010-12-30	2011-12-30	2936	利率互换	0.00至8.40
498	阳光财富T计划2010年第188期产品	2010-12-31	2012-6-7	18074	信托贷款	6.60
499	阳光财富T计划2010年第189期产品	2010-12-31	2011-12-29	4409	股权投资	5.70
500	阳光财富T计划2010年第190期产品	2010-12-31	2011-12-23	4966	股权投资	5.70
501	阳光财富T计划2010年第191期产品	2010-12-31	2011-12-24	4400	股权投资	5.70
502	阳光财富T计划2010年第192期产品	2010-12-31	2011-1-4	2000	信托贷款	3.80
503	阳光财富T计划2010年第193期产品	2010-12-31	2011-1-4	35093	信托贷款	5.50
504	T计划2010年定向第三十八期产品1	2010-12-31	2011-2-15	2437	信托贷款	3.10
505	T计划2010年定向第三十八期产品2	2010-12-31	2011-2-15	6826	信托贷款	3.30
506	阳光财富T计划2010年第075期产品	2010-7-20	2010-8-20	3026	信托贷款	3.00

数据来源：光大银行

表3-9 2010年中国光大银行个人人民币开放式理财产品发行情况表 单位：万元人民币

序号	产品名称	发行日	年末余额	资金主要投向	预期收益率(%)
1	T计划半年盈2010年第一期产品1	2010-4-22	59107	混合	不确定
2	T计划半年盈2010年第一期产品2	2010-4-22	77354	混合	不确定
3	T计划年年盈2010年第一期产品1	2010-5-8	258583	混合	不确定
4	T计划年年盈2010年第一期产品2	2010-5-8	198139	混合	不确定
5	T计划半年盈2010年第二期产品1	2010-5-22	90508	混合	不确定
6	T计划半年盈2010年第二期产品2	2010-5-22	146021	混合	不确定
7	T计划年年盈2010年第二期产品1	2010-6-8	98906	混合	不确定
8	T计划年年盈2010年第二期产品2	2010-6-8	97692	混合	不确定
9	T计划半年盈2010年第三期产品1	2010-7-1	88421	混合	不确定
10	T计划半年盈2010年第三期产品2	2010-7-1	176378	混合	不确定
11	T计划年年盈2010年第三期产品1	2010-7-8	80720	混合	不确定
12	T计划年年盈2010年第三期产品2	2010-7-8	49709	混合	不确定
13	同赢八号(展期)	2010-8-20	5404	混合	不确定

数据来源：光大银行

表3－10　2010年中信银行个人人民币理财产品发行情况表　　单位：万元人民币

序号	产品名称	发行日	到期日	拟发行量	资金主要投向	预期收益率(%)
1	久久红1月期8号	2010－1－4	2011－1－2	1900	债券及货币市场工具	2.70
2	中信理财快车计划09108期1号	2010－1－5	2010－6－9	52949	信托贷款	3.90
3	中信理财快车计划09108期1号	2010－1－5	2010－6－9	37051	信托贷款	3.90
4	中信理财快车计划09108期2号	2010－1－5	2010－6－9	5000	信托贷款	4.20
5	中信理财快车计划09108期3号	2010－1－5	2010－6－9	5000	信托贷款	4.50
6	中信理财快车计划0928期5号	2010－1－5	2010－3－16	8067	转让贷款	3.30
7	中信理财快车计划0928期5号	2010－1－5	2010－3－16	12624	转让贷款	3.30
8	中信理财快车计划0935期2号	2010－1－5	2010－3－4	2694	信托贷款	3.30
9	中信理财快车计划0935期2号	2010－1－5	2010－3－4	2806	信托贷款	3.30
10	中信理财快车计划0935期3号	2010－1－5	2010－3－4	4500	信托贷款	3.60
11	中信理财快车计划0941期6号	2010－1－5	2010－3－26	1500	转让贷款	3.50
12	中信理财快车计划0942期7号	2010－1－5	2010－6－23	875	转让贷款	4.00
13	中信理财快车计划0945期8号	2010－1－5	2010－6－18	699	转让贷款	4.00
14	中信理财快车计划0946期8号	2010－1－5	2010－6－3	295	转让贷款	3.90
15	中信理财快车计划0953期2号	2010－1－5	2010－4－6	29012	信托贷款	3.50
16	中信理财快车计划0953期2号	2010－1－5	2010－4－6	13311	信托贷款	3.50
17	中信理财快车计划0953期3号	2010－1－5	2010－4－6	5300	信托贷款	3.85
18	中信理财快车计划0998期4号	2010－1－5	2010－3－25	5000	信托贷款	3.80
19	中信理财快车计划09120期1号	2010－1－6	2010－4－26	8088	信托贷款	3.60
20	中信理财快车计划09120期1号	2010－1－6	2010－4－26	6680	信托贷款	3.60
21	中信理财快车计划09120期2号	2010－1－6	2010－4－26	4304	信托贷款	3.70
22	中信理财快车计划0976期1号	2010－1－6	2010－11－17	24369	信托贷款	4.40
23	中信理财快车计划0976期1号	2010－1－6	2010－11－17	5621	信托贷款	4.40
24	中信理财快车计划09114期1号	2010－1－7	2010－7－13	19941	信托贷款	4.00
25	中信理财快车计划09114期1号	2010－1－7	2010－7－13	9059	信托贷款	4.00
26	中信理财快车计划09114期2号	2010－1－7	2010－7－13	1000	信托贷款	4.30
27	中信理财快车计划09117期1号	2010－1－7	2010－7－7	132825	信托贷款	4.00
28	中信理财快车计划09117期1号	2010－1－7	2010－7－7	67175	信托贷款	4.00
29	中信理财快车计划0910期2号	2010－1－7	2011－1－7	60132	信托贷款	4.50
30	中信理财快车计划0910期2号	2010－1－7	2011－1－7	18968	信托贷款	4.50
31	中信理财快车计划0910期3号	2010－1－7	2011－1－7	900	信托贷款	4.70
32	中信理财快车计划0915期4号	2010－1－8	2010－7－8	14470	转让贷款	4.00
33	中信理财快车计划0915期4号	2010－1－8	2010－7－8	8478	转让贷款	4.00
34	中信理财快车计划0915期5号	2010－1－8	2010－7－8	9456	转让贷款	4.00
35	中信理财快车计划0915期5号	2010－1－8	2010－7－8	7596	转让贷款	4.00
36	中信理财快车计划0915期6号	2010－1－8	2010－7－8	16000	转让贷款	4.30

续表

序号	产品名称	发行日	到期日	拟发行量	资金主要投向	预期收益率(%)
37	中信理财快车计划 0915 期 7 号	2010－1－8	2010－7－8	1052	转让贷款	4.30
38	中信理财快车计划 0915 期 8 号	2010－1－8	2010－7－8	2948	转让贷款	4.30
39	中信理财快车计划 10001 期 1 号	2010－1－8	2010－4－6	172	信托贷款	3.50
40	中信理财快车计划 10001 期 1 号	2010－1－8	2010－4－6	2250	信托贷款	3.50
41	中信理财快车计划 10006 期 1 号	2010－1－8	2010－11－17	10	信托贷款	4.40
42	中信理财快车计划 09116 期 1 号	2010－1－8	2011－1－7	173625	信托贷款	4.50
43	中信理财快车计划 09116 期 1 号	2010－1－8	2011－1－7	63375	信托贷款	4.50
44	中信理财快车计划 09116 期 2 号	2010－1－8	2011－1－24	43858	信托贷款	4.50
45	中信理财快车计划 09116 期 2 号	2010－1－8	2011－1－24	16142	信托贷款	4.50
46	中信理财快车计划 09116 期 3 号	2010－1－8	2011－1－7	3000	信托贷款	4.70
47	中信理财快车计划 0940 期 13 号	2010－1－8	2010－10－12	35410	信托贷款	4.30
48	中信理财快车计划 0940 期 13 号	2010－1－8	2010－10－12	11406	信托贷款	4.30
49	中信理财快车计划 0940 期 14 号	2010－1－8	2011－1－24	8262	信托贷款	4.50
50	中信理财快车计划 0940 期 14 号	2010－1－8	2011－1－24	3422	信托贷款	4.50
51	久久红 1 月期 9 号	2010－1－8	2011－1－6	1450	债券及货币市场工具	2.70
52	中信理财快车计划 09115 期 1 号	2010－1－11	2010－7－12	6430	转让贷款	4.00
53	中信理财快车计划 09115 期 1 号	2010－1－11	2010－7－12	3590	转让贷款	4.00
54	中信理财快车计划 09119 期 1 号	2010－1－11	2010－4－13	29674	信托贷款	3.50
55	中信理财快车计划 09119 期 1 号	2010－1－11	2010－4－13	20326	信托贷款	3.50
56	中信理财快车计划 0955 期 3 号	2010－1－11	2010－9－1	4620	信托贷款	4.10
57	中信理财快车计划 0995 期 2 号	2010－1－11	2010－7－15	32961	信托贷款	4.00
58	中信理财快车计划 0995 期 2 号	2010－1－11	2010－7－15	15311	信托贷款	4.00
59	中信理财快车计划 0940 期 10 号	2010－1－11	2011－1－11	22119	信托贷款	4.50
60	中信理财快车计划 0940 期 10 号	2010－1－11	2011－1－11	8323	信托贷款	4.50
61	中信理财快车计划 0949 期 2 号	2010－1－11	2011－1－11	18186	信托贷款	4.50
62	中信理财快车计划 0949 期 2 号	2010－1－11	2011－1－11	7214	信托贷款	4.50
63	中信理财快车计划 0985 期 2 号	2010－1－11	2010－10－28	37	信托贷款	4.40
64	中信理财快车计划 0901 期 25 号	2010－1－12	2010－3－25	902	信托贷款	3.60
65	中信理财快车计划 0901 期 25 号	2010－1－12	2010－3－25	13700	信托贷款	3.60
66	中信理财快车计划 0901 期 26 号	2010－1－12	2010－3－25	694	信托贷款	3.70
67	中信理财快车计划 0936 期 3 号	2010－1－12	2010－4－15	16031	信托贷款	3.50
68	中信理财快车计划 0936 期 3 号	2010－1－12	2010－4－15	23969	信托贷款	3.50
69	中信理财快车计划 0937 期 3 号	2010－1－12	2010－4－15	21456	信托贷款	3.50
70	中信理财快车计划 0937 期 3 号	2010－1－12	2010－4－15	18544	信托贷款	3.50
71	中信理财快车计划 09121 期 1 号	2010－1－12	2011－1－12	103179	信托贷款	4.50
72	中信理财快车计划 09121 期 1 号	2010－1－12	2011－1－12	46630	信托贷款	4.50

续表

序号	产品名称	发行日	到期日	拟发行量	资金主要投向	预期收益率(%)
73	中信理财快车计划 0940 期 11 号	2010-1-12	2011-1-12	8213	信托贷款	4.50
74	中信理财快车计划 0940 期 11 号	2010-1-12	2011-1-12	1713	信托贷款	4.50
75	久久红 1 月期 10 号	2010-1-15	2011-1-13	1950	债券及货币市场工具	2.90
76	中信理财快车计划 09116 期 4 号	2010-1-20	2011-2-17	135000	信托贷款	5.00
77	中信理财快车计划 09116 期 4 号 A	2010-1-20	2011-2-17	25000	信托贷款	4.60
78	中信理财快车计划 10007 期 1 号	2010-1-22	2010-4-22	90290	信托贷款	3.20
79	中信理财快车计划 10008 期 1 号	2010-1-22	2010-4-22	15049	信托贷款	3.20
80	中信理财快车计划 10009 期 1 号	2010-1-22	2010-7-22	13245	信托贷款	3.70
81	中信理财快车计划 10009 期 1 号	2010-1-22	2010-7-22	22260	信托贷款	3.70
82	中信理财快车计划 10009 期 1 号	2010-1-22	2010-7-22	1000	信托贷款	3.70
83	中信理财快车计划 10010 期 1 号	2010-1-22	2010-4-22	1500	信托贷款	3.30
84	中信理财快车计划 10010 期 1 号	2010-1-22	2010-4-22	8500	信托贷款	3.30
85	中信理财快车计划 10010 期 1 号	2010-1-22	2010-4-22	20000	信托贷款	3.30
86	久久红 1 月期 11 号	2010-1-22	2011-1-20	5000	债券及货币市场工具	2.90
87	中信理财快车计划 10013 期 1 号	2010-1-26	2011-1-26	7579	信托贷款	4.20
88	债赢 1 期	2010-1-26	2010-2-23	35719	债券及货币市场工具	2.00
89	中信理财快车计划 10002 期 1 号	2010-1-27	2012-1-11	33744	信托贷款	6.00
90	中信理财快车计划 10002 期 2 号	2010-1-27	2012-1-11	6837	信托贷款	5.00
91	中信理财快车计划 10002 期 2 号	2010-1-27	2012-1-11	8419	信托贷款	5.00
92	中信理财快车计划 10002 期 2 号	2010-1-27	2012-1-11	1000	信托贷款	5.00
93	中信理财快车计划 10003 期 1 号	2010-1-27	2012-1-11	23875	信托贷款	6.00
94	中信理财快车计划 10003 期 2 号	2010-1-27	2012-1-11	8138	信托贷款	5.00
95	中信理财快车计划 10003 期 2 号	2010-1-27	2012-1-11	7061	信托贷款	5.00
96	中信理财快车 A 计划 1 号	2010-1-28	2010-4-27	124562	信托贷款	3.20
97	中信理财快车 A 计划 1 号	2010-1-28	2010-4-27	25440	信托贷款	3.20
98	久久红 1 月期 12 号	2010-1-29	2010-8-12	4250	债券及货币市场工具	2.70
99	中信理财之信托计划 10002 期 1 号	2010-1-29	2010-12-20	67148	股权投资	4.50
100	中信理财之信托计划 10006 期 1 号	2010-2-2	2010-8-3	4215	信托贷款	3.50
101	中信理财之信托计划 10006 期 1 号	2010-2-2	2010-8-3	4385	信托贷款	3.50
102	中信理财之信托计划 10006 期 1 号	2010-2-2	2010-8-3	1000	信托贷款	3.50
103	中信理财之信托计划 10005 期 1 号	2010-2-4	2010-6-24	10976	信托贷款	3.50
104	中信理财之信托计划 10001 期 1 号	2010-2-4	2010-12-2	3776	信托贷款	5.10
105	中信理财之信托计划 10001 期 1 号	2010-2-4	2010-12-2	14724	信托贷款	5.10
106	中信理财之信托计划 10001 期 1 号	2010-2-4	2010-12-2	1500	信托贷款	5.10
107	中信理财之信托计划 10003 期 1 号	2010-2-4	2010-12-29	6082	信托贷款	4.00
108	中信理财之信托计划 10003 期 1 号	2010-2-4	2010-12-29	3918	信托贷款	4.00

续表

序号	产品名称	发行日	到期日	拟发行量	资金主要投向	预期收益率(%)
109	中信理财之信托计划 10011 期 1 号	2010-2-4	2010-12-27	3632	信托贷款	3.90
110	中信理财之信托计划 10011 期 1 号	2010-2-4	2010-12-27	2368	信托贷款	3.90
111	中信理财快车 A 计划 2 号	2010-2-5	2010-4-7	27221	信托贷款	2.80
112	中信理财快车 A 计划 2 号	2010-2-5	2010-4-7	36772	信托贷款	2.80
113	中信理财快车 A 计划 2 号	2010-2-5	2010-4-7	8758	信托贷款	2.80
114	中信理财之信托计划 10004 期 1 号	2010-2-5	2010-6-24	15142	信托贷款	3.40
115	中信理财之信托计划 10004 期 1 号	2010-2-5	2010-6-24	11058	信托贷款	3.40
116	中信理财之信托计划 10004 期 1 号	2010-2-5	2010-6-24	3800	信托贷款	3.40
117	中信理财之信托计划 10007 期 1 号	2010-2-5	2010-5-5	4536	信托贷款	3.10
118	中信理财之信托计划 10007 期 1 号	2010-2-5	2010-5-5	4624	信托贷款	3.10
119	中信理财之信托计划 10008 期 1 号	2010-2-5	2010-5-7	30811	信托贷款	3.10
120	中信理财之信托计划 10008 期 1 号	2010-2-5	2010-5-7	29993	信托贷款	3.10
121	中信理财之信托计划 10008 期 1 号	2010-2-5	2010-5-7	5600	信托贷款	3.10
122	中信理财之信托计划 10009 期 1 号	2010-2-5	2010-5-7	11454	信托贷款	3.10
123	中信理财之信托计划 10009 期 1 号	2010-2-5	2010-5-7	15546	信托贷款	3.10
124	中信理财之信托计划 10009 期 1 号	2010-2-5	2010-5-7	3000	信托贷款	3.10
125	久久红 1 月期 13 号	2010-2-5	2011-2-3	1300	债券及货币市场工具	2.90
126	中信理财快车 A 计划 3 号	2010-2-9	2010-5-11	35576	信托贷款	3.20
127	中信理财快车 A 计划 3 号	2010-2-9	2010-5-11	28924	信托贷款	3.20
128	中信理财快车 A 计划 3 号	2010-2-9	2010-5-11	7000	信托贷款	3.20
129	中信理财之信托计划 10010 期 1 号	2010-2-9	2010-5-17	3030	信托贷款	3.60
130	中信理财之信托计划 10012 期 1 号	2010-2-9	2010-12-27	8029	信托贷款	3.90
131	中信理财之信托计划 10012 期 1 号	2010-2-9	2010-12-27	4971	信托贷款	3.90
132	债赢 2 期	2010-2-10	2010-3-8	29130	债券及货币市场工具	1.95
133	中信理财快车 A 计划 4 号	2010-2-11	2010-5-20	21536	信托贷款	3.00
134	中信理财快车 A 计划 4 号	2010-2-11	2010-5-20	39164	信托贷款	3.00
135	中信理财快车 A 计划 4 号	2010-2-11	2010-5-20	10800	信托贷款	3.00
136	中信理财快车 A 计划 5 号	2010-2-11	2010-2-24	14165	信托贷款	2.50
137	中信理财快车 A 计划 5 号	2010-2-11	2010-2-24	128735	信托贷款	2.50
138	中信理财之信托计划 10013 期 1 号	2010-2-11	2010-5-26	3438	信托贷款	3.60
139	信泰 4 号	2010-2-11	2013-2-10	22660	股票及基金	5.025-10
140	中信理财之信托计划 10002 期 2 号	2010-2-12	2010-12-20	26202	股权投资	4.30
141	中信理财之信托计划 10002 期 2 号	2010-2-12	2010-12-20	35050	股权投资	4.30
142	中信理财之信托计划 10013 期 2 号	2010-2-23	2010-5-26	1000	信托贷款	3.40
143	中信理财之信托计划 10015 期 1 号	2010-2-23	2010-6-1	15581	信托贷款	3.00
144	中信理财之信托计划 10015 期 1 号	2010-2-23	2010-6-1	19457	信托贷款	3.00

续表

序号	产品名称	发行日	到期日	拟发行量	资金主要投向	预期收益率(%)
145	中信理财之信托计划 10015 期 1 号	2010－2－23	2010－6－1	4962	信托贷款	3.00
146	中信理财之信托计划 10016 期 1 号	2010－2－23	2010－7－15	859	信托贷款	3.30
147	中信理财之信托计划 10016 期 1 号	2010－2－23	2010－7－15	989	信托贷款	3.30
148	中信理财之信托计划 10017 期 1 号	2010－2－23	2010－11－4	498	信托贷款	3.50
149	中信理财之信托计划 10017 期 1 号	2010－2－23	2010－11－4	855	信托贷款	3.50
150	中信理财快车 A 计划 7 号	2010－2－24	2010－6－2	51458	信托贷款	3.00
151	中信理财快车 A 计划 7 号	2010－2－24	2010－6－2	83442	信托贷款	3.00
152	中信理财快车 A 计划 7 号	2010－2－24	2010－6－2	8000	信托贷款	3.00
153	中信理财快车 A 计划 6 号	2010－2－26	2010－6－4	47995	信托贷款	3.00
154	中信理财快车 A 计划 6 号	2010－2－26	2010－6－4	80355	信托贷款	3.00
155	中信理财快车 A 计划 6 号	2010－2－26	2010－6－4	14550	信托贷款	3.00
156	久久红 1 月期 14 号	2010－2－26	2011－2－24	1600	债券及货币市场工具	2.70
157	久久红 1 月期 15 号	2010－2－26	2011－2－24	3200	债券及货币市场工具	3.00
158	中信理财之优债计划六期	2010－3－4	2010－5－5	47557	债券及货币市场工具	2.55
159	中信理财快车 A 计划 8 号	2010－3－5	2010－6－10	25971	信托贷款	3.00
160	中信理财快车 A 计划 8 号	2010－3－5	2010－6－10	40529	信托贷款	3.00
161	中信理财快车 A 计划 8 号	2010－3－5	2010－6－10	5000	信托贷款	3.00
162	中信理财之信托计划 10007 期 2 号	2010－3－5	2010－8－13	1699	信托贷款	3.30
163	中信理财之信托计划 10007 期 2 号	2010－3－5	2010－8－13	681	信托贷款	3.30
164	中信理财之信托计划 10008 期 3 号	2010－3－5	2010－8－12	321	信托贷款	3.30
165	中信理财之信托计划 10008 期 3 号	2010－3－5	2010－8－12	679	信托贷款	3.30
166	中信理财之信托计划 10008 期 3 号	2010－3－5	2010－8－12	2596	信托贷款	3.30
167	中信理财之信托计划 10018 期 1 号	2010－3－5	2010－9－10	1939	转让贷款	3.40
168	中信理财之信托计划 10018 期 1 号	2010－3－5	2010－9－10	3691	转让贷款	3.40
169	中信理财之信托计划 10018 期 1 号	2010－3－5	2010－9－10	1000	转让贷款	3.40
170	中信理财之信托计划 10019 期 1 号	2010－3－5	2010－9－8	563	转让贷款	3.40
171	中信理财之信托计划 10019 期 1 号	2010－3－5	2010－9－8	3200	转让贷款	3.40
172	中信理财之信托计划 10020 期 1 号	2010－3－5	2010－5－6	95	信托贷款	2.70
173	中信理财之信托计划 10008 期 2 号	2010－3－5	2010－11－5	5773	信托贷款	3.50
174	中信理财之信托计划 10008 期 2 号	2010－3－5	2010－11－5	5138	信托贷款	3.50
175	中信理财之信托计划 10014 期 1 号	2010－3－5	2011－1－28	14526	信托贷款	3.90
176	中信理财之信托计划 10014 期 1 号	2010－3－5	2011－1－28	15474	信托贷款	3.90
177	久久红 1 月期 16 号	2010－3－5	2011－3－3	3700	债券及货币市场工具	2.70
178	中信理财之优债计划三期	2010－3－8	2010－1－7	33472	债券及货币市场工具	2.70
179	中信理财之信托计划 10022 期 1 号	2010－3－10	2010－3－26	4840	转让贷款	2.00
180	中信理财之信托计划 10022 期 1 号	2010－3－10	2010－3－26	27650	转让贷款	2.00

续表

序号	产品名称	发行日	到期日	拟发行量	资金主要投向	预期收益率(%)
181	中信理财之信托计划 10022 期 1 号	2010-3-10	2010-3-26	9510	转让贷款	2.00
182	中信理财快车 A 计划 10 号	2010-3-12	2010-7-8	23449	信托贷款	3.10
183	中信理财快车 A 计划 10 号	2010-3-12	2010-7-8	43551	信托贷款	3.10
184	中信理财快车 A 计划 10 号	2010-3-12	2010-7-8	4500	信托贷款	3.10
185	中信理财快车 A 计划 9 号	2010-3-12	2010-8-17	49593	信托贷款	3.30
186	中信理财快车 A 计划 9 号	2010-3-12	2010-8-17	93307	信托贷款	3.30
187	中信理财之信托计划 10021 期 2 号	2010-3-12	2010-9-9	30969	信托贷款	3.50
188	中信理财之信托计划 10021 期 2 号	2010-3-12	2010-9-9	66031	信托贷款	3.50
189	中信理财之信托计划 10021 期 2 号	2010-3-12	2010-9-9	3000	信托贷款	3.50
190	中信理财之信托计划 10021 期 1 号	2010-3-12	2011-3-11	70000	信托贷款	4.00
191	久久红 1 月期 17 号	2010-3-12	2011-3-10	1700	债券及货币市场工具	2.70
192	中信理财之信托计划 10022 期 2 号	2010-3-16	2010-4-23	3532	转让贷款	2.30
193	中信理财之信托计划 10022 期 2 号	2010-3-16	2010-4-23	6968	转让贷款	2.30
194	中信理财之信托计划 10022 期 2 号	2010-3-16	2010-4-23	4500	转让贷款	2.30
195	中信理财之优债计划七期	2010-3-16	2010-5-18	28326	债券及货币市场工具	2.55
196	中信理财之信托计划 10022 期 10 号	2010-3-18	2010-8-14	17189	转让贷款	3.30
197	中信理财之信托计划 10022 期 10 号	2010-3-18	2010-8-14	32811	转让贷款	3.30
198	中信理财之信托计划 10022 期 8 号	2010-3-18	2010-6-22	5937	转让贷款	3.00
199	中信理财之信托计划 10022 期 8 号	2010-3-18	2010-6-22	11063	转让贷款	3.00
200	中信理财之信托计划 10022 期 8 号	2010-3-18	2010-6-22	3000	转让贷款	3.00
201	中信理财之信托计划 10022 期 9 号	2010-3-18	2010-6-29	9438	转让贷款	3.00
202	中信理财之信托计划 10022 期 9 号	2010-3-18	2010-6-29	18062	转让贷款	3.00
203	中信理财之信托计划 10022 期 9 号	2010-3-18	2010-6-29	2500	转让贷款	3.00
204	中信理财快车 A 计划 11 号	2010-3-19	2010-7-2	49598	信托贷款	3.00
205	中信理财快车 A 计划 11 号	2010-3-19	2010-7-2	81288	信托贷款	3.00
206	中信理财快车 A 计划 11 号	2010-3-19	2010-7-2	12014	信托贷款	3.00
207	中信理财之信托计划 10021 期 3 号	2010-3-19	2010-9-9	16028	信托贷款	3.50
208	中信理财之信托计划 10021 期 3 号	2010-3-19	2010-9-9	13972	信托贷款	3.50
209	中信理财之信托计划 10023 期 1 号	2010-3-19	2011-3-18	2910	信托贷款	4.00
210	中信理财之信托计划 10023 期 1 号	2010-3-19	2011-3-18	5090	信托贷款	4.00
211	中信理财之信托计划 10023 期 1 号	2010-3-19	2011-3-18	2000	信托贷款	4.00
212	久久红 1 月期 18 号	2010-3-19	2011-3-17	5200	债券及货币市场工具	2.70
213	中信理财快车 A 计划 12 号	2010-3-23	2010-8-26	26915	信托贷款	3.30
214	中信理财快车 A 计划 12 号	2010-3-23	2010-8-26	44585	信托贷款	3.30
215	中信理财之优债计划八期	2010-3-23	2010-4-26	44213	债券及货币市场工具	2.10
216	中信理财之优债计划五期	2010-3-24	2010-1-21	88458	债券及货币市场工具	2.70

续表

序号	产品名称	发行日	到期日	拟发行量	资金主要投向	预期收益率(%)
217	中信理财之信托计划 10013 期 3 号	2010-3-25	2010-9-24	3565	信托贷款	3.40
218	中信理财之信托计划 10013 期 3 号	2010-3-25	2010-9-24	4435	信托贷款	3.40
219	中信理财之信托计划 10022 期 11 号	2010-3-25	2010-9-10	4090	转让贷款	3.30
220	中信理财之信托计划 10022 期 11 号	2010-3-25	2010-9-10	5910	转让贷款	3.30
221	中信理财之信托计划 10022 期 3 号	2010-3-25	2010-6-26	4077	转让贷款	3.00
222	中信理财之信托计划 10022 期 3 号	2010-3-25	2010-6-26	8323	转让贷款	3.00
223	中信理财之信托计划 10022 期 3 号	2010-3-25	2010-6-26	1000	转让贷款	3.00
224	中信理财之信托计划 10022 期 5 号	2010-3-25	2010-7-23	4291	转让贷款	3.10
225	中信理财之信托计划 10022 期 5 号	2010-3-25	2010-7-23	5709	转让贷款	3.10
226	中信理财之信托计划 10022 期 6 号	2010-3-25	2010-7-23	17880	转让贷款	3.10
227	中信理财之信托计划 10022 期 6 号	2010-3-25	2010-7-23	20120	转让贷款	3.10
228	中信理财之信托计划 10022 期 6 号	2010-3-25	2010-7-23	2000	转让贷款	3.10
229	中信理财之信托计划 10022 期 7 号	2010-3-25	2010-7-23	15094	转让贷款	3.10
230	中信理财之信托计划 10022 期 7 号	2010-3-25	2010-7-23	23906	转让贷款	3.10
231	中信理财之信托计划 10022 期 7 号	2010-3-25	2010-7-23	1000	转让贷款	3.10
232	中信理财之信托计划 10022 期 4 号	2010-3-26	2010-6-30	3571	转让贷款	3.10
233	中信理财之信托计划 10022 期 4 号	2010-3-26	2010-6-30	6429	转让贷款	3.10
234	久久红 1 月期 19 号	2010-3-26	2011-3-24	1000	债券及货币市场工具	2.70
235	中信理财快车 A 计划 13 号	2010-3-29	2010-5-26	12390	信托贷款	2.80
236	中信理财快车 A 计划 13 号	2010-3-29	2010-5-26	27969	信托贷款	2.80
237	中信理财快车 A 计划 13 号	2010-3-29	2010-5-26	6541	信托贷款	2.80
238	中信理财之优债计划 9 期	2010-3-30	2010-6-1	29684	债券及货币市场工具	2.55
239	中信理财之信托计划 10024 期 1 号	2010-4-2	2010-6-23	97	转让贷款	3.00
240	中信理财之信托计划 10024 期 1 号	2010-4-2	2010-6-23	837	转让贷款	3.00
241	中信理财之信托计划 10025 期 1 号	2010-4-2	2010-6-29	2527	转让贷款	3.00
242	中信理财之信托计划 10025 期 1 号	2010-4-2	2010-6-29	1438	转让贷款	3.00
243	中信理财之信托计划 10026 期 1 号	2010-4-2	2010-6-18	1729	转让贷款	2.90
244	中信理财之信托计划 10026 期 1 号	2010-4-2	2010-6-18	1423	转让贷款	2.90
245	中信理财之信托计划 10027 期 1 号	2010-4-2	2010-6-3	1087	转让贷款	2.80
246	中信理财之信托计划 10027 期 1 号	2010-4-2	2010-6-3	1254	转让贷款	2.80
247	中信理财之优债计划 10 期	2010-4-2	2010-5-5	55025	债券及货币市场工具	2.20
248	久久红 1 月期 20 号	2010-4-2	2011-3-31	3800	债券及货币市场工具	3.00
249	中信理财之信托计划 10029 期 1 号	2010-4-6	2010-9-21	20495	信托贷款	3.40
250	中信理财之信托计划 10029 期 1 号	2010-4-6	2010-9-21	27505	信托贷款	3.40
251	中信理财之信托计划 10029 期 1 号	2010-4-6	2010-9-21	2000	信托贷款	3.40
252	中信理财快车 A 计划 14 号	2010-4-7	2010-10-21	29812	信托贷款	3.40

续表

序号	产品名称	发行日	到期日	拟发行量	资金主要投向	预期收益率(%)
253	中信理财快车 A 计划 14 号	2010-4-7	2010-10-21	37139	信托贷款	3.40
254	中信理财快车 A 计划 14 号	2010-4-7	2010-10-21	5800	信托贷款	3.40
255	中信理财快车 A 计划 15 号	2010-4-7	2010-11-19	55321	信托贷款	3.50
256	中信理财快车 A 计划 15 号	2010-4-7	2010-11-19	69646	信托贷款	3.50
257	中信理财快车 A 计划 16 号	2010-4-7	2010-11-10	23717	信托贷款	3.50
258	中信理财快车 A 计划 16 号	2010-4-7	2010-11-10	22421	信托贷款	3.50
259	中信理财之信托计划 10032 期 1 号	2010-4-7	2010-6-21	6265	转让贷款	2.90
260	中信理财之信托计划 10032 期 1 号	2010-4-7	2010-6-21	12735	转让贷款	2.90
261	中信理财之信托计划 10032 期 1 号	2010-4-7	2010-6-21	1000	转让贷款	2.90
262	中信理财之优债计划 11 期	2010-4-7	2010-5-10	40633	债券及货币市场工具	2.20
263	中信理财之信托计划 10032 期 2 号	2010-4-7	2011-1-11	4149	转让贷款	3.80
264	中信理财之信托计划 10032 期 2 号	2010-4-7	2011-1-11	4551	转让贷款	3.80
265	中信理财之信托计划 10032 期 2 号	2010-4-7	2011-1-11	1300	转让贷款	3.80
266	中信理财之信托计划 10031 期 1 号	2010-4-8	2011-4-7	5274	信托贷款	4.00
267	中信理财之信托计划 10031 期 1 号	2010-4-8	2011-4-7	4726	信托贷款	4.00
268	中信理财之信托计划 10031 期 2 号	2010-4-8	2011-4-7	2159	信托贷款	4.00
269	中信理财之信托计划 10031 期 2 号	2010-4-8	2011-4-7	3841	信托贷款	4.00
270	中信理财之信托计划 10031 期 2 号	2010-4-8	2011-4-7	4000	信托贷款	4.00
271	中信理财之信托计划 10005 期 2 号	2010-4-9	2010-9-27	5000	信托贷款	3.40
272	中信理财之信托计划 10028 期 1 号	2010-4-9	2011-3-25	21463	信托贷款	4.00
273	中信理财之信托计划 10028 期 1 号	2010-4-9	2011-3-25	28537	信托贷款	4.00
274	中信理财之信托计划 10032 期 10 号	2010-4-9	2010-11-3	944	转让贷款	3.50
275	中信理财之信托计划 10032 期 10 号	2010-4-9	2010-11-3	1056	转让贷款	3.50
276	中信理财之信托计划 10032 期 3 号	2010-4-9	2010-10-9	42168	转让贷款	3.40
277	中信理财之信托计划 10032 期 3 号	2010-4-9	2010-10-9	47832	转让贷款	3.40
278	中信理财之信托计划 10032 期 6 号	2010-4-9	2010-11-17	583	转让贷款	3.50
279	中信理财之信托计划 10032 期 6 号	2010-4-9	2010-11-17	1417	转让贷款	3.50
280	中信理财之信托计划 10032 期 7 号	2010-4-9	2010-11-16	1380	转让贷款	3.50
281	中信理财之信托计划 10032 期 7 号	2010-4-9	2010-11-16	1620	转让贷款	3.50
282	中信理财之信托计划 10032 期 8 号	2010-4-9	2010-11-11	1041	转让贷款	3.50
283	中信理财之信托计划 10032 期 8 号	2010-4-9	2010-11-11	959	转让贷款	3.50
284	中信理财之信托计划 10032 期 9 号	2010-4-9	2010-11-9	3177	转让贷款	3.50
285	中信理财之信托计划 10032 期 9 号	2010-4-9	2010-11-9	2823	转让贷款	3.50
286	中信理财快车 A 计划 17 号	2010-4-13	2010-7-20	11837	信托贷款	3.00
287	中信理财快车 A 计划 17 号	2010-4-13	2010-7-20	22901	信托贷款	3.00
288	中信理财快车 A 计划 17 号	2010-4-13	2010-7-20	6127	信托贷款	3.00

续表

序号	产品名称	发行日	到期日	拟发行量	资金主要投向	预期收益率(%)
289	中信理财之信托计划 10032 期 11 号	2010-4-13	2011-1-5	15143	转让贷款	3.80
290	中信理财之信托计划 10032 期 11 号	2010-4-13	2011-1-5	14857	转让贷款	3.80
291	中信理财之信托计划 10034 期 1 号	2010-4-13	2010-12-2	24117	信托贷款	3.50
292	中信理财之信托计划 10034 期 1 号	2010-4-13	2010-12-2	25883	信托贷款	3.50
293	债赢 3 期	2010-4-13	2010-5-11	41255	债券及货币市场工具	2.15
294	中信理财之信托计划 10030 期 1 号	2010-4-15	2011-4-14	5562	信托贷款	4.00
295	中信理财之信托计划 10030 期 1 号	2010-4-15	2011-4-14	4438	信托贷款	4.00
296	中信理财之信托计划 10035 期 1 号	2010-4-15	2010-10-13	17644	信托贷款	3.40
297	中信理财之信托计划 10035 期 1 号	2010-4-15	2010-10-13	22356	信托贷款	3.40
298	中信理财之信托计划 10036 期 1 号	2010-4-15	2010-10-13	18858	信托贷款	3.40
299	中信理财之信托计划 10036 期 1 号	2010-4-15	2010-10-13	20142	信托贷款	3.40
300	中信理财之信托计划 10036 期 1 号	2010-4-15	2010-10-13	1000	信托贷款	3.40
301	中信理财之信托计划 10033 期 1 号	2010-4-16	2011-4-6	2516	信托贷款	4.00
302	中信理财之信托计划 10033 期 1 号	2010-4-16	2011-4-6	4484	信托贷款	4.00
303	中信理财之信托计划 10033 期 1 号	2010-4-16	2011-4-6	3000	信托贷款	4.00
304	中信理财之信托计划 10032 期 12 号	2010-4-20	2010-7-24	3195	转让贷款	3.00
305	中信理财之信托计划 10032 期 12 号	2010-4-20	2010-7-24	3805	转让贷款	3.00
306	中信理财之信托计划 10032 期 13 号	2010-4-20	2010-7-24	7017	转让贷款	3.00
307	中信理财之信托计划 10032 期 13 号	2010-4-20	2010-7-24	1000	转让贷款	3.00
308	中信理财之信托计划 10032 期 14 号	2010-4-20	2010-7-26	4553	转让贷款	3.00
309	中信理财之信托计划 10032 期 14 号	2010-4-20	2010-7-26	7447	转让贷款	3.00
310	中信理财之信托计划 10032 期 14 号	2010-4-20	2010-7-26	8000	转让贷款	3.00
311	中信理财之信托计划 10032 期 15 号	2010-4-20	2010-6-24	500	转让贷款	2.80
312	中信理财之信托计划 10032 期 15 号	2010-4-20	2010-6-24	9500	转让贷款	2.80
313	中信理财之信托计划 10032 期 15 号	2010-4-20	2010-6-24	10000	转让贷款	2.80
314	中信理财之信托计划 10032 期 16 号	2010-4-20	2010-7-20	400	转让贷款	3.00
315	中信理财之信托计划 10032 期 16 号	2010-4-20	2010-7-20	5600	转让贷款	3.00
316	中信理财之信托计划 10032 期 17 号	2010-4-20	2010-8-25	7235	转让贷款	3.10
317	中信理财之信托计划 10032 期 17 号	2010-4-20	2010-8-25	8065	转让贷款	3.10
318	中信理财之信托计划 10032 期 4 号	2010-4-20	2010-7-3	970	转让贷款	2.90
319	中信理财之信托计划 10032 期 4 号	2010-4-20	2010-7-3	4030	转让贷款	2.90
320	中信理财之优债计划 12 期	2010-4-20	2010-6-22	23278	债券及货币市场工具	2.60
321	中信理财之信托计划 10032 期 5 号	2010-4-20	2010-12-1	500	转让贷款	3.50
322	中信理财快车 A 计划 18 号	2010-4-21	2010-6-22	10769	信托贷款	2.80
323	中信理财快车 A 计划 18 号	2010-4-21	2010-6-22	27066	信托贷款	2.80
324	中信理财快车 A 计划 18 号	2010-4-21	2010-6-22	5460	信托贷款	2.80

续表

序号	产品名称	发行日	到期日	拟发行量	资金主要投向	预期收益率(%)
325	中信理财之信托计划 10039 期 1 号	2010－4－21	2011－4－13	24409	信托贷款	4.00
326	中信理财之信托计划 10039 期 1 号	2010－4－21	2011－4－13	25591	信托贷款	4.00
327	中信理财之信托计划 10043 期 1 号	2010－4－22	2010－9－4	50283	信托贷款	3.10
328	中信理财之信托计划 10043 期 1 号	2010－4－22	2010－9－4	35617	信托贷款	3.10
329	中信理财之信托计划 10043 期 1 号	2010－4－22	2010－9－4	4100	信托贷款	3.10
330	中信理财之信托计划 10040 期 1 号	2010－4－22	2010－10－20	20589	信托贷款	3.40
331	中信理财之信托计划 10040 期 1 号	2010－4－22	2010－10－20	26096	信托贷款	3.40
332	中信理财之信托计划 10040 期 1 号	2010－4－22	2010－10－20	3315	信托贷款	3.40
333	中信理财之信托计划 10045 期 1 号	2010－4－23	2011－4－22	10093	信托贷款	4.00
334	中信理财之信托计划 10045 期 1 号	2010－4－23	2011－4－22	9907	信托贷款	4.00
335	中信理财快车 A 计划 19 号	2010－4－27	2010－7－27	33872	信托贷款	3.00
336	中信理财快车 A 计划 19 号	2010－4－27	2010－7－27	53779	信托贷款	3.00
337	中信理财快车 A 计划 19 号	2010－4－27	2010－7－27	12349	信托贷款	3.00
338	中信理财快车 A 计划 20 号	2010－4－27	2010－8－20	18747	信托贷款	3.10
339	中信理财快车 A 计划 20 号	2010－4－27	2010－8－20	28123	信托贷款	3.10
340	中信理财快车 A 计划 20 号	2010－4－27	2010－8－20	3130	信托贷款	3.10
341	中信理财之优债计划 13 期	2010－4－28	2010－6－1	25938	债券及货币市场工具	2.20
342	中信理财之信托计划 10007 期 3 号	2010－5－5	2010－8－5	21257	信托贷款	3.10
343	中信理财之信托计划 10007 期 3 号	2010－5－5	2010－8－5	36622	信托贷款	3.10
344	中信理财之信托计划 10007 期 3 号	2010－5－5	2010－8－5	10074	信托贷款	3.10
345	中信理财之优债计划 14 期	2010－5－6	2010－6－8	33255	债券及货币市场工具	2.20
346	中信理财之信托计划 10020 期 2 号	2010－5－6	2010－11－4	7263	信托贷款	3.50
347	中信理财之信托计划 10020 期 2 号	2010－5－6	2010－11－4	12237	信托贷款	3.50
348	中信理财之信托计划 10020 期 2 号	2010－5－6	2010－11－4	500	信托贷款	3.50
349	中信理财之信托计划 10046 期 1 号	2010－5－6	2011－4－26	2600	信托贷款	4.10
350	中信理财之信托计划 10046 期 1 号	2010－5－6	2011－4－26	326	信托贷款	4.10
351	中信理财之信托计划 10046 期 1 号	2010－5－6	2011－4－26	5074	信托贷款	4.10
352	中信理财之信托计划 10005 期 3 号	2010－5－7	2010－12－27	1195	信托贷款	3.70
353	中信理财之信托计划 10005 期 3 号	2010－5－7	2010－12－27	2829	信托贷款	3.70
354	中信理财之信托计划 10008 期 4 号	2010－5－7	2011－5－5	21719	信托贷款	4.10
355	中信理财之信托计划 10008 期 4 号	2010－5－7	2011－5－5	40575	信托贷款	4.10
356	中信理财之信托计划 10008 期 4 号	2010－5－7	2011－5－5	4110	信托贷款	4.10
357	中信理财之信托计划 10009 期 2 号	2010－5－7	2011－5－5	30000	信托贷款	4.10
358	中信理财快车 A 计划 22 号	2010－5－11	2010－8－5	19735	信托贷款	3.10
359	中信理财快车 A 计划 22 号	2010－5－11	2010－8－5	43153	信托贷款	3.10
360	中信理财快车 A 计划 22 号	2010－5－11	2010－8－5	8612	信托贷款	3.10

续表

序号	产品名称	发行日	到期日	拟发行量	资金主要投向	预期收益率(%)
361	中信理财之信托计划 10047 期 1 号	2010-5-11	2011-5-11	4388	信托贷款	4.10
362	中信理财之信托计划 10047 期 1 号	2010-5-11	2011-5-11	5612	信托贷款	4.10
363	债赢 4 期	2010-5-12	2010-6-9	30985	债券及货币市场工具	2.15
364	中信理财快车 A 计划 21 号	2010-5-13	2010-11-5	33331	转让贷款	3.50
365	中信理财快车 A 计划 21 号	2010-5-13	2010-11-5	47009	转让贷款	3.50
366	中信理财之信托计划 10018 期 2 号	2010-5-13	2011-5-22	4499	转让贷款	4.10
367	中信理财之信托计划 10018 期 2 号	2010-5-13	2011-5-22	4498	转让贷款	4.10
368	中信理财之信托计划 10018 期 2 号	2010-5-13	2011-5-22	1003	转让贷款	4.10
369	中信理财之信托计划 10041 期 1 号	2010-5-13	2010-10-20	7096	信托贷款	3.50
370	中信理财之信托计划 10041 期 1 号	2010-5-13	2010-10-20	10904	信托贷款	3.50
371	中信理财之信托计划 10041 期 1 号	2010-5-13	2010-10-20	2000	信托贷款	3.50
372	中信理财之信托计划 10050 期 1 号	2010-5-13	2010-10-29	9540	转让贷款	3.50
373	中信理财之信托计划 10050 期 1 号	2010-5-13	2010-10-29	10460	转让贷款	3.50
374	中信理财之信托计划 10050 期 2 号	2010-5-13	2010-10-29	4251	转让贷款	3.50
375	中信理财之信托计划 10050 期 2 号	2010-5-13	2010-10-29	4749	转让贷款	3.50
376	中信理财之信托计划 10051 期 1 号	2010-5-14	2010-8-5	14976	转让贷款	3.10
377	中信理财之信托计划 10051 期 1 号	2010-5-14	2010-8-5	27001	转让贷款	3.10
378	中信理财之信托计划 10051 期 1 号	2010-5-14	2010-8-5	3023	转让贷款	3.10
379	中信理财之信托计划 10055 期 1 号	2010-5-19	2010-8-25	8484	信托贷款	3.10
380	中信理财之信托计划 10055 期 1 号	2010-5-19	2010-8-25	16392	信托贷款	3.10
381	中信理财之信托计划 10055 期 1 号	2010-5-19	2010-8-25	5124	信托贷款	3.10
382	中信理财之优债计划 15 期	2010-5-19	2010-6-22	35501	债券及货币市场工具	2.20
383	中信理财之信托计划 10050 期 3 号	2010-5-19	2010-12-26	7384	转让贷款	3.60
384	中信理财之信托计划 10050 期 3 号	2010-5-19	2010-12-26	12616	转让贷款	3.60
385	中信理财之信托计划 10051 期 2 号	2010-5-19	2010-10-12	15591	转让贷款	3.40
386	中信理财之信托计划 10051 期 2 号	2010-5-19	2010-10-12	22139	转让贷款	3.40
387	中信理财之信托计划 10051 期 2 号	2010-5-19	2010-10-12	2270	转让贷款	3.40
388	中信理财之信托计划 10052 期 1 号	2010-5-19	2010-11-19	3571	信托贷款	3.50
389	中信理财之信托计划 10052 期 1 号	2010-5-19	2010-11-19	4429	信托贷款	3.50
390	中信理财之信托计划 10054 期 1 号	2010-5-19	2010-11-19	5560	信托贷款	3.50
391	中信理财之信托计划 10054 期 1 号	2010-5-19	2010-11-19	10624	信托贷款	3.50
392	中信理财之信托计划 10054 期 1 号	2010-5-19	2010-11-19	1816	信托贷款	3.50
393	中信理财快车 A 计划 23 号	2010-5-20	2010-8-12	24238	信托贷款	3.10
394	中信理财快车 A 计划 23 号	2010-5-20	2010-8-12	40598	信托贷款	3.10
395	中信理财快车 A 计划 23 号	2010-5-20	2010-8-12	6664	信托贷款	3.10
396	中信理财之信托计划 10007 期 4 号	2010-5-20	2010-11-19	20465	信托贷款	3.50

续表

序号	产品名称	发行日	到期日	拟发行量	资金主要投向	预期收益率(%)
397	中信理财之信托计划 10007 期 4 号	2010-5-20	2010-11-19	36835	信托贷款	3.50
398	中信理财之信托计划 10007 期 4 号	2010-5-20	2010-11-19	2700	信托贷款	3.50
399	中信理财之信托计划 10037 期 1 号	2010-5-20	2010-10-20	10302	信托贷款	3.40
400	中信理财之信托计划 10037 期 1 号	2010-5-20	2010-10-20	17948	信托贷款	3.40
401	中信理财之信托计划 10037 期 1 号	2010-5-20	2010-10-20	1750	信托贷款	3.40
402	中信理财之信托计划 10007 期 5 号	2010-5-25	2010-11-19	9042	信托贷款	3.50
403	中信理财之信托计划 10007 期 5 号	2010-5-25	2010-11-19	17358	信托贷款	3.50
404	中信理财之信托计划 10007 期 5 号	2010-5-25	2010-11-19	1600	信托贷款	3.50
405	中信理财快车 A 计划 24 号	2010-5-26	2010-8-20	13238	信托贷款	3.10
406	中信理财快车 A 计划 24 号	2010-5-26	2010-8-20	25662	信托贷款	3.10
407	中信理财快车 A 计划 24 号	2010-5-26	2010-8-20	3000	信托贷款	3.10
408	中信理财快车 A 计划 24 号	2010-5-26	2010-8-20	5000	信托贷款	3.10
409	中信理财之信托计划 10013 期 4 号	2010-5-26	2010-9-24	32009	信托贷款	3.20
410	中信理财之信托计划 10013 期 4 号	2010-5-26	2010-9-24	50388	信托贷款	3.20
411	中信理财之信托计划 10013 期 4 号	2010-5-26	2010-9-24	9603	信托贷款	3.20
412	中信理财之信托计划 10057 期 1 号	2010-5-26	2011-5-12	3838	信托贷款	4.10
413	中信理财之信托计划 10057 期 1 号	2010-5-26	2011-5-12	7662	信托贷款	4.10
414	中信理财之信托计划 10057 期 1 号	2010-5-26	2011-5-12	1500	信托贷款	4.10
415	中信理财之信托计划 10057 期 2 号	2010-5-26	2011-5-12	2093	信托贷款	4.10
416	中信理财之信托计划 10057 期 2 号	2010-5-26	2011-5-12	4907	信托贷款	4.10
417	中信理财快车 A 计划 25 号	2010-6-2	2010-12-2	46846	信托贷款	3.50
418	中信理财快车 A 计划 25 号	2010-6-2	2010-12-2	80823	信托贷款	3.50
419	中信理财快车 A 计划 25 号	2010-6-2	2010-12-2	11231	信托贷款	3.50
420	中信理财快车 A 计划 25 号	2010-6-2	2010-12-2	4000	信托贷款	3.50
421	中信理财之信托计划 10015 期 2 号	2010-6-2	2010-9-13	14148	信托贷款	3.10
422	中信理财之信托计划 10015 期 2 号	2010-6-2	2010-9-13	25852	信托贷款	3.10
423	中信理财之优债计划 16 期	2010-6-3	2010-8-4	29312	债券及货币市场工具	2.60
424	中信理财快车 A 计划 26 号	2010-6-4	2010-9-2	42335	信托贷款	3.10
425	中信理财快车 A 计划 26 号	2010-6-4	2010-9-2	86834	信托贷款	3.10
426	中信理财快车 A 计划 26 号	2010-6-4	2010-9-2	13731	信托贷款	3.10
427	中信理财快车 A 计划 27 号	2010-6-4	2010-9-2	4294	转让贷款	3.10
428	中信理财快车 A 计划 27 号	2010-6-4	2010-9-2	10006	转让贷款	3.10
429	中信理财之信托计划 10058 期 1 号	2010-6-4	2010-12-27	1000	转让贷款	3.90
430	中信理财之信托计划 10058 期 1 号	2010-6-4	2010-12-27	4000	转让贷款	3.90
431	中信理财之信托计划 0933 期 2 号	2010-6-8	2010-1-11	13491	信托贷款	3.90
432	中信理财之信托计划 0933 期 2 号	2010-6-8	2010-1-11	6509	信托贷款	4.10

续表

序号	产品名称	发行日	到期日	拟发行量	资金主要投向	预期收益率(%)
433	中信理财之优债计划17期	2010-6-8	2010-8-10	24736	债券及货币市场工具	2.60
434	中信理财之信托计划10005期4号	2010-6-8	2010-12-27	1239	信托贷款	3.50
435	中信理财之信托计划10005期4号	2010-6-8	2010-12-27	3452	信托贷款	3.50
436	中信理财之信托计划10005期5号	2010-6-8	2010-12-27	309	信托贷款	3.60
437	中信理财快车A计划28号	2010-6-10	2010-12-8	23386	信托贷款	3.50
438	中信理财快车A计划28号	2010-6-10	2010-12-8	48114	信托贷款	3.50
439	中信理财之信托计划10051期3号	2010-6-11	2010-9-8	10551	转让贷款	3.10
440	中信理财之信托计划10051期3号	2010-6-11	2010-9-8	26755	转让贷款	3.10
441	中信理财之信托计划10051期3号	2010-6-11	2010-9-8	12694	转让贷款	3.10
442	中信理财之信托计划10060期1号	2010-6-11	2011-5-31	8089	信托贷款	4.10
443	中信理财之信托计划10060期1号	2010-6-11	2011-5-31	16911	信托贷款	4.10
444	优贷6号1期	2010-6-11	2011-6-11	12000	信托贷款	4.50
445	债赢5期	2010-6-11	2010-7-9	34927	债券及货币市场工具	2.10
446	中信理财之信托计划10063期5号	2010-6-18	2010-9-30	2266	转让贷款	3.10
447	中信理财之信托计划10063期5号	2010-6-18	2010-9-30	5934	转让贷款	3.10
448	中信理财之信托计划10063期5号	2010-6-18	2010-9-30	1000	转让贷款	3.10
449	中信理财之信托计划10061期1号	2010-6-18	2011-5-25	18900	信托贷款	4.10
450	中信理财之信托计划10061期1号	2010-6-18	2011-5-25	26100	信托贷款	4.10
451	中信理财之信托计划10061期2号	2010-6-18	2011-5-25	19658	信托贷款	4.10
452	中信理财之信托计划10061期2号	2010-6-18	2011-5-25	35342	信托贷款	4.10
453	中信理财之信托计划10063期1号	2010-6-18	2011-2-25	30000	转让贷款	3.90
454	中信理财之信托计划10063期2号	2010-6-18	2011-3-2	15000	转让贷款	3.90
455	中信理财之信托计划10063期3号	2010-6-18	2011-3-2	15000	转让贷款	3.90
456	中信理财之信托计划10063期4号	2010-6-18	2011-3-14	30000	转让贷款	3.90
457	中信理财之信托计划0932期6号	2010-6-21	2010-1-11	9680	信托贷款	3.90
458	中信理财快车A计划29号	2010-6-22	2010-11-19	4099	信托贷款	3.40
459	中信理财快车A计划29号	2010-6-22	2010-11-19	13834	信托贷款	3.40
460	中信理财快车A计划30号	2010-6-22	2010-11-10	9499	信托贷款	3.40
461	中信理财快车A计划30号	2010-6-22	2010-11-10	15863	信托贷款	3.40
462	中信理财之优债计划18期	2010-6-22	2010-8-24	36055	债券及货币市场工具	2.60
463	中信理财之信托计划10008期5号	2010-6-22	2011-6-22	18477	信托贷款	4.10
464	中信理财之信托计划10008期5号	2010-6-22	2011-6-22	31523	信托贷款	4.10
465	中信理财之信托计划10060期2号	2010-6-22	2011-6-8	16901	信托贷款	4.10
466	中信理财之信托计划10060期2号	2010-6-22	2011-6-8	23099	信托贷款	4.10
467	中信理财之信托计划10060期3号	2010-6-22	2011-6-10	20883	信托贷款	4.10
468	中信理财之信托计划10060期3号	2010-6-22	2011-6-10	29117	信托贷款	4.10

续表

序号	产品名称	发行日	到期日	拟发行量	资金主要投向	预期收益率(%)
469	中信理财之信托计划 10062 期 1 号	2010-6-22	2011-6-8	9160	信托贷款	4.10
470	中信理财之信托计划 10062 期 1 号	2010-6-22	2011-6-8	18340	信托贷款	4.10
471	中信理财之信托计划 10062 期 1 号	2010-6-22	2011-6-8	2500	信托贷款	4.10
472	中信理财之信托计划 10065 期 1 号	2010-6-22	2011-12-8	6430	信托贷款	4.60
473	中信理财之信托计划 10065 期 1 号	2010-6-22	2011-12-8	2130	信托贷款	4.60
474	中信理财之信托计划 10065 期 1 号	2010-6-22	2011-12-8	2028	信托贷款	4.60
475	优贷 7 号 A 款	2010-6-24	2011-6-24	7210	信托贷款	4.50
476	优贷 7 号 B 款	2010-6-24	2011-12-24	11290	信托贷款	5.00
477	中信理财快车 A 计划 31 号	2010-6-25	2010-9-21	1860	信托贷款	3.10
478	中信理财快车 A 计划 31 号	2010-6-25	2010-9-21	6595	信托贷款	3.10
479	中信理财快车 A 计划 31 号	2010-6-25	2010-9-21	7600	信托贷款	3.10
480	中信理财之信托计划 10066 期 1 号	2010-6-25	2011-6-10	23405	信托贷款	4.10
481	中信理财之信托计划 10066 期 1 号	2010-6-25	2011-6-10	26595	信托贷款	4.10
482	中信理财之信托计划 10066 期 2 号	2010-6-25	2011-6-10	18413	信托贷款	4.10
483	中信理财之信托计划 10066 期 2 号	2010-6-25	2011-6-10	30787	信托贷款	4.10
484	中信理财之信托计划 10066 期 2 号	2010-6-25	2011-6-10	800	信托贷款	4.10
485	中信理财快车 A 计划 32 号	2010-7-2	2010-10-11	39567	信托贷款	3.10
486	中信理财快车 A 计划 32 号	2010-7-2	2010-10-11	79773	信托贷款	3.10
487	中信理财快车 A 计划 32 号	2010-7-2	2010-10-11	23560	信托贷款	3.10
488	中信理财快车 A 计划 33 号	2010-7-2	2010-7-7	52441	债券及货币市场工具	2.80
489	中信理财之优债计划 19 期	2010-7-2	2010-8-4	36540	债券及货币市场工具	2.20
490	优贷 6 号 2 期	2010-7-2	2011-7-2	8000	信托贷款	4.50
491	中信理财之优债计划 20 期	2010-7-6	2010-9-27	10583	债券及货币市场工具	2.80
492	中信理财之信托计划 10067 期 1 号	2010-7-6	2011-1-22	4033	转让贷款	3.60
493	中信理财之信托计划 10067 期 1 号	2010-7-6	2011-1-22	5967	转让贷款	3.60
494	中信理财之信托计划 10067 期 2 号	2010-7-6	2011-3-4	4237	转让贷款	3.80
495	中信理财之信托计划 10067 期 2 号	2010-7-6	2011-3-4	5763	转让贷款	3.80
496	中信理财之信托计划 10073 期 1 号	2010-7-6	2010-12-24	3358	信托贷款	3.50
497	中信理财之信托计划 10073 期 1 号	2010-7-6	2010-12-24	6642	信托贷款	3.50
498	中信理财之信托计划 10073 期 2 号	2010-7-6	2010-12-24	3510	信托贷款	3.50
499	中信理财之信托计划 10073 期 2 号	2010-7-6	2010-12-24	6490	信托贷款	3.50
500	中信理财之信托计划 10028 期 2 号	2010-7-7	2011-6-22	14914	信托贷款	4.10
501	中信理财之信托计划 10028 期 2 号	2010-7-7	2011-6-22	15086	信托贷款	4.10
502	中信理财之信托计划 10069 期 1 号	2010-7-7	2011-1-7	73140	信托贷款	3.50
503	中信理财之信托计划 10069 期 1 号	2010-7-7	2011-1-7	116937	信托贷款	3.50
504	中信理财之信托计划 10069 期 1 号	2010-7-7	2011-1-7	9923	信托贷款	3.50

续表

序号	产品名称	发行日	到期日	拟发行量	资金主要投向	预期收益率(%)
505	中信理财之信托计划 10071 期 1 号	2010－7－7	2011－6－23	22368	信托贷款	4.10
506	中信理财之信托计划 10071 期 1 号	2010－7－7	2011－6－23	27132	信托贷款	4.10
507	中信理财之信托计划 10071 期 1 号	2010－7－7	2011－6－23	500	信托贷款	4.10
508	中信理财之信托计划 10071 期 2 号	2010－7－7	2011－6－23	24368	信托贷款	4.10
509	中信理财之信托计划 10071 期 2 号	2010－7－7	2011－6－23	23832	信托贷款	4.10
510	中信理财之信托计划 10071 期 2 号	2010－7－7	2011－6－23	1800	信托贷款	4.10
511	中信理财之优债计划 21 期	2010－7－7	2010－10－8	22095	债券及货币市场工具	2.80
512	中信理财快车 A 计划 34 号	2010－7－8	2010－9－7	10334	信托贷款	2.90
513	中信理财快车 A 计划 34 号	2010－7－8	2010－9－7	35306	信托贷款	2.90
514	中信理财快车 A 计划 34 号	2010－7－8	2010－9－7	11860	信托贷款	2.90
515	中信理财快车 A 计划 34 号	2010－7－8	2010－9－7	14000	信托贷款	2.90
516	中信理财之信托计划 10068 期 1 号	2010－7－8	2011－7－8	13038	转让贷款	4.20
517	中信理财之信托计划 10068 期 1 号	2010－7－8	2011－7－8	9962	转让贷款	4.20
518	中信理财之信托计划 10068 期 1 号	2010－7－8	2011－7－8	1000	转让贷款	4.20
519	中信理财之信托计划 10068 期 2 号	2010－7－8	2011－7－8	19409	转让贷款	4.20
520	中信理财之信托计划 10068 期 2 号	2010－7－8	2011－7－8	16591	转让贷款	4.20
521	中信理财之信托计划 10072 期 1 号	2010－7－8	2010－12－24	15504	信托贷款	3.50
522	中信理财之信托计划 10072 期 1 号	2010－7－8	2010－12－24	24496	信托贷款	3.50
523	优贷 7 号 C 款	2010－7－8	2011－6－24	2690	信托贷款	5.00
524	优贷 7 号 D 款	2010－7－8	2011－12－24	3710	信托贷款	5.00
525	中信理财之信托计划 10076 期 11 号	2010－7－9	2010－9－16	5000	转让贷款	2.90
526	中信理财之信托计划 10076 期 12 号	2010－7－9	2010－8－31	3000	转让贷款	2.90
527	中信理财之信托计划 10076 期 13 号	2010－7－9	2010－9－3	3000	转让贷款	2.90
528	中信理财之信托计划 10076 期 14 号	2010－7－9	2010－9－8	3000	转让贷款	2.90
529	中信理财之信托计划 10076 期 15 号	2010－7－9	2010－9－15	3000	转让贷款	2.90
530	中信理财之信托计划 10076 期 16 号	2010－7－9	2010－9－16	3000	转让贷款	2.90
531	中信理财之信托计划 10076 期 17 号	2010－7－9	2010－9－27	6000	转让贷款	3.10
532	中信理财之信托计划 10076 期 4 号	2010－7－9	2010－8－27	3000	转让贷款	2.80
533	中信理财之信托计划 10076 期 5 号	2010－7－9	2010－9－14	2135	转让贷款	2.90
534	中信理财之信托计划 10076 期 6 号	2010－7－9	2010－9－14	5265	转让贷款	2.90
535	中信理财之信托计划 10076 期 7 号	2010－7－9	2010－9－10	5000	转让贷款	2.90
536	中信理财之信托计划 10076 期 8 号	2010－7－9	2010－8－17	2000	转让贷款	2.80
537	中信理财之信托计划 10076 期 9 号	2010－7－9	2010－8－27	3000	转让贷款	2.80
538	中信理财之信托计划 10005 期 6 号	2010－7－9	2011－3－28	3444	信托贷款	3.80
539	中信理财之信托计划 10005 期 6 号	2010－7－9	2011－3－28	11556	信托贷款	3.80
540	中信理财之信托计划 10071 期 3 号	2010－7－9	2011－6－24	22288	信托贷款	4.10

续表

序号	产品名称	发行日	到期日	拟发行量	资金主要投向	预期收益率(%)
541	中信理财之信托计划 10071 期 3 号	2010-7-9	2011-6-24	27712	信托贷款	4.10
542	中信理财之信托计划 10076 期 10 号	2010-7-9	2010-11-19	2000	转让贷款	3.20
543	中信理财之信托计划 10076 期 1 号	2010-7-9	2010-11-4	1000	转让贷款	3.20
544	中信理财之信托计划 10076 期 2 号	2010-7-9	2010-10-13	2646	转让贷款	3.10
545	中信理财之信托计划 10076 期 3 号	2010-7-9	2010-11-12	1000	转让贷款	3.20
546	中信理财之信托计划 10075 期 1 号	2010-7-13	2011-1-7	10165	信托贷款	3.50
547	中信理财之信托计划 10075 期 1 号	2010-7-13	2011-1-7	18135	信托贷款	3.50
548	中信理财之信托计划 10075 期 1 号	2010-7-13	2011-1-7	1700	信托贷款	3.50
549	债赢 6 期	2010-7-14	2010-8-11	67529	债券及货币市场工具	2.20
550	中信理财之信托计划 10076 期 25 号	2010-7-15	2010-8-30	500	转让贷款	2.80
551	中信理财之信托计划 10076 期 27 号	2010-7-15	2010-9-9	3100	转让贷款	2.90
552	中信理财之信托计划 10076 期 28 号	2010-7-15	2010-9-1	7500	转让贷款	2.80
553	中信理财之信托计划 10077 期 1 号	2010-7-15	2010-9-14	8000	转让贷款	2.90
554	中信理财之信托计划 10077 期 2 号	2010-7-15	2010-8-31	5000	转让贷款	2.80
555	中信理财之信托计划 10077 期 3 号	2010-7-15	2010-8-23	20000	转让贷款	2.80
556	中信理财之信托计划 10016 期 2 号	2010-7-15	2010-11-12	10507	信托贷款	3.20
557	中信理财之信托计划 10016 期 2 号	2010-7-15	2010-11-12	30393	信托贷款	3.20
558	中信理财之信托计划 10016 期 2 号	2010-7-15	2010-11-12	9100	信托贷款	3.20
559	中信理财之信托计划 10076 期 18 号	2010-7-15	2010-11-12	1063	转让贷款	3.20
560	中信理财之信托计划 10076 期 18 号	2010-7-15	2010-11-12	5937	转让贷款	3.20
561	中信理财之信托计划 10076 期 19 号	2010-7-15	2010-12-17	3000	转让贷款	3.40
562	中信理财之信托计划 10076 期 20 号	2010-7-15	2010-12-31	30000	转让贷款	3.50
563	中信理财之信托计划 10076 期 21 号	2010-7-15	2010-11-9	1000	转让贷款	3.20
564	中信理财之信托计划 10076 期 22 号	2010-7-15	2010-12-9	1750	转让贷款	3.40
565	中信理财之信托计划 10076 期 23 号	2010-7-15	2010-10-14	500	转让贷款	3.10
566	中信理财之信托计划 10076 期 24 号	2010-7-15	2010-10-19	5000	转让贷款	3.10
567	中信理财之信托计划 10076 期 26 号	2010-7-15	2010-10-25	1000	转让贷款	3.10
568	中信理财快车 A 计划 35 号	2010-7-20	2010-11-19	6723	信托贷款	3.20
569	中信理财快车 A 计划 35 号	2010-7-20	2010-11-19	20592	信托贷款	3.20
570	中信理财快车 A 计划 35 号	2010-7-20	2010-11-19	13550	信托贷款	3.20
571	中信理财之优债计划 22 期	2010-7-21	2010-8-24	25558	债券及货币市场工具	2.20
572	中信理财之优债计划 23 期	2010-7-21	2010-9-21	33389	债券及货币市场工具	2.55
573	中信理财之优债计划 24 期	2010-7-21	2010-10-21	45133	债券及货币市场工具	2.75
574	中信理财之信托计划 10078 期 1 号	2010-7-22	2011-8-3	8790	信托贷款	4.10
575	中信理财之信托计划 10078 期 1 号	2010-7-22	2011-8-3	23815	信托贷款	4.10
576	中信理财之信托计划 10078 期 1 号	2010-7-22	2011-8-3	3900	信托贷款	4.10

续表

序号	产品名称	发行日	到期日	拟发行量	资金主要投向	预期收益率(%)
577	中信理财快车A计划36号	2010-7-27	2010-11-2	26219	信托贷款	3.00
578	中信理财快车A计划36号	2010-7-27	2010-11-2	63481	信托贷款	3.00
579	中信理财快车A计划36号	2010-7-27	2010-11-2	10300	信托贷款	3.00
580	中信理财之优债计划25期	2010-7-28	2010-8-26	19366	债券及货币市场工具	2.20
581	中信理财之优债计划26期	2010-7-28	2010-9-21	21101	债券及货币市场工具	2.50
582	中信理财之优债计划27期	2010-7-28	2010-11-2	38081	债券及货币市场工具	2.75
583	中信理财之信托计划10006期2号	2010-8-3	2011-8-31	1358	信托贷款	4.00
584	中信理财之信托计划10006期2号	2010-8-3	2011-8-31	4877	信托贷款	4.00
585	中信理财之信托计划10006期2号	2010-8-3	2011-8-31	3365	信托贷款	4.00
586	中信理财之优债计划28期	2010-8-3	2010-10-8	29885	债券及货币市场工具	2.60
587	中信理财之优债计划29期	2010-8-3	2010-11-3	42444	债券及货币市场工具	2.75
588	中信理财快车A计划37号	2010-8-5	2011-2-11	19999	信托贷款	3.40
589	中信理财快车A计划37号	2010-8-5	2011-2-11	51501	信托贷款	3.40
590	增强2号	2010-8-6	2013-8-5	100097	股票及基金	0.00-5
591	债赢7期-C	2010-8-11	2010-9-28	74716	债券及货币市场工具	2.40
592	债赢7期-B	2010-8-11	2010-9-8	16278	债券及货币市场工具	2.20
593	债赢7期-A	2010-8-11	2010-9-1	7665	债券及货币市场工具	2.15
594	中信理财快车A计划38号	2010-8-12	2011-2-17	16832	信托贷款	3.40
595	中信理财快车A计划38号	2010-8-12	2011-2-17	54668	信托贷款	3.40
596	中信理财之信托计划10008期6号	2010-8-12	2011-5-5	603	信托贷款	3.80
597	中信理财之信托计划10008期6号	2010-8-12	2011-5-5	1993	信托贷款	3.80
598	中信理财之信托计划10008期6号	2010-8-12	2011-5-5	1000	信托贷款	3.80
599	中信理财快车A计划39号	2010-8-17	2010-12-17	40587	信托贷款	3.10
600	中信理财快车A计划39号	2010-8-17	2010-12-17	77916	信托贷款	3.10
601	中信理财快车A计划39号	2010-8-17	2010-12-17	24397	信托贷款	3.10
602	中信理财之优债计划30期	2010-8-18	2010-9-17	24266	债券及货币市场工具	2.20
603	中信理财之优债计划31期	2010-8-18	2010-10-19	32782	债券及货币市场工具	2.55
604	中信理财之优债计划32期	2010-8-18	2010-11-18	45329	债券及货币市场工具	2.70
605	慧添利1号	2010-8-18	2013-8-18	24197	债券及货币市场工具	2.60
606	中信理财快车A计划40号	2010-8-20	2011-2-18	18008	信托贷款	3.40
607	中信理财快车A计划40号	2010-8-20	2011-2-18	31992	信托贷款	3.40
608	中信理财快车A计划41号	2010-8-20	2011-2-18	17002	信托贷款	3.40
609	中信理财快车A计划41号	2010-8-20	2011-2-18	29898	信托贷款	3.40
610	总营乐投1001-A款(黄金)	2010-8-20	2010-11-22	15938	利率掉期	0.1-8
611	总营乐投1001-B款(石油)	2010-8-21	2010-11-23	21469	利率掉期	0.1-8
612	中信理财之优债计划33期	2010-8-25	2010-9-21	19832	债券及货币市场工具	2.20

续表

序号	产品名称	发行日	到期日	拟发行量	资金主要投向	预期收益率(%)
613	中信理财之优债计划 34 期	2010-8-25	2010-10-26	18889	债券及货币市场工具	2.55
614	中信理财之优债计划 35 期	2010-8-25	2010-11-25	37950	债券及货币市场工具	2.70
615	中信理财快车 A 计划 42 号	2010-8-26	2010-11-25	20915	信托贷款	3.00
616	中信理财快车 A 计划 42 号	2010-8-26	2010-11-25	46085	信托贷款	3.00
617	中信理财快车 A 计划 42 号	2010-8-26	2010-11-25	4500	信托贷款	3.00
618	中信理财之强债计划 1 期	2010-8-27	2010-10-12	16424	债券及货币市场工具	2.40
619	中信理财之信托计划 10060 期 4 号	2010-8-31	2011-6-30	4584	信托贷款	3.90
620	中信理财之信托计划 10060 期 4 号	2010-8-31	2011-6-30	8614	信托贷款	3.90
621	中信理财之信托计划 10060 期 4 号	2010-8-31	2011-6-30	6802	信托贷款	3.90
622	债赢 8 期	2010-8-31	2010-10-18	33959	债券及货币市场工具	2.40
623	中信理财快车 A 计划 43 号	2010-9-2	2011-3-2	44978	信托贷款	3.40
624	中信理财快车 A 计划 43 号	2010-9-2	2011-3-2	97922	信托贷款	3.40
625	中信理财快车 A 计划 44 号	2010-9-2	2011-3-2	5696	信托贷款	3.40
626	中信理财快车 A 计划 44 号	2010-9-2	2011-3-2	8604	信托贷款	3.40
627	中信理财快车 A 计划 45 号	2010-9-7	2011-4-7	71500	信托贷款	3.50
628	中信理财之强债计划 2 期	2010-9-7	2010-10-12	19657	债券及货币市场工具	2.20
629	中信理财之信托计划 10032 期 18 号	2010-9-7	2010-10-12	485	转让贷款	2.50
630	中信理财之信托计划 10032 期 18 号	2010-9-7	2010-10-12	4515	转让贷款	2.50
631	中信理财之信托计划 10076 期 29 号	2010-9-7	2010-11-11	759	让贷款	2.70
632	中信理财之信托计划 10076 期 29 号	2010-9-7	2010-11-11	1271	转让贷款	2.70
633	中信理财之信托计划 10076 期 30 号	2010-9-7	2010-11-11	6648	转让贷款	2.70
634	中信理财之信托计划 10076 期 30 号	2010-9-7	2010-11-11	13952	转让贷款	2.70
635	中信理财之优债计划 36 期	2010-9-7	2010-11-9	21091	债券及货币市场工具	2.50
636	中信理财之优债计划 37 期	2010-9-7	2010-12-7	26560	债券及货币市场工具	2.60
637	信泰 5 号	2010-9-7	2013-9-6	31020	股票及基金	5.025-10
638	中信理财之信托计划 10076 期 31 号	2010-9-9	2010-12-14	1156	转让贷款	3.00
639	中信理财之信托计划 10076 期 31 号	2010-9-9	2010-12-14	844	转让贷款	3.00
640	中信理财之信托计划 10077 期 4 号	2010-9-9	2010-12-7	1811	转让贷款	3.00
641	中信理财之信托计划 10077 期 4 号	2010-9-9	2010-12-7	8189	转让贷款	3.00
642	中信理财之信托计划 10077 期 5 号	2010-9-9	2010-12-8	3848	转让贷款	3.00
643	中信理财之信托计划 10077 期 5 号	2010-9-9	2010-12-8	6152	转让贷款	3.00
644	中信理财之信托计划 10007 期 6 号	2010-9-10	2011-9-9	12000	信托贷款	4.00
645	债赢 9 期	2010-9-10	2010-10-28	68400	债券及货币市场工具	2.40
646	中信理财之信托计划 10035 期 2 号	2010-9-17	2011-6-24	22567	信托贷款	3.80
647	中信理财之信托计划 10035 期 2 号	2010-9-17	2011-6-24	25819	信托贷款	3.80
648	中信理财之信托计划 10035 期 2 号	2010-9-17	2011-6-24	1614	信托贷款	3.80

续表

序号	产品名称	发行日	到期日	拟发行量	资金主要投向	预期收益率(%)
649	中信理财之信托计划 10071 期 4 号	2010-9-17	2011-6-24	17850	信托贷款	3.80
650	中信理财之信托计划 10071 期 4 号	2010-9-17	2011-6-24	26548	信托贷款	3.80
651	中信理财之信托计划 10071 期 4 号	2010-9-17	2011-6-24	5602	信托贷款	3.80
652	中信理财快车 A 计划 46 号	2010-9-21	2011-3-21	16055	信托贷款	3.40
653	中信理财之信托计划 10029 期 2 号	2010-9-21	2011-3-21	50000	信托贷款	3.40
654	中信理财之信托计划 10013 期 5 号	2010-9-26	2011-3-25	100000	信托贷款	3.40
655	中信理财之信托计划 10033 期 2 号	2010-9-26	2011-7-5	30000	信托贷款	3.80
656	中信理财之信托计划 10060 期 5 号	2010-9-26	2011-6-30	15000	信托贷款	3.80
657	债赢 11 期	2010-9-26	2010-11-11	44541	债券及货币市场工具	2.40
658	中信理财之信托计划 10079 期 1 号	2010-9-27	2011-9-22	125564	信托贷款	4.00
659	中信理财之优债计划 38 期	2010-9-29	2010-10-12	54147	债券及货币市场工具	2.70
660	债赢 12 期	2010-9-30	2010-11-17	37401	债券及货币市场工具	2.40
661	债赢 13 期	2010-10-9	2010-11-25	21553	债券及货币市场工具	2.40
662	中信理财快车 A 计划 47 号	2010-10-11	2011-4-7	142900	信托贷款	3.40
663	中信理财之信托计划 10079 期 2 号	2010-10-12	2011-10-12	29816	信托贷款	4.00
664	中信理财之信托计划 10079 期 3 号	2010-10-12	2011-10-12	4400	信托贷款	4.00
665	中信理财之信托计划 10079 期 4 号	2010-10-12	2011-10-12	70560	信托贷款	4.00
666	中信理财之优债计划 39 期	2010-10-12	2010-12-27	77895	债券及货币市场工具	2.60
667	中信理财之强债计划 3 期	2010-10-12	2011-2-15	25762	债券及货币市场工具	2.70
668	中信理财之信托计划 10035 期 3 号	2010-10-13	2011-4-12	40000	信托贷款	3.40
669	中信理财之信托计划 10036 期 2 号	2010-10-13	2011-4-12	40000	信托贷款	3.40
670	慧添利 2 号	2010-10-13	2010-12-15	27870	债券及货币市场工具	2.90
671	专享计划 1 号	2010-10-14	2011-10-14	13707	债券及货币市场工具	15.00
672	中信理财之信托计划 10006 期 3 号	2010-10-15	2011-8-31	15000	信托贷款	3.90
673	中信理财之信托计划 10079 期 5 号	2010-10-15	2011-10-12	40000	信托贷款	4.00
674	假日赢 31 期	2010-10-15	2010-10-17	162230	利率掉期	0.36-1.34
675	中信理财之信托计划 10080 期 1 号	2010-10-19	2012-4-18	33488	信托贷款	4.70
676	债赢 15 期	2010-10-19	2010-10-28	17184	债券及货币市场工具	2.05
677	中信理财之信托计划 10040 期 2 号	2010-10-20	2011-4-20	50000	信托贷款	3.40
678	中信理财之优债计划 40 期	2010-10-20	2010-12-27	46344	债券及货币市场工具	2.50
679	慧添利 3 号	2010-10-20	2013-8-13	13433	债券及货币市场工具	2.60
680	中信理财快车 A 计划 48 号	2010-10-21	2011-4-20	72751	信托贷款	3.40
681	债赢 14 期	2010-10-21	2010-12-8	44227	债券及货币市场工具	2.40
682	中信理财之信托计划 10078 期 2 号	2010-10-22	2011-10-20	63600	信托贷款	4.00
683	中信理财之信福年金计划一期	2010-10-22	2060-10-21	30655	债券及货币市场工具	1.75
684	假日赢 32 期	2010-10-22	2010-10-24	35670	利率掉期	0.36-1.34

续表

序号	产品名称	发行日	到期日	拟发行量	资金主要投向	预期收益率(%)
685	慧添利4号	2010-10-26	2010-11-23	10000	债券及货币市场工具	2.60
686	中信理财之信托计划10076期32号	2010-10-27	2011-1-6	500	转让贷款	3.20
687	中信理财之信托计划10076期33号	2010-10-27	2011-1-19	1500	转让贷款	3.30
688	中信理财之信托计划10080期2号	2010-10-27	2012-4-18	1512	信托贷款	4.90
689	中信理财之信托计划10076期34号	2010-10-29	2011-1-21	1960	转让贷款	3.30
690	假日赢33期	2010-10-29	2010-10-31	180656	利率掉期	0.36-1.34
691	债赢16期	2010-10-29	2010-12-16	89439	债券及货币市场工具	2.40
692	中信理财快车A计划49号	2010-11-2	2011-4-8	94068	信托贷款	3.30
693	中信理财快车A计划49号	2010-11-2	2011-4-8	5932	信托贷款	3.30
694	中信理财之信托计划10020期3号	2010-11-4	2011-8-4	20000	信托贷款	3.80
695	中信理财之信托计划10076期35号	2010-11-4	2011-3-4	2850	转让贷款	3.60
696	中信理财之优债计划41期	2010-11-4	2010-12-27	31629	债券及货币市场工具	2.40
697	中信理财之强债计划4期	2010-11-4	2010-12-27	34174	债券及货币市场工具	2.40
698	中信理财快车A计划50号	2010-11-5	2011-7-5	80340	信托贷款	3.70
699	中信理财之信托计划10008期7号	2010-11-5	2011-11-4	80000	信托贷款	4.00
700	假日赢34期	2010-11-5	2010-11-7	159859	利率掉期	0.36-1.34
701	债赢17期	2010-11-5	2010-12-30	53407	债券及货币市场工具	2.40
702	中信理财之信托计划10018期3号	2010-11-9	2011-11-9	10000	信托贷款	4.00
703	中信理财之信托计划10083期1号	2010-11-9	2011-5-10	25900	信托贷款	3.40
704	中信理财之信托计划10083期2号	2010-11-9	2011-5-10	24100	信托贷款	3.40
705	中信理财之信托计划10084期1号	2010-11-9	2011-11-9	40000	信托贷款	4.00
706	专享计划2号	2010-11-9	2011-11-9	30769	债券及货币市场工具	10.00
707	中信理财快车A计划51号	2010-11-10	2011-5-11	71500	信托贷款	3.40
708	中信理财之优债计划42期	2010-11-11	2011-1-11	34699	债券及货币市场工具	2.50
709	中信理财之强债计划5期	2010-11-11	2010-12-27	58599	债券及货币市场工具	2.40
710	中信理财之信托计划10081期1号	2010-11-12	2011-11-13	20428	信托贷款	4.30
711	中信理财之信托计划10081期1号	2010-11-12	2011-11-13	15630	信托贷款	4.30
712	假日赢35期	2010-11-12	2010-11-14	147596	利率掉期	0.36-1.34
713	债赢18期	2010-11-16	2010-11-29	41126	债券及货币市场工具	2.05
714	中信理财之优债计划43期	2010-11-18	2011-2-18	33901	债券及货币市场工具	2.65
715	中信理财快车A计划52号	2010-11-19	2011-5-19	40865	信托贷款	3.40
716	中信理财快车A计划53号	2010-11-19	2011-5-19	142900	信托贷款	3.40
717	假日赢36期	2010-11-19	2010-11-21	205852	利率掉期	0.36-1.34
718	智赢7号-A	2010-11-19	2011-11-9	2371	利率掉期	0.36-6
719	智赢7号-B	2010-11-19	2011-11-9	2298	利率掉期	0.36-10
720	中信理财之信托计划10076期36号	2010-11-23	2011-2-1	5000	转让贷款	3.40

续表

序号	产品名称	发行日	到期日	拟发行量	资金主要投向	预期收益率(%)
721	慧添利 5 号	2010-11-23	2011-1-25	3700	债券及货币市场工具	2.90
722	中信理财快车 A 计划 54 号	2010-11-25	2011-5-24	71500	信托贷款	3.40
723	中信理财之信托计划 10081 期 2 号	2010-11-25	2011-11-13	11612	信托贷款	4.30
724	中信理财之信托计划 10081 期 2 号	2010-11-25	2011-11-13	2330	信托贷款	4.30
725	中信理财之信托计划 10081 期 3 号	2010-11-25	2011-11-25	38600	信托贷款	4.30
726	中信理财之信托计划 10081 期 3 号	2010-11-25	2011-11-25	11400	信托贷款	4.30
727	中信理财之优债计划 44 期	2010-11-25	2011-1-25	14373	债券及货币市场工具	2.50
728	中信理财之优债计划 45 期	2010-11-25	2011-2-25	21992	债券及货币市场工具	2.65
729	假日赢 37 期	2010-11-26	2010-11-28	149936	利率掉期	0.36-1.34
730	债赢 19 期	2010-11-26	2011-1-13	34629	债券及货币市场工具	2.50
731	专享计划 3 号	2010-11-30	2011-11-30	33860	债券及货币市场工具	15.00
732	中信理财快车 A 计划 55 号	2010-12-2	2011-6-2	121592	信托贷款	3.40
733	中信理财快车 A 计划 55 号	2010-12-2	2011-6-2	2500	信托贷款	3.40
734	中信理财之优债计划 46 期	2010-12-2	2010-12-27	64610	债券及货币市场工具	3.50
735	中信理财之优债计划 46 期	2010-12-2	2010-12-27	143223	债券及货币市场工具	3.50
736	中信理财之优债计划 46 期	2010-12-2	2010-12-27	92165	债券及货币市场工具	3.50
737	中信理财之优债计划 47 期	2010-12-2	2010-12-27	53061	债券及货币市场工具	2.10
738	中信理财之优债计划 48 期	2010-12-2	2011-2-22	16316	债券及货币市场工具	2.60
739	中信理财之优债计划 50 期	2010-12-2	2010-12-27	1667	债券及货币市场工具	3.50
740	中信理财之优债计划 50 期	2010-12-2	2010-12-27	16548	债券及货币市场工具	3.50
741	中信理财之优债计划 50 期	2010-12-2	2010-12-27	26536	债券及货币市场工具	3.50
742	中信理财之信托计划 10085 期 1 号	2010-12-3	2011-6-7	15000	转让贷款	3.40
743	中信理财之信托计划 10085 期 2 号	2010-12-3	2011-12-2	23000	转让贷款	4.00
744	假日赢 38 期	2010-12-3	2010-12-5	123995	利率掉期	0.36-1.34
745	慧添利 6 号	2010-12-6	2011-3-7	1500	债券及货币市场工具	3.20
746	中信理财快车 A 计划 56 号	2010-12-8	2011-6-8	63092	信托贷款	3.40
747	中信理财之信托计划 10065 期 2 号	2010-12-8	2011-12-8	9731	信托贷款	4.30
748	中信理财之信托计划 10065 期 2 号	2010-12-8	2011-12-8	35567	信托贷款	4.30
749	中信理财之信托计划 10065 期 2 号	2010-12-8	2011-12-8	12450	信托贷款	4.30
750	中信理财之优债计划 49 期	2010-12-9	2011-2-15	30862	债券及货币市场工具	2.70
751	信泰 6 号	2010-12-10	2013-12-9	39483	股票及基金	0.00-4
752	智赢 8 号-A	2010-12-10	2011-12-10	2314	利率掉期	0.36-6
753	智赢 8 号-B	2010-12-10	2011-12-10	3774	利率掉期	0.36-10
754	假日赢 39 期	2010-12-10	2010-12-12	184423	利率掉期	0.36-1.34
755	慧添利 7 号	2010-12-14	2011-3-15	3000	债券及货币市场工具	3.20
756	债赢 20 期	2010-12-14	2011-1-31	36187	债券及货币市场工具	2.60

续表

序号	产品名称	发行日	到期日	拟发行量	资金主要投向	预期收益率(%)
757	债赢21期	2010-12-16	2010-12-30	38726	债券及货币市场工具	2.10
758	中信理财之信托计划10076期37号	2010-12-17	2011-3-7	3276	转让贷款	3.30
759	中信理财之信托计划10076期37号	2010-12-17	2011-3-7	1724	转让贷款	3.30
760	中信理财之信托计划10076期38号	2010-12-17	2011-3-9	3139	转让贷款	3.30
761	中信理财之信托计划10076期38号	2010-12-17	2011-3-9	1861	转让贷款	3.30
762	中信理财之信托计划10076期39号	2010-12-17	2011-3-15	2400	转让贷款	3.40
763	中信理财之信托计划10082期1号	2010-12-17	2011-3-17	5205	信托贷款	3.30
764	中信理财之信托计划10082期1号	2010-12-17	2011-3-17	4795	信托贷款	3.30
765	中信理财之信托计划10082期1号	2010-12-17	2011-3-17	20000	信托贷款	3.30
766	假日赢40期	2010-12-17	2010-12-19	134526	利率掉期	0.36-1.34
767	中信理财之信托计划10065期3号	2010-12-21	2011-12-8	12014	信托贷款	4.30
768	中信理财之信托计划10065期3号	2010-12-21	2011-12-8	13426	信托贷款	4.30
769	中信理财之信托计划10065期3号	2010-12-21	2011-12-8	3972	信托贷款	4.30
770	中信理财之信托计划10065期4号	2010-12-21	2011-12-8	10555	信托贷款	4.30
771	中信理财之信托计划10065期4号	2010-12-21	2011-12-8	10097	信托贷款	4.30
772	中信理财之信托计划10065期4号	2010-12-21	2011-12-8	1600	信托贷款	4.30
773	中信理财之优债计划52期	2010-12-21	2010-12-28	41564	债券及货币市场工具	5.10
774	中信理财之优债计划52期	2010-12-21	2010-12-28	95250	债券及货币市场工具	5.10
775	中信理财之优债计划52期	2010-12-21	2010-12-28	45047	债券及货币市场工具	5.10
776	中信理财之优债计划51期	2010-12-23	2011-2-23	27983	债券及货币市场工具	2.70
777	债赢22期	2010-12-23	2011-2-9	19637	债券及货币市场工具	2.60
778	假日赢41期	2010-12-24	2010-12-26	85327	利率掉期	0.36-1.34
779	智赢9号-A	2010-12-29	2011-12-29	5512	利率掉期	0.36-6
780	智赢9号-B	2010-12-29	2011-12-29	4237	利率掉期	0.36-10
781	中信理财之优债计划53期	2010-12-30	2011-2-22	18504	债券及货币市场工具	2.80
782	假日赢43期	2010-12-30	2011-1-6	102447	利率掉期	0.36-2.19
783	假日赢42期	2010-12-31	2011-1-3	508129	利率掉期	0.36-1.34

数据来源：中信银行

表3-11　2010年招商银行个人人民币封闭式理财产品发行情况表　单位：万元人民币

序号	产品简称	发行日	到期日	拟发行量	资金主要投向	预期收益率(%)
1	"金葵花"招银进宝之信贷资产1191号理财计划	2010-1-6	2010-10-29	9906	转让贷款	
2	"金葵花"招银进宝之信贷资产1192号理财计划	2010-1-6	2010-6-29	12901	转让贷款	0.00
3	"金葵花"招银进宝之信贷资产1193号理财计划	2010-1-6	2010-6-2	3642	转让贷款	0.00

续表

序号	产品简称	发行日	到期日	拟发行量	资金主要投向	预期收益率(%)
4	“金葵花”招银进宝之信贷资产 1194 号理财计划	2010－1－6	2010－3－18	4458	新增贷款	3.80
5	“金葵花”招银进宝之资产池 84 号理财计划	2010－1－12	2010－3－16	19952	债券及货币市场工具类	2.60
6	“金葵花”招银进宝之资产池 85 号理财计划	2010－1－12	2010－4－13	19893	债券及货币市场工具类	2.80
7	“金葵花”招银进宝之信托贷款 92 号理财计划	2010－1－12	2010－4－12	12000	新增贷款	2.76
8	“金葵花”钻石尊享－招银进宝之贷里淘金 69 号理财计划	2010－1－15	2010－2－20	18279	转让贷款、债券及货币市场工具类	2.50
9	“金葵花”钻石尊享－招银进宝之贷里淘金 70 号理财计划	2010－1－15	2010－3－15	19525	转让贷款、债券及货币市场工具类	2.70
10	“金葵花”钻石尊享－安心回报人民币 82 号理财计划	2010－1－15	2010－1－29	35491	债券及货币市场工具类	2.00
11	“金葵花”招银进宝之资产池 87 号理财计划	2010－1－19	2010－4－22	9996	债券及货币市场工具类	2.80
12	“金葵花”招银进宝之资产池 88 号理财计划	2010－1－19	2010－5－19	14997	债券及货币市场工具类	3.10
13	“金葵花”招银进宝之资产池 89 号理财计划	2010－1－26	2010－4－22	19860	债券及货币市场工具类	2.80
14	“金葵花”尊享－招银进宝之贷里淘金 71 号理财计划	2010－1－28	2010－3－29	100000	转让贷款、债券及货币市场工具类	3.00
15	“金葵花”招银进宝之信托贷款 91 号理财计划	2010－1－29	2011－1－29	20000	转让贷款	0.00
16	“金葵花”焦点联动系列——石油类股票表现联动理财计划	2010－1－29	2010－11－1	1599	其他	5.80
17	“金葵花”尊享－安心回报人民币 83 号理财计划	2010－2－2	2010－3－2	49999	债券及货币市场工具类	2.70
18	“金葵花”尊享－安心回报人民币 84 号理财计划	2010－2－5	2010－2－20	99607	债券及货币市场工具类	2.50
19	“金葵花”招银进宝之信托贷款 102 号理财计划	2010－2－9	2010－5－21	90000	新增贷款	0.04
20	“金葵花”招银进宝之信托贷款 103 号理财计划	2010－2－9	2010－5－21	80000	其他	4.20
21	“金葵花”招银进宝之信托贷款 104 号理财计划	2010－2－9	2010－5－21	30000	新增贷款	3.40
22	“金葵花”尊享－安心回报人民币 85 号理财计划	2010－2－11	2010－2－25	99362	债券及货币市场工具类	2.50

续表

序号	产品简称	发行日	到期日	拟发行量	资金主要投向	预期收益率(%)
23	"金葵花"招银进宝之信托贷款 101 号理财计划	2010-2-11	2011-2-11	4894	转让贷款	4.00
24	"金葵花"招银进宝之信托贷款 106 号理财计划	2010-2-11	2010-8-11	4978	转让贷款	4.00
25	"金葵花"尊享-招银进宝之贷里淘金 72 号理财计划	2010-2-12	2010-4-12	199153	转让贷款、债券及货币市场工具类	3.00
26	"金葵花"尊享-安心回报人民币 86 号理财计划	2010-2-12	2010-3-15	49920	债券及货币市场工具类	2.70
27	"金葵花"尊享-安心回报人民币 87 号理财计划	2010-2-12	2010-2-21	99528	债券及货币市场工具类	2.50
28	"金葵花"招银进宝之资产池 90 号理财计划	2010-2-12	2010-3-16	14990	债券及货币市场工具类	2.70
29	"金葵花"招银进宝之资产池 91 号理财计划	2010-2-26	2010-4-22	19999	债券及货币市场工具类	2.90
30	"金葵花"招银进宝之资产池 92 号理财计划	2010-2-26	2010-6-22	20000	债券及货币市场工具类	3.20
31	"金葵花"招银进宝之资产池 93 号理财计划	2010-3-2	2010-5-19	24996	债券及货币市场工具类	3.00
32	"金葵花"招银进宝之资产池 94 号理财计划	2010-3-2	2010-5-19	19999	债券及货币市场工具类	3.00
33	"金葵花"招银进宝之信托贷款 58 号理财计划	2010-3-5	2011-3-4	33494	转让贷款	3.80
34	"金葵花"空中理财专享-招银进宝之贷里淘金 73 号理财计划	2010-3-9	2010-4-23	9999	转让贷款、债券及货币市场工具类	2.80
35	"金葵花"招银进宝之资产池 95 号理财计划	2010-3-9	2010-5-14	20000	债券及货币市场工具类	2.80
36	"金葵花"招银进宝之资产池 96 号理财计划	2010-3-9	2010-6-22	24977	债券及货币市场工具类	3.10
37	"金葵花"招银进宝之信托贷款 105 号理财计划	2010-3-11	2010-9-13	1000	新增贷款	4.00
38	"金葵花"空中理财专享-安心回报人民币 88 号理财计划	2010-3-16	2010-6-24	10000	债券及货币市场工具类	2.60
39	"金葵花"招银进宝之资产池 97 号理财计划	2010-3-16	2010-6-29	34980	债券及货币市场工具类	3.10
40	"金葵花"招银进宝之信托贷款 109 号理财计划	2010-3-19	2010-9-4	2000	转让贷款	3.75
41	"金葵花"招银进宝之信托贷款 107 号理财计划	2010-3-23	2011-1-24	10000	转让贷款	3.70

续表

序号	产品简称	发行日	到期日	拟发行量	资金主要投向	预期收益率(%)
42	“金葵花”尊享－招银进宝之信托贷款119号理财计划	2010－3－23	2011－1－24	10000	转让贷款	4.00
43	“金葵花”招银进宝之信托贷款128号理财计划	2010－3－23	2010－12－20	8000	转让贷款	3.70
44	“金葵花”尊享－招银进宝之信托贷款119号理财计划	2010－3－23	2011－1－24	10000	转让贷款	3.80
45	“金葵花”尊享－招银进宝之贷里淘金75号理财计划	2010－3－26	2010－4－26	39998	转让贷款、债券及货币市场工具类	2.15
46	“金葵花”尊享－招银进宝之贷里淘金76号理财计划	2010－3－26	2010－5－26	39150	转让贷款、债券及货币市场工具类	2.30
47	“金葵花”招银进宝之点贷成金1号理财计划	2010－3－26	2010－5－25	89806	转让贷款、债券及货币市场工具类	2.40
48	“金葵花”钻石尊享－招银进宝之点贷成金2号理财计划	2010－3－26	2010－5－25	14659	转让贷款、债券及货币市场工具类	2.50
49	“金葵花”招银进宝之信托贷款110号理财计划	2010－3－26	2010－9－24	6996	转让贷款	3.70
50	“金葵花”招银进宝之信托贷款111号理财计划	2010－3－26	2010－9－24	5000	转让贷款	3.50
51	“金葵花”尊享－招银进宝之信托贷款112号理财计划	2010－3－26	2010－9－24	8000	转让贷款	0.00
52	“金葵花”尊享－招银进宝之信托贷款112号理财计划	2010－3－26	2010－9－24	8000	转让贷款	0.00
53	“金葵花”招银进宝之资产池98号理财计划	2010－3－30	2010－5－6	19996	债券及货币市场工具类	2.40
54	“金葵花”招银进宝之资产池99号理财计划	2010－3－30	2010－6－25	39938	债券及货币市场工具类	3.00
55	“金葵花”招银进宝之信托贷款117号理财计划	2010－4－1	2011－4－1	20000	转让贷款	0.04
56	“金葵花”招银进宝之贷里淘金77号理财计划	2010－4－2	2010－5－4	39999	转让贷款、债券及货币市场工具类	2.15
57	“金葵花”招银进宝之贷里淘金78号理财计划	2010－4－2	2010－6－2	39998	转让贷款、债券及货币市场工具类	2.30
58	“金葵花”节节高升－安心回报人民币90理财计划	2010－4－2	2010－4－9	498913	债券及货币市场工具类	3.00
59	“金葵花”招银进宝之点贷成金3号理财计划	2010－4－2	2010－6－30	59407	转让贷款、债券及货币市场工具类	2.70
60	“金葵花”招银进宝之信托贷款127号理财计划	2010－4－7	2010－7－7	2000	转让贷款	3.80

续表

序号	产品简称	发行日	到期日	拟发行量	资金主要投向	预期收益率(%)
61	“金葵花”招银进宝之资产池 100 号理财计划	2010-4-8	2010-5-6	19986	债券及货币市场工具类	2.30
62	“金葵花”招银进宝之资产池 101 号理财计划	2010-4-8	2010-7-6	34666	债券及货币市场工具类	3.10
63	“金葵花”节节高升-招银进宝之贷里淘金 79 号理财计划	2010-4-13	2010-6-10	299612	转让贷款、债券及货币市场工具类	3.10
64	“金葵花”招银进宝之贷里淘金 80 号理财计划	2010-4-13	2010-7-14	38746	转让贷款、债券及货币市场工具类	3.20
65	“金葵花”尊享-招银进宝之贷里淘金 81 号理财计划	2010-4-14	2010-5-24	5000	转让贷款、债券及货币市场工具类	2.95
66	“金葵花”尊享-招银进宝之贷里淘金 82 号理财计划	2010-4-14	2010-5-25	5000	转让贷款、债券及货币市场工具类	3.00
67	“金葵花”尊享-招银进宝之贷里淘金 83 号理财计划	2010-4-14	2010-6-8	25000	转让贷款、债券及货币市场工具类	3.00
68	“金葵花”尊享-招银进宝之贷里淘金 84 号理财计划	2010-4-14	2010-6-9	8000	转让贷款、债券及货币市场工具类	3.00
69	“金葵花”尊享-招银进宝之贷里淘金 85 号理财计划	2010-4-14	2010-5-27	3000	转让贷款、债券及货币市场工具类	3.05
70	“金葵花”尊享-招银进宝之贷里淘金 86 号理财计划	2010-4-14	2010-5-28	1998	转让贷款、债券及货币市场工具类	3.05
71	“金葵花”招银进宝之贷里淘金 87 号理财计划	2010-4-16	2010-5-17	50000	转让贷款、债券及货币市场工具类	2.15
72	“金葵花”招银进宝之贷里淘金 88 号理财计划	2010-4-16	2010-6-17	49989	转让贷款、债券及货币市场工具类	2.30
73	“金葵花”招银进宝之资产池 102 号理财计划	2010-4-16	2010-5-14	19893	债券及货币市场工具类	2.40
74	“金葵花”招银进宝之资产池 103 号理财计划	2010-4-16	2010-6-15	29852	债券及货币市场工具类	2.70
75	“金葵花”招银进宝之信托贷款 129 号理财计划	2010-4-19	2011-4-19	4950	转让贷款	0.00
76	“金葵花”招银进宝之贷里淘金 90 号理财计划	2010-4-20	2010-8-3	16000	转让贷款、债券及货币市场工具类	3.30
77	“金葵花”招银进宝之信托贷款 113 号理财计划	2010-4-21	2010-10-21	8800	其他	0.00
78	“金葵花”招银进宝之贷里淘金 89 号理财计划	2010-4-22	2010-7-8	29975	转让贷款、债券及货币市场工具类	3.00
79	“金葵花”招银进宝之点贷成金 4 号理财计划	2010-4-22	2010-7-7	19994	转让贷款、债券及货币市场工具类	3.20

续表

序号	产品简称	发行日	到期日	拟发行量	资金主要投向	预期收益率(%)
80	"金葵花"招银进宝之贷里淘金91号理财计划	2010-4-23	2010-5-24	89909	转让贷款、债券及货币市场工具类	2.15
81	"金葵花"招银进宝之贷里淘金92号理财计划	2010-4-23	2010-6-23	47761	转让贷款、债券及货币市场工具类	2.30
82	"金葵花"招银进宝之贷里淘金93号理财计划	2010-4-23	2010-7-23	49999	转让贷款、债券及货币市场工具类	2.50
83	"金葵花"尊享-招银进宝之信托贷款130号理财计划	2010-4-23	2011-2-11	8000	转让贷款	4.00
84	"金葵花"尊享-招银进宝之信托贷款130号理财计划	2010-4-23	2011-2-11	8000	转让贷款	3.60
85	"金葵花"招银进宝之点贷成金5号理财计划	2010-4-27	2010-11-30	29819	转让贷款、债券及货币市场工具类	3.50
86	"金葵花"招银进宝之信托贷款131号理财计划	2010-4-28	2011-4-28	10000	转让贷款	4.10
87	"金葵花"招银进宝之资产池104号理财计划	2010-4-29	2010-6-15	19993	债券及货币市场工具类	2.50
88	"金葵花"招银进宝之资产池105号理财计划	2010-4-29	2010-7-22	39864	债券及货币市场工具类	0.00
89	"金葵花"招银进宝之信托贷款114号理财计划	2010-4-29	2010-10-29	5000	转让贷款	0.00
90	"金葵花"尊享-招银进宝之信托贷款115号理财计划	2010-4-29	2010-10-29	5000	转让贷款	0.00
	"金葵花"尊享-招银进宝之信托贷款115号理财计划	2010-4-29	2010-10-29	5000	转让贷款	0.00
92	"金葵花"招银进宝之贷里淘金94号理财计划	2010-4-30	2010-5-31	69976	转让贷款、债券及货币市场工具类	2.15
93	"金葵花"招银进宝之贷里淘金95号理财计划	2010-4-30	2010-7-30	40000	转让贷款、债券及货币市场工具类	2.50
94	"金葵花"节节高升-安心回报人民币91号理财计划	2010-4-30	2010-5-7	498704	债券及货币市场工具类	3.00
95	"金葵花"迎盛会-安心回报人民币99号理财计划	2010-4-30	2010-5-14	150000	转让贷款、债券及货币市场工具类	3.20
96	"金葵花"招银进宝信贷资产1096号理财计划	2010-4-30	2010-7-14	12800	新增贷款	3.40
97	"金葵花"招银进宝信贷资产1097号理财计划	2010-4-30	2010-12-19	15000	转让贷款、债券及货币市场工具类	3.80
98	"金葵花"招银进宝信贷资产1100号理财计划	2010-4-30	2010-7-15	5000	新增贷款	0.00

续表

序号	产品简称	发行日	到期日	拟发行量	资金主要投向	预期收益率(%)
99	"金葵花"招银进宝之信托贷款 132 号理财计划	2010-4-30	2010-10-30	5558	转让贷款	3.60
100	"金葵花"招银进宝之贷里淘金 96 号理财计划	2010-5-5	2010-6-7	49999	转让贷款、债券及货币市场工具类	2.15
101	"金葵花"招银进宝之贷里淘金 97 号理财计划	2010-5-5	2010-8-5	30031	转让贷款、债券及货币市场工具类	2.50
102	"金葵花"招银进宝信贷资产 1095 号理财计划	2010-5-5	2010-7-5	10000	新增贷款	3.30
103	"金葵花"招银进宝之资产池 106 号理财计划	2010-5-6	2010-7-13	29867	债券及货币市场工具类	0.00
104	"金葵花"招银进宝之贷里淘金 98 号理财计划	2010-5-7	2010-6-7	45604	转让贷款、债券及货币市场工具类	2.15
105	"金葵花"招银进宝之贷里淘金 99 号理财计划	2010-5-7	2010-8-9	26619	转让贷款、债券及货币市场工具类	2.50
106	"金葵花"节节高升-招银进宝之贷里淘金 100 号理财计划	2010-5-11	2010-7-12	180000	转让贷款、债券及货币市场工具类	3.10
107	"金葵花"招银进宝之贷里淘金 102 号理财计划	2010-5-11	2010-7-23	24999	转让贷款、债券及货币市场工具类	3.00
108	"金葵花"招银进宝信贷资产 1098 号理财计划	2010-5-11	2010-5-29	10000	新增贷款	3.30
109	"金葵花"招银进宝信贷资产 1099 号理财计划	2010-5-11	2010-6-13	5000	新增贷款	3.40
110	"金葵花"节节高升-招银进宝之贷里淘金 101 号理财计划	2010-5-12	2010-7-13	118507	转让贷款、债券及货币市场工具类	3.10
111	"金葵花"招银进宝之点贷成金 6 号理财计划	2010-5-14	2010-11-18	49997	债券及货币市场工具类	3.40
112	"金葵花"招银进宝之资产池 107 号理财计划	2010-5-14	2010-7-16	19978	债券及货币市场工具类	0.00
113	"金葵花"招银进宝之信托贷款 133 号理财计划	2010-5-14	2011-3-23	26261	转让贷款	4.10
114	"金葵花"招银进宝之贷里淘金 103 号理财计划	2010-5-17	2010-6-18	64342	转让贷款、债券及货币市场工具类	2.15
115	"金葵花"招银进宝之贷里淘金 104 号理财计划	2010-5-17	2010-8-17	35627	转让贷款、债券及货币市场工具类	2.50
116	"金葵花"招银进宝之信托贷款 143 号理财计划	2010-5-18	2011-5-18	8000	转让贷款	3.90
117	"金葵花"尊享-招银进宝之信托贷款 144 号理财计划	2010-5-18	2011-5-18	20066	转让贷款	4.00

续表

序号	产品简称	发行日	到期日	拟发行量	资金主要投向	预期收益率(%)
118	“金葵花”尊享－招银进宝之信托贷款144号理财计划	2010－5－18	2011－5－18	20066	转让贷款	4.00
119	“金葵花”招银进宝之贷里淘金105号理财计划	2010－5－20	2010－6－25	39981	转让贷款、债券及货币市场工具类	3.30
120	“金葵花”招银进宝之贷里淘金106号理财计划	2010－5－21	2010－6－21	60818	转让贷款、债券及货币市场工具类	2.15
121	“金葵花”招银进宝之贷里淘金107号理财计划	2010－5－21	2010－8－23	40788	转让贷款、债券及货币市场工具类	2.50
122	“金葵花”招银进宝之信托贷款147号理财计划	2010－5－21	2010－9－14	3000	转让贷款、债券及货币市场工具类	5.70
123	“金葵花”节节高升－招银进宝之点贷成金7号理财计划	2010－5－25	2010－7－27	99881	债券及货币市场工具类	3.40
124	“金葵花”招银进宝之信托贷款142号理财计划	2010－5－25	2010－11－23	2000	转让贷款	3.60
125	“金葵花”招银进宝之资产池108号理财计划	2010－5－26	2010－7－2	20000	债券及货币市场工具类	0.00
126	“金葵花”招银进宝之资产池109号理财计划	2010－5－26	2010－7－28	20000	债券及货币市场工具类	0.00
127	“金葵花”招银进宝之贷里淘金108号理财计划	2010－5－28	2010－6－28	59999	转让贷款、债券及货币市场工具类	2.15
128	“金葵花”招银进宝之贷里淘金109号理财计划	2010－5－28	2010－7－28	30000	转让贷款、债券及货币市场工具类	2.30
129	“金葵花”招银进宝之贷里淘金110号理财计划	2010－5－28	2010－8－30	30000	转让贷款、债券及货币市场工具类	2.50
130	“金葵花”招银进宝之信托贷款137号理财计划	2010－5－28	2010－11－28	3000	转让贷款	3.80
131	“金葵花”招银进宝之信托贷款145号理财计划	2010－5－28	2011－5－27	13000	转让贷款	3.90
132	“金葵花”钻石尊享－招银进宝之信托贷款146号理财计划	2010－5－28	2011－5－27	10000	转让贷款	4.20
133	“金葵花”钻石尊享节节高升－安心回报人民币92号理财计划	2010－6－2	2010－6－17	79639	债券及货币市场工具类	3.05
134	“金葵花”节节高升－安心回报人民币93号理财计划	2010－6－2	2010－6－17	119284	债券及货币市场工具类	3.05
135	“金葵花”招银进宝之信托贷款135号理财计划	2010－6－2	2011－6－2	19582	转让贷款	4.00
136	“金葵花”招银进宝之贷里淘金111号理财计划	2010－6－4	2010－7－5	79998	转让贷款、债券及货币市场工具类	2.15

续表

序号	产品简称	发行日	到期日	拟发行量	资金主要投向	预期收益率(%)
137	“金葵花”招银进宝之贷里淘金112号理财计划	2010-6-4	2010-8-4	25509	转让贷款、债券及货币市场工具类	2.30
138	“金葵花”招银进宝之贷里淘金113号理财计划	2010-6-4	2010-9-6	50862	转让贷款、债券及货币市场工具类	2.50
139	“金葵花”招银进宝之票据盈103号理财计划	2010-6-8	2010-6-29	73928	转让贷款、债券及货币市场工具类	2.00
140	“金葵花”招银进宝之贷里淘金114号理财计划	2010-6-9	2010-7-2	127912	转让贷款、债券及货币市场工具类	2.20
141	“金葵花”招银进宝之资产池110号理财计划	2010-6-11	2010-7-13	19976	转让贷款、债券及货币市场工具类	0.00
142	“金葵花”招银进宝之资产池111号理财计划	2010-6-11	2010-8-17	29778	转让贷款、债券及货币市场工具类	0.00
143	“金葵花”招银进宝之贷里淘金115号理财计划	2010-6-13	2010-7-13	93444	转让贷款、债券及货币市场工具类	2.25
144	“金葵花”招银进宝之贷里淘金116号理财计划	2010-6-13	2010-8-13	37131	转让贷款、债券及货币市场工具类	2.40
145	“金葵花”招银进宝之贷里淘金117号理财计划	2010-6-13	2010-9-13	49966	转让贷款、债券及货币市场工具类	2.60
146	“金葵花”节节高升-安心回报人民币94号理财计划	2010-6-13	2010-6-21	396273	债券及货币市场工具类	3.00
147	“金葵花”钻石尊享节节高升-安心回报人民币95号理财计划	2010-6-13	2010-6-21	98082	债券及货币市场工具类	3.00
148	“金葵花”金卡专享-招银进宝之资产池112号理财计划	2010-6-13	2010-9-9	9945	转让贷款、债券及货币市场工具类	0.00
149	“金葵花”尊享-招银进宝之资产池113号理财计划	2010-6-13	2010-9-9	19910	转让贷款、债券及货币市场工具类	0.00
150	“金葵花”招银进宝之信托贷款150号理财计划	2010-6-13	2011-6-13	26183	转让贷款	4.00
151	“金葵花”招银进宝之贷里淘金118号理财计划	2010-6-17	2010-7-19	26913	转让贷款、债券及货币市场工具类	2.25
152	“金葵花”招银进宝之贷里淘金119号理财计划	2010-6-17	2010-8-19	9695	转让贷款、债券及货币市场工具类	2.40
153	“金葵花”招银进宝之贷里淘金120号理财计划	2010-6-17	2010-9-17	22591	转让贷款、债券及货币市场工具类	2.60
154	“金葵花”招银进宝之点贷成金8号理财计划	2010-6-18	2010-7-2	46122	债券及货币市场工具类	2.20
155	“金葵花”招银进宝之点贷成金9号理财计划	2010-6-18	2010-9-17	16996	债券及货币市场工具类	2.90

续表

序号	产品简称	发行日	到期日	拟发行量	资金主要投向	预期收益率(%)
156	“金葵花”招银进宝之信托贷款136号理财计划	2010-6-18	2011-6-18	19940	转让贷款	4.10
157	“金葵花”焦点联动系列-A股金融类股票表现联动理财计划	2010-6-18	2011-6-18	1526	其他	0.00
158	钻石财富-招银进宝系列之平安连金理财计划	2010-6-18	2020-6-18	283628	其他	0.00
159	“金葵花”招银进宝之贷里淘金121号理财计划	2010-6-21	2010-7-22	38684	转让贷款、债券及货币市场工具类	2.25
160	“金葵花”招银进宝之贷里淘金122号理财计划	2010-6-21	2010-8-20	19251	转让贷款、债券及货币市场工具类	2.40
161	“金葵花”招银进宝之贷里淘金123号理财计划	2010-6-21	2010-9-21	40303	转让贷款、债券及货币市场工具类	2.60
162	“金葵花”招银进宝之票据盈104号理财计划	2010-6-21	2010-7-12	43086	转让贷款、债券及货币市场工具类	2.20
163	“金葵花”招银进宝之资产池114号理财计划	2010-6-22	2010-6-29	79937	转让贷款、债券及货币市场工具类	0.00
164	“金葵花”招银进宝之信托贷款155号理财计划	2010-6-22	2011-6-22	9520	转让贷款	4.00
165	“金葵花”招银进宝之贷里淘金125号理财计划	2010-6-23	2010-6-30	99998	转让贷款、债券及货币市场工具类	2.80
166	“金葵花”招银进宝之贷里淘金124号理财计划	2010-6-24	2010-6-30	100000	转让贷款、债券及货币市场工具类	2.80
167	“金葵花”节节高升-招银进宝之贷里淘金126号理财计划	2010-6-24	2010-9-27	276245	转让贷款、债券及货币市场工具类	3.20
168	“金葵花”钻石尊享节节高升-招银进宝之点贷成金10号理财计	2010-6-24	2010-8-24	48318	债券及货币市场工具类	3.40
169	“金葵花”招银进宝之贷里淘金127号理财计划	2010-6-25	2010-7-27	35539	转让贷款、债券及货币市场工具类	2.25
170	“金葵花”招银进宝之贷里淘金128号理财计划	2010-6-25	2010-8-27	24229	转让贷款、债券及货币市场工具类	2.40
171	“金葵花”尊享招银进宝之贷里淘金132号理财计划	2010-6-25	2010-8-24	29997	债券及货币市场工具类	3.00
172	“金葵花”尊享招银进宝之贷里淘金133号理财计划	2010-6-25	2010-9-25	39997	债券及货币市场工具类	3.20
173	“金葵花”招银进宝之资产池115号理财计划	2010-6-25	2010-7-28	19968	转让贷款、债券及货币市场工具类	0.00
174	“金葵花”招银进宝之贷里淘金129号理财计划	2010-6-29	2010-7-26	17090	转让贷款、债券及货币市场工具类	2.25

续表

序号	产品简称	发行日	到期日	拟发行量	资金主要投向	预期收益率(%)
175	“金葵花”招银进宝之贷里淘金 130 号理财计划	2010-6-29	2010-8-26	7606	债券及货币市场工具类	2.40
176	“金葵花”招银进宝之贷里淘金 131 号理财计划	2010-6-29	2010-9-25	16658	债券及货币市场工具类	2.60
177	“金葵花”招银进宝之票据盈 105 号理财计划	2010-6-29	2010-7-20	34902	转让贷款、债券及货币市场工具类	2.40
178	“金葵花”招银进宝之点贷成金 11 号理财计划	2010-6-29	2010-9-21	29950	债券及货币市场工具类	2.90
179	“金葵花”招银进宝之点贷成金 12 号理财计划	2010-6-29	2010-9-21	24996	债券及货币市场工具类	2.90
180	“金葵花”招银进宝之资产池 116 号理财计划	2010-6-29	2010-9-9	79302	转让贷款、债券及货币市场工具类	0.00
181	“金葵花”钻石尊享节节高升-安心回报人民币 96 号理财计划	2010-7-1	2010-7-9	40075	转让贷款	2.80
182	“金葵花”节节高升-安心回报人民币 97 号理财计划	2010-7-1	2010-7-9	178701	转让贷款、债券及货币市场工具类	2.60
183	“金葵花”尊享节节高升-安心回报人民币 100 号理财计划	2010-7-1	2010-7-9	274711	转让贷款、债券及货币市场工具类	2.80
184	“金葵花”招银进宝之信托贷款 156 号理财计划	2010-7-1	2011-7-1	20000	转让贷款	4.30
185	“金葵花”招银进宝之信托贷款 156 号理财计划	2010-7-1	2011-7-1	20000	转让贷款	4.30
186	“金葵花”招银进宝之贷里淘金 134 号理财计划	2010-7-2	2010-7-13	112213	债券及货币市场工具类	2.80
187	“金葵花”招银进宝之贷里淘金 135 号理财计划	2010-7-2	2011-1-4	19842	债券及货币市场工具类	3.40
188	“金葵花”钻石尊享节节高升-安心回报人民币 98 号理财计划	2010-7-2	2010-7-19	48473	转让贷款、债券及货币市场工具类	3.00
189	“金葵花”尊享节节高升-安心回报人民币 101 号理财计划	2010-7-2	2010-7-19	145072	转让贷款、债券及货币市场工具类	3.00
190	“金葵花”节节高升-安心回报人民币 102 号理财计划	2010-7-2	2010-7-19	250000	转让贷款、债券及货币市场工具类	2.80
191	“金葵花”钻石尊享节节高升-招银进宝之贷里淘金 136 号理财计	2010-7-5	2010-7-30	80000	债券及货币市场工具类	3.00
192	“金葵花”节节高升-招银进宝之点贷成金 16 号理财计划	2010-7-5	2010-8-2	149995	转让贷款、债券及货币市场工具类	2.90
193	“金葵花”节节高升-招银进宝之贷里淘金 137 号理财计划	2010-7-6	2010-8-27	149997	转让贷款、债券及货币市场工具类	3.15

续表

序号	产品简称	发行日	到期日	拟发行量	资金主要投向	预期收益率(%)
194	“金葵花”节节高升－招银进宝之贷里淘金138号理财计划	2010－7－6	2010－9－30	99998	转让贷款、债券及货币市场工具类	3.30
195	“金葵花”招银进宝之票据盈106号理财计划	2010－7－6	2010－7－27	149999	转让贷款、债券及货币市场工具类	2.70
196	“金葵花”招银进宝之信贷资产1103号理财计划	2010－7－6	2011－1－21	10000	转让贷款	3.70
197	“金葵花”招银进宝之信托贷款162号理财计划	2010－7－6	2010－9－27	5000	转让贷款、债券及货币市场工具类	0.00
198	“金葵花”招银进宝之信托贷款162号理财计划	2010－7－6	2010－9－27	5000	转让贷款、债券及货币市场工具类	0.00
199	“金葵花”招银进宝之贷里淘金139号理财计划	2010－7－7	2011－1－6	16859	转让贷款、债券及货币市场工具类	2.85
200	“金葵花”招银进宝之贷里淘金140号理财计划	2010－7－7	2011－4－7	22575	转让贷款、债券及货币市场工具类	3.05
201	“金葵花”招银进宝之信托贷款158号理财计划	2010－7－7	2011－4－29	5000	转让贷款	4.00
202	“金葵花”招银进宝之信托贷款161号理财计划	2010－7－7	2010－10－7	2603	转让贷款	3.40
203	“金葵花”招银进宝之贷里淘金141号理财计划	2010－7－8	2010－8－6	79999	转让贷款、债券及货币市场工具类	2.25
204	“金葵花”招银进宝之贷里淘金142号理财计划	2010－7－8	2010－10－9	39001	转让贷款、债券及货币市场工具类	2.60
205	“金葵花”招银进宝之贷里淘金143号理财计划	2010－7－8	2010－7－15	66152	转让贷款、债券及货币市场工具类	2.70
206	“金葵花”招银进宝之资产池117号理财计划	2010－7－9	2010－9－9	55297	转让贷款、债券及货币市场工具类	0.00
207	“金葵花”招银进宝之信托贷款167号理财计划	2010－7－9	2011－3－9	7000	转让贷款	4.20
208	招银进宝之贷里淘金144号理财计划	2010－7－12	2010－8－13	74513	转让贷款、债券及货币市场工具类	2.25
209	钻石尊享节节高升－招银进宝之贷里淘金145号理财计划	2010－7－13	2010－9－14	49417	转让贷款、债券及货币市场工具类	3.10
210	招银进宝之贷里淘金146号理财计划	2010－7－13	2010－10－13	35809	转让贷款、债券及货币市场工具类	2.60
211	招银进宝之贷里淘金147号理财计划	2010－7－13	2011－1－13	8966	转让贷款、债券及货币市场工具类	2.85
212	招银进宝之贷里淘金148号理财计划	2010－7－13	2011－4－13	19998	转让贷款、债券及货币市场工具类	3.05

续表

序号	产品简称	发行日	到期日	拟发行量	资金主要投向	预期收益率(%)
213	招银进宝之票据盈 107 号理财计划	2010－7－13	2010－12－29	10427	转让贷款、债券及货币市场工具类	2.85
214	"金葵花"尊享－招银进宝之点贷成金 13 号理财计划	2010－7－13	2010－11－10	5000	债券及货币市场工具类	3.00
215	"金葵花"尊享－招银进宝之点贷成金 14 号理财计划	2010－7－13	2010－11－10	3998	债券及货币市场工具类	3.00
216	"金葵花"招银进宝之点贷成金 15 号理财计划	2010－7－13	2010－11－23	5000	转让贷款、债券及货币市场工具类	2.90
217	"金葵花"招银进宝之点贷成金 17 号理财计划	2010－7－13	2010－11－25	9812	转让贷款、债券及货币市场工具类	2.90
218	"金葵花"招银进宝之点贷成金 18 号理财计划	2010－7－13	2010－10－13	19994	转让贷款、债券及货币市场工具类	3.30
219	"金葵花"招银进宝之点贷成金 19 号理财计划	2010－7－13	2010－10－13	29880	转让贷款、债券及货币市场工具类	2.90
220	"金葵花"招银进宝之信托贷款 163 号理财计划	2010－7－13	2011－7－13	10000	转让贷款	4.10
221	"金葵花"招银进宝之信托贷款 165 号理财计划	2010－7－13	2011－7－13	20000	转让贷款	4.00
222	"金葵花"招银进宝之信托贷款 163 号理财计划	2010－7－13	2011－7－13	10000	转让贷款	4.10
223	"金葵花"招银进宝之信托贷款 165 号理财计划	2010－7－13	2011－7－13	20000	转让贷款	4.00
224	节节高升－招银进宝之贷里淘金 149 号理财计划	2010－7－15	2010－8－18	118315	转让贷款、债券及货币市场工具类	2.80
225	节节高升－招银进宝之贷里淘金 150 号理财计划	2010－7－15	2010－9－16	69162	转让贷款、债券及货币市场工具类	3.05
226	招银进宝之点贷成金 20 号理财计划	2010－7－16	2011－7－8	5000	转让贷款	4.00
227	招银进宝之贷里淘金 151 号理财计划	2010－7－20	2010－8－20	59996	转让贷款、债券及货币市场工具类	2.25
228	招银进宝之贷里淘金 152 号理财计划	2010－7－20	2010－9－20	29997	转让贷款、债券及货币市场工具类	2.40
229	招银进宝之贷里淘金 153 号理财计划	2010－7－20	2010－10－20	39997	转让贷款、债券及货币市场工具类	2.60
230	招银进宝之票据盈 108 号理财计划	2010－7－20	2010－12－29	18686	转让贷款、债券及货币市场工具类	2.75
231	招银进宝之票据盈 109 号理财计划	2010－7－20	2010－8－10	79999	转让贷款、债券及货币市场工具类	2.30
232	招银进宝之点贷成金 22 号理财计划	2010－7－20	2011－1－7	23234	转让贷款	3.40

续表

序号	产品简称	发行日	到期日	拟发行量	资金主要投向	预期收益率(%)
233	招银进宝之点贷成金 23 号理财计划	2010-7-20	2011-1-7	49896	转让贷款、债券及货币市场工具类	3.50
234	招银进宝之点贷成金 24 号理财计划	2010-7-20	2011-1-7	4000	转让贷款	3.80
235	招银进宝之信托贷款 159 号理财计划	2010-7-20	2012-7-20	19451	转让贷款	0.00
236	招银进宝之点贷成金 21 号理财计划	2010-7-21	2010-10-19	19955	转让贷款、债券及货币市场工具类	3.20
237	节节高升-招银进宝之贷里淘金 154 号理财计划	2010-7-22	2010-8-24	97187	转让贷款、债券及货币市场工具类	2.80
238	招银进宝之点贷成金 26 号理财计划	2010-7-22	2010-7-30	4994	转让贷款、债券及货币市场工具类	3.00
239	"金葵花"招银进宝之资产池 118 号理财计划	2010-7-22	2010-9-9	59825	转让贷款、债券及货币市场工具类	0.00
240	节节高升-招银进宝之贷里淘金 155 号理财计划	2010-7-23	2010-9-25	68267	转让贷款、债券及货币市场工具类	2.95
241	节节高升-招银进宝之贷里淘金 156 号理财计划	2010-7-23	2010-10-22	69162	转让贷款、债券及货币市场工具类	3.05
242	招银进宝之点贷成金 27 号理财计划	2010-7-23	2010-9-23	2494	转让贷款	3.50
243	金葵花尊享-招银进宝之贷里淘金 157 号理财计划	2010-7-27	2011-4-20	29593	转让贷款、债券及货币市场工具类	3.70
244	招银进宝之贷里淘金 158 号理财计划	2010-7-27	2011-3-22	7997	转让贷款、债券及货币市场工具类	3.50
245	招银进宝之贷里淘金 159 号理财计划	2010-7-27	2011-3-22	5000	转让贷款、债券及货币市场工具类	3.50
246	招银进宝之贷里淘金 160 号理财计划	2010-7-27	2011-3-3	19976	转让贷款、债券及货币市场工具类	3.60
247	招银进宝之贷里淘金 161 号理财计划	2010-7-27	2010-10-13	19958	转让贷款、债券及货币市场工具类	3.00
248	招银进宝之贷里淘金 162 号理财计划	2010-7-27	2010-8-12	19916	转让贷款、债券及货币市场工具类	3.05
249	金葵花尊享节节高升-安心回报人民币 103 号理财计划	2010-7-27	2010-8-9	188317	转让贷款、债券及货币市场工具类	2.10
250	钻石尊享节节高升-安心回报人民币 104 号理财计划	2010-7-27	2010-8-9	149716	转让贷款、债券及货币市场工具类	2.40
251	招银进宝之票据盈 110 号理财计划	2010-7-27	2010-8-17	37198	转让贷款、债券及货币市场工具类	2.30
252	招银进宝之票据盈 111 号理财计划	2010-7-27	2010-8-24	97369	转让贷款、债券及货币市场工具类	2.40
253	招银进宝之票据盈 112 号理财计划	2010-7-27	2010-12-29	16947	转让贷款、债券及货币市场工具类	2.70

续表

序号	产品简称	发行日	到期日	拟发行量	资金主要投向	预期收益率(%)
254	招银进宝之贷里淘金165号理财计划	2010-7-28	2010-10-28	39996	转让贷款、债券及货币市场工具类	2.60
255	招银进宝之点贷成金25号理财计划	2010-7-28	2010-10-28	4000	转让贷款	3.50
256	招银进宝之点贷成金30号理财计划	2010-7-28	2010-10-28	29999	转让贷款	3.00
257	钻石尊享节节高升-招银进宝之贷里淘金166号理财计划	2010-7-29	2010-10-29	48592	转让贷款、债券及货币市场工具类	3.30
258	招银进宝之点贷成金28号理财计划	2010-7-29	2011-3-16	3990	转让贷款	4.00
259	节节高升-招银进宝之贷里淘金167号理财计划	2010-7-30	2010-8-27	98898	转让贷款、债券及货币市场工具类	3.00
260	招银进宝之点贷成金29号理财计划	2010-7-30	2010-8-30	7134	转让贷款、债券及货币市场工具类	2.80
261	招银进宝之点贷成金31号理财计划	2010-7-30	2010-9-29	9999	转让贷款	2.70
262	节节高升-招银进宝之贷里淘金164号理财计划	2010-8-2	2010-9-29	64278	转让贷款、债券及货币市场工具类	3.15
263	招银进宝之点贷成金32号理财计划	2010-8-2	2010-9-2	67137	转让贷款、债券及货币市场工具类	2.30
264	招银进宝之点贷成金33号理财计划	2010-8-2	2010-9-29	39997	转让贷款、债券及货币市场工具类	2.50
265	节节高升-招银进宝之点贷成金34号理财计划	2010-8-2	2010-10-29	112380	转让贷款、债券及货币市场工具类	3.40
266	招银进宝之票据盈113号理财计划	2010-8-3	2010-8-24	50000	转让贷款、债券及货币市场工具类	2.30
267	招银进宝之贷里淘金168号理财计划	2010-8-5	2010-12-3	19994	转让贷款、债券及货币市场工具类	3.10
268	招银进宝之贷里淘金169号理财计划	2010-8-5	2010-12-3	49900	转让贷款、债券及货币市场工具类	3.20
269	招银进宝之贷里淘金170号理财计划	2010-8-5	2010-11-5	55000	转让贷款、债券及货币市场工具类	3.05
270	安心回报系列之生态文明特别理财计划	2010-8-5	2010-8-19	27070	转让贷款、债券及货币市场工具类	3.20
271	招银进宝之贷里淘金171号理财计划	2010-8-6	2010-9-7	69997	转让贷款、债券及货币市场工具类	2.25
272	招银进宝之点贷成金35号理财计划	2010-8-6	2010-11-9	10000	转让贷款、债券及货币市场工具类	2.80
273	招银进宝之贷里淘金175号理财计划	2010-8-9	2010-10-12	21401	转让贷款、债券及货币市场工具类	2.40
274	招银进宝之贷里淘金176号理财计划	2010-8-9	2010-11-9	33173	转让贷款、债券及货币市场工具类	2.60

续表

序号	产品简称	发行日	到期日	拟发行量	资金主要投向	预期收益率(%)
275	招银进宝之票据盈114号理财计划	2010-8-10	2010-8-31	99983	转让贷款、债券及货币市场工具类	2.30
276	招银进宝之点贷成金37号理财计划	2010-8-10	2010-10-11	3000	转让贷款	3.20
277	招银进宝之点贷成金38号理财计划	2010-8-10	2010-11-9	4989	转让贷款	3.40
278	招银进宝之贷里淘金172号理财计划	2010-8-11	2010-10-29	9804	转让贷款、债券及货币市场工具类	3.00
279	招银进宝之贷里淘金173号理财计划	2010-8-11	2010-11-19	19884	转让贷款、债券及货币市场工具类	3.05
280	招银进宝之贷里淘金174号理财计划	2010-8-11	2010-12-7	10000	转让贷款、债券及货币市场工具类	3.10
281	节节高升-招银进宝之贷里淘金178号理财计划	2010-8-12	2010-9-10	116346	转让贷款、债券及货币市场工具类	2.80
282	招银进宝之点贷成金36号理财计划	2010-8-12	2011-2-10	19990	转让贷款、债券及货币市场工具类	3.20
283	招银进宝之贷里淘金177号理财计划	2010-8-13	2010-9-14	29998	转让贷款、债券及货币市场工具类	2.25
284	节节高升-招银进宝之贷里淘金179号理财计划	2010-8-13	2010-10-12	116271	转让贷款、债券及货币市场工具类	2.95
285	金葵花尊享节节高升招银进宝之贷里淘金183号理财计划	2010-8-13	2010-9-10	24623	转让贷款、债券及货币市场工具类	2.70
286	招银进宝之贷里淘金180号理财计划	2010-8-18	2010-12-17	19909	转让贷款、债券及货币市场工具类	3.10
287	金葵花尊享-招银进宝之贷里淘金181号理财计划	2010-8-18	2010-12-17	39907	转让贷款、债券及货币市场工具类	3.20
288	招银进宝之贷里淘金182号理财计划	2010-8-18	2010-11-17	29994	转让贷款、债券及货币市场工具类	3.00
289	金葵花尊享节节高升招银进宝之贷里淘金184号理财计划	2010-8-19	2010-8-26	56695	转让贷款、债券及货币市场工具类	2.70
290	节节高升-招银进宝之贷里淘金185号理财计划	2010-8-19	2010-8-26	11200	转让贷款、债券及货币市场工具类	2.60
291	金葵花尊享节节高升招银进宝之点贷成金39号理财计划	2010-8-19	2010-10-18	42323	转让贷款、债券及货币市场工具类	3.20
292	招银进宝之点贷成金40号理财计划	2010-8-19	2010-11-19	66494	转让贷款	2.70
293	招银进宝之点贷成金41号理财计划	2010-8-19	2011-2-17	21910	转让贷款	2.90
294	招银进宝之贷里淘金186号理财计划	2010-8-20	2010-9-20	89117	转让贷款、债券及货币市场工具类	2.25
295	招银进宝之贷里淘金187号理财计划	2010-8-20	2010-10-20	22794	转让贷款、债券及货币市场工具类	2.40

续表

序号	产品简称	发行日	到期日	拟发行量	资金主要投向	预期收益率(%)
296	招银进宝之贷里淘金188号理财计划	2010-8-20	2010-11-19	23387	转让贷款、债券及货币市场工具类	2.60
297	招银进宝之贷里淘金189号理财计划	2010-8-20	2011-2-18	8275	转让贷款、债券及货币市场工具类	2.85
298	招银进宝之贷里淘金190号理财计划	2010-8-20	2011-5-18	19500	转让贷款、债券及货币市场工具类	3.00
299	招银进宝之贷里淘金197号理财计划	2010-8-23	2010-9-25	13160	债券及货币市场工具类	2.35
300	I理财专享-安心回报人民币106号理财计划	2010-8-23	2010-11-23	999	转让贷款、债券及货币市场工具类	3.20
301	招银进宝之贷里淘金191号理财计划	2010-8-25	2010-11-25	13145	转让贷款、债券及货币市场工具类	2.80
302	招银进宝之贷里淘金192号理财计划	2010-8-25	2010-12-24	19978	转让贷款、债券及货币市场工具类	3.10
303	金葵花尊享-招银进宝之贷里淘金193号理财计划	2010-8-25	2010-12-24	59311	转让贷款、债券及货币市场工具类	3.20
304	钻石尊享节节高升-招银进宝之贷里淘金194号理财计划	2010-8-25	2010-9-21	73239	转让贷款、债券及货币市场工具类	3.00
305	招银进宝之贷里淘金198号理财计划	2010-8-25	2010-10-26	6518	债券及货币市场工具类	2.45
306	招银进宝之贷里淘金199号理财计划	2010-8-25	2010-11-25	28944	债券及货币市场工具类	2.65
307	招银进宝之点贷成金43号理财计划	2010-8-25	2010-9-25	44285	转让贷款	3.00
308	招银进宝之点贷成金44号理财计划	2010-8-25	2010-9-26	56105	转让贷款	2.40
309	招银进宝之点贷成金45号理财计划	2010-8-25	2010-10-26	24268	转让贷款、债券及货币市场工具类	2.55
310	节节高升-招银进宝之点贷成金42号理财计划	2010-8-26	2010-11-25	78897	转让贷款	3.30
311	招商银行节节高升-招银进宝之贷里淘金195号理财计划	2010-8-27	2010-10-22	61221	转让贷款、债券及货币市场工具类	2.95
312	节节高升-招银进宝之贷里淘金196号理财计划	2010-8-27	2010-11-26	66072	转让贷款、债券及货币市场工具类	3.05
313	招银进宝之贷里淘金200号理财计划	2010-8-27	2010-9-27	32521	债券及货币市场工具类	2.35
314	招银进宝之贷里淘金201号理财计划	2010-8-27	2010-10-26	5997	债券及货币市场工具类	2.45
315	招银进宝之贷里淘金202号理财计划	2010-8-27	2010-11-25	18931	债券及货币市场工具类	2.65

续表

序号	产品简称	发行日	到期日	拟发行量	资金主要投向	预期收益率(%)
316	招银进宝之点贷成金46号理财计划	2010-8-31	2010-9-30	76128	转让贷款、债券及货币市场工具类	2.40
317	招银进宝之点贷成金47号理财计划	2010-8-31	2010-10-29	33148	转让贷款、债券及货币市场工具类	2.55
318	招银进宝之点贷成金48号理财计划	2010-9-1	2010-12-1	50143	转让贷款、债券及货币市场工具类	2.70
319	I理财专享-招银进宝之点贷成金49号理财计划	2010-9-1	2010-12-2	3284	转让贷款、债券及货币市场工具类	3.40
320	招银进宝之贷里淘金203号理财计划	2010-9-2	2011-1-6	19829	债券及货币市场工具类	3.10
321	金葵花尊享-招银进宝之贷里淘金204号理财计划	2010-9-2	2011-1-6	34691	债券及货币市场工具类	3.20
322	招银进宝之贷里淘金205号理财计划	2010-9-2	2010-12-2	24996	债券及货币市场工具类	3.00
323	招银进宝之点贷成金50号理财计划	2010-9-2	2010-9-17	79998	转让贷款、债券及货币市场工具类	2.80
324	招银进宝之点贷成金51号理财计划	2010-9-2	2010-9-30	99996	转让贷款、债券及货币市场工具类	3.00
325	节节高升-招银进宝之贷里淘金207号理财计划	2010-9-3	2010-10-8	115542	债券及货币市场工具类	2.80
326	节节高升-招银进宝之贷里淘金208号理财计划	2010-9-3	2010-10-29	68186	债券及货币市场工具类	2.95
327	招银进宝之贷里淘金209号理财计划	2010-9-3	2010-10-8	38963	债券及货币市场工具类	2.25
328	招银进宝之贷里淘金210号理财计划	2010-9-3	2010-11-30	30962	债券及货币市场工具类	2.60
329	招银进宝之贷里淘金211号理财计划	2010-9-7	2010-10-12	33720	债券及货币市场工具类	2.25
330	招银进宝之贷里淘金212号理财计划	2010-9-7	2010-11-9	9421	债券及货币市场工具类	2.40
331	招银进宝之贷里淘金213号理财计划	2010-9-7	2010-12-9	16422	债券及货币市场工具类	2.60
332	招银进宝之贷里淘金206号理财计划	2010-9-8	2010-9-30	14400	债券及货币市场工具类	2.40
333	金葵花尊享节节高升-安心回报人民币108号理财计划	2010-9-8	2010-9-17	128021	转让贷款、债券及货币市场工具类	2.60
334	招银进宝之贷里淘金214号理财计划	2010-9-9	2011-3-2	11717	债券及货币市场工具类	2.80

续表

序号	产品简称	发行日	到期日	拟发行量	资金主要投向	预期收益率(%)
335	招银进宝之贷里淘金215号理财计划	2010-9-9	2011-6-8	11773	债券及货币市场工具类	2.95
336	钻石尊享节节高升-招银进宝之贷里掏金216号理财计划	2010-9-9	2010-11-5	32997	债券及货币市场工具类	3.10
337	金葵花尊享节节高升-招银进宝之点贷成金53号理财计划	2010-9-9	2010-10-8	27860	转让贷款、债券及货币市场工具类	3.05
338	节节高升-招银进宝之贷里掏金217号理财计划	2010-9-10	2010-10-15	78620	债券及货币市场工具类	2.80
339	节节高升-招银进宝之贷里掏金218号理财计划	2010-9-10	2010-12-10	66132	债券及货币市场工具类	3.05
340	招银进宝之贷里淘金219号理财计划	2010-9-10	2010-10-13	26143	债券及货币市场工具类	2.25
341	招银进宝之贷里淘金220号理财计划	2010-9-10	2010-11-10	8028	债券及货币市场工具类	2.40
342	招银进宝之贷里淘金221号理财计划	2010-9-10	2010-12-10	19182	债券及货币市场工具类	2.60
343	钻石尊享节节高升-招银进宝之点贷成金52号理财计划	2010-9-10	2010-10-12	52728	转让贷款、债券及货币市场工具类	3.20
344	招银进宝之点贷成金54号理财计划	2010-9-10	2010-10-20	26719	转让贷款、债券及货币市场工具类	3.05
345	招银进宝之贷里淘金224号理财计划	2010-9-14	2010-10-15	32928	债券及货币市场工具类	2.25
346	招银进宝之贷里淘金225号理财计划	2010-9-14	2010-11-11	12160	债券及货币市场工具类	2.40
347	招银进宝之贷里淘金226号理财计划	2010-9-14	2010-12-13	23401	债券及货币市场工具类	2.60
348	招银进宝之贷里淘金222号理财计划	2010-9-15	2011-3-9	11159	债券及货币市场工具类	2.80
349	招银进宝之贷里淘金223号理财计划	2010-9-15	2011-6-15	10607	债券及货币市场工具类	2.95
350	节节高升-招银进宝之贷里淘金229号理财计划	2010-9-15	2010-10-19	45170	债券及货币市场工具类	2.80
351	节节高升-招银进宝之贷里淘金230号理财计划	2010-9-16	2010-11-12	43376	债券及货币市场工具类	2.95
352	节节高升-招银进宝之贷里淘金231号理财计划	2010-9-17	2010-12-17	43742	债券及货币市场工具类	3.05
353	招银进宝之贷里淘金232号理财计划	2010-9-17	2010-10-19	20465	债券及货币市场工具类	2.25

续表

序号	产品简称	发行日	到期日	拟发行量	资金主要投向	预期收益率(%)
354	招银进宝之贷里淘金233号理财计划	2010-9-17	2010-11-16	5363	债券及货币市场工具类	2.40
355	招银进宝之贷里淘金234号理财计划	2010-9-17	2010-12-15	14616	债券及货币市场工具类	2.60
356	金卡专享-招银进宝之贷里淘金238号理财计划	2010-9-17	2010-10-19	64278	债券及货币市场工具类	2.50
357	金葵花尊享节节高升-招银进宝之点贷成金55号理财计划	2010-9-19	2010-12-24	8608	转让贷款、债券及货币市场工具类	3.40
358	金葵花尊享节节高升-招银进宝之贷里淘金235号理财计划	2010-9-20	2010-10-22	99469	债券及货币市场工具类	3.00
359	招银进宝之贷里淘金227号理财计划	2010-9-21	2011-3-9	6800	债券及货币市场工具类	2.80
360	招银进宝之贷里淘金228号理财计划	2010-9-21	2011-6-15	6071	债券及货币市场工具类	2.95
361	节节高升-招银进宝之贷里淘金236号理财计划	2010-9-21	2010-11-19	41927	债券及货币市场工具类	2.95
362	节节高升-招银进宝之贷里淘金237号理财计划	2010-9-21	2010-12-24	50337	债券及货币市场工具类	3.05
363	招银进宝之贷里淘金239号理财计划	2010-9-21	2010-10-21	17082	债券及货币市场工具类	2.25
364	招银进宝之贷里淘金240号理财计划	2010-9-21	2010-11-19	4507	债券及货币市场工具类	2.40
365	招银进宝之贷里淘金241号理财计划	2010-9-21	2010-12-22	7347	债券及货币市场工具类	2.60
366	节节高升-招银进宝之贷里淘金247号理财计划	2010-9-21	2010-12-21	53733	债券及货币市场工具类	3.50
367	安心回报系列之中国儿童少年基金会捐赠特别理财计划	2010-9-21	2010-10-21	3923	转让贷款	3.00
368	招银进宝之点贷成金56号理财计划	2010-9-21	2010-10-21	20022	转让贷款、债券及货币市场工具类	2.30
369	招银进宝之点贷成金57号理财计划	2010-9-21	2010-11-19	4006	转让贷款、债券及货币市场工具类	2.50
370	招银进宝之点贷成金58号理财计划	2010-9-21	2010-12-17	15017	转让贷款、债券及货币市场工具类	2.70
371	招银进宝之贷里淘金244号理财计划	2010-9-27	2010-10-27	25947	债券及货币市场工具类	2.25
372	招银进宝之贷里淘金245号理财计划	2010-9-27	2010-11-25	7051	债券及货币市场工具类	2.40

续表

序号	产品简称	发行日	到期日	拟发行量	资金主要投向	预期收益率(%)
373	招银进宝之贷里淘金246号理财计划	2010-9-27	2010-12-27	12904	债券及货币市场工具类	2.60
374	节节高升-招银进宝之点贷成金59号理财计划	2010-9-27	2011-1-7	97892	转让贷款、债券及货币市场工具类	3.40
375	金葵花尊享节节高升-安心回报人民币109号理财计划	2010-9-28	2010-10-8	193269	转让贷款、债券及货币市场工具类	2.60
376	钻石财富-招银进宝系列之泓湖优先理财计划	2010-9-28	2012-3-28	7035	转让贷款	0.06
377	钻石财富-招银进宝系列之泓湖优先理财计划	2010-9-28	2012-3-28	1150	债券及货币市场工具类	0.06
378	招银进宝之贷里淘金242号理财计划	2010-9-29	2011-3-16	11530	债券及货币市场工具类	2.80
379	招银进宝之贷里淘金243号理财计划	2010-9-29	2011-6-16	10694	债券及货币市场工具类	2.95
380	钻石尊享节节高升-招银进宝之贷里淘金251号理财计划	2010-9-29	2010-10-28	49360	债券及货币市场工具类	3.00
381	金葵花尊享-招银进宝系列之泓湖优先理财计划	2010-9-29	2012-3-29	1315	转让贷款	6.00
382	招银进宝之贷里淘金248号理财计划	2010-9-30	2010-10-29	18640	债券及货币市场工具类	2.25
383	招银进宝之贷里淘金249号理财计划	2010-9-30	2010-11-29	7763	债券及货币市场工具类	2.40
384	招银进宝之贷里淘金250号理财计划	2010-9-30	2010-12-29	13697	债券及货币市场工具类	2.60
385	节节高升-招银进宝之贷里淘金252号理财计划	2010-9-30	2010-11-26	67963	债券及货币市场工具类	2.95
386	招银进宝之贷里淘金253号理财计划	2010-9-30	2010-10-11	39399	债券及货币市场工具类	2.70
387	招银进宝之点贷成金60号理财计划	2010-9-30	2010-10-29	46653	转让贷款、债券及货币市场工具类	2.30
388	招银进宝之点贷成金61号理财计划	2010-9-30	2010-11-26	18807	转让贷款、债券及货币市场工具类	2.50
389	招银进宝之点贷成金62号理财计划	2010-9-30	2010-12-24	57012	转让贷款、债券及货币市场工具类	2.70
390	钻石尊享节节高升-招银进宝之贷里淘金254号理财计划	2010-10-8	2010-11-5	39762	债券及货币市场工具类	3.00
391	节节高升-招银进宝之贷里淘金255号理财计划	2010-10-9	2010-12-7	68295	债券及货币市场工具类	2.95

续表

序号	产品简称	发行日	到期日	拟发行量	资金主要投向	预期收益率(%)
392	节节高升－招银进宝之贷里淘金256号理财计划	2010－10－11	2011－1－7	64433	债券及货币市场工具类	3.05
393	招银进宝之贷里淘金257号理财计划	2010－10－12	2010－11－12	59997	债券及货币市场工具类	2.25
394	招银进宝之贷里淘金258号理财计划	2010－10－12	2010－12－10	28531	债券及货币市场工具类	2.40
395	招银进宝之贷里淘金259号理财计划	2010－10－12	2011－1－6	28564	债券及货币市场工具类	2.60
396	招银进宝之贷里淘金260号理财计划	2010－10－13	2011－3－30	16486	债券及货币市场工具类	2.80
397	招银进宝之贷里淘金261号理财计划	2010－10－13	2011－6－29	13212	债券及货币市场工具类	2.95
398	节节高升－招银进宝之点贷成金65号理财计划	2010－10－15	2010－11－12	116343	转让贷款、债券及货币市场工具类	2.95
399	节节高升－招银进宝之点贷成金66号理财计划	2010－10－15	2010－12－9	96222	转让贷款、债券及货币市场工具类	3.10
400	节节高升－招银进宝之贷里淘金263号理财计划	2010－10－18	2011－1－13	120872	债券及货币市场工具类	3.05
401	节节高升－招银进宝之贷里淘金262号理财计划	2010－10－19	2011－1－19	90449	债券及货币市场工具类	3.50
402	节节高升－安心回报人民币110号理财计划	2010－10－20	2010－10－27	95823	转让贷款、债券及货币市场工具类	2.40
403	节节高升－招银进宝之点贷成金63号理财计划	2010－10－20	2011－4－20	9895	转让贷款、债券及货币市场工具类	3.50
404	节节高升－招银进宝之点贷成金64号理财计划	2010－10－20	2011－4－20	9811	转让贷款、债券及货币市场工具类	3.60
405	节节高升－招银进宝之点贷成金67号理财计划	2010－10－20	2010－11－18	96322	转让贷款、债券及货币市场工具类	2.95
406	节节高升－招银进宝之贷里淘金264号理财计划	2010－10－22	2010－11－19	112667	债券及货币市场工具类	2.80
407	节节高升－招银进宝之点贷成金69号理财计划	2010－10－22	2011－1－20	19587	转让贷款、债券及货币市场工具类	3.30
408	节节高升－安心回报人民币111号理财计划	2010－10－27	2010－11－3	83403	转让贷款	2.40
409	节节高升－招银进宝之贷里淘金265号理财计划	2010－10－28	2010－12－28	109651	债券及货币市场工具类	2.95
410	招银进宝之点贷成金68号理财计划	2010－10－28	2011－1－28	4000	转让贷款、债券及货币市场工具类	3.50

续表

序号	产品简称	发行日	到期日	拟发行量	资金主要投向	预期收益率(%)
411	节节高升－招银进宝之贷里淘金 266 号理财计划	2010－10－29	2010－11－26	118126	债券及货币市场工具类	2.80
412	节节高升－招银进宝之贷里淘金 267 号理财计划	2010－10－29	2010－12－1	37204	债券及货币市场工具类	2.40
413	节节高升－招银进宝之点贷成金 72 号理财计划	2010－10－29	2011－1－26	67562	转让贷款、债券及货币市场工具类	3.20
414	招银进宝系列之海洋一期优先理财计划	2010－10－29	2012－4－29	6000	转让贷款	5.70
415	招银进宝系列之融易 1 期优先理财计划	2010－10－29	2012－4－29	6600	转让贷款	6.00
416	节节高升－招银进宝之贷里淘金 268 号理财计划	2010－11－2	2010－12－3	136943	债券及货币市场工具类	2.50
417	节节高升－安心回报人民币 112 号理财计划	2010－11－4	2010－11－18	67625	转让贷款、债券及货币市场工具类	2.50
418	节节高升－招银进宝之贷里淘金 269 号理财计划	2010－11－5	2011－3－4	52975	债券及货币市场工具类	3.30
419	节节高升－招银进宝之贷里淘金 271 号理财计划	2010－11－5	2010－12－2	77401	债券及货币市场工具类	2.80
420	节节高升－招银进宝之点贷成金 70 号理财计划	2010－11－5	2011－5－5	8988	转让贷款、债券及货币市场工具类	3.50
421	节节高升－招银进宝之点贷成金 71 号理财计划	2010－11－5	2011－5－5	9492	转让贷款、债券及货币市场工具类	3.60
422	节节高升－招银进宝之点贷成金 73 号理财计划	2010－11－5	2011－2－10	9950	转让贷款、债券及货币市场工具类	3.20
423	节节高升－招银进宝之点贷成金 76 号理财计划	2010－11－9	2010－12－16	4966	转让贷款、债券及货币市场工具类	3.40
424	节节高升－招银进宝之贷里淘金 272 号理财计划	2010－11－11	2011－1－7	81951	债券及货币市场工具类	2.95
425	节节高升－安心回报人民币 113 号理财计划	2010－11－11	2010－12－3	66448	转让贷款、债券及货币市场工具类	2.60
426	节节高升－招银进宝之点贷成金 77 号理财计划	2010－11－11	2010－12－29	7972	转让贷款、债券及货币市场工具类	3.50
427	I 理财专享－招银进宝之点贷成金 75 号理财计划	2010－11－12	2010－12－13	996	转让贷款、债券及货币市场工具类	3.20
428	金葵花尊享节节高升－招银进宝之点贷成金 80 号理财计划	2010－11－12	2010－11－30	8213	转让贷款、债券及货币市场工具类	2.60
429	节节高升－招银进宝之点贷成金 81 号理财计划	2010－11－12	2010－11－30	3714	转让贷款、债券及货币市场工具类	2.55

续表

序号	产品简称	发行日	到期日	拟发行量	资金主要投向	预期收益率(%)
430	节节高升－招银进宝之点贷成金 83 号理财计划	2010－11－12	2010－12－9	97677	转让贷款、债券及货币市场工具类	2.95
431	节节高升－招银进宝之点贷成金 82 号理财计划	2010－11－15	2011－1－14	10632	转让贷款、债券及货币市场工具类	3.00
432	节节高升－招银进宝之点贷成金 78 号理财计划	2010－11－16	2011－1－4	2493	转让贷款、债券及货币市场工具类	2.95
433	节节高升－招银进宝之点贷成金 79 号理财计划	2010－11－16	2011－2－14	2496	转让贷款、债券及货币市场工具类	3.10
434	节节高升－招银进宝之贷里淘金 270 号理财计划	2010－11－17	2011－3－17	29096	债券及货币市场工具类	3.30
435	节节高升－招银进宝之贷里淘金 273 号理财计划	2010－11－17	2011－3－17	19923	债券及货币市场工具类	3.20
436	节节高升－招银进宝之贷里淘金 274 号理财计划	2010－11－17	2010－12－15	78042	债券及货币市场工具类	2.80
437	节节高升－安心回报人民币 114 号理财计划	2010－11－17	2010－11－24	78151	转让贷款	2.40
438	节节高升－招银进宝之点贷成金 74 号理财计划	2010－11－19	2011－2－18	17624	转让贷款、债券及货币市场工具类	3.20
439	节节高升－招银进宝之点贷成金 87 号理财计划	2010－11－19	2011－1－19	95933	转让贷款、债券及货币市场工具类	3.10
440	节节高升－招银进宝之点贷成金 88 号理财计划	2010－11－19	2010－12－20	25950	转让贷款、债券及货币市场工具类	2.90
441	节节高升－招银进宝之点贷成金 89 号理财计划	2010－11－19	2010－12－20	1966	转让贷款、债券及货币市场工具类	2.80
442	招银进宝系列之中泰 1 期优先理财计划	2010－11－19	2012－5－19	8840	转让贷款	6.20
443	钻石尊享节节高升－招银进宝之点贷成金 90 号理财计划	2010－11－22	2010－11－30	17951	转让贷款、债券及货币市场工具类	2.50
444	节节高升－招银进宝之点贷成金 84 号理财计划	2010－11－23	2010－12－23	2316	转让贷款、债券及货币市场工具类	2.95
445	节节高升－招银进宝之点贷成金 85 号理财计划	2010－11－23	2011－5－20	1345	转让贷款、债券及货币市场工具类	3.20
446	节节高升－招银进宝之点贷成金 86 号理财计划	2010－11－24	2010－12－28	29990	转让贷款、债券及货币市场工具类	3.30
447	节节高升－招银进宝之贷里淘金 278 号理财计划	2010－11－25	2011－2－24	71074	债券及货币市场工具类	3.05
448	节节高升－安心回报人民币 115 号理财计划	2010－11－25	2010－12－2	68198	转让贷款、债券及货币市场工具类	2.40

续表

序号	产品简称	发行日	到期日	拟发行量	资金主要投向	预期收益率(%)
449	金葵花尊享节节高升－招银进宝之贷里淘金275号理财计划	2010－11－26	2011－5－25	28103	债券及货币市场工具类	3.50
450	节节高升－招银进宝之贷里淘金276号理财计划	2010－11－26	2011－5－25	19973	债券及货币市场工具类	3.40
451	节节高升－招银进宝之贷里淘金277号理财计划	2010－11－26	2011－5－25	19952	债券及货币市场工具类	3.30
452	节节高升－招银进宝之点贷成金93号理财计划	2010－11－26	2010－12－23	115145	转让贷款、债券及货币市场工具类	2.95
453	金葵花尊享节节高升－招银进宝之点贷成金94号理财计划	2010－11－26	2010－12－27	11813	转让贷款、债券及货币市场工具类	2.90
454	节节高升－招银进宝之点贷成金95号理财计划	2010－11－26	2010－12－27	5127	转让贷款、债券及货币市场工具类	2.80
455	节节高升－招银进宝之点贷成金96号理财计划	2010－11－29	2011－1－28	9002	转让贷款、债券及货币市场工具类	3.00
456	节节高升－招银进宝之贷里淘金279号理财计划	2010－11－30	2010－12－30	107986	债券及货币市场工具类	2.80
457	节节高升－招银进宝之点贷成金91号理财计划	2010－11－30	2011－1－18	2047	转让贷款、债券及货币市场工具类	2.95
458	节节高升－招银进宝之点贷成金92号理财计划	2010－11－30	2011－2－28	1977	转让贷款、债券及货币市场工具类	3.10
459	节节高升－招银进宝之点贷成金97号理财计划	2010－11－30	2010－12－16	4996	转让贷款、债券及货币市场工具类	3.30
460	节节高升－招银进宝之点贷成金98号理财计划	2010－12－2	2011－1－28	8000	转让贷款、债券及货币市场工具类	3.50
461	节节高升－招银进宝之贷里淘金280号理财计划	2010－12－3	2011－3－11	49994	债券及货币市场工具类	3.40
462	节节高升－招银进宝之贷里淘金281号理财计划	2010－12－3	2011－1－14	20000	债券及货币市场工具类	3.00
463	节节高升－招银进宝之点贷成金99号理财计划	2010－12－3	2011－1－11	17978	转让贷款、债券及货币市场工具类	3.25
464	节节高升－招银进宝之点贷成金100号理财计划	2010－12－3	2011－6－1	4923	转让贷款、债券及货币市场工具类	3.40
465	节节高升－招银进宝之点贷成金101号理财计划	2010－12－3	2011－1－4	117179	转让贷款、债券及货币市场工具类	2.95
466	节节高升－招银进宝之点贷成金104号理财计划	2010－12－3	2010－12－17	36719	转让贷款、债券及货币市场工具类	2.60
467	招银进宝系列之融顺一期优先理财计划	2010－12－3	2011－12－3	6000	转让贷款	5.50
468	焦点联动系列之汇率表现联动理财计划	2010－12－3	2011－1－3	20396	其他	5.50

续表

序号	产品简称	发行日	到期日	拟发行量	资金主要投向	预期收益率(%)
469	钻石财富－招银进宝系列之平安连金二期理财计划	2010－12－7	2020－12－7	41689	其他	0.00
470	招银进宝系列之麒麟1期优先理财计划	2010－12－8	2011－12－8	10000	转让贷款	5.20
471	节节高升－安心回报人民币116号理财计划	2010－12－9	2010－12－23	76337	转让贷款、债券及货币市场工具类	2.50
472	节节高升－招银进宝之点贷成金105号理财计划	2010－12－9	2011－6－7	2435	转让贷款、债券及货币市场工具类	3.40
473	节节高升－招银进宝之点贷成金107号理财计划	2010－12－9	2011－1－8	97065	转让贷款、债券及货币市场工具类	2.95
474	节节高升－招银进宝之贷里淘金282号理财计划	2010－12－10	2011－1－10	55900	债券及货币市场工具类	2.80
475	节节高升－招银进宝之点贷成金102号理财计划	2010－12－10	2011－1－10	2394	转让贷款、债券及货币市场工具类	2.95
476	节节高升－招银进宝之点贷成金103号理财计划	2010－12－10	2011－3－10	1979	转让贷款、债券及货币市场工具类	3.10
477	节节高升－招银进宝之点贷成金106号理财计划	2010－12－14	2011－2－10	5642	转让贷款、债券及货币市场工具类	3.00
478	节节高升－招银进宝之点贷成金109号理财计划	2010－12－14	2011－1－4	3349	转让贷款、债券及货币市场工具类	3.20
479	节节高升－招银进宝之点贷成金110号理财计划	2010－12－14	2011－1－4	20307	转让贷款、债券及货币市场工具类	3.20
480	节节高升－安心回报人民币117号理财计划	2010－12－15	2010－12－23	58304	转让贷款、债券及货币市场工具类	2.40
481	节节高升－招银进宝之点贷成金111号理财计划	2010－12－15	2011－1－14	68173	转让贷款、债券及货币市场工具类	2.95
482	节节高升－招银进宝之点贷成金108号理财计划	2010－12－16	2011－1－14	5000	转让贷款、债券及货币市场工具类	3.20
483	节节高升－招银进宝之贷里淘金283号理财计划	2010－12－17	2011－3－17	49725	债券及货币市场工具类	3.40
484	节节高升－招银进宝之贷里淘金284号理财计划	2010－12－17	2011－1－17	35000	债券及货币市场工具类	3.00
485	节节高升－招银进宝之贷里淘金285号理财计划	2010－12－17	2011－1－17	44849	债券及货币市场工具类	2.80
486	节节高升－招银进宝之点贷成金112号理财计划	2010－12－20	2011－1－17	22086	债券及货币市场工具类	3.40
487	节节高升－招银进宝之点贷成金113号理财计划	2010－12－20	2011－1－17	38389	债券及货币市场工具类	3.40
488	节节高升－招银进宝之贷里淘金286号理财计划	2010－12－23	2011－1－19	34461	债券及货币市场工具类	2.95
489	节节高升－招银进宝之点贷成金117号理财计划	2010－12－23	2011－1－4	50000	债券及货币市场工具类	3.10

续表

序号	产品简称	发行日	到期日	拟发行量	资金主要投向	预期收益率（%）
490	节节高升－招银进宝之贷里淘金287号理财计划	2010－12－24	2011－1－25	119033	债券及货币市场工具类	3.00
491	金葵花尊节节高升－招银进宝之点贷成金115号理财计划	2010－12－24	2011－2－22	6858	债券及货币市场工具类	3.30
492	招银进宝系列之中矿1期优先理财计划	2010－12－29	2011－12－29	11990	转让贷款	5.20

数据来源：招商银行

表3－12　2010年招商银行个人人民币开放式理财产品发行情况表　单位：万元发行币种

序号	产品简称	币种	发行日	期末余额	资金主要投向	预期收益率（%）
1	“金葵花”岁月流金人民币90天理财计划	人民币	2010－3－12	91695	债券及货币市场工具类	2.00
2	“金葵花”岁月流金人民币180天理财计划	人民币	2010－3－12	40678	债券及货币市场工具类	2.00
3	“金葵花”岁月流金人民币270天理财计划	人民币	2010－3－12	28309	债券及货币市场工具类	2.00
4	“金葵花”岁月流金人民币360天理财计划	人民币	2010－3－12	73509	债券及货币市场工具类	3.00
5	“钻石财富”－招银进宝系列之人民币尊享日日盈理财计划	人民币	2010－5－11	420199	债券及货币市场工具类	2.00
6	“钻石财富”－人民币尊享日日金理财计划	人民币	2010－6－11	110401	债券及货币市场工具类	2.00
7	“金葵花尊享”－人民币日日金理财计划	人民币	2010－8－6	455255	债券及货币市场工具类	2.00
8	贷里淘金系列人民币14天理财计划	人民币	2010－9－29	1768080	债券及货币市场工具类	3.00
9	点贷成金系列人民币21天理财计划	人民币	2010－9－29	62956	债券及货币市场工具类	3.00
10	贷里淘金系列人民币7天理财计划	人民币	2010－10－12	73027	债券及货币市场工具类	2.00
11	点贷成金系列人民币7天理财计划	人民币	2010－10－12	558641	债券及货币市场工具类	2.00
12	贷里淘金系列人民币30天理财计划	人民币	2010－10－13	247601	债券及货币市场工具类	2.00
13	贷里淘金系列人民币90天理财计划	人民币	2010－10－13	674506	债券及货币市场工具类	3.00
14	点贷成金系列人民币60天理财计划	人民币	2010－10－13	477114	债券及货币市场工具类	3.00
15	点贷成金系列人民币180天理财计划	人民币	2010－10－14	171058	债券及货币市场工具类	3.00

数据来源：招商银行

表 3-13　2010 年兴业银行个人人民币理财产品发行情况表

单位：万元人民币

序号	产品简称	发行日	到期日	拟发行量	资金主要投向	预期收益率（%）
1	2009 年第二十三期特别理财计划（中长期信贷资产 A31-I 期信托受益权投资）人民币理财	2010-1-5	2010-12-21	18800	转让贷款	4.80
2	2009 年第 34 期天天万利宝陆陆发 A 款	2010-1-8	2010-1-22	15000	债券及货币市场工具类	2.10
3	2009 年第 34 期天天万利宝陆陆发 B 款	2010-1-8	2010-2-5	14999	债券及货币市场工具类	2.30
4	2009 年第 34 期天天万利宝陆陆发 C 款	2010-1-8	2010-4-8	14999	转让贷款	3.50
5	2009 年第 34 期天天万利宝陆陆发 D 款	2010-1-8	2010-5-27	15000	转让贷款	3.70
6	2010 年第 1 期天天万利宝陆陆发 A 款	2010-1-18	2010-2-3	20222	债券及货币市场工具类	2.10
7	2010 年第 1 期天天万利宝陆陆发 B 款	2010-1-18	2010-3-26	75000	债券及货币市场工具类	3.30
8	2010 年第 2 期天天万利宝陆陆发 A 款	2010-1-28	2010-2-11	6560	债券及货币市场工具类	2.10
9	2010 年第 2 期天天万利宝陆陆发 B 款	2010-1-28	2010-3-1	19990	债券及货币市场工具类	2.30
10	2010 年第 2 期天天万利宝陆陆发 C 款	2010-1-28	2010-3-26	24999	债券及货币市场工具类	2.50
11	2010 年第 3 期天天万利宝陆陆发 A 款	2010-2-8	2010-2-23	40000	债券及货币市场工具类	2.10
12	2010 年第 3 期天天万利宝陆陆发 B 款	2010-2-8	2010-3-15	50000	债券及货币市场工具类	2.30
13	2010 年第 3 期天天万利宝陆陆发 C 款	2010-2-8	2010-4-15	24999	债券及货币市场工具类	2.50
14	2010 年第 4 期天天万利宝陆陆发 A 款	2010-3-1	2010-3-16	11647	债券及货币市场工具类	2.10
15	2010 年第 4 期天天万利宝陆陆发 B 款	2010-3-1	2010-4-2	17062	债券及货币市场工具类	2.30
16	2010 年第 4 期天天万利宝陆陆发 C 款	2010-3-1	2010-5-5	22288	债券及货币市场工具类	2.50
17	2010 年第 5 期天天万利宝陆陆发 A 款	2010-3-8	2010-3-24	29995	债券及货币市场工具类	2.10
18	2010 年第 5 期天天万利宝陆陆发 B 款	2010-3-8	2010-5-6	31053	其他融资	2.50
19	2010 年第 5 期天天万利宝陆陆发 C 款	2010-3-8	2010-7-24	130000	其他融资	3.60

续表

序号	产品简称	发行日	到期日	拟发行量	资金主要投向	预期收益率(%)
20	2010年第6期天天万利宝陆陆发A款	2010-3-15	2010-3-29	20000	债券及货币市场工具类	2.10
21	2010年第6期天天万利宝陆陆发B款	2010-3-15	2010-4-28	15419	债券及货币市场工具类	2.50
22	2010年第6期天天万利宝陆陆发C款	2010-3-15	2010-5-13	99967	其他融资	3.30
23	2010年第7期天天万利宝陆陆发A款	2010-3-22	2010-4-8	10300	债券及货币市场工具类	2.10
24	2010年第7期天天万利宝陆陆发B款	2010-3-22	2010-4-23	63000	其他融资	3.10
25	2010年第7期天天万利宝陆陆发C款	2010-3-22	2010-6-23	28000	转让贷款	3.25
26	2010年第8期天天万利宝陆陆发A款	2010-3-29	2010-4-15	4309	债券及货币市场工具类	2.10
27	2010年第8期天天万利宝陆陆发B款	2010-3-29	2010-4-29	10637	债券及货币市场工具类	2.30
28	2010年第8期天天万利宝陆陆发C款	2010-3-29	2010-6-11	50006	转让贷款	3.50
29	2010年第3期万利宝—天津泰达	2010-3-30	2010-5-26	50000	转让贷款	3.65
30	2010年第4期万利宝—湘潭(A款)	2010-3-31	2010-8-13	35000	转让贷款	4.10
31	2010年第4期万利宝—湘潭(B款)	2010-3-31	2010-8-13	15000	转让贷款	4.40
32	2010年第9期天天万利宝陆陆发A款	2010-4-6	2010-4-22	18537	债券及货币市场工具类	2.10
33	2010年第9期天天万利宝陆陆发B款	2010-4-6	2010-7-6	49000	其他融资	3.40
34	2010年第9期天天万利宝陆陆发C款	2010-4-6	2010-9-15	46998	债券及货币市场工具类	3.70
35	2010年第10期天天万利宝陆陆发A款	2010-4-12	2010-4-28	12742	债券及货币市场工具类	2.10
36	2010年第10期天天万利宝陆陆发B款	2010-4-12	2010-5-12	15684	债券及货币市场工具类	2.30
37	2010年第10期天天万利宝陆陆发C款	2010-4-12	2010-8-3	71998	其他融资	3.55
38	2010年第11期天天万利宝陆陆发A款	2010-4-19	2010-5-6	15272	债券及货币市场工具类	2.10
39	2010年第11期天天万利宝陆陆发B款	2010-4-19	2010-6-11	17996	债券及货币市场工具类	3.20

续表

序号	产品简称	发行日	到期日	拟发行量	资金主要投向	预期收益率（%）
40	2010 年第 11 期天天万利宝陆陆发 C 款	2010 - 4 - 19	2010 - 10 - 11	21996	债券及货币市场工具类	3.70
41	2010 年第二期特别理财计划（中长期信贷资产 A11 - II 期信托受益权投资）人民币理财	2010 - 4 - 21	2011 - 3 - 30	9000	转让贷款	4.90
42	2010 年第一期特别理财计划（中长期信贷资产 A16 - II 期信托受益权投资）人民币理财	2010 - 4 - 21	2010 - 8 - 25	40000	转让贷款	4.00
43	2010 年第 12 期天天万利宝陆陆发 A 款	2010 - 4 - 26	2010 - 5 - 12	19999	债券及货币市场工具类	2.10
44	2010 年第 12 期天天万利宝陆陆发 B 款	2010 - 4 - 26	2010 - 7 - 28	22395	债券及货币市场工具类	3.55
45	2010 年第 12 期天天万利宝陆陆发 C 款	2010 - 4 - 27	2010 - 8 - 17	54500	其他融资	3.40
46	2010 年第 13 期天天万利宝陆陆发 A 款	2010 - 5 - 5	2010 - 5 - 20	14938	债券及货币市场工具类	2.10
47	2010 年第 13 期天天万利宝陆陆发 B 款	2010 - 5 - 5	2010 - 6 - 9	45000	其他融资	2.80
48	2010 年第 13 期天天万利宝陆陆发 C 款	2010 - 5 - 5	2010 - 9 - 16	50000	转让贷款	3.60
49	2010 年第 13 期天天万利宝陆陆发 D 款	2010 - 5 - 5	2010 - 10 - 15	31000	债券及货币市场工具类	3.66
50	2010 年第 14 期天天万利宝陆陆发 A 款	2010 - 5 - 17	2010 - 6 - 2	20000	债券及货币市场工具类	2.10
51	2010 年第 14 期天天万利宝陆陆发 B 款	2010 - 5 - 17	2010 - 7 - 13	57000	其他融资	3.30
52	2010 年第 14 期天天万利宝陆陆发 C 款	2010 - 5 - 17	2010 - 9 - 20	73000	其他融资	3.60
53	2010 年第 14 期天天万利宝陆陆发 D 款	2010 - 5 - 17	2010 - 10 - 18	20000	债券及货币市场工具类	3.60
54	2010 年第三期特别理财计划（中长期信贷资产 A30 - II 期信托受益权投资）人民币理财	2010 - 5 - 21	2011 - 5 - 23	20000	转让贷款	4.90
55	2010 年第 15 期天天万利宝陆陆发 A 款	2010 - 5 - 24	2010 - 6 - 9	19997	债券及货币市场工具类	2.10
56	2010 年第 15 期天天万利宝陆陆发 B 款	2010 - 5 - 24	2010 - 10 - 15	26999	债券及货币市场工具类	3.54
57	2010 年第 15 期天天万利宝陆陆发 C 款	2010 - 5 - 24	2010 - 10 - 19	28426	债券及货币市场工具类	3.54

续表

序号	产品简称	发行日	到期日	拟发行量	资金主要投向	预期收益率(%)
58	2010年第16期天天万利宝陆陆发A款	2010-6-1	2010-6-22	30000	债券及货币市场工具类	2.20
59	2010年第16期天天万利宝陆陆发B款	2010-6-1	2010-9-4	100000	转让贷款	3.60
60	2010年第17期天天万利宝A款	2010-6-8	2010-6-28	29989	债券及货币市场工具类	2.20
61	2010年第17期天天万利宝B款	2010-6-8	2010-7-21	19999	债券及货币市场工具类	2.80
62	2010年第17期天天万利宝C款	2010-6-10	2010-9-27	70000	其他融资	3.60
63	2010年第四期特别理财计划A款(中长期信贷资产A13-II期信托受益权投资)人民币理财	2010-6-21	2011-6-21	22000	转让贷款	4.90
64	2010年第四期特别理财计划B款(中长期信贷资产A17-II期信托受益权投资)人民币理财	2010-6-21	2011-6-21	40000	转让贷款	4.90
65	2010年第18期天天万利宝A款	2010-6-22	2010-7-12	26496	债券及货币市场工具类	2.30
66	2010年第18期天天万利宝B款	2010-6-22	2010-9-15	58996	其他融资	3.50
67	2010年第18期天天万利宝D款	2010-6-22	2010-11-24	3168	债券及货币市场工具类	3.55
68	2010年第18期天天万利宝E款	2010-6-22	2011-4-1	30000	转让贷款	4.00
69	2010年第18期天天万利宝C款	2010-6-25	2010-11-15	54269	其他融资	3.70
70	2010年第五期特别理财计划A款(中长期信贷资产A12-II期信托受益权投资)人民币理财	2010-6-29	2011-6-29	8000	转让贷款	4.90
71	2010年第五期特别理财计划B款(中长期信贷资产A22-II期信托受益权投资)人民币理财	2010-6-29	2011-6-29	10000	转让贷款	4.90
72	2010年第19期天天万利宝陆陆发D款	2010-6-29	2010-11-17	17600	债券及货币市场工具类	3.70
73	2010年第19期天天万利宝陆陆发E款	2010-6-29	2010-12-8	4539	债券及货币市场工具类	3.70
74	2010年第19期天天万利宝陆陆发A款	2010-7-1	2010-7-21	14845	债券及货币市场工具类	2.30
75	2010年第19期天天万利宝陆陆发B款	2010-7-1	2010-9-1	21166	债券及货币市场工具类	2.80
76	2010年第19期天天万利宝陆陆发C款	2010-7-1	2011-1-6	30994	其他融资	3.80

续表

序号	产品简称	发行日	到期日	拟发行量	资金主要投向	预期收益率(%)
77	2010 第七期万利宝 - 济三电力(兖矿担保)信托贷款"人民币理财计划 A 款	2010-7-2	2011-7-4	10000	转让贷款	4.70
78	2010 第七期万利宝 - 济三电力(兖矿担保)信托贷款"人民币理财计划 B 款	2010-7-2	2011-7-4	20000	转让贷款	4.80
79	2010 年第 20 期天天万利宝陆陆发 A 款	2010-7-6	2010-7-26	25000	债券及货币市场工具类	2.50
80	2010 年第 20 期天天万利宝陆陆发 B 款	2010-7-6	2010-8-20	34999	债券及货币市场工具类	2.90
81	2010 年第 20 期天天万利宝陆陆发 C 款	2010-7-6	2011-1-5	42997	债券及货币市场工具类	4.00
82	2010 年第八期万利宝 - 营口港务信托贷款项目人民币理财 B 款	2010-7-9	2011-7-8	23000	转让贷款	5.40
83	2010 年第八期万利宝 - 营口港务信托贷款项目人民币理财 C 款	2010-7-9	2011-7-8	23000	转让贷款	5.59
84	2010 年第 21 期天天万利宝陆陆发 A 款	2010-7-13	2010-8-2	20000	债券及货币市场工具类	2.50
85	2010 年第 21 期天天万利宝陆陆发 B 款	2010-7-13	2010-11-19	29994	其他融资	3.65
86	2010 年第 21 期天天万利宝陆陆发 C 款	2010-7-13	2011-1-10	74000	其他融资	3.90
87	2010 年第 22 期天天万利宝陆陆发 A 款	2010-7-20	2010-8-9	39554	债券及货币市场工具类	2.50
88	2010 年第 22 期天天万利宝陆陆发 B 款	2010-7-20	2010-9-15	46995	其他融资	3.10
89	2010 年第 22 期天天万利宝陆陆发 C 款	2010-7-20	2010-11-10	17998	债券及货币市场工具类	3.65
90	2010 年第 22 期天天万利宝陆陆发 D 款	2010-7-20	2010-12-1	35998	债券及货币市场工具类	3.80
91	2010 年第 22 期天天万利宝陆陆发 E 款	2010-7-20	2011-1-20	74000	其他融资	3.95
92	2010 年第六期特别理财计划 A 款(中长期信贷资产 A18 - II 期信托受益权投资)人民币理财	2010-7-21	2011-7-21	30000	转让贷款	4.90
93	2010 年第六期特别理财计划 B 款(中长期信贷资产 A19 - II 期信托受益权投资)人民币理财	2010-7-21	2011-7-21	30000	转让贷款	4.90
94	2010 年第六期特别理财计划 C 款(中长期信贷资产 A32 - II 期信托受益权投资)人民币理财	2010-7-21	2011-8-24	10000	转让贷款	4.98

续表

序号	产品简称	发行日	到期日	拟发行量	资金主要投向	预期收益率(%)
95	2010年第六期特别理财计划D款(中长期信贷资产A33－II期信托受益权投资)人民币理财	2010－7－21	2011－7－21	10000	转让贷款	4.90
96	2010年第23期天天万利宝陆陆发A款	2010－7－27	2010－8－16	39999	债券及货币市场工具类	2.50
97	2010年第23期天天万利宝陆陆发B款	2010－7－27	2010－10－22	28985	其他融资	3.30
98	2010年第23期天天万利宝陆陆发C款	2010－7－27	2010－12－8	67500	其他融资	3.70
99	2010年第23期天天万利宝陆陆发D款	2010－7－27	2011－3－31	40000	转让贷款	4.00
100	2010年第24期天天万利宝陆陆发A款	2010－8－3	2010－8－23	39998	债券及货币市场工具类	2.50
101	2010年第24期天天万利宝陆陆发B款	2010－8－3	2010－12－9	54576	其他融资	3.70
102	2010年第24期天天万利宝陆陆发C款	2010－8－3	2011－1－7	26487	债券及货币市场工具类	3.75
103	2010年第24期天天万利宝陆陆发D款	2010－8－3	2011－4－1	40000	转让贷款	4.00
104	2010年第25期天天万利宝陆陆发A款	2010－8－10	2010－8－30	59443	债券及货币市场工具类	2.50
105	2010年第25期天天万利宝陆陆发B款	2010－8－10	2010－10－12	30000	其他融资	3.30
106	2010年第25期天天万利宝陆陆发C款	2010－8－10	2011－1－7	73000	其他融资	3.80
107	2010年第25期天天万利宝陆陆发D款	2010－8－10	2011－1－7	10770	债券及货币市场工具类	3.70
108	2010年第25期天天万利宝陆陆发E款	2010－8－10	2011－3－31	30000	转让贷款	4.00
109	2010年第26期天天万利宝陆陆发A款	2010－8－17	2010－9－6	39997	债券及货币市场工具类	2.50
110	2010年第26期天天万利宝陆陆发C款	2010－8－17	2011－1－7	19978	债券及货币市场工具类	3.70
111	2010年第26期天天万利宝陆陆发D款	2010－8－17	2011－1－27	6530	债券及货币市场工具类	3.70
112	2010年第26期天天万利宝陆陆发E款	2010－8－17	2011－1－7	10000	转让贷款	3.80
113	2010年第26期天天万利宝陆陆发F款	2010－8－17	2011－3－31	30000	债券及货币市场工具类	4.00

续表

序号	产品简称	发行日	到期日	拟发行量	资金主要投向	预期收益率(%)
114	2010年第26期天天万利宝陆陆发B款	2010-8-19	2010-12-3	53500	其他融资	3.60
115	2010年第27期天天万利宝陆陆发A款	2010-8-24	2010-9-13	45806	债券及货币市场工具类	2.50
116	2010年第27期天天万利宝陆陆发C款	2010-8-24	2011-4-18	50000	转让贷款	4.00
117	2010年第27期天天万利宝陆陆发B款	2010-8-26	2011-1-20	71706	其他融资	3.70
118	2010年第28期天天万利宝陆陆发A款	2010-8-31	2010-9-20	23717	债券及货币市场工具类	2.50
119	2010年第28期天天万利宝陆陆发D款	2010-8-31	2011-1-31	21499	债券及货币市场工具类	3.70
120	2010年天天万利宝广州分行第一期人民币理财	2010-9-1	2010-9-29	14254	债券及货币市场工具类	3.12
121	2010年第28期天天万利宝陆陆发B款	2010-9-2	2010-11-17	43000	其他融资	3.30
122	2010年第29期天天万利宝陆陆发D款	2010-9-7	2011-2-11	19999	债券及货币市场工具类	3.70
123	2010年第29期天天万利宝陆陆发A款	2010-9-7	2010-9-27	40000	债券及货币市场工具类	2.50
124	2010年第29期天天万利宝陆陆发B款	2010-9-7	2010-12-7	28037	其他融资	3.35
125	2010年第28期天天万利宝陆陆发C款	2010-9-8	2011-1-24	72990	其他融资	3.70
126	2010年第29期天天万利宝陆陆发C款	2010-9-8	2011-1-26	56000	转让贷款	3.70
127	2010年第30期天天万利宝陆陆发A款	2010-9-14	2010-9-30	39988	债券及货币市场工具类	2.50
128	2010年第30期天天万利宝陆陆发B款	2010-9-14	2010-10-25	35399	债券及货币市场工具类	2.90
129	2010年第31期天天万利宝陆陆发A款	2010-9-21	2010-10-11	19998	债券及货币市场工具类	2.50
130	2010年第31期天天万利宝陆陆发B款	2010-9-21	2011-1-19	30000	其他融资	3.80
131	2010年第31期天天万利宝陆陆发C款	2010-9-21	2011-5-7	45000	其他融资	4.10
132	2010年第31期天天万利宝陆陆发D款	2010-9-21	2011-3-2	22698	债券及货币市场工具类	3.90

续表

序号	产品简称	发行日	到期日	拟发行量	资金主要投向	预期收益率(%)
133	2010年第31期天天万利宝陆陆发E款	2010-9-21	2011-3-7	19300	债券及货币市场工具类	3.90
134	2010年第31期天天万利宝陆陆发F款	2010-9-21	2011-3-11	16398	债券及货币市场工具类	3.90
135	2010年第32期天天万利宝陆陆发A款	2010-9-28	2010-10-18	39400	债券及货币市场工具类	2.50
136	2010年第32期天天万利宝陆陆发B款	2010-9-28	2011-2-11	29995	其他融资	3.70
137	2010年第32期天天万利宝陆陆发B款	2010-9-28	2011-2-11	43005	其他融资	3.70
138	2010年天天万利宝分行第二期人民币理财	2010-10-8	2010-10-28	23895	债券及货币市场工具类	3.18
139	2010年第33期天天万利宝陆陆发A款	2010-10-12	2010-11-1	49998	债券及货币市场工具类	2.80
140	2010年第33期天天万利宝陆陆发E款	2010-10-12	2011-3-1	16989	债券及货币市场工具类	3.50
141	2010年第33期天天万利宝陆陆发C款	2010-10-12	2011-3-15	30000	其他融资	3.83
142	2010年第33期天天万利宝陆陆发B款	2010-10-12	2011-1-11	50000	其他融资	3.65
143	2010年第33期天天万利宝陆陆发D款	2010-10-12	2011-4-28	40000	其他融资	3.90
144	2010年第34期天天万利宝陆陆发D款	2010-10-19	2011-10-26	73500	其他融资	4.52
145	2010年第34期天天万利宝陆陆发C款	2010-10-19	2011-8-30	3000	其他融资	4.28
146	2010年第34期天天万利宝陆陆发B款	2010-10-19	2011-3-1	50000	债券及货币市场工具类	3.50
147	2010年第34期天天万利宝陆陆发A款	2010-10-19	2010-11-8	64306	债券及货币市场工具类	3.23
148	2010年第35期天天万利宝陆陆发A款	2010-10-26	2010-11-15	25309	债券及货币市场工具类	2.50
149	2010年"天天万利宝"分行第3期(太原)人民币理财	2010-10-26	2010-11-16	9790	债券及货币市场工具类	3.30
150	2010年第35期天天万利宝陆陆发C款	2010-10-26	2011-4-20	50000	转让贷款	3.95
151	2010年第35期天天万利宝陆陆发B款	2010-10-26	2011-3-10	44671	其他融资	3.70

续表

序号	产品简称	发行日	到期日	拟发行量	资金主要投向	预期收益率(%)
152	2010年天天万利宝分行第四期A款	2010-11-1	2010-11-29	18195	债券及货币市场工具类	3.30
153	2010年天天万利宝分行第四期B款	2010-11-1	2010-12-30	27535	债券及货币市场工具类	3.50
154	2010年第36期天天万利宝陆陆发E款	2010-11-2	2011-4-15	58999	其他融资	4.04
155	2010年第36期天天万利宝陆陆发A款	2010-11-2	2010-11-22	39944	债券及货币市场工具类	2.60
156	2010年第36期天天万利宝陆陆发C款	2010-11-2	2011-3-17	60000	其他融资	3.90
157	2010年第36期天天万利宝陆陆发D款	2010-11-2	2011-5-5	30000	转让贷款	4.05
158	2010年第36期天天万利宝陆陆发B款	2010-11-2	2011-2-17	30000	其他融资	4.05
159	2010年第37期天天万利宝陆陆发A款	2010-11-9	2010-12-1	30000	债券及货币市场工具类	2.60
160	2010年第37期天天万利宝陆陆发D款	2010-11-9	2011-5-11	72992	其他融资	4.05
161	2010年第37期天天万利宝陆陆发C款	2010-11-9	2011-2-24	40000	其他融资	3.83
162	2010年第37期天天万利宝陆陆发B款	2010-11-9	2011-1-5	48000	其他融资	3.50
163	2010年第38期天天万利宝陆陆发B款	2010-11-16	2011-1-12	52998	其他融资	3.50
164	2010年第38期天天万利宝陆陆发C款	2010-11-16	2011-4-20	26839	债券及货币市场工具类	3.95
165	2010年第38期天天万利宝陆陆发A款	2010-11-16	2010-12-6	30000	债券及货币市场工具类	2.60
166	2010年第38期天天万利宝陆陆发D款	2010-11-18	2011-6-2	30000	转让贷款	4.05
167	2010年第39期天天万利宝陆陆发A款	2010-11-23	2010-12-13	44717	债券及货币市场工具类	3.10
168	2010年第40期天天万利宝陆陆发A款	2010-11-30	2010-12-20	26630	债券及货币市场工具类	2.60
169	2010年分行第五期天天万利宝(广州)	2010-12-1	2010-12-30	70248	债券及货币市场工具类	3.60
170	兴业银行2010年第十二期万利宝-债券型结构化理财计划之一般投资级	2010-12-2	2011-12-2	22524	债券及货币市场工具类	0.15

续表

序号	产品简称	发行日	到期日	拟发行量	资金主要投向	预期收益率(%)
171	2010年第41期天天万利宝陆陆发A款	2010-12-7	2010-12-27	39999	债券及货币市场工具类	2.60
172	2010年"天天万利宝"分行第7期(南通)	2010-12-14	2011-1-31	6397	债券及货币市场工具类	4.50
173	2010年第42期天天万利宝陆陆发A款	2010-12-14	2011-1-5	40000	债券及货币市场工具类	2.60
174	兴业银行2010年第15期万利宝—"黑牡丹项目"人民币理财产品(一般级)	2010-12-17	2011-12-8	5000	新增贷款	0.15
175	兴业银行2010年第15期万利宝—"黑牡丹项目"人民币理财产品(优先级)	2010-12-17	2011-12-8	45000	新增贷款	0.04
176	兴业银行2010年第16期万利宝—"黑牡丹项目"人民币理财产品(一般级)	2010-12-17	2011-12-8	5000	新增贷款	0.15
177	兴业银行2010年第16期万利宝—"黑牡丹项目"人民币理财产品(优先级)	2010-12-17	2011-12-8	30817	新增贷款	0.04
178	兴业银行2010年第十四期万利宝-"债券型结构化理财计划"之一般投资级人民币理财产品	2010-12-17	2011-12-16	9157	债券及货币市场工具类	0.15
179	2010年"天天万利宝"分行第六期(太原)人民币理财	2010-12-21	2011-1-25	4997	债券及货币市场工具类	4.00
180	2010年第43期天天万利宝陆陆发A款	2010-12-21	2011-1-10	29031	债券及货币市场工具类	2.60
181	2010年第44期天天万利宝陆陆发A款	2010-12-28	2011-1-17	26440	债券及货币市场工具类	2.60

数据来源:兴业银行

表3-14　2010年民生银行个人人民币理财产品发行情况表　单位:万元人民币

序号	产品名称	起息日	到期日	拟发行量	资金主要投向	客户预期年收益率
1	"非凡资产管理(增利型)"理财产品D15款024期	2010-1-4	2010-1-20	20000	混合	2.00
2	"非凡资产管理(增利型)"理财产品M1款024期特别计划(北京)	2010-1-4	2010-2-4	50000	混合	2.38
3	"非凡资产管理(增利型)"理财产品M1款024期	2010-1-4	2010-2-4	20000	混合	2.25
4	"非凡资产管理(增利型)"理财产品M1高款024期	2010-1-4	2010-2-4	60000	混合	2.35
5	"非凡资产管理(增利型)"理财产品M2款024期	2010-1-4	2010-3-4	20000	混合	2.80

续表

序号	产品名称	起息日	到期日	拟发行量	资金主要投向	客户预期年收益率
6	“非凡资产管理（增利型）”理财产品M2高款024期	2010－1－4	2010－3－4	80000	混合	2.90
7	“非凡资产管理（增利型）”理财产品M5款024期	2010－1－4	2010－6－4	20000	混合	3.15
8	“非凡资产管理（增利型）”理财产品M5高款024期	2010－1－4	2010－6－4	40000	混合	3.25
9	“非凡资产管理（增利型）”理财产品M12款024期	2010－1－4	2011－1－4	20000	混合	3.70
10	“非凡资产管理（增利型）”理财产品M3款024期	2010－1－6	2010－4－6	20000	混合	3.00
11	“非凡资产管理（增利型）”理财产品M3高款024期	2010－1－6	2010－4－6	80000	混合	3.10
12	非凡理财人民币T400期理财产品	2010－1－7	2011－1－7	20000	信托计划	4.20
13	非凡理财人民币T516期理财产品	2010－1－8	2010－9－14	3000	信托计划	3.90
14	非凡理财人民币T521期理财产品（高端）	2010－1－8	2011－1－8	5000	信托计划	4.10
15	“非凡资产管理（增利型）”理财产品M1款025期	2010－1－11	2010－2－11	5000	混合	2.15
16	“非凡资产管理（增利型）”理财产品M1高款025期	2010－1－11	2010－2－11	10000	混合	2.25
17	“非凡资产管理（增利型）”理财产品M1尊款025期	2010－1－11	2010－2－11	15000	混合	2.35
18	“非凡资产管理（增利型）”理财产品M2款025期	2010－1－11	2010－3－11	10000	混合	2.70
19	“非凡资产管理（增利型）”理财产品M2高款025期	2010－1－11	2010－3－11	20000	混合	2.80
20	“非凡资产管理（增利型）”理财产品M2尊款025期	2010－1－11	2010－3－11	30000	混合	2.90
21	“非凡资产管理（增利型）”理财产品M5款025期	2010－1－11	2010－6－11	10000	混合	3.00
22	“非凡资产管理（增利型）”理财产品M5高款025期	2010－1－11	2010－6－11	20000	混合	3.10
23	“非凡资产管理（增利型）”理财产品M5尊款025期	2010－1－11	2010－6－11	30000	混合	3.20
24	“非凡资产管理（增利型）”理财产品M12款025期	2010－1－11	2011－1－11	20000	混合	3.70

续表

序号	产品名称	起息日	到期日	拟发行量	资金主要投向	客户预期年收益率
25	非凡理财人民币 T537 期理财产品	2010-1-12	2011-1-12	41590	信托计划	4.00
26	"非凡资产管理(增利型)"理财产品 M3 款 025 期	2010-1-13	2010-4-13	10000	混合	2.90
27	"非凡资产管理(增利型)"理财产品 M3 高款 025 期	2010-1-13	2010-4-13	20000	混合	3.00
28	"非凡资产管理(增利型)"理财产品 M3 尊款 025 期	2010-1-13	2010-4-13	30000	混合	3.05
29	非凡理财人民币 T542 期理财产品(高端)	2010-1-15	2010-10-15	14000	信托计划	4.20
30	艺术品投资 2 号 A 款	2010-1-15	2013-1-15	12000	艺术品投资	6.00
31	"非凡资产管理(增利型)"理财产品 D21 款 026 期	2010-1-18	2010-2-9	20000	混合	2.20
32	"非凡资产管理(增利型)"理财产品 M2 款 026 期	2010-1-18	2010-3-18	10000	混合	2.75
33	"非凡资产管理(增利型)"理财产品 M2 高款 026 期	2010-1-18	2010-3-18	20000	混合	2.85
34	"非凡资产管理(增利型)"理财产品 M2 尊款 026 期	2010-1-18	2010-3-18	30000	混合	2.95
35	"非凡资产管理(增利型)"理财产品 M5 款 026 期	2010-1-18	2010-6-18	20000	混合	3.10
36	"非凡资产管理(增利型)"理财产品 M5 高款 026 期	2010-1-18	2010-6-18	40000	混合	3.20
37	"非凡资产管理(增利型)"理财产品 M12 款 026 期	2010-1-18	2011-1-18	20000	混合	3.70
38	"非凡资产管理(增利型)"理财产品 M3 款 026 期	2010-1-20	2010-4-20	20000	混合	2.90
39	"非凡资产管理(增利型)"理财产品 M3 高款 026 期	2010-1-20	2010-4-20	40000	混合	3.00
40	"非凡资产管理(增利型)"理财产品 M3 款 026 期(特别计划)	2010-1-22	2010-4-22	30000	混合	3.50
41	"非凡资产管理(增利型)"理财产品 M5 款 027 期	2010-1-25	2010-6-25	20000	混合	3.00
42	"非凡资产管理(增利型)"理财产品 M5 高款 027 期	2010-1-25	2010-6-25	30000	混合	3.10
43	非凡理财人民币 T525 期理财产品	2010-1-26	2011-1-26	14000	信托计划	4.50

续表

序号	产品名称	起息日	到期日	拟发行量	资金主要投向	客户预期年收益率
44	“非凡资产管理（增利型）”理财产品M1款027期	2010-1-26	2010-2-26	5000	混合	2.10
45	“非凡资产管理（增利型）”理财产品M1高款027期	2010-1-26	2010-2-26	15000	混合	2.20
46	“非凡资产管理（增利型）”理财产品M2款027期	2010-1-26	2010-3-26	10000	混合	2.50
47	“非凡资产管理（增利型）”理财产品M2高款027期	2010-1-26	2010-3-26	20000	混合	2.60
48	“非凡资产管理（增利型）”理财产品M2尊特款027期	2010-1-26	2010-3-26	5000	混合	2.80
49	“非凡资产管理（增利型）”理财产品M12款027期	2010-1-26	2011-1-26	10000	混合	3.60
50	“非凡资产管理（增利型）”理财产品M3款027期	2010-1-27	2010-4-27	10000	混合	2.70
51	“非凡资产管理（增利型）”理财产品M3高款027期	2010-1-27	2010-4-27	20000	混合	2.80
52	“非凡资产管理（增利型）”理财产品M3尊款027期	2010-1-27	2010-4-27	30000	混合	2.90
53	“非凡资产管理（增利型）”理财产品M6款027期（特别计划）	2010-1-27	2010-7-27	30000	混合	4.00
54	“非凡资产管理（保本型）”理财产品M1款2010第001期	2010-1-27	2010-2-27	10000	混合	1.90
55	“非凡资产管理（保本型）”理财产品M3款2010第001期	2010-1-28	2010-4-28	10000	混合	2.10
56	非凡理财人民币T492期理财产品（高端）	2010-2-1	2011-2-1	48843	信托计划	5.60
57	非凡理财人民币特别计划（T492特）	2010-2-1	2011-2-1	1157	信托计划	6.30
58	非凡理财人民币T521-1期理财产品	2010-2-2	2011-2-2	65000	信托计划	4.10
59	非凡理财人民币特别计划（T521特）	2010-2-2	2011-2-2	5000	信托计划	4.50
60	“非凡资产管理（增利型）”理财产品M1款028期	2010-2-2	2010-3-2	10000	混合	2.10
61	“非凡资产管理（增利型）”理财产品M1高款028期	2010-2-2	2010-3-2	20000	混合	2.20
62	“非凡资产管理（增利型）”理财产品M1尊特款028期	2010-2-2	2010-3-2	6000	混合	2.25

续表

序号	产品名称	起息日	到期日	拟发行量	资金主要投向	客户预期年收益率
63	“非凡资产管理（增利型）”理财产品M2款028期	2010－2－2	2010－4－2	10000	混合	2.50
64	“非凡资产管理（增利型）”理财产品M2高款028期	2010－2－2	2010－4－2	20000	混合	2.60
65	“非凡资产管理（增利型）”理财产品M2尊特款028期	2010－2－2	2010－4－2	5000	混合	2.70
66	“非凡资产管理（增利型）”理财产品M5款028期	2010－2－2	2010－7－2	10000	混合	3.00
67	“非凡资产管理（增利型）”理财产品M5高款028期	2010－2－2	2010－7－2	20000	混合	3.10
68	“非凡资产管理（保本型）”理财产品M1款2010第002期	2010－2－2	2010－3－2	5000	混合	1.90
69	“非凡资产管理（增利型）”理财产品M3款028期	2010－2－5	2010－5－5	10000	混合	2.70
70	“非凡资产管理（增利型）”理财产品M3高款028期	2010－2－5	2010－5－5	20000	混合	2.80
71	“非凡资产管理（增利型）”理财产品M3尊款028期	2010－2－5	2010－5－5	25000	混合	2.90
72	“非凡资产管理（增利型）”理财产品D21款029期特别计划（北京）	2010－2－8	2010－3－2	40000	混合	2.28
73	“非凡资产管理（增利型）”理财产品M11款029期	2010－2－8	2010－12－29	10000	混合	3.60
74	“非凡资产管理（增利型）”理财产品D14款029（第三方存管特别计划）	2010－2－9	2010－2－24	20000	混合	1.60
75	“非凡资产管理（增利型）”理财产品M1款029期（商贷通特别计划）	2010－2－9	2010－3－9	20000	混合	2.25
76	“非凡资产管理（增利型）”理财产品M1款029期	2010－2－9	2010－3－9	10000	混合	2.10
77	“非凡资产管理（增利型）”理财产品M1高款029期	2010－2－9	2010－3－9	30000	混合	2.20
78	“非凡资产管理（增利型）”理财产品M2款029期	2010－2－9	2010－4－9	10000	混合	2.50
79	“非凡资产管理（增利型）”理财产品M2高款029期	2010－2－9	2010－4－9	20000	混合	2.60
80	“非凡资产管理（增利型）”理财产品M5款029期	2010－2－9	2010－7－9	10000	混合	3.00
81	“非凡资产管理（增利型）”理财产品M5高款029期	2010－2－9	2010－7－9	20000	混合	3.10

续表

序号	产品名称	起息日	到期日	拟发行量	资金主要投向	客户预期年收益率
82	非凡理财人民币 T579 期理财产品(高端)	2010-2-11	2010-8-16	12000	信托计划	5.60
83	非凡理财人民币 T577 期产品(高端)	2010-2-11	2013-2-8	16700	信托计划	7.50
84	"非凡资产管理(增利型)"理财产品 D21 款 029 期	2010-2-11	2010-3-5	30000	混合	2.28
85	"非凡资产管理(增利型)"理财产品 M1 尊特款 029 期	2010-2-11	2010-3-11	12000	混合	2.30
86	"非凡资产管理(增利型)"理财产品 M2 尊特款 029 期	2010-2-11	2010-4-10	8000	混合	3.55
87	"非凡资产管理(增利型)"理财产品 M3 款 029 期(薪资卡特别计划)	2010-2-11	2010-5-11	20000	混合	2.85
88	"非凡资产管理(增利型)"理财产品 M3 款 029 期	2010-2-11	2010-5-11	10000	混合	2.70
89	"非凡资产管理(增利型)"理财产品 M3 高款 029 期	2010-2-11	2010-5-11	15000	混合	2.80
90	"非凡资产管理(增利型)"理财产品 M3 尊款 029 期	2010-2-11	2010-5-11	25000	混合	2.90
91	"非凡资产管理(增利型)"理财产品 M3 尊特款 029 期	2010-2-11	2010-5-11	5000	混合	3.00
92	"非凡资产管理(增利型)"理财产品 M12 款 029 期	2010-2-11	2011-2-11	10000	混合	3.60
93	"非凡资产管理(增利型)"理财产品 M3 款 030 期	2010-2-21	2010-5-21	10000	混合	2.75
94	"非凡资产管理(增利型)"理财产品 M3 高款 030 期	2010-2-21	2010-5-21	20000	混合	2.85
95	"非凡资产管理(增利型)"理财产品 M3 尊款 030 期	2010-2-21	2010-5-21	30000	混合	2.95
96	"非凡资产管理(增利型)"理财产品 M5 款 030 期	2010-2-21	2010-7-21	10000	混合	3.05
97	"非凡资产管理(增利型)"理财产品 M5 高款 030 期	2010-2-21	2010-7-21	30000	混合	3.15
98	"非凡资产管理(增利型)"理财产品 M2 款 030 期	2010-2-22	2010-4-22	10000	混合	2.55
99	"非凡资产管理(增利型)"理财产品 M2 高款 030 期	2010-2-22	2010-4-22	20000	混合	2.65
100	"非凡资产管理(增利型)"理财产品 M2 尊款 030 期	2010-2-22	2010-4-22	30000	混合	2.75

续表

序号	产品名称	起息日	到期日	拟发行量	资金主要投向	客户预期年收益率
101	“非凡资产管理(增利型)”理财产品 M12 款 030 期	2010-2-22	2011-2-22	10000	混合	3.65
102	“非凡资产管理(增利型)”理财产品 M1 款 030 期	2010-2-23	2010-3-23	20000	混合	2.15
103	“非凡资产管理(增利型)”理财产品 M1 高款 030 期	2010-2-23	2010-3-23	40000	混合	2.25
104	“非凡资产管理(增利型)”理财产品 D14 款 031 期	2010-2-26	2010-3-13	20000	混合	1.90
105	非凡理财人民币 T605 期理财产品(高端)	2010-3-2	2011-3-2	19983	信托计划	5.60
106	非凡理财人民币 T605-1 期理财产品(高端)	2010-3-2	2011-3-2	30517	信托计划	5.60
107	“非凡资产管理(增利型)”理财产品 M1 款 031 期	2010-3-2	2010-4-2	10000	混合	2.10
108	“非凡资产管理(增利型)”理财产品 M1 高款 031 期	2010-3-2	2010-4-2	30000	混合	2.20
109	“非凡资产管理(增利型)”理财产品 M3 款 031 期	2010-3-2	2010-6-2	10000	混合	2.70
110	“非凡资产管理(增利型)”理财产品 M3 高款 031 期	2010-3-2	2010-6-2	20000	混合	2.80
111	“非凡资产管理(增利型)”理财产品 M3 尊款 031 期	2010-3-2	2010-6-2	30000	混合	2.90
112	“非凡资产管理(增利型)”理财产品 M12 款 031 期	2010-3-2	2011-3-2	12000	混合	3.60
113	“非凡资产管理(保本型)”理财产品 M1 尊款 2010 第 003 期	2010-3-2	2010-4-2	3000	混合	2.15
114	非凡理财人民币 T493-1 期理财产品	2010-3-3	2010-9-3	12000	信托计划	3.65
115	“非凡资产管理(增利型)”理财产品 M5 款 031 期	2010-3-3	2010-8-3	12000	混合	3.00
116	“非凡资产管理(增利型)”理财产品 M5 高款 031 期	2010-3-3	2010-8-3	30000	混合	3.10
117	非凡理财人民币 T621 期理财产品(高端)	2010-3-5	2010-4-21	5019	信托计划	3.00
118	“非凡资产管理(增利型)”理财产品 M2 款 031 期	2010-3-5	2010-5-5	10000	混合	2.50
119	“非凡资产管理(增利型)”理财产品 M2 高款 031 期	2010-3-5	2010-5-5	20000	混合	2.60

续表

序号	产品名称	起息日	到期日	拟发行量	资金主要投向	客户预期年收益率
120	“非凡资产管理(增利型)”理财产品M2尊款031期	2010－3－5	2010－5－5	30000	混合	2.70
121	非凡理财人民币T610期理财产品(高端)	2010－3－9	2010－9－9	155000	信托计划	3.70
122	“非凡资产管理(增利型)”理财产品D21款032(北京地区)	2010－3－9	2010－3－31	25000	混合	2.25
123	“非凡资产管理(增利型)”理财产品M1款032期	2010－3－9	2010－4－9	10000	混合	2.15
124	“非凡资产管理(增利型)”理财产品M1高款032期	2010－3－9	2010－4－9	30000	混合	2.25
125	“非凡资产管理(增利型)”理财产品M3款032期	2010－3－9	2010－6－9	10000	混合	2.75
126	“非凡资产管理(增利型)”理财产品M3高款032期	2010－3－9	2010－6－9	20000	混合	2.85
127	“非凡资产管理(增利型)”理财产品M3尊款032期	2010－3－9	2010－6－9	30000	混合	3.00
128	“非凡资产管理(增利型)”理财产品M12款032期	2010－3－9	2011－3－9	10000	混合	3.60
129	“非凡资产管理(增利型)”理财产品M2款032期	2010－3－11	2010－5－11	10000	混合	2.55
130	“非凡资产管理(增利型)”理财产品M2高款032期	2010－3－11	2010－5－11	20000	混合	2.65
131	“非凡资产管理(增利型)”理财产品M2尊款032期	2010－3－11	2010－5－11	30000	混合	2.75
132	“非凡资产管理(增利型)”理财产品M2尊特款032期	2010－3－11	2010－5－11	2000	混合	2.85
133	“非凡资产管理(增利型)”理财产品M5款032期	2010－3－11	2010－8－11	10000	混合	3.05
134	“非凡资产管理(增利型)”理财产品M5高款032期	2010－3－11	2010－8－11	30000	混合	3.15
135	“非凡资产管理(增利型)”理财产品M1款033期(3.8特别计划)	2010－3－11	2010－4－15	55000	混合	2.50
136	“非凡资产管理(增利型)”理财产品M3款033期(3.8特别计划)	2010－3－11	2010－6－11	55000	混合	3.15
137	非凡理财人民币T506－1期理财产品	2010－3－12	2010－6－12	6516	信托计划	3.30
138	非凡理财人民币T470期理财产品(高端)	2010－3－12	2013－3－12	54004	信托计划	6.00

续表

序号	产品名称	起息日	到期日	拟发行量	资金主要投向	客户预期年收益率
139	非凡理财人民币 T470－1 期理财产品（高端）	2010－3－12	2013－3－12	5996	信托计划	6.00
140	非凡理财人民币 TZ598－3 期理财产品（高端）	2010－3－15	2010－4－29	10041	信托计划	2.80
141	非凡理财人民币 T622 期理财产品（高端）	2010－3－15	2010－10－18	17100	信托计划	3.86
142	非凡理财人民币 T622－1 期理财产品（高端）	2010－3－15	2010－10－18	3000	信托计划	3.86
143	非凡理财人民币 T504－1 期理财产品	2010－3－15	2011－1－26	25141	信托计划	4.10
144	“非凡资产管理（增利型）”理财产品 M1 款 033 期	2010－3－16	2010－4－16	10000	混合	2.15
145	“非凡资产管理（增利型）”理财产品 M1 高款 033 期	2010－3－16	2010－4－16	30000	混合	2.25
146	“非凡资产管理（增利型）”理财产品 M3 款 033 期	2010－3－16	2010－6－16	10000	混合	2.80
147	“非凡资产管理（增利型）”理财产品 M3 高款 033 期	2010－3－16	2010－6－16	20000	混合	2.90
148	“非凡资产管理（增利型）”理财产品 M3 尊款 033 期	2010－3－16	2010－6－16	30000	混合	3.00
149	“非凡资产管理（增利型）”理财产品 M12 款 033 期	2010－3－16	2011－3－16	10000	混合	3.60
150	非凡理财人民币 T584－2 理财产品（高端）	2010－3－17	2010－9－17	30000	信托计划	3.75
151	非凡理财人民币 T539－1 期理财产品（高端）	2010－3－17	2011－1－25	10060	信托计划	4.10
152	非凡理财人民币 T528－1 期理财产品	2010－3－17	2011－1－27	85000	信托计划	3.95
153	非凡理财人民币 T546 期理财产品	2010－3－17	2011－1－22	50323	信托计划	4.00
154	非凡理财人民币 T616－1 期理财产品	2010－3－17	2011－3－17	5000	信托计划	4.40
155	“非凡资产管理（增利型）”理财产品 M5 款 033 期	2010－3－17	2010－8－17	10000	混合	3.05
156	“非凡资产管理（增利型）”理财产品 M5 高款 033 期	2010－3－17	2010－8－17	30000	混合	3.15
157	“非凡资产管理（增利型）”理财产品 M2 款 033 期	2010－3－18	2010－5－18	10000	混合	2.60

续表

序号	产品名称	起息日	到期日	拟发行量	资金主要投向	客户预期年收益率
158	"非凡资产管理（增利型）"理财产品M2 高款 033 期	2010－3－18	2010－5－18	30000	混合	2.70
159	非凡理财人民币 TZ575－5 期理财产品（高端）	2010－3－19	2010－5－19	5028	信托计划	3.50
160	非凡理财人民币 TZ521－1 期理财产品	2010－3－22	2011－2－1	9141	信托计划	4.00
161	非凡理财人民币 TZ570 期理财产品（高端）	2010－3－23	2010－7－27	12070	信托计划	3.60
162	"非凡资产管理（增利型）"理财产品M1 款 034 期	2010－3－23	2010－4－23	10000	混合	2.20
163	"非凡资产管理（增利型）"理财产品M1 高款 034 期	2010－3－23	2010－4－23	30000	混合	2.30
164	"非凡资产管理（增利型）"理财产品M1 尊特款 034 期	2010－3－23	2010－4－23	2000	混合	2.40
165	"非凡资产管理（增利型）"理财产品M1 款 034 期（七彩云南－昆特）	2010－3－23	2010－4－23	2000	混合	2.35
166	"非凡资产管理（增利型）"理财产品M3 款 034 期	2010－3－23	2010－6－23	10000	混合	2.80
167	"非凡资产管理（增利型）"理财产品M3 高款 034 期	2010－3－23	2010－6－23	20000	混合	2.90
168	"非凡资产管理（增利型）"理财产品M3 尊款 034 期	2010－3－23	2010－6－23	30000	混合	3.00
169	"非凡资产管理（增利型）"理财产品M3 款 034 期（七彩云南－昆特）	2010－3－23	2010－6－23	3000	混合	3.10
170	"非凡资产管理（增利型）"理财产品M12 款 034 期	2010－3－23	2011－3－23	10000	混合	3.60
171	非凡理财人民币 TZ520 期理财产品	2010－3－24	2010－7－12	40294	信托计划	3.50
172	非凡理财人民币 TZ572－1 期理财产品（高端）	2010－3－25	2010－6－8	10058	信托计划	3.40
173	非凡理财人民币 TZ572－2 期理财产品（高端）	2010－3－25	2010－6－8	10064	信托计划	3.40
174	非凡理财人民币 TZ572－6 期理财产品（高端）	2010－3－25	2010－6－17	10058	信托计划	3.40
175	非凡理财人民币 TZ573－2 期理财产品（高端）	2010－3－25	2010－9－25	10064	信托计划	3.75
176	"非凡资产管理（增利型）"理财产品D14 尊特款 034 期	2010－3－25	2010－4－9	1000	混合	2.00

续表

序号	产品名称	起息日	到期日	拟发行量	资金主要投向	客户预期年收益率
177	“非凡资产管理(增利型)”理财产品M2款034期	2010-3-25	2010-5-25	10000	混合	2.70
178	“非凡资产管理(增利型)”理财产品M2高款034期	2010-3-25	2010-5-25	30000	混合	2.80
179	“非凡资产管理(增利型)”理财产品M2款034期(七彩云南-昆特)	2010-3-25	2010-5-25	2000	混合	2.85
180	“非凡资产管理(增利型)”理财产品M5款034期	2010-3-25	2010-8-25	10000	混合	3.10
181	“非凡资产管理(增利型)”理财产品M5高款034期	2010-3-25	2010-8-25	30000	混合	3.20
182	“非凡资产管理(增利型)”理财产品M5款034期(七彩云南-昆特)	2010-3-25	2010-8-25	3000	混合	3.30
183	非凡理财人民币T602-5期理财产品	2010-3-26	2010-12-18	20000	信托计划	4.00
184	非凡理财人民币T618期理财产品(高端)	2010-3-26	2010-12-31	20000	信托计划	4.10
185	非凡理财人民币T606期理财产品(高端)	2010-3-29	2011-3-29	20000	信托计划	4.30
186	非凡理财人民币T626期理财产品(高端)	2010-3-30	2011-3-30	20000	信托计划	4.50
187	“非凡资产管理(增利型)”理财产品D7高款035期(春天特别计划)	2010-3-30	2010-4-7	30000	混合	2.15
188	非凡理财人民币TZ603-2期理财产品(高端)	2010-4-1	2010-5-22	8950	信托计划	3.30
189	非凡理财人民币TZ603-4期理财产品(高端)	2010-4-1	2010-6-9	2011	信托计划	3.50
190	非凡理财人民币TZ575-3期理财产品(高端)	2010-4-1	2010-8-11	20655	信托计划	3.60
191	非凡理财人民币T620-1期理财产品(高端)	2010-4-1	2010-9-29	10000	信托计划	4.00
192	非凡理财人民币TZ528-2期理财产品	2010-4-1	2011-1-27	140000	信托计划	4.00
193	非凡理财人民币T602-6期理财产品(高端)	2010-4-1	2011-1-12	20000	信托计划	4.10
194	非凡理财人民币T592-1期理财产品(高端)	2010-4-1	2011-4-1	20000	信托计划	4.50
195	“非凡资产管理(增利型)”理财产品D7高款035期(春天特别计划2)	2010-4-1	2010-4-9	20000	混合	2.15

续表

序号	产品名称	起息日	到期日	拟发行量	资金主要投向	客户预期年收益率
196	“非凡资产管理（增利型）”理财产品D14 高款 035 期（春天特别计划）	2010－4－1	2010－4－16	30000	混合	2.15
197	“非凡资产管理（增利型）”理财产品D21 尊特款 035 期	2010－4－1	2010－4－23	20000	混合	2.20
198	“非凡资产管理（增利型）”理财产品M1 款 035 期（春天特别计划）	2010－4－1	2010－4－30	20000	混合	2.35
199	“非凡资产管理（增利型）”理财产品M1 高款 035 期（春天特别计划）	2010－4－1	2010－4－30	50000	混合	2.45
200	“非凡资产管理（增利型）”理财产品M2 款 035 期（春天特别计划）	2010－4－1	2010－6－1	10000	混合	2.75
201	“非凡资产管理（增利型）”理财产品M2 高款 035 期（春天特别计划）	2010－4－1	2010－6－1	50000	混合	2.85
202	“非凡资产管理（增利型）”理财产品M3 款 035 期（春天特别计划）	2010－4－1	2010－7－1	20000	混合	3.05
203	“非凡资产管理（增利型）”理财产品M3 高款 035 期（春天特别计划）	2010－4－1	2010－7－1	60000	混合	3.15
204	“非凡资产管理（增利型）”理财产品M5 款 035 期（春天特别计划）	2010－4－1	2010－9－1	20000	混合	3.20
205	“非凡资产管理（增利型）”理财产品M5 高款 035 期（春天特别计划）	2010－4－1	2010－9－1	30000	混合	3.30
206	“非凡资产管理（增利型）”理财产品M12 款 035 期（春天特别计划）	2010－4－1	2011－4－1	20000	混合	3.65
207	非凡理财人民币 TZ573－1 期理财产品（高端）	2010－4－2	2010－9－24	10073	信托计划	3.75
208	非凡理财人民币 T616－2 期理财产品（高端）	2010－4－2	2011－4－2	5000	信托计划	4.40
209	“非凡资产管理（增利型）”理财产品M1 款 036 期	2010－4－6	2010－5－6	20000	混合	2.25
210	“非凡资产管理（增利型）”理财产品M1 高款 036 期	2010－4－6	2010－5－6	30000	混合	2.35
211	“非凡资产管理（增利型）”理财产品M12 款 036 期	2010－4－6	2011－4－6	10000	混合	3.60
212	非凡理财人民币 T634 期理财产品（高端）	2010－4－7	2011－4－7	50000	信托计划	4.40
213	“非凡资产管理（增利型）”理财产品D7 尊款 036 期	2010－4－8	2010－4－16	10000	混合	2.15
214	“非凡资产管理（增利型）”理财产品M2 款 036 期	2010－4－8	2010－6－8	20000	混合	2.70

续表

序号	产品名称	起息日	到期日	拟发行量	资金主要投向	客户预期年收益率
215	“非凡资产管理(增利型)”理财产品M2高款036期	2010-4-8	2010-6-8	30000	混合	2.80
216	“非凡资产管理(增利型)”理财产品M3款036期	2010-4-8	2010-7-8	10000	混合	2.90
217	“非凡资产管理(增利型)”理财产品M3高款036期	2010-4-8	2010-7-8	20000	混合	3.00
218	“非凡资产管理(增利型)”理财产品M3尊款036期	2010-4-8	2010-7-8	30000	混合	3.10
219	“非凡资产管理(增利型)”理财产品M5款036期	2010-4-8	2010-9-8	10000	混合	3.15
220	“非凡资产管理(增利型)”理财产品M5高款036期	2010-4-8	2010-9-8	30000	混合	3.25
221	非凡理财人民币T637期理财产品(高端)	2010-4-13	2010-10-13	8000	信托计划	4.00
222	“非凡资产管理(增利型)”理财产品D41尊特款037期	2010-4-13	2010-5-25	2000	混合	2.45
223	“非凡资产管理(增利型)”理财产品M1款037期	2010-4-13	2010-5-13	20000	混合	2.25
224	“非凡资产管理(增利型)”理财产品M1高款037期	2010-4-13	2010-5-13	30000	混合	2.35
225	“非凡资产管理(增利型)”理财产品M2款037期	2010-4-13	2010-6-13	20000	混合	2.70
226	“非凡资产管理(增利型)”理财产品M2高款037期	2010-4-13	2010-6-13	30000	混合	2.80
227	“非凡资产管理(增利型)”理财产品M3款037期	2010-4-13	2010-7-13	10000	混合	2.90
228	“非凡资产管理(增利型)”理财产品M3高款037期	2010-4-13	2010-7-13	20000	混合	3.00
229	“非凡资产管理(增利型)”理财产品M3尊款037期	2010-4-13	2010-7-13	30000	混合	3.10
230	“非凡资产管理(增利型)”理财产品M3尊特款037期	2010-4-13	2010-7-13	4500	混合	3.20
231	“非凡资产管理(增利型)”理财产品M12款037期	2010-4-13	2011-4-13	10000	混合	3.60
232	非凡理财人民币TZ603-5期理财产品(高端)	2010-4-14	2010-6-9	2014	信托计划	3.45
233	非凡理财人民币TZ528-3期理财产品	2010-4-14	2011-1-27	69059	信托计划	3.95

续表

序号	产品名称	起息日	到期日	拟发行量	资金主要投向	客户预期年收益率
234	"非凡资产管理(增利型)"理财产品 D14 尊特款 037 期	2010-4-14	2010-4-29	6200	混合	2.15
235	"非凡资产管理(增利型)"理财产品 M5 款 037 期	2010-4-15	2010-9-15	10000	混合	3.15
236	"非凡资产管理(增利型)"理财产品 M5 高款 037 期	2010-4-15	2010-9-15	30000	混合	3.25
237	非凡理财人民币 T665-2 期理财产品(高端)	2010-4-16	2010-6-29	5000	信托计划	3.50
238	非凡理财人民币 T584-4 期理财产品	2010-4-16	2010-10-16	20000	信托计划	3.75
239	非凡理财人民币 T665-1 期理财产品(高端)	2010-4-16	2010-11-2	10000	信托计划	4.20
240	非凡理财人民币 T647-1 期理财产品(高端)	2010-4-16	2012-4-16	190000	信托计划	6.80
241	"非凡资产管理(增利型)"理财产品 M1 尊特款 037 期	2010-4-16	2010-5-13	5000	混合	2.35
242	"非凡资产管理(增利型)"理财产品 D7 尊款 038 期	2010-4-19	2010-4-27	20000	混合	2.10
243	"非凡资产管理(增利型)"理财产品 M1 款 038 期	2010-4-19	2010-5-19	20000	混合	2.25
244	"非凡资产管理(增利型)"理财产品 M1 高款 038 期	2010-4-19	2010-5-19	30000	混合	2.35
245	"非凡资产管理(增利型)"理财产品 M12 款 038 期	2010-4-19	2011-4-19	10000	混合	3.60
246	"非凡资产管理(增利型)"理财产品 M3 款 038 期	2010-4-21	2010-7-21	10000	混合	2.90
247	"非凡资产管理(增利型)"理财产品 M3 高款 038 期	2010-4-21	2010-7-21	20000	混合	3.00
248	"非凡资产管理(增利型)"理财产品 M3 尊款 038 期	2010-4-21	2010-7-21	30000	混合	3.10
249	"非凡资产管理(增利型)"理财产品 M5 款 038 期	2010-4-21	2010-9-21	10000	混合	3.15
250	"非凡资产管理(增利型)"理财产品 M5 高款 038 期	2010-4-21	2010-9-21	30000	混合	3.25
251	"非凡资产管理(增利型)"理财产品 M3 尊特款 038 期	2010-4-21	2010-7-21	10000	混合	3.20
252	非凡理财人民币 T647-2 期理财产品(高端)	2010-4-22	2012-4-22	70000	信托计划	6.80

续表

序号	产品名称	起息日	到期日	拟发行量	资金主要投向	客户预期年收益率
253	"非凡资产管理（增利型）"理财产品M2款038期	2010-4-22	2010-6-22	20000	混合	2.70
254	"非凡资产管理（增利型）"理财产品M2高款038期	2010-4-22	2010-6-22	30000	混合	2.80
255	"非凡资产管理（增利型）"理财产品D7尊特款038期	2010-4-22	2010-4-30	5000	混合	2.00
256	"非凡资产管理（增利型）"理财产品M1尊特款039期	2010-4-26	2010-5-26	10000	混合	2.45
257	"非凡资产管理（增利型）"理财产品M12尊特款039期	2010-4-26	2011-4-26	2000	混合	3.70
258	"非凡资产管理（增利型）"理财产品M12款039期	2010-4-26	2011-4-26	10000	混合	3.60
259	"非凡资产管理（增利型）"理财产品M1高款039期	2010-4-26	2010-5-26	30000	混合	2.35
260	"非凡资产管理（增利型）"理财产品M1款039期	2010-4-26	2010-5-26	20000	混合	2.25
261	非凡理财人民币T493-2期理财产品（高端）	2010-4-27	2010-10-27	20000	信托计划	3.70
262	非凡理财人民币T607-1期理财产品（高端）	2010-4-27	2011-4-27	50000	信托计划	4.20
263	非凡理财人民币T661-2A期理财产品（高端）	2010-4-28	2010-6-10	1500	信托计划	3.30
264	非凡理财人民币T661-2B期理财产品（高端）	2010-4-28	2010-6-10	200	信托计划	3.40
265	非凡理财人民币T661-2C期理财产品（高端）	2010-4-28	2010-6-10	2900	信托计划	3.50
266	非凡理财人民币T661-1A期理财产品（高端）	2010-4-28	2010-6-17	588	信托计划	3.30
267	非凡理财人民币T661-1B期理财产品（高端）	2010-4-28	2010-6-17	1500	信托计划	3.40
268	非凡理财人民币T661-1C期理财产品（高端）	2010-4-28	2010-6-17	2912	信托计划	3.50
269	非凡理财人民币T546-1期理财产品	2010-4-28	2011-2-24	50175	信托计划	4.00
270	"非凡资产管理（增利型）"理财产品M5高款039期	2010-4-28	2010-9-28	30000	混合	3.25
271	"非凡资产管理（增利型）"理财产品M5款039期	2010-4-28	2010-9-28	10000	混合	3.15
272	"非凡资产管理（增利型）"理财产品M3尊款039期	2010-4-28	2010-7-28	30000	混合	3.10

续表

序号	产品名称	起息日	到期日	拟发行量	资金主要投向	客户预期年收益率
273	“非凡资产管理(增利型)”理财产品 M3 高款 039 期	2010-4-28	2010-7-28	20000	混合	3.00
274	“非凡资产管理(增利型)”理财产品 M3 款 039 期	2010-4-28	2010-7-28	10000	混合	2.90
275	“非凡资产管理(增利型)”理财产品 D7 尊款 039 期(5.1 特别计划)	2010-4-28	2010-5-6	30000	混合	2.50
276	“非凡资产管理(增利型)”理财产品 D7 款 039 期(5.1 特别计划)	2010-4-28	2010-5-6	20000	混合	2.30
277	“非凡资产管理(增利型)”理财产品 M1 尊特 1 款 039 期	2010-4-28	2010-5-28	15000	混合	3.00
278	非凡理财人民币 T688 期理财产品(高端)	2010-4-29	2010-10-29	10000	信托计划	4.00
279	非凡理财人民币 T316-1 期理财产品(高端).	2010-4-29	2011-3-29	20000	信托计划	4.80
280	非凡理财人民币 T681 期理财产品(高端)	2010-4-29	2011-1-20	20000	信托计划	4.00
281	“非凡资产管理(增利型)”理财产品 M2 高款 039 期	2010-4-29	2010-6-29	30000	混合	2.80
282	“非凡资产管理(增利型)”理财产品 M2 款 039 期	2010-4-29	2010-6-29	20000	混合	2.70
283	“非凡资产管理(增利型)”理财产品 D7 尊款 039 期(5.1 特别计划 2)	2010-4-29	2010-5-7	30000	混合	2.50
284	“非凡资产管理(增利型)”理财产品 D7 款 039 期(5.1 特别计划 2)	2010-4-29	2010-5-7	20000	混合	2.30
285	“非凡资产管理(保本型)”理财产品 D5 款 2010 第 005 期(特别计划)	2010-4-30	2010-5-6	20000	混合	2.10
286	“非凡资产管理(保本型)”理财产品 D6 款 2010 第 005 期(特别计划)	2010-4-30	2010-5-7	15000	混合	2.15
287	“非凡资产管理(增利型)”理财产品 M1 高款 040 期	2010-5-4	2010-6-4	30000	混合	2.35
288	“非凡资产管理(增利型)”理财产品 M1 款 040 期	2010-5-4	2010-6-4	20000	混合	2.25
289	“非凡资产管理(增利型)”理财产品 M6 款 040 期(北京特别计划)	2010-5-5	2010-11-5	40000	混合	3.40
290	“非凡资产管理(增利型)”理财产品 M12 款 040 期	2010-5-5	2011-5-5	20000	混合	3.60
291	“非凡资产管理(增利型)”理财产品 M3 尊款 040 期	2010-5-5	2010-8-5	30000	混合	3.10

续表

序号	产品名称	起息日	到期日	拟发行量	资金主要投向	客户预期年收益率
292	“非凡资产管理（增利型）”理财产品M3高款040期	2010－5－5	2010－8－5	20000	混合	3.00
293	“非凡资产管理（增利型）”理财产品M3款040期	2010－5－5	2010－8－5	10000	混合	2.90
294	“非凡资产管理（增利型）”理财产品M6高款040期	2010－5－5	2010－11－5	30000	混合	3.30
295	“非凡资产管理（增利型）”理财产品M6款040期	2010－5－5	2010－11－5	10000	混合	3.20
296	“非凡资产管理（增利型）”理财产品D21款040期（世博特别计划）	2010－5－5	2010－5－27	50000	混合	2.50
297	非凡理财人民币T668期理财产品（高端）	2010－5－6	2011－5－6	7000	信托计划	4.50
298	“非凡资产管理（增利型）”理财产品M2高款040期	2010－5－6	2010－7－6	30000	混合	2.80
299	“非凡资产管理（增利型）”理财产品M2款040期	2010－5－6	2010－7－6	20000	混合	2.70
300	非凡理财人民币T647－3期理财产品（高端）	2010－5－7	2012－4－7	47141	信托计划	6.80
301	非凡理财人民币T647－4期理财产品（高端）	2010－5－7	2011－5－7	40000	信托计划	5.20
302	“非凡资产管理（增利型）”理财产品D14尊特款041期	2010－5－10	2010－5－25	20000	混合	2.30
303	“非凡资产管理（增利型）”理财产品D15尊特款041期	2010－5－10	2010－5－26	5000	混合	2.20
304	“非凡资产管理（保本型）”理财产品D17尊特款2010第006期	2010－5－10	2010－5－28	1500	混合	1.80
305	“非凡资产管理（增利型）”理财产品M1款041期	2010－5－11	2010－6－11	20000	混合	2.25
306	“非凡资产管理（增利型）”理财产品M1高款041期	2010－5－11	2010－6－11	30000	混合	2.35
307	“非凡资产管理（增利型）”理财产品M3款041期	2010－5－11	2010－8－11	10000	混合	2.90
308	“非凡资产管理（增利型）”理财产品M3高款041期	2010－5－11	2010－8－11	20000	混合	3.00
309	“非凡资产管理（增利型）”理财产品M3尊款041期	2010－5－11	2010－8－11	30000	混合	3.10
310	“非凡资产管理（增利型）”理财产品M6款041期	2010－5－11	2010－11－11	10000	混合	3.20

续表

序号	产品名称	起息日	到期日	拟发行量	资金主要投向	客户预期年收益率
311	“非凡资产管理（增利型）”理财产品M6高款041期	2010－5－11	2010－11－11	30000	混合	3.30
312	“非凡资产管理（增利型）”理财产品M12款041期	2010－5－11	2011－5－11	20000	混合	3.60
313	“非凡资产管理（增利型）”理财产品D14高款041期	2010－5－11	2010－5－26	30000	混合	2.15
314	“非凡资产管理（增利型）”理财产品D14尊款041期	2010－5－11	2010－5－26	20000	混合	2.25
315	非凡理财人民币T703期理财产品（高端）	2010－5－12	2011－4－12	4000	信托计划	4.40
316	非凡理财人民币T682－1期理财产品	2010－5－13	2011－5－13	6000	信托计划	4.30
317	“非凡资产管理（增利型）”理财产品M2款041期	2010－5－13	2010－7－13	20000	混合	2.70
318	“非凡资产管理（增利型）”理财产品M2高款041期	2010－5－13	2010－7－13	30000	混合	2.80
319	“非凡资产管理（增利型）”理财产品M2尊特款041期	2010－5－13	2010－7－13	5000	混合	2.85
320	“非凡资产管理（增利型）”理财产品D46尊特款041期（深圳高端定制）	2010－5－13	2010－6－29	6000	混合	2.70
321	非凡理财人民币T705期理财产品（高端）	2010－5－18	2011－5－18	20000	信托计划	4.70
322	“非凡资产管理（增利型）”理财产品D14高款042期	2010－5－18	2010－6－2	30000	混合	2.15
323	“非凡资产管理（增利型）”理财产品M1款042期	2010－5－18	2010－6－18	20000	混合	2.25
324	“非凡资产管理（增利型）”理财产品M1高款042期	2010－5－18	2010－6－18	30000	混合	2.35
325	“非凡资产管理（增利型）”理财产品M3款042期	2010－5－18	2010－8－18	10000	混合	2.90
326	“非凡资产管理（增利型）”理财产品M3高款042期	2010－5－18	2010－8－18	20000	混合	3.00
327	“非凡资产管理（增利型）”理财产品M3尊款042期	2010－5－18	2010－8－18	30000	混合	3.10
328	“非凡资产管理（增利型）”理财产品M6款042期	2010－5－18	2010－11－18	20000	混合	3.20
329	“非凡资产管理（增利型）”理财产品M6高款042期	2010－5－18	2010－11－18	30000	混合	3.30

续表

序号	产品名称	起息日	到期日	拟发行量	资金主要投向	客户预期年收益率
330	“非凡资产管理（增利型）”理财产品 M12 款 042 期	2010－5－18	2011－5－18	20000	混合	3.60
331	“非凡资产管理（增利型）”理财产品 D14 尊款 042 期	2010－5－18	2010－6－2	20000	混合	2.25
332	“非凡资产管理（增利型）”理财产品 M3 尊特款 042 期	2010－5－18	2010－8－18	1000	混合	3.20
333	非凡理财人民币 TZ726－1 期理财产品（高端）	2010－5－19	2010－10－29	20046	信托计划	3.70
334	非凡理财人民币 TZ521 期理财产品	2010－5－19	2011－1－7	26763	信托计划	3.75
335	非凡理财人民币 T316－2 期理财产品（高端）	2010－5－19	2011－2－19	20000	信托计划	4.10
336	非凡理财人民币 T316－3 期理财产品（高端）	2010－5－19	2011－3－19	20000	信托计划	4.70
337	“非凡资产管理（增利型）”理财产品 D7 高款 042 期	2010－5－19	2010－5－27	30000	混合	2.05
338	非凡理财人民币 T695 期理财产品（高端）	2010－5－20	2011－5－20	3000	信托计划	4.40
339	“非凡资产管理（增利型）”理财产品 M2 款 042 期	2010－5－20	2010－7－20	20000	混合	2.70
340	“非凡资产管理（增利型）”理财产品 M2 高款 042 期	2010－5－20	2010－7－20	30000	混合	2.80
341	非凡理财人民币 TZ520－1 期理财产品	2010－5－25	2010－9－6	20186	信托计划	3.55
342	非凡理财人民币 TZ573－3 期理财产品（高端）	2010－5－25	2010－11－12	10137	信托计划	3.70
343	“非凡资产管理（增利型）”理财产品 M1 款 043 期	2010－5－25	2010－6－25	10000	混合	2.20
344	“非凡资产管理（增利型）”理财产品 M1 高款 043 期	2010－5－25	2010－6－25	20000	混合	2.30
345	“非凡资产管理（增利型）”理财产品 M1 尊款 043 期	2010－5－25	2010－6－25	20000	混合	2.40
346	“非凡资产管理（增利型）”理财产品 M3 款 043 期	2010－5－25	2010－8－25	10000	混合	2.90
347	“非凡资产管理（增利型）”理财产品 M3 高款 043 期	2010－5－25	2010－8－25	20000	混合	3.00
348	“非凡资产管理（增利型）”理财产品 M3 尊款 043 期	2010－5－25	2010－8－25	30000	混合	3.10

续表

序号	产品名称	起息日	到期日	拟发行量	资金主要投向	客户预期年收益率
349	“非凡资产管理（增利型）”理财产品 M6 款 043 期	2010－5－25	2010－11－25	20000	混合	3.20
350	“非凡资产管理（增利型）”理财产品 M6 高款 043 期	2010－5－25	2010－11－25	30000	混合	3.30
351	“非凡资产管理（增利型）”理财产品 M12 款 043 期	2010－5－25	2011－5－25	20000	混合	3.60
352	“非凡资产管理（增利型）”理财产品 D7 高款 043 期	2010－5－26	2010－6－3	20000	混合	2.05
353	“非凡资产管理（增利型）”理财产品 D14 款 043 期	2010－5－26	2010－6－10	20000	混合	2.10
354	“非凡资产管理（增利型）”理财产品 D14 尊款 043 期	2010－5－26	2010－6－10	30000	混合	2.20
355	非凡理财人民币 T319－1 期理财产品（高端）	2010－5－27	2011－5－27	14000	信托计划	4.70
356	非凡理财人民币 TZ612－1 期理财产品（高端）	2010－5－27	2011－3－4	20211	信托计划	4.00
357	“非凡资产管理（增利型）”理财产品 M2 款 043 期	2010－5－27	2010－7－27	20000	混合	2.65
358	“非凡资产管理（增利型）”理财产品 M2 高款 043 期	2010－5－27	2010－7－27	30000	混合	2.75
359	“非凡资产管理（增利型）”理财产品 D7 尊特款 043 期	2010－5－27	2010－6－4	2000	混合	2.15
360	非凡理财人民币 TZ569 期理财产品	2010－5－28	2010－7－27	30390	信托计划	3.30
361	非凡理财人民币 TZ411 期理财产品（高端）	2010－5－28	2010－8－5	10353	信托计划	3.55
362	非凡理财人民币 T677 期理财产品	2010－5－28	2011－5－28	15000	信托计划	4.10
363	“非凡资产管理（增利型）”理财产品 M1 款 043 期（特别计划）	2010－5－28	2010－6－29	10000	混合	2.35
364	“非凡资产管理（增利型）”理财产品 M1 高款 043 期（特别计划）	2010－5－28	2010－6－29	20000	混合	2.45
365	“非凡资产管理（增利型）”理财产品 M1 尊款 043 期（特别计划）	2010－5－28	2010－6－29	40000	混合	2.55
366	“非凡资产管理（增利型）”理财产品 M1 高款 044 期（特别计划）	2010－5－31	2010－6－30	10000	混合	2.40
367	“非凡资产管理（增利型）”理财产品 M1 尊款 044 期（特别计划）	2010－5－31	2010－6－30	30000	混合	2.50
368	非凡理财人民币 T707 期理财产品（高端）	2010－6－1	2011－6－1	10000	信托计划	4.50

续表

序号	产品名称	起息日	到期日	拟发行量	资金主要投向	客户预期年收益率
369	"非凡资产管理(增利型)"理财产品M1款044期	2010-6-1	2010-7-1	10000	混合	2.20
370	"非凡资产管理(增利型)"理财产品M1高款044期	2010-6-1	2010-7-1	20000	混合	2.30
371	"非凡资产管理(增利型)"理财产品M1尊款044期	2010-6-1	2010-7-1	20000	混合	2.40
372	"非凡资产管理(增利型)"理财产品M3款044期	2010-6-1	2010-9-1	10000	混合	2.90
373	"非凡资产管理(增利型)"理财产品M3高款044期	2010-6-1	2010-9-1	20000	混合	3.00
374	"非凡资产管理(增利型)"理财产品M3尊款044期	2010-6-1	2010-9-1	30000	混合	3.10
375	"非凡资产管理(增利型)"理财产品M6款044期	2010-6-1	2010-12-1	20000	混合	3.20
376	"非凡资产管理(增利型)"理财产品M6高款044期	2010-6-1	2010-12-1	30000	混合	3.30
377	"非凡资产管理(增利型)"理财产品M12款044期	2010-6-1	2011-6-1	20000	混合	3.60
378	"非凡资产管理(增利型)"理财产品D7尊特款044期	2010-6-1	2010-6-9	20000	混合	2.15
379	非凡理财人民币T689期理财产品(高端)	2010-6-2	2010-11-19	3000	信托计划	3.80
380	非凡理财人民币T319-2期理财产品(高端)	2010-6-2	2011-6-2	30000	信托计划	4.80
381	"非凡资产管理(增利型)"理财产品D7高款044期	2010-6-2	2010-6-10	20000	混合	2.05
382	非凡理财人民币TZ603-12期理财产品(高端)	2010-6-3	2010-7-26	5063	信托计划	3.50
383	非凡理财人民币TZ573-12期理财产品(高端1)	2010-6-3	2010-12-26	20292	信托计划	3.80
384	非凡理财人民币TZ548期理财产品(高端)	2010-6-3	2011-1-21	50816	信托计划	3.90
385	"非凡资产管理(增利型)"理财产品D14款044期	2010-6-3	2010-6-18	20000	混合	2.10
386	"非凡资产管理(增利型)"理财产品D14尊款044期	2010-6-3	2010-6-18	30000	混合	2.20
387	"非凡资产管理(增利型)"理财产品M2款044期	2010-6-3	2010-8-3	20000	混合	2.65

续表

序号	产品名称	起息日	到期日	拟发行量	资金主要投向	客户预期年收益率
388	“非凡资产管理（增利型）”理财产品M2 高款 044 期	2010－6－3	2010－8－3	30000	混合	2.75
389	“非凡资产管理（增利型）”理财产品M3 款 044 期（北京特别计划）	2010－6－3	2010－9－3	30000	混合	3.20
390	“非凡资产管理（增利型）”理财产品D14 尊特款 044 期	2010－6－3	2010－6－18	20000	混合	2.30
391	“非凡资产管理（增利型）”理财产品D21 尊款 044 期（长春）	2010－6－3	2010－6－25	8000	混合	3.00
392	“非凡资产管理（增利型）”理财产品M1 尊款 044 期（长春）	2010－6－3	2010－7－6	7000	混合	3.00
393	非凡理财人民币 T766 期理财产品（高端）	2010－6－7	2011－6－3	20000	信托计划	4.20
394	“非凡资产管理（增利型）”理财产品M12 款 045 期	2010－6－8	2011－6－8	20000	混合	3.60
395	“非凡资产管理（增利型）”理财产品M6 款 045 期	2010－6－8	2010－12－8	20000	混合	3.25
396	“非凡资产管理（增利型）”理财产品M6 高款 045 期	2010－6－8	2010－12－8	30000	混合	3.35
397	“非凡资产管理（增利型）”理财产品M3 款 045 期（特别计划）	2010－6－8	2010－9－8	20000	混合	3.00
398	“非凡资产管理（增利型）”理财产品M3 尊款 045 期（特别计划）	2010－6－8	2010－9－8	30000	混合	3.20
399	“非凡资产管理（增利型）”理财产品M1 款 045 期（特别计划）	2010－6－8	2010－7－8	10000	混合	2.30
400	“非凡资产管理（增利型）”理财产品M1 高款 045 期（特别计划）	2010－6－8	2010－7－8	20000	混合	2.40
401	“非凡资产管理（增利型）”理财产品M1 尊款 045 期（特别计划）	2010－6－8	2010－7－8	30000	混合	2.50
402	非凡理财人民币 T584－6 期理财产品（高端）	2010－6－9	2010－12－9	5000	信托计划	3.75
403	非凡理财人民币 TZ557－1 期理财产品（高端）	2010－6－9	2011－1－18	13903	信托计划	3.80
404	非凡理财人民币 T319－3 期理财产品（高端）	2010－6－9	2011－6－9	20000	信托计划	4.80
405	非凡理财人民币 T709 期理财产品（高端）	2010－6－9	2011－3－9	10000	信托计划	4.30
406	“非凡资产管理（增利型）”理财产品D14 款 045 期（端午特别计划）	2010－6－9	2010－6－24	20000	混合	2.40

续表

序号	产品名称	起息日	到期日	拟发行量	资金主要投向	客户预期年收益率
407	"非凡资产管理（增利型）"理财产品D14尊款045期（端午特别计划）	2010-6-9	2010-6-24	30000	混合	2.50
408	"非凡资产管理（增利型）"理财产品D14尊款045期（端午特别计划1）	2010-6-9	2010-6-24	10000	混合	2.50
409	非凡理财人民币TZ349期理财产品	2010-6-10	2010-8-17	25500	信托计划	3.30
410	非凡理财人民币TZ349期理财产品（尊享）	2010-6-10	2010-8-17	24966	信托计划	3.50
411	非凡理财人民币TZ476期理财产品（高端）	2010-6-10	2010-9-27	15149	信托计划	3.50
412	"非凡资产管理（增利型）"理财产品D7高款045期（端午特别计划）	2010-6-10	2010-6-18	20000	混合	2.35
413	"非凡资产管理（增利型）"理财产品M2款045期	2010-6-10	2010-8-10	20000	混合	2.70
414	"非凡资产管理（增利型）"理财产品M2高款045期	2010-6-10	2010-8-10	30000	混合	2.80
415	"非凡资产管理（增利型）"理财产品M1尊特款045期（特别计划）	2010-6-10	2010-7-10	50000	混合	2.80
416	"非凡资产管理（增利型）"理财产品D21尊款045期（特别计划）	2010-6-10	2010-7-2	50000	混合	2.60
417	非凡理财人民币T765期理财产品（高端）	2010-6-11	2010-12-11	5000	信托计划	4.00
418	非凡理财人民币T614期理财产品（高端）	2010-6-11	2011-6-11	5000	信托计划	4.55
419	"非凡资产管理（增利型）"理财产品D13尊特款045期（苏州）	2010-6-12	2010-6-26	10000	混合	1.80
420	"非凡资产管理（增利型）"理财产品D8高款046期（端午高端）	2010-6-13	2010-6-22	30000	混合	2.35
421	"非凡资产管理（增利型）"理财产品D8尊款046期（端午尊享）	2010-6-13	2010-6-22	20000	混合	2.45
422	"非凡资产管理（增利型）"理财产品M1款046期（端午特）	2010-6-13	2010-7-13	20000	混合	2.80
423	"非凡资产管理（增利型）"理财产品M1尊款046期（端午尊享）	2010-6-13	2010-7-13	30000	混合	3.00
424	"非凡资产管理（增利型）"理财产品D8尊特款046期（端午尊享）	2010-6-13	2010-6-22	15000	混合	2.45
425	非凡理财人民币TZ574-2期理财产品（高端）	2010-6-17	2010-9-14	20587	信托计划	3.60

续表

序号	产品名称	起息日	到期日	拟发行量	资金主要投向	客户预期年收益率
426	非凡理财人民币 TZ574 -2 期理财产品(尊享)	2010-6-17	2010-9-14	15000	信托计划	3.75
427	非凡理财人民币 T744 期理财产品(高端)	2010-6-17	2011-6-17	13000	信托计划	4.80
428	"非凡资产管理(增利型)"理财产品 M1 款 046 期(特别计划)	2010-6-17	2010-7-16	20000	混合	2.50
429	"非凡资产管理(增利型)"理财产品 M1 款 046 期(网银专属)	2010-6-17	2010-7-16	20000	混合	2.60
430	"非凡资产管理(增利型)"理财产品 M1 尊款 046 期(特别计划)	2010-6-17	2010-7-16	30000	混合	2.65
431	"非凡资产管理(增利型)"理财产品 M1 尊特款 046 期(特别计划)	2010-6-17	2010-7-16	30000	混合	2.80
432	"非凡资产管理(增利型)"理财产品 M3 款 046 期(特别计划)	2010-6-17	2010-9-17	20000	混合	3.05
433	"非凡资产管理(增利型)"理财产品 M3 款 046 期(网银专属)	2010-6-17	2010-9-17	20000	混合	3.15
434	"非凡资产管理(增利型)"理财产品 M3 尊款 046 期(特别计划)	2010-6-17	2010-9-17	30000	混合	3.20
435	"非凡资产管理(增利型)"理财产品 M5 款 046 期	2010-6-17	2010-11-17	20000	混合	3.25
436	"非凡资产管理(增利型)"理财产品 M5 高款 046 期	2010-6-17	2010-11-17	30000	混合	3.35
437	"非凡资产管理(增利型)"理财产品 M12 款 046 期	2010-6-17	2011-6-17	20000	混合	3.60
438	"非凡资产管理(增利型)"理财产品 D7 高款 046 期	2010-6-17	2010-6-25	10000	混合	2.10
439	"非凡资产管理(增利型)"理财产品 D14 尊款 046 期(特别计划)	2010-6-17	2010-7-2	30000	混合	2.55
440	"非凡资产管理(增利型)"理财产品 D14 款 046 期(网银专属)	2010-6-17	2010-7-2	20000	混合	2.50
441	"非凡资产管理(增利型)"理财产品 D14 款 046 期(特别计划)	2010-6-17	2010-7-2	20000	混合	2.40
442	"非凡资产管理(增利型)"理财产品 M2 款 046 期	2010-6-17	2010-8-17	20000	混合	2.70
443	"非凡资产管理(增利型)"理财产品 M2 高款 046 期	2010-6-17	2010-8-17	30000	混合	2.80
444	非凡理财人民币 T348 -1 期 A 款理财产品(高端)	2010-6-18	2011-6-18	9996	信托计划	4.80

续表

序号	产品名称	起息日	到期日	拟发行量	资金主要投向	客户预期年收益率
445	非凡理财人民币 T348－1 期 B 款理财产品（高端）	2010－6－18	2011－6－18	10004	信托计划	4.70
446	"非凡资产管理（增利型）"理财产品 M6 款 047 期（特别计划）	2010－6－21	2010－12－21	20000	混合	3.45
447	"非凡资产管理（增利型）"理财产品 D14 高款 047 期	2010－6－21	2010－7－6	50000	混合	2.60
448	"非凡资产管理（增利型）"理财产品 M1 款 047 期	2010－6－23	2010－7－23	20000	混合	2.70
449	"非凡资产管理（增利型）"理财产品 M1 款 047 期（网银专属）	2010－6－23	2010－7－23	30000	混合	2.80
450	"非凡资产管理（增利型）"理财产品 M1 尊款 047 期	2010－6－23	2010－7－23	50000	混合	3.00
451	"非凡资产管理（保本型）"理财产品 M1 款 2010 第 007 期	2010－6－23	2010－7－23	40000	混合	2.60
452	"非凡资产管理（增利型）"理财产品 D14 款 047 期	2010－6－24	2010－7－9	20000	混合	2.50
453	"非凡资产管理（增利型）"理财产品 D14 款 047 期（网银专属）	2010－6－24	2010－7－9	20000	混合	2.60
454	"非凡资产管理（增利型）"理财产品 D14 尊款 047 期	2010－6－24	2010－7－9	30000	混合	2.70
455	"非凡资产管理（增利型）"理财产品 M2 款 047 期	2010－6－24	2010－8－24	20000	混合	2.90
456	"非凡资产管理（增利型）"理财产品 M2 高款 047 期	2010－6－24	2010－8－24	30000	混合	3.00
457	"非凡资产管理（增利型）"理财产品 M3 款 047 期	2010－6－24	2010－9－24	20000	混合	3.05
458	"非凡资产管理（增利型）"理财产品 M3 款 047 期（网银专属）	2010－6－24	2010－9－24	20000	混合	3.15
459	"非凡资产管理（增利型）"理财产品 M3 尊款 047 期	2010－6－24	2010－9－24	30000	混合	3.25
460	"非凡资产管理（增利型）"理财产品 M5 款 047 期	2010－6－24	2010－11－24	20000	混合	3.25
461	"非凡资产管理（增利型）"理财产品 M5 高款 047 期	2010－6－24	2010－11－24	30000	混合	3.35
462	"非凡资产管理（增利型）"理财产品 M12 款 047 期	2010－6－24	2011－6－24	20000	混合	3.60
463	"非凡资产管理（增利型）"理财产品 M2 尊特款 047 期	2010－6－24	2010－8－24	10000	混合	3.15

续表

序号	产品名称	起息日	到期日	拟发行量	资金主要投向	客户预期年收益率
464	"非凡资产管理(保本型)"理财产品M2款2010第007期	2010-6-24	2010-8-24	30000	混合	2.70
465	"非凡资产管理(保本型)"理财产品M3款2010第007期	2010-6-24	2010-9-24	30000	混合	2.80
466	非凡理财人民币T738期理财产品(高端)	2010-6-25	2011-6-25	25000	信托计划	4.45
467	非凡理财人民币T769-1期理财产品(高端)	2010-6-25	2011-3-24	15000	信托计划	4.20
468	非凡理财人民币T757期理财产品(高端)	2010-6-25	2011-6-25	50000	信托计划	4.50
469	非凡理财人民币TZ574-5期理财产品(高端)	2010-6-29	2010-9-29	20370	信托计划	3.60
470	非凡理财人民币T777期理财产品(高端)	2010-6-29	2011-6-29	5113	信托计划	4.70
471	非凡理财人民币T783期理财产品(高端)	2010-6-29	2011-6-29	10000	信托计划	4.30
472	"非凡资产管理(增利型)"理财产品M1尊款048期(重庆特别计划)	2010-7-1	2010-8-3	10000	混合	3.20
473	"非凡资产管理(增利型)"理财产品D7高款048期	2010-7-1	2010-7-9	30000	混合	2.80
474	"非凡资产管理(增利型)"理财产品D7尊款048期	2010-7-1	2010-7-9	50000	混合	2.90
475	"非凡资产管理(增利型)"理财产品D14款048期	2010-7-1	2010-7-16	20000	混合	2.70
476	"非凡资产管理(增利型)"理财产品D14高款048期	2010-7-1	2010-7-16	30000	混合	2.85
477	"非凡资产管理(增利型)"理财产品D14尊款048期	2010-7-1	2010-7-16	50000	混合	3.00
478	"非凡资产管理(增利型)"理财产品M1款048期	2010-7-1	2010-8-3	20000	混合	2.80
479	"非凡资产管理(增利型)"理财产品M1高款048期	2010-7-1	2010-8-3	50000	混合	2.90
480	"非凡资产管理(增利型)"理财产品M1尊款048期	2010-7-1	2010-8-3	60000	混合	3.00
481	"非凡资产管理(增利型)"理财产品M1尊特款048期	2010-7-1	2010-8-3	20000	混合	3.10
482	"非凡资产管理(增利型)"理财产品M2款048期	2010-7-1	2010-9-1	20000	混合	3.00

续表

序号	产品名称	起息日	到期日	拟发行量	资金主要投向	客户预期年收益率
483	“非凡资产管理（增利型）”理财产品 M2 高款 048 期	2010－7－1	2010－9－1	30000	混合	3.10
484	“非凡资产管理（增利型）”理财产品 M2 尊款 048 期	2010－7－1	2010－9－1	50000	混合	3.20
485	“非凡资产管理（增利型）”理财产品 M2 尊特款 048 期	2010－7－1	2010－9－1	50000	混合	3.35
486	“非凡资产管理（增利型）”理财产品 M5 款 048 期	2010－7－1	2010－12－1	20000	混合	3.25
487	“非凡资产管理（增利型）”理财产品 M5 高款 048 期	2010－7－1	2010－12－1	30000	混合	3.35
488	“非凡资产管理（增利型）”理财产品 M5 尊款 048 期	2010－7－1	2010－12－1	50000	混合	3.45
489	“非凡资产管理（增利型）”理财产品 M12 款 048 期	2010－7－1	2011－7－1	20000	混合	3.70
490	“非凡资产管理（增利型）”理财产品 D7 款 048 期（北京特别计划）	2010－7－1	2010－7－9	30000	混合	2.90
491	“非凡资产管理（增利型）”理财产品 D7 款 048 期（网银专属）	2010－7－1	2010－7－9	50000	混合	3.00
492	“非凡资产管理（增利型）”理财产品 M2 款 048 期（网银专属）	2010－7－1	2010－9－1	50000	混合	3.25
493	“非凡资产管理（增利型）”理财产品 M1 款 048 期（网银专属）	2010－7－1	2010－8－3	100000	混合	3.10
494	“非凡资产管理（增利型）”理财产品 D14 款 048 期（网银专属）	2010－7－1	2010－7－16	50000	混合	3.10
495	“非凡资产管理（增利型）”理财产品 D40 尊特款 048 期	2010－7－1	2010－8－11	10000	混合	3.30
496	非凡理财人民币 T794 期理财产品（高端）	2010－7－5	2011－5－5	30000	信托计划	4.20
497	非凡理财人民币 T789 期理财产品（高端）	2010－7－5	2011－7－5	60000	信托计划	4.70
498	非凡理财人民币 T791 期理财产品（高端）	2010－7－5	2011－7－5	30000	信托计划	4.70
499	非凡资产管理结构化证券投资理财产品 1 号（优先级）	2010－7－5	2012－7－5	20000	证券投资	5.50
500	非凡资产管理结构化证券投资理财产品 1 号（次级 A）	2010－7－5	2012－7－5	10000	证券投资	8.50
501	“非凡资产管理（增利型）”理财产品 D7 款 049 期（网银专属）	2010－7－5	2010－7－13	80000	混合	3.05

续表

序号	产品名称	起息日	到期日	拟发行量	资金主要投向	客户预期年收益率
502	“非凡资产管理（增利型）”理财产品D14款049期（网银专属）	2010-7-5	2010-7-20	50000	混合	3.10
503	“非凡资产管理（增利型）”理财产品D14高款049期	2010-7-5	2010-7-20	50000	混合	3.05
504	“非凡资产管理（增利型）”理财产品D14尊款049期	2010-7-5	2010-7-20	60000	混合	3.15
505	“非凡资产管理（增利型）”理财产品M1款049期	2010-7-5	2010-8-5	30000	混合	2.95
506	“非凡资产管理（增利型）”理财产品M1高款049期	2010-7-5	2010-8-5	50000	混合	3.05
507	“非凡资产管理（增利型）”理财产品M1尊款049期	2010-7-5	2010-8-5	60000	混合	3.15
508	“非凡资产管理（增利型）”理财产品M12款049期（网银专属）	2010-7-5	2011-7-5	20000	混合	3.80
509	“非凡资产管理（增利型）”理财产品M1尊特款049期	2010-7-5	2010-8-5	10000	混合	3.20
510	“非凡资产管理（增利型）”理财产品D7高款049期	2010-7-7	2010-7-15	50000	混合	3.00
511	“非凡资产管理（增利型）”理财产品D7尊款049期	2010-7-7	2010-7-15	60000	混合	3.10
512	“非凡资产管理（增利型）”理财产品M2款049期	2010-7-7	2010-9-7	20000	混合	3.00
513	“非凡资产管理（增利型）”理财产品M2高款049期	2010-7-7	2010-9-7	30000	混合	3.10
514	“非凡资产管理（增利型）”理财产品M2尊款049期	2010-7-7	2010-9-7	50000	混合	3.20
515	“非凡资产管理（增利型）”理财产品M2尊特款049期	2010-7-7	2010-9-7	50000	混合	3.35
516	“非凡资产管理（增利型）”理财产品M5款049期	2010-7-7	2010-12-7	50000	混合	3.35
517	“非凡资产管理（增利型）”理财产品M5尊款049期	2010-7-7	2010-12-7	50000	混合	3.50
518	非凡理财人民币T753期理财产品（高端）	2010-7-8	2011-1-8	10000	信托计划	4.10
519	“非凡资产管理（增利型）”理财产品M12款049期	2010-7-8	2011-7-8	30000	混合	3.70
520	非凡理财人民币T758期理财产品（高端）	2010-7-9	2011-4-21	15000	信托计划	4.00

续表

序号	产品名称	起息日	到期日	拟发行量	资金主要投向	客户预期年收益率
521	非凡资产管理结构化证券投资理财产品2号(A款)	2010-7-9	2012-1-9	90000	证券投资	6.50
522	“非凡资产管理(保本型)”理财产品M1款2010第008期	2010-7-12	2010-8-12	40000	混合	2.70
523	“非凡资产管理(保本型)”理财产品M2款2010第008期	2010-7-12	2010-9-10	30000	混合	2.90
524	“非凡资产管理(增利型)”理财产品D7款050期(网银专属)	2010-7-13	2010-7-21	50000	混合	3.05
525	“非凡资产管理(增利型)”理财产品D7高款050期	2010-7-13	2010-7-21	30000	混合	3.00
526	“非凡资产管理(增利型)”理财产品D7尊款050期	2010-7-13	2010-7-21	50000	混合	3.10
527	“非凡资产管理(增利型)”理财产品D14款050期(网银专属)	2010-7-13	2010-7-28	50000	混合	3.05
528	“非凡资产管理(增利型)”理财产品D14高款050期	2010-7-13	2010-7-28	50000	混合	3.00
529	“非凡资产管理(增利型)”理财产品D14尊款050期	2010-7-13	2010-7-28	50000	混合	3.10
530	“非凡资产管理(增利型)”理财产品M1款050期(网银专属)	2010-7-13	2010-8-13	30000	混合	3.00
531	“非凡资产管理(增利型)”理财产品M1高款050期	2010-7-13	2010-8-13	50000	混合	3.00
532	“非凡资产管理(增利型)”理财产品M1尊款050期	2010-7-13	2010-8-13	60000	混合	3.10
533	“非凡资产管理(增利型)”理财产品M3款050期	2010-7-13	2010-10-13	20000	混合	3.15
534	“非凡资产管理(增利型)”理财产品M3高款050期	2010-7-13	2010-10-13	50000	混合	3.25
535	“非凡资产管理(增利型)”理财产品M3尊款050期	2010-7-13	2010-10-13	50000	混合	3.35
536	“非凡资产管理(增利型)”理财产品M12款050期	2010-7-13	2011-7-13	40000	混合	3.70
537	“非凡资产管理(增利型)”理财产品D41尊特款050期	2010-7-13	2010-8-24	10000	混合	3.30
538	“非凡资产管理(增利型)”理财产品M2款050期	2010-7-15	2010-9-15	20000	混合	3.00
539	“非凡资产管理(增利型)”理财产品M2高款050期	2010-7-15	2010-9-15	30000	混合	3.10

续表

序号	产品名称	起息日	到期日	拟发行量	资金主要投向	客户预期年收益率
540	“非凡资产管理（增利型）”理财产品M2尊款050期	2010－7－15	2010－9－15	50000	混合	3.20
541	“非凡资产管理（增利型）”理财产品M2尊特款050期	2010－7－15	2010－9－15	50000	混合	3.35
542	“非凡资产管理（增利型）”理财产品M5款050期	2010－7－15	2010－12－15	50000	混合	3.35
543	“非凡资产管理（增利型）”理财产品M5尊款050期	2010－7－15	2010－12－15	50000	混合	3.50
544	非凡理财人民币T775期理财产品（高端）	2010－7－16	2013－7－16	99000	信托计划	7.20
545	“非凡资产管理（增利型）”理财产品D14款051期（网银专属）	2010－7－19	2010－8－3	50000	混合	2.90
546	“非凡资产管理（增利型）”理财产品D14高款051期	2010－7－19	2010－8－3	30000	混合	2.90
547	“非凡资产管理（增利型）”理财产品D14尊款051期	2010－7－19	2010－8－3	60000	混合	3.00
548	“非凡资产管理（增利型）”理财产品D7款051期（网银专属）	2010－7－20	2010－7－28	50000	混合	2.80
549	“非凡资产管理（增利型）”理财产品D7尊款051期	2010－7－20	2010－7－28	50000	混合	2.90
550	“非凡资产管理（增利型）”理财产品M1款051期	2010－7－20	2010－8－20	50000	混合	3.00
551	“非凡资产管理（增利型）”理财产品M1尊款051期	2010－7－20	2010－8－20	60000	混合	3.10
552	“非凡资产管理（增利型）”理财产品M3款051期	2010－7－20	2010－10－20	20000	混合	3.15
553	“非凡资产管理（增利型）”理财产品M3高款051期	2010－7－20	2010－10－20	40000	混合	3.25
554	“非凡资产管理（增利型）”理财产品M3尊款051期	2010－7－20	2010－10－20	50000	混合	3.35
555	“非凡资产管理（增利型）”理财产品M6款051期	2010－7－20	2011－1－20	30000	混合	3.35
556	“非凡资产管理（增利型）”理财产品M6尊款051期	2010－7－20	2011－1－20	30000	混合	3.50
557	“非凡资产管理（增利型）”理财产品M12款051期	2010－7－20	2011－7－20	30000	混合	3.70
558	“非凡资产管理（增利型）”理财产品D7尊特款051期	2010－7－20	2010－7－28	10000	混合	3.00

续表

序号	产品名称	起息日	到期日	拟发行量	资金主要投向	客户预期年收益率
559	“非凡资产管理（增利型）”理财产品 M1 尊特款 051 期	2010－7－20	2010－8－20	10000	混合	3.20
560	“非凡资产管理（增利型）”理财产品 M3 尊特款 051 期	2010－7－20	2010－10－20	10000	混合	3.45
561	“非凡资产管理（增利型）”理财产品 M2 款 051 期	2010－7－21	2010－9－21	50000	混合	3.10
562	“非凡资产管理（增利型）”理财产品 M2 尊款 051 期	2010－7－21	2010－9－21	60000	混合	3.20
563	“非凡资产管理（增利型）”理财产品 D7 尊特 1 款 051 期	2010－7－22	2010－7－30	10000	混合	2.90
564	非凡资产管理黄金投资 1 号理财产品（G01）（普通版）	2010－07－26	2010－10－8	20000	黄金投资	8.00
565	“非凡资产管理（增利型）”理财产品 D7 款 052 期（网银专属）	2010－7－26	2010－8－3	30000	混合	2.70
566	“非凡资产管理（增利型）”理财产品 D7 尊款 052 期	2010－7－26	2010－8－3	50000	混合	2.80
567	“非凡资产管理（增利型）”理财产品 D14 款 052 期（网银专属）	2010－7－26	2010－8－10	50000	混合	2.80
568	“非凡资产管理（增利型）”理财产品 D14 尊款 052 期	2010－7－26	2010－8－10	60000	混合	2.90
569	“非凡资产管理（增利型）”理财产品 M1 款 052 期	2010－7－26	2010－8－26	50000	混合	2.90
570	“非凡资产管理（增利型）”理财产品 M1 尊款 052 期	2010－7－26	2010－8－26	60000	混合	3.00
571	“非凡资产管理（增利型）”理财产品 M3 款 052 期	2010－7－26	2010－10－26	30000	混合	3.10
572	“非凡资产管理（增利型）”理财产品 M3 高款 052 期	2010－7－26	2010－10－26	30000	混合	3.20
573	“非凡资产管理（增利型）”理财产品 M3 尊款 052 期	2010－7－26	2010－10－26	50000	混合	3.30
574	“非凡资产管理（增利型）”理财产品 M6 款 052 期	2010－7－26	2011－1－26	50000	混合	3.35
575	“非凡资产管理（增利型）”理财产品 M6 尊款 052 期	2010－7－26	2011－1－26	50000	混合	3.50
576	“非凡资产管理（增利型）”理财产品 M12 款 052 期	2010－7－26	2011－7－26	50000	混合	3.65
577	“非凡资产管理（增利型）”理财产品 D14 尊特款 052 期	2010－7－26	2010－8－10	6000	混合	3.00

续表

序号	产品名称	起息日	到期日	拟发行量	资金主要投向	客户预期年收益率
578	“非凡资产管理(增利型)”理财产品D7尊特款052期	2010-7-26	2010-8-3	10000	混合	2.90
579	“非凡资产管理(保本型)”理财产品D14尊特款2010第009期	2010-7-27	2010-8-11	2000	混合	2.60
580	“非凡资产管理(增利型)”理财产品M2款052期	2010-7-28	2010-9-28	30000	混合	3.00
581	“非凡资产管理(增利型)”理财产品M2尊款052期	2010-7-28	2010-9-28	30000	混合	3.10
582	“非凡资产管理(增利型)”理财产品M2尊特款052期	2010-7-28	2010-9-28	30000	混合	3.20
583	“非凡资产管理(增利型)”理财产品D7款053期(网银专属)	2010-8-2	2010-8-10	30000	混合	2.35
584	“非凡资产管理(增利型)”理财产品D7尊款053期	2010-8-2	2010-8-10	50000	混合	2.50
585	“非凡资产管理(增利型)”理财产品D14款053期(网银专属)	2010-8-2	2010-8-17	50000	混合	2.45
586	“非凡资产管理(增利型)”理财产品D14尊款053期	2010-8-2	2010-8-17	60000	混合	2.60
587	“非凡资产管理(增利型)”理财产品M1款053期	2010-8-2	2010-9-2	60000	混合	2.60
588	“非凡资产管理(增利型)”理财产品M1尊款053期	2010-8-2	2010-9-2	60000	混合	2.70
589	“非凡资产管理(增利型)”理财产品M1尊特款053期	2010-8-2	2010-9-2	30000	混合	2.80
590	“非凡资产管理(增利型)”理财产品M3款053期	2010-8-2	2010-11-2	30000	混合	2.80
591	“非凡资产管理(增利型)”理财产品M3高款053期	2010-8-2	2010-11-2	50000	混合	2.90
592	“非凡资产管理(增利型)”理财产品M3尊款053期	2010-8-2	2010-11-2	60000	混合	3.00
593	“非凡资产管理(增利型)”理财产品M3尊特款053期	2010-8-2	2010-11-2	30000	混合	3.15
594	“非凡资产管理(增利型)”理财产品M12款053期	2010-8-2	2011-8-2	50000	混合	3.60
595	“非凡资产管理(保本型)”理财产品M1尊款2010第010期	2010-8-2	2010-9-2	5000	混合	2.45
596	“非凡资产管理(增利型)”理财产品M5款053期	2010-8-5	2011-1-5	50000	混合	3.10

续表

序号	产品名称	起息日	到期日	拟发行量	资金主要投向	客户预期年收益率
597	“非凡资产管理(增利型)”理财产品 M5 尊款 053 期	2010-8-5	2011-1-5	50000	混合	3.20
598	“非凡资产管理(增利型)”理财产品 M5 尊特款 053 期	2010-8-5	2011-1-5	2000	混合	3.30
599	“非凡资产管理(增利型)”理财产品 D14 尊特款 053 期	2010-8-5	2010-8-20	2000	混合	2.55
600	“非凡资产管理(增利型)”理财产品 D14 款 054 期(网银专属)	2010-8-10	2010-8-25	20000	混合	2.35
601	“非凡资产管理(增利型)”理财产品 D14 尊款 054 期	2010-8-10	2010-8-25	30000	混合	2.45
602	“非凡资产管理(增利型)”理财产品 M1 款 054 期	2010-8-10	2010-9-10	10000	混合	2.50
603	“非凡资产管理(增利型)”理财产品 M1 高款 054 期	2010-8-10	2010-9-10	15000	混合	2.60
604	“非凡资产管理(增利型)”理财产品 M1 尊款 054 期	2010-8-10	2010-9-10	20000	混合	2.70
605	“非凡资产管理(增利型)”理财产品 M1 尊特款 054 期	2010-8-10	2010-9-10	5000	混合	2.80
606	“非凡资产管理(增利型)”理财产品 D14 尊特款 054 期	2010-8-10	2010-8-25	1000	混合	2.55
607	“非凡资产管理(保本型)”理财产品 D14 款 2010 第 011 期(网银专属)	2010-8-11	2010-8-26	10000	混合	2.25
608	“非凡资产管理(保本型)”理财产品 D14 尊款 2010 第 011 期	2010-8-11	2010-8-26	20000	混合	2.35
609	“非凡资产管理(保本型)”理财产品 M1 款 2010 第 011 期	2010-8-11	2010-9-11	10000	混合	2.40
610	“非凡资产管理(保本型)”理财产品 M1 高款 2010 第 011 期	2010-8-11	2010-9-11	20000	混合	2.50
611	“非凡资产管理(保本型)”理财产品 D14 尊特款 2010 第 011 期	2010-8-11	2010-8-26	5000	混合	2.40
612	“非凡资产管理(增利型)”理财产品 D7 款 054 期(网银专属)	2010-8-12	2010-8-20	10000	混合	2.25
613	“非凡资产管理(增利型)”理财产品 D7 尊款 054 期	2010-8-12	2010-8-20	20000	混合	2.35
614	“非凡资产管理(增利型)”理财产品 M3 款 054 期	2010-8-12	2010-11-12	10000	混合	2.80
615	“非凡资产管理(增利型)”理财产品 M3 尊款 054 期	2010-8-12	2010-11-12	20000	混合	2.95

续表

序号	产品名称	起息日	到期日	拟发行量	资金主要投向	客户预期年收益率
616	“非凡资产管理(增利型)”理财产品M5款054期	2010-8-12	2011-1-12	10000	混合	3.00
617	“非凡资产管理(增利型)”理财产品M5高款054期	2010-8-12	2011-1-12	20000	混合	3.10
618	“非凡资产管理(增利型)”理财产品M12款054期	2010-8-12	2011-8-12	10000	混合	3.50
619	“非凡资产管理(增利型)”理财产品M3款054期(特别计划)	2010-8-12	2010-11-12	15000	混合	3.00
620	“非凡资产管理(增利型)”理财产品M5款054期(特别计划)	2010-8-12	2011-1-12	15000	混合	3.20
621	“非凡资产管理(增利型)”理财产品M3尊特款054期	2010-8-12	2010-11-12	1000	混合	3.05
622	“非凡资产管理(增利型)”理财产品M5尊特款054期	2010-8-12	2011-1-12	1200	混合	3.20
623	“非凡资产管理(保本型)”理财产品D7尊特款2010第011期	2010-8-13	2010-8-21	6000	混合	2.30
624	“非凡资产管理(保本型)”理财产品D7款2010第012期	2010-8-16	2010-8-24	5000	混合	2.10
625	“非凡资产管理(保本型)”理财产品D14款2010第012期	2010-8-16	2010-8-31	5000	混合	2.15
626	“非凡资产管理(增利型)”理财产品M1款055期(网银专属)	2010-8-17	2010-9-17	20000	混合	2.50
627	“非凡资产管理(增利型)”理财产品M1尊款055期	2010-8-17	2010-9-17	21500	混合	2.60
628	“非凡资产管理(保本型)”理财产品M1款2010第012期	2010-8-17	2010-9-17	10000	混合	2.35
629	“非凡资产管理(保本型)”理财产品D14尊特款2010第012期	2010-8-18	2010-9-2	4000	混合	2.20
630	“非凡资产管理(增利型)”理财产品D14款055期(网银专属)	2010-8-19	2010-9-3	20000	混合	2.30
631	“非凡资产管理(增利型)”理财产品D14尊款055期	2010-8-19	2010-9-3	20000	混合	2.40
632	“非凡资产管理(增利型)”理财产品M2款055期(网银专属)	2010-8-19	2010-10-19	10000	混合	2.75
633	“非凡资产管理(增利型)”理财产品M3款055期	2010-8-19	2010-11-19	20000	混合	2.80
634	“非凡资产管理(增利型)”理财产品M3尊款055期	2010-8-19	2010-11-19	18500	混合	2.90

续表

序号	产品名称	起息日	到期日	拟发行量	资金主要投向	客户预期年收益率
635	“非凡资产管理（增利型）”理财产品 M5 款 055 期	2010－8－19	2011－1－19	10000	混合	3.00
636	“非凡资产管理（增利型）”理财产品 M12 款 055 期	2010－8－19	2011－8－19	10000	混合	3.50
637	“非凡资产管理（增利型）”理财产品 D7 高款 056 期（网银专属）	2010－8－23	2010－8－31	5000	混合	2.30
638	“非凡资产管理（增利型）”理财产品 D21 款 056 期（网银专属）	2010－8－24	2010－9－15	5000	混合	2.35
639	“非凡资产管理（增利型）”理财产品 D21 尊款 056 期	2010－8－24	2010－9－15	5000	混合	2.50
640	“非凡资产管理（增利型）”理财产品 M3 款 056 期	2010－8－24	2010－11－24	5000	混合	2.80
641	“非凡资产管理（增利型）”理财产品 M12 款 056 期	2010－8－24	2011－8－24	5000	混合	3.50
642	“非凡资产管理（增利型）”理财产品 D14 款 056 期（网银专属）	2010－8－24	2010－9－8	5000	混合	2.25
643	“非凡资产管理（增利型）”理财产品 D14 尊款 056 期	2010－8－24	2010－9－8	5000	混合	2.35
644	“非凡资产管理（增利型）”理财产品 D14 高款 056 期	2010－8－24	2010－9－8	5000	混合	2.30
645	“非凡资产管理（增利型）”理财产品 D14 尊特款 056 期	2010－8－24	2010－9－8	7000	混合	2.40
646	“非凡资产管理（增利型）”理财产品 M2 款 056 期（网银专属）	2010－8－26	2010－10－26	5000	混合	2.65
647	“非凡资产管理（增利型）”理财产品 M2 尊款 056 期	2010－8－26	2010－10－26	5000	混合	2.75
648	“非凡资产管理（增利型）”理财产品 M5 款 056 期	2010－8－26	2011－1－26	5000	混合	3.00
649	“非凡资产管理（保本型）”理财产品 M1 款 2010 第 013 期	2010－8－30	2010－9－30	5000	混合	2.15
650	“非凡资产管理（增利型）”理财产品 M3 款 057 期（特别计划）	2010－8－31	2010－11－30	15000	混合	2.80
651	“非凡资产管理（增利型）”理财产品 M12 款 057 期（特别计划）	2010－8－31	2011－8－31	6000	混合	3.50
652	“非凡资产管理（增利型）”理财产品 M1 尊特款 057 期	2010－8－31	2010－9－30	3000	混合	2.55
653	“非凡资产管理（增利型）”理财产品 D7 高款 057 期（网银专属）	2010－9－1	2010－9－9	50000	混合	2.30
654	“非凡资产管理（增利型）”理财产品 D14 款 057 期（网银专属）	2010－9－1	2010－9－16	50000	混合	2.30

续表

序号	产品名称	起息日	到期日	拟发行量	资金主要投向	客户预期年收益率
655	"非凡资产管理(增利型)"理财产品D14尊款057期	2010-9-1	2010-9-16	30000	混合	2.40
656	"非凡资产管理(增利型)"理财产品D21款057期(网银专属)	2010-9-1	2010-9-23	30000	混合	2.40
657	"非凡资产管理(增利型)"理财产品D21尊款057期	2010-9-1	2010-9-23	20000	混合	2.50
658	"非凡资产管理(增利型)"理财产品D21尊特款057期	2010-9-1	2010-9-23	20000	混合	2.60
659	"非凡资产管理(增利型)"理财产品M3款057期	2010-9-1	2010-12-1	40000	混合	2.70
660	"非凡资产管理(增利型)"理财产品M3尊款057期	2010-9-1	2010-12-1	30000	混合	2.80
661	"非凡资产管理(增利型)"理财产品M6款057期	2010-9-1	2011-3-1	40000	混合	3.00
662	"非凡资产管理(增利型)"理财产品M12款057期	2010-9-1	2011-9-1	20000	混合	3.45
663	"非凡资产管理(增利型)"理财产品D21款057期(特别计划)	2010-9-1	2010-9-23	20000	混合	2.40
664	"非凡资产管理(增利型)"理财产品D21尊款057期(特别计划)	2010-9-1	2010-9-23	20000	混合	2.50
665	"非凡资产管理(增利型)"理财产品D21尊特款057期(特别计划)	2010-9-1	2010-9-23	20000	混合	2.60
666	"非凡资产管理(增利型)"理财产品M12尊特款057期	2010-9-1	2011-9-1	4500	混合	3.50
667	"非凡资产管理(保本型)"理财产品D14款2010第013期	2010-9-1	2010-9-16	4000	混合	2.00
668	"非凡资产管理(增利型)"理财产品M2款057期(网银专属)	2010-9-2	2010-11-2	30000	混合	2.60
669	"非凡资产管理(增利型)"理财产品M2尊款057期	2010-9-2	2010-11-2	40000	混合	2.70
670	"非凡资产管理(保本型)"理财产品D23款2010第013期	2010-9-2	2010-9-26	5000	混合	2.10
671	"非凡资产管理(保本型)"理财产品M2款2010第013期	2010-9-2	2010-11-2	5000	混合	2.25
672	"非凡资产管理(保本型)"理财产品D14尊特款2010第013期	2010-9-2	2010-9-17	4000	混合	2.05
673	"非凡资产管理(增利型)"理财产品D7高款058期(网银专属)	2010-9-6	2010-9-14	50000	混合	2.30
674	"非凡资产管理(增利型)"理财产品D14款058期(网银专属)	2010-9-6	2010-9-21	20000	混合	2.30

续表

序号	产品名称	起息日	到期日	拟发行量	资金主要投向	客户预期年收益率
675	“非凡资产管理（增利型）”理财产品D14 尊款 058 期	2010－9－6	2010－9－21	30000	混合	2.40
676	“非凡资产管理（增利型）”理财产品D21 款 058 期（网银专属）	2010－9－6	2010－9－28	10000	混合	2.40
677	“非凡资产管理（增利型）”理财产品D21 尊款 058 期	2010－9－6	2010－9－28	20000	混合	2.50
678	“非凡资产管理（增利型）”理财产品D21 尊特款 058 期	2010－9－6	2010－9－28	10000	混合	2.60
679	“非凡资产管理（增利型）”理财产品D7 尊特款 058 期	2010－9－6	2010－9－14	3000	混合	2.40
680	“非凡资产管理（增利型）”理财产品D21 尊特款 058 期（北京）	2010－9－6	2010－9－28	7000	混合	2.75
681	“非凡资产管理（增利型）”理财产品M3 款 058 期	2010－9－7	2010－12－7	20000	混合	2.70
682	“非凡资产管理（增利型）”理财产品M3 高款 058 期	2010－9－7	2010－12－7	40000	混合	2.80
683	“非凡资产管理（增利型）”理财产品M3 尊款 058 期	2010－9－7	2010－12－7	30000	混合	2.90
684	“非凡资产管理（增利型）”理财产品M12 款 058 期	2010－9－7	2011－9－7	20000	混合	3.45
685	“非凡资产管理（增利型）”理财产品M12 款 058 期（北京特别计划）	2010－9－7	2011－9－7	5000	混合	3.45
686	“非凡资产管理（增利型）”理财产品M6 款 058 期	2010－9－8	2011－3－8	40000	混合	3.00
687	“非凡资产管理（增利型）”理财产品M6 款 058 期（北京特别计划）	2010－9－8	2011－3－8	5000	混合	3.00
688	“非凡资产管理（增利型）”理财产品M1 款 058 期（网银专属）	2010－9－9	2010－10－9	20000	混合	2.45
689	“非凡资产管理（增利型）”理财产品M1 尊款 058 期	2010－9－9	2010－10－9	30000	混合	2.55
690	“非凡资产管理（增利型）”理财产品M1 尊特款 058 期	2010－9－9	2010－10－9	50000	混合	2.65
691	“非凡资产管理（增利型）”理财产品M2 款 058 期（网银专属）	2010－9－9	2010－11－9	30000	混合	2.60
692	“非凡资产管理（增利型）”理财产品M2 尊款 058 期	2010－9－9	2010－11－9	30000	混合	2.70
693	“非凡资产管理（保本型）”理财产品D16 款 2010 第 015 期	2010－9－9	2010－9－26	8000	混合	2.05
694	“非凡资产管理（保本型）”理财产品M1 款 2010 第 015 期	2010－9－9	2010－10－9	5000	混合	2.15

续表

序号	产品名称	起息日	到期日	拟发行量	资金主要投向	客户预期年收益率
695	“非凡资产管理（保本型）”理财产品M2款2010第015期	2010-9-10	2010-11-10	12000	混合	2.25
696	“非凡资产管理（增利型）”理财产品M4款059期	2010-9-13	2011-1-13	30000	混合	2.85
697	“非凡资产管理（增利型）”理财产品D7高款059期（网银专属）	2010-9-13	2010-9-21	40000	混合	2.30
698	“非凡资产管理（增利型）”理财产品M1款059期	2010-9-13	2010-10-13	30000	混合	2.50
699	“非凡资产管理（增利型）”理财产品M1尊款059期	2010-9-13	2010-10-13	30000	混合	2.60
700	“非凡资产管理（增利型）”理财产品M1尊特款059期	2010-9-13	2010-10-13	30000	混合	2.70
701	“非凡资产管理（增利型）”理财产品M3款059期	2010-9-14	2010-12-14	10000	混合	2.70
702	“非凡资产管理（增利型）”理财产品M3尊款059期	2010-9-14	2010-12-14	20000	混合	2.85
703	“非凡资产管理（增利型）”理财产品M12款059期	2010-9-14	2011-9-14	20000	混合	3.45
704	“非凡资产管理（增利型）”理财产品D14款059期（网银专属）	2010-9-14	2010-9-29	10000	混合	2.30
705	“非凡资产管理（增利型）”理财产品D14尊款059期	2010-9-14	2010-9-29	10000	混合	2.40
706	“非凡资产管理（增利型）”理财产品D14尊特款059期	2010-9-14	2010-9-29	10000	混合	2.40
707	“非凡资产管理（增利型）”理财产品M2款059期	2010-9-16	2010-11-16	30000	混合	2.60
708	“非凡资产管理（增利型）”理财产品M2尊款059期	2010-9-16	2010-11-16	30000	混合	2.70
709	“非凡资产管理（增利型）”理财产品M2尊特款059期	2010-9-16	2010-11-16	20000	混合	2.80
710	“非凡资产管理（增利型）”理财产品M5款059期	2010-9-16	2011-2-16	30000	混合	2.95
711	“非凡资产管理（增利型）”理财产品M6款059期	2010-9-16	2011-3-16	40000	混合	3.05
712	“非凡资产管理（增利型）”理财产品M3尊款059期（特别计划）	2010-9-17	2010-12-17	5000	混合	2.90
713	“非凡资产管理（增利型）”理财产品M1款060期	2010-9-20	2010-10-20	20000	混合	2.50
714	“非凡资产管理（增利型）”理财产品M1尊款060期	2010-9-20	2010-10-20	20000	混合	2.60

续表

序号	产品名称	起息日	到期日	拟发行量	资金主要投向	客户预期年收益率
715	"非凡资产管理(增利型)"理财产品 M1 尊特款 060 期	2010－9－20	2010－10－20	20000	混合	2.70
716	"非凡资产管理(增利型)"理财产品 M4 款 060 期	2010－9－20	2011－1－20	20000	混合	2.80
717	"非凡资产管理(增利型)"理财产品 M4 高款 060 期	2010－9－20	2011－1－20	30000	混合	2.90
718	"非凡资产管理(增利型)"理财产品 M4 尊款 060 期	2010－9－20	2011－1－20	50000	混合	3.00
719	"非凡资产管理(增利型)"理财产品 M12 款 060 期	2010－9－20	2011－9－20	20000	混合	3.45
720	"非凡资产管理(增利型)"理财产品 D21 款 060 期(双节特别计划)	2010－9－20	2010－10－12	60000	混合	2.55
721	"非凡资产管理(增利型)"理财产品 D21 尊款 060 期(双节特别计划)	2010－9－20	2010－10－12	60000	混合	2.65
722	"非凡资产管理(增利型)"理财产品 M2 款 060 期	2010－9－20	2010－11－20	20000	混合	2.60
723	"非凡资产管理(增利型)"理财产品 M2 尊款 060 期	2010－9－20	2010－11－20	20000	混合	2.70
724	"非凡资产管理(增利型)"理财产品 M2 尊特款 060 期	2010－9－20	2010－11－20	20000	混合	2.80
725	"非凡资产管理(增利型)"理财产品 M12 款 060 期(特别计划)	2010－9－20	2011－9－20	10000	混合	3.45
726	"非凡资产管理(增利型)"理财产品 M2 高款 060 期(特别计划)	2010－9－20	2010－11－20	5000	混合	2.90
727	"非凡资产管理(保本型)"理财产品 D21 款 2010 第 016 期(网银专属)	2010－9－20	2010－10－12	30000	混合	2.50
728	"非凡资产管理(保本型)"理财产品 M2 高款 2010 第 016 期(网银专属)	2010－9－20	2010－11－20	30000	混合	2.65
729	"非凡资产管理(增利型)"理财产品 M9 款 060 期	2010－9－21	2011－6－21	20000	混合	3.25
730	"非凡资产管理(增利型)"理财产品 M6 款 060 期	2010－9－21	2011－3－18	50000	混合	3.00
731	"非凡资产管理(保本型)"理财产品 M3 款 2010 第 016 期	2010－9－21	2010－12－21	30000	混合	2.75
732	"非凡资产管理(增利型)"理财产品 M5 款 061 期	2010－9－25	2011－2－25	20000	混合	3.00
733	"非凡资产管理(增利型)"理财产品 M5 高款 061 期	2010－9－25	2011－2－25	30000	混合	3.10
734	"非凡资产管理(增利型)"理财产品 M9 款 061 期	2010－9－25	2011－6－25	30000	混合	3.25

续表

序号	产品名称	起息日	到期日	拟发行量	资金主要投向	客户预期年收益率
735	"非凡资产管理(增利型)"理财产品M5尊特款061期	2010-9-25	2011-2-25	2000	混合	3.15
736	非凡资产管理三安光电股权收益权理财产品(B类)(T817)	2010-9-26	2012-9-26	20600	信托计划	0.00
737	"非凡资产管理(增利型)"理财产品D14款061期(网银专属)	2010-9-27	2010-10-12	10000	混合	2.65
738	"非凡资产管理(增利型)"理财产品D14高款061期(十一特别计划)	2010-9-27	2010-10-12	20000	混合	2.75
739	"非凡资产管理(增利型)"理财产品D21款061期(网银专属)	2010-9-27	2010-10-19	10000	混合	2.50
740	"非凡资产管理(增利型)"理财产品D21高款061期	2010-9-27	2010-10-19	20000	混合	2.60
741	"非凡资产管理(增利型)"理财产品M1款061期	2010-9-27	2010-10-27	20000	混合	2.60
742	"非凡资产管理(增利型)"理财产品M1尊款061期	2010-9-27	2010-10-27	20000	混合	2.70
743	"非凡资产管理(增利型)"理财产品M1尊特款061期	2010-9-27	2010-10-27	10000	混合	2.80
744	"非凡资产管理(增利型)"理财产品M2款061期	2010-9-27	2010-11-27	30000	混合	2.70
745	"非凡资产管理(增利型)"理财产品M2尊款061期	2010-9-27	2010-11-27	20000	混合	2.80
746	"非凡资产管理(增利型)"理财产品M4款061期	2010-9-27	2011-1-27	20000	混合	2.80
747	"非凡资产管理(增利型)"理财产品M4高款061期	2010-9-27	2011-1-27	30000	混合	2.90
748	"非凡资产管理(增利型)"理财产品M4尊款061期	2010-9-27	2011-1-27	50000	混合	3.00
749	"非凡资产管理(增利型)"理财产品M4尊特款061期	2010-9-27	2011-1-27	20000	混合	3.10
750	"非凡资产管理(增利型)"理财产品M12款061期	2010-9-27	2011-9-27	30000	混合	3.45
751	"非凡资产管理(增利型)"理财产品D14高款061期(十一特别计划2)	2010-9-27	2010-10-12	50000	混合	2.75
752	"非凡资产管理(增利型)"理财产品M2高款061期(十一特别计划)	2010-9-27	2010-11-27	20000	混合	3.00
753	"非凡资产管理(增利型)"理财产品D10款061期(十一特别计划)	2010-9-28	2010-10-9	30000	混合	2.70
754	"非凡资产管理(增利型)"理财产品D9尊款061期(十一特别计划)	2010-9-29	2010-10-9	20000	混合	2.70

续表

序号	产品名称	起息日	到期日	拟发行量	资金主要投向	客户预期年收益率
755	“非凡资产管理(增利型)”理财产品D9高款061期(十一特别计划)	2010-9-29	2010-10-9	20000	混合	2.70
756	“非凡资产管理(保本型)”理财产品D14款2010第018期(十一特别计划)	2010-9-29	2010-10-14	30000	混合	2.80
757	“非凡资产管理(保本型)”理财产品D14款2010第018期(十一特别计划2)	2010-9-29	2010-10-14	30000	混合	2.80
758	“非凡资产管理(增利型)”理财产品D8款061期(国庆特别计划)	2010-9-30	2010-10-9	10000	混合	2.70
759	“非凡资产管理(增利型)”理财产品D8尊款061期(国庆特别计划)	2010-9-30	2010-10-9	10000	混合	2.80
760	“非凡资产管理(增利型)”理财产品D14款061期(国庆特别计划)	2010-9-30	2010-10-15	15000	混合	2.90
761	“非凡资产管理(增利型)”理财产品D14尊款061期(国庆特别计划)	2010-9-30	2010-10-15	15000	混合	3.00
762	“非凡资产管理(增利型)”理财产品M3款062期	2010-10-8	2011-1-8	50000	混合	2.90
763	“非凡资产管理(增利型)”理财产品M3尊款062期	2010-10-8	2011-1-8	50000	混合	3.00
764	“非凡资产管理(增利型)”理财产品M3尊特款062期	2010-10-8	2011-1-8	30000	混合	3.10
765	“非凡资产管理(增利型)”理财产品M6款062期	2010-10-8	2011-4-8	20000	混合	3.10
766	“非凡资产管理(增利型)”理财产品M6高款062期	2010-10-8	2011-4-8	40000	混合	3.20
767	“非凡资产管理(增利型)”理财产品M9款062期	2010-10-8	2011-7-8	30000	混合	3.30
768	“非凡资产管理(增利型)”理财产品D7高款062期(网银专属)	2010-10-8	2010-10-16	20000	混合	2.50
769	“非凡资产管理(增利型)”理财产品D14款062期(网银专属)	2010-10-8	2010-10-23	20000	混合	2.60
770	“非凡资产管理(增利型)”理财产品M2高款062期	2010-10-8	2010-12-8	30000	混合	2.80
771	“非凡资产管理(保本型)”理财产品D14尊特款2010第019期	2010-10-8	2010-10-23	5000	混合	2.50
772	“非凡资产管理(增利型)”理财产品M1款062期	2010-10-9	2010-11-9	30000	混合	2.60
773	“非凡资产管理(增利型)”理财产品M1尊款062期	2010-10-9	2010-11-9	30000	混合	2.70

续表

序号	产品名称	起息日	到期日	拟发行量	资金主要投向	客户预期年收益率
774	“非凡资产管理（增利型）”理财产品M1 尊特款 062 期	2010－10－9	2010－11－9	20000	混合	2.80
775	“非凡资产管理（增利型）”理财产品M1 尊特 2 款 062 期	2010－10－9	2010－11－9	10000	混合	2.85
776	“非凡资产管理（增利型）”理财产品M12 款 062 期	2010－10－11	2011－10－11	30000	混合	3.45
777	“非凡资产管理（增利型）”理财产品M12 款 062 期（特别计划）	2010－10－11	2011－10－11	10000	混合	3.45
778	“非凡资产管理（保本型）”理财产品M12 款 2010 第 017 期	2010－10－11	2011－10－11	30000	混合	3.00
779	“非凡资产管理（增利型）”理财产品D14 款 063 期（网银专属）	2010－10－12	2010－10－27	30000	混合	2.55
780	“非凡资产管理（增利型）”理财产品D14 尊款 063 期	2010－10－12	2010－10－27	50000	混合	2.65
781	“非凡资产管理（增利型）”理财产品M1 款 063 期	2010－10－12	2010－11－12	20000	混合	2.60
782	“非凡资产管理（增利型）”理财产品M1 尊款 063 期	2010－10－12	2010－11－12	20000	混合	2.70
783	“非凡资产管理（增利型）”理财产品M1 尊特款 063 期	2010－10－12	2010－11－12	20000	混合	2.80
784	“非凡资产管理（增利型）”理财产品M3 款 063 期	2010－10－12	2011－1－12	20000	混合	2.80
785	“非凡资产管理（增利型）”理财产品M3 高款 063 期	2010－10－12	2011－1－12	30000	混合	2.90
786	“非凡资产管理（增利型）”理财产品M3 尊款 063 期	2010－10－12	2011－1－12	30000	混合	3.00
787	“非凡资产管理（增利型）”理财产品M3 尊特款 063 期	2010－10－12	2011－1－12	30000	混合	3.10
788	“非凡资产管理（增利型）”理财产品M9 款 063 期	2010－10－12	2011－7－12	30000	混合	3.30
789	“非凡资产管理（增利型）”理财产品M6 款 063 期	2010－10－13	2011－4－13	50000	混合	3.20
790	“非凡资产管理（增利型）”理财产品D21 款 063 期（特别计划）	2010－10－13	2010－11－4	50000	混合	2.85
791	“非凡资产管理（增利型）”理财产 M3 款 063 期（特别计划）	2010－10－13	2011－1－13	50000	混合	3.10
792	“非凡资产管理（增利型）”理财产品M2 高款 063 期	2010－10－14	2010－12－14	30000	混合	2.75
793	“非凡资产管理（增利型）”理财产品M12 款 063 期	2010－10－14	2011－10－14	20000	混合	3.45

续表

序号	产品名称	起息日	到期日	拟发行量	资金主要投向	客户预期年收益率
794	“非凡资产管理(增利型)”理财产品D21款064期(网银专属)	2010-10-14	2010-11-5	20000	混合	2.65
795	“非凡资产管理(增利型)”理财产品D21高款064期	2010-10-14	2010-11-5	20000	混合	2.75
796	“非凡资产管理(增利型)”理财产品M3款064期	2010-10-14	2011-1-14	20000	混合	2.80
797	“非凡资产管理(增利型)”理财产品M3高款064期	2010-10-14	2011-1-14	30000	混合	2.90
798	“非凡资产管理(增利型)”理财产品D21高款064期(特别计划)	2010-10-14	2010-11-5	30000	混合	2.75
799	“非凡资产管理(增利型)”理财产品M2尊特款063期	2010-10-14	2010-12-14	5000	混合	3.00
800	“非凡资产管理(增利型)”理财产品M5款063期	2010-10-15	2011-3-15	20000	混合	3.00
801	“非凡资产管理(增利型)”理财产品M5高款063期	2010-10-15	2011-3-15	30000	混合	3.10
802	“非凡资产管理(增利型)”理财产品D14款064期(网银专属)	2010-10-15	2010-10-30	30000	混合	2.60
803	“非凡资产管理(增利型)”理财产品M9款064期	2010-10-15	2011-7-15	30000	混合	3.30
804	“非凡资产管理(保本型)”理财产品D14尊特款2010第020期	2010-10-18	2010-11-2	2000	混合	2.45
805	“非凡资产管理(增利型)”理财产品M1款065期	2010-10-19	2010-11-19	20000	混合	2.65
806	“非凡资产管理(增利型)”理财产品M1尊款065期	2010-10-19	2010-11-19	50000	混合	2.75
807	“非凡资产管理(增利型)”理财产品M3款065期	2010-10-19	2011-1-19	50000	混合	2.85
808	“非凡资产管理(增利型)”理财产品M3尊款065期	2010-10-19	2011-1-19	30000	混合	3.00
809	“非凡资产管理(增利型)”理财产品M3尊特款065期	2010-10-19	2011-1-19	20000	混合	3.15
810	“非凡资产管理(增利型)”理财产品D14款065期(网银专属)	2010-10-19	2010-11-3	20000	混合	2.55
811	“非凡资产管理(增利型)”理财产品D14尊款065期	2010-10-19	2010-11-3	30000	混合	2.65
812	“非凡资产管理(增利型)”理财产品M5款065期	2010-10-19	2011-3-19	20000	混合	3.00
813	“非凡资产管理(增利型)”理财产品M5高款065期	2010-10-19	2011-3-19	30000	混合	3.10
814	“非凡资产管理(增利型)”理财产品M9款065期	2010-10-19	2011-7-19	20000	混合	3.30

续表

序号	产品名称	起息日	到期日	拟发行量	资金主要投向	客户预期年收益率
815	“非凡资产管理(增利型)”理财产品M2高款065期	2010-10-21	2010-12-21	40000	混合	2.80
816	“非凡资产管理(增利型)”理财产品M12款065期	2010-10-21	2011-10-21	20000	混合	3.45
817	“非凡资产管理(增利型)”理财产品M6款065期	2010-10-21	2011-4-21	50000	混合	3.20
818	“非凡资产管理(增利型)”理财产品M2尊特款065期	2010-10-21	2010-12-21	10000	混合	2.90
819	“非凡资产管理(增利型)”理财产品D14尊款065期(特别计划)	2010-10-21	2010-11-5	20000	混合	2.65
820	非凡资产管理证券投资理财产品1号	2010-10-25	2013-10-25	45000	证券投资	6.00
821	非凡资产管理结构化证券投资理财产品3号(S03)(A类)	2010-10-25	2012-10-25	45000	证券投资	6.30
822	“非凡资产管理(增利型)”理财产品D14款066期(网银专属)	2010-10-25	2010-11-9	20000	混合	2.50
823	“非凡资产管理(增利型)”理财产品D14尊款066期	2010-10-25	2010-11-9	30000	混合	2.60
824	“非凡资产管理(增利型)”理财产品M1款066期	2010-10-25	2010-11-25	20000	混合	2.60
825	“非凡资产管理(增利型)”理财产品M1尊款066期	2010-10-25	2010-11-25	20000	混合	2.70
826	“非凡资产管理(增利型)”理财产品M1尊特款066期	2010-10-25	2010-11-25	10000	混合	2.80
827	“非凡资产管理(增利型)”理财产品M5高款066期	2010-10-25	2011-3-25	30000	混合	3.10
828	“非凡资产管理(增利型)”理财产品M1款066期(特别计划)	2010-10-25	2010-11-25	30000	混合	2.75
829	“非凡资产管理(增利型)”理财产品M3款066期(特别计划)	2010-10-25	2011-1-25	50000	混合	3.10
830	“非凡资产管理(增利型)”理财产品M1尊特款066期(特别计划2)	2010-10-25	2010-11-25	12000	混合	2.90
831	非凡理财人民币TZ763期理财产品A款	2010-10-25	2012-10-9	30468	信托计划	7.50
832	非凡理财人民币TZ763期理财产品A款特	2010-10-25	2012-10-9	21300	信托计划	7.50
833	非凡理财人民币TZ763期理财产品B款	2010-10-25	2012-10-9	13422	信托计划	8.00
834	非凡理财人民币TZ763期理财产品B款特	2010-10-25	2012-10-9	9700	信托计划	8.00

续表

序号	产品名称	起息日	到期日	拟发行量	资金主要投向	客户预期年收益率
835	"非凡资产管理(增利型)"理财产品M3款066期	2010－10－26	2011－1－26	50000	混合	2.90
836	"非凡资产管理(增利型)"理财产品M3尊款066期	2010－10－26	2011－1－26	30000	混合	3.00
837	"非凡资产管理(增利型)"理财产品M3尊特款066期	2010－10－26	2011－1－26	20000	混合	3.15
838	"非凡资产管理(增利型)"理财产品M6款066期	2010－10－26	2011－4－26	30000	混合	3.20
839	"非凡资产管理(增利型)"理财产品M12款066期	2010－10－26	2011－10－26	20000	混合	3.45
840	"非凡资产管理(保本型)"理财产品D14尊款2010第021期	2010－10－26	2010－11－10	10000	混合	2.35
841	非凡资产管理结构化证券投资理财产品5号(S05)(A类)	2010－10－27	2012－04－27	63000	证券投资	6.50
842	"非凡资产管理(增利型)"理财产品D14高款066期(特别计划)	2010－10－27	2010－11－11	30000	混合	2.80
843	"非凡资产管理(增利型)"理财产品D21款066期(特别计划)	2010－10－27	2010－11－18	50000	混合	2.85
844	"非凡资产管理(增利型)"理财产品M3高款066期(特别计划)	2010－10－27	2011－1－27	50000	混合	3.20
845	"非凡资产管理(增利型)"理财产品M2款066期(特别计划)	2010－10－28	2010－12－28	40000	混合	2.85
846	"非凡资产管理(增利型)"理财产品D14款067期(网银专属)	2010－11－1	2010－11－16	20000	混合	2.50
847	"非凡资产管理(增利型)"理财产品D14尊款067期	2010－11－1	2010－11－16	30000	混合	2.60
848	"非凡资产管理(增利型)"理财产品M3款067期	2010－11－1	2011－2－1	30000	混合	2.90
849	"非凡资产管理(增利型)"理财产品M3尊款067期	2010－11－1	2011－2－1	30000	混合	3.00
850	"非凡资产管理(增利型)"理财产品M5款067期	2010－11－1	2011－4－1	30000	混合	3.20
851	"非凡资产管理(增利型)"理财产品D66尊特款067期(长春)	2010－11－1	2011－1－7	10000	混合	3.60
852	"非凡资产管理(增利型)"理财产品D21高款067期(特别计划)	2010－11－1	2010－11－23	30000	混合	2.75
853	"非凡资产管理(增利型)"理财产品M1高款067期(特别计划)	2010－11－1	2010－12－1	30000	混合	2.85

续表

序号	产品名称	起息日	到期日	拟发行量	资金主要投向	客户预期年收益率
854	“非凡资产管理（增利型）”理财产品D66款067期（特别计划）	2010－11－1	2011－1－7	50000	混合	3.10
855	“非凡资产管理（增利型）”理财产品D66尊款067期（特别计划）	2010－11－1	2011－1－7	50000	混合	3.30
856	“非凡资产管理（增利型）”理财产品M2款067期（特别计划）	2010－11－1	2010－12－28	10000	混合	2.85
857	“非凡资产管理（增利型）”理财产品M3尊特款067期（特别计划）	2010－11－1	2010－11－25	8000	混合	3.55
858	“非凡资产管理（增利型）”理财产品M1款067期	2010－11－2	2010－12－2	20000	混合	2.60
859	“非凡资产管理（增利型）”理财产品M1尊款067期	2010－11－2	2010－12－2	30000	混合	2.70
860	“非凡资产管理（增利型）”理财产品M1尊特款067期	2010－11－2	2010－12－2	10000	混合	2.80
861	“非凡资产管理（增利型）”理财产品M4高款067期	2010－11－2	2011－3－2	30000	混合	3.10
862	“非凡资产管理（增利型）”理财产品M12款067期	2010－11－2	2011－11－2	20000	混合	3.45
863	“非凡资产管理（增利型）”理财产品D14尊特款067期	2010－11－2	2010－11－17	10000	混合	2.80
864	非凡资产管理结构化证券投资理财产品4号（S04）（A类）	2010－11－05	2012－11－05	30000	证券投资	6.50
865	“非凡资产管理（增利型）”理财产品M2款067期	2010－11－5	2011－1－5	20000	混合	2.80
866	“非凡资产管理（增利型）”理财产品M2尊款067期	2010－11－5	2011－1－5	30000	混合	2.90
867	“非凡资产管理（增利型）”理财产品M2尊特款067期	2010－11－5	2011－1－5	20000	混合	3.00
868	“非凡资产管理（增利型）”理财产品D14款068期（网银专属）	2010－11－8	2010－11－23	20000	混合	2.50
869	“非凡资产管理（增利型）”理财产品D14尊款068期	2010－11－8	2010－11－23	30000	混合	2.60
870	“非凡资产管理（增利型）”理财产品M1款068期	2010－11－8	2010－12－8	30000	混合	2.65
871	“非凡资产管理（增利型）”理财产品M1尊款068期	2010－11－8	2010－12－8	30000	混合	2.75
872	“非凡资产管理（增利型）”理财产品M1尊特款068期	2010－11－8	2010－12－8	20000	混合	2.85

续表

序号	产品名称	起息日	到期日	拟发行量	资金主要投向	客户预期年收益率
873	“非凡资产管理（增利型）”理财产品M2高款068期	2010－11－8	2011－1－6	50000	混合	3.10
874	“非凡资产管理（增利型）”理财产品M3高款068期	2010－11－8	2011－1－26	30000	混合	3.15
875	“非凡资产管理（增利型）”理财产品M4款068期	2010－11－8	2011－3－8	20000	混合	3.10
876	“非凡资产管理（增利型）”理财产品M4尊款068期	2010－11－8	2011－3－8	30000	混合	3.25
877	“非凡资产管理（增利型）”理财产品M2款068期（北京特）	2010－11－8	2010－12－28	10000	混合	3.10
878	“非凡资产管理（增利型）”理财产品M2尊款068期（北京特）	2010－11－8	2010－12－28	12000	混合	3.20
879	“非凡资产管理（增利型）”理财产品D14尊特款068期	2010－11－8	2010－11－23	5000	混合	2.75
880	“非凡资产管理（增利型）”理财产品M3尊特款068期（北京特）	2010－11－8	2011－1－26	5000	混合	3.50
881	非凡资产管理结构化证券投资理财产品6号（S06）（A类）	2010－11－09	2012－11－09	30000	证券投资	6.50
882	“非凡资产管理（保本型）”理财产品D14尊特款2010第022期（广州特）	2010－11－9	2010－11－24	2000	混合	2.50
883	“非凡资产管理（增利型）”理财产品M2款068期	2010－11－11	2011－1－11	30000	混合	3.00
884	“非凡资产管理（增利型）”理财产品M2尊款068期	2010－11－11	2011－1－11	40000	混合	3.15
885	“非凡资产管理（增利型）”理财产品M2尊特款068期	2010－11－11	2011－1－11	20000	混合	3.25
886	“非凡资产管理（增利型）”理财产品M6款068期	2010－11－11	2011－5－11	30000	混合	3.30
887	“非凡资产管理（增利型）”理财产品M9款068期	2010－11－11	2011－8－11	30000	混合	3.50
888	“非凡资产管理（增利型）”理财产品M6款068期（北京特）	2010－11－11	2011－5－11	10000	混合	3.40
889	“非凡资产管理（增利型）”理财产品D14款069期（网银专属）	2010－11－15	2010－11－30	20000	混合	2.50
890	“非凡资产管理（增利型）”理财产品D14尊款069期	2010－11－15	2010－11－30	30000	混合	2.60
891	“非凡资产管理（增利型）”理财产品M1款069期	2010－11－15	2010－12－15	30000	混合	2.65

续表

序号	产品名称	起息日	到期日	拟发行量	资金主要投向	客户预期年收益率
892	"非凡资产管理(增利型)"理财产品 M1 尊款 069 期	2010-11-15	2010-12-15	30000	混合	2.75
893	"非凡资产管理(增利型)"理财产品 M1 尊特款 069 期	2010-11-15	2010-12-15	20000	混合	2.85
894	"非凡资产管理(增利型)"理财产品 M2 高款 069 期	2010-11-15	2011-1-6	50000	混合	3.10
895	"非凡资产管理(增利型)"理财产品 M3 款 069 期	2010-11-15	2011-2-15	30000	混合	3.10
896	"非凡资产管理(增利型)"理财产品 M3 尊款 069 期	2010-11-15	2011-2-15	30000	混合	3.25
897	"非凡资产管理(增利型)"理财产品 D14 尊特款 069 期(北京)	2010-11-15	2010-11-30	10000	混合	2.70
898	"非凡资产管理(增利型)"理财产品 M2 款 069 期	2010-11-18	2011-1-18	30000	混合	3.00
899	"非凡资产管理(增利型)"理财产品 M2 尊款 069 期	2010-11-18	2011-1-18	30000	混合	3.15
900	"非凡资产管理(增利型)"理财产品 M2 尊特款 069 期	2010-11-18	2011-1-18	20000	混合	3.25
901	"非凡资产管理(增利型)"理财产品 M6 款 069 期	2010-11-18	2011-5-18	30000	混合	3.30
902	"非凡资产管理(增利型)"理财产品 M9 款 069 期	2010-11-18	2011-8-18	30000	混合	3.50
903	"非凡资产管理(增利型)"理财产品 D21 尊特款 069 期(京沪特)	2010-11-18	2010-12-10	20000	混合	2.85
904	"非凡资产管理(保本型)"理财产品 D14 尊特款 2010 第 023 期	2010-11-18	2010-12-3	5000	混合	2.45
905	"非凡资产管理(增利型)"理财产品 D14 款 070 期(网银专属)	2010-11-22	2010-12-7	20000	混合	2.50
906	"非凡资产管理(增利型)"理财产品 D14 尊款 070 期	2010-11-22	2010-12-7	30000	混合	2.60
907	"非凡资产管理(增利型)"理财产品 M1 高款 070 期	2010-11-22	2010-12-22	20000	混合	2.75
908	"非凡资产管理(增利型)"理财产品 M1 款 070 期(北京特)	2010-11-22	2010-12-22	8000	混合	2.75
909	"非凡资产管理(增利型)"理财产品 M1 尊款 070 期(北京特)	2010-11-22	2010-12-22	10000	混合	2.85
910	"非凡资产管理(增利型)"理财产品 D50 款 070 期	2010-11-22	2011-1-12	10000	混合	3.15

续表

序号	产品名称	起息日	到期日	拟发行量	资金主要投向	客户预期年收益率
911	“非凡资产管理（增利型）”理财产品D50尊款070期	2010－11－22	2011－1－12	10000	混合	3.30
912	“非凡资产管理（增利型）”理财产品D50尊特款070期	2010－11－22	2011－1－12	10000	混合	3.45
913	“非凡资产管理（增利型）”理财产品D21款070期	2010－11－23	2010－12－15	20000	混合	2.60
914	“非凡资产管理（增利型）”理财产品D21尊款070期	2010－11－23	2010－12－15	20000	混合	2.70
915	“非凡资产管理（增利型）”理财产品D21尊特款070期	2010－11－23	2010－12－15	10000	混合	2.80
916	“非凡资产管理（增利型）”理财产品D42高款070期	2010－11－24	2011－1－6	50000	混合	3.00
917	“非凡资产管理（增利型）”理财产品D42尊款070期	2010－11－24	2011－1－6	50000	混合	3.10
918	“非凡资产管理（增利型）”理财产品D42尊特款070期	2010－11－24	2011－1－6	20000	混合	3.20
919	“非凡资产管理（增利型）”理财产品M3款070期	2010－11－24	2011－2－24	30000	混合	3.15
920	“非凡资产管理（增利型）”理财产品M3尊款070期	2010－11－24	2011－2－24	50000	混合	3.25
921	“非凡资产管理（增利型）”理财产品D21尊特1款070期	2010－11－24	2010－12－16	20000	混合	2.80
922	“非凡资产管理（增利型）”理财产品M2款070期	2010－11－25	2011－1－25	30000	混合	3.05
923	“非凡资产管理（增利型）”理财产品M2尊款070期	2010－11－25	2011－1－25	30000	混合	3.15
924	“非凡资产管理（增利型）”理财产品M2尊特款070期	2010－11－25	2011－1－25	20000	混合	3.25
925	“非凡资产管理（增利型）”理财产品M6款070期	2010－11－25	2011－5－25	30000	混合	3.35
926	“非凡资产管理（增利型）”理财产品M9款070期	2010－11－25	2011－8－25	30000	混合	3.50
927	非凡资产管理黄金投资2号理财产品（G02）	2010－11－26	2011－11－26	20000	黄金投资	8.00
928	非凡理财人民币T824期理财产品（高端）	2010－11－26	2011－11－26	50000	信托计划	5.00
929	“非凡资产管理（增利型）”理财产品D21高款071期	2010－11－29	2010－12－21	20000	混合	2.80

续表

序号	产品名称	起息日	到期日	拟发行量	资金主要投向	客户预期年收益率
930	"非凡资产管理(增利型)"理财产品D43款071期(行庆)	2010－11－29	2011－1－12	50000	混合	3.35
931	"非凡资产管理(增利型)"理财产品D43尊款071期(行庆)	2010－11－29	2011－1－12	50000	混合	3.50
932	"非凡资产管理(增利型)"理财产品M2款071期	2010－11－29	2011－1－28	30000	混合	3.00
933	"非凡资产管理(增利型)"理财产品M2尊款071期	2010－11－29	2011－1－28	30000	混合	3.15
934	"非凡资产管理(增利型)"理财产品M2尊特款071期	2010－11－29	2011－1－28	20000	混合	3.25
935	"非凡资产管理(增利型)"理财产品M2款071期(行庆)	2010－11－29	2011－1－29	50000	混合	3.50
936	"非凡资产管理(增利型)"理财产品M2尊款071期(行庆)	2010－11－29	2011－1－29	50000	混合	3.65
937	"非凡资产管理(增利型)"理财产品D42款071期(行庆)	2010－11－30	2011－1－12	50000	混合	3.35
938	"非凡资产管理(增利型)"理财产品D42尊款071期(行庆)	2010－11－30	2011－1－12	50000	混合	3.50
939	"非凡资产管理(增利型)"理财产品M1款071期(武汉特)	2010－12－1	2011－1－6	10000	混合	3.00
940	"非凡资产管理(增利型)"理财产品M2款071期(武汉特)	2010－12－1	2011－1－28	10000	混合	3.30
941	"非凡资产管理(增利型)"理财产品M3款071期(武汉特)	2010－12－1	2011－2－25	15000	混合	3.40
942	"非凡资产管理(增利型)"理财产品M6款071期(武汉特)	2010－12－1	2011－5－31	10000	混合	3.50
943	"非凡资产管理(增利型)"理财产品M1款071期	2010－12－1	2011－1－6	30000	混合	2.80
944	"非凡资产管理(增利型)"理财产品M1尊款071期	2010－12－1	2011－1－6	50000	混合	3.00
945	"非凡资产管理(增利型)"理财产品M1尊特款071期	2010－12－1	2011－1－6	20000	混合	3.10
946	"非凡资产管理(增利型)"理财产品D50款071期	2010－12－1	2011－1－21	50000	混合	2.90
947	"非凡资产管理(增利型)"理财产品D50高款071期	2010－12－1	2011－1－21	50000	混合	3.00
948	"非凡资产管理(增利型)"理财产品D50尊款071期	2010－12－1	2011－1－21	20000	混合	3.10

续表

序号	产品名称	起息日	到期日	拟发行量	资金主要投向	客户预期年收益率
949	“非凡资产管理(增利型)”理财产品M3款071期	2010-12-1	2011-3-1	30000	混合	3.15
950	“非凡资产管理(增利型)”理财产品M3尊款071期	2010-12-1	2011-3-1	50000	混合	3.25
951	“非凡资产管理(增利型)”理财产品M6款071期	2010-12-1	2011-6-1	30000	混合	3.35
952	“非凡资产管理(增利型)”理财产品M9款071期	2010-12-1	2011-9-1	30000	混合	3.50
953	“非凡资产管理(增利型)”理财产品D14款071期(网银专属)	2010-12-1	2010-12-16	20000	混合	2.60
954	“非凡资产管理(增利型)”理财产品D14尊款071期	2010-12-1	2010-12-16	30000	混合	2.75
955	“非凡资产管理(增利型)”理财产品D21尊款071期	2010-12-1	2010-12-23	10000	混合	2.90
956	“非凡资产管理(增利型)”理财产品D14尊特款071期	2010-12-1	2010-12-16	3000	混合	3.30
957	非凡理财人民币TZ807期理财产品	2010-12-1	2011-7-1	101848	信托计划	4.00
958	“非凡资产管理(增利型)”理财产品D14款072期(网银专属)	2010-12-6	2010-12-21	10000	混合	2.60
959	“非凡资产管理(增利型)”理财产品D14尊款072期	2010-12-6	2010-12-21	20000	混合	2.75
960	“非凡资产管理(增利型)”理财产品D70款072期	2010-12-6	2011-2-15	30000	混合	3.25
961	“非凡资产管理(增利型)”理财产品D70尊款072期	2010-12-6	2011-2-15	50000	混合	3.35
962	“非凡资产管理(增利型)”理财产品M1款072期	2010-12-6	2011-1-6	30000	混合	3.00
963	“非凡资产管理(增利型)”理财产品M1尊款072期	2010-12-6	2011-1-6	50000	混合	3.10
964	“非凡资产管理(增利型)”理财产品M1尊特款072期	2010-12-6	2011-1-6	20000	混合	3.20
965	“非凡资产管理(增利型)”理财产品M9款072期	2010-12-6	2011-9-6	30000	混合	3.60
966	“非凡资产管理(增利型)”理财产品M1款072期(行庆)	2010-12-6	2011-1-12	30000	混合	3.20
967	“非凡资产管理(增利型)”理财产品M1尊款072期(行庆)	2010-12-6	2011-1-12	30000	混合	3.35

续表

序号	产品名称	起息日	到期日	拟发行量	资金主要投向	客户预期年收益率
968	"非凡资产管理(增利型)"理财产品M1尊特款072期(行庆)	2010-12-6	2011-1-12	30000	混合	3.50
969	"非凡资产管理(增利型)"理财产品D50款072期(行庆)	2010-12-6	2011-1-26	30000	混合	3.35
970	"非凡资产管理(增利型)"理财产品D50尊款072期(行庆)	2010-12-6	2011-1-26	30000	混合	3.50
971	"非凡资产管理(增利型)"理财产品D50尊特款072期(行庆)	2010-12-6	2011-1-26	30000	混合	3.65
972	"非凡资产管理(增利型)"理财产品D14高款072期	2010-12-6	2010-12-21	10000	混合	2.70
973	"非凡资产管理(增利型)"理财产品M1尊特款072期(行庆2)	2010-12-6	2011-1-12	10000	混合	3.50
974	"非凡资产管理(增利型)"理财产品D70款072期(行庆)	2010-12-7	2011-2-16	30000	混合	3.55
975	"非凡资产管理(增利型)"理财产品D70尊款072期(行庆)	2010-12-7	2011-2-16	30000	混合	3.70
976	非凡理财人民币TZ686期理财产品(高端)	2010-12-7	2011-1-14	15144	信托计划	3.60
977	非凡理财人民币TZ686-1期理财产品(尊享)	2010-12-7	2011-1-19	17157	信托计划	3.80
978	"非凡资产管理(增利型)"理财产品D50款072期	2010-12-8	2011-1-28	30000	混合	3.15
979	"非凡资产管理(增利型)"理财产品D50尊款072期	2010-12-8	2011-1-28	50000	混合	3.25
980	"非凡资产管理(增利型)"理财产品M3款072期	2010-12-8	2011-3-8	30000	混合	3.35
981	"非凡资产管理(增利型)"理财产品M3尊款072期	2010-12-8	2011-3-8	50000	混合	3.45
982	"非凡资产管理(增利型)"理财产品M3尊特款072期	2010-12-8	2011-3-8	20000	混合	3.55
983	"非凡资产管理(增利型)"理财产品M6款072期	2010-12-8	2011-6-8	30000	混合	3.50
984	"非凡资产管理(增利型)"理财产品M1款072期(滕王阁1号)	2010-12-8	2011-1-8	5000	混合	3.20
985	非凡理财人民币T838-1期理财产品(高端)	2010-12-8	2011-11-8	20024	信托计划	5.50
986	非凡理财人民币T838-1期理财产品(尊享)	2010-12-8	2011-11-8	9976	信托计划	6.00

续表

序号	产品名称	起息日	到期日	拟发行量	资金主要投向	客户预期年收益率
987	"非凡资产管理(增利型)"理财产品 M1 款 073 期	2010-12-13	2011-1-13	30000	混合	3.00
988	"非凡资产管理(增利型)"理财产品 M1 尊款 073 期	2010-12-13	2011-1-13	50000	混合	3.10
989	"非凡资产管理(增利型)"理财产品 M1 尊特款 073 期	2010-12-13	2011-1-13	20000	混合	3.20
990	"非凡资产管理(增利型)"理财产品 M1 款 073 期(行庆)	2010-12-13	2011-1-12	60000	混合	3.35
991	"非凡资产管理(增利型)"理财产品 M1 尊款 073 期(行庆)	2010-12-13	2011-1-12	60000	混合	3.50
992	"非凡资产管理(增利型)"理财产品 D14 尊款 073 期(特别)	2010-12-13	2010-12-28	27500	混合	3.00
993	"非凡资产管理(增利型)"理财产品 D105 高款 073 期(行庆)	2010-12-13	2011-3-29	50000	混合	3.80
994	"非凡资产管理(增利型)"理财产品 M5 款 073 期(行庆)	2010-12-13	2011-5-13	50000	混合	4.00
995	"非凡资产管理(增利型)"理财产品 D77 尊特款 073 期	2010-12-13	2011-3-1	5000	混合	3.80
996	"非凡资产管理(增利型)"理财产品 D21 高款 073 期(行庆)	2010-12-14	2011-1-5	50000	混合	3.50
997	"非凡资产管理(增利型)"理财产品 D21 尊特款 073 期(行庆)	2010-12-14	2011-1-5	50000	混合	3.75
998	"非凡资产管理(增利型)"理财产品 M9 款 073 期	2010-12-15	2011-9-15	30000	混合	3.60
999	"非凡资产管理(增利型)"理财产品 D21 款 073 期(网银专属)	2010-12-15	2011-1-6	20000	混合	2.85
1000	"非凡资产管理(增利型)"理财产品 D21 尊款 073 期	2010-12-15	2011-1-6	30000	混合	3.00
1001	"非凡资产管理(增利型)"理财产品 M3 款 073 期	2010-12-15	2011-3-15	30000	混合	3.30
1002	"非凡资产管理(增利型)"理财产品 M3 尊款 073 期	2010-12-15	2011-3-15	50000	混合	3.40
1003	"非凡资产管理(增利型)"理财产品 M3 尊特款 073 期	2010-12-15	2011-3-15	20000	混合	3.50
1004	非凡理财人民币 T838-2 期理财产品(高端)	2010-12-15	2011-11-15	25068	信托计划	5.50
1005	非凡理财人民币 T838-2 期理财产品(尊享)	2010-12-15	2011-11-15	14932	信托计划	6.00

续表

序号	产品名称	起息日	到期日	拟发行量	资金主要投向	客户预期年收益率
1006	"非凡资产管理(增利型)"理财产品M2款073期	2010-12-16	2011-2-16	30000	混合	3.15
1007	"非凡资产管理(增利型)"理财产品M2尊款073期	2010-12-16	2011-2-16	50000	混合	3.25
1008	"非凡资产管理(增利型)"理财产品M2尊特款073期	2010-12-16	2011-2-16	20000	混合	3.35
1009	"非凡资产管理(增利型)"理财产品M6款073期	2010-12-16	2011-6-16	30000	混合	3.50
1010	"非凡资产管理(增利型)"理财产品M2款073期(行庆)	2010-12-16	2011-2-16	70000	混合	3.60
1011	"非凡资产管理(增利型)"理财产品M2尊款073期(行庆)	2010-12-16	2011-2-16	60000	混合	3.75
1012	"非凡资产管理(增利型)"理财产品D21款073期(行庆)	2010-12-16	2011-1-7	50000	混合	3.55
1013	"非凡资产管理(增利型)"理财产品D21尊款073期(行庆)	2010-12-16	2011-1-7	50000	混合	3.70
1014	"非凡资产管理(增利型)"理财产品D75高款073期(行庆)	2010-12-16	2011-3-2	60000	混合	3.80
1015	"非凡资产管理(增利型)"理财产品M3高款073期(行庆)	2010-12-16	2011-3-16	70000	混合	4.00
1016	"非凡资产管理(增利型)"理财产品M1款074期(行庆)	2010-12-20	2011-1-20	60000	混合	3.30
1017	"非凡资产管理(增利型)"理财产品M1尊款074期(行庆)	2010-12-20	2011-1-20	60000	混合	3.45
1018	"非凡资产管理(增利型)"理财产品M1尊特款074期(行庆)	2010-12-20	2011-1-20	50000	混合	3.60
1019	"非凡资产管理(增利型)"理财产品M9款074期	2010-12-20	2011-9-20	30000	混合	3.65
1020	非凡理财人民币T845期理财产品(高端)	2010-12-20	2011-12-10	30000	信托计划	5.00
1021	"非凡资产管理(增利型)"理财产品D14款074期(网银专属)	2010-12-21	2011-1-5	30000	混合	3.00
1022	"非凡资产管理(增利型)"理财产品D14尊款074期	2010-12-21	2011-1-5	30000	混合	3.10
1023	"非凡资产管理(增利型)"理财产品D21款074期(网银专属-行庆)	2010-12-21	2011-1-12	20000	混合	3.20
1024	"非凡资产管理(增利型)"理财产品D21高款074期(行庆)	2010-12-21	2011-1-12	30000	混合	3.30

续表

序号	产品名称	起息日	到期日	拟发行量	资金主要投向	客户预期年收益率
1025	"非凡资产管理(增利型)"理财产品 D21 尊款 074 期(行庆)	2010-12-21	2011-1-12	20000	混合	3.45
1026	"非凡资产管理(增利型)"理财产品 M6 款 074 期	2010-12-21	2011-6-21	30000	混合	3.55
1027	"非凡资产管理(增利型)"理财产品 M1 高款 074 期(行庆)	2010-12-21	2011-1-21	80000	混合	3.60
1028	"非凡资产管理(增利型)"理财产品 M2 款 074 期	2010-12-22	2011-2-22	50000	混合	3.35
1029	"非凡资产管理(增利型)"理财产品 M2 尊款 074 期	2010-12-22	2011-2-22	50000	混合	3.45
1030	"非凡资产管理(增利型)"理财产品 M2 尊特款 074 期	2010-12-22	2011-2-22	30000	混合	3.55
1031	"非凡资产管理(增利型)"理财产品 M3 款 074 期	2010-12-22	2011-3-22	50000	混合	3.45
1032	"非凡资产管理(增利型)"理财产品 M3 尊款 074 期	2010-12-22	2011-3-22	50000	混合	3.55
1033	"非凡资产管理(增利型)"理财产品 D14 高款 074 期(行庆)	2010-12-22	2011-1-6	60000	混合	3.50
1034	"非凡资产管理(增利型)"理财产品 M2 高款 074 期(行庆)	2010-12-22	2011-2-22	60000	混合	3.70
1035	非凡资产管理结构化证券投资理财产品 7 号(S07)	2010-12-23	2012-06-23	10000	证券投资	6.50
1036	"非凡资产管理(增利型)"理财产品 M3 高款 074 期(行庆)	2010-12-23	2011-3-23	60000	混合	3.85
1037	"非凡资产管理(增利型)"理财产品 D14 款 074 期(行庆 1)	2010-12-23	2011-1-7	50000	混合	4.20
1038	"非凡资产管理(增利型)"理财产品 D14 尊款 074 期(行庆 1)	2010-12-23	2011-1-7	100000	混合	4.35
1039	非凡资产管理结构化证券投资理财产品 8 号(S08)(A 类)	2010-12-24	2012-12-24	45000	证券投资	6.50
1040	非凡理财人民币 T838-3 期理财产品(高端)	2010-12-24	2011-11-24	60075	信托计划	5.50
1041	非凡理财人民币 T838-3 期理财产品(尊享)	2010-12-24	2011-11-24	29924	信托计划	6.00
1042	"非凡资产管理(增利型)"理财产品 M1 款 075 期(行庆)	2010-12-27	2011-1-27	60000	混合	3.45
1043	"非凡资产管理(增利型)"理财产品 M1 尊款 075 期(行庆)	2010-12-27	2011-1-27	60000	混合	3.60

续表

序号	产品名称	起息日	到期日	拟发行量	资金主要投向	客户预期年收益率
1044	"非凡资产管理(增利型)"理财产品 M1 尊特款 075 期(行庆)	2010-12-27	2011-1-27	60000	混合	3.70
1045	"非凡资产管理(增利型)"理财产品 D14 款 075 期(网银专属)	2010-12-27	2011-1-11	30000	混合	3.10
1046	"非凡资产管理(增利型)"理财产品 D14 尊款 075 期	2010-12-27	2011-1-11	30000	混合	3.20
1047	"非凡资产管理(增利型)"理财产品 D50 款 075 期(行庆)	2010-12-27	2011-2-16	30000	混合	4.20
1048	"非凡资产管理(增利型)"理财产品 D50 尊款 075 期(行庆)	2010-12-27	2011-2-16	30000	混合	4.35
1049	非凡资产管理柳工股权收益权理财产品(B类)(T851)	2010-12-28	2012-12-28	1724	信托计划	10.00
1050	"非凡资产管理(增利型)"理财产品 M6 款 075 期	2010-12-28	2011-6-28	30000	混合	3.65
1051	"非凡资产管理(增利型)"理财产品 M9 款 075 期	2010-12-28	2011-9-28	30000	混合	3.80
1052	"非凡资产管理(增利型)"理财产品 D7 高款 075 期(网银专属)	2010-12-28	2011-1-5	30000	混合	3.00
1053	"非凡资产管理(增利型)"理财产品 D21 款 075 期(网银专属-行庆)	2010-12-28	2011-1-19	20000	混合	3.35
1054	"非凡资产管理(增利型)"理财产品 D21 高款 075 期(行庆)	2010-12-28	2011-1-19	50000	混合	3.50
1055	"非凡资产管理(增利型)"理财产品 D21 尊款 075 期(行庆)	2010-12-28	2011-1-19	50000	混合	3.60
1056	"非凡资产管理(增利型)"理财产品 D71 尊特款 075 期	2010-12-28	2011-3-10	10000	混合	5.00
1057	"非凡资产管理(增利型)"理财产品 M3 款 075 期(行庆)	2010-12-29	2011-3-29	50000	混合	3.60
1058	"非凡资产管理(增利型)"理财产品 M3 尊款 075 期(行庆)	2010-12-29	2011-3-29	50000	混合	3.70
1059	"非凡资产管理(增利型)"理财产品 D14 款 075 期(行庆)	2010-12-29	2011-1-13	30000	混合	4.10
1060	"非凡资产管理(增利型)"理财产品 D14 尊款 075 期(行庆)	2010-12-29	2011-1-13	30000	混合	4.25
1061	"非凡资产管理(增利型)"理财产品 D14 尊特款 075 期	2010-12-30	2011-1-14	50000	混合	4.50

数据来源:民生银行

表3-15 2010年中国邮政储蓄银行个人人民币封闭式理财产品发行情况表 单位:万元人民币

序号	产品名称	发行日	到期日	拟发行量	资金主要投向	预期收益率(%)
1	财富24号	2010-1-29	2010-4-28	100000	转让贷款	3.00
2	财富25号	2010-1-29	2010-3-25	39262	转让贷款	3.30
3	财富26号	2010-2-26	2010-3-23	50000	转让贷款	2.60
4	财富27号	2010-2-26	2010-4-27	30000	转让贷款	2.70
5	财富28号	2010-2-26	2010-4-8	50000	转让贷款	2.70
6	财富29号	2010-2-26	2010-5-20	40000	转让贷款	2.80
7	财富30号	2010-2-26	2010-6-3	48000	转让贷款	3.00
8	财富31号	2010-2-26	2010-3-22	50000	转让贷款	3.00
9	财富32号	2010-2-26	2010-5-26	50000	转让贷款	3.00
10	财富36号	2010-3-25	2010-8-27	57000	转让贷款	3.30
11	财富33号	2010-3-23	2010-4-29	10000	转让贷款	2.70
12	财富34号	2010-3-23	2010-5-26	10000	转让贷款	2.80
13	财富35号	2010-3-23	2010-6-22	30000	转让贷款	3.00
14	财富37号	2010-3-26	2010-6-10	30000	转让贷款	2.80
15	财富40号	2010-3-31	2010-4-13	49000	转让贷款	2.80
16	财富42号	2010-4-30	2010-9-27	10000	转让贷款	3.60
17	财富46号	2010-6-4	2010-8-3	42000	转让贷款	2.80
18	财富19号	2010-4-15	2011-10-14	23940	转让贷款	4.60
19	财富23号	2010-3-19	2013-6-18	91834	转让贷款	6.00
20	财富38号	2010-3-30	2010-12-10	20000	转让贷款	3.60
21	财富39号	2010-3-30	2010-12-22	20000	转让贷款	3.60
22	财富41号	2010-4-30	2011-11-27	10000	转让贷款	4.40
23	财富43号	2010-4-30	2011-3-10	50000	转让贷款	3.80
24	财富44号	2010-5-13	2011-11-12	6600	股票和基金	4.60
25	财富45号	2010-5-31	2010-10-27	100000	转让贷款	3.30
26	财富47号	2010-6-21	2011-12-21	11000	股票和基金	4.60
27	天富5号二期	2010-9-17	2012-9-16	106049	债券及货币市场工具类	0.07
28	财富47号二期	2010-10-9	2012-4-8	15000	股票和基金	4.60
29	财富47号三期	2010-11-11	2012-5-11	11000	股票和基金	4.60
30	财富47号四期	2010-11-25	2012-5-25	15000	股票和基金	4.60
31	财富48号	2010-6-28	2011-6-27	6000	股票和基金	4.00
32	财富52号1期	2010-7-9	2010-10-26	25000	转让贷款	3.10
33	财富53号1期	2010-6-29	2010-12-24	10000	转让贷款	3.30
34	财富53号2期	2010-6-29	2010-11-12	16000	转让贷款	3.20
35	财富54号	2010-7-14	2011-7-13	3997	股票和基金	4.40
36	财富债券2010年第2期	2010-12-31	2011-1-14	288200	债券及货币市场工具类	3.00
37	天富4号展期	2010-12-23	2012-12-23	38842	债券及货币市场工具类	16.88

数据来源:邮政储蓄银行

表3－16　2010年中国邮政储蓄银行个人人民币开放式理财产品发行情况表 单位：万元人民币

序号	产品名称	发行日	年末余额	资金主要投向	预期收益率(%)
1	财富月月升	2008－7－1	179066	债券及货币市场工具类	1.9
2	财富日日升	2009－9－1	731602	债券及货币市场工具类	1.5
3	金种子	2009－11－11	13158	股票和基金	8.77

数据来源：邮政储蓄银行

表3－17　2010年广发银行个人人民币理财产品发行情况表 单位：万元人民币

序号	产品名称	发行日	到期日	拟发行量	资金主要投向	预期收益率(%)
1	薪加薪B计划月结型26期	2010－1－4	2010－1－29	1181	债券及货币市场工具	1.62
2	锦上花103期	2010－1－6	2010－4－26	4040	债券及货币市场工具	4.50
3	薪加薪12号	2010－2－1	2011－2－1	22797	债券及货币市场工具	0.36或8
4	薪加薪B计划月结型27期	2010－2－1	2010－2－26	783	债券及货币市场工具	3.50
5	薪加薪B计划月结型28期	2010－3－1	2010－3－31	288	债券及货币市场工具	1.62
6	“薪加薪15号”第一期	2010－9－21	2011－9－20	37255	债券及货币市场工具	0.36或8
7	薪加薪13号国庆版	2010－09－30	2010－10－08	128299	债券及货币市场工具	2.20
8	“薪加薪15号”第二期	2010－12－16	2011－12－15	18760	债券及货币市场工具	0.36或8
9	薪加薪13号元旦版	2010－12－28	2011－1－4	25404	债券及货币市场工具	3.00

数据来源：广东发展银行

表3－18　2010年深圳发展银行个人人民币封闭式理财产品发行情况表 单位：万元人民币

序号	产品名称	发行日	到期日	拟发行量	资金主要投向	预期收益率(%)
1	“聚财宝”尊贵计划09年37号	2010－01－04	2010－04－27	10600	转让贷款	3.50
2	“聚财宝”尊贵金陵09年3号(二期)	2010－01－20	2011－01－20	13019	新增贷款	4.20
3	“聚财宝”尊贵金陵09年3号(三期)	2010－02－11	2011－02－11	1981	新增贷款	4.20
4	“聚财宝”尊贵计划09年10号(2期)	2010－02－11	2011－08－11	69858	新增贷款	4.50
5	“聚财宝”尊贵计划09年10号(3期)	2010－03－01	2011－09－01	2256	新增贷款	4.50
6	“聚财宝”金娃娃2010年1号	2010－03－01	2011－09－08	20783	新增贷款	4.30
7	“聚财宝”尊贵金陵2010年1号	2010－03－11	2011－03－11	10000	新增贷款	4.40
8	“聚财宝”尊贵计划2010年2号	2010－03－19	2011－03－18	12000	新增贷款	2.40
9	“聚财宝”尊贵计划2010年3号	2010－03－26	2011－03－25	10000	新增贷款	4.10
10	“聚财宝”金票据2010年6号	2010－03－30	2010－04－14	29523	票据融资	2.10
11	“聚财宝”金票据2010年5号	2010－03－30	2010－06－01	3263	票据融资	2.40
12	“聚财宝”金票据2010年4号	2010－03－30	2010－07－01	10101	票据融资	2.60
13	“聚财宝”尊贵计划2010年1号	2010－03－31	2011－03－31	9064	新增贷款	4.00
14	金娃娃2010年2号人民币理财产品	2010－04－01	2011－04－01	11330	新增贷款	3.80
15	“聚财宝”金票据2010年7号	2010－04－09	2010－06－09	18153	票据融资	2.50
16	“聚财宝”金票据2010年10号	2010－04－15	2010－04－23	19999	票据融资	1.90
17	“聚财宝”金票据2010年12号	2010－04－23	2010－05－13	14990	票据融资	2.20
18	“聚财宝”金票据2010年13号	2010－04－28	2010－06－12	9876	票据融资	2.30

续表

序号	产品名称	发行日	到期日	拟发行量	资金主要投向	预期收益率(%)
19	“聚财宝”金票据2010年14号	2010-04-28	2010-06-12	9998	票据融资	2.50
20	“聚财宝”金票据2010年15号	2010-04-30	2010-07-08	4977	票据融资	2.40
21	“聚财宝”金票据2010年16号	2010-04-30	2010-07-08	4954	票据融资	2.60
22	“聚财宝”金票据2010年17号	2010-05-05	2010-06-07	1367	票据融资	2.40
23	“聚财宝”飞越计划2010年1号	2010-05-10	2010-05-25	1725	结构性存款	
24	“聚财宝”金票据2010年20号	2010-05-13	2010-06-03	9995	票据融资	2.20
25	“聚财宝”金票据2010年18号	2010-05-13	2010-06-13	2000	票据融资	2.40
26	“聚财宝”金票据2010年19号	2010-05-13	2010-06-13	1987	票据融资	2.40
27	“聚财宝”金票据2010年21号	2010-05-19	2010-06-08	19998	票据融资	2.20
28	“聚财宝”金票据2010年22号	2010-05-21	2010-07-06	29134	票据融资	2.30
29	“聚财宝”金票据2010年24号	2010-05-28	2010-06-23	19999	票据融资	2.20
30	“聚财宝”金票据2010年23号	2010-05-28	2010-07-28	1884	票据融资	2.60
31	“聚财宝”金票据2010年25号	2010-06-03	2010-07-15	10028	票据融资	2.30
32	“聚财宝”金票据2010年28号	2010-06-04	2010-06-24	2500	票据融资	2.20
33	“聚财宝”金票据2010年26号	2010-06-07	2010-07-27	19997	票据融资	2.40
34	“聚财宝”金票据2010年27号	2010-06-08	2010-06-29	16137	票据融资	2.20
35	“聚财宝”金票据2010年30号	2010-06-12	2010-07-09	9900	票据融资	2.20
36	“聚财宝”金票据2010年29号	2010-06-12	2010-09-15	20037	票据融资	2.80
37	“聚财宝”金票据2010年32号	2010-06-13	2010-06-16	19961	票据融资	3.00
38	“聚财宝”金票据2010年31号	2010-06-13	2010-08-03	13999	票据融资	2.40
39	“聚财宝”金票据2010年33号	2010-06-18	2010-08-06	8732	票据融资	2.40
40	“聚财宝”金票据2010年34号	2010-06-22	2010-09-09	9299	票据融资	2.60
41	“聚财宝”金票据2010年35号	2010-06-23	2010-08-11	3728	票据融资	2.40
42	“聚财宝”金票据2010年36号人民币理财产品	2010-06-24	2010-10-22	6230	票据融资	2.90
43	“聚财宝”金票据2010年37号	2010-06-25	2010-08-17	3087	票据融资	2.40
44	“聚财宝”金票据2010年38号人民币理财产品	2010-06-28	2010-11-25	1519	票据融资	3.00
45	“聚财宝”金票据2010年41号人民币理财产品	2010-07-01	2010-07-05	19995	票据融资	2.80
46	“聚财宝”金票据2010年42号人民币理财产品	2010-07-01	2010-07-30	1000	票据融资	2.20
47	“聚财宝”金票据2010年40号人民币理财产品	2010-07-01	2010-08-20	9818	票据融资	2.40
48	“聚财宝”金票据2010年43号人民币理财产品	2010-07-01	2010-09-30	2000	票据融资	2.80
49	“聚财宝”金票据2010年39号人民币理财产品	2010-07-01	2010-12-30	27929	票据融资	3.30

续表

序号	产品名称	发行日	到期日	拟发行量	资金主要投向	预期收益率（%）
50	"聚财宝"尊贵计划 2010 年 7 号人民币理财产品	2010－07－01	2011－07－01	5000	新增贷款	4.10
51	"聚财宝"金票据 2010 年 44 号人民币理财产品	2010－07－05	2010－07－30	19971	票据融资	3.50
52	"聚财宝"金票据 2010 年 45 号人民币理财产品	2010－07－06	2010－09－21	9076	票据融资	2.50
53	"聚财宝"金票据 2010 年 46 号人民币理财产品	2010－07－07	2010－08－26	9106	票据融资	2.40
54	"聚财宝"金票据 2010 年 47 号人民币理财产品	2010－07－08	2010－11－10	6709	票据融资	3.00
55	"聚财宝"金票据 2010 年 48 号人民币理财产品	2010－07－08	2010－12－08	20674	票据融资	3.20
56	"聚财宝"尊贵计划 2010 年 15 号	2010－07－08	2011－01－17	10000	转让贷款	3.80
57	"聚财宝"金票据 2010 年 51 号人民币理财产品	2010－07－14	2010－08－13	9331	票据融资	2.25
60	"聚财宝"金票据 2010 年 52 号人民币理财产品	2010－07－15	2010－10－12	7088	票据融资	2.60
61	"聚财宝"金票据 2010 年 53 号人民币理财产品	2010－07－15	2010－12－15	2989	票据融资	3.50
62	"聚财宝"金票据 2010 年 54 号人民币理财产品	2010－07－27	2010－09－29	3000	票据融资	3.00
63	"聚财宝"周末发 2010 年 1 号人民币理财产品	2010－07－30	2010－08－02	19788	债券及货币市场工具类	1.80
64	"聚财宝"金票据 2010 年 58 号人民币理财产品	2010－07－30	2010－09－07	6996	票据融资	2.30
65	"聚财宝"金票据 2010 年 55 号人民币理财产品	2010－07－30	2010－09－29	10000	票据融资	3.30
66	"聚财宝"金票据 2010 年 56 号人民币理财产品	2010－07－30	2010－10－29	2000	票据融资	3.20
67	"聚财宝"金票据 2010 年 57 号人民币理财产品	2010－08－03	2010－12－03	1000	票据融资	3.00
68	"聚财宝"金票据 2010 年 59 号人民币理财产品	2010－08－06	2010－11－03	2000	票据融资	3.00
69	"聚财宝"金票据 2010 年 60 号人民币理财产品	2010－08－06	2010－11－03	1000	票据融资	3.00
70	"聚财宝"金票据 2010 年 61 号人民币理财产品	2010－08－06	2010－11－03	2000	票据融资	3.00
71	"聚财宝"周末发 2010 年 2 号人民币理财产品	2010－08－07	2010－08－09	19454	债券及货币市场工具类	1.70
72	"聚财宝"周末发 2010 年 3 号人民币理财产品	2010－08－07	2010－08－09	20133	债券及货币市场工具类	1.80

续表

序号	产品名称	发行日	到期日	拟发行量	资金主要投向	预期收益率(%)
73	“聚财宝”卓越计划12号人民币理财产品	2010-08-10	2010-08-25	19993	债券及货币市场工具类	2.20
74	“聚财宝”金票据2010年62号人民币理财产品	2010-08-13	2010-09-29	24999	票据融资	2.40
75	“聚财宝”周末发2010年4号人民币理财产品	2010-08-14	2010-08-16	10001	债券及货币市场工具类	1.70
76	“聚财宝”周末发2010年5号人民币理财产品	2010-08-14	2010-08-16	29998	债券及货币市场工具类	1.80
77	“聚财宝”金票据2010年64号人民币理财产品	2010-08-17	2010-09-20	20070	票据融资	2.30
78	“聚财宝”金票据2010年63号人民币理财产品	2010-08-17	2010-11-17	603	票据融资	2.80
79	“聚财宝”金票据2010年65号人民币理财产品	2010-08-19	2010-09-30	20000	票据融资	2.40
80	“聚财宝”周末发2010年6号人民币理财产品	2010-08-21	2010-08-23	9997	债券及货币市场工具类	1.70
81	“聚财宝”周末发2010年7号人民币理财产品	2010-08-21	2010-08-23	39997	债券及货币市场工具类	1.80
82	“聚财宝”金票据2010年66号人民币理财产品	2010-08-27	2010-10-11	9820	票据融资	2.60
83	“聚财宝”周末发2010年8号人民币理财产品	2010-08-28	2010-08-30	9998	债券及货币市场工具类	1.70
84	“聚财宝”周末发2010年9号人民币理财产品	2010-08-28	2010-08-30	40000	债券及货币市场工具类	1.80
85	深圳发展银行聚财宝现金溢2010年11号人民币理财产品	2010-09-01	2010-10-12	2106	债券及货币市场工具类	2.25
86	深圳发展银行聚财宝现金溢2010年12号人民币理财产品	2010-09-01	2010-10-12	9997	债券及货币市场工具类	2.35
87	深圳发展银行现金溢2010年15号人民币理财产品	2010-09-01	2010-10-15	5000	债券及货币市场工具类	3.00
88	深圳发展银行现金溢2010年9号人民币理财产品	2010-09-01	2011-01-10	9996	债券及货币市场工具类	3.00
89	深圳发展银行现金溢2010年10号人民币理财产品	2010-09-01	2011-01-10	20000	债券及货币市场工具类	3.10
90	深圳发展银行现金溢2010年13号人民币理财产品	2010-09-03	2010-11-03	844	债券及货币市场工具类	2.40
91	深圳发展银行现金溢2010年14号人民币理财产品	2010-09-03	2010-11-03	4665	债券及货币市场工具类	2.50
92	深圳发展银行现金溢2010年16号人民币理财产品	2010-09-03	2010-12-15	8500	债券及货币市场工具类	2.80
93	“聚财宝”周末发2010年10号人民币理财产品	2010-09-04	2010-09-06	9998	债券及货币市场工具类	1.70

续表

序号	产品名称	发行日	到期日	拟发行量	资金主要投向	预期收益率(%)
94	"聚财宝"周末发2010年11号人民币理财产品	2010-09-04	2010-09-06	39994	债券及货币市场工具类	1.80
95	"聚财宝"周末发2010年12号人民币理财产品	2010-09-04	2010-09-06	9867	债券及货币市场工具类	2.00
96	"聚财宝"现金溢2010年17号人民币理财产品	2010-09-08	2010-12-15	6292	债券及货币市场工具类	3.00
97	"聚财宝"周末发2010年13号人民币理财产品	2010-09-11	2010-09-13	9999	债券及货币市场工具类	1.70
98	"聚财宝"周末发2010年14号人民币理财产品	2010-09-11	2010-09-13	39996	债券及货币市场工具类	1.80
99	"聚财宝"周末发2010年15号人民币理财产品	2010-09-11	2010-09-13	9904	债券及货币市场工具类	2.00
100	深圳发展银行"聚财宝"现金溢2010年18号人民币理财产品	2010-09-16	2010-11-12	9988	债券及货币市场工具类	2.50
101	"聚财宝"周末发2010年16号人民币理财产品	2010-09-18	2010-09-20	9821	债券及货币市场工具类	1.70
102	"聚财宝"周末发2010年17号人民币理财产品	2010-09-18	2010-09-20	39984	债券及货币市场工具类	1.80
103	"聚财宝"周末发2010年18号人民币理财产品	2010-09-18	2010-09-20	9784	债券及货币市场工具类	2.00
104	深圳发展银行"聚财宝"现金溢2010年19号人民币理财产品	2010-09-20	2011-03-21	37664	债券及货币市场工具类	3.30
105	"聚财宝"现金溢(中秋国庆版)2010年21号人民币理财产品	2010-09-21	2010-10-11	19991	债券及货币市场工具类	2.40
106	"聚财宝"现金溢2010年20号人民币理财产品	2010-09-21	2010-12-21	2934	债券及货币市场工具类	3.00
107	"聚财宝"周末发(中秋版)2010年19号人民币理财产品	2010-09-22	2010-09-27	9995	债券及货币市场工具类	1.70
108	"聚财宝"周末发(中秋版)2010年20号人民币理财产品	2010-09-22	2010-09-27	39996	债券及货币市场工具类	1.80
109	"聚财宝"周末发(中秋版)2010年21号人民币理财产品	2010-09-22	2010-09-27	9794	债券及货币市场工具类	2.00
110	深圳发展银行"聚财宝"现金溢2010年22号人民币理财产品	2010-09-27	2010-10-18	19997	债券及货币市场工具类	2.40
111	"聚财宝"卓越计划13号人民币理财产品	2010-09-29	2010-10-29	39997	债券及货币市场工具类	2.40
112	深圳发展银行"聚财宝"现金溢2010年24号人民币理财产品	2010-09-29	2010-11-11	13171	债券及货币市场工具类	2.50
113	"聚财宝"周末发(国庆版)2010年22号人民币理财产品	2010-09-30	2010-10-11	10000	债券及货币市场工具类	1.80
114	"聚财宝"周末发(国庆版)2010年23号人民币理财产品	2010-09-30	2010-10-11	89858	债券及货币市场工具类	1.90

续表

序号	产品名称	发行日	到期日	拟发行量	资金主要投向	预期收益率(%)
115	"聚财宝"周末发(国庆版)2010年24号人民币理财产品	2010-09-30	2010-10-11	39228	债券及货币市场工具类	2.00
116	深圳发展银行"聚财宝"现金溢2010年25号人民币理财产品	2010-09-30	2011-03-30	2991	债券及货币市场工具类	3.30
117	深圳发展银行"聚财宝"现金溢2010年23号人民币理财产品	2010-09-30	2011-03-31	3323	债券及货币市场工具类	3.30
118	深圳发展银行"聚财宝"现金溢2010年26号人民币理财产品	2010-10-09	2010-12-09	16707	债券及货币市场工具类	2.60
119	深圳发展银行"聚财宝"现金溢2010年27号人民币理财产品	2010-10-11	2010-11-11	11097	债券及货币市场工具类	2.30
120	深圳发展银行"聚财宝"现金溢2010年29号人民币理财产品	2010-10-12	2011-04-12	6928	债券及货币市场工具类	3.30
121	深圳发展银行"聚财宝"现金溢2010年30号人民币理财产品	2010-10-13	2010-12-16	13910	债券及货币市场工具类	2.60
122	深圳发展银行"聚财宝"现金溢2010年32号人民币理财产品	2010-10-14	2010-10-28	19173	债券及货币市场工具类	2.10
123	"聚财宝"卓越计划14号人民币理财产品	2010-10-14	2010-11-01	13043	债券及货币市场工具类	2.10
124	深圳发展银行"聚财宝"现金溢2010年33号人民币理财产品	2010-10-15	2011-01-15	19998	债券及货币市场工具类	2.90
125	深圳发展银行"聚财宝"现金溢2010年28号人民币理财产品	2010-10-15	2011-04-15	8376	债券及货币市场工具类	3.30
126	"聚财宝"周末发2010年25号人民币理财产品	2010-10-16	2010-10-18	9995	债券及货币市场工具类	1.70
127	"聚财宝"周末发2010年26号人民币理财产品	2010-10-16	2010-10-18	39981	债券及货币市场工具类	1.80
128	"聚财宝"周末发2010年27号人民币理财产品	2010-10-16	2010-10-18	9894	债券及货币市场工具类	2.00
129	深圳发展银行"聚财宝"现金溢2010年31号人民币理财产品	2010-10-18	2011-04-18	2839	债券及货币市场工具类	3.30
130	深圳发展银行"聚财宝"现金溢2010年35号人民币理财产品	2010-10-19	2010-11-19	11937	债券及货币市场工具类	2.50
131	深圳发展银行"聚财宝"现金溢2010年34号人民币理财产品	2010-10-20	2011-01-19	4960	债券及货币市场工具类	3.20
132	"聚财宝"现金溢2010年36号人民币理财产品	2010-10-22	2010-12-16	32957	债券及货币市场工具类	2.70
133	"聚财宝"周末发2010年28号人民币理财产品	2010-10-23	2010-10-25	3775	债券及货币市场工具类	1.70
134	"聚财宝"周末发2010年29号人民币理财产品	2010-10-23	2010-10-25	27046	债券及货币市场工具类	1.80
135	"聚财宝"周末发2010年30号人民币理财产品	2010-10-23	2010-10-25	16259	债券及货币市场工具类	2.00

续表

序号	产品名称	发行日	到期日	拟发行量	资金主要投向	预期收益率(%)
136	“聚财宝”现金溢2010年38号人民币理财产品	2010－10－26	2011－01－13	6158	债券及货币市场工具类	2.80
137	“聚财宝”现金溢2010年37号人民币理财产品	2010－10－27	2011－02－18	15799	债券及货币市场工具类	3.00
138	“聚财宝”现金溢2010年41号人民币理财产品	2010－10－28	2010－11－29	15750	债券及货币市场工具类	2.60
139	“聚财宝”现金溢2010年42号人民币理财产品	2010－10－29	2011－01－05	2361	债券及货币市场工具类	2.70
140	“聚财宝”周末发2010年31号人民币理财产品	2010－10－30	2010－11－01	10009	债券及货币市场工具类	1.80
141	“聚财宝”周末发2010年32号人民币理财产品	2010－10－30	2010－11－01	39983	债券及货币市场工具类	1.90
142	“聚财宝”周末发2010年33号人民币理财产品	2010－10－30	2010－11－01	19861	债券及货币市场工具类	2.00
143	“聚财宝”现金溢2010年39号人民币理财产品	2010－11－01	2011－04－29	18136	债券及货币市场工具类	3.30
144	“聚财宝”现金溢2010年40号人民币理财产品	2010－11－01	2011－04－29	19990	债券及货币市场工具类	3.40
145	“聚财宝”现金溢2010年43号人民币理财产品	2010－11－02	2011－02－14	9362	债券及货币市场工具类	2.90
146	“聚财宝”卓越计划15号人民币理财产品	2010－11－03	2010－12－01	23766	债券及货币市场工具类	2.30
147	“聚财宝”现金溢2010年44号人民币理财产品	2010－11－04	2011－01－07	12443	债券及货币市场工具类	2.70
148	“聚财宝”现金溢2010年47号人民币理财产品	2010－11－05	2011－01－29	5000	债券及货币市场工具类	3.40
149	“聚财宝”现金溢2010年51号人民币理财产品	2010－11－05	2011－01－29	2500	债券及货币市场工具类	3.40
150	“聚财宝”现金溢2010年45号人民币理财产品	2010－11－05	2011－02－25	15423	债券及货币市场工具类	3.00
151	“聚财宝”周末发2010年34号人民币理财产品	2010－11－06	2010－11－08	10000	债券及货币市场工具类	1.80
152	“聚财宝”周末发2010年35号人民币理财产品	2010－11－06	2010－11－08	39991	债券及货币市场工具类	1.90
153	“聚财宝”周末发2010年36号人民币理财产品	2010－11－06	2010－11－08	20000	债券及货币市场工具类	2.00
154	“聚财宝”现金溢2010年52号人民币理财产品	2010－11－08	2010－12－08	7000	债券及货币市场工具类	3.00
155	“聚财宝”现金溢2010年50号人民币理财产品	2010－11－09	2011－01－11	10359	债券及货币市场工具类	2.80
156	“聚财宝”现金溢2010年49号人民币理财产品	2010－11－10	2011－03－15	11906	债券及货币市场工具类	3.10

续表

序号	产品名称	发行日	到期日	拟发行量	资金主要投向	预期收益率(%)
157	"聚财宝"现金溢2010年46号人民币理财产品	2010-11-10	2011-05-10	1965	债券及货币市场工具类	3.30
158	"聚财宝"现金溢2010年48号人民币理财产品	2010-11-11	2011-05-11	972	债券及货币市场工具类	3.40
159	"聚财宝"现金溢2010年53号人民币理财产品	2010-11-12	2011-01-27	9780	债券及货币市场工具类	2.90
160	"聚财宝"周末发2010年37号人民币理财产品	2010-11-13	2010-11-15	19998	债券及货币市场工具类	1.80
161	"聚财宝"周末发2010年38号人民币理财产品	2010-11-13	2010-11-15	39995	债券及货币市场工具类	1.90
162	"聚财宝"周末发2010年39号人民币理财产品	2010-11-13	2010-11-15	19547	债券及货币市场工具类	2.00
163	"聚财宝"现金溢2010年56号人民币理财产品	2010-11-15	2011-03-18	11312	债券及货币市场工具类	3.10
164	"聚财宝"现金溢2010年55号人民币理财产品	2010-11-16	2011-01-17	4101	债券及货币市场工具类	3.10
165	"聚财宝"现金溢2010年57号人民币理财产品	2010-11-16	2011-01-25	9459	债券及货币市场工具类	2.80
166	"聚财宝"现金溢2010年54号人民币理财产品	2010-11-17	2011-05-17	9721	债券及货币市场工具类	3.40
167	"聚财宝"卓越计划16号人民币理财产品	2010-11-18	2011-01-04	9816	债券及货币市场工具类	2.40
168	"聚财宝"现金溢2010年58号人民币理财产品	2010-11-19	2011-02-18	4240	债券及货币市场工具类	3.40
169	"聚财宝"现金溢2010年59号人民币理财产品	2010-11-19	2011-05-19	12697	债券及货币市场工具类	3.30
170	"聚财宝"周末发2010年40号人民币理财产品	2010-11-20	2010-11-22	19999	债券及货币市场工具类	1.80
171	"聚财宝"周末发2010年41号人民币理财产品	2010-11-20	2010-11-22	39991	债券及货币市场工具类	1.90
172	"聚财宝"周末发2010年42号人民币理财产品	2010-11-20	2010-11-22	19724	债券及货币市场工具类	2.00
173	"聚财宝"现金溢2010年60号人民币理财产品	2010-11-23	2011-03-25	7884	债券及货币市场工具类	3.10
174	"聚财宝"现金溢2010年61号人民币理财产品	2010-11-24	2010-12-30	12743	债券及货币市场工具类	2.50
175	"聚财宝"卓越计划17号人民币理财产品	2010-11-25	2011-01-04	15636	债券及货币市场工具类	2.40
176	"聚财宝"现金溢2010年62号人民币理财产品	2010-11-25	2011-02-23	10116	债券及货币市场工具类	3.00
177	"聚财宝"现金溢2010年64号人民币理财产品	2010-11-26	2011-04-13	1506	债券及货币市场工具类	3.10

续表

序号	产品名称	发行日	到期日	拟发行量	资金主要投向	预期收益率（%）
178	"聚财宝"现金溢 2010 年 67 号人民币理财产品	2010－11－26	2011－05－26	3433	债券及货币市场工具类	4.00
179	"聚财宝"现金溢 2010 年 68 号人民币理财产品	2010－11－26	2011－05－26	3147	债券及货币市场工具类	4.00
180	"聚财宝"周末发 2010 年 43 号人民币理财产品	2010－11－27	2010－11－29	20000	债券及货币市场工具类	1.80
181	"聚财宝"周末发 2010 年 44 号人民币理财产品	2010－11－27	2010－11－29	39989	债券及货币市场工具类	1.90
182	"聚财宝"周末发 2010 年 45 号人民币理财产品	2010－11－27	2010－11－29	19698	债券及货币市场工具类	2.00
183	"聚财宝"现金溢 2010 年 70 号人民币理财产品	2010－11－29	2010－12－31	10050	债券及货币市场工具类	2.80
184	"聚财宝"现金溢 2010 年 71 号人民币理财产品	2010－11－30	2011－02－28	2060	债券及货币市场工具类	3.20
185	"聚财宝"现金溢 2010 年 69 号人民币理财产品	2010－11－30	2011－03－11	5021	债券及货币市场工具类	3.10
186	"聚财宝"卓越计划 18 号人民币理财产品	2010－12－01	2011－01－05	12182	债券及货币市场工具类	2.70
187	"聚财宝"现金溢 2010 年 63 号人民币理财产品	2010－12－01	2011－06－02	3729	债券及货币市场工具类	3.40
188	"聚财宝"现金溢 2010 年 65 号人民币理财产品	2010－12－01	2011－06－03	4961	债券及货币市场工具类	3.40
189	"聚财宝"现金溢 2010 年 66 号人民币理财产品	2010－12－01	2011－06－03	8914	债券及货币市场工具类	3.50
190	"聚财宝"现金溢 2010 年 72 号人民币理财产品	2010－12－02	2011－01－05	16733	债券及货币市场工具类	2.80
191	"聚财宝"现金溢 2010 年 74 号人民币理财产品	2010－12－03	2011－03－03	11420	债券及货币市场工具类	3.30
192	"聚财宝"现金溢 2010 年 73 号人民币理财产品	2010－12－03	2011－05－09	2441	债券及货币市场工具类	3.70
193	"聚财宝"周末发 2010 年 46 号人民币理财产品	2010－12－04	2010－12－06	19997	债券及货币市场工具类	1.80
194	"聚财宝"周末发 2010 年 47 号人民币理财产品	2010－12－04	2010－12－06	39998	债券及货币市场工具类	1.90
195	"聚财宝"周末发 2010 年 48 号人民币理财产品	2010－12－04	2010－12－06	18043	债券及货币市场工具类	2.00
196	"聚财宝"现金溢 2010 年 76 号人民币理财产品	2010－12－07	2011－02－23	10511	债券及货币市场工具类	3.30
197	"聚财宝"现金溢 2010 年 78 号人民币理财产品	2010－12－08	2010－12－30	4000	债券及货币市场工具类	3.40
198	"聚财宝"现金溢 2010 年 75 号人民币理财产品	2010－12－09	2011－05－10	322	债券及货币市场工具类	3.70

续表

序号	产品名称	发行日	到期日	拟发行量	资金主要投向	预期收益率(%)
199	"聚财宝"现金溢2010年77号人民币理财产品	2010-12-09	2011-06-02	40289	债券及货币市场工具类	3.80
200	"聚财宝"现金溢2010年79号人民币理财产品	2010-12-10	2011-04-08	5169	债券及货币市场工具类	3.50
201	"聚财宝"周末发2010年49号人民币理财产品	2010-12-11	2010-12-13	19985	债券及货币市场工具类	1.80
202	"聚财宝"周末发2010年50号人民币理财产品	2010-12-11	2010-12-13	39992	债券及货币市场工具类	1.90
203	"聚财宝"周末发2010年51号人民币理财产品	2010-12-11	2010-12-13	19960	债券及货币市场工具类	2.00
204	"聚财宝"卓越计划19号人民币理财产品	2010-12-13	2011-01-04	13159	债券及货币市场工具类	2.70
205	"聚财宝"现金溢2010年85号人民币理财产品	2010-12-14	2010-12-22	3000	债券及货币市场工具类	3.00
206	"聚财宝"现金溢2010年81号人民币理财产品	2010-12-14	2011-03-16	6009	债券及货币市场工具类	3.40
207	"聚财宝"现金溢2010年87号人民币理财产品	2010-12-15	2010-12-30	3000	债券及货币市场工具类	3.40
208	"聚财宝"现金溢2010年86号人民币理财产品	2010-12-15	2011-01-14	6650	债券及货币市场工具类	3.00
209	"聚财宝"现金溢2010年80号人民币理财产品	2010-12-15	2011-02-22	14157	债券及货币市场工具类	3.20
210	"聚财宝"现金溢2010年82号人民币理财产品	2010-12-16	2011-05-17	655	债券及货币市场工具类	3.60
211	"聚财宝"鸿运计划到期承接人民币理财产品	2010-12-16	2011-06-09	9642	债券及货币市场工具类	5.00
212	"聚财宝"卓越计划20号人民币理财产品	2010-12-17	2011-01-04	15913	债券及货币市场工具类	2.70
213	"聚财宝"现金溢2010年83号人民币理财产品	2010-12-17	2011-06-17	19953	债券及货币市场工具类	3.80
214	"聚财宝"周末发2010年52号人民币理财产品	2010-12-18	2010-12-20	6501	债券及货币市场工具类	1.80
215	"聚财宝"周末发2010年53号人民币理财产品	2010-12-18	2010-12-20	79999	债券及货币市场工具类	1.90
216	"聚财宝"周末发2010年54号人民币理财产品	2010-12-18	2010-12-20	36225	债券及货币市场工具类	2.00
217	"聚财宝"现金溢2010年84号人民币理财产品	2010-12-20	2011-02-22	6461	债券及货币市场工具类	3.20
218	"聚财宝"现金溢2010年89号人民币理财产品	2010-12-21	2011-03-22	30030	债券及货币市场工具类	3.80
219	"聚财宝"现金溢2010年90号人民币理财产品	2010-12-22	2011-04-22	6978	债券及货币市场工具类	4.00

续表

序号	产品名称	发行日	到期日	拟发行量	资金主要投向	预期收益率(%)
220	“聚财宝”现金溢2010年91号人民币理财产品	2010-12-22	2011-04-22	20000	债券及货币市场工具类	4.20
221	“聚财宝”现金溢2010年92号人民币理财产品	2010-12-23	2011-06-21	10023	债券及货币市场工具类	4.30
222	“聚财宝”现金溢2010年93号人民币理财产品	2010-12-23	2011-06-21	20013	债券及货币市场工具类	4.50
223	“聚财宝”现金溢2010年88号人民币理财产品	2010-12-23	2011-06-23	454	债券及货币市场工具类	4.00
224	“聚财宝”现金溢2010年94号人民币理财产品	2010-12-24	2011-02-24	10355	债券及货币市场工具类	3.60
225	“聚财宝”现金溢2010年95号人民币理财产品	2010-12-24	2011-03-24	6490	债券及货币市场工具类	3.80
226	“聚财宝”周末发2010年55号人民币理财产品	2010-12-25	2010-12-27	11558	债券及货币市场工具类	2.00
227	“聚财宝”周末发2010年56号人民币理财产品	2010-12-25	2010-12-27	79928	债券及货币市场工具类	2.20
228	“聚财宝”周末发2010年57号人民币理财产品	2010-12-25	2010-12-27	39574	债券及货币市场工具类	3.00
229	“聚财宝”现金溢2010年97号人民币理财产品	2010-12-27	2011-05-27	2444	债券及货币市场工具类	4.00
230	“聚财宝”现金溢2010年98号人民币理财产品	2010-12-27	2011-05-27	4852	债券及货币市场工具类	4.20
231	“聚财宝”现金溢2010年99号人民币理财产品	2010-12-28	2011-06-28	9998	债券及货币市场工具类	4.20
232	“聚财宝”现金溢2010年100号人民币理财产品	2010-12-28	2011-06-28	10000	债券及货币市场工具类	4.40
233	“聚财宝”现金溢2010年101号人民币理财产品	2010-12-28	2011-06-28	8747	债券及货币市场工具类	4.60
234	“聚财宝”现金溢2010年96号人民币理财产品	2010-12-30	2011-06-28	2952	债券及货币市场工具类	4.50
235	“聚财宝”腾越计划2010年1号人民币理财产品	2010-12-30	2011-01-19	22867	债券及货币市场工具类	3.00
236	“聚财宝”周末发(元旦版)2010年58号人民币理财产品	2010-12-31	2011-01-04	5004	债券及货币市场工具类	2.25
237	“聚财宝”周末发(元旦版)2010年59号人民币理财产品	2010-12-31	2011-01-04	80485	债券及货币市场工具类	2.60
238	“聚财宝”周末发(元旦版)2010年60号人民币理财产品	2010-12-31	2011-01-04	41015	债券及货币市场工具类	3.00
239	“聚财宝”卓越计划22号人民币理财产品	2010-12-31	2011-01-10	39999	债券及货币市场工具类	5.00
240	“聚财宝”卓越计划21号人民币理财产品	2010-12-31	2011-01-20	30000	债券及货币市场工具类	4.00

数据来源:深圳发展银行

表3－19　2010年深圳发展银行个人人民币开放式理财产品发行情况表　单位：万元人民币

序号	产品简称	起始日	期末余额	资金主要投向	预期收益率（%）
1	聚财宝卓越计划人民币2007年1号	2010－1－28	0	债券及货币市场工具类	1.95
2	"聚财宝"卓越计划7号人民币理财产品	2010－2－17	1858	债券及货币市场工具类	2.15
3	"聚财宝"卓越计划8号人民币理财产品	2010－2－22	1318	债券及货币市场工具类	2.15
4	聚财宝卓越计划2号人民币理财产品	2010－3－1	0	债券及货币市场工具类	1.95
5	聚财宝卓越计划人民币2009年4号	2010－3－5	5149	债券及货币市场工具类	2.10
6	"聚财宝"2010年2号金票据人民币理财产品	2010－3－8	0	票据融资	2.25
7	"聚财宝"2010年1号金票据人民币理财产品	2010－3－18	0	票据融资	2.60
8	"聚财宝"卓越计划6号人民币理财产品	2010－3－18	8282	债券及货币市场工具类	2.00
9	"聚财宝"2010年3号金票据人民币理财产品	2010－3－24	0	票据融资	2.40
10	聚财宝卓越计划人民币2009年5号	2010－3－25	3502	债券及货币市场工具类	2.10
11	聚财宝卓越计划人民币2007年3号	2010－3－28	0	债券及货币市场工具类	1.95
12	"聚财宝"金票据2010年8号人民币理财产品	2010－4－14	0	票据融资	2.60
13	"聚财宝"金票据2010年9号人民币理财产品	2010－4－14	0	票据融资	2.80
14	"聚财宝"金票据2010年11号人民币理财产品	2010－6－21	0	票据融资	2.10
15	"聚财宝"2010年49号金票据人民币理财产品	2010－7－13	0	票据融资	2.40
16	"聚财宝"2010年50号金票据人民币理财产品	2010－7－13	0	票据融资	2.55
17	"聚财宝"卓越计划9号人民币理财产品	2010－8－5	2412	债券及货币市场工具类	2.20
18	"聚财宝"卓越计划10号人民币理财产品	2010－9－6	947	债券及货币市场工具类	2.20
19	"聚财宝"现金溢2010年1号人民币理财产品	2010－9－10	19887	债券及货币市场工具类	2.80
20	"聚财宝"现金溢2010年3号人民币理财产品	2010－9－14	15776	债券及货币市场工具类	3.40
21	"聚财宝"现金溢2010年4号人民币理财产品	2010－9－24	28147	债券及货币市场工具类	2.60
22	"聚财宝"现金溢2010年2号人民币理财产品	2010－9－25	6361	债券及货币市场工具类	2.60
23	"聚财宝"卓越计划11号人民币理财产品	2010－10－8	1496	债券及货币市场工具类	2.20
24	"聚财宝"现金溢2010年5号人民币理财产品	2010－10－19	10349	债券及货币市场工具类	2.80

数据来源：深圳发展银行

表3－20　2010年上海浦东发展银行个人人民币理财产品发行情况表　单位：万元人民币

序号	产品名称	发行日	到期日	拟发行量	资金主要投向	预期收益率（%）
1	2010年第一期汇理财稳利系列M1计划	2010－1－11	2010－2－11	6711	结构性存款结构性存款	1.70
2	2010年第一期汇理财稳利系列M2计划	2010－1－11	2010－2－11	6777	结构性存款	1.85
3	2010年第一期汇理财稳利系列V1计划	2010－1－11	2010－4－15	7304	结构性存款	1.85
4	2010年第一期汇理财稳利系列V2计划	2010－1－11	2010－4－15	10000	结构性存款	1.95
5	2010年第一期汇理财稳利系列R1计划	2010－1－11	2010－7－15	3018	结构性存款	2.00
6	2010年第一期汇理财稳利系列R2计划	2010－1－11	2010－7－15	16305	结构性存款	2.10
7	2010年第二期汇理财稳利系列M1计划	2010－1－11	2010－2－26	10000	结构性存款	1.70

续表

序号	产品名称	发行日	到期日	拟发行量	资金主要投向	预期收益率（%）
8	2010 年第二期汇理财稳利系列 M2 计划	2010－1－11	2010－2－26	19975	结构性存款	1.85
9	2010 年第二期汇理财稳利系列 V1 计划	2010－1－11	2010－4－28	10000	结构性存款	1.85
10	2010 年第二期汇理财稳利系列 V2 计划	2010－1－11	2010－4－28	19987	结构性存款	1.95
11	2010 年第二期汇理财稳利系列 R1 计划	2010－1－11	2010－7－28	2324	结构性存款	2.00
12	2010 年第二期汇理财稳利系列 R2 计划	2010－1－11	2010－7－28	13960	结构性存款	2.10
13	2010 年第三期汇理财稳利系列 H1 计划	2010－1－11	2010－2－22	149999	结构性存款	1.78
14	2010 年第三期汇理财稳利系列 H2 计划	2010－1－11	2010－2－22	150000	结构性存款	1.88
15	2010 年第三期汇理财稳利系列 H3 计划	2010－1－11	2010－2－22	199965	结构性存款	1.98
16	2010 年第三期汇理财稳利系列 V1 计划	2010－1－11	2010－5－12	9024	结构性存款	1.88
17	2010 年第三期汇理财稳利系列 V2 计划	2010－1－11	2010－5－12	19994	结构性存款	1.98
18	2010 年第三期汇理财稳利系列 V3 计划	2010－1－11	2010－5－12	19999	结构性存款	2.08
19	2010 年第三期汇理财稳利系列 R1 计划	2010－1－11	2010－8－12	5263	结构性存款	2.10
20	2010 年第三期汇理财稳利系列 R2 计划	2010－1－11	2010－8－12	7898	结构性存款	2.20
21	2010 年第三期汇理财稳利系列 R3 计划	2010－1－11	2010－8－12	19994	结构性存款	2.30
22	2010 年第四期汇理财稳利系列 M1 计划	2010－1－11	2010－3－26	40000	结构性存款	1.75
23	2010 年第四期汇理财稳利系列 M2 计划	2010－1－11	2010－3－26	53593	结构性存款	1.90
24	2010 年第四期汇理财稳利系列 V1 计划	2010－1－11	2010－5－26	4911	结构性存款	1.88
25	2010 年第四期汇理财稳利系列 V2 计划	2010－1－11	2010－5－26	13274	结构性存款	1.98
26	2010 年第四期汇理财稳利系列 V3 计划	2010－1－11	2010－5－26	19984	结构性存款	2.08
27	2010 年第四期汇理财稳利系列 R1 计划	2010－1－11	2010－8－26	3885	结构性存款	2.10
28	2010 年第四期汇理财稳利系列 R2 计划	2010－1－11	2010－8－26	4860	结构性存款	2.20
29	2010 年第四期汇理财稳利系列 R3 计划	2010－1－11	2010－8－26	15735	结构性存款	2.30
30	2010 年第五期汇理财稳利系列 V2 计划	2010－1－11	2010－6－16	16712	结构性存款	2.00
31	2010 年第五期汇理财稳利系列 M1 计划	2010－1－11	2010－4－16	20000	结构性存款	1.75
32	2010 年第五期汇理财稳利系列 V3 计划	2010－1－11	2010－6－16	19951	结构性存款	2.10
33	2010 年第五期汇理财稳利系列 R1 计划	2010－1－11	2010－9－16	4755	结构性存款	2.15
34	2010 年第五期汇理财稳利系列 R2 计划	2010－1－11	2010－9－16	5841	结构性存款	2.25
35	2010 年第五期汇理财稳利系列 V1 计划	2010－1－11	2010－6－16	6141	结构性存款	1.90
36	2010 年第五期汇理财稳利系列 R3 计划	2010－1－11	2010－9－16	15307	结构性存款	2.35
37	2010 年第五期汇理财稳利系列 M2 计划	2010－1－11	2010－4－16	29596	结构性存款	1.90
38	2010 年第六期汇理财稳利系列 M1 计划	2010－1－11	2010－4－30	20000	结构性存款	1.75
39	2010 年第六期汇理财稳利系列 M2 计划	2010－1－11	2010－4－30	29999	结构性存款	1.90
40	2010 年第六期汇理财稳利系列 V1 计划	2010－1－11	2010－6－30	6142	结构性存款	1.90
41	2010 年第六期汇理财稳利系列 V2 计划	2010－1－11	2010－6－30	9698	结构性存款	2.00

续表

序号	产品名称	发行日	到期日	拟发行量	资金主要投向	预期收益率(%)
42	2010 年第六期汇理财稳利系列 V3 计划	2010-1-11	2010-6-30	19917	结构性存款	2.10
43	2010 年第六期汇理财稳利系列 R1 计划	2010-1-11	2010-9-30	4280	结构性存款	2.15
44	2010 年第六期汇理财稳利系列 R2 计划	2010-1-11	2010-9-30	6256	结构性存款	2.25
45	2010 年第六期汇理财稳利系列 R3 计划	2010-1-11	2010-9-30	19925	结构性存款	2.35
46	2010 年第七期汇理财稳利系列 M1 计划	2010-1-11	2010-5-16	21870	结构性存款	1.80
47	2010 年第七期汇理财稳利系列 M2 计划	2010-1-11	2010-5-16	22772	结构性存款	1.90
48	2010 年第七期汇理财稳利系列 V1 计划	2010-1-11	2010-7-16	3379	结构性存款	1.95
49	2010 年第七期汇理财稳利系列 V2 计划	2010-1-11	2010-7-16	6711	结构性存款	2.05
50	2010 年第七期汇理财稳利系列 V3 计划	2010-1-11	2010-7-16	19905	结构性存款	2.15
51	2010 年第八期汇理财稳利系列 M1 计划	2010-1-11	2010-5-27	16981	结构性存款	1.80
52	2010 年第八期汇理财稳利系列 M2 计划	2010-1-11	2010-5-27	18245	结构性存款	1.90
53	2010 年第八期汇理财稳利系列 V1 计划	2010-1-11	2010-7-27	3395	结构性存款	1.95
54	2010 年第八期汇理财稳利系列 V3 计划	2010-1-11	2010-7-27	19694	结构性存款	2.15
55	2010 年第八期汇理财稳利系列 V2 计划	2010-1-11	2010-7-27	5624	结构性存款	2.05
56	2010 年第九期汇理财稳利系列 H1 计划	2010-1-11	2010-5-4	180756	结构性存款	1.80
57	2010 年第九期汇理财稳利系列 H2 计划	2010-1-11	2010-5-4	199975	结构性存款	1.90
58	2010 年第九期汇理财稳利系列 H3 计划	2010-1-11	2010-5-4	199940	结构性存款	2.00
59	2010 年第十期汇理财稳利系列 M1 计划	2010-1-11	2010-6-14	14997	结构性存款	1.70
60	2010 年第十期汇理财稳利系列 M2 计划	2010-1-11	2010-6-14	25000	结构性存款	1.90
61	2010 年第十期汇理财稳利系列 V1 计划	2010-1-11	2010-8-14	5384	结构性存款	2.00
62	2010 年第十期汇理财稳利系列 V2 计划	2010-1-11	2010-8-14	10420	结构性存款	2.10
63	2010 年第十期汇理财稳利系列 V3 计划	2010-1-11	2010-8-14	22903	结构性存款	2.20
64	2010 年第十一期汇理财稳利系列 M1 计划	2010-1-11	2010-6-21	14998	结构性存款	1.70
65	2010 年第十一期汇理财稳利系列 M2 计划	2010-1-11	2010-6-21	19983	结构性存款	1.90
66	2010 年第十一期汇理财稳利系列 V1 计划	2010-1-11	2010-8-21	4532	结构性存款	2.00
67	2010 年第十一期汇理财稳利系列 V2 计划	2010-1-11	2010-8-21	7465	结构性存款	2.10
68	2010 年第十一期汇理财稳利系列 V3 计划	2010-1-11	2010-8-21	16509	结构性存款	2.20
69	2010 年第十二期汇理财稳利系列 M1 计划	2010-1-11	2010-6-28	14999	结构性存款	1.70
70	2010 年第十二期汇理财稳利系列 M2 计划	2010-1-11	2010-6-28	24327	结构性存款	1.90
71	2010 年第十二期汇理财稳利系列 V1 计划	2010-1-11	2010-8-28	4499	结构性存款	2.00
72	2010 年第十二期汇理财稳利系列 V2 计划	2010-1-11	2010-8-28	7838	结构性存款	2.10
73	2010 年第十二期汇理财稳利系列 V3 计划	2010-1-11	2010-8-28	23298	结构性存款	2.20
74	2010 年第十三期汇理财稳利系列 M1 计划	2010-1-11	2010-7-11	14999	结构性存款	1.75
75	2010 年第十三期汇理财稳利系列 M2 计划	2010-1-11	2010-7-11	16015	结构性存款	1.90

续表

序号	产品名称	发行日	到期日	拟发行量	资金主要投向	预期收益率(%)
76	2010 年第十三期汇理财稳利系列 V1 计划	2010-1-11	2010-9-11	3083	结构性存款	1.95
77	2010 年第十三期汇理财稳利系列 V2 计划	2010-1-11	2010-9-11	6693	结构性存款	2.05
78	2010 年第十三期汇理财稳利系列 V3 计划	2010-1-11	2010-9-11	20204	结构性存款	2.15
79	2010 年第十四期汇理财稳利系列 H1 计划	2010-1-11	2010-6-17	94604	结构性存款	2.10
80	2010 年第十四期汇理财稳利系列 H2 计划	2010-1-11	2010-6-17	224978	结构性存款	2.20
81	2010 年第十四期汇理财稳利系列 H3 计划	2010-1-11	2010-6-17	285151	结构性存款	2.30
82	2010 年第十五期汇理财稳利系列 M1 计划	2010-1-11	2010-7-25	21745	结构性存款	1.75
83	2010 年第十五期汇理财稳利系列 M2 计划	2010-1-11	2010-7-25	35717	结构性存款	1.90
84	2010 年第十五期汇理财稳利系列 V1 计划	2010-1-11	2010-9-25	4451	结构性存款	1.95
85	2010 年第十五期汇理财稳利系列 V2 计划	2010-1-11	2010-9-25	8568	结构性存款	2.05
86	2010 年第十五期汇理财稳利系列 V3 计划	2010-1-11	2010-9-25	18806	结构性存款	2.15
87	2010 年第十六期汇理财稳利系列 H1 计划	2010-1-11	2010-7-8	167427	结构性存款	2.50
88	2010 年第十六期汇理财稳利系列 H2 计划	2010-1-11	2010-7-8	170417	结构性存款	2.60
89	2010 年第十六期汇理财稳利系列 H3 计划	2010-1-11	2010-7-8	271343	结构性存款	2.70
90	2010 年第十七期汇理财稳利系列 M1 计划	2010-1-11	2010-8-15	29997	结构性存款	1.75
91	2010 年第十七期汇理财稳利系列 M2 计划	2010-1-11	2010-8-15	53954	结构性存款	1.90
92	2010 年第十八期汇理财稳利系列 M1 计划	2010-1-11	2010-8-29	26393	结构性存款	1.75
93	2010 年第十八期汇理财稳利系列 M2 计划	2010-1-11	2010-8-29	49646	结构性存款	1.90
94	2010 年第十九期汇理财稳利系列 M1 计划	2010-1-11	2010-9-12	16853	结构性存款	1.70
95	2010 年第十九期汇理财稳利系列 M2 计划	2010-1-11	2010-9-12	16432	结构性存款	1.85
96	2010 年第二十期汇理财稳利系列 M1 计划	2010-1-11	2010-9-20	17425	结构性存款	1.70
97	2010 年第二十期汇理财稳利系列 M2 计划	2010-1-11	2010-9-20	34145	结构性存款	1.85
98	2010 年第二十一期汇理财稳利系列 M1 计划	2010-1-11	2010-9-30	13495	结构性存款	1.70
99	2010 年第二十一期汇理财稳利系列 M2 计划	2010-1-11	2010-9-30	21411	结构性存款	1.85
100	2010 年第二十三期汇理财稳利系列 H1 计划	2010-1-11	2010-9-27	150000	结构性存款	2.10
101	2010 年第二十三期汇理财稳利系列 H2 计划	2010-1-11	2010-9-27	236083	结构性存款	2.20
102	2010 年第二十三期汇理财稳利系列 H3 计划	2010-1-11	2010-9-27	367331	结构性存款	2.30
103	2010 年第二十四期汇理财稳利系列 H1 计划	2010-1-11	2010-10-11	355857	结构性存款	2.50
104	2010 年第二十四期汇理财稳利系列 H2 计划	2010-1-11	2010-10-11	449935	结构性存款	2.60
105	2010 年第二十四期汇理财稳利系列 H3 计划	2010-1-11	2010-10-11	599400	结构性存款	2.70
106	专项理财 2010 年第六期信贷盈计划	2010-1-15	2010-5-17	29000	新增贷款	3.00
107	专项理财 2010 年第一期信贷盈计划	2010-1-19	2011-1-19	20000	新增贷款	4.10
108	专项理财 2010 年第二期信贷盈计划	2010-1-20	2010-7-20	10000	新增贷款	4.00
109	专项理财 2010 年第三期信贷盈计划	2010-1-20	2010-6-20	5000	新增贷款	3.50

续表

序号	产品名称	发行日	到期日	拟发行量	资金主要投向	预期收益率(%)
110	专项理财2010年第十一期信贷盈计划	2010-2-10	2010-8-9	15000	新增贷款	3.60
111	专项理财2010年第十期信贷盈计划	2010-2-10	2011-2-10	9000	新增贷款	4.20
112	专项理财2010年第八期信贷盈计划	2010-2-11	2011-2-11	20000	新增贷款	4.10
113	2010年第三期汇理财稳利系列Y1计划	2010-2-12	2011-2-12	3815	结构性存款	2.55
114	2010年第三期汇理财稳利系列Y2计划	2010-2-12	2011-2-12	5731	结构性存款	2.65
115	2010年第三期汇理财稳利系列Y3计划	2010-2-12	2011-2-12	13612	结构性存款	2.75
116	专项理财2010年第十四期信贷盈计划	2010-2-12	2012-2-13	20000	新增贷款	5.20
117	专项理财2010年第十二期信贷盈计划	2010-2-25	2010-8-24	49900	新增贷款	3.60
118	专项理财2010年第十六期信贷盈计划	2010-2-25	2011-2-25	90000	新增贷款	4.10
119	2010年第四期汇理财稳利系列Y1计划	2010-2-26	2011-2-26	3538	结构性存款	2.55
120	2010年第四期汇理财稳利系列Y2计划	2010-2-26	2011-2-26	5419	结构性存款	2.65
121	2010年第四期汇理财稳利系列Y3计划	2010-2-26	2011-2-26	8798	结构性存款	2.75
122	专项理财2010年第二十期信贷盈计划	2010-2-26	2010-10-29	8493	新增贷款	3.80
123	专项理财2010年第十八期信贷盈计划	2010-3-3	2011-3-3	20000	新增贷款	4.10
124	专项理财2010年第十九期信贷盈计划	2010-3-4	2011-3-4	16700	新增贷款	4.10
125	专项理财2010年第十三期信贷盈计划	2010-3-5	2010-9-4	30000	新增贷款	3.60
126	专项理财2010年第二十一期信贷盈计划	2010-3-10	2011-1-10	20000	新增贷款	4.05
127	专项理财2010年第二十二期信贷盈计划(普通)	2010-3-12	2010-6-12	5700	新增贷款	3.30
128	专项理财2010年第二十二期信贷盈计划(大额)	2010-3-12	2010-6-12	14000	新增贷款	3.50
129	2010年第五期汇理财稳利系列Y1计划	2010-3-16	2011-3-16	7659	结构性存款	2.60
130	2010年第五期汇理财稳利系列Y2计划	2010-3-16	2011-3-16	9218	结构性存款	2.70
131	2010年第五期汇理财稳利系列Y3计划	2010-3-16	2011-3-16	16941	结构性存款	2.80
132	专项理财2010年第一期债券盈计划	2010-3-16	2010-5-16	50000	债券及货币市场工具类	2.50
133	专项理财2010年第二期债券盈计划	2010-3-16	2010-6-16	50000	债券及货币市场工具类	3.70
134	专项理财2010年第九期信贷盈计划	2010-3-16	2011-3-16	10000	新增贷款	4.10
135	专项理财2010年第二十三期信贷盈计划	2010-3-16	2011-3-15	20000	新增贷款	4.10
136	专项理财2010年第二十四期信贷盈计划	2010-3-18	2011-3-18	15000	新增贷款	4.10
137	专项理财2010年第二十八期信贷盈计划	2010-3-23	2011-3-23	28000	新增贷款	4.10
138	专项理财2010年第三十九期信贷盈计划	2010-3-26	2010-9-15	7000	新增贷款	3.80
139	专项理财2010年第二十七期信贷盈计划	2010-3-26	2011-3-28	20000	新增贷款	4.30
140	2010年第六期汇理财稳利系列Y1计划	2010-3-30	2011-3-30	7030	结构性存款	2.60
141	2010年第六期汇理财稳利系列Y2计划	2010-3-30	2011-3-30	6980	结构性存款	2.70
142	2010年第六期汇理财稳利系列Y3计划	2010-3-30	2011-3-30	17020	结构性存款	2.80

续表

序号	产品名称	发行日	到期日	拟发行量	资金主要投向	预期收益率(%)
143	专项理财2010年第三十六期信贷盈计划	2010-3-30	2010-1-26	4195	新增贷款	3.80
144	专项理财2010年第三十期信贷盈计划	2010-3-30	2010-11-29	38290	新增贷款	3.80
145	专项理财2010年第三十六期信贷盈计划	2010-3-30	2010-12-6	4195	新增贷款	3.80
146	专项理财2010年第三十一期信贷盈计划	2010-3-31	2011-3-31	41800	新增贷款	4.10
147	专项理财2010年第三十八期信贷盈计划(普通)	2010-3-31	2011-4-5	3057	新增贷款	4.10
148	专项理财2010年第三十八期信贷盈计划(大额)	2010-3-31	2011-4-5	36943	新增贷款	4.30
149	专项理财2010年第三十二期信贷盈计划	2010-3-31	2010-10-13	16390	新增贷款	3.60
150	专项理财2010年第三十七期信贷盈计划	2010-4-1	2011-4-1	20000	新增贷款	4.10
151	专项理财2010年第三十三期信贷盈计划	2010-4-7	2011-4-7	36000	新增贷款	4.10
152	专项理财2010年第二十九期信贷盈计划	2010-4-8	2011-4-8	30000	新增贷款	4.10
153	专项理财2010年第四十四期信贷盈计划	2010-4-13	2010-7-12	10000	新增贷款	3.30
154	专项理财2010年第四十期信贷盈计划	2010-4-13	2011-4-13	30000	新增贷款	4.10
155	2010年第七期汇理财稳利系列Y1计划	2010-4-16	2011-4-16	6404	结构性存款	2.60
156	2010年第七期汇理财稳利系列Y2计划	2010-4-16	2011-4-16	5697	结构性存款	2.70
157	2010年第七期汇理财稳利系列Y3计划	2010-4-16	2011-4-16	30445	结构性存款	2.80
158	2010年第七期汇理财稳利系列R1计划	2010-4-16	2010-10-16	3429	结构性存款	2.15
159	2010年第七期汇理财稳利系列R2计划	2010-4-16	2010-10-16	4851	结构性存款	2.25
160	2010年第七期汇理财稳利系列R3计划	2010-4-16	2010-10-16	14623	结构性存款	2.35
161	专项理财2010年第四十一期信贷盈计划	2010-4-16	2011-1-11	20000	新增贷款	3.90
162	专项理财2010年第四十九期信贷盈计划(普通)	2010-4-16	2011-4-15	3100	新增贷款	4.10
163	专项理财2010年第四十九期信贷盈计划(大额)	2010-4-16	2011-4-15	16900	新增贷款	4.30
164	专项理财2010年第四十六期信贷盈计划	2010-4-20	2011-4-20	26900	新增贷款	4.10
165	专项理财2010年第四十二期信贷盈计划	2010-4-20	2010-10-19	46600	新增贷款	3.60
166	专项理财2010年第五十期信贷盈计划	2010-4-21	2011-4-21	19369	新增贷款	4.10
167	专项理财2010年第五十一期信贷盈计划	2010-4-22	2010-12-20	10000	新增贷款	3.90
168	专项理财2010年第四十七期信贷盈计划	2010-4-23	2011-4-25	22000	新增贷款	4.30
169	专项理财2010年第五十三期信贷盈计划	2010-4-23	2011-2-23	10000	新增贷款	4.00
170	2010年第八期汇理财稳利系列Y1计划	2010-4-27	2011-4-27	3995	结构性存款	2.60
171	2010年第八期汇理财稳利系列Y2计划	2010-4-27	2011-4-27	5223	结构性存款	2.70
172	2010年第八期汇理财稳利系列Y3计划	2010-4-27	2011-4-27	10767	结构性存款	2.80
173	2010年第八期汇理财稳利系列R1计划	2010-4-27	2010-10-27	2932	结构性存款	2.15
174	2010年第八期汇理财稳利系列R2计划	2010-4-27	2010-10-27	4878	结构性存款	2.25
175	2010年第八期汇理财稳利系列R3计划	2010-4-27	2010-10-27	11740	结构性存款	2.35

续表

序号	产品名称	发行日	到期日	拟发行量	资金主要投向	预期收益率(%)
176	专项理财2010年第五十五期信贷盈计划	2010-4-27	2011-1-27	19842	新增贷款	3.90
177	专项理财2010年第五十四期信贷盈计划(普通)	2010-4-28	2011-4-28	5000	新增贷款	4.10
178	专项理财2010年第五十四期信贷盈计划(大额)	2010-4-28	2011-4-28	20000	新增贷款	4.30
179	专项理财2010年第四十八期信贷盈计划(普通)	2010-4-29	2011-5-9	5000	新增贷款	4.20
180	专项理财2010年第四十八期信贷盈计划(大额)	2010-4-29	2011-5-9	14000	新增贷款	4.35
181	专项理财2010年第五十二期信贷盈计划	2010-4-30	2011-4-29	19985	新增贷款	4.20
182	专项理财2010年第五十七期信贷盈计划	2010-5-6	2011-5-6	24430	新增贷款	4.10
183	专项理财2010年第五十八期信贷盈计划(普通)	2010-5-6	2011-5-6	5000	新增贷款	4.10
184	专项理财2010年第五十八期信贷盈计划(大额)	2010-5-6	2011-5-6	15000	新增贷款	4.30
185	专项理财2010年第三期债券盈计划	2010-5-7	2010-8-7	17017	债券及货币市场工具类	2.65
186	专项理财2010年第六十二期信贷盈计划(普通)	2010-5-7	2011-5-7	1475	新增贷款	4.20
187	专项理财2010年第六十二期信贷盈计划(大额)	2010-5-7	2011-5-7	3525	新增贷款	4.40
188	专项理财2010年第四期债券盈计划	2010-5-7	2010-11-7	1327	债券及货币市场工具类	2.90
189	专项理财2010年第六十三期信贷盈计划(普通)	2010-5-11	2011-5-11	10000	新增贷款	4.10
190	专项理财2010年第六十三期信贷盈计划(大额)	2010-5-11	2011-5-11	10000	新增贷款	4.30
191	专项理财2010年第五十六期信贷盈计划	2010-5-11	2011-2-10	12780	新增贷款	3.90
192	专项理财2010年第六十一期信贷盈计划(普通)	2010-5-13	2011-5-13	4998	新增贷款	4.10
193	专项理财2010年第六十一期信贷盈计划(大额)	2010-5-13	2011-5-13	15000	新增贷款	4.30
194	专项理财2010年第六十期信贷盈计划	2010-5-13	2011-1-26	11083	新增贷款	3.90
195	专项理财2010年第六十七期信贷盈计划(普通)	2010-5-13	2011-5-13	6995	新增贷款	4.10
196	专项理财2010年第六十七期信贷盈计划(大额)	2010-5-13	2011-5-13	10005	新增贷款	4.30
197	专项理财2010年第四十三期信贷盈计划	2010-5-13	2010-11-11	50000	新增贷款	3.60
198	2010年第十期汇理财稳利系列Y1计划	2010-5-14	2011-5-14	6108	结构性存款	2.70
199	2010年第十期汇理财稳利系列Y2计划	2010-5-14	2011-5-14	7409	结构性存款	2.80
200	2010年第十期汇理财稳利系列Y3计划	2010-5-14	2011-5-14	17248	结构性存款	2.90
201	2010年第十期汇理财稳利系列R1计划	2010-5-14	2010-11-14	3980	结构性存款	2.25
202	2010年第十期汇理财稳利系列R2计划	2010-5-14	2010-11-14	6503	结构性存款	2.35
203	2010年第十期汇理财稳利系列R3计划	2010-5-14	2010-11-14	18529	结构性存款	2.45
204	专项理财2010年第四十五期信贷盈计划	2010-5-14	2010-8-12	10000	新增贷款	3.30
205	专项理财2010年第五期债券盈计划	2010-5-14	2010-8-14	12934	债券及货币市场工具类	2.70
206	专项理财2010年第六十六期信贷盈计划(普通)	2010-5-18	2011-5-18	3899	新增贷款	4.10
207	专项理财2010年第六十六期信贷盈计划(大额)	2010-5-18	2011-5-18	24601	新增贷款	4.40
208	专项理财2010年第六十九期信贷盈计划(普通)	2010-5-19	2011-5-19	5000	新增贷款	4.10
209	专项理财2010年第六十九期信贷盈计划(大额)	2010-5-19	2011-5-19	14000	新增贷款	4.30

续表

序号	产品名称	发行日	到期日	拟发行量	资金主要投向	预期收益率(%)
210	专项理财2010年第六十四期信贷盈计划(普通)	2010-5-20	2011-5-20	13793	新增贷款	4.10
211	专项理财2010年第六十四期信贷盈计划(大额)	2010-5-20	2011-5-20	59737	新增贷款	4.30
212	2010年第十一期汇理财稳利系列Y1计划	2010-5-21	2011-5-21	4227	结构性存款	2.70
213	2010年第十一期汇理财稳利系列Y2计划	2010-5-21	2011-5-21	4519	结构性存款	2.80
214	2010年第十一期汇理财稳利系列Y3计划	2010-5-21	2011-5-21	7740	结构性存款	2.90
215	2010年第十一期汇理财稳利系列R1计划	2010-5-21	2010-11-21	3046	结构性存款	2.25
216	2010年第十一期汇理财稳利系列R2计划	2010-5-21	2010-11-21	3426	结构性存款	2.35
217	2010年第十一期汇理财稳利系列R3计划	2010-5-21	2010-11-21	11917	结构性存款	2.45
218	2010年第十二期汇理财稳利系列Y1计划	2010-5-28	2011-5-28	4660	结构性存款	2.70
219	2010年第十二期汇理财稳利系列Y2计划	2010-5-28	2011-5-28	3799	结构性存款	2.80
220	2010年第十二期汇理财稳利系列Y3计划	2010-5-28	2011-5-28	18443	结构性存款	2.90
221	2010年第十二期汇理财稳利系列R1计划	2010-5-28	2010-11-28	3573	结构性存款	2.25
222	2010年第十二期汇理财稳利系列R2计划	2010-5-28	2010-11-28	3924	结构性存款	2.35
223	2010年第十二期汇理财稳利系列R3计划	2010-5-28	2010-11-28	8970	结构性存款	2.45
224	专项理财2010年第七十期信贷盈计划	2010-5-28	2010-11-26	29600	新增贷款	3.60
225	专项理财2010年第六十八期信贷盈计划	2010-6-4	2011-6-4	30000	新增贷款	4.10
226	专项理财2010年第七十三期信贷盈计划	2010-6-9	2011-6-8	20000	新增贷款	4.10
227	2010年第十三期汇理财稳利系列Y1计划	2010-6-11	2011-6-11	6624	结构性存款	2.65
228	2010年第十三期汇理财稳利系列Y2计划	2010-6-11	2011-6-11	6549	结构性存款	2.75
229	2010年第十三期汇理财稳利系列Y3计划	2010-6-11	2011-6-11	9773	结构性存款	2.85
230	2010年第十三期汇理财稳利系列R1计划	2010-6-11	2010-12-11	3216	结构性存款	2.20
231	2010年第十三期汇理财稳利系列R2计划	2010-6-11	2010-12-11	4786	结构性存款	2.30
232	2010年第十三期汇理财稳利系列R3计划	2010-6-11	2010-12-11	16087	结构性存款	2.40
233	专项理财2010年第六期债券盈计划	2010-6-12	2010-9-12	37328	债券及货币市场工具类	2.70
234	专项理财2010年第七十二期信贷盈计划(普通)	2010-6-13	2011-6-13	18000	新增贷款	4.10
235	专项理财2010年第七十二期信贷盈计划(大额)	2010-6-13	2011-6-13	39300	新增贷款	4.30
236	专项理财2010年第七十六期信贷盈计划(普通)	2010-6-18	2011-6-18	7500	新增贷款	4.10
237	专项理财2010年第七十六期信贷盈计划(大额)	2010-6-18	2011-6-18	16000	新增贷款	4.30
238	专项理财2010年第七十四期信贷盈计划(普通)	2010-6-21	2011-6-21	8012	新增贷款	4.10
239	专项理财2010年第七十四期信贷盈计划(大额)	2010-6-21	2011-6-21	21988	新增贷款	4.30
240	专项理财2010年第七十五期信贷盈计划	2010-6-24	2011-3-21	20000	新增贷款	3.90
241	2010年第十五期汇理财稳利系列Y1计划	2010-6-25	2011-6-25	7321	结构性存款	2.65
242	2010年第十五期汇理财稳利系列Y2计划	2010-6-25	2011-6-25	7629	结构性存款	2.75
243	2010年第十五期汇理财稳利系列Y3计划	2010-6-25	2011-6-25	22708	结构性存款	2.85
244	2010年第十五期汇理财稳利系列R1计划	2010-6-25	2010-12-25	5297	结构性存款	2.20

续表

序号	产品名称	发行日	到期日	拟发行量	资金主要投向	预期收益率(%)
245	2010年第十五期汇理财稳利系列R2计划	2010-6-25	2010-12-25	6811	结构性存款	2.30
246	2010年第十五期汇理财稳利系列R3计划	2010-6-25	2010-12-25	14667	结构性存款	2.40
247	专项理财2010年第八十期信贷盈计划	2010-7-6	2010-8-5	70000	新增贷款	3.00
248	专项理财2010年第七十七期信贷盈计划	2010-7-6	2011-7-6	20000	新增贷款	4.10
249	专项理财2010年第七十八期信贷盈计划(普通)	2010-7-7	2011-7-7	15003	新增贷款	4.10
250	专项理财2010年第七十八期信贷盈计划(大额)	2010-7-7	2011-7-7	18997	新增贷款	4.50
251	专项理财2010年第八十一期信贷盈计划(普通)	2010-7-7	2011-7-7	5000	新增贷款	4.10
252	专项理财2010年第八十一期信贷盈计划(大额)	2010-7-7	2011-7-7	24000	新增贷款	4.30
253	专项理财2010年第八十二期信贷盈计划(普通)	2010-7-9	2011-7-9	854	新增贷款	4.50
254	专项理财2010年第八十二期信贷盈计划(大额)	2010-7-9	2011-7-9	1765	新增贷款	4.80
255	2010年第十七期汇理财稳利系列R1计划	2010-7-15	2011-1-15	8559	结构性存款	2.20
256	2010年第十七期汇理财稳利系列R2计划	2010-7-15	2011-1-15	8899	结构性存款	2.30
257	2010年第十七期汇理财稳利系列R3计划	2010-7-15	2011-1-15	21167	结构性存款	2.40
258	2010年第十七期汇理财稳利系列Y1计划	2010-7-15	2011-7-15	9996	结构性存款	2.65
259	2010年第十七期汇理财稳利系列Y2计划	2010-7-15	2011-7-15	13083	结构性存款	2.75
260	2010年第十七期汇理财稳利系列Y3计划	2010-7-15	2011-7-15	26802	结构性存款	2.85
261	2010年第十七期汇理财稳利系列V1计划	2010-7-15	2010-10-15	7273	结构性存款	1.95
262	2010年第十七期汇理财稳利系列V2计划	2010-7-15	2010-10-15	15942	结构性存款	2.05
263	2010年第十七期汇理财稳利系列V3计划	2010-7-15	2010-10-15	29918	结构性存款	2.15
264	专项理财2010年第七期债券盈计划	2010-7-27	2010-10-27	10000	债券及货币市场工具类	2.70
265	专项理财2010年第八期债券盈计划	2010-7-27	2010-10-27	40000	债券及货币市场工具类	2.80
266	2010年第十八期汇理财稳利系列R1计划	2010-7-29	2011-1-29	7302	结构性存款	2.20
267	2010年第十八期汇理财稳利系列R2计划	2010-7-29	2011-1-29	9031	结构性存款	2.30
268	2010年第十八期汇理财稳利系列R3计划	2010-7-29	2011-1-29	23688	结构性存款	2.40
269	2010年第十八期汇理财稳利系列Y1计划	2010-7-29	2011-7-29	13826	结构性存款	2.65
270	2010年第十八期汇理财稳利系列Y2计划	2010-7-29	2011-7-29	14280	结构性存款	2.75
271	2010年第十八期汇理财稳利系列Y3计划	2010-7-29	2011-7-29	20668	结构性存款	2.85
272	2010年第十八期汇理财稳利系列V1计划	2010-7-29	2010-10-29	6261	结构性存款	1.95
273	2010年第十八期汇理财稳利系列V2计划	2010-7-29	2010-10-29	12766	结构性存款	2.05
274	2010年第十八期汇理财稳利系列V3计划	2010-7-29	2010-10-29	32643	结构性存款	2.15
275	2010年第十九期汇理财稳利系列R1计划	2010-8-12	2011-2-12	3606	结构性存款	2.15
276	2010年第十九期汇理财稳利系列R2计划	2010-8-12	2011-2-12	5384	结构性存款	2.25
277	2010年第十九期汇理财稳利系列R3计划	2010-8-12	2011-2-12	7730	结构性存款	2.35
278	2010年第十九期汇理财稳利系列Y1计划	2010-8-12	2011-8-12	7770	结构性存款	2.55
279	2010年第十九期汇理财稳利系列Y2计划	2010-8-12	2011-8-12	8156	结构性存款	2.65

续表

序号	产品名称	发行日	到期日	拟发行量	资金主要投向	预期收益率(%)
280	2010 年第十九期汇理财稳利系列 Y3 计划	2010-8-12	2011-8-12	10993	结构性存款	2.75
281	2010 年第十九期汇理财稳利系列 V1 计划	2010-8-12	2010-11-12	2857	结构性存款	1.90
282	2010 年第十九期汇理财稳利系列 V2 计划	2010-8-12	2010-11-12	4583	结构性存款	2.00
283	2010 年第十九期汇理财稳利系列 V3 计划	2010-8-12	2010-11-12	11732	结构性存款	2.10
284	专项理财 2010 年第十期债券盈计划	2010-8-17	2011-2-17	50000	债券及货币市场工具类	2.95
285	专项理财 2010 年第九期债券盈计划	2010-8-17	2010-11-17	49997	债券及货币市场工具类	2.60
286	2010 年第二十期汇理财稳利系列 R1 计划	2010-8-20	2011-2-20	3504	结构性存款	2.15
287	2010 年第二十期汇理财稳利系列 R2 计划	2010-8-20	2011-2-20	5092	结构性存款	2.25
288	2010 年第二十期汇理财稳利系列 R3 计划	2010-8-20	2011-2-20	10258	结构性存款	2.35
289	2010 年第二十期汇理财稳利系列 Y1 计划	2010-8-20	2011-8-20	4743	结构性存款	2.55
290	2010 年第二十期汇理财稳利系列 Y2 计划	2010-8-20	2011-8-20	5982	结构性存款	2.65
291	2010 年第二十期汇理财稳利系列 Y3 计划	2010-8-20	2011-8-20	7155	结构性存款	2.75
292	2010 年第二十期汇理财稳利系列 V1 计划	2010-8-20	2010-11-20	2452	结构性存款	1.90
293	2010 年第二十期汇理财稳利系列 V2 计划	2010-8-20	2010-11-20	4690	结构性存款	2.00
294	2010 年第二十期汇理财稳利系列 V3 计划	2010-8-20	2010-11-20	10444	结构性存款	2.10
295	专项理财 2010 年第一期债券盈周计划	2010-8-24	2010-8-31	59457	债券及货币市场工具类	1.95
296	专项理财 2010 年第十二期债券盈计划	2010-8-27	2011-2-27	27443	债券及货币市场工具类	2.95
297	专项理财 2010 年第一期票据盈计划	2010-8-27	2010-10-27	20000	债券及货币市场工具类	2.70
298	专项理财 2010 年第十一期债券盈计划	2010-8-27	2010-11-27	18490	债券及货币市场工具类	2.60
299	2010 年第二十一期汇理财稳利系列 R1 计划	2010-8-31	2011-2-28	3416	结构性存款	2.15
300	2010 年第二十一期汇理财稳利系列 R2 计划	2010-8-31	2011-2-28	4212	结构性存款	2.25
301	2010 年第二十一期汇理财稳利系列 R3 计划	2010-8-31	2011-2-28	11825	结构性存款	2.35
302	2010 年第二十一期汇理财稳利系列 Y1 计划	2010-8-31	2011-8-31	5498	结构性存款	2.55
303	2010 年第二十一期汇理财稳利系列 Y2 计划	2010-8-31	2011-8-31	6630	结构性存款	2.65
304	2010 年第二十一期汇理财稳利系列 Y3 计划	2010-8-31	2011-8-31	11062	结构性存款	2.75
305	2010 年第二十一期汇理财稳利系列 V1 计划	2010-8-31	2010-11-30	3249	结构性存款	1.90
306	2010 年第二十一期汇理财稳利系列 V2 计划	2010-8-31	2010-11-30	5467	结构性存款	2.00
307	2010 年第二十一期汇理财稳利系列 V3 计划	2010-8-31	2010-11-30	12583	结构性存款	2.10
308	专项理财 2010 年第二期债券盈周计划	2010-9-3	2010-9-10	87818	债券及货币市场工具类	1.95
309	专项理财 2010 年第三期债券盈周计划	2010-9-14	2010-9-21	26136	债券及货币市场工具类	1.95
310	专项理财 2010 年第十四期债券盈计划	2010-9-15	2011-3-15	46409	债券及货币市场工具类	3.10
311	专项理财 2010 年第十三期债券盈计划	2010-9-15	2010-12-15	32498	债券及货币市场工具类	2.60
312	2010 年第二十二期汇理财稳利系列 R2 计划	2010-9-16	2011-3-16	5238	结构性存款	2.30
313	2010 年第二十二期汇理财稳利系列 R3 计划	2010-9-16	2011-3-16	6037	结构性存款	2.40
314	2010 年第二十二期汇理财稳利系列 Y1 计划	2010-9-16	2011-9-16	7823	结构性存款	2.60

续表

序号	产品名称	发行日	到期日	拟发行量	资金主要投向	预期收益率（%）
315	2010年第二十二期汇理财稳利系列Y2计划	2010－9－16	2011－9－16	8610	结构性存款	2.70
316	2010年第二十二期汇理财稳利系列Y3计划	2010－9－16	2011－9－16	17198	结构性存款	2.80
317	2010年第二十二期汇理财稳利系列R1计划	2010－9－16	2011－3－16	3253	结构性存款	2.20
318	2010年第二十二期汇理财稳利系列V1计划	2010－9－16	2010－12－16	3012	结构性存款	1.95
319	2010年第二十二期汇理财稳利系列V2计划	2010－9－16	2010－12－16	6526	结构性存款	2.05
320	2010年第二十二期汇理财稳利系列V3计划	2010－9－16	2010－12－16	20801	结构性存款	2.15
321	2010年第二十二期汇理财稳利系列M1计划	2010－9－16	2010－10－16	15550	结构性存款	1.75
322	2010年第二十二期汇理财稳利系列M2计划	2010－9－16	2010－10－16	23096	结构性存款	1.90
323	专项理财2010年第十五期债券盈计划	2010－9－28	2011－3－28	14679	债券及货币市场工具类	2.95
324	专项理财2010年第十六期债券盈计划	2010－9－28	2011－9－28	13160	债券及货币市场工具类	3.30
325	专项理财2010年第十七期债券盈计划	2010－9－29	2010－10－13	6409	债券及货币市场工具类	3.20
326	2010年第二十四期汇理财稳利系列H1计划	2010－9－30	2010－10－11	355857	结构性存款	2.50
327	2010年第二十四期汇理财稳利系列H2计划	2010－9－30	2010－10－11	449935	结构性存款	2.60
328	2010年第二十四期汇理财稳利系列H3计划	2010－9－30	2010－10－11	599400	结构性存款	2.70
329	专项理财2010年第四期债券盈周计划	2010－10－12	2010－10－19	153538	债券及货币市场工具类	2.10
330	2010年第二十五期汇理财稳利系列V1计划	2010－10－20	2011－1－20	5082	结构性存款	1.95
331	2010年第二十五期汇理财稳利系列V2计划	2010－10－20	2011－1－20	19193	结构性存款	2.05
332	2010年第二十五期汇理财稳利系列V3计划	2010－10－20	2011－1－20	40000	结构性存款	2.15
333	2010年第二十五期汇理财稳利系列R1计划	2010－10－20	2011－4－20	4774	结构性存款	2.20
334	2010年第二十五期汇理财稳利系列R2计划	2010－10－20	2011－4－20	8060	结构性存款	2.30
335	2010年第二十五期汇理财稳利系列R3计划	2010－10－20	2011－4－20	23105	结构性存款	2.40
336	2010年第二十五期汇理财稳利系列M1计划	2010－10－20	2010－11－20	20000	结构性存款	1.75
337	2010年第二十五期汇理财稳利系列M2计划	2010－10－20	2010－11－20	39993	结构性存款	1.90
338	2010年第二十五期汇理财稳利系列Y1计划	2010－10－20	2011－10－20	10152	结构性存款	2.60
339	2010年第二十五期汇理财稳利系列Y2计划	2010－10－20	2011－10－20	10028	结构性存款	2.70
340	2010年第二十五期汇理财稳利系列Y3计划	2010－10－20	2011－10－20	33548	结构性存款	2.80
341	专项理财2010年第十八期债券盈计划	2010－10－22	2010－11－22	49501	债券及货币市场工具类	2.40
342	专项理财2010年第十九期债券盈计划	2010－10－22	2010－12－22	43827	债券及货币市场工具类	2.70
343	专项理财2010年第二十期债券盈计划	2010－10－22	2011－1－22	38298	债券及货币市场工具类	2.90
344	专项理财2010年第二十一期债券盈计划	2010－10－22	2011－4－22	47568	债券及货币市场工具类	3.20
345	专项理财2010年第二十二期债券盈计划	2010－10－22	2011－10－22	34028	债券及货币市场工具类	3.50
346	专项理财2010年第五期债券盈周计划	2010－10－22	2010－10－29	71237	债券及货币市场工具类	2.10
347	2010年第二十六期汇理财稳利系列M1计划	2010－10－29	2010－11－29	16622	结构性存款	1.80
348	2010年第二十六期汇理财稳利系列M2计划	2010－10－29	2010－11－29	29132	结构性存款	1.95
349	2010年第二十六期汇理财稳利系列V1计划	2010－10－29	2011－1－29	3382	结构性存款	2.05

续表

序号	产品名称	发行日	到期日	拟发行量	资金主要投向	预期收益率(%)
350	2010年第二十六期汇理财稳利系列V2计划	2010-10-29	2011-1-29	5156	结构性存款	2.15
351	2010年第二十六期汇理财稳利系列V3计划	2010-10-29	2011-1-29	16489	结构性存款	2.25
352	2010年第二十六期汇理财稳利系列R1计划	2010-10-29	2011-4-29	1738	结构性存款	2.30
353	2010年第二十六期汇理财稳利系列R2计划	2010-10-29	2011-4-29	2364	结构性存款	2.40
354	2010年第二十六期汇理财稳利系列R3计划	2010-10-29	2011-4-29	3694	结构性存款	2.50
355	2010年第二十六期汇理财稳利系列Y1计划	2010-10-29	2011-10-29	4247	结构性存款	2.75
356	2010年第二十六期汇理财稳利系列Y2计划	2010-10-29	2011-10-29	4478	结构性存款	2.85
357	2010年第二十六期汇理财稳利系列Y3计划	2010-10-29	2011-10-29	6470	结构性存款	2.95
358	专项理财2010年第二十三期债券盈计划	2010-11-2	2010-12-2	28755	债券及货币市场工具类	2.40
359	专项理财2010年第二十四期债券盈计划	2010-11-2	2011-1-2	32558	债券及货币市场工具类	2.70
360	专项理财2010年第二十六期债券盈计划	2010-11-2	2011-5-2	30836	债券及货币市场工具类	3.20
361	专项理财2010年第二十七期债券盈计划	2010-11-2	2011-11-2	10068	债券及货币市场工具类	3.50
362	专项理财2010年第六期债券盈周计划	2010-11-2	2010-11-9	52637	债券及货币市场工具类	2.10
363	2010年第二十七期汇理财稳利系列M1计划	2010-11-10	2010-12-10	14848	结构性存款	1.85
364	2010年第二十七期汇理财稳利系列V1计划	2010-11-10	2011-2-10	3666	结构性存款	2.10
365	2010年第二十七期汇理财稳利系列V2计划	2010-11-10	2011-2-10	7087	结构性存款	2.20
366	2010年第二十七期汇理财稳利系列V3计划	2010-11-10	2011-2-10	16526	结构性存款	2.30
367	2010年第二十七期汇理财稳利系列R1计划	2010-11-10	2011-5-10	3262	结构性存款	2.45
368	2010年第二十七期汇理财稳利系列R2计划	2010-11-10	2011-5-10	4355	结构性存款	2.55
369	2010年第二十七期汇理财稳利系列R3计划	2010-11-10	2011-5-10	10900	结构性存款	2.65
370	2010年第二十七期汇理财稳利系列Y1计划	2010-11-10	2011-11-10	3644	结构性存款	2.75
371	2010年第二十七期汇理财稳利系列Y2计划	2010-11-10	2011-11-10	5663	结构性存款	2.85
372	2010年第二十七期汇理财稳利系列Y3计划	2010-11-10	2011-11-10	8411	结构性存款	2.95
373	2010年第二十七期汇理财稳利系列M2计划	2010-11-10	2010-12-10	17299	结构性存款	2.00
374	专项理财2010年第七期债券盈周计划	2010-11-12	2010-11-19	67048	债券及货币市场工具类	2.10
375	专项理财2010年第二十八期债券盈计划	2010-11-16	2010-12-16	46123	债券及货币市场工具类	2.40
376	专项理财2010年第二十九期债券盈计划	2010-11-16	2011-1-16	17492	债券及货币市场工具类	2.70
377	专项理财2010年第三十期债券盈计划	2010-11-16	2011-2-16	30193	债券及货币市场工具类	2.90
378	专项理财2010年第三十一期债券盈计划	2010-11-16	2011-5-16	37262	债券及货币市场工具类	3.30
379	专项理财2010年第三十二期债券盈计划	2010-11-16	2011-11-16	19921	债券及货币市场工具类	3.60
380	2010年第二十八期汇理财稳利系列R2计划	2010-11-18	2011-5-18	3069	结构性存款	2.55
381	2010年第二十八期汇理财稳利系列R3计划	2010-11-18	2011-5-18	5652	结构性存款	2.65
382	2010年第二十八期汇理财稳利系列Y1计划	2010-11-18	2011-11-18	1680	结构性存款	2.75
383	2010年第二十八期汇理财稳利系列Y2计划	2010-11-18	2011-11-18	3191	结构性存款	2.85
384	2010年第二十八期汇理财稳利系列Y3计划	2010-11-18	2011-11-18	4600	结构性存款	2.95

续表

序号	产品名称	发行日	到期日	拟发行量	资金主要投向	预期收益率（%）
385	2010年第二十八期汇理财稳利系列M1计划	2010－11－18	2010－12－18	11933	结构性存款	1.85
386	2010年第二十八期汇理财稳利系列M2计划	2010－11－18	2010－12－18	11672	结构性存款	2.00
387	2010年第二十八期汇理财稳利系列V1计划	2010－11－18	2011－2－18	3250	结构性存款	2.10
388	2010年第二十八期汇理财稳利系列V2计划	2010－11－18	2011－2－18	4695	结构性存款	2.20
389	2010年第二十八期汇理财稳利系列V3计划	2010－11－18	2011－2－18	12004	结构性存款	2.30
390	2010年第二十八期汇理财稳利系列R1计划	2010－11－18	2011－5－18	2093	结构性存款	2.45
391	专项理财2010年第八期债券盈周计划	2010－11－23	2010－11－30	75428	债券及货币市场工具类	2.15
392	2010年第二十九期汇理财稳利系列V1计划	2010－11－26	2011－2－26	4308	结构性存款	2.10
393	2010年第二十九期汇理财稳利系列V2计划	2010－11－26	2011－2－26	6656	结构性存款	2.20
394	2010年第二十九期汇理财稳利系列V3计划	2010－11－26	2011－2－26	16248	结构性存款	2.30
395	2010年第二十九期汇理财稳利系列R1计划	2010－11－26	2011－5－26	2044	结构性存款	2.45
396	2010年第二十九期汇理财稳利系列R2计划	2010－11－26	2011－5－26	2591	结构性存款	2.55
397	2010年第二十九期汇理财稳利系列R3计划	2010－11－26	2011－5－26	5238	结构性存款	2.65
398	2010年第二十九期汇理财稳利系列Y1计划	2010－11－26	2011－11－26	1466	结构性存款	2.75
399	2010年第二十九期汇理财稳利系列Y2计划	2010－11－26	2011－11－26	1515	结构性存款	2.85
400	2010年第二十九期汇理财稳利系列Y3计划	2010－11－26	2011－11－26	3279	结构性存款	2.95
401	2010年第二十九期汇理财稳利系列M1计划	2010－11－26	2010－12－26	20000	结构性存款	1.85
402	2010年第二十九期汇理财稳利系列M2计划	2010－11－26	2010－12－26	27324	结构性存款	2.00
403	专项理财2010年第三十四期债券盈计划	2010－12－2	2011－1－25	48830	债券及货币市场工具类	2.70
404	专项理财2010年第三十五期债券盈计划	2010－12－2	2011－3－2	41537	债券及货币市场工具类	2.90
405	专项理财2010年第三十六期债券盈计划	2010－12－2	2011－6－2	34222	债券及货币市场工具类	3.30
406	专项理财2010年第三十七期债券盈计划	2010－12－2	2011－12－2	11631	债券及货币市场工具类	3.60
407	2010年第一期汇理财周计划	2010－12－8	2010－12－15	93518	结构性存款	2.00
408	专项理财2010年第三十八期债券盈计划	2010－12－10	2011－1－10	27116	债券及货币市场工具类	2.40
409	专项理财2010年第三十九期债券盈计划	2010－12－10	2011－2－10	9670	债券及货币市场工具类	2.70
410	专项理财2010年第四十期债券盈计划	2010－12－10	2011－3－10	17889	债券及货币市场工具类	2.90
411	专项理财2010年第四十一期债券盈计划	2010－12－10	2011－6－10	11276	债券及货币市场工具类	3.30
412	专项理财2010年第四十二期债券盈计划	2010－12－10	2011－12－10	5700	债券及货币市场工具类	3.60
413	专项理财2010年第四十三期债券盈计划	2010－12－10	2011－6－10	15258	债券及货币市场工具类	3.45
414	2010年第三十期汇理财稳利系列M1计划	2010－12－15	2011－1－15	19998	结构性存款	2.05
415	2010年第三十期汇理财稳利系列M2计划	2010－12－15	2011－1－15	39935	结构性存款	2.20
416	2010年第三十期汇理财稳利系列V1计划	2010－12－15	2011－3－15	9696	结构性存款	2.30
417	2010年第三十期汇理财稳利系列V2计划	2010－12－15	2011－3－15	11078	结构性存款	2.40
418	2010年第三十期汇理财稳利系列V3计划	2010－12－15	2011－3－15	25092	结构性存款	2.50
419	2010年第三十期汇理财稳利系列R1计划	2010－12－15	2011－6－15	5337	结构性存款	2.70

续表

序号	产品名称	发行日	到期日	拟发行量	资金主要投向	预期收益率(%)
420	2010年第三十期汇理财稳利系列R2计划	2010-12-15	2011-6-15	5346	结构性存款	2.80
421	2010年第三十期汇理财稳利系列R3计划	2010-12-15	2011-6-15	9052	结构性存款	2.90
422	2010年第三十期汇理财稳利系列Y1计划	2010-12-15	2011-12-15	5048	结构性存款	2.95
423	2010年第三十期汇理财稳利系列Y2计划	2010-12-15	2011-12-15	5057	结构性存款	3.05
424	2010年第三十期汇理财稳利系列Y3计划	2010-12-15	2011-12-15	9071	结构性存款	3.15
425	2010年第二期汇理财周计划	2010-12-17	2010-12-24	99999	结构性存款	2.00
426	专项理财2010年第四十四期债券盈计划	2010-12-17	2011-1-17	10939	债券及货币市场工具类	2.40
427	专项理财2010年第四十五期债券盈计划	2010-12-17	2011-2-17	5733	债券及货币市场工具类	2.70
428	专项理财2010年第四十六期债券盈计划	2010-12-17	2011-3-17	11705	债券及货币市场工具类	2.90
429	专项理财2010年第四十七期债券盈计划	2010-12-17	2011-6-17	8501	债券及货币市场工具类	3.30
430	专项理财2010年第四十八期债券盈计划	2010-12-17	2011-12-17	3179	债券及货币市场工具类	3.60
431	专项理财2010年第四十九期债券盈计划	2010-12-17	2011-12-17	5659	债券及货币市场工具类	3.75
432	2010年第三十一期汇理财稳利系列X1计划	2010-12-24	2011-3-24	5000	结构性存款	2.80
433	2010年第三十一期汇理财稳利系列M1计划	2010-12-24	2011-1-24	28128	结构性存款	2.05
434	2010年第三十一期汇理财稳利系列M2计划	2010-12-24	2011-1-24	11508	结构性存款	2.20
435	2010年第三十一期汇理财稳利系列V1计划	2010-12-24	2011-3-24	7007	结构性存款	2.30
436	2010年第三十一期汇理财稳利系列V2计划	2010-12-24	2011-3-24	8682	结构性存款	2.40
437	2010年第三十一期汇理财稳利系列V3计划	2010-12-24	2011-3-24	18329	结构性存款	2.50
438	2010年第三十一期汇理财稳利系列R1计划	2010-12-24	2011-6-24	4164	结构性存款	2.70
439	2010年第三十一期汇理财稳利系列R2计划	2010-12-24	2011-6-24	4041	结构性存款	2.80
440	2010年第三十一期汇理财稳利系列R3计划	2010-12-24	2011-6-24	8022	结构性存款	2.90
441	2010年第三十一期汇理财稳利系列Y1计划	2010-12-24	2011-12-24	3723	结构性存款	2.95
442	2010年第三十一期汇理财稳利系列Y2计划	2010-12-24	2011-12-24	3490	结构性存款	3.05
443	2010年第三十一期汇理财稳利系列Y3计划	2010-12-24	2011-12-24	5206	结构性存款	3.15
444	2010年第三十二期汇理财稳利系列H1计划	2010-12-31	2011-1-4	125372	结构性存款	3.80
445	2010年第三十二期汇理财稳利系列H2计划	2010-12-31	2011-1-4	255102	结构性存款	3.90
446	2010年第三十二期汇理财稳利系列H3计划	2010-12-31	2011-1-4	288665	结构性存款	4.00

数据来源：上海浦东发展银行

表3-21 2010年北京银行个人人民币封闭式理财产品发行情况表 单位：万元人民币

序号	产品简称	发行日	到期日	拟发行量	资金主要投向	预期收益率(%)
1	人民币309天信托贷款理财产品	2010-1-4	2010-4-28	6215	转让贷款	4.00
2	人民币340天信托贷款理财产品	2010-1-4	2010-12-10	7980	转让贷款	4.20
3	人民币348天信托贷款理财产品	2010-1-4	2010-12-18	3219	新增贷款	4.20
4	105天银行间市场投资理财产品	2010-1-5	2010-4-20	21969	债券及货币市场工具类	2.75

续表

序号	产品简称	发行日	到期日	拟发行量	资金主要投向	预期收益率(%)
5	人民币364天信托贷款理财产品	2010-1-12	2011-1-11	615	新增贷款	4.40
6	“现金流”1个月理财	2010-1-15	2010-2-15	17719	债券及货币市场工具类	1.78
7	3个月SHIBOR挂钩理财	2010-1-15	2010-4-15	9275	债券及货币市场工具类	1.90
8	人民币361天信托贷款理财产品	2010-1-15	2011-1-11	1000	新增贷款	4.50
9	人民币361天信托贷款理财产品	2010-1-15	2011-1-11	1274	新增贷款	4.50
10	“现金流”1年期理财	2010-1-18	2011-1-18	3012	新增贷款	3.00
11	人民币3个月银行间市场投资理财产品	2010-1-25	2010-4-25	300	债券及货币市场工具类	2.65
12	“现金流”1个月理财	2010-1-26	2010-2-26	19071	债券及货币市场工具类	1.85
13	3个月SHIBOR挂钩理财	2010-1-26	2010-4-26	9430	债券及货币市场工具类	1.95
14	87天银行间市场投资理财产品	2010-2-2	2010-4-30	15212	债券及货币市场工具类	2.85
15	103天银行间市场投资理财产品	2010-2-4	2010-5-18	20115	债券及货币市场工具类	2.95
16	“现金流”1个月理财	2010-2-8	2010-3-8	11000	债券及货币市场工具类	1.85
17	50天票据业务理财	2010-2-8	2010-3-30	29558	票据融资	2.00
18	3个月SHIBOR挂钩理财	2010-2-8	2010-5-8	9000	债券及货币市场工具类	1.95
19	114天银行间市场投资理财产品	2010-2-9	2010-6-3	9998	债券及货币市场工具类	2.85
20	“现金流”1个月理财	2010-2-12	2010-3-12	86500	债券及货币市场工具类	2.50
21	3个月SHIBOR挂钩理财	2010-2-21	2010-5-21	53500	债券及货币市场工具类	2.55
22	“现金流”1个月理财	2010-3-2	2010-4-2	35000	债券及货币市场工具类	1.85
23	3个月SHIBOR挂钩理财	2010-3-2	2010-6-2	12563	债券及货币市场工具类	1.95
24	“现金流”1个月理财	2010-3-9	2010-4-9	18000	债券及货币市场工具类	1.85
25	人民币93天信托贷款理财产品	2010-3-9	2010-4-20	14300	新增贷款	3.30
26	人民币93天信托贷款理财产品	2010-3-9	2010-4-20	5700	新增贷款	3.60
27	3个月SHIBOR挂钩理财	2010-3-9	2010-6-9	14000	债券及货币市场工具类	1.95
28	“现金流”1个月理财	2010-3-17	2010-4-17	23042	债券及货币市场工具类	1.85
29	人民币69天信托贷款理财产品	2010-3-18	2010-5-26	30393	转让贷款	3.50
30	166天银行间市场投资理财产品	2010-3-18	2010-8-31	15557	债券及货币市场工具类	3.10
31	人民币68天信托贷款理财产品	2010-3-19	2010-5-26	497	转让贷款	3.50
32	92天银行间市场投资理财产品	2010-3-23	2010-6-23	20930	债券及货币市场工具类	2.75
33	人民币92天信托贷款理财产品	2010-3-25	2010-4-26	65000	新增贷款	3.30
34	“现金流”1个月理财	2010-3-26	2010-4-26	12510	债券及货币市场工具类	1.85
35	3个月银行间市场投资理财产品	2010-3-26	2010-6-26	11225	债券及货币市场工具类	1.95
36	人民币184天信托贷款理财产品	2010-3-29	2010-9-29	13354	新增贷款	3.60
37	人民币184天信托贷款理财产品	2010-3-29	2010-9-29	6646	新增贷款	3.80
38	人民币1年期信托贷款理财产品	2010-4-1	2011-4-1	15586	新增贷款	4.60
39	人民币1年期信托贷款理财产品	2010-4-1	2011-4-1	10000	新增贷款	4.60

续表

序号	产品简称	发行日	到期日	拟发行量	资金主要投向	预期收益率(%)
40	"现金流"1 个月理财	2010-4-2	2010-5-2	13385	债券及货币市场工具类	1.85
41	3 个月银行间市场投资理财产品	2010-4-2	2010-7-2	6615	债券及货币市场工具类	1.95
42	人民币 237 年期信托贷款理财产品	2010-4-7	2010-11-30	1210	转让贷款	3.80
43	人民币 187 年期信托贷款理财产品	2010-4-7	2010-10-11	4498	转让贷款	3.70
44	人民币 264 天信托贷款理财产品	2010-4-8	2010-12-28	17500	新增贷款	4.00
45	人民币 264 天信托贷款理财产品	2010-4-8	2010-12-28	2500	新增贷款	4.20
46	"现金流"1 个月理财	2010-4-9	2010-5-9	24088	债券及货币市场工具类	1.85
47	3 个月银行间市场投资理财产品	2010-4-9	2010-7-9	7679	债券及货币市场工具类	1.95
48	人民币 356 天信托贷款理财产品	2010-4-10	2011-4-1	39000	新增贷款	4.30
49	人民币 1 年期信托贷款理财产品	2010-4-12	2011-4-12	33318	新增贷款	4.30
50	人民币 1 年期信托贷款理财产品	2010-4-12	2011-4-12	3415	新增贷款	4.50
51	人民币 1 年期信托贷款理财产品	2010-4-12	2011-4-12	4158	新增贷款	4.60
52	人民币 1 年期信托贷款理财产品	2010-4-15	2011-4-15	1623	新增贷款	4.50
53	"现金流"1 个月理财	2010-4-16	2010-5-16	15824	债券及货币市场工具类	1.85
54	134 天银行间市场投资理财产品	2010-4-19	2010-8-31	33629	债券及货币市场工具类	3.00
55	"现金流"1 个月理财	2010-4-26	2010-6-5	18043	债券及货币市场工具类	1.85
56	3 个月银行间市场投资理财产品	2010-4-26	2010-7-26	8000	债券及货币市场工具类	1.95
57	人民币 364 天期信托贷款理财产品	2010-4-26	2011-4-25	2000	新增贷款	4.40
58	人民币 1 年期信托贷款理财产品	2010-4-27	2011-4-27	20000	新增贷款	4.30
59	个人试运行货币式收益类产品	2010-4-28	2010-5-30	1	债券及货币市场工具类	1.36
60	91 天银行间市场投资理财产品	2010-4-28	2010-7-28	20315	债券及货币市场工具类	2.90
61	人民币 1 年期信托贷款理财产品	2010-4-28	2011-4-28	5000	新增贷款	4.50
62	试运行 1 个月保本保证收益理财产品	2010-4-29	2010-5-29	0	债券及货币市场工具类	1.38
63	"现金流"1 个月理财	2010-5-5	2010-6-5	11460	债券及货币市场工具类	1.85
64	医保专享人民币 3 个月银行间市场投资理财产品	2010-5-5	2010-8-5	33082	债券及货币市场工具类	2.36
65	6 个月银行间市场投资理财产品	2010-5-5	2010-11-5	11290	债券及货币市场工具类	2.40
66	人民币 1 年期信托贷款理财产品	2010-5-7	2011-5-7	17000	新增贷款	4.50
67	人民币 1 年期信托贷款理财产品	2010-5-7	2011-5-7	3000	新增贷款	4.60
68	人民币 1 年期信托贷款理财产品	2010-5-11	2011-5-11	30000	新增贷款	4.30
69	"现金流"1 个月理财	2010-5-13	2010-6-13	29992	债券及货币市场工具类	2.00
70	91 天银行间市场投资理财产品	2010-5-14	2010-8-13	20370	债券及货币市场工具类	2.85
71	人民币 1 年期信托贷款理财产品	2010-5-18	2011-5-18	10000	新增贷款	4.40
72	人民币 1 年期信托贷款理财产品	2010-5-19	2011-5-19	19993	新增贷款	4.20
73	47 天票据业务理财	2010-5-20	2010-7-6	13786	票据融资	2.20

续表

序号	产品简称	发行日	到期日	拟发行量	资金主要投向	预期收益率(%)
74	人民币364天信托贷款理财产品	2010－5－20	2011－5－19	7	新增贷款	4.20
75	“现金流”1个月理财	2010－5－21	2010－6－21	28771	债券及货币市场工具类	2.00
76	3个月银行间市场投资理财产品	2010－5－21	2010－8－21	21100	债券及货币市场工具类	2.20
77	“现金流”1个月理财	2010－5－28	2010－6－28	28621	债券及货币市场工具类	2.00
78	3个月银行间市场投资理财产品	2010－5－28	2010－8－28	18174	债券及货币市场工具类	2.20
79	人民币427天保本浮动收益理财产品	2010－5－28	2011－7－29	720	新增贷款	4.20
80	人民币364天期信托贷款理财产品	2010－5－28	2011－5－27	7000	新增贷款	4.30
81	91天银行间市场投资理财产品	2010－6－1	2010－8－31	30455	债券及货币市场工具类	2.78
82	“现金流”1个月理财	2010－6－2	2010－7－2	1100	债券及货币市场工具类	2.20
83	人民币366天期信托贷款理财产品	2010－6－2	2011－6－3	2870	转让贷款	4.50
84	人民币1年期信托贷款理财产品	2010－6－3	2011－6－3	17030	转让贷款	4.10
85	“现金流”1个月理财	2010－6－4	2010－7－4	24016	债券及货币市场工具类	2.00
86	医保专享人民币3个月银行间市场投资理财产品	2010－6－5	2010－9－5	61484	债券及货币市场工具类	2.60
87	人民币365天期信托贷款理财产品	2010－6－7	2011－6－7	10000	转让贷款	4.50
88	人民币364天期信托贷款理财产品	2010－6－10	2011－6－9	1000	转让贷款	4.30
89	“现金流”1个月理财	2010－6－11	2010－7－11	17195	债券及货币市场工具类	2.00
90	3个月银行间市场投资理财产品	2010－6－11	2010－9－11	12796	债券及货币市场工具类	2.20
91	“富农”3个月银行间市场投资理财	2010－6－11	2010－9－11	1851	债券及货币市场工具类	2.35
92	“现金流”1个月理财	2010－6－18	2010－7－18	20999	债券及货币市场工具类	2.00
93	3个月银行间市场投资理财产品	2010－6－18	2010－9－18	8247	债券及货币市场工具类	2.20
94	92天银行间市场投资理财产品	2010－6－18	2010－9－18	20906	债券及货币市场工具类	2.75
95	“富农”3个月银行间市场投资理财	2010－6－18	2010－9－18	1145	债券及货币市场工具类	2.35
96	“迁喜”6个月银行间市场投资理财	2010－6－21	2010－12－21	2361	债券及货币市场工具类	2.88
97	“迁喜”12个月银行间市场投资理财	2010－6－21	2011－6－21	40350	债券及货币市场工具类	2.95
98	“迁喜”6个月银行间市场投资理财	2010－6－21	2010－12－21	1260	债券及货币市场工具类	3.08
99	“迁喜”12个月银行间市场投资理财	2010－6－21	2011－6－21	5844	债券及货币市场工具类	3.15
100	人民币1年期信托贷款理财产品	2010－6－22	2011－6－22	40351	转让贷款	4.20
101	人民币1年期信托贷款理财产品	2010－6－22	2011－6－22	40351	转让贷款	4.20
102	“现金流”1年理财	2010－6－24	2011－6－24	28600	债券及货币市场工具类	2.80
103	“现金流”1个月理财	2010－6－25	2010－7－25	28236	债券及货币市场工具类	2.00
104	人民币3个月银行间市场投资理财产品	2010－6－25	2010－9－25	9000	债券及货币市场工具类	2.20
105	“富农”3个月银行间市场投资理财	2010－6－25	2010－9－25	992	债券及货币市场工具类	2.35
106	人民币364天期信托贷款理财产品	2010－6－29	2011－6－28	40358	转让贷款	4.20
107	人民币364天期信托贷款理财产品	2010－6－29	2011－6－28	7302	转让贷款	4.50

续表

序号	产品简称	发行日	到期日	拟发行量	资金主要投向	预期收益率(%)
108	人民币89天期信托贷款理财产品	2010-6-30	2010-9-22	1500	转让贷款	3.40
109	人民币7天银行间市场投资理财产品	2010-7-1	2010-7-8	395	债券及货币市场工具类	2.80
110	人民币7天银行间市场投资理财产品	2010-7-1	2010-7-8	52405	债券及货币市场工具类	3.00
111	人民币7天银行间市场投资理财产品	2010-7-1	2010-7-8	22796	债券及货币市场工具类	3.00
112	"现金流"1个月理财	2010-7-2	2010-8-2	20206	债券及货币市场工具类	2.00
113	医保专享人民币3个月银行间市场投资理财产品	2010-7-2	2010-10-2	62905	债券及货币市场工具类	2.60
114	人民币3个月银行间市场投资理财产品	2010-7-2	2010-10-2	5013	债券及货币市场工具类	2.20
115	"富农"3个月银行间市场投资理财	2010-7-2	2010-10-2	144	债券及货币市场工具类	2.35
116	医保专享人民币3个月银行间市场投资理财产品	2010-7-2	2010-10-2	62955	债券及货币市场工具类	2.60
117	人民币3个月银行间市场投资理财产品	2010-7-2	2010-10-2	5013	债券及货币市场工具类	2.20
118	"富农"3个月银行间市场投资理财	2010-7-2	2010-10-2	144	债券及货币市场工具类	2.35
119	"迁喜"6个月银行间市场投资理财	2010-7-2	2011-1-2	1050	债券及货币市场工具类	2.88
120	"迁喜"6个月银行间市场投资理财	2010-7-2	2011-1-2	2952	债券及货币市场工具类	3.08
121	"迁喜"12个月银行间市场投资理财	2010-7-2	2011-7-2	5787	债券及货币市场工具类	2.95
122	"迁喜"12个月银行间市场投资理财	2010-7-2	2011-7-2	4065	债券及货币市场工具类	3.15
123	"现金流"1个月理财	2010-7-3	2010-8-3	1300	债券及货币市场工具类	2.20
124	"现金流"1个月理财	2010-7-9	2010-8-9	23144	债券及货币市场工具类	2.00
125	人民币3个月银行间市场投资理财产品	2010-7-9	2010-10-9	9977	债券及货币市场工具类	2.20
126	人民币364天期信托债权理财产品	2010-7-9	2011-7-8	3111	债券及货币市场工具类	4.50
127	人民币3个月银行间市场投资理财产品	2010-7-9	2010-10-9	9977	债券及货币市场工具类	2.20
128	"天使金"人民币364天期信托债权理财产品	2010-7-9	2011-7-8	16498	债券及货币市场工具类	4.80
129	"现金流"1年理财	2010-7-9	2011-7-9	1500	债券及货币市场工具类	2.80
130	人民币364天期信托债权理财产品	2010-7-9	2011-7-8	3381	债券及货币市场工具类	4.80
131	"现金流"1个月理财	2010-7-14	2010-8-14	710	债券及货币市场工具类	2.10
132	6个月银行间市场投资理财	2010-7-14	2011-1-14	15041	债券及货币市场工具类	3.00
133	人民币3个月银行间市场投资理财产品	2010-7-14	2010-10-14	653	债券及货币市场工具类	2.60
134	人民币6个月银行间市场投资理财产品	2010-7-14	2011-1-14	4763	债券及货币市场工具类	3.10
135	"现金流"1个月理财	2010-7-16	2010-8-16	23568	债券及货币市场工具类	2.00
136	人民币3个月银行间市场投资理财产品	2010-7-16	2010-10-16	7708	债券及货币市场工具类	2.20
137	"富民"人民币3个月银行间市场投资理财产品	2010-7-16	2010-10-16	879	债券及货币市场工具类	2.35
138	"迁喜金"6个月银行间市场投资理财	2010-7-16	2011-1-16	671	债券及货币市场工具类	2.88
139	"迁喜金"6个月银行间市场投资理财	2010-7-16	2011-1-16	1490	债券及货币市场工具类	3.08

续表

序号	产品简称	发行日	到期日	拟发行量	资金主要投向	预期收益率（%）
140	“迁喜金”12 个月银行间市场投资理财	2010－7－16	2011－7－16	2198	债券及货币市场工具类	2.95
141	“迁喜金”12 个月银行间市场投资理财	2010－7－16	2011－7－16	2328	债券及货币市场工具类	3.15
142	“现金流”1 个月理财	2010－7－23	2010－8－23	21110	债券及货币市场工具类	2.00
143	人民币 3 个月银行间市场投资理财产品	2010－7－23	2010－10－23	10920	债券及货币市场工具类	2.20
144	“迁喜金”6 个月银行间市场投资理财	2010－7－23	2011－1－23	1475	债券及货币市场工具类	2.83
145	“迁喜金”6 个月银行间市场投资理财	2010－7－23	2011－1－23	1800	债券及货币市场工具类	3.08
146	“迁喜金”12 个月银行间市场投资理财	2010－7－23	2011－7－23	6720	债券及货币市场工具类	2.90
147	“迁喜金”12 个月银行间市场投资理财	2010－7－23	2011－7－23	1900	债券及货币市场工具类	3.15
148	92 天银行间市场投资理财产品	2010－7－26	2010－10－27	20190	债券及货币市场工具类	2.75
149	“现金流”1 个月理财	2010－7－30	2010－8－30	25624	债券及货币市场工具类	2.00
150	人民币 3 个月银行间市场投资理财产品	2010－7－30	2010－10－30	6647	债券及货币市场工具类	2.20
151	“现金流”1 个月理财	2010－8－4	2010－9－4	1500	债券及货币市场工具类	2.20
152	“现金流”1 个月理财	2010－8－6	2010－9－6	14577	债券及货币市场工具类	2.00
153	人民币 3 个月银行间市场投资理财产品	2010－8－6	2010－11－6	4016	债券及货币市场工具类	2.20
154	“医保金”人民币 3 个月银行间市场投资理财产品	2010－8－6	2010－11－6	74220	债券及货币市场工具类	2.50
155	“迁喜金”6 个月银行间市场投资理财	2010－8－6	2011－2－6	2590	债券及货币市场工具类	2.83
156	“迁喜金”6 个月银行间市场投资理财	2010－8－6	2011－2－6	3008	债券及货币市场工具类	3.08
157	“迁喜金”12 个月银行间市场投资理财	2010－8－6	2011－8－6	10993	债券及货币市场工具类	2.90
158	“迁喜金”12 个月银行间市场投资理财	2010－8－6	2011－8－6	5590	债券及货币市场工具类	3.15
159	人民币 232 天保本浮动收益理财产品	2010－8－10	2011－3－30	8000	新增贷款	3.60
160	91 天银行间市场投资理财产品	2010－8－11	2010－11－10	20330	债券及货币市场工具类	2.75
161	“现金流”1 个月理财	2010－8－13	2010－9－13	10215	债券及货币市场工具类	2.00
162	人民币 3 个月银行间市场投资理财产品	2010－8－13	2010－11－13	5528	债券及货币市场工具类	2.20
163	“迁喜金”6 个月银行间市场投资理财	2010－8－13	2011－2－13	1540	债券及货币市场工具类	2.83
164	“迁喜金”6 个月银行间市场投资理财	2010－8－13	2011－2－13	700	债券及货币市场工具类	3.08
165	“迁喜金”12 个月银行间市场投资理财	2010－8－13	2011－8－13	8074	债券及货币市场工具类	2.90
166	“迁喜金”12 个月银行间市场投资理财	2010－8－13	2011－8－13	300	债券及货币市场工具类	3.15
167	56 天票据业务理财	2010－8－17	2010－10－12	18884	债券及货币市场工具类	2.60
168	56 天票据业务理财	2010－8－17	2010－10－12	4013	债券及货币市场工具类	2.80
169	人民币 224 天保本浮动收益理财产品	2010－8－17	2011－3－29	5000	新增贷款	3.60
170	人民币 3 个月期结构型债券（优先级）理财产品	2010－8－18	2010－11－18	20020	债券及货币市场工具类	2.73
171	“现金流”1 个月理财	2010－8－20	2010－9－20	23227	债券及货币市场工具类	2.00
172	人民币 3 个月银行间市场投资理财产品	2010－8－20	2010－11－20	2649	债券及货币市场工具类	2.20
173	医保专享 3 个月银行间市场投资理财	2010－8－20	2010－11－20	24960	债券及货币市场工具类	2.50

续表

序号	产品简称	发行日	到期日	拟发行量	资金主要投向	预期收益率(%)
174	“迁喜金”6 个月银行间市场投资理财	2010－8－20	2011－2－20	1381	债券及货币市场工具类	2.83
175	“迁喜金”6 个月银行间市场投资理财	2010－8－20	2011－2－20	1000	债券及货币市场工具类	3.08
176	“迁喜金”12 个月银行间市场投资理财	2010－8－20	2011－8－20	4224	债券及货币市场工具类	2.90
177	“迁喜金”12 个月银行间市场投资理财	2010－8－20	2011－8－20	650	债券及货币市场工具类	3.15
178	“迁喜金”12 个月银行间市场投资理财	2010－8－20	2011－8－27	5936	债券及货币市场工具类	2.90
179	“迁喜金”12 个月银行间市场投资理财	2010－8－20	2011－8－27	3240	债券及货币市场工具类	3.15
180	人民币“天天金 2 号”理财产品	2010－8－24		35408	债券及货币市场工具类	1.70
181	人民币 3 个月银行间市场投资理财产品	2010－8－24	2010－11－24	5000	债券及货币市场工具类	2.80
182	“现金流”1 个月理财	2010－8－27	2010－9－27	11663	债券及货币市场工具类	2.00
183	人民币 3 个月银行间市场投资理财产品	2010－8－27	2010－11－27	5504	债券及货币市场工具类	2.20
184	“迁喜金”6 个月银行间市场投资理财	2010－8－27	2011－2－27	1585	债券及货币市场工具类	2.83
185	“迁喜金”6 个月银行间市场投资理财	2010－8－27	2011－2－27	450	债券及货币市场工具类	3.08
186	人民币 198 天保本浮动收益理财产品	2010－9－1	2011－3－18	12454	新增贷款	3.50
187	人民币 198 天保本浮动收益理财产品	2010－9－1	2011－3－18	7446	新增贷款	3.20
188	人民币 96 天保本浮动收益理财产品	2010－9－1	2010－12－6	1000	新增贷款	2.90
189	“现金流”1 个月理财	2010－9－3	2010－10－3	22397	债券及货币市场工具类	2.00
190	“现金流”1 个月理财	2010－9－3	2010－10－3	24086	债券及货币市场工具类	2.00
191	人民币 3 个月银行间市场投资理财产品	2010－9－3	2010－12－3	7709	债券及货币市场工具类	2.20
192	“迁喜金”6 个月银行间市场投资理财	2010－9－3	2011－3－3	2086	债券及货币市场工具类	2.83
193	“迁喜金”12 个月银行间市场投资理财	2010－9－3	2011－9－3	7567	债券及货币市场工具类	2.90
194	医保专享 3 个月银行间市场投资理财	2010－9－3	2010－12－3	57713	债券及货币市场工具类	2.50
195	人民币 153 天保本浮动收益理财产品	2010－9－3	2011－2－3	2000	新增贷款	3.30
196	“迁喜金”6 个月银行间市场投资理财	2010－9－3	2011－3－3	1000	债券及货币市场工具类	3.08
197	“迁喜金”12 个月银行间市场投资理财	2010－9－3	2011－9－3	4014	债券及货币市场工具类	3.15
198	“现金流”1 个月理财	2010－9－6	2010－10－6	1600	债券及货币市场工具类	2.20
199	“现金流”1 个月理财	2010－9－6	2010－10－6	1600	债券及货币市场工具类	2.20
200	人民币 76 天保本浮动收益理财产品	2010－9－7	2010－11－22	15000	新增贷款	2.60
201	人民币 294 天保本浮动收益理财产品	2010－9－8	2011－6－29	2000	新增贷款	3.15
202	人民币 7 天 SHIBOR 挂钩理财产品	2010－9－10	2010－9－17	259	债券及货币市场工具类	2.18
203	人民币 14 天 SHIBOR 挂钩理财产品	2010－9－10	2010－9－24	689	债券及货币市场工具类	2.20
204	“现金流”1 个月理财	2010－9－10	2010－10－10	10108	债券及货币市场工具类	2.00
205	人民币 1 个月 SHIBOR 挂钩理财产品	2010－9－10	2010－10－10	4285	债券及货币市场工具类	2.52
206	“现金流”1 个月理财	2010－9－10	2010－10－10	10817	债券及货币市场工具类	2.00
207	“医保金”人民币 3 个月银行间市场投资理财产品	2010－9－10	2010－12－10	48671	债券及货币市场工具类	2.50

续表

序号	产品简称	发行日	到期日	拟发行量	资金主要投向	预期收益率(%)
208	人民币 1 个月 SHIBOR 挂钩理财产品	2010－9－10	2010－10－10	4285	债券及货币市场工具类	2.52
209	人民币 3 个月 SHIBOR 挂钩理财产品	2010－9－10	2010－12－10	3348	债券及货币市场工具类	2.44
210	32 天票据业务理财	2010－9－10	2010－10－12	4971	债券及货币市场工具类	2.70
211	“园丁金”32 天票据业务理财	2010－9－10	2010－10－12	3001	债券及货币市场工具类	2.80
212	“迁喜金”6 个月银行间市场投资理财	2010－9－10	2011－3－10	1501	债券及货币市场工具类	2.83
213	“迁喜金”12 个月银行间市场投资理财	2010－9－10	2011－9－10	8459	债券及货币市场工具类	2.90
214	“迁喜金”6 个月银行间市场投资理财	2010－9－10	2011－3－10	2103	债券及货币市场工具类	3.08
215	“迁喜金”12 个月银行间市场投资理财	2010－9－10	2011－9－10	2130	债券及货币市场工具类	3.15
216	32 天票据业务理财	2010－9－10	2010－10－12	2025	债券及货币市场工具类	2.80
217	109 天银行间市场投资理财产品	2010－9－16	2010－12－14	16315	债券及货币市场工具类	2.76
218	105 天银行间市场投资理财产品	2010－9－16	2010－12－30	20410	债券及货币市场工具类	2.76
219	人民币 7 天 SHIBOR 挂钩理财产品	2010－9－17	2010－9－24	561	债券及货币市场工具类	1.94
220	人民币 14 天 SHIBOR 挂钩理财产品	2010－9－17	2010－10－1	295	债券及货币市场工具类	2.60
221	“现金流”1 个月理财	2010－9－17	2010－10－17	8057	债券及货币市场工具类	2.00
222	人民币 14 天 SHIBOR 挂钩理财产品	2010－9－17	2010－10－1	295	债券及货币市场工具类	2.60
223	人民币 1 个月 SHIBOR 挂钩理财产品	2010－9－17	2010－10－17	4781	债券及货币市场工具类	3.26
224	人民币 3 个月 SHIBOR 挂钩理财产品	2010－9－17	2010－12－17	9340	债券及货币市场工具类	2.47
225	“迁喜金”6 个月银行间市场投资理财	2010－9－17	2011－3－17	1328	债券及货币市场工具类	2.83
226	“迁喜金”12 个月银行间市场投资理财	2010－9－17	2011－9－17	10672	债券及货币市场工具类	2.90
227	“迁喜金”6 个月银行间市场投资理财	2010－9－17	2011－3－17	4410	债券及货币市场工具类	3.08
228	“迁喜金”12 个月银行间市场投资理财	2010－9－17	2011－9－17	3275	债券及货币市场工具类	3.15
229	“现金流”1 个月理财	2010－9－27	2010－10－27	14853	债券及货币市场工具类	2.00
230	“医保金”3 个月银行间市场投资理财	2010－9－27	2010－12－27	35714	债券及货币市场工具类	2.50
231	“迁喜金”6 个月银行间市场投资理财	2010－9－27	2011－3－27	1874	债券及货币市场工具类	2.83
232	“迁喜金”12 个月银行间市场投资理财	2010－9－27	2011－9－27	10438	债券及货币市场工具类	2.90
233	“迁喜金”6 个月银行间市场投资理财	2010－9－27	2011－3－27	3704	债券及货币市场工具类	3.08
234	“迁喜金”12 个月银行间市场投资理财	2010－9－27	2011－9－27	1000	债券及货币市场工具类	3.15
235	人民币 3 个月银行间市场投资理财	2010－9－27	2010－12－27	1000	债券及货币市场工具类	2.90
236	人民币 191 天保本浮动收益理财产品	2010－9－28	2011－4－7	7000	新增贷款	3.60
237	人民币 7 天 SHIBOR 挂钩理财产品	2010－9－29	2010－10－6	18115	债券及货币市场工具类	0.00
238	人民币 7 天 SHIBOR 挂钩理财产品	2010－9－29	2010－10－6	18115	债券及货币市场工具类	2.60
239	人民币 14 天 SHIBOR 挂钩理财产品	2010－9－29	2010－10－13	12527	债券及货币市场工具类	3.26
240	人民币 1 个月 SHIBOR 挂钩理财产品	2010－9－29	2010－10－29	38026	债券及货币市场工具类	3.66
241	人民币 3 个月 SHIBOR 挂钩理财产品	2010－9－29	2010－12－29	8180	债券及货币市场工具类	2.51
242	人民币 302 天保本浮动收益理财产品	2010－9－30	2011－7－29	1000	新增贷款	3.15

续表

序号	产品简称	发行日	到期日	拟发行量	资金主要投向	预期收益率（%）
243	"现金流"1 个月理财	2010－10－9	2010－11－9	21614	债券及货币市场工具类	2.00
244	"天使金"6 个月银行间市场投资理财	2010－10－9	2011－4－9	850	债券及货币市场工具类	2.70
245	182 天银行间市场投资理财产品	2010－10－9	2011－4－9	2984	债券及货币市场工具类	3.20
246	365 天银行间市场投资理财产品	2010－10－9	2011－10－9	1573	债券及货币市场工具类	3.50
247	"迁喜金"6 个月银行间市场投资理财	2010－10－9	2011－4－9	2110	债券及货币市场工具类	2.83
248	"迁喜金"12 个月银行间市场投资理财	2010－10－9	2011－10－9	4276	债券及货币市场工具类	2.90
249	"园丁金"9 个月银行间市场投资理财	2010－10－9	2011－7－9	3642	债券及货币市场工具类	2.80
250	182 天银行间市场投资理财产品	2010－10－9	2011－4－9	13166	债券及货币市场工具类	3.00
251	365 天银行间市场投资理财产品	2010－10－9	2011－10－9	9605	债券及货币市场工具类	3.30
252	"医保金"3 个月银行间市场投资理财	2010－10－9	2011－1－9	42471	债券及货币市场工具类	2.50
253	"迁喜金"6 个月银行间市场投资理财	2010－10－9	2011－4－9	672	债券及货币市场工具类	3.08
254	"迁喜金"12 个月银行间市场投资理财	2010－10－9	2011－10－9	656	债券及货币市场工具类	3.15
255	"现金流"1 个月理财	2010－10－11	2010－11－11	1100	债券及货币市场工具类	2.20
256	"现金流"1 个月理财	2010－10－11	2010－11－11	1100	债券及货币市场工具类	2.20
257	人民币 7 天 SHIBOR 挂钩理财产品	2010－10－15	2010－10－22	1174	债券及货币市场工具类	1.83
258	人民币 14 天 SHIBOR 挂钩理财产品	2010－10－15	2010－10－29	6541	债券及货币市场工具类	1.86
259	人民币 1 个月 SHIBOR 挂钩理财产品	2010－10－15	2010－11－15	37526	债券及货币市场工具类	2.34
260	人民币 3 个月 SHIBOR 挂钩理财产品	2010－10－15	2011－1－15	13144	债券及货币市场工具类	2.55
261	68 天票据业务理财	2010－10－15	2010－12－22	987	债券及货币市场工具类	2.80
262	"现金流"1 个月理财	2010－10－18	2010－11－18	12027	债券及货币市场工具类	2.00
263	"迁喜金"6 个月银行间市场投资理财	2010－10－18	2011－4－18	2511	债券及货币市场工具类	2.83
264	"迁喜金"12 个月银行间市场投资理财	2010－10－18	2011－10－18	4967	债券及货币市场工具类	2.90
265	人民币 1 年期银行间市场投资理财产品	2010－10－18	2011－10－18	2752	债券及货币市场工具类	5.00
266	"迁喜金"6 个月银行间市场投资理财	2010－10－18	2011－4－18	600	债券及货币市场工具类	3.08
267	"迁喜金"12 个月银行间市场投资理财	2010－10－18	2011－10－18	770	债券及货币市场工具类	3.15
268	人民币 78 天保本浮动收益理财产品	2010－10－19	2011－1－5	5000	新增贷款	2.70
269	人民币 7 天 SHIBOR 挂钩理财产品	2010－10－22	2010－10－29	971	债券及货币市场工具类	1.84
270	人民币 14 天 SHIBOR 挂钩理财产品	2010－10－22	2010－11－5	1235	债券及货币市场工具类	1.90
271	人民币 1 个月 SHIBOR 挂钩理财产品	2010－10－22	2010－11－22	15765	债券及货币市场工具类	2.56
272	92 天银行间市场投资理财产品	2010－10－25	2011－1－25	19955	债券及货币市场工具类	2.75
273	人民币 1 年期银行间市场投资理财产品	2010－10－26	2011－10－26	789	债券及货币市场工具类	5.00
274	人民币 3 个月银行间市场投资理财产品	2010－10－26	2011－1－26	3000	债券及货币市场工具类	2.80
275	"现金流"1 个月理财	2010－10－28	2010－11－28	7591	债券及货币市场工具类	2.00
276	"职工金"14 个月银行间市场投资理财	2010－10－28	2011－12－28	3105	债券及货币市场工具类	3.02
277	"天使金"6 个月银行间市场投资理财	2010－10－28	2011－4－28	266	债券及货币市场工具类	2.70

续表

序号	产品简称	发行日	到期日	拟发行量	资金主要投向	预期收益率(%)
278	“迁喜金”6个月银行间市场投资理财	2010-10-28	2011-4-28	1665	债券及货币市场工具类	2.83
279	“迁喜金”12个月银行间市场投资理财	2010-10-28	2011-10-28	5758	债券及货币市场工具类	2.90
280	“园丁金”9个月银行间市场投资理财	2010-10-28	2011-7-28	1273	债券及货币市场工具类	2.80
281	“迁喜金”6个月银行间市场投资理财	2010-10-28	2011-4-28	2000	债券及货币市场工具类	3.08
282	“迁喜金”12个月银行间市场投资理财	2010-10-28	2011-10-28	2235	债券及货币市场工具类	3.15
283	人民币7天SHIBOR挂钩理财产品	2010-10-29	2010-11-5	1386	债券及货币市场工具类	1.92
284	人民币14天SHIBOR挂钩理财产品	2010-10-29	2010-11-12	2044	债券及货币市场工具类	1.94
285	人民币1个月SHIBOR挂钩理财产品	2010-10-29	2010-11-29	15736	债券及货币市场工具类	2.56
286	人民币266天保本浮动收益理财产品	2010-10-29	2011-7-22	1000	新增贷款	3.20
287	人民币266天保本浮动收益理财产品	2010-10-29	2011-7-22	9000	新增贷款	3.30
288	人民币7天SHIBOR挂钩理财产品	2010-11-3	2010-11-10	991	债券及货币市场工具类	1.72
289	人民币14天SHIBOR挂钩理财产品	2010-11-3	2010-11-17	2047	债券及货币市场工具类	1.86
290	人民币191天保本浮动收益理财产品	2010-11-3	2011-5-13	1000	新增贷款	3.13
291	“现金流”1个月理财	2010-11-4	2010-12-4	8853	债券及货币市场工具类	2.00
292	“迁喜金”6个月银行间市场投资理财	2010-11-4	2011-5-4	2438	债券及货币市场工具类	2.83
293	“迁喜金”12个月银行间市场投资理财	2010-11-4	2011-11-4	5977	债券及货币市场工具类	2.90
294	“迁喜金”6个月银行间市场投资理财	2010-11-4	2011-5-4	1000	债券及货币市场工具类	3.08
295	“迁喜金”12个月银行间市场投资理财	2010-11-4	2011-11-4	2300	债券及货币市场工具类	3.15
296	人民币7天SHIBOR挂钩理财产品	2010-11-5	2010-11-12	1097	债券及货币市场工具类	1.50
297	人民币14天SHIBOR挂钩理财产品	2010-11-5	2010-11-19	2310	债券及货币市场工具类	1.83
298	人民币1个月SHIBOR挂钩理财产品	2010-11-5	2010-12-5	25122	债券及货币市场工具类	2.53
299	92天银行间市场投资理财产品	2010-11-8	2011-2-8	20096	债券及货币市场工具类	2.85
300	人民币59天票据业务理财	2010-11-9	2011-1-7	6853	债券及货币市场工具类	3.20
301	“医保金”3个月银行间市场投资理财	2010-11-10	2011-2-10	34817	债券及货币市场工具类	2.50
302	人民币7天SHIBOR挂钩理财产品	2010-11-10	2010-11-17	1000	债券及货币市场工具类	1.53
303	人民币14天SHIBOR挂钩理财产品	2010-11-10	2010-11-24	995	债券及货币市场工具类	1.73
304	“现金流”1个月理财	2010-11-11	2010-12-11	10274	债券及货币市场工具类	2.00
305	“迁喜金”6个月银行间市场投资理财	2010-11-11	2011-5-11	2534	债券及货币市场工具类	2.83
306	“迁喜金”12个月银行间市场投资理财	2010-11-11	2011-11-11	7999	债券及货币市场工具类	2.90
307	“迁喜金”12个月银行间市场投资理财	2010-11-11	2011-11-11	700	债券及货币市场工具类	3.15
308	人民币7天SHIBOR挂钩理财产品	2010-11-12	2010-11-19	1224	债券及货币市场工具类	1.59
309	人民币14天SHIBOR挂钩理财产品	2010-11-12	2010-11-26	4999	债券及货币市场工具类	1.83
310	人民币1个月SHIBOR挂钩理财产品	2010-11-12	2010-12-12	17553	债券及货币市场工具类	2.52
311	人民币3个月SHIBOR挂钩理财产品	2010-11-12	2011-2-12	29000	债券及货币市场工具类	2.78
312	人民币7天SHIBOR挂钩理财产品	2010-11-17	2010-11-24	774	债券及货币市场工具类	1.82

续表

序号	产品简称	发行日	到期日	拟发行量	资金主要投向	预期收益率(%)
313	人民币 14 天 SHIBOR 挂钩理财产品	2010-11-17	2010-12-1	1768	债券及货币市场工具类	2.00
314	“现金流”1 个月理财	2010-11-18	2010-12-18	6436	债券及货币市场工具类	2.00
315	“迁喜金”12 个月银行间市场投资理财	2010-11-18	2011-11-18	8951	债券及货币市场工具类	2.90
316	68 天票据业务理财	2010-11-19	2011-1-26	11001	债券及货币市场工具类	3.20
317	人民币 7 天 SHIBOR 挂钩理财产品	2010-11-19	2010-11-26	761	债券及货币市场工具类	1.97
318	人民币 14 天 SHIBOR 挂钩理财产品	2010-11-19	2010-12-3	652	债券及货币市场工具类	2.10
319	人民币 1 个月 SHIBOR 挂钩理财产品	2010-11-19	2010-12-19	14085	债券及货币市场工具类	2.58
320	人民币 3 个月 SHIBOR 挂钩理财产品	2010-11-19	2011-2-19	11471	债券及货币市场工具类	2.80
321	68 天票据业务理财	2010-11-19	2011-1-26	1550	债券及货币市场工具类	3.10
322	人民币 4 个月银行间市场投资理财产品	2010-11-19	2011-3-19	2240	债券及货币市场工具类	3.40
323	人民币 4 个月银行间市场投资理财产品	2010-11-19	2011-3-19	7496	债券及货币市场工具类	3.45
324	人民币 6 个月银行间市场投资理财产品	2010-11-19	2011-5-19	2207	债券及货币市场工具类	3.60
325	人民币 6 个月银行间市场投资理财产品	2010-11-19	2011-5-19	3759	债券及货币市场工具类	3.70
326	人民币 9 个月银行间市场投资理财产品	2010-11-19	2011-8-19	446	债券及货币市场工具类	3.80
327	人民币 9 个月银行间市场投资理财产品	2010-11-19	2011-8-19	500	债券及货币市场工具类	3.90
328	人民币 12 个月银行间市场投资理财产品	2010-11-19	2011-11-19	3090	债券及货币市场工具类	4.00
329	人民币 12 个月银行间市场投资理财产品	2010-11-19	2011-11-19	6663	债券及货币市场工具类	4.20
330	人民币 4 个月银行间市场投资理财	2010-11-22	2011-3-22	2700	债券及货币市场工具类	3.00
331	人民币 6 个月银行间市场投资理财	2010-11-22	2011-3-22	6041	债券及货币市场工具类	3.30
332	人民币 4 个月银行间市场投资理财	2010-11-22	2011-3-22	5067	债券及货币市场工具类	3.10
333	人民币 4 个月银行间市场投资理财	2010-11-22	2011-3-22	5526	债券及货币市场工具类	3.20
334	人民币 4 个月银行间市场投资理财 VIP	2010-11-22	2011-3-22	6599	债券及货币市场工具类	3.05
335	人民币 6 个月银行间市场投资理财	2010-11-22	2011-3-22	13845	债券及货币市场工具类	3.40
336	人民币 6 个月银行间市场投资理财	2010-11-22	2011-3-22	14402	债券及货币市场工具类	3.50
337	人民币 6 个月银行间市场投资理财 VIP	2010-11-22	2011-3-22	24907	债券及货币市场工具类	3.35
338	人民币 3 个月期结构型债券(优先级)理财产品	2010-11-23	2011-2-23	20988	债券及货币市场工具类	3.00
339	“现金流”1 个月理财	2010-11-25	2010-12-25	7509	债券及货币市场工具类	2.00
340	“医保金”3 个月银行间市场投资理财	2010-11-25	2011-2-25	7308	债券及货币市场工具类	2.50
341	人民币 7 天 SHIBOR 挂钩理财产品	2010-11-26	2010-12-3	1609	债券及货币市场工具类	2.61
342	人民币 14 天 SHIBOR 挂钩理财产品	2010-11-26	2010-12-10	4989	债券及货币市场工具类	2.96
343	人民币 1 个月 SHIBOR 挂钩理财产品	2010-11-26	2010-12-26	23400	债券及货币市场工具类	3.40
344	人民币 6 个月银行间市场投资理财	2010-11-29	2011-5-29	3468	债券及货币市场工具类	3.30
345	人民币 6 个月银行间市场投资理财	2010-11-29	2011-5-29	7471	债券及货币市场工具类	3.40
346	人民币 6 个月银行间市场投资理财	2010-11-29	2011-5-29	10268	债券及货币市场工具类	3.50

续表

序号	产品简称	发行日	到期日	拟发行量	资金主要投向	预期收益率(%)
347	人民币6个月银行间市场投资理财VIP	2010-11-29	2011-5-29	10573	债券及货币市场工具类	3.35
348	"迁喜金"6个月银行间市场投资理财	2010-11-29	2011-5-29	302	债券及货币市场工具类	2.83
349	"迁喜金"12个月银行间市场投资理财	2010-11-29	2011-11-29	6131	债券及货币市场工具类	2.90
350	人民币6个月银行间市场投资理财产品	2010-11-29	2011-5-29	1050	债券及货币市场工具类	3.60
351	人民币12个月银行间市场投资理财产品	2010-11-29	2011-11-29	1610	债券及货币市场工具类	4.00
352	人民币12个月银行间市场投资理财产品	2010-11-29	2011-11-29	5481	债券及货币市场工具类	4.20
353	人民币7天SHIBOR挂钩理财产品	2010-11-30	2010-12-7	2489	债券及货币市场工具类	3.23
354	人民币14天SHIBOR挂钩理财产品	2010-11-30	2010-12-14	5000	债券及货币市场工具类	3.62
355	人民币1个月SHIBOR挂钩理财产品	2010-11-30	2010-12-30	18912	债券及货币市场工具类	3.61
356	人民币3个月SHIBOR挂钩理财产品	2010-11-30	2011-2-28	4206	债券及货币市场工具类	3.15
357	45天票据业务理财VIP	2010-11-30	2011-1-14	14452	债券及货币市场工具类	4.00
358	45天票据业务理财	2010-11-30	2011-1-14	3424	债券及货币市场工具类	3.90
359	90天银行间市场投资理财产品	2010-11-30	2011-2-28	300	债券及货币市场工具类	3.60
360	"现金流"1个月理财	2010-12-2	2011-1-2	4149	债券及货币市场工具类	2.00
361	人民币4个月银行间市场投资理财	2010-12-2	2011-4-2	4319	债券及货币市场工具类	3.00
362	人民币4个月银行间市场投资理财	2010-12-2	2011-4-2	4061	债券及货币市场工具类	3.10
363	人民币4个月银行间市场投资理财	2010-12-2	2011-4-2	8141	债券及货币市场工具类	3.20
364	人民币4个月银行间市场投资理财VIP	2010-12-2	2011-4-2	7987	债券及货币市场工具类	3.05
365	人民币"天天金3号"理财产品	2010-12-2		3000	债券及货币市场工具类	1.80
366	人民币4个月银行间市场投资理财产品	2010-12-2	2011-4-2	1720	债券及货币市场工具类	3.40
367	人民币4个月银行间市场投资理财产品	2010-12-2	2011-4-2	11572	债券及货币市场工具类	3.45
368	43天票据业务理财	2010-12-2	2011-1-14	4892	债券及货币市场工具类	4.00
369	人民币7天SHIBOR挂钩理财产品	2010-12-8	2010-12-15	5000	债券及货币市场工具类	2.40
370	人民币14天SHIBOR挂钩理财产品	2010-12-8	2010-12-22	35000	债券及货币市场工具类	3.20
371	"现金流"1个月理财	2010-12-9	2011-1-9	8969	债券及货币市场工具类	2.00
372	人民币4个月银行间市场投资理财	2010-12-9	2011-4-9	7796	债券及货币市场工具类	2.80
373	人民币4个月银行间市场投资理财	2010-12-9	2011-4-9	4633	债券及货币市场工具类	3.00
374	人民币6个月银行间市场投资理财	2010-12-9	2011-6-9	4363	债券及货币市场工具类	3.30
375	人民币9个月银行间市场投资理财	2010-12-9	2011-9-9	370	债券及货币市场工具类	3.45
376	人民币12个月银行间市场投资理财	2010-12-9	2011-12-9	2196	债券及货币市场工具类	3.60
377	"迁喜金"6个月银行间市场投资理财	2010-12-9	2011-6-9	400	债券及货币市场工具类	2.83
378	"迁喜金"12个月银行间市场投资理财	2010-12-9	2011-12-9	2600	债券及货币市场工具类	2.90
379	人民币4个月银行间市场投资理财	2010-12-9	2011-4-9	7530	债券及货币市场工具类	3.10
380	人民币4个月银行间市场投资理财	2010-12-9	2011-4-9	10015	债券及货币市场工具类	3.20
381	人民币4个月银行间市场投资理财VIP	2010-12-9	2011-4-9	13138	债券及货币市场工具类	3.05

续表

序号	产品简称	发行日	到期日	拟发行量	资金主要投向	预期收益率(%)
382	人民币6个月银行间市场投资理财	2010-12-9	2011-6-9	9321	债券及货币市场工具类	3.40
383	人民币6个月银行间市场投资理财	2010-12-9	2011-6-9	8413	债券及货币市场工具类	3.50
384	人民币6个月银行间市场投资理财VIP	2010-12-9	2011-6-9	13307	债券及货币市场工具类	3.35
385	人民币9个月银行间市场投资理财	2010-12-9	2011-9-9	523	债券及货币市场工具类	3.55
386	人民币9个月银行间市场投资理财	2010-12-9	2011-9-9	502	债券及货币市场工具类	3.65
387	人民币9个月银行间市场投资理财VIP	2010-12-9	2011-9-9	1885	债券及货币市场工具类	3.50
388	人民币12个月银行间市场投资理财	2010-12-9	2011-12-9	5992	债券及货币市场工具类	3.70
389	人民币12个月银行间市场投资理财	2010-12-9	2011-12-9	9235	债券及货币市场工具类	3.80
390	人民币12个月银行间市场投资理财VIP	2010-12-9	2011-12-9	8708	债券及货币市场工具类	3.65
391	人民币4个月银行间市场投资理财产品	2010-12-9	2011-4-9	2808	债券及货币市场工具类	3.40
392	人民币4个月银行间市场投资理财产品	2010-12-9	2011-4-9	3179	债券及货币市场工具类	3.45
393	人民币6个月银行间市场投资理财产品	2010-12-9	2011-6-9	1097	债券及货币市场工具类	3.60
394	人民币6个月银行间市场投资理财产品	2010-12-9	2011-6-9	1500	债券及货币市场工具类	3.70
395	人民币9个月银行间市场投资理财产品	2010-12-9	2011-8-9	1085	债券及货币市场工具类	3.80
396	人民币9个月银行间市场投资理财产品	2010-12-9	2011-8-9	800	债券及货币市场工具类	3.90
397	人民币12个月银行间市场投资理财产品	2010-12-9	2011-12-9	2097	债券及货币市场工具类	4.00
398	人民币12个月银行间市场投资理财产品	2010-12-9	2011-12-9	8810	债券及货币市场工具类	4.20
399	人民币14天SHIBOR挂钩理财产品	2010-12-10	2010-12-24	2650	债券及货币市场工具类	3.17
400	"现金流"1个月理财	2010-12-16	2011-1-16	16908	债券及货币市场工具类	2.00
401	人民币4个月银行间市场投资理财	2010-12-16	2011-4-16	13885	债券及货币市场工具类	2.80
402	人民币4个月银行间市场投资理财	2010-12-16	2011-4-16	4691	债券及货币市场工具类	3.00
403	人民币6个月银行间市场投资理财	2010-12-16	2011-6-16	2577	债券及货币市场工具类	3.30
404	人民币9个月银行间市场投资理财	2010-12-16	2011-9-16	426	债券及货币市场工具类	3.45
405	人民币12个月银行间市场投资理财	2010-12-16	2011-12-16	2048	债券及货币市场工具类	3.60
406	"迁喜金"6个月银行间市场投资理财	2010-12-16	2011-6-16	100	债券及货币市场工具类	2.83
407	"迁喜金"12个月银行间市场投资理财	2010-12-16	2011-12-16	60	债券及货币市场工具类	2.90
408	人民币4个月银行间市场投资理财	2010-12-16	2011-4-16	9065	债券及货币市场工具类	3.10
409	人民币4个月银行间市场投资理财	2010-12-16	2011-4-16	7538	债券及货币市场工具类	3.20
410	人民币6个月银行间市场投资理财	2010-12-16	2011-6-16	7501	债券及货币市场工具类	3.40
411	人民币6个月银行间市场投资理财	2010-12-16	2011-6-16	8246	债券及货币市场工具类	3.50
412	人民币6个月银行间市场投资理财VIP	2010-12-16	2011-6-16	13335	债券及货币市场工具类	3.35
413	人民币9个月银行间市场投资理财	2010-12-16	2011-9-16	779	债券及货币市场工具类	3.55
414	人民币9个月银行间市场投资理财	2010-12-16	2011-9-16	460	债券及货币市场工具类	3.65
415	人民币9个月银行间市场投资理财VIP	2010-12-16	2011-9-16	1750	债券及货币市场工具类	3.50
416	人民币12个月银行间市场投资理财	2010-12-16	2011-12-16	4057	债券及货币市场工具类	3.70

续表

序号	产品简称	发行日	到期日	拟发行量	资金主要投向	预期收益率(%)
417	人民币12个月银行间市场投资理财	2010-12-16	2011-12-16	5265	债券及货币市场工具类	3.80
418	人民币12个月银行间市场投资理财VIP	2010-12-16	2011-12-16	6529	债券及货币市场工具类	3.65
419	人民币4个月银行间市场投资理财VIP	2010-12-16	2011-4-16	14410	债券及货币市场工具类	3.05
420	人民币4个月银行间市场投资理财产品	2010-12-16	2011-4-16	1783	债券及货币市场工具类	3.40
421	人民币4个月银行间市场投资理财产品	2010-12-16	2011-4-16	5800	债券及货币市场工具类	3.45
422	人民币6个月银行间市场投资理财产品	2010-12-16	2011-6-16	920	债券及货币市场工具类	3.60
423	人民币6个月银行间市场投资理财产品	2010-12-16	2011-6-16	1013	债券及货币市场工具类	3.70
424	人民币9个月银行间市场投资理财产品	2010-12-16	2011-9-16	300	债券及货币市场工具类	3.80
425	人民币12个月银行间市场投资理财产品	2010-12-16	2011-12-16	1250	债券及货币市场工具类	4.00
426	人民币12个月银行间市场投资理财产品	2010-12-16	2011-12-16	5284	债券及货币市场工具类	4.20
427	人民币7天SHIBOR挂钩理财产品	2010-12-22	2010-12-29	6999	债券及货币市场工具类	4.06
428	人民币14天SHIBOR挂钩理财产品	2010-12-22	2011-1-5	22000	债券及货币市场工具类	4.46
429	人民币1个月SHIBOR挂钩理财产品	2010-12-22	2011-1-22	33039	债券及货币市场工具类	4.50
430	人民币1个月SHIBOR挂钩理财产品	2010-12-22	2011-1-22	11960	债券及货币市场工具类	4.60
431	人民币1个月SHIBOR挂钩理财产品	2010-12-22	2011-1-22	45998	债券及货币市场工具类	4.70
432	"现金流"1个月理财	2010-12-23	2011-1-23	4232	债券及货币市场工具类	2.00
433	人民币4个月银行间市场投资理财	2010-12-23	2011-4-23	5616	债券及货币市场工具类	2.80
434	人民币4个月银行间市场投资理财	2010-12-23	2011-4-23	2123	债券及货币市场工具类	3.00
435	人民币6个月银行间市场投资理财	2010-12-23	2011-6-23	1765	债券及货币市场工具类	3.30
436	人民币9个月银行间市场投资理财	2010-12-23	2011-9-23	60	债券及货币市场工具类	3.45
437	人民币12个月银行间市场投资理财	2010-12-23	2011-12-23	1883	债券及货币市场工具类	3.60
438	"迁喜金"6个月银行间市场投资理财	2010-12-23	2011-6-23	242	债券及货币市场工具类	2.83
439	"迁喜金"12个月银行间市场投资理财	2010-12-23	2011-12-23	320	债券及货币市场工具类	2.90
440	人民币4个月银行间市场投资理财	2010-12-23	2011-4-23	3095	债券及货币市场工具类	3.10
441	人民币4个月银行间市场投资理财	2010-12-23	2011-4-23	5642	债券及货币市场工具类	3.20
442	人民币4个月银行间市场投资理财VIP	2010-12-23	2011-4-23	4922	债券及货币市场工具类	3.05
443	人民币6个月银行间市场投资理财	2010-12-23	2011-6-23	2243	债券及货币市场工具类	3.40
444	人民币6个月银行间市场投资理财	2010-12-23	2011-6-23	4298	债券及货币市场工具类	3.50
445	人民币6个月银行间市场投资理财VIP	2010-12-23	2011-6-23	4844	债券及货币市场工具类	3.35
446	人民币9个月银行间市场投资理财	2010-12-23	2011-9-23	306	债券及货币市场工具类	3.55
447	人民币9个月银行间市场投资理财	2010-12-23	2011-9-23	205	债券及货币市场工具类	3.65
448	人民币9个月银行间市场投资理财VIP	2010-12-23	2011-9-23	611	债券及货币市场工具类	3.50
449	人民币12个月银行间市场投资理财	2010-12-23	2011-12-23	2822	债券及货币市场工具类	3.70
450	人民币12个月银行间市场投资理财	2010-12-23	2011-12-23	5293	债券及货币市场工具类	3.80
451	人民币12个月银行间市场投资理财VIP	2010-12-23	2011-12-23	2818	债券及货币市场工具类	3.65

续表

序号	产品简称	发行日	到期日	拟发行量	资金主要投向	预期收益率(%)
452	人民币4个月银行间市场投资理财产品	2010-12-23	2011-4-23	1324	债券及货币市场工具类	3.40
453	人民币4个月银行间市场投资理财产品	2010-12-23	2011-4-23	6102	债券及货币市场工具类	3.45
454	人民币6个月银行间市场投资理财产品	2010-12-23	2011-6-23	1200	债券及货币市场工具类	3.60
455	人民币6个月银行间市场投资理财产品	2010-12-23	2011-6-23	1850	债券及货币市场工具类	3.70
456	人民币12个月银行间市场投资理财产品	2010-12-23	2011-12-23	1404	债券及货币市场工具类	4.00
457	人民币12个月银行间市场投资理财产品	2010-12-23	2011-12-23	2788	债券及货币市场工具类	4.20
458	人民币7天SHIBOR挂钩理财产品	2010-12-28	2011-1-4	35500	债券及货币市场工具类	5.66
459	人民币14天SHIBOR挂钩理财产品	2010-12-28	2011-1-11	33000	债券及货币市场工具类	6.54
460	人民币1个月SHIBOR挂钩理财产品	2010-12-28	2011-1-28	54806	债券及货币市场工具类	5.88
461	人民币1个月SHIBOR挂钩理财产品	2010-12-28	2011-1-28	16496	债券及货币市场工具类	5.98
462	人民币1个月SHIBOR挂钩理财产品	2010-12-28	2011-1-28	60196	债券及货币市场工具类	6.08
463	人民币6个月银行间市场投资理财产品	2010-12-28	2011-6-28	3843	债券及货币市场工具类	4.10
464	"现金流"1个月理财	2010-12-30	2011-1-30	2037	债券及货币市场工具类	2.00
465	人民币4个月银行间市场投资理财	2010-12-30	2011-4-30	4404	债券及货币市场工具类	2.80
466	人民币4个月银行间市场投资理财	2010-12-30	2011-4-30	2041	债券及货币市场工具类	3.00
467	人民币6个月银行间市场投资理财	2010-12-30	2011-6-30	1851	债券及货币市场工具类	3.30
468	人民币9个月银行间市场投资理财	2010-12-30	2011-9-30	133	债券及货币市场工具类	3.45
469	人民币12个月银行间市场投资理财	2010-12-30	2011-12-30	1766	债券及货币市场工具类	3.60
470	人民币7天SHIBOR挂钩理财产品	2010-12-30	2011-1-6	71904	债券及货币市场工具类	0.00
471	人民币14天SHIBOR挂钩理财产品	2010-12-30	2011-1-13	132677	债券及货币市场工具类	0.00
472	人民币4个月银行间市场投资理财	2010-12-30	2011-4-30	3834	债券及货币市场工具类	3.10
473	人民币4个月银行间市场投资理财	2010-12-30	2011-4-30	3504	债券及货币市场工具类	3.20
474	人民币4个月银行间市场投资理财VIP	2010-12-30	2011-4-30	5040	债券及货币市场工具类	3.05
475	人民币6个月银行间市场投资理财	2010-12-30	2011-6-30	2445	债券及货币市场工具类	3.40
476	人民币6个月银行间市场投资理财	2010-12-30	2011-6-30	3839	债券及货币市场工具类	3.50
477	人民币6个月银行间市场投资理财VIP	2010-12-30	2011-6-30	3996	债券及货币市场工具类	3.35
478	人民币9个月银行间市场投资理财	2010-12-30	2011-9-30	160	债券及货币市场工具类	3.55
479	人民币9个月银行间市场投资理财	2010-12-30	2011-9-30	400	债券及货币市场工具类	3.65
480	人民币9个月银行间市场投资理财VIP	2010-12-30	2011-9-30	723	债券及货币市场工具类	3.50
481	人民币12个月银行间市场投资理财	2010-12-30	2011-12-30	3251	债券及货币市场工具类	3.70
482	人民币12个月银行间市场投资理财	2010-12-30	2011-12-30	6005	债券及货币市场工具类	3.80
483	人民币12个月银行间市场投资理财VIP	2010-12-30	2011-12-30	3331	债券及货币市场工具类	3.65
484	人民币4个月银行间市场投资理财产品	2010-12-30	2011-4-30	925	债券及货币市场工具类	3.40
485	人民币4个月银行间市场投资理财产品	2010-12-30	2011-4-30	3558	债券及货币市场工具类	3.45
486	人民币6个月银行间市场投资理财产品	2010-12-30	2011-6-30	696	债券及货币市场工具类	3.60

续表

序号	产品简称	发行日	到期日	拟发行量	资金主要投向	预期收益率(%)
487	人民币12个月银行间市场投资理财产品	2010-12-30	2011-12-30	1502	债券及货币市场工具类	4.00
488	人民币12个月银行间市场投资理财产品	2010-12-30	2011-12-30	1531	债券及货币市场工具类	4.20

数据来源:北京银行

表3-22　2010年北京银行个人人民币开放式理财产品发行情况表　单位:万元人民币

序号	产品简称	发行日	期末余额	资金主要投向	预期收益率(%)
1	人民币"天天金1号"理财产品	2010-5-26	48406	债券及货币市场工具类	1.45
2	人民币"天天金2号"理财产品	2010-8-24	35408	债券及货币市场工具类	1.70
3	人民币"天天金3号"理财产品	2010-12-2	29469	债券及货币市场工具类	1.80

数据来源:北京银行

表3-23　2010年上海银行个人人民币理财产品发行情况表　单位:万元人民币

序号	产品简称	发行日	到期日	拟发行量	资金主要投向	预期收益率(%)
1	09046期A款	2010-1-4	2010-2-4	65	债券及货币市场工具类	1.74
2	09046期B款	2010-1-4	2010-2-4	2093	债券及货币市场工具类	1.82
3	09625期A款	2010-1-4	2010-4-6	327	债券及货币市场工具类	1.88
4	09625期B款	2010-1-4	2010-4-6	2191	债券及货币市场工具类	1.92
5	09625期C款	2010-1-4	2010-7-5	600	债券及货币市场工具类	2.14
6	09625期D款	2010-1-4	2010-7-5	1081	债券及货币市场工具类	2.18
7	10001期A款	2010-1-11	2010-2-11	250	债券及货币市场工具类	1.77
8	10001期B款	2010-1-11	2010-2-11	3168	债券及货币市场工具类	1.85
9	10002期A款	2010-1-18	2010-2-20	53	债券及货币市场工具类	1.74
10	10002期B款	2010-1-18	2010-2-20	1031	债券及货币市场工具类	1.82
11	10601期A款	2010-1-18	2010-4-19	538	债券及货币市场工具类	1.93
12	10601期B款	2010-1-18	2010-4-19	4256	债券及货币市场工具类	1.97
13	10601期C款	2010-1-18	2010-7-19	795	债券及货币市场工具类	2.14
14	10601期D款	2010-1-18	2010-7-19	2064	债券及货币市场工具类	2.18
15	10003期A款	2010-1-25	2010-2-25	241	债券及货币市场工具类	1.76
16	10003期B款	2010-1-25	2010-2-25	1766	债券及货币市场工具类	1.84
17	10004期A款	2010-2-1	2010-3-1	210	债券及货币市场工具类	1.76
18	10004期B款	2010-2-1	2010-3-1	2935	债券及货币市场工具类	1.84
19	10602期A款	2010-2-1	2010-5-4	652	债券及货币市场工具类	1.95
20	10602期B款	2010-2-1	2010-5-4	3675	债券及货币市场工具类	1.99
21	10602期C款	2010-2-1	2010-8-2	576	债券及货币市场工具类	2.14
22	10602期D款	2010-2-1	2010-8-2	2184	债券及货币市场工具类	2.18

续表

序号	产品简称	发行日	到期日	拟发行量	资金主要投向	预期收益率(%)
23	10101 期 A 款	2010-2-5	2010-5-5	3600	债券及货币市场工具类	2.10
24	10005 期 A 款	2010-2-8	2010-3-8	423	债券及货币市场工具类	1.74
25	10005 期 B 款	2010-2-8	2010-3-8	4263	债券及货币市场工具类	1.82
26	10006 期 A 款	2010-2-12	2010-3-12	1722	债券及货币市场工具类	1.74
27	10006 期 B 款	2010-2-12	2010-3-12	8000	债券及货币市场工具类	1.82
28	10603 期 A 款	2010-2-12	2010-5-12	978	债券及货币市场工具类	1.95
29	10603 期 B 款	2010-2-12	2010-5-12	8000	债券及货币市场工具类	1.99
30	10202 期 A 款	2010-2-12	2010-8-12	7000	新增贷款	3.90
31	10603 期 C 款	2010-2-12	2010-8-12	557	债券及货币市场工具类	2.14
32	10603 期 D 款	2010-2-12	2010-8-12	3264	债券及货币市场工具类	2.18
33	10007 期 A 款	2010-3-1	2010-4-1	374	债券及货币市场工具类	1.77
34	10007 期 B 款	2010-3-1	2010-4-1	5912	债券及货币市场工具类	1.85
35	10604 期 A 款	2010-3-1	2010-6-1	1195	债券及货币市场工具类	2.01
36	10604 期 B 款	2010-3-1	2010-6-1	7184	债券及货币市场工具类	2.05
37	10604 期 C 款	2010-3-1	2010-9-1	807	债券及货币市场工具类	2.19
38	10604 期 D 款	2010-3-1	2010-9-1	3498	债券及货币市场工具类	2.23
39	10008 期 A 款	2010-3-8	2010-4-8	222	债券及货币市场工具类	1.77
40	10008 期 B 款	2010-3-8	2010-4-8	3742	债券及货币市场工具类	1.85
41	10009 期 A 款	2010-3-15	2010-4-15	175	债券及货币市场工具类	1.77
42	10009 期 B 款	2010-3-15	2010-4-15	2170	债券及货币市场工具类	1.85
43	10605 期 A 款	2010-3-15	2010-6-17	897	债券及货币市场工具类	2.03
44	10605 期 B 款	2010-3-15	2010-6-17	5671	债券及货币市场工具类	2.07
45	10102 期 A 款	2010-3-15	2010-6-17	4000	债券及货币市场工具类	2.12
46	10605 期 C 款	2010-3-15	2010-9-15	717	债券及货币市场工具类	2.19
47	10605 期 D 款	2010-3-15	2010-9-15	2776	债券及货币市场工具类	2.23
48	10010 期 A 款	2010-3-22	2010-4-22	139	债券及货币市场工具类	1.77
49	10010 期 B 款	2010-3-22	2010-4-22	2109	债券及货币市场工具类	1.85
50	10011 期 A 款	2010-3-29	2010-4-29	102	债券及货币市场工具类	1.77
51	10011 期 B 款	2010-3-29	2010-4-29	2947	债券及货币市场工具类	1.85
52	10606 期 A 款	2010-3-29	2010-6-29	699	债券及货币市场工具类	2.03
53	10606 期 B 款	2010-3-29	2010-6-29	3584	债券及货币市场工具类	2.07
54	10606 期 C 款	2010-3-29	2010-9-29	1057	债券及货币市场工具类	2.24
55	10606 期 D 款	2010-3-29	2010-9-29	2369	债券及货币市场工具类	2.28
56	10204 期 A 款	2010-4-2	2011-4-2	20000	新增贷款	4.10
57	10012 期 A 款	2010-4-6	2010-5-6	326	债券及货币市场工具类	1.77
58	10012 期 B 款	2010-4-6	2010-5-6	1618	债券及货币市场工具类	1.85
59	10201 期 A 款	2010-4-7	2011-4-7	14900	新增贷款	4.10
60	10013 期 A 款	2010-4-12	2010-5-12	90	债券及货币市场工具类	1.74

续表

序号	产品简称	发行日	到期日	拟发行量	资金主要投向	预期收益率(%)
61	10013 期 B 款	2010-4-12	2010-5-12	935	债券及货币市场工具类	1.82
62	10607 期 A 款	2010-4-12	2010-7-12	562	债券及货币市场工具类	2.03
63	10607 期 B 款	2010-4-12	2010-7-12	4007	债券及货币市场工具类	2.07
64	10607 期 C 款	2010-4-12	2010-10-12	864	债券及货币市场工具类	2.24
65	10607 期 D 款	2010-4-12	2010-10-12	2864	债券及货币市场工具类	2.28
66	10014 期 A 款	2010-4-19	2010-5-19	202	债券及货币市场工具类	1.77
67	10014 期 B 款	2010-4-19	2010-5-19	1219	债券及货币市场工具类	1.85
68	10203 期 A 款	2010-4-21	2011-4-21	9500	新增贷款	4.40
69	10207 期 A 款	2010-4-21	2011-4-21	10000	新增贷款	4.10
70	10015 期 A 款	2010-4-26	2010-5-26	87	债券及货币市场工具类	1.77
71	10015 期 B 款	2010-4-26	2010-5-26	1602	债券及货币市场工具类	1.85
72	10608 期 A 款	2010-4-26	2010-7-26	602	债券及货币市场工具类	2.03
73	10608 期 B 款	2010-4-26	2010-7-26	1236	债券及货币市场工具类	2.07
74	10608 期 C 款	2010-4-26	2010-10-26	618	债券及货币市场工具类	2.24
75	10608 期 D 款	2010-4-26	2010-10-26	1006	债券及货币市场工具类	2.28
76	10206 期 A 款	2010-4-28	2010-10-28	28700	新增贷款	3.80
77	10208 期 A 款	2010-4-29	2010-7-5	55000	新增贷款	3.70
78	10016 期 A 款	2010-5-5	2010-6-7	238	债券及货币市场工具类	1.77
79	10016 期 B 款	2010-5-5	2010-6-7	769	债券及货币市场工具类	1.85
80	10017 期 A 款	2010-5-10	2010-6-10	111	债券及货币市场工具类	1.77
81	10017 期 B 款	2010-5-10	2010-6-10	1202	债券及货币市场工具类	1.85
82	10609 期 A 款	2010-5-10	2010-8-10	657	债券及货币市场工具类	2.03
83	10609 期 B 款	2010-5-10	2010-8-10	1611	债券及货币市场工具类	2.07
84	10609 期 C 款	2010-5-10	2010-11-10	879	债券及货币市场工具类	2.29
85	10609 期 D 款	2010-5-10	2010-11-10	1986	债券及货币市场工具类	2.33
86	10301 期 A 款	2010-5-14	2010-8-13	20000	债券及货币市场工具类	2.90
87	10018 期 A 款	2010-5-17	2010-6-17	114	债券及货币市场工具类	1.77
88	10018 期 B 款	2010-5-17	2010-6-17	4375	债券及货币市场工具类	1.85
89	10205 期 A 款	2010-5-19	2011-5-19	5700	新增贷款	4.40
90	10103 期 A 款	2010-5-21	2010-7-21	1600	债券及货币市场工具类	2.05
91	10019 期 A 款	2010-5-24	2010-6-24	155	债券及货币市场工具类	1.77
92	10019 期 B 款	2010-5-24	2010-6-24	3048	债券及货币市场工具类	1.85
93	10610 期 A 款	2010-5-24	2010-8-24	718	债券及货币市场工具类	2.03
94	10610 期 B 款	2010-5-24	2010-8-24	5714	债券及货币市场工具类	2.07
95	10610 期 C 款	2010-5-24	2010-11-24	860	债券及货币市场工具类	2.29
96	10610 期 D 款	2010-5-24	2010-11-24	3186	债券及货币市场工具类	2.33
97	10209 期 A 款	2010-5-28	2010-11-29	11300	新增贷款	3.90
98	10020 期 A 款	2010-5-31	2010-6-30	134	债券及货币市场工具类	1.77

续表

序号	产品简称	发行日	到期日	拟发行量	资金主要投向	预期收益率(%)
99	10020 期 B 款	2010-5-31	2010-6-30	1034	债券及货币市场工具类	1.85
100	10021 期 A 款	2010-6-7	2010-7-7	179	债券及货币市场工具类	1.89
101	10021 期 B 款	2010-6-7	2010-7-7	4027	债券及货币市场工具类	1.97
102	10611 期 A 款	2010-6-7	2010-9-7	570	债券及货币市场工具类	2.03
103	10611 期 B 款	2010-6-7	2010-9-7	5603	债券及货币市场工具类	2.07
104	10611 期 C 款	2010-6-7	2010-12-7	1086	债券及货币市场工具类	2.29
105	10611 期 D 款	2010-6-7	2010-12-7	3867	债券及货币市场工具类	2.33
106	10210 期 A 款	2010-6-9	2011-6-9	19000	新增贷款	4.10
107	10022 期 A 款	2010-6-13	2010-7-13	134	债券及货币市场工具类	1.89
108	10022 期 B 款	2010-6-13	2010-7-13	2586	债券及货币市场工具类	1.97
109	10023 期 A 款	2010-6-21	2010-7-21	122	债券及货币市场工具类	1.89
110	10023 期 B 款	2010-6-21	2010-7-21	2172	债券及货币市场工具类	1.97
111	10104 期 A 款	2010-6-21	2010-8-23	4000	债券及货币市场工具类	2.15
112	10612 期 A 款	2010-6-21	2010-9-21	465	债券及货币市场工具类	2.13
113	10612 期 B 款	2010-6-21	2010-9-21	2684	债券及货币市场工具类	2.17
114	10612 期 C 款	2010-6-21	2010-12-21	644	债券及货币市场工具类	2.34
115	10612 期 D 款	2010-6-21	2010-12-21	3050	债券及货币市场工具类	2.38
116	10024 期 A 款	2010-6-28	2010-7-28	79	债券及货币市场工具类	1.89
117	10024 期 B 款	2010-6-28	2010-7-28	1488	债券及货币市场工具类	1.97
118	10701 期 A 款	2010-6-29	2010-8-30	19931	债券及货币市场工具类	2.25
119	10212 期 A 款	2010-6-30	2011-6-30	20000	新增贷款	3.81
120	10025 期 A 款	2010-7-5	2010-8-5	359	债券及货币市场工具类	1.89
121	10025 期 B 款	2010-7-5	2010-8-5	2456	债券及货币市场工具类	1.97
122	10613 期 A 款	2010-7-5	2010-10-8	740	债券及货币市场工具类	2.13
123	10613 期 B 款	2010-7-5	2010-10-8	3582	债券及货币市场工具类	2.17
124	10613 期 C 款	2010-7-5	2011-1-5	1191	债券及货币市场工具类	2.34
125	10613 期 D 款	2010-7-5	2011-1-5	4501	债券及货币市场工具类	2.38
126	10026 期 A 款	2010-7-12	2010-8-12	2000	债券及货币市场工具类	2.29
127	10026 期 B 款	2010-7-12	2010-8-12	13000	债券及货币市场工具类	2.37
128	10027 期 A 款	2010-7-19	2010-8-19	166	债券及货币市场工具类	1.89
129	10027 期 B 款	2010-7-19	2010-8-19	2851	债券及货币市场工具类	1.97
130	10614 期 A 款	2010-7-19	2010-10-19	1017	债券及货币市场工具类	2.23
131	10614 期 B 款	2010-7-19	2010-10-19	7505	债券及货币市场工具类	2.27
132	10614 期 C 款	2010-7-19	2011-1-19	1247	债券及货币市场工具类	2.37
133	10614 期 D 款	2010-7-19	2011-1-19	4644	债券及货币市场工具类	2.41
134	10105 期 A 款	2010-7-23	2010-9-25	2000	债券及货币市场工具类	2.15
135	10028 期 A 款	2010-7-26	2010-8-26	139	债券及货币市场工具类	1.89
136	10028 期 B 款	2010-7-26	2010-8-26	752	债券及货币市场工具类	1.97

续表

序号	产品简称	发行日	到期日	拟发行量	资金主要投向	预期收益率(%)
137	10702 期 A 款	2010-7-26	2010-12-27	29600	票据融资	2.90
138	10703 期 A 款	2010-7-26	2011-7-26	10569	债券及货币市场工具类	2.75
139	10029 期 A 款	2010-8-2	2010-9-2	148	债券及货币市场工具类	1.89
140	10029 期 B 款	2010-8-2	2010-9-2	574	债券及货币市场工具类	1.97
141	10615 期 A 款	2010-8-2	2010-11-2	557	债券及货币市场工具类	2.13
142	10615 期 B 款	2010-8-2	2010-11-2	3317	债券及货币市场工具类	2.17
143	10615 期 C 款	2010-8-2	2011-1-31	1097	债券及货币市场工具类	2.29
144	10615 期 D 款	2010-8-2	2011-1-31	2184	债券及货币市场工具类	2.33
145	10030 期 A 款	2010-8-9	2010-9-9	199	债券及货币市场工具类	1.89
146	10030 期 B 款	2010-8-9	2010-9-9	651	债券及货币市场工具类	1.97
147	10031 期 A 款	2010-8-16	2010-9-16	124	债券及货币市场工具类	1.99
148	10031 期 B 款	2010-8-16	2010-9-16	1686	债券及货币市场工具类	2.07
149	10616 期 A 款	2010-8-16	2010-11-16	552	债券及货币市场工具类	2.13
150	10616 期 B 款	2010-8-16	2010-11-16	2751	债券及货币市场工具类	2.17
151	10616 期 C 款	2010-8-16	2011-2-16	765	债券及货币市场工具类	2.29
152	10616 期 D 款	2010-8-16	2011-2-16	2634	债券及货币市场工具类	2.33
153	10705 期 A 款	2010-8-17	2010-12-30	4839	票据融资	2.60
154	10704 期 A 款	2010-8-17	2011-1-12	11043	票据融资	2.70
155	10032 期 A 款	2010-8-23	2010-9-20	818	债券及货币市场工具类	1.89
156	10032 期 B 款	2010-8-23	2010-9-20	3833	债券及货币市场工具类	1.97
157	10106 期 A 款	2010-8-25	2010-10-26	4000	债券及货币市场工具类	2.20
158	10033 期 A 款	2010-8-30	2010-9-30	101	债券及货币市场工具类	1.94
159	10033 期 B 款	2010-8-30	2010-9-30	1314	债券及货币市场工具类	2.02
160	10617 期 A 款	2010-8-30	2010-11-30	581	债券及货币市场工具类	2.13
161	10617 期 B 款	2010-8-30	2010-11-30	2643	债券及货币市场工具类	2.17
162	10617 期 C 款	2010-8-30	2011-2-28	1147	债券及货币市场工具类	2.34
163	10617 期 D 款	2010-8-30	2011-2-28	3330	债券及货币市场工具类	2.38
164	10034 期 A 款	2010-9-6	2010-10-8	243	债券及货币市场工具类	1.99
165	10034 期 B 款	2010-9-6	2010-10-8	807	债券及货币市场工具类	2.07
166	10302 期 A 款	2010-9-8	2010-12-8	20000	债券及货币市场工具类	2.90
167	10035 期 A 款	2010-9-13	2010-10-13	276	债券及货币市场工具类	2.19
168	10035 期 B 款	2010-9-13	2010-10-13	3156	债券及货币市场工具类	2.27
169	10618 期 A 款	2010-9-13	2010-12-13	364	债券及货币市场工具类	2.18
170	10618 期 B 款	2010-9-13	2010-12-13	3148	债券及货币市场工具类	2.22
171	10618 期 C 款	2010-9-13	2011-3-14	1441	债券及货币市场工具类	2.49
172	10618 期 D 款	2010-9-13	2011-3-14	5070	债券及货币市场工具类	2.53
173	10036 期 A 款	2010-9-20	2010-10-20	350	债券及货币市场工具类	2.14
174	10036 期 B 款	2010-9-20	2010-10-20	1928	债券及货币市场工具类	2.22

续表

序号	产品简称	发行日	到期日	拟发行量	资金主要投向	预期收益率(%)
175	10037 期 A 款	2010－9－27	2010－10－27	679	债券及货币市场工具类	2.39
176	10037 期 B 款	2010－9－27	2010－10－27	5063	债券及货币市场工具类	2.47
177	10107 期 A 款	2010－9－27	2010－11－26	2000	债券及货币市场工具类	2.40
178	10619 期 A 款	2010－9－27	2010－12－27	684	债券及货币市场工具类	2.33
179	10619 期 B 款	2010－9－27	2010－12－27	1813	债券及货币市场工具类	2.37
180	10619 期 C 款	2010－9－27	2011－3－28	1268	债券及货币市场工具类	2.54
181	10619 期 D 款	2010－9－27	2011－3－28	4186	债券及货币市场工具类	2.58
182	10706 期 A 款	2010－10－9	2011－3－24	24306	票据融资	3.15
183	10038 期 A 款	2010－10－11	2010－11－11	972	债券及货币市场工具类	2.39
184	10038 期 B 款	2010－10－11	2010－11－11	7433	债券及货币市场工具类	2.47
185	10620 期 A 款	2010－10－11	2011－1－11	548	债券及货币市场工具类	2.33
186	10620 期 B 款	2010－10－11	2011－1－11	1104	债券及货币市场工具类	2.37
187	10620 期 C 款	2010－10－11	2011－4－11	1307	债券及货币市场工具类	2.54
188	10620 期 D 款	2010－10－11	2011－4－11	2366	债券及货币市场工具类	2.58
189	10303 期 A 款	2010－10－15	2011－4－15	24500	股票与基金	4.20
190	10039 期 A 款	2010－10－18	2010－11－18	291	债券及货币市场工具类	2.09
191	10039 期 B 款	2010－10－18	2010－11－18	1772	债券及货币市场工具类	2.17
192	10040 期 A 款	2010－10－25	2010－11－25	271	债券及货币市场工具类	2.09
193	10040 期 B 款	2010－10－25	2010－11－25	1173	债券及货币市场工具类	2.17
194	10621 期 A 款	2010－10－25	2011－1－25	537	债券及货币市场工具类	2.23
195	10621 期 B 款	2010－10－25	2011－1－25	1811	债券及货币市场工具类	2.27
196	10621 期 C 款	2010－10－25	2011－4－25	968	债券及货币市场工具类	2.44
197	10621 期 D 款	2010－10－25	2011－4－25	1710	债券及货币市场工具类	2.48
198	10707 期 A 款	2010－10－26	2011－4－13	17297	票据融资	3.05
199	10041 期 A 款	2010－11－1	2010－12－1	369	债券及货币市场工具类	2.19
200	10041 期 B 款	2010－11－1	2010－12－1	1394	债券及货币市场工具类	2.27
201	10042 期 A 款	2010－11－8	2010－12－8	192	债券及货币市场工具类	2.19
202	10042 期 B 款	2010－11－8	2010－12－8	2247	债券及货币市场工具类	2.27
203	10622 期 A 款	2010－11－8	2011－2－9	1138	债券及货币市场工具类	2.38
204	10622 期 B 款	2010－11－8	2011－2－9	2943	债券及货币市场工具类	2.42
205	10622 期 C 款	2010－11－8	2011－5－9	1268	债券及货币市场工具类	2.59
206	10622 期 D 款	2010－11－8	2011－5－9	3300	债券及货币市场工具类	2.63
207	10043 期 A 款	2010－11－15	2010－12－15	319	债券及货币市场工具类	2.19
208	10043 期 B 款	2010－11－15	2010－12－15	2451	债券及货币市场工具类	2.27
209	10708 期 A 款	2010－11－17	2011－4－14	20000	票据融资	3.22
210	10044 期 A 款	2010－11－22	2010－12－22	458	债券及货币市场工具类	2.29
211	10044 期 B 款	2010－11－22	2010－12－22	2751	债券及货币市场工具类	2.37
212	10623 期 A 款	2010－11－22	2011－2－22	726	债券及货币市场工具类	2.38

续表

序号	产品简称	发行日	到期日	拟发行量	资金主要投向	预期收益率（%）
213	10623 期 B 款	2010－11－22	2011－2－22	2681	债券及货币市场工具类	2.42
214	10623 期 C 款	2010－11－22	2011－5－23	686	债券及货币市场工具类	2.59
215	10623 期 D 款	2010－11－22	2011－5－23	1934	债券及货币市场工具类	2.63
216	10045 期 A 款	2010－11－29	2010－12－29	223	债券及货币市场工具类	2.29
217	10045 期 B 款	2010－11－29	2010－12－29	2398	债券及货币市场工具类	2.37
218	10046 期 A 款	2010－12－6	2011－1－6	1682	债券及货币市场工具类	2.79
219	10046 期 B 款	2010－12－6	2011－1－6	10200	债券及货币市场工具类	2.87
220	10624 期 A 款	2010－12－6	2011－3－7	633	债券及货币市场工具类	2.53
221	10624 期 B 款	2010－12－6	2011－3－7	1904	债券及货币市场工具类	2.57
222	10624 期 C 款	2010－12－6	2011－6－7	844	债券及货币市场工具类	2.89
223	10624 期 D 款	2010－12－6	2011－6－7	2539	债券及货币市场工具类	2.93
224	10709 期 A 款	2010－12－7	2011－5－9	11861	票据融资	3.22
225	10304 期 A 款	2010－12－8	2011－3－8	19781	债券及货币市场工具类	3.20
226	10047 期 A 款	2010－12－13	2011－1－13	916	债券及货币市场工具类	2.79
227	10047 期 B 款	2010－12－13	2011－1－13	4100	债券及货币市场工具类	2.87
228	10305 期 A 款	2010－12－16	2011－3－16	17102	债券及货币市场工具类	3.20
229	10305 期 B 款	2010－12－16	2011－3－16	4780	债券及货币市场工具类	3.40
230	10048 期 A 款	2010－12－20	2011－1－20	849	债券及货币市场工具类	2.79
231	10048 期 B 款	2010－12－20	2011－1－20	5118	债券及货币市场工具类	2.87
232	10625 期 A 款	2010－12－20	2011－3－21	2000	债券及货币市场工具类	3.13
233	10625 期 B 款	2010－12－20	2011－3－21	8000	债券及货币市场工具类	3.17
234	10625 期 C 款	2010－12－20	2011－6－20	248	债券及货币市场工具类	2.89
235	10625 期 D 款	2010－12－20	2011－6－20	499	债券及货币市场工具类	2.93
236	10049 期 A 款	2010－12－27	2011－1－27	2607	债券及货币市场工具类	3.29
237	10049 期 B 款	2010－12－27	2011－1－27	11374	债券及货币市场工具类	3.37

数据来源：上海银行

表 3－24　2010 年宁波银行个人人民币封闭式理财产品发行情况表　　单位：万元人民币

序号	产品名称	发行日	到期日	拟发行量	资金主要投向	预期收益率（%）
1	2010 年信托贷款计划 1 号	2010－1－12	2011－1－12	20000	苏州市太湖旅业发展有限公司单一资金信托	4.1%－4.3%
2	2010 年租赁资产计划 1 号	2010－1－20	2010－4－20	5000	华融租赁资产单一资金信托 II	2.8%－3.0%
3	2010 年信托贷款计划 2 号	2010－1－21	2011－1－21	4799	南京市建邺区国有资产经营（控股）有限公司单一资金信托 II	4.1%－4.3%
4	2010 年信托贷款计划 3 号	2010－1－27	2011－1－27	20000	苏州市金阊新城开发建设投资有限公司	4.1%－4.3%
5	2010 年租赁资产计划 2 号	2010－2－5	2010－5－5	5000	华融租赁资产单一资金信托 II	2.8%－3.0%
6	2010 年信托贷款计划 4 号	2010－2－10	2011－2－10	10000	苏州市沧浪新城建设发展有限公司	4.1%－4.3%

续表

序号	产品名称	发行日	到期日	拟发行量	资金主要投向	预期收益率(%)
7	2010年信托贷款计划5号	2010-3-3	2011-3-3	10000	苏州市城市建设投资发展有限责任公司单一资金信托	4.1%-4.3%
8	2010年租赁资产计划3号	2010-3-9	2010-6-9	5000	华融租赁资产单一资金信托 II	2.8%-3.0%
9	2010年信托贷款计划6号	2010-3-10	2011-3-10	10000	南京市浦口区国有资产投资经营有限公司	4.2%-4.5%
10	2010年信托贷款计划7号	2010-3-17	2011-3-17	20000	杭州余杭交通集团有限公司	4.2%-4.5%
11	2010年信托贷款计划8号	2010-3-17	2011-3-17	10000	临安市城建发展有限公司	4.2%-4.5%
12	2010年租赁资产计划4号	2010-3-29	2010-6-29	6000	华融租赁资产单一资金信托 II	2.8%-3.0%
13	2010年信托贷款计划10号	2010-4-8	2012-4-8	10000	浙江省省直机关后勤房地产开发有限公司	4.7%-4.9%
14	2010年信托贷款计划9号	2010-4-15	2011-4-15	10000	南京浦口经济开发总公司	4.1%-4.5%
15	2010年信托贷款计划11号	2010-4-30	2011-4-30	4000	余姚市水资源投资开发有限公司	4.1%-4.3%
16	2010年信托贷款计划12号	2010-5-14	2011-5-14	9000	苏州相城阳澄湖旅游发展有限公司	4.1%-4.3%
17	2010年信托贷款计划14号	2010-5-14	2011-5-14	15000	宁波江东区国有资产投资有限公司	4.1%-4.3%
18	2010年信托贷款计划13号	2010-5-20	2011-5-20	10000	苏州城市建设投资发展有限责任公司	4.1%-4.3%
19	2010年信托贷款计划15号	2010-5-20	2011-5-20	9000	余姚市水资源投资开发有限公司	4.1%-4.3%
20	2010年租赁资产计划5号	2010-6-3	2010-9-3	5000	华融租赁资产单一资金信托 II	2.8%-3.0%
21	2010年租赁资产计划6号	2010-6-18	2010-9-18	5000	华融租赁资产单一资金信托 II	2.8%-3.0%
22	2010年信托贷款计划16期	2010-6-25	2011-6-25	8500	宁波市东海集团	4.1%-4.3%
23	2010年信托贷款计划17期	2010-7-5	2011-7-5	10000	宁波华茂科技股份有限公司	4.1%-4.3%

数据来源:宁波银行

表3-25　2010年宁波银行个人人民币开放式理财产品发行情况表　　单位:万元人民币

序号	产品名称	发行日	年末余额	资金主要投向	预期收益率(%)
1	宁波银行汇通理财月月鑫1号	2010-9-28	13210	国债、央票、金融债、主体评级AA以上的短融券、中票、企业债等债券,以及债券回购、银行理财产品等其它投资管理工具	3
2	宁波银行汇通理财月月鑫2号	2010-10-22	15077	国债、央票、金融债、主体评级AA以上的短融券、中票、企业债等债券,以及债券回购、银行理财产品等其它投资管理工具	3
3	宁波银行汇通理财月月鑫3号	2010-11-12	8283	国债、央票、金融债、主体评级AA以上的短融券、中票、企业债等债券,以及债券回购、银行理财产品等其它投资管理工具	2.5
4	宁波银行汇通理财月月鑫4号	2010-12-1	9112	国债、央票、金融债、主体评级AA以上的短融券、中票、企业债等债券,以及债券回购、银行理财产品等其它投资管理工具	3

数据来源:宁波银行

上述中资银行外币理财产品数据及外资银行、信托公司产品数据详见光盘。